W0011888

Software Engineering

mit UML und dem Unified Process

Software Engineering

mit UML und dem Unified Process

2., überarbeitete Auflage

Wolfgang Zuser, Thomas Grechenig,
Monika Köhle

PEARSON
Studium

ein Imprint von Pearson Education
München • Boston • San Francisco • Harlow, England
Don Mills, Ontario • Sydney • Mexico City
Madrid • Amsterdam

Bibliografische Information Der Deutschen Bibliothek

Die Deutsche Bibliothek verzeichnet diese Publikation in der Deutschen Nationalbibliografie;
detaillierte bibliografische Daten sind im Internet über *http://dnb.ddb.de* abrufbar.

Die Informationen in diesem Buch werden ohne Rücksicht auf einen
eventuellen Patentschutz veröffentlicht.
Warennamen werden ohne Gewährleistung der freien Verwendbarkeit benutzt.
Bei der Zusammenstellung von Texten und Abbildungen wurde mit größter
Sorgfalt vorgegangen. Trotzdem können Fehler nicht ausgeschlossen werden.
Verlag, Herausgeber und Autoren können für fehlerhafte Angaben
und deren Folgen weder eine juristische Verantwortung noch irgendeine Haftung übernehmen.
Für Verbesserungsvorschläge und Hinweise auf Fehler sind Verlag und Autoren dankbar.

Es konnten nicht alle Rechteinhaber von Abbildungen ermittelt werden. Sollte dem Verlag
gegenüber der Nachweis der Rechtsinhaberschaft geführt werden, wird das
branchenübliche Honorar nachträglich gezahlt.

Alle Rechte vorbehalten, auch die der fotomechanischen Wiedergabe und der
Speicherung in elektronischen Medien.
Die gewerbliche Nutzung der in diesem Produkt gezeigten Modelle und Arbeiten
ist nicht zulässig.

Fast alle Hardware- und Softwarebezeichnungen, die in diesem Buch erwähnt werden,
sind gleichzeitig auch eingetragene Warenzeichen oder sollten als solche betrachtet werden.

Umwelthinweis:
Dieses Produkt wurde auf chlorfrei gebleichtem Papier gedruckt.
Die Einschrumpffolie – zum Schutz vor Verschmutzung – ist aus umweltverträglichem
und recyclingfähigem PE-Material.

10 9 8 7 6 5 4 3 2 1

07 06 05 04

ISBN 3-8273-7090-6

© 2004 Pearson Studium
ein Imprint der Pearson Education Deutschland GmbH
Martin-Kollar-Straße 10-12, D-81829 München/Germany
Alle Rechte vorbehalten
www.pearson-studium.de
Lektorat: Dr. Isabel Schneider, ischneider@pearson.de
Korrektorat: Christina Gibbs, München
Einbandgestaltung: adesso 21, Thomas Arlt, München
Herstellung: Monika Weiher, mweiher@pearson.de
Satz: mediaService, Siegen (www.media-service.tv)
Druck und Verarbeitung: Kösel, Krugzell (www.KoeselBuch.de)

Printed in Germany

Inhaltsverzeichnis

Vorwort zur 2. Auflage

Die medizinische Forschung hat so enorme Fortschritte gemacht, dass es praktisch überhaupt keinen gesunden Menschen mehr gibt.

Aldous Huxley

Fast scheint es, als träfe die Grundaussage dieses Zitats auch auf den Bereich der Softwareentwicklung zu. Zahllose Studien belegen den hohen Anteil an Softwareentwicklungsprojekten, die ganz oder teilweise scheitern. Mindestens ebenso viele Prozesse, Methoden, Muster und sonstige Tipps und Tricks wollen Ihnen zeigen, was Sie als Softwareentwickler besser machen können. Natürlich unter der prinzipiellen Annahme, dass Sie zurzeit alles falsch machen. Wenn das tatsächlich so wäre, würden aber keine Flugzeuge fliegen, keine (Atom-)Kraftwerke Strom produzieren, ja nicht einmal Ihr PKW würde noch fahren.

Halten wir deshalb fest: Viele Softwareprojekte führen zu guter Software, die unser Leben tatsächlich um einiges leichter werden lässt oder zu unserer Unterhaltung beiträgt. Dennoch kann es nicht schaden, da und dort über Änderungen oder Verbesserungen in Bezug auf das Vorgehen bei der Softwareentwicklung nachzudenken,

- um sich selbst oder dem Chef durch kürzere Projekte zu ein wenig mehr Gewinn zu verhelfen oder
- um den Anwendern eine bessere Benutzbarkeit zu ermöglichen oder
- um schlicht und einfach die Welt zu verbessern.

Wählen Sie aus dem vorhandenen Angebot aus, was Sie gerade gebrauchen können und lassen Sie alles andere getrost bei Seite. Oft ist weniger mehr (folgt man einem chinesischen Sprichwort). Aber es kann nicht schaden, sich einen Überblick zu verschaffen, welche anderen Möglichkeiten es grundsätzlich noch gäbe. Wir hoffen, wir können Ihnen mit diesem Buch dabei helfen.

Änderungen der 2. Auflage

Alles hat seine Geschichte. Die Geschichte dieses Buchs ist eng mit der Geschichte des Software Engineerings als Disziplin und einer gleichnamigen Lehrveranstaltung – welche wir nun seit mehr als zehn Jahren an der Technischen Universität Wien abhalten – verbunden.

So wie sich die Inhalte der Disziplin und damit auch der Lehrveranstaltung rasch änderten und immer noch ändern, so musste sich auch der Inhalt der Skripte, die wir vor dem Buch in Verwendung hatten, ähnlich rasch mitverändern. Dabei ist es nur natürlich, dass es oft zu punktuellen Änderungen einzelner Schlagwörter, Abschnitte oder kleinerer Teile kommt, unter denen die Struktur und das Gesamtbild aber letztlich doch zunehmend zu leiden drohen.

Unser Buch ging in der 1. Auflage evolutionär aus dem letzten Skriptum hervor.

Mit ein wenig Distanz zum eigenen Werk (d.h. nach zwei Jahren fast ununterbrochener Bearbeitung des Manuskripts) bekommt man ein neues Gefühl für das Gesamte und Lust auf strukturelle Verbesserungen.

Für die hier vorliegende 2. Auflage haben wir die Gelegenheit genutzt, das Buch komplett zu überarbeiten. Inhaltlich wurde vieles belassen, manches verändert und einiges ergänzt. Folgende wesentliche Punkte sollten Sie in dieser Auflage verbessert vorfinden:

- Die Struktur wurde grundlegend überarbeitet und die Inhalte damit besser geordnet, sodass bestimmte Informationen rasch und zielgenau gefunden werden können, aber auch der didaktische Aufbau klarer wird. Jedes Kapitel gliedert sich nunmehr in einen Abschnitt mit allgemeinen Grundlagen, die unabhängig von einem konkreten Prozess oder einer Methode gültig sind und beachtet werden sollten. Als zweiter Teil werden die Artefakte und das Vorgehen im Unified Process näher beschrieben. Abschließend werden noch Methoden (z.B. CRC Karten) und weiterführende Themen (z.B. Entwurfsmuster) aufgeführt.

- UML wird anhand der neu erschienen Version 2.0 in einem eigenen Kapitel beschrieben.

- Der Unified Process wird vollständig anhand seiner Artefakte und dem genauen Vorgehen vorgestellt.

- Neben dem Unified Process werden auch andere Prozesse wie das Microsoft Solution Framework oder eXtreme Programming aus Prozesssicht dargestellt. Damit sollen sowohl Übereinstimmungen als auch Unterschiede festgestellt werden, damit in der Praxis der optimale Prozess für ein konkretes Projekt ausgewählt werden kann.

- Die relevanten Praktiken von eXtreme Programming werden bei den Arbeitsschritten des Unified Process zusätzlich kurz besprochen, um einen Vergleich zwischen den beiden zurzeit wohl dominantesten Prozessen im Software Engineering durchführen zu können.

- Der wichtige Bereich Software Engineering-Teams wird ausführlich in einem eigenen Kapitel behandelt.

Vorwort zur 1. Auflage

Die oft zitierte so genannte „Software-Krise" ist nur scheinbar eine Krise. Gemeint ist mit dem Schlagwort die Tatsache, dass große Teile der real im Einsatz befindlichen Software aus der Sicht des qualifizierten Ingenieurs in einem mehr oder weniger erbärmlichen Zustand sind. Diese Software ist schwer zu verändern. Sie ist technisch schlecht dokumentiert. Die Abhängigkeit der Funktion der Software von den Personen, die die Entwicklung durchgeführt haben, ist derart groß, dass man das Ganze im besten Fall als verschrobene Bastelei, keineswegs als gutes Handwerk und schon gar nicht als Ingenieurtechnik oder Ingenieurkunst bezeichnen kann.

Alte Ingenieurfächer, neue Ingenieurfächer

Wenn Sie einen Küchenmixer oder ein Kraftfahrzeug kaufen, dann funktioniert die Maschine. Wenn Sie ein Haus bauen lassen, dann steht und funktioniert das Haus (in der Regel ziemlich stabil). Und die Kosten sind entweder fix oder sie bewegen sich in einem abschätzbaren Rahmen.

Das ist das Ergebnis von etablierter Ingenieurtechnik. Es gibt Konstruktionspläne, erfahrene Ingenieure, lehr- und lernbares Know-how, das wiederverwendet wird, eine verlässliche und verfügbare Technologie, normierte Einzelteile, Standardleistungsverzeichnisse für verschiedene Systemtypen, ein anerkanntes Gewerbe und eine stämmige Industrie. Alles Bedingungen, die nebst gebräuchlicher Teilkomponenten, erforderlichem Personal oder einer konkurrierenden Lieferantenwirtschaft für den Käufer oder Konsumenten einen Zustand relativ hoher Verlässlichkeit und relativ geringer Abhängigkeit bewirken.

Damit erahnen Sie vielleicht schon, warum wir nicht von einer Krise sprechen wollen. Maschinenbau oder Hochbau sind Disziplinen mit Tradition. Etablierte Ingenieurdisziplinen hatten Zeit, sich zu entwickeln, zu entfalten und zu verbreite(r)n. Im Maschinenbau kann man in Jahrhunderten rechnen, im Bauwesen gleich in Jahrtausenden. Im „Software-Bau" rechnen wir derzeit höchstens in Jahrzehnten.

Nun gibt es bereits Verschiedenes in der Softwaretechnik, was eine etablierte Ingenieurdisziplin ausmacht. Gute Werkzeuge, viele Methoden und Vorgehensweisen, eine relativ klare und stabile Basis auf dem Gebiet der Hardware, relativ hohe Stabilität im Bereich der Standardsoftware oder bei Betriebssystemen. Und es gibt sowohl seitens der Wissenschaft als auch seitens der Wirtschaft und Industrie ein Bewusstsein über Miss- und Fehlstände. Die Wissenschaft bemängelt die „Methodenlosigkeit" der Praxis. Wirtschaft und Industrie sehen die Defizite naturgemäß eher in der Verfügbarkeit von Personal oder der Verlässlichkeit der Lieferantenstruktur.

Insgesamt ergibt sich für das Software Engineering als Ingenieurdisziplin die Ansicht eines Puzzles, bei dem einige Teile am richtigen Platz liegen, das Gesamtbild selbst aber noch nicht ganz sichtbar ist. Zu prognostizieren, wie lange das noch dauert, ist momentan eher nutzlos. In den letzten 20 Jahren wurden die wesentlichen Entwicklungsparadigmen

(Programmiersprachen, Methoden, Art der gebauten Systeme) alle fünf bis zehn Jahre abgelöst bzw. durch neue ergänzt. Glaubte man Mitte der 80er Jahre vornehmlich an die Bedeutung der hohen abstrakten Qualität einer Programmiersprache („Programmieren Sie nicht in Assembler, BASIC oder COBOL, sondern in PASCAL oder SMALL-TALK!"), so war das Mitte der 90er Jahre industriell einfach kein Thema mehr. Glaubte man Mitte der 90er Jahre, mit der Standardisierungen von Vorgehensweisen nach der Art ISO 900x und der Durchsetzung mittels Zertifizierung eine Lösung der „Methodenabstinenz" in der Praxis gefunden zu haben, so kehrt etwa gerade jetzt Anfang des neuen Jahrzehnts ein altbekanntes Syndrom zurück: Berge an internetfähiger Software werden von kleinen, einschlägig technologisch qualifizierten Teams produziert. Diese Leute müssen sich fast durchwegs keinerlei Methodik unterwerfen. Sie müssen „es einfach nur können" und sie müssen schnell sein. Mit jedem Technologiesprung oder -wechsel passiert das oder Ähnliches von Neuem. Haben wir nichts dazugelernt?

Es ist nicht wirklich ganz so schlimm, wie es oberflächlich erscheint. Durchwachsenes Ingenieurwesen braucht Zeit, um sich zu entwickeln, zu entfalten und zu verbreiten. Langsam und schrittweise werden die Konsulenten qualifizierter, die Programmierer umsichtiger, die Projektleiter erfahrener, die Spezialisten identifizierbarer, die Bandbreiten der Kostenschätzungen kleiner und die durchschnittlichen Wahrscheinlichkeiten für das Gelingen eines Projekts größer. Sie würden die Wahrheit nicht verkraften, wenn Sie wüssten, wie viel Software heute noch gebaut und nicht fertig gestellt wird. Oder nie zum Einsatz kommt. Ohne jeden sonstigen Nutzen. Aber so etwas kommt eben vor in einer Disziplin, wo man – um es mit dem Bauwesen zu vergleichen – heute eine Baugrube von Hand mit Schaufeln aushebt und zwei Jahre später ein Bagger mit drei Kubikmetern pro Schaufelfüllung zur Verfügung steht. Oder man gar eine Technologie erfunden hat, die gar keine Baugrube mehr braucht. Wer erinnert sich denn schon in diesen Zeiten, wo SQL Industriestandard für Datenbanken ist, noch daran, dass es nicht lange her ist, als man indexsequenzielle Dateien als Kunstwerk „zu Fuß" programmierte?

Der Blickwinkel dieses Buchs

Keine Krise also weit und breit in der Softwaretechnik, sondern einfach ein ganz natürlicher Wachstums- und Lernprozess. Ein Schritt folgt auf den nächsten und es gibt für die Disziplin insgesamt – das umfasst Technologie, Methode, Organisation, Personal, Gewerbe, Industrie – wenig Aussicht auf große Sprünge. Mag die Technologie noch solche Bocksprünge machen, es kann zwei Jahrzehnte dauern, bis das Topmanagement einer Firma verstanden und akzeptiert hat, dass große Software-Systeme zum Zeitpunkt ihrer Installation erst ein Viertel der Gesamtkosten verursacht haben können. Mögen die Methoden noch so elegant, verfügbar und einsichtig sein, es kann genauso lange dauern, bis ein erfahrener Projektleiter seinem aus zehn Leuten bestehenden Team ein paar wenige Styleguides zum Java-Programmieren vorschreibt und sie dann auch noch überprüft.

Es gibt seit mehreren Jahren ausgezeichnete Bücher über Software Engineering ([Somm92], [Pomb92], [Scha99], [Vlie00], [Balzert99b]). Die noch nicht veraltete Zusammenstellung von [Balz99b] ist äußerst umfassend. Das vorliegende Buch erzielt sein Motiv aus den folgenden Kriterien: Themenauswahl, Aktualität, Leserkreis, Perspektive, Gesamtgestalt.

Themenauswahl

Ein Software Engineering-Buch mit dem Anspruch auf relative Vollständigkeit – das vorliegende Werk erhebt diesen Anspruch explizit nicht – müsste sich sehr viel stärker um gewisse einzelne Teilgebiete des SE bemühen. Dazu zählen die Themen Tools, Programmiersprachen, Interface Design, Validierung, formale Spezifikation und einiges andere mehr. Die vorliegende Themenauswahl konzentriert sich auf die wesentlichen Themen für mittelgroße Projekte (0,3-3,0 Millionen Euro, 3-30 Mitarbeiter), deren Typus im weiteren Sinne „administrativ" ist. Dazu zählen u.a. Projekte der Bank- und Versicherungswirtschaft, der Unternehmensverwaltung, Projekte in Behörden, Krankenhäusern, größeren Organisationen, viele Bereiche selbstständiger Unternehmen mit Mandantenklientel und nicht zuletzt ein großer Teil der gängigen Applikationen mit Internet-Schnittstelle.

Nun sind die vorgelegten Sachverhalte für andere Bereiche nicht völlig unbrauchbar, doch würde man bei den anderen Software-Systemklassen (z.B. einer Kraftwerkssteuerung) oder deutlich größeren Projekten (z.B. staatsweit normierte Verwaltungssoftware für das Gesundheitswesen) problemgerechte Schwerpunkte hervorheben, die deutlich und explizit auf die jeweiligen Risikofaktoren in diesen Projekten Rücksicht nehmen. (Bei einer Kraftwerkssteuerung wird z.B. der formalen Spezifikation und Verifikation sowie der Art und Intensität der Testverfahren mehr Bedeutung zuzumessen sein. Bei dem Gesundheitsgroßprojekt werden in der Regel die Bereiche Projektpolitik, Requirements-Engineering, Prozessmodell oder die Phase der Installation besondere, nicht unbedingt typische Vorgehensweisen erfordern.)

Kleinere als die angeführten Projekte benötigen in der Regel „weniger Software Engineering", wiewohl es nicht nutzlos ist, die im vorliegenden Buch vorgestellte Gesamtprojektsicht vor Augen zu haben und die Abstriche an Methodik bewusst aufgrund der Kleinheit und der Art des Projekts vorzunehmen.

Aktualität

Im Software Engineering gibt es Modeerscheinungen. Manches, das als letzter Schrei gepriesen wird, verschwindet rasch wieder von der Bildfläche. Manches stellt sich erst nach einiger Zeit als wenig wirksam heraus. Und manches überlebt und verbleibt als akzeptierter Fachgegenstand. Ohne jemandem nahe treten zu wollen, würden wir z.B. zur ersten Kategorie das *Business Process Reengineering* (BPR) zählen, zur zweiten das *Computer Aided Software Engineering* (CASE) und zur letzten die *Objektorientierung* (OO).

Jedes Buch, das aktuell sein möchte, muss auf Modeerscheinungen Rücksicht nehmen, auch wenn noch nicht ganz klar absehbar ist, welchen der oben genannten Wege sie später gehen wird. Dass sich die Fachinhalte des Buchs methodisch und programmiersprachlich an der OO orientieren, ist mittlerweile eine Selbstverständlichkeit, da sich dieses Paradigma sowohl im wissenschaftlichen als auch im industriellen Bereich etabliert hat. Das bedeutet zwar nicht, dass die OO ein Allheilmittel und immer optimal ist, reflektiert aber die Macht des gerade Faktischen.

Nach langen Jahren der Vielfalt an OO-Modellierungsmethoden – ganze Dissertationen waren dem Vergleich der verschiedenen Notationen und Konzeptionen gewidmet – hat sich mit der *Unified Modeling Language* (UML) eine Art Standard zur OO-Modellierung herauskristallisiert. Wir stützen uns in der Darstellung von Projektdokumenten und -beispielen daher auf diese Methode. Nichtsdestotrotz sei darauf hingewiesen, dass der Geist dieses Buchs nicht darin besteht, eine bestimmte Methode zu forcieren, sondern eher darin, unter bestimmten Umständen und Voraussetzungen überhaupt eine zu verwenden und umzusetzen. Wobei es im konkreten Fall dann oft nicht so sehr darauf ankommt, welche Methode das ist. (SE-Weisheit: „Dass etwas angewendet wird und das dann durchgehend, ist zumeist wichtig. Nicht so sehr, was und welche Form.")

Passend zu OO und UML wurde in den letzten Jahren der Unified Process (UP) als Vorgehensmodell vorgeschlagen. Unter Berücksichtigung der Nebenbemerkungen in den vorangegangenen Absätzen verwenden wir den UP und seine Nomenklatur zur Darstellung von Projektinhalten und -abläufen. UP ist aktuell. Die oben zitierte Weisheit gilt auch hier.

Perspektive

Die Problemstellung des Erstellens eines Software-Systems kann aus sehr vielen sinnvollen Blickwinkeln betrachtet werden. Es gibt u.a. die Sicht der User, die Sicht der Entwickler, die Sicht der Auftraggeber, die Sicht des Projektmanagers, die Sicht auf die Technologie, die Sicht auf das erforderliche Personal, die Sicht auf die Vorgehensweise, die Sicht auf die Projektprodukte und -dokumente, die Sicht der Wissenschaft, die Sicht der Software-Industrie usw. Jede dieser Sichtweisen muss letztendlich versuchen, abdeckend zu sein, d.h. das Gesamtproblem ausreichend vollständig zu erfassen. Zu viele Sichtweisen gleichzeitig zu verwenden und zu berücksichtigen, würde die Verständlichkeit und Nützlichkeit nur mindern. Jedes Buch über SE trifft implizit eine Entscheidung über seinen eigenen Blickwinkel.

Anliegen und Fokus des vorliegenden Buchs ist die angewandte Gesamtprojektsicht. Die Darstellungen sollen beispielorientiert und konkret sein, jedoch aus dem Blickwinkel des Projekts als Ganzes betrachtet werden. Es ist ein wesentliches Ziel, dass die Phasen des SE-Prozesses (Analyse, Entwurf, Implementierung, Test, Wartung) immer in Einheit mit den „Metaaktivitäten" Projektmanagement und Qualitätsmanagement gesehen werden. Die Perspektive des vorliegenden Buchs ist somit „das Projekt als Einheit". Daraus leiten sich dann bestimmte Auswahlen und Auslassungen ab: Von einem Entwickler, der dieses Buch liest, erwarten wir, dass er schon programmieren kann. Das Buch ist keine „Einführung in das Programmieren". Von einem Leser, der Projektmanager ist, erhoffen wir, dass er bereits SE-Projekte in der Praxis erlebt hat. Kein Buch kann die wirkliche Erfahrung in einem Projekt ersetzen. Für einen Finanzchef, der die Budgets für ein Projekt verantwortet, bieten wir einen Überblick, was alles an Details in einem SE-Projekt zu tun ist, wenn es ein „gesundes" Projekt sein soll. Die vorliegende Sicht „Projekt als Einheit" wird ihm das Überlesen und Weglassen technischer Details erleichtern.

Leserkreis

Der klassische Leser des Buchs ist ein Entwickler, der einige Einzelprojekte oder Projekte mit ein bis zwei Kollegen durchgeführt hat. Vor die Aufgabe gestellt, in einem größeren Projekt, mit größerem Budget, mit einer größeren Anzahl von Projektmitarbeitern erfolgreich zu sein, wird ihm das vorliegende Buch hilfreich sein. Nicht durch wörtliche Übernahme, aber durch Anwendung mit Verstand.

Darüber hinaus gibt es aus der Erfahrung der Autoren eine Reihe von Kollegen und Kolleginnen, die in der SE- und IT-Branche tätig sind, denen das Blättern in diesem Buch eine Hilfe bedeuten wird. Wenn Sie auf eine oder mehrere der folgenden Fragen mit „Ja" antworten können, dann zählen wir Sie dazu:

- Sie haben vor mehr als fünf Jahren Ihren formalen Ausbildungsabschluss gemacht und wollen jetzt den aktuellen Stand und die aktuelle Begrifflichkeit im Software Engineering auffrischen?
- Sie waren lange als Entwickler in verschiedenen Projekten tätig und wechseln gerade zunehmend in das Fach des Projektmanagers?
- Sie sind ein erfahrener Programmierer, der es gewohnt ist, alleine zu arbeiten, der aber nunmehr durch die Auftragslage in größeren Projekten im Team kooperieren muss?
- Sie sind in einem großen Unternehmen tätig, wo auch größere Projekte nur von (Zu-) Fall zu (Zu-)Fall methodisch durchgeführt werden?
- Sie arbeiten bei einem größeren Software-Hersteller, der intern zwar theoretisch ein allgemeines Vorgehensmodell vorgeschrieben hat, der es aber de facto nicht bzw. nur unvollständig anwendet?
- Sie kennen die Rolle des Qualitätssicherers als Funktionär, der viel Papier produzieren darf (und lässt), den aber kein Projektmanager oder Entwickler an sein Projekt heranlässt?
- Sie wollen sich einfach einen raschen Überblick über die wesentlichen Begriffe des Software Engineering aus einer praktischen Sicht verschaffen?
- Sie sind in geschäftsleitender Position und haben hervorragende junge Techniker, die Ihnen alle Programme und Adaptionen auf Zuruf fertigen, wobei Ihnen bewusst ist, wie abhängig Sie sind?
- Sie sind aufgrund der guten Erfolgsaussichten aus einem anderen Fachbereich (Wirtschaft, Jura, Sozialwissenschaften) in die IT „zugewandert" und wollen das Grundwissen einholen, wie ein gut strukturiertes Entwicklungsprojekt jenseits des reinen Programmierens wirklich abläuft?
- Sie haben keine technische Ausbildung, werden aber von der Geschäftsleitung zunehmend zur Leitung und zum Controlling von SE-Projekten herangezogen?

Gesamtgestalt

Ein SE-Buch zeichnet bewusst oder unbewusst ein bestimmtes Bild der Disziplin. Verbreitet ist die Darstellung als Summe der wissenschaftlichen Teilgebiete. Weiters kann man z.B. die Gruppe jener Bücher identifizieren, die sich eher am *„early life-cycle"* orientieren und daher dem Information Engineering viel Bedeutung beimessen. Die *„later life-cycle"* Bücher betonen die Aspekte Implementierung und Entwicklungswerkzeuge stärker. Auch die Bindung an und um eine bestimmte Darstellungsmethode ist gängig.

Das vorliegende Buch orientiert sich an der Idee des guten SE-Projekts. Welche Phasen hat das Projekt? Was ist in jeder Phase jeweils zu tun? Welche Personen mit welchen Aufgaben und Qualifikationen braucht das qualitativ gute Projekt? Was und wie viel an Qualitäts- und Projektmanagement ist im Projekt erforderlich? Welche Dokumente und Produkte entstehen dabei? – Wir gehen also von dem Grundgedanken aus, dass ein gutes Projekt zwangsläufig ingenieurgemäße Software ganz im Sinne der etablierten Ingenieurdisziplinen erzeugt.

Zusatzmaterialien zum Buch

Auf der Companion Website des Buchs unter `www.pearson-studium.de` finden Sie zusätzliche Aufgaben, nützliche Links, Artefakte und weitere Materialien zum Buch.

Danksagung

An dieser Stelle wollen wir uns bei allen bedanken, die an der Überarbeitung dieses Buchs tatkräftig mitgewirkt haben. Ohne deren Hilfe und Liebe zu zahlreichen Details hätte das Buch in einer solchen Form nie entstehen können.

Zuerst vielen Dank an alle Helfer bei der Erstellung der ersten Auflage: Insbesondere sind Sandra Hammermüller, Corinna Thöni und Barbara Tappeiner zu nennen, die zur Erstellung dieses Buchs wesentlich beigetragen haben. Weiters möchten wir uns für die Mitarbeit und wertvollen Beiträge von Georg Neugschwendtner, Markus Mayer, Martin Schlager, Christian Fuchsberger, Jakob Puchinger und Georg Buol bedanken.

Ein nicht minder herzliches Dankeschön an die zahlreichen Helfer der 2. Auflage:

Vielen Dank an alle interessierten Leser und Leserinnen, welche durch ihr Feedback zahlreiche wichtige und interessante Anregungen lieferten.

Bei Michael Leibrecht, Stefan Heil und Maresa Dormann bedanken wir uns herzlich für die Mitgestaltung von größeren Teilen neu überarbeiteter Kapitel.

Bei Wolfgang Schramm, Martin Gassner und Maresa Dormann bedanken wir uns für die Erstellung und Überarbeitung der zahlreichen Grafiken im Buch bzw. der Mitarbeit an kleineren Beiträgen.

Wir laden alle Leser dazu ein, Kommentare und Korrekturhinweise an die Autoren des Buchs zu übermitteln. Diese können per E-Mail an sebuch@rise.tuwien.ac.at gesendet werden.

Wien, im März 2004

Wolfgang Zuser, Thomas Grechenig, Monika Köhle

In diesem Buch wird aus Gründen der besseren Lesbarkeit des Textes grundsätzlich nur die männliche Form stellvertretend für weibliche und männliche Formen verwendet. Wir bitten alle Leserinnen um Verständnis für diese Vorgehensweise.

Teil 1
Software
Engineering

Kapitelübersicht

Kapitel

1 Einleitung

Aller Anfang ist schwer.

Bekanntes Sprichwort

Dieses Kapitel erläutert zuerst den Begriff Software Engineering und seine Geschichte. Anschließend werden wichtige grundlegende Aspekte besprochen (Definition, Standards, Perspektiven). Der folgende Abschnitt führt die wesentlichen Fragestellungen des Leserkreises nochmals auf und versucht in den Antworten auf die entscheidenden Kapitel des Buchs zu verweisen. Der letzte Abschnitt gibt einen kurzen Überblick über den gesamten Inhalt des Buchs.

1.1   Kurze Geschichte des Software Engineering

Software Engineering ist eine junge Ingenieurdisziplin. Dieser Umstand begründet die oftmals unzureichenden Methoden und Techniken, welche zur Erstellung von Software eingesetzt werden. Während in anderen Disziplinen schon seit Jahrzehnten oder Jahrhunderten auf einer professionellen Ebene gearbeitet und geforscht wird, befindet sich der Bereich der gezielten Forschung und Weiterentwicklung von Software Engineering noch im Anfangsstadium.

Mary Shaw zeigt in [Shaw96] die Stufen der Entwicklung zur professionellen Ingenieurarbeit. Am Anfang steht das Handwerk mit der Produktion von Waren durch besonders talentierte Amateure. Diese bewirken zusammen das Entstehen einer eigenen Wirtschaft für diesen Bereich. Die Produktion wird systematisiert und rationalisiert, um für den entstehenden Markt konkurrenzfähige Produkte anzubieten. In dieser Phase werden die Produkte bereits durch geübte Arbeiter gefertigt. Parallel dazu entwickelt sich die Wissenschaft, welche durch Forschung in diesem Bereich zur Innovation beitragen will. Die Kombination von Forschung und Wirtschaft ergibt den Kern einer Ingenieurdisziplin. Diese ist vor allem durch die Analyse bestehender Strukturen und Fakten gekennzeichnet. Basierend auf den Erkenntnissen dieser Analyse kann eine Weiterentwicklung vorangetrieben werden, welche zu einer Segmentierung des Marktes durch neue weiterentwickelte Produkte führt. Durchgeführt werden die Arbeiten von professionell ausgebildeten Personen. Eine übersichtliche Darstellung dieser Entwicklung zeigt *Abbildung 1.1*.

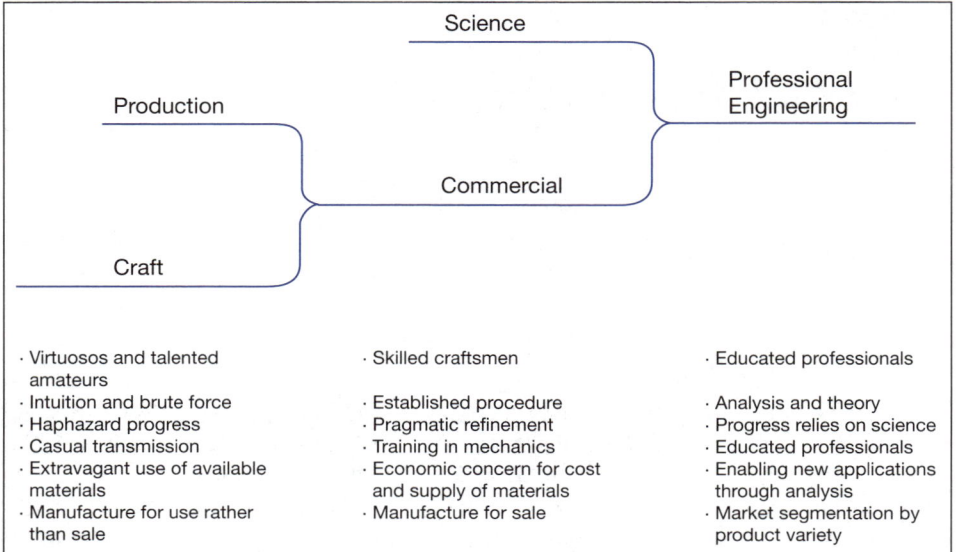

Abbildung 1.1:   Entwicklung einer Ingenieurdisziplin (aus [Shaw96] S. 8.)

Die oben beschriebene Entwicklung lässt sich auch auf dem Gebiet des Software Engineering nachvollziehen. Von Beginn der Nutzung von Computern bis Anfang der 80er Jahre wurde unter Software Engineering nicht viel mehr als das Programmieren der verfügbaren Recheneinheiten verstanden. Je nach Aufgabenstellung und zu benutzender Technik wurde von einem Programmierteam ein Programm erstellt. Im wissenschaftlichen Bereich wurden bis zu dieser Zeit hauptsächlich Algorithmen und Datenstrukturen untersucht, welche direkt Eingang in die Programmiersprachen fanden und darin umgesetzt wurden.

Der Begriff Software Engineering wurde Ende 1967 von einer Forschungsgruppe der NATO geformt. Auf den Software Engineering-Konferenzen der NATO 1968 in Garmisch und 1969 in Rom wurden erstmals in Anlehnung an andere Ingenieurdisziplinen Software-Programme als Industrieprodukt bezeichnet. Es wurde gefordert, Software Engineering nicht als Kunst zu sehen, sondern als ingenieurmäßige Tätigkeit anzuerkennen.

Ab Mitte der 60er und in den 70er Jahren kam der Begriff der „Software-Krise" auf. Dieser bezog sich auf die sich nicht ändernde schlechte Qualität der erzeugten Software-Systeme. Als erste Reaktion wurden in der Praxis erprobte Vorgehensmodelle publiziert.

Ab den 80ern wurden einzelne Softwareentwicklungsmethoden, welche sich in der Praxis bewährt hatten, formalisiert und einem breiteren Publikum zugänglich gemacht. Der Übergang von Wissenschaft und Wirtschaft zu einer professionellen Ingenieurdisziplin ist noch nicht vollzogen. Es gibt nur vereinzelte gut analysierte Beispiele, auf denen aufbauend Ingenieure ausgebildet werden können, die Software Engineering tatsächlich als Ingenieurtätigkeit betreiben. *Abbildung 1.2* zeigt die Entwicklung von Software Engineering im Vergleich zu oben gezeigtem Schema.

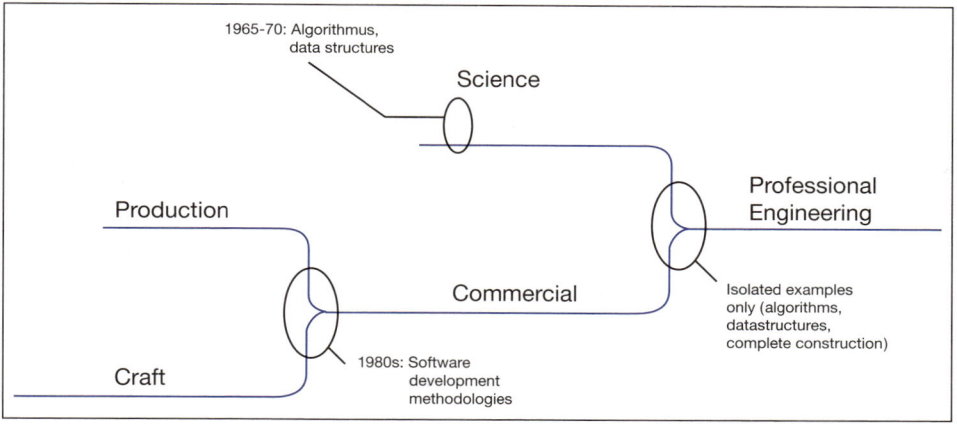

Abbildung 1.2: Entwicklung von Software Engineering (aus [Shaw96] S. 12.)

Die Entwicklung von geeigneten Methoden und Vorgehensmodellen für die Projektarbeit im Rahmen des Software Engineering ist das primäre Ziel der Weiterentwicklung dieser Disziplin.

1.2 Definition Software Engineering

Es existiert eine ganze Menge an Definitionen zum Begriff Software Engineering. An dieser Stelle werden nur einige wenige stellvertretend für viele andere zitiert. Die erste Definition von Barry Boehm streicht vor allem den Aspekt des Wissenstransfers von Wissenschaft in Richtung Praxis hervor:

> *"The practical application of scientific knowledge in the design and construction of computer programs and the associated documentation required to develop, operate, and maintain them." [Boeh79]*

Demnach kann es Software Engineering erst wirklich geben, wenn alle Praktiken ausreichend wissenschaftlich definiert und überprüft wurden.

Eine sehr ausführliche Definition bietet Helmut Balzert für den Begriff Softwaretechnik als Synonym für Software Engineering an:

> *„Softwaretechnik": Zielorientierte Bereitstellung und systematische Verwendung von Prinzipien, Methoden, Konzepten, Notationen und Werkzeugen für die arbeitsteilige, ingenieurmäßige Entwicklung und Anwendung von umfangreichen Softwaresystemen. Zielorientiert bedeutet dies die Berücksichtigung z.B. von Kosten, Zeit, Qualität." [Balz98]*

Das IEEE (Institute of Electrical and Electronic Engineers) schlägt eine sehr knappe, aber exakte Definition vor:

"The application of a systematic, disciplined, quantifiable approach to the development, operation, maintenance of software." [IEEE90]

Entsprechend dieser Definition darf alles als Software Engineering betrachtet werden, was ein systematisches Vorgehen im Bereich der Softwareentwicklung, dem Betrieb und der Wartung von Software vorweisen kann. Wesentlich an dieser Definition ist noch die Forderung, dass das Vorgehen messbar sein muss, damit eine Verfolgung und Evaluierung des Vorgehens zum Zwecke der Verbesserung erfolgen kann.

1.3 Die professionelle Disziplin Software Engineering

Im letzten Jahrzehnt wurden nicht zuletzt durch große Organisationen wie IEEE oder ACM starke Bemühungen in Richtung einer Etablierung einer professionellen Disziplin Software Engineering unternommen. In letzter Zeit gab es vor allem drei Produkte als Ergebnis dieser Bemühungen: Ethische Richtlinien (Code of Ethics) für Software-Ingenieure ([ACM99]), ein Studienplan für ein Bakkalaureat Software Engineering ([ACM03]) und eine Software Engineering-Wissensbasis (Software Engineering Body of Knowledge, [SWEB03]).

1.3.1 Code of Ethics

Der Code of Ethics wurde in Zusammenarbeit zwischen den beiden renommierten Organisationen im Bereich der Computertechnik IEEE und ACM erstellt.

Laut dem Code of Ethics sollen sich Software-Ingenieure verpflichten, aus Analyse, Entwurf, Implementierung, Testen und Wartung von Software eine nützliche und respektierte Profession zu machen. In Übereinstimmung mit deren Bekenntnis zu Gesundheit, Sicherheit und dem Wohlergehen der Öffentlichkeit folgen sie diesen acht Prinzipien:

1. *Öffentlichkeit:* Software-Ingenieure sollen in Übereinstimmung mit dem öffentlichen Interesse handeln.

2. *Kunde* und *Dienstgeber:* Software-Ingenieure sollen in ihren Handlungen das Interesse des Kunden und des Dienstgebers in Übereinstimmung mit dem öffentlichen Interesse bestmöglich wahren.

3. *Produkt:* Software-Ingenieure sollen sicherstellen, dass ihr Produkt und damit verbundene Änderungen die höchstmöglichen professionellen Standards beachtet.

4. *Urteilsvermögen:* Software-Ingenieure sollen Rechtschaffenheit und Unabhängigkeit bei ihrem professionellen Urteil bewahren.

5. *Management:* Manager und Leiter von Software-Ingenieuren sollen sich einem ethischen Vorgehen im Management von Softwareentwicklung und -wartung verschreiben und diesen fördern.

6. *Profession:* Software-Ingenieure sollen die Integrität und Reputation der Profession in Übereinstimmung mit dem öffentlichen Interesse fördern.

7. *Kollegen:* Software-Ingenieure sollen ihren Kollegen gegenüber gerecht und unterstützend wirken.

8. *Selbst:* Software-Ingenieure sollen ein lebenslanges Lernen anstreben und den ethischen Ansatz in der Praxis fördern.

1.3.2   Computing Curriculum Software Engineering

Ebenfalls aus einer Zusammenarbeit zwischen IEEE und ACM wurde ein Vorschlag für einen Studienplan für ein Bakkalaureat Software Engineering erarbeitet. Diese Arbeit ist Teil eines größeren Projekts, in dem verschiedene Studienpläne im Bereich der Computertechnik erarbeitet werden. Ziel ist es, über eine Akkreditierung einen einheitlichen Ausbildungsstandard für Software Engineering an den Universitäten zu schaffen.

Der Vorschlag gliedert den Studienplan in folgende Wissensbereiche:

1. Grundlagen der Computertechnologie: Grundlagen der Informatik, Konstruktionstechnologien, Konstruktionswerkzeuge, formale Konstruktionsmethoden

2. Mathematische Grundlagen & Grundlagen des Ingenieurwesens: mathematische Grundlagen, Grundlagen des Ingenieurwesens, wirtschaftliche Grundlagen des Ingenieurwesens

3. Professionelle Praktiken: Gruppendynamik und -psychologie, Kommunikationstechniken, Grundlagen einer Profession

4. Softwaremodellierung & Analyse: Grundlagen der Modellierung, Modelltypen, Grundlagen der Analyse, Grundlagen der Anforderungsanalyse, Anforderungsfindung, Spezifikation und Dokumentation von Anforderungen, Validierung von Anforderungen

5. Softwareentwurf: Entwurfskonzepte, Entwurfsstrategien, Architekturentwurf, Entwurf von Anwenderschnittstellen, Detailentwurf, Entwurfswerkzeuge und Evaluierung des Entwurfs

6. Softwareverifikation & -validierung: V&V Terminologie und Grundlagen, Reviews, Testen, Anwenderschnittstellen testen und evaluieren, Problemanalyse und -bericht

7. Softwareevolution: Evolutionsprozess, Evolutionsaktivitäten

8. Softwareprozess: Prozesskonzepte, Prozessimplementierung

9. Softwarequalität: Konzepte und Kultur der Softwarequalität, Standards der Softwarequalität, Prozesse der Softwarequalität, Prozesssicherung, Produktsicherung

10. Softwaremanagement: Managementkonzepte, Projektplanung, Personal und Organisation im Projekt, Projektkontrolle, Software-Konfigurationsmanagement

Weiters wird empfohlen, dass sich Studenten im Laufe des Studiums auf einen oder mehrere der folgenden Systemtypen spezialisieren sollen: Netzwerkzentrierte Systeme, Informationssystem und Datenverarbeitung, Finanzsysteme und e-Commerce-Systeme, fehlertolerante Systeme, Hochsicherheitssysteme, sicherheitskritische Systeme, eingebettete Systeme und Echtzeitsysteme, biomedizinische Systeme, wissenschaftliche Systeme, Telekommunikatonssysteme, avionische Systeme und Fahrzeugsysteme, industrielle Prozesskontrollsysteme, Multimedia, Spiele und Unterhaltungssysteme, Systeme für kleine und mobile Plattformen, Agenten-basierte Systeme.

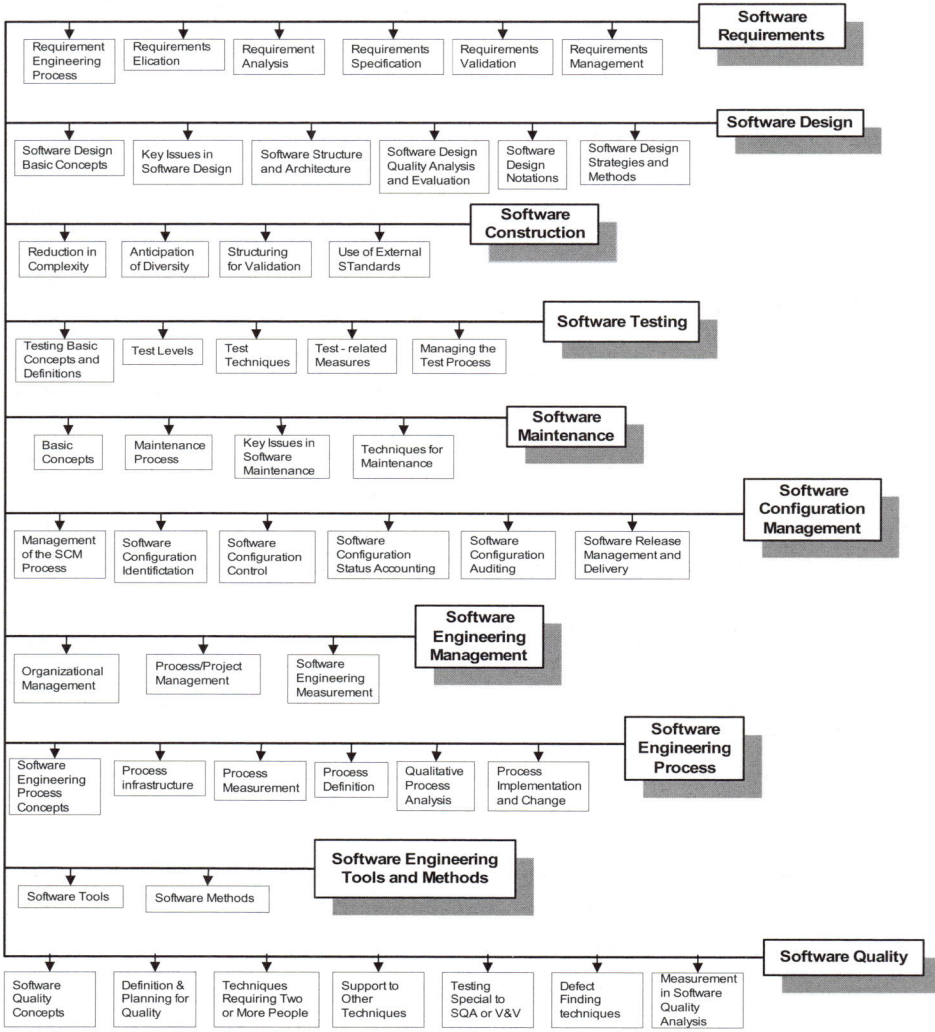

Abbildung 1.3:   SWEBOK Knowledge Areas

1.3.3 Software Engineering: Body of Knowledge

Dieses Projekt wird von mehreren internationalen und nationalen Organisation und Firmen getragen. Ziel des Projekts ist es, jenes Wissen darzustellen, welches erstens zur Profession Software Engineering zugerechnet wird und zweitens international als anerkannt betrachtet werden kann. Der Aufbau des Body of Knowledge erfolgte stark inkrementell. Es wurden zahlreiche Experten in die Feedbackzyklen eingebunden, um eine möglichst breiten Konsens zu erreichen.

Das Wissen wurde ursprünglich vor allem aus der Literatur zusammengetragen. Dabei dienten in erster Linie international erfolgreiche Lehrbücher zum Thema Software Engineering als Grundlage. Ein wesentlicher Mangel an dem Projekt ist, dass nur englischsprachige Quellen verwendet wurden.

Die in SWEBOK definierten Wissensgebiete (Knowledge Areas (KA)) für Software Engineering und ihre Unterteilung in Untergebiete sind in Abbildung 1.3 dargestellt.

1.4 Perspektiven des Software Engineering

Die Beschäftigung mit Software Engineering umfasst sowohl in der Praxis als auch in der Forschung mehrere Bereiche, deren Zusammenspiel es zu einem komplexen Ganzen werden lässt.

1.4.1 Formale Aspekte des Software Engineering

Als wesentliches Fundament jeder Erzeugung von Software sind natürlich die formale Logik und ihre unmittelbare Anwendung in Programmiersprachen und Compilern zu betrachten. Formale Elemente finden aber zum Beispiel in Form von Grammatiken auch in anderen Bereichen ihren Eingang und haben wesentliche Bedeutung (z.B. Schemen in XML oder IDL (*Interface Definition Language*) zur Festlegung von Schnittstellen). Auch die formale Spezifikation von Software (z.B. mit der Spezifikationssprache Z) basiert auf formalen Konstrukten.

Nicht zu vergessen ist die Bedeutung von formalen Beweisen im Bereich der Verifikation von Software. Der vollständige Beweis der Richtigkeit von Software ist aufgrund des Aufwandes aber nur in Bereichen ökonomisch sinnvoll, in denen die Wahrscheinlichkeit eines Auftretens von Fehlern z.B. zum Schutz von Menschenleben auf realistisch nahe null reduziert werden muss (z.B. Medizin, Luftfahrt, Anlagensteuerung und -sicherung wie in Atomkraftwerken).

Aufgrund der spezifischen Ausrichtung dieses Buches auf administrative Software im weitesten Sinn, spielen formale Aspekte in der weiteren Betrachtung von Software Engineering keine tragende Rolle.

1.4.2 Technische Aspekte des Software Engineering

Die jeweils aktuelle Technologie bestimmt ganz wesentlich den Rahmen des Machbaren. Nicht zuletzt scheitern zahlreiche Projekte an Über- oder Unterschätzung der verwendeten Technologie. Überschätzung im Sinne, dass die Technologie nicht genügend Unterstützung für ein Vorhaben liefert und damit das Projekt entweder gar nicht oder nur unter erheblichen Mehraufwand realisierbar ist. Unterschätzung im Sinne, dass die Technologie ob ihrer Komplexität oder Neuheit nicht beherrscht wird und daher mehr Probleme verursacht als löst. Eine überlegte Auswahl der zu verwendenden Technologie und deren zielführenden Einsatz ist damit einer der wesentlichen Eckpfeiler jedes Softwareentwicklungsprojekts.

1.4.3 Ingenieuraspekte des Software Engineering

Die realistische Planung eines Softwareentwicklungsprojekts und damit ein möglichst vorhersagbarer Projektverlauf ist ein wesentliches Qualitätskriterium. Der Anspruch jeder Ingenieurdisziplin ist die Verfügbarkeit von Methoden, diese Planung und die ebenfalls erforderliche Überprüfung der Realisierung nach Plan durchführen zu können. Der Anspruch an jeden Ingenieur im Einzelnen sollte der Wille sein, diese Methoden auch anzuwenden und verantwortungsvoll zu agieren, auch wenn Probleme auftreten und auch als solche erkannt werden.

Ein weiterer Aspekt eines professionellen Ingenieurwesens ist ein gewisses Berufsethos. Dieser sollte jeden Ingenieur dazu anhalten, nach besten Wissen und Gewissen möglichst hochwertige Produkte herzustellen, die den Ansprüchen des Kunden und der Anwender nach Maßgabe des Machbaren bestmöglich genügen und dabei Schutzbedürfnisse von Einzelpersonen, Gruppen oder der ganzen Gesellschaft nicht verletzen.

1.4.4 Gestalterische Aspekte des Software Engineering

Im Zuge eines Softwareentwicklungsprojekts treten zahlreiche gestalterische Aspekte auf, welche beachtet werden müssen, um die Akzeptanz des Systems schlussendlich gewährleisten zu können. Schon am Beginn hat die konkrete Formulierung und Strukturierung der Anforderungen wesentlichen Einfluss auf die endgültige Gestalt des Systems. Die weitere Verfeinerung und Planung der Umsetzung der Anforderungen in der Analyse und dem Entwurf prägen die Gestalt des Systems immer weiter.

Die bekanntesten und auch am öftesten bewusst wahrgenommenen gestalterischen Aufgaben in der Softwareentwicklung betreffen die Anwenderschnittstelle sowie Anwenderdokumentation in Form von Handbüchern und der Online-Hilfe.

1.4.5 Ökonomische Aspekte des Software Engineering

Die Entwicklung und der Einsatz von Software bzw. Systemen mit Softwareanteil muss wie jede andere technische Entwicklung natürlich auch einer Kosten-Nutzen-Rechnung standhalten. Die Bewertung des Nutzens von Software ist zurzeit noch ein schwieriges Unterfangen. (Wie bewertet man beispielsweise den Nutzen eines reines Informationssystems?). Im Bereich der Kosten unterscheidet sich die Planung von den tatsächlichen Kosten oft maßgeblich. Eine praktikable ökonomische Bewertung von Softwareentwicklungsprojekten ist damit mehr als schwierig, wenn gleich auch sehr wichtig. Wesentliche Fragen der ökonomischen Sicht wären beispielsweise:

- Soll ein System mit bestimmten Anforderungen neu gebaut oder zugekauft oder ein bestehendes Systems adaptiert werden?

- Rechnet sich der Einsatz von moderner (teurer) Technologie (vor allem auch angesichts der dadurch zu erwartenden Risiken)?

- Rechnet sich die Ablösung eines bestehenden Systems durch ein neues angesichts der Erstellungskosten, Kosten der Inbetriebnahme und der zu erwartenden Effizienzsteigerungen im Produktivbetrieb?

- Rechnet sich der Zukauf von Komponenten und die Integration in ein eigenes (gerade in Entwicklung befindliches oder bereits laufendes) System?

1.5 Grundlegende Fragestellungen der unterschiedlichen Leser

Dieser Abschnitt versucht, zentrale Fragen des Leserkreises zu beantworten. Dazu unterteilten wir den im Vorwort angesprochenen Leserkreis in drei Untergruppen: Studenten, Entwickler und Projektleiter. Die wesentlichen Fragen und Verweise zu den Teilen, in denen die verschiedenen Aspekte der Probleme behandelt werden, sind im Folgenden aufgeführt.

Die Fragestellungen von Studenten beziehen sich auf die Natur von Softwareprojekten und eine Begründung des Nutzens von Entwicklungsmethoden und -prozessen im Allgemeinen. Die zentralen Fragen von Entwicklern betreffen vermehrt den Nutzen des hier vorgestellten Vorgehens und der hier vorgestellten Methoden. Für Projektleiter werden wichtige Fragen bezüglich Team-, Projekt- und Qualitätsmanagement beantwortet.

1.5.1 Studenten

Studenten besitzen oft eher wenig Erfahrung mit der Herstellung von Software. Dementsprechend grundlegend sind auch ihre Fragen in Bezug auf das Software Engineering.

Was ist ein Softwareentwicklungsprojekt?

Viele Studenten haben im Laufe ihres Studiums das eine oder andere kleine Programm geschrieben. Manche benötigen diese Programme zur erfolgreichen Absolvierung einer (Programmier-)Übung, andere versuchen sich mit nützlichen Makros den studentischen Alltag zu erleichtern. Für derartige kleine und überblickbare Aufgaben ist keinerlei Dokumentation oder Form von Methodik notwendig. Der Student hat eine Idee und setzt diese direkt in ein Programm um. Dieses wird nach verfügbarer Zeit und persönlichem Qualitätsanspruch (z.B. nützliche Fehlermeldungen bei Falscheingaben) so lange verbessert, bis es brauchbar ist.

Bei der Erstellung von größeren Programmen, an denen mehrere bis sehr viele Personen beteiligt sind, und welche bis zu mehrere hundert Einzelfunktionen aufweisen (z.B. eine moderne Textverarbeitung), kann nicht jede handelnde Person nach eigenem Ermessen so lange etwas programmieren, bis vielleicht das gewünschte Ergebnis herauskommt.

Vielmehr muss die Programmierung einer solch umfangreichen Software genau organisiert, koordiniert und laufend unterstützt werden. Der Programmierer erhält so während der gesamten Dauer der Programmierung Rückmeldungen über seine Arbeit und kann gezielt zum Projektfortschritt beitragen. Die *bevorzugte Organisationsform* für die Software-Erstellung in Arbeitsgruppen mit mehreren Personen ist ein Projekt. Auf das Wesen eines Projekts wird in *Kapitel 2* detailliert eingegangen.

Was geschieht in einem Projekt?

Bei großen Programmen ist das erste wesentliche Problem, herauszufinden, was dieses Programm überhaupt können soll. In der *Analyse* werden diese so genannten Anforderungen mit den zukünftigen Anwendern besprochen und festgehalten.

Um die Anforderungen in ein funktionierendes Programm umzusetzen, muss der Aufbau des Programms genau geplant werden. Dies geschieht im so genannten *Entwurf*. Ohne Entwurf wäre es für den einzelnen Programmierer unmöglich, die Programmierung richtig zu erledigen, da er keine Übersicht über das gesamte Programm erhalten könnte (genauso wenig ist es einem Tischler möglich, ohne Werkszeichnung einem Werkteil die richtige Form und Abmessungen zu geben und die Bohrlöcher für die Verschraubung an die richtige Stelle zu setzen).

Bei der Programmierung, meist als *Implementierung* bezeichnet, werden verschiedenste Werkzeuge eingesetzt, um die Produktivität zu steigern und die Fehlerrate zu senken bzw. die Fehlerfindung zu erleichtern (der Tischler verfügt mittlerweile auch über wesentlich mehr Hilfsmittel als nur eine Säge und einen Hammer). Der Entwicklung solcher Werkzeuge wird große Beachtung geschenkt, da sie wesentliche Auswirkungen auf eine mögliche Produktivitätssteigerung haben. Bei der Programmierung leistet methodisches Vorgehen einen ebenso wichtigen Beitrag wie die richtigen Werkzeuge selbst (ein Tischler zeichnet sich Schnittlinien vor, um die richtige Form zu schneiden, oder beginnt mit der Verleimung erst, wenn alle Einzelteile fertig sind).

Während und nach der Programmierung muss das fertige Programm ausreichend getestet werden, um seine Fehlerfreiheit zu garantieren. Bei der Durchführung von *Tests* von großen Programmen ist ein systematisches Vorgehen von besonderer Bedeutung, da sonst zahlreiche Fehlerquellen übersehen werden könnten. Der einzelne Programmierer ist nicht mehr in der Lage, alle Auswirkungen seines Programmteils auf das gesamte Programm abzuschätzen. Im Rahmen von ausführlichen Tests werden Fehler entdeckt und deren Verbesserung veranlasst.

Im Gegensatz zu dem Makro eines Studenten wird das Programm nicht mehr von derselben Person programmiert und verwendet. Daher muss das fertige Programm vor der *Inbetriebnahme* noch bei den zukünftigen Benutzern ordnungsgemäß installiert und entsprechende Schulungen müssen durchgeführt werden.

Die oben skizzierten Tätigkeiten Analyse, Entwurf, Implementierung, Test und Inbetriebnahme werden in *Kapitel 8 bis 13* eingehend beschrieben.

Wozu brauche ich einen dokumentierten Softwareentwicklungsprozess?

Bereits aus dieser vorangegangenen kurzen Darstellung der Softwareentwicklung im größeren Rahmen lassen sich einige Tätigkeiten erkennen, welche durchgeführt werden müssen, um ein funktionierendes und brauchbares Produkt zu erhalten. Diese Tätigkeiten müssen ausführlich beschrieben und untereinander abgestimmt werden, damit nicht jeder Entwickler dieses Vorgehen neu definiert, was unweigerlich zu Chaos führen würde. Das konkrete Vorgehen in einem Projekt, d.h. die Abfolge aller Tätigkeiten zur Erzeugung der Software, wird Softwareentwicklungsprozess genannt. In einem formal definierten Softwareentwicklungsprozess werden alle diese Tätigkeiten beschrieben und miteinander in Verbindung gesetzt. Die Notwendigkeit der Verwendung eines Prozesses wird im *Kapitel 3* erläutert.

1.5.2   Entwickler

Entwickler haben bereits vielfältige Erfahrungen bei unterschiedlichen Projekten gesammelt. Für sie ist vor allem wichtig zu erfahren, ob ihre Vorgangsweise bei der Entwicklung von Software bisher optimal war oder verbessert werden könnte.

Was ist mindestens erforderlich, um ein vernünftiges Produkt zu erstellen?

Um ein gutes Produkt zu erhalten, können verschiedene Maßnahmen bei seiner Erzeugung getroffen werden, um die Qualität sicherzustellen oder im Vergleich zu früheren Produkten zu steigern. Bei der Produktion von Software, an der mehr als eine Person beteiligt ist und/oder der Aufwand eine Personenwoche überschreitet, ist ein strukturiertes und methodisches Vorgehen entscheidend.

Strukturiertes Vorgehen garantiert die Beachtung aller wichtigen Punkte, die für ein funktionierendes Endprodukt relevant sind, und stellt sicher, dass dieses Endprodukt auch den ursprünglichen Anforderungen entspricht. Ohne ein strukturiertes Vorgehen werden wichtige Tätigkeiten ausgelassen oder in einer falschen Reihenfolge ausgeführt, was aufgrund fehlender oder falscher Informationen zu verminderter Qualität führt.

Eine methodische Vorgehensweise garantiert ein einheitliches Vorgehen. Die Zwischenprodukte sind untereinander abgestimmt, sodass ein Produkt stets eine gute Grundlage für ein Folgeprodukt bildet und diese nahtlos aneinander anschließen. Bei einem methodischen Vorgehen sind die Produkte meist so gestaltet, dass sie keine redundanten Informationen enthalten und somit Inkonsistenzen weitgehend vermieden werden können.

Strukturiertes und methodisches Vorgehen ermöglicht innerhalb einer Projektgruppe Kommunikation ohne Missverständnisse, da alle Beteiligten über dieselben Tätigkeiten und Produkte sprechen.

Dieses Buch präsentiert in der Praxis erprobte Methoden gemeinsam mit einem Entwicklungsprozess als strukturiertes Vorgehen. Der Prozess und seine Grundlagen werden im *Kapitel 3* einführend dargestellt, die Methoden sind Thema der *Kapitel 8 bis 13*.

Was ist der Unterschied zwischen strukturierten und objektorientierten Ansätzen?

Grundsätzlich können sowohl strukturierte als auch objektorientierte Methoden zu einem erfolgreichen Softwareprojekt führen. Eine objektorientierte Methode allein ist kein Garant für einen Erfolg. Die erfolgreiche Anwendung einer Methode, welchem Paradigma sie auch folgt, ist stets von den handelnden Personen abhängig.

Eine objektorientierte Methode bietet heutzutage aufgrund mehrerer Voraussetzungen eine besonders gute Basis für erfolgreiche Softwareentwicklung: Der objektorientierte Ansatz lässt sich bei Verwendung entsprechender Technologien (einer objektorientierten Programmiersprache) bei allen Tätigkeiten eines Projekts verfolgen. Es kommt zu einer einheitlichen Betrachtung vom Problem bis zur Lösung, und es müssen keine Abstraktionslücken oder Methodenbrüche künstlich behoben werden. Die Prinzipien der Objektorientierung (Datenkapselung, Vererbung, Polymorphismus usw.) bieten auch eine Grundlage für eine qualitativ gute Implementierung, sofern sie konsequent angewendet werden. Die Aufteilung des Systems in Objekte bzw. deren Klassen lässt sich für eine gute Strukturierung nutzen und führt zu einem besser wartbaren Code als bei strukturierten Ansätzen.

Am Ende von *Kapitel 3* werden strukturierte und objektorientierte Ansätze ausführlich verglichen.

Wie wird ein Softwareentwicklungsprozess systematisch verbessert?

Ein Softwareentwicklungsprozess lebt von der fortlaufenden Weiterentwicklung und der ständigen Anpassung der verwendeten Methoden an sich ändernde Bedingungen. Wird ein Prozess nicht weiterentwickelt und angepasst, so kann er möglicherweise nicht mehr sicherstellen, dass Projekte ökonomisch Gewinn bringend und qualitativ verkaufbar realisiert werden können.

Da jegliche Veränderung im Prozess oder der Wechsel von Methoden mit einem Aufwand aufgrund notwendiger Schulungen und der völlig normalen Startprobleme mangels Erfahrung verbunden ist, sollten Prozesse so lange wie möglich beibehalten werden können und für eine möglichst große Bandbreite an Projekten einsetzbar sein.

Für die Einführung von neuen Abläufen, Technologien und Methoden im Rahmen des Softwareentwicklungsprozesses gibt es in einem Unternehmen vielleicht eigens dafür bestimmte Personen oder eine Abteilung. Solche Änderungen sollten in diesem günstigen Fall keineswegs vom Entwickler selbst vorgenommen werden, da dadurch Standards verletzt werden und die erstrebte einheitliche Softwareentwicklung unmöglich gemacht wird.

Mit der Verbesserung des Softwareentwicklungsprozesses im Allgemeinen beschäftigt sich das *Kapitel 5*.

1.5.3   Projektleiter

Projektleiter haben genug Erfahrung, um ein Projekt erfolgreich durchführen zu können. Gerade in einer sich so rasch weiterentwickelnden Disziplin wie dem Software Engineering ist es aber auch für sie wichtig, immer über aktuelle Entwicklungen informiert zu sein und ihre wertvollen praktischen Erfahrungen mit wichtigem theoretischen Know-how zu ergänzen.

Warum brauche ich vorgegebene Entwicklungsmethoden und einen Entwicklungsprozess?

Jeder Projektleiter sollte in der Lage sein, aufgrund seiner Erfahrungen ein Projekt zu führen und es zu einem guten Abschluss zu bringen. Dennoch bringt jedes Projekt neue Herausforderungen mit sich, die neue Entscheidungen erfordern. Bei all jenen Dingen, bei denen der Erfahrungsschatz eines Projektleiters nicht ausreicht, können ein definierter Prozess und die Anwendung von Methoden hilfreich sein.

Das Anwenden eines Prozesses hat den Vorteil, dass das Vorgehen für Außenstehende (z. B. den Kunden oder zukünftige Mitarbeiter) und auch für die Mitarbeiter nachvollziehbar ist. Dies stärkt das Vertrauen in das Vorgehen und erspart lange Diskussionen über den Sinn oder Unsinn von Tätigkeiten oder Produkten.

Eine standardisierte Methode und die damit verbundene Notation nimmt zahlreiche Dokumentations-, Arbeits- und Prozessentscheidungen ab, die sonst immer wieder getroffen werden müssen (z.B. wie sieht ein Klassendiagramm aus oder wie kann man die Anforderungen brauchbar dokumentieren). Sind diese Dinge festgeschrieben, bleibt dem Projektleiter viel mehr Zeit für andere Entscheidungen, die meist wesentlich wichtiger sind (z.B. Lösung technischer oder organisatorischer Probleme).

Je detaillierter und umfangreicher die Beschreibung der Methode ist, desto mehr Anpassungen und Abstriche sind bei einem konkreten Projekt möglich[1]. Es können für bestimmte Projekte (z.B. kleine Projekte) Produkte verkleinert, ausgelassen oder modifiziert werden, ohne den Erfolg des Projekts zu gefährden. Somit kann eine gut beschriebene Methode für viele Projekte unterschiedlicher Größe und Art verwendet werden. Dies ermöglicht es, dass der durch die Methode gesetzte Standard bei den meisten Projekten weitgehend beibehalten werden kann. Je öfter dieselbe Methode eingesetzt werden kann, desto höher wird – aufgrund der Erfahrung mit der Methode – die Produktivität sein.

Zu Prozessen enthält das *Kapitel 3* weitere Ausführungen. Die wichtigen Managementbereiche Projektmanagement, Qualitätsmanagement und Teammanagement werden in den *Kapiteln 4 bis 6* beleuchtet. Die Details der angewandten Methoden werden in *Kapitel 8 bis 13* vorgestellt.

Wie kann ich überprüfen, ob ich auf dem richtigen Weg bin?

Die Grundlage für ein Projekt bildet stets ein Projektplan. Dieser gibt Termine vor, zu denen Tätigkeiten gestartet und beendet werden sollten. Nach dem Abschluss von besonderen Tätigkeiten (meist Tätigkeiten, welche einen größeren Arbeitsschritt oder eine Phase beenden) muss überprüft werden, ob die Ziele gemäß des Projektplans erreicht worden sind. Dazu gibt es formale Verfahren, in denen die Qualität von Produkten und Prozessen überprüft werden kann (z.B. Reviews, Inspektionen usw.).

Aufgrund des Projektfortschritts kann es in einem Projekt zu Terminänderungen kommen. Der Projektplan wird entsprechend der jeweils neu entstehenden Situation angepasst. Auch die Termine für Überprüfungen müssen mit verändert werden. Um zwischen den großen Überprüfungen nicht die Übersicht zu verlieren, sollte der Projektleiter von den Entwicklern regelmäßig Berichte verlangen, in denen ihre erledigten Tätigkeiten beschrieben sind und Probleme aufgeführt werden.

Methoden für ein derartiges Projektmanagement werden im *Kapitel 4* ausführlich vorgestellt.

Welche Auswahl an Produkten, Prozessen und Personen ist für mein Projekt wesentlich?

Jedes Projekt erfordert einen darauf zugeschnittenen Entwicklungsprozess. Der Entwicklungsprozess definiert die daran beteiligten Personen, Prozesse und Produkte, die für eine erfolgreiche Durchführung des Projekts notwendig sind. Die Auswahl dieser Faktoren ist

---

[1] Dies liegt unter anderem daran, dass sich die Produkte in einer umfangreichen Methode im Inhalt nur geringfügig weiterentwickeln. Lediglich die Betrachtungsweise wechselt von Produkt zu Produkt und wird schrittweise um weitere wichtige Informationen ergänzt, um eine vollständige Darstellung des Problems zu erhalten. Damit werden große Sprünge an Informationszuwachs vermieden, die leicht zu Inkonsistenzen oder Auslassungen führen können. Wird bei einer solchen „dichten" Methode ein einzelnes Produkt weggelassen, sind die Sprünge an Informationszuwachs meist immer noch nachvollziehbar und daher problemlos.

vom konkreten *Projekttyp* abhängig. Dies hat einen wesentlichen Einfluss sowohl auf die Anzahl der notwendigen Personen, Prozesse und Produkte als auch auf deren konkrete Auswahl bzw. Gestaltung.

Die Bestimmung von Projekttypen und die Auswirkungen eines konkreten Projekttyps auf Personen, Prozesse und Produkte werden in *Kapitel 2* dargestellt.

Wie misst man die Qualität eines Softwareentwicklungsprozesses?

Die Qualität eines Softwareentwicklungsprozesses kann an der Qualität seiner Produkte und dem dafür benötigten Aufwand gemessen werden. Um die Qualität von Produkten vergleichend bestimmen zu können, müssen dafür geeignete *quantitative Methoden* geschaffen werden. Diese so genannten Metriken können für die Beurteilung der Produkte und des Erzeugungsprozesses verwendet werden.

Eine weitere Möglichkeit der Beurteilung eines Prozesses ist eine *qualitative Beurteilung* in Form von Audits. In solchen Überprüfungen wird der Prozess von eigens dafür geschulten Prüfern in Gesprächen mit der Unternehmensführung und auch mit den Mitarbeitern analysiert. Dabei können mögliche Schwächen aufgedeckt, vor allem aber auch ein angestrebtes Qualitätsniveau des Softwareentwicklungsprozesses bestätigt werden. Solche qualitativen Beurteilungen finden auch im Rahmen von Zertifizierungen statt. Diese bescheinigen einem Unternehmen einen bestimmten Qualitätsstandard, auf den sich unter anderem Kunden verlassen und berufen können.

In Abhängigkeit von der festgestellten Qualität eines Entwicklungsprozesses kann der bestehende Prozess unter Berücksichtigung von erwünschter Produktivitätssteigerung und geänderten Rahmenbedingungen verbessert werden.

Die Themen Qualität, Qualitätskonstruktion, Qualitätssicherung und Qualitätsverbesserung werden im *Kapitel 5* ausführlich besprochen.

1.6 Verwendete Fallbeispiele

Im gesamten Buch werden die vorgestellten Methoden anhand von Beispielen aus zwei konkreten Projekten erläutert, welche in diesem Abschnitt kurz beschrieben werden. Dem Leser soll dadurch die praktische Anwendbarkeit der vorgestellten Methoden gezeigt und die eigene Anwendung erleichtert werden. Für weitere Details und ausführlichere Beispiele kann die in den einzelnen Kapiteln angegebene Literatur für jedes Teilgebiet herangezogen werden. Größere Beispiele und ausführlichere Diskussionen der einzelnen Methoden sind ebenfalls in der einschlägigen Literatur zu finden.

1.6.1   Beispiel: Projekt Liftanlage

In diesem Projekt soll die Simulation einer Liftanlage implementiert werden. Die zu simulierende Liftanlage verfügt über mehrere Lifte, die Anfragen (zur Beförderung von Personen) erfüllen können.

Die Simulation soll die Schnittstellen zum Lift (Knöpfe in den Stockwerken, Knöpfe im Lift, Gegensprechanlage) geeignet grafisch darstellen und über die grafische Schnittstelle auch die Bedienung des Lifts ermöglichen. Vor allem muss es möglich sein, zu simulieren, Personen in den Lift ein- und aussteigen zu lassen.

Der Steueralgorithmus der Liftanlage sollte möglichst einfach gehalten werden.

Der voraussichtliche Projektaufwand beträgt drei geschätzte drei Personenmonate.

1.6.2   Beispiel: Projekt Kartenbüro Ticket-Line

Im Projekt Ticket-Line sollen für Veranstalter von Kulturereignissen (Theater, Oper, Kino, Konzerte usw.) ein System entwickelt werden, welches den dezentralen Verkauf von Eintrittskarten ermöglicht.

Nutzer des Systems als Verkäufer der Karten sind Kartenbüros, die Veranstaltungsorte (Kinos, Theater, Konzerthallen usw.) selbst oder auch die Veranstalter selbst (z.B. über entsprechende Webshops).

Die Architektur des Systems soll für eine Vielzahl von Clients gerüstet sein, die auf ein zentrales Serversystem zugreifen und Veranstaltungsdaten, Kundendaten und Verkaufsdaten abfragen und aktualisieren können.

Die wesentlichen Anforderungen an das System sind Stabilität (Ausfallsicherheit, Datensicherheit) und Benutzbarkeit für die Verkaufsstellen.

Für das Projekt ist ein Gesamtaufwand von zweieinhalb Personenjahren veranschlagt.

Kapitel

2   Software Engineering

Wer aufhört, besser zu werden, hat aufgehört, gut zu sein.

Philip Rosenthal

Begriffe in diesem Kapitel

Softwareentwicklungsmethode (*Entwicklungsmethode, Methode*): Anleitung zur Bearbeitung eines bestimmten Aspekts (z.B. Anwendungsfall, Analysemodell, Implementierung) eines (Software-)Systems. Meist in Verbindung mit einer Notation zur (grafischen) Darstellung eines Modells.

Produkt: Das bleibende Ergebnis einer Tätigkeit. Ein Produkt kann bei der Softwareentwicklung ein schriftliches oder elektronisches Dokument oder ein technisches System sein.

Leistung: Eine oder mehrere Aktivitäten, die dem Empfänger einen direkten Nutzen bringen, ohne dass dieser Nutzen notwendigerweise in Form eines Produkts bleibend verfügbar ist. Übliche Leistungen bei der Softwareentwicklung sind: Beratung, Schulungen, Wartung usw.

Interessengruppe (Stakeholder): Jede Person, die an einem Projekt ein Interesse welcher Art auch immer hat. Typischerweise sind zumindest folgende Interessengruppen für ein Projekt relevant: Anwender, Management der Anwender (ist meist zugleich auch der Kunde), Entwickler, Management der Entwickler (ist meist zugleich auch der Auftragnehmer), Systemadministratoren auf Kundenseite, technischer Kundendienst.

Kunde: Jene (juristische) Person, welche ein Softwareprojekt vertraglich in Auftrag gibt. Der Kunde ist für die wirtschaftliche Abwicklung des Projekts verantwortlich und hat meistens dementsprechend auch vorwiegend wirtschaftliche Interessen am Projekt.

Auftragnehmer: Die Person oder Organisation, welche sich verpflichtet, die Anforderungen der Anwender eines Kunden in ein Produkt umzusetzen.

> **Objekt:** Eine Einheit mit Eigenschaften und Fähigkeiten. Eigenschaften können ihren Wert während der Lebensdauer dieser Einheit ändern. Das Ergebnis der Durchführung von Fähigkeiten wird durch den jeweils aktuellen Zustand der Einheit (= Summe der Werte aller Eigenschaften zu einem Zeitpunkt) beeinflusst.
>
> **Klasse** *(in Modellen)*: Abstrakte Beschreibung der Eigenschaften und Fähigkeiten vieler ähnlicher Objekte.

Benötigt jemand Software, so hat er mehrere Möglichkeiten zur Auswahl. Erstens: Es gibt bereits ein bestehendes und (käuflich) erwerbbares Produkt, das den Anforderungen an die gewünschte Software entspricht. Die zweite Möglichkeit besteht in der Änderung eines bestehenden Produkts, das den Anforderungen an die gewünschte Software nicht exakt entspricht. Hierbei gibt es mehrere Varianten (das bestehende Produkt ist im eigenen Besitz oder im Besitz eines anderen Unternehmens, Änderungen können selbst durchgeführt werden oder müssen durch jemand anderen durchgeführt werden), welche mit deutlich unterschiedlichen Kosten verbunden sind.

Die dritte Möglichkeit besteht in der Neuerstellung einer Software, falls es kein Produkt gibt, das den Anforderungen genügt und kein Produkt dementsprechend verändert werden kann, oder ein derartiges Produkt zwar existiert, aber nicht verkauft wird oder zu teuer ist. *Tabelle 2.1* zeigt nochmals die drei Varianten des Erwerbs von Software im Überblick.

	Kauf	**Abänderung**	**Neuerstellung**
Entspricht Anforderungen	Ungefähr (oft viele ungenützte Funktionen oder ein paar fehlende Funktionen)	Fast (oft durch technische Grenzen beschränkt)	Genau
Änderbarkeit[1]	Schwierig, da technische Details oft nicht oder schlecht dokumentiert (bzw. diese nur teuer zu kaufen sind)	Ausgangsprodukt wurde selbst hergestellt: leicht änderbar, durch andere hergestellt: schwer änderbar (da Dokumentation oft unzureichend oder schwer erhältlich)	Gut, da Dokumentation dafür ausgerichtet ist
Preis	Je nach Anforderungen und Verbreitung	Durchführung – selbst: billig – durch andere: teuer	Teuer

Tabelle 2.1:   Drei Varianten des Software-Erwerbs im Vergleich

---

[1]   Die Änderbarkeit von Software ist generell immer auch von deren Alter abhängig. Ältere Programme sind im Allgemeinen schlechter dokumentiert als neuere und aufgrund der Technik und dafür fehlender Experten schwieriger zu ändern.

Vor allem für die Abänderung und Neuerstellung von Software ist ein professionelles Software Engineering von entscheidender Bedeutung. Auch beim Kauf kann Wissen über Software Engineering nicht von Nachteil sein, um beispielsweise die Qualität der Herstellung des gekauften Produktes besser beurteilen zu können.

Dieses Kapitel erklärt die fünf wesentlichen Faktoren von Software Engineering: Projekte, Personen, Prozesse, Produkte und Paradigmen. Teilweise wird auf nachfolgende Kapitel verwiesen, in denen einzelne Faktoren eingehender erläutert werden.

2.1 Projekte

Die Abänderung bzw. Neuerstellung von Software durch professionelle Software-Entwickler wird heute fast ausschließlich in Projekten durchgeführt. Der Grund für diese Art von Organisation liegt an den wechselnden Anforderungen an ein Unternehmen, welche in Projekten leichter bewältigt werden können als in den herkömmlichen Organisationsformen des Unternehmens.

In der *traditionellen Organisationsform* ist ein Unternehmen strikt hierarchisch gegliedert. Die Entwickler werden in Gruppen bzw. Abteilungen zusammengefasst, die einen bestimmten Schwerpunkt haben (z.B. Systemprogrammierung, Datenbankanbindung, Netzwartung usw.). Der Abteilung steht ein Abteilungsleiter vor. Mehrere Abteilungsleiter haben wiederum einen Bereichsleiter als Vorgesetzten. Diese hierarchische Gliederung führt über das mittlere und höhere Management bis zu einem Vorstand oder einer Geschäftsleitung. Jeder Teil dieser Hierarchie hat genaue Einsatzfelder, Verantwortungen und Pflichten.

Die traditionellen Organisationsformen sind durch strikte hierarchische Kommunikationswege und starke Abhängigkeiten zwischen den Stellen gekennzeichnet. Diese starre Struktur eignet sich schlecht für die Umsetzungen von ständig neuen Anforderungen. In modernen Softwareprojekten ist es meist notwendig, dass viele Personen aus verschiedenen Fachbereichen (z.B. Anwenderdomäne, Netzwerktechnik, Systemprogrammierung, Anwendungsentwicklung usw.) zusammenarbeiten. Diese Zusammenarbeit erfordert sowohl eine direkte Kommunikation zwischen den Projektmitgliedern als auch eine Organisationsform unabhängig von Abteilungen. Zu diesem Zweck setzte sich im Laufe der Zeit die wesentlich flexiblere Projektorganisationsform im Bereich des Software Engineering durch.

Bevor das Wesen eines Projekts anhand seiner wichtigsten Attribute Personen, Prozesse, Produkte und Paradigmen erklärt werden kann, muss der Begriff „Projekt" definiert werden. Die folgenden Charakteristika erklären ein Projekt:

1. Ein Projekt ist ein *in sich abgeschlossenes inhaltliches Vorhaben, in dem neuartige und unbekannte Probleme gelöst werden.* Ein Projekt unterscheidet sich wesentlich von Arbeiten im gewöhnlichen Geschäftsbetrieb. Da die Organisationsform des Geschäftsbereiches für die Durchführung des Vorhabens nicht geeignet ist, wird ein Projekt dafür installiert.

2. Ein Projekt kann eine oder mehrere folgender Phasen enthalten: *die Planung, die Realisierung oder den Betrieb* von Software.

3. Ein Projekt verfügt über ein *Projektteam*. Dieses Team wird aus der bestehenden Organisation gelöst und ist dem Projekt zugeordnet. Für das Projekt wird eine eigene Organisation entwickelt. Aufgrund der teilweise hohen Komplexität von Projekten und fachlicher Wissensvermischungen kann die Zusammenarbeit von Personen aus unterschiedlichen Fachgebieten erforderlich sein, welche mit unterschiedlichen Kenntnissen zum Erfolg des Projekts beitragen sollen. Die Personen besitzen aber auch unterschiedliche Denk- und Sprechmuster, was vor allem in der Kommunikation zu erheblichen Problemen führen kann.

4. Ein Projekt hat *klare Ziele*. Vor Beginn eines Projekts wird genau festgelegt, was durch das Projekt erreicht werden soll. Oft werden auch Kriterien festgeschrieben, die zum Abbruch eines Projekts führen können (z.B. Zeit- oder Kostenüberschreitung).

5. Ein Projekt verwendet *unterschiedliche Methoden*, um die Komplexität der Aufgabenstellung geeignet zu untersuchen, darzustellen und ein zufriedenstellendes Ergebnis zu erreichen. Mit wachsender Komplexität der Projekte wandeln sich auch die Methoden zur Erfassung der Anforderungen und der Erstellung des Entwurfs.

6. Ein Projekt hat ein *besonderes Risiko*. Aufgrund der Einmaligkeit von Projekten kann es bezüglich Zeit, Kosten und Technologie zu Problemen kommen, die den Projekterfolg gefährden. Die Minimierung dieser Risiken zählt zu den wichtigsten Punkten in einem erfolgreichen Projektmanagement.

7. Ein Projekt ist *zeitlich begrenzt*. Ein jedes Projekt hat einen Start- und Endtermin. Der Endtermin muss zum Zeitpunkt des Starts noch nicht feststehen, jedoch ist festgelegt, dass das Projekt nach Fertigstellung bestimmter Tätigkeiten beendet ist.

8. Projekte haben ein *eigenes Budget*, welches nicht überschritten werden kann, ohne den Projekterfolg zu gefährden.

In Abhängigkeit von bestimmten Merkmalen, anhand derer Projekttypen unterschieden werden können, müssen Softwareprojekte unterschiedlich durchgeführt werden. Je nach Merkmalskombination können bzw. müssen unterschiedliche Methoden verwendet werden. Jede Methode ist nur für bestimmte Projektmerkmale geeignet. Keine Methode kann für jede Art von Projekten verwendet werden, jedoch lässt sich eine Methode so verallgemeinern, dass zumindest grundlegende Prinzipien und Vorgehensweisen für eine möglichst große Auswahl an Projekten geeignet sind (diesen Ansatz verfolgt der „Unified Process"). Für ganz bestimmte Merkmalskombinationen muss ein solches Grundgerüst dennoch angepasst werden. Weiters sind je nach Projekttyp gesonderte Risiken besonders beachtenswert, die den Projektverlauf wesentlich beeinflussen können. Projekttypen können anhand der folgenden Merkmale unterschieden werden:

- Die *Interessengruppen* am Projekt bestimmen wesentlich die strategische Ausrichtung des Projekts, sowie die konkreten Anforderungen funktionaler und nichtfunktionaler Natur.

- Die *Größe* eines Projekts gibt Auskunft über den erforderlichen Aufwand in Form von Personenjahren und daran beteiligten Personen.

- Die *Dauer* eines Projekts bestimmt die Laufzeit des Projekts in Kalenderwochen.

- Die *Zielsetzungen* bestimmen wesentlich den Projektverlauf und die Kriterien für eine erfolgreiche Durchführung.

- Anhand der *Domäne* lassen sich Schwierigkeiten aufgrund von fachlich schwierig umzusetzenden Anforderungen bereits vor Projektbeginn erkennen.

- Die *verwendeten Technologien* beeinflussen den Realisierungsaufwand des Projekts.

- Die vorhandenen *Ausgangsprodukte* und die gewünschten *Zielprodukte* bestimmen den Projektverlauf und den Aufwand.

- Alle diese Merkmale können in unterschiedlichem Ausmaß *Quellen der Komplexität* für ein Projekt sein.

2.1.1   Interessengruppen (Stakeholder)

In jedem Projekt gibt es unterschiedliche Interessengruppen (Stakeholder), die wie der Name schon sagt, bestimmte Interessen haben, die sich aber zum Unglück des Projekts meist voneinander unterscheiden. *Abbildung 2.1* zeigt die unterschiedlichen Interessengruppen in einem typischen Projekt. Die Pfeile zeigen die Beziehungen untereinander, über welche Interessen kommuniziert und abgeglichen werden, wo aber natürlich auch Interessenkonflikte entstehen können.

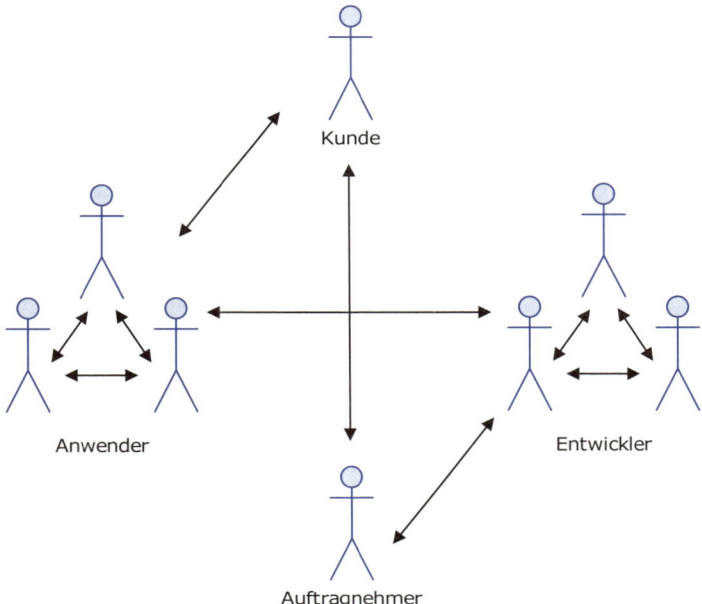

Abbildung 2.1: Interessengruppen und deren Kommunikationsbeziehungen zueinander

Kunde

Der Kunde hat meist finanzielle Interessen und möchte mit Hilfe des Projekts Einsparungen erzielen. Im schlechtesten Fall geht dies zu Lasten der Arbeitsplätze der zukünftigen Anwender, was auch deren Widerstand erzeugen kann. Finanziell möchte der Kunde auch im Projekt sparen und vom Auftragnehmer günstige Konditionen erhalten.

Der Kunde möchte aber auch durch das Softwareprodukt Erleichterungen für seine Mitarbeiter erwirken, durch welche die Motivation der Mitarbeiter steigen kann. Die dadurch gewonnene Zeit kann wiederum für andere Aufgaben genutzt werden, was auch die Produktivität erhöht.

Anwender

Anwender erhoffen sich von Softwareprojekten für gewöhnlich Arbeitserleichterungen. Die Software soll beispielsweise dazu dienen, Abläufe zu automatisieren und zu vereinfachen, Dokumente elektronisch zu archivieren und leicht wieder zu finden oder Kommunikationsprozesse zu unterstützen. Die Wünsche der Anwender sind oft sehr umfangreich, was direkt dem finanziellen Interesse des Kunden (d.h. einem übergeordneten Management der Anwender) widerspricht. Die Wünsche von vielen Anwendern können sich untereinander oft sogar widersprechen (vor allem, wenn die Anwender aus unterschiedlichen Fachabteilungen stammen), was zu einem erhöhten Verhandlungsbedarf führt.

Auftragnehmer

Der Auftragnehmer möchte ein möglichst effizientes, Gewinn bringendes Projekt durchführen. Er kann dies vor allem durch einen für ihn guten Vertrag mit dem Kunden, aber auch durch ein knappes Budget für das Projektteam erreichen. Ist es Teil der Unternehmensphilosophie können auch bestimmte Qualitätsmerkmale ein wesentliches Anliegen sein (z.B. Usability oder Robustheit des Produktes). Letztlich ist der Auftragnehmer vor allem bemüht, die Wünsche des Kunden zufriedenstellend zu erfüllen.

Entwickler

Auch die Entwickler haben unterschiedlichste Interessen. Manche wollen wenig Arbeit haben, manche haben den Ehrgeiz, ein besonders funktionelles Produkt zu erstellen, manche nehmen sich vor allem die Anliegen der Anwender zu Herzen.

Alle diese Interessen unter einen Hut zu bekommen, ist ein sehr schwieriges und aufwändiges Unterfangen. Mit wachsender Projektgrößte und damit meist direkt proportional steigender Anzahl von beteiligten Personen wird die Aufgabe noch komplexer.

2.1.2 Größe

Die Größe entspricht dem benötigten Gesamtaufwand in Personenjahren für die Umsetzung der Anforderungen. Der grundsätzliche Aufwand lässt sich nicht direkt bestimmen, sondern ist, ausgehend von einer Grunddauer, die von der Anzahl und der Komplexität der einzelnen Anforderungen abgeleitet werden kann, von einigen weiteren Faktoren abhängig:

Einerseits erhöht eine große Zahl von Anforderungen die Komplexität durch eine steigende Anzahl von Zusammenhängen und Abhängigkeiten zwischen den Anforderungen. Mit einer großen Anzahl an Anforderungen sind außerdem Anforderungsänderungen während eines laufenden Projekts sehr wahrscheinlich. Dadurch wird die Projektdauer zusätzlich verlängert.

Andererseits nimmt der Aufwand beim Projektstart für Infrastruktur, Schulungen und andere einmalige Aktivitäten bei größeren Projekten relativ gesehen einen kleineren Teil der Gesamtprojektdauer ein als bei kleinen Projekten. Weiters kann sich der durchschnittliche Aufwand für die Umsetzung von Anforderungen aufgrund von inhaltlichen Ähnlichkeiten im Vergleich zu kleinen Projekten verringern, wo es solche Überschneidungen nicht gibt.

Größe	Beschreibung	Beispiel
Klein	Wenige Personen für einen/wenige Anwender	Makros/Erweiterungen in Standardapplikationen, Stammdatenverwaltung (Lager, Mitglieder eines Vereins …) ohne umfangreiche Geschäftslogik
Mittel	Ein Team für einen Kunden und einige Anwender(gruppen)	Lohnverrechnung, Intranet, e-Shop
Groß	Viele Personen für sehr viele sehr verschiedene Anwender	Internationale Standardapplikationen, konzernweite Softwarepakete

Tabelle 2.2: Größenordnungen von Softwareprojekten

Alle diese Faktoren müssen bei der Projektplanung in der Aufwandsschätzung berücksichtigt werden. Entsprechend des Aufwands kann man Projekte in sehr kleine, kleine, normale, große und sehr große Projekte einteilen.

Der in diesem Buch vorgestellte Prozess eignet sich für normale bis große Projekte. Für kleine Projekte ist der dargestellte Umfang an Tätigkeiten und Produkten zu groß.

Für sehr große Projekte kann sehr selten ein allgemeiner Prozess verwendet werden. Vielmehr müssen bei sehr großen Projekten je nach Projekt und Komplexität (viele Quellen der Komplexität werden bei sehr großen Projekten erst während der Projektdurchführung gefunden und gelöst) das Vorgehen, die Methoden und der Produktumfang gesondert bestimmt und dem Projektverlauf angepasst werden.

2.1.3   Dauer

Die Dauer eines Projekts in Kalenderwochen hängt von der Größe und von den daran be-teiligten Personen ab. Der errechnete Projektaufwand kann auf mehrere Personen aufge-teilt werden, um eine kürzere Dauer zu erreichen.

Je mehr Personen an einem Projekt beteiligt sind und je mehr Rollen diese bekleiden, desto mehr Kommunikation, Organisation und Projektkontrolle ist für einen geregelten Ablauf notwendig. Die Aufteilung eines Projekts auf mehrere Teams (bei großen bzw. sehr großen Projekten) führt zu einem erhöhtem Aufwand im Management und dadurch auch zu neuen Problemquellen.

Der ursprünglich geschätzte Aufwand in Personenjahren aufgrund der benötigten Zeit zur Realisierung der Anforderungen kann sich bei einer steigenden Anzahl von Mitarbeitern somit noch beträchtlich erhöhen (bis zu 20 bis 30 Prozent). Ein Aufwand von zehn Perso-nenjahren auf zehn Personen aufgeteilt ergibt dann nicht ein Jahr Projektdauer, sondern ca. 20 Prozent mehr.

Ist andererseits das Projektteam sehr klein (ein oder zwei Personen) können aufgrund des sehr geringen organisatorischen Aufwands in geringerer Zeit mehr Anforderungen als in einem normalen Projekt umgesetzt werden.

Tabelle 2.3 zeigt die Dauer für ein Projekt in Abhängigkeit von der Kategorisierung aus *Tabelle 2.2* und im Vergleich dazu einen Faktor, welcher den erforderlichen Aufwand für die im Projekt umgesetzten Anforderungen widerspiegelt.

Größe	Faktor für Aufwand	Faktor für Dauer	(zusätzliche) Produkte und Leistungen
Klein	1 bis 1,5	1	Projektplan, Anforderungen, Entwurf, Entwick-lungsdokumentation, Tests, Benutzerdokumentation
Mittel	3 bis 7	3 bis 7	Geschäftsprozesse, Konfigurations-Management, Reviews, Projektmanagement
Groß	8 bis 40	10 bis 50	Risikomanagement, Hotline, Upgrades

Tabelle 2.3:   Aufwand und Leistungen im Vergleich

2.1.4   Zielsetzungen

Unter einem Ziel sind hier nicht funktionsbezogene Anforderungen zu verstehen, sondern der Beweggrund, weshalb ein Projekt durchgeführt wird. Dieser Grund ist stets mit einer konkreten Absicht verbunden, was nach einem Projekt erreicht worden sein soll. Der Grund, warum ein Projekt tatsächlich gestartet wird, kann von sehr unterschiedlicher Natur sein:

Kurzfristige ökonomische Interessen: Das entstehende Produkt kann Gewinn bringend verkauft werden oder es wird die Produktivität des entstehenden Produkts indirekt gesteigert (z.B. durch Rationalisierung der Verwaltung mittels Buchhaltungsprogramm, Errichtung einer computergesteuerten Fertigungsstraße).

Strategisches Investitionsprojekt mit dehnbarem Budget. Die Kosten eines solchen Projekts sind höher als der damit unmittelbar zu erreichende Gewinn. Jedoch kann dieses Projekt längerfristig betrachtet dem Unternehmen zu Vorteilen verhelfen. Die Verwendung von neuen Technologien führt z.B. kurzfristig zu höheren Kosten und einem erhöhten Projektrisiko im Vergleich zu bewährten Technologien. Bei Projekten in der Zukunft kann das Unternehmen durch die Kenntnis eben dieser Technologie entscheidende Wettbewerbsvorteile für sich beanspruchen.

Projekt in der Krise: Ein Projekt, dessen Kosten- oder Zeitplan zu sehr überschritten ist, um es wirtschaftlich erfolgreich abschließen zu können, wird dennoch fortgesetzt, um andere Zielsetzungen zu verwirklichen.

Forschungsprojekt: Ein solches Projekt wird zur Erforschung von Inhalten wie z.B. methodisches Vorgehen oder die Entwicklung von neuen Technologien durchgeführt und ist nicht durch einen wirtschaftlichen Erfolg gekennzeichnet. Erst durch die Anwendung der Forschungsergebnisse kann in Folgeprojekten eine andere Zielsetzung verfolgt werden.

Die Zielsetzungen beeinflussen die Vorgehensweise in einem Projekt. In einem Forschungsprojekt können aufwändige Versuche unternommen werden, die anschließend wieder verworfen werden, aber dennoch zum Projektfortschritt indirekt etwas beigetragen haben. In einem ökonomisch orientierten Projekt bedeutet jeder Aufwand Kosten für den Kunden und muss daher gerechtfertigt sein. So stellt hier jeder Aufwand, der keinen direkten Nutzen für das Endprodukt bedeutet, ein Risiko dar. Um das Endprodukt so kostengünstig wie möglich zu realisieren, ist es notwendig, dass die Anforderungen an dieses genau bestimmt und die technischen Möglichkeiten genau bekannt sind. In einem Forschungsprojekt dagegen ist es möglich, dass entweder das Endprodukt oder die technische Machbarkeit eines Projekts gänzlich unbekannt sind.

2.1.5   Anwendungsbereich

Je nach Inhalt des Projekts, der mit dem Anwendungsbereich eng verknüpft ist, werden unterschiedliche Gewichte auf die Produkte eines Projekts gelegt. Auch die technologischen Anforderungen können sich stark unterscheiden. *Tabelle 2.4* zeigt eine Auswahl an typischen Domänen und listet dazu typische Charakteristika auf.

Domäne	Projekteigenschaften	besonders wichtige Produkte	Beispiele
Versicherungen/ Banken	Hohe Leistungsansprüche (Transaktionsraten)	Architektur, Entwurf	Transaktionsserver
Betriebssoftware	Sehr individuelle Wünsche des Kunden, teuer	Anforderungen, Anwenderschnittstelle	Zeiterfassung, Buchhaltung, Lagerverwaltung
Medizinische Anwendungen, Raumfahrt, Luftfahrt	Hohe Qualitätsansprüche	Formale Verifikation, Qualitätsberichte, Leistungstests	Steuerungseinheiten für medizinische Geräte
Standardsoftware	Großes Leistungsspektrum	Anwenderdokumentation	Textverarbeitung, Grafikeditor

Tabelle 2.4:   Anwendungsdomänen und deren Eigenschaften

2.1.6   Systemart

Die anzuwendenden Technologien und die daraus entstehende Komplexität sind vom grundsätzlichen Typ der Software abhängig. Solche Typen können sein:

Administrative Software: Die Hauptaufgabe von solchen Systemen besteht in der Verwaltung und Aufbereitung von Daten. Komplexität entsteht hauptsächlich im Bereich der Datenverwaltung und Mensch-Maschine-Kommunikation.

Echtzeitsoftware: Das wesentliche Qualitätsmerkmal von Echtzeitsoftware ist die Erbringung des richtigen Ergebnisses innerhalb von genau festgelegten Zeitspannen. Die Einhaltung der Zeitspannen ist meist nur durch eine gezielte Zusammenarbeit zwischen Soft- und Hardware möglich.

Verteilte Systeme: Mehrere miteinander kommunizierende Komponenten, welche auf mehreren Rechnern ausgeführt werden, bilden ein System. Diese Rechner sind durch ein Netzwerk verbunden, das zusätzliche Anforderungen im Bereich der Kommunikation der Komponenten untereinander und von Sicherheitsaspekten verursacht.

Expertensysteme: Eine wesentliche Komplexität bei der Erstellung solcher Software ergibt sich einerseits aus einer geeigneten Repräsentation des bestehenden Wissens und andererseits aus der Bereitstellung von Mechanismen, um neues Wissen hinzufügen und aus dem bestehenden Wissen Schlüsse ableiten zu können.

Systemsoftware: Diese bietet oft benötigte Dienste des Systems für Applikationen an (z. B. Betriebssysteme) oder erfüllt bestimmte Aufgaben, welche den Zugriff auf Systemressourcen enthalten (z.B. Treiber). Dies hat zum Beispiel zur Folge, dass systemnahe Programmiersprachen verwendet werden müssen (z.B. Assembler, C).

Web-Applikationen: Als Spezialfall von verteilten Systemen haben Web-Applikationen hohe Ansprüche an die Gestaltung der Anwenderschnittstelle. Sie basieren je nach Art

(Applets, Server-Skripts, 3-Schichten-Applikation) auf einer mehr oder weniger komplexen Infrastruktur. Die Beachtung von Sicherheitsaspekten spielt aufgrund der offenen Struktur eine noch wichtigere Rolle als schon bei verteilten Systemen.

2.1.7 Ausgangs- und Zielprodukte

Nach der Art des gewünschten Ergebnisses des Projekts kann man zumindest folgende Projekttypen unterscheiden:

Analyseprojekt: Hier wird nur der Arbeitsschritt Analyse (*s. Kapitel 4*) durchgeführt, um die Anforderungen an ein geplantes System zu dokumentieren. Das Ergebnis des Projekts ist ein Analysedokument bestehend aus einer Anforderungsanalyse und einem Analysemodell. Ein Analyseprojekt dient oft als Vorstufe für ein Realisierungsprojekt, dessen Vergabe von aufgrund der Analyse durchgeführten Aufwandsschätzungen abhängig ist.

Realisierungsprojekt: Ziel ist die Implementierung eines Systems. Dazu werden die Arbeitsschritte Entwurf, Implementierung, Test und Inbetriebnahme durchgeführt. Ergebnis eines Realisierungsprojekts ist eine funktionierende Applikation einschließlich der geforderten Anwenderdokumentation, welche beim Kunden installiert wird. Zusätzlich wird die Erstellung des Systems für die spätere Wartung dokumentiert.

Wartungsprojekt: Ein in Betrieb befindliches System wird in manchen Fällen nicht von demselben Unternehmen gewartet, welches die Realisierung durchführt, sondern von darauf spezialisierten Dienstleistungsbetrieben. Im Rahmen eines Wartungsprojekts werden Fehler korrigiert und notwendige Änderungen vorgenommen, die unter Einhaltung genauer Kostengrenzen durchführbar sind. Ziel eines solchen Projekts ist die Instandhaltung eines Systems.

Gesamtprojekt: Als Gesamtprojekt wird in diesem Zusammenhang ein Projekt bezeichnet, welches alle Arbeitsschritte (Analyse, Entwurf, Implementierung, Test, Inbetriebnahme/ Wartung) und die daraus resultierenden Produkte enthält.

Alle diese Projekttypen (mit Ausnahme eines Wartungsprojekts) können mit unterschiedlichen Vorleistungen starten, welche die Komplexität eines Projekts wesentlich beeinflussen können:

Bestehendes System als Vorlage: Ein solcher Fall kann bei einem Technologiewechsel eintreten (z.B. von Host/Terminal-Betrieb auf eine Client/Server-Lösung). Die Anforderungen werden in Form eines bestehenden Systems definiert. Dieser Zustand ist deswegen problematisch, da aus einer Lösung nicht trivial die zugrunde liegenden Anforderungen abgeleitet werden können und die Änderung von bestehenden Anforderungen schwieriger sein kann als die Definition von vollkommen neuen Anforderungen.

Produkte (z.B. Anforderungsanalyse oder Entwurf) *aus einem aktuellen Vorgängerprojekt*: Dieser Zustand stellt den Idealfall dar, weil basierend auf aktuellen Anforderungen bzw. daraus erzeugten weiterführenden Produkten das Projekt fortgeführt werden kann.

Abhängig von der Qualität der vorhandenen Vorleistungen kann man direkt auf diese auf-bauen. Wenn sie nicht oder nur beschränkt brauchbar sind, muss die jeweilige Vorleistung überarbeitet oder neu erstellt werden. Dadurch wird der Projektaufwand zusätzlich erhöht. Man kann bei schlechter Qualität einer Vorleistung deren Verwendung riskieren. Im besten Fall kann die mangelnde Qualität durch einen geringen Mehraufwand bei der Erstellung der Folgeprodukte kompensiert werden. Im schlechtesten Fall verursacht die geringe Qualität der Vorleistungen aber auch Mängel in den Folgeprodukten. Dies führt für gewöhnlich spätestens in der Implementierung zu ernsthaften Problemen, die neuer-lich nur durch Mehraufwand zu bewältigen sind.

2.1.8   Quellen von Komplexität

Jedes der oben genannten Projektmerkmale kann als Quelle von Komplexität auftreten. Die Projektgröße ergibt Schwierigkeiten, wenn sie für das Unternehmen ungewohnt ist (größer oder kleiner als normal). Zielsetzungen werden zum Problem, wenn sie nicht klar sind oder während des Projekts verändert werden. Die Domäne kann dann zu Schwierig-keiten führen, wenn die Begriffe und die Sprache nicht ausreichend geklärt und erläutert sind. Weiters müssen auch die grundlegenden Geschäftsabläufe verstanden werden, auch wenn sie nicht oder nur indirekt für das Projekt von Interesse ist. Neue Technologien be-wirken immer einen erhöhten Aufwand. Das Team muss geschult werden, aber auch nach dieser Schulungsphase ist die perfekte Sicherheit im Umgang mit der Technologie noch nicht gegeben. Die Idealform eines Projekts ist das Gesamtprojekt, bei dem alle Produkte und Arbeitsabläufe gut aufeinander abgestimmt werden können. Jede andere Form des Projekts (welche auch mit einer Aufteilung auf mehrere Unternehmen gekoppelt sein kann) bringt aufgrund der möglichen Unstimmigkeiten Schwierigkeiten mit sich.

2.2   Personen

Jedes Softwareentwicklungsprojekt steht und fällt mit den Personen, welche dieses Pro-jekt durchführen. Vor allem die Tatsache, dass die Entwickler in Teams arbeiten müssen, birgt ein großes Potenzial an Gefahren – aber auch Chancen.

Sicher kennen Sie den Ausspruch: „*A fool with a tool is still a fool*". Natürlich gilt dieser auch sinngemäß für die Tools der Softwareentwicklung (Prozesse, Methoden usw.). Bevor Sie also über großen Aufwand bei der Auswahl und Einführung von Prozessen in Ihrem Unternehmen nachdenken und viel Geld investieren, sollten Sie überprüfen, ob Sie überhaupt eine gesunde „Basis" haben. Sollten Sie Mängel an der fachlichen Qualifika-tion der Entwickler oder deren Fähigkeiten zur Zusammenarbeit im Team feststellen, ist es die beste Investition, wenn Sie auch genau dort ansetzen.

Diesem sehr wichtigen Thema ist daher auch ein eigenes Kapitel, nämlich *Kapitel 6* ge-widmet.

2.3 Prozesse

Bei der Entwicklung von Software ist ein systematisches Vorgehen notwendig. Einzelne Software Engineering Methoden (z.B. objektorierte Analyse- und Entwurfmethoden wie Coad/Yourdon ([Coad90], [Coad91], [Coad93]) oder Shlaer/Mellor ([Shla98]); oder auch Testmethoden wie Äquivalenzklassen oder Grenzwertanalyse usw.) bestimmen nur inhaltliche Vorgaben (Notation, inhaltliche Richtlinien für Produkte) und methodisches Vorgehen für ein oder mehrere ausgewählte Produkte.

Der tatsächliche Ablauf eines konkreten Projekts wird durch einen bestimmten Prozess bestehend aus Vorgehensmodell und Details in Form von Produkten, Rollen und Einzelschritten strukturiert.

Ein Vorgehensmodell strukturiert den Entwicklungsprozess nur im Großen. Die meisten Vorgehensmodelle bauen auf den grundlegenden Arbeitsschritten Analyse, Entwurf, Implementierung und Test auf, die wiederum auch in den meisten Methoden berücksichtigt sind.

Weiters berücksichtigen viele Vorgehensmodelle mehrere folgender Bereiche, die während der Laufzeit des gesamten Projekts relevant sind und Einfluss haben: Projektmanagement, Qualitätsmanagement bzw. -sicherung, Teammanagement, Risikomanagement und Konfigurationsmanagement. Die letzten beiden Bereiche sind aber nur in größeren Projekten wirklich ausschlaggebend.

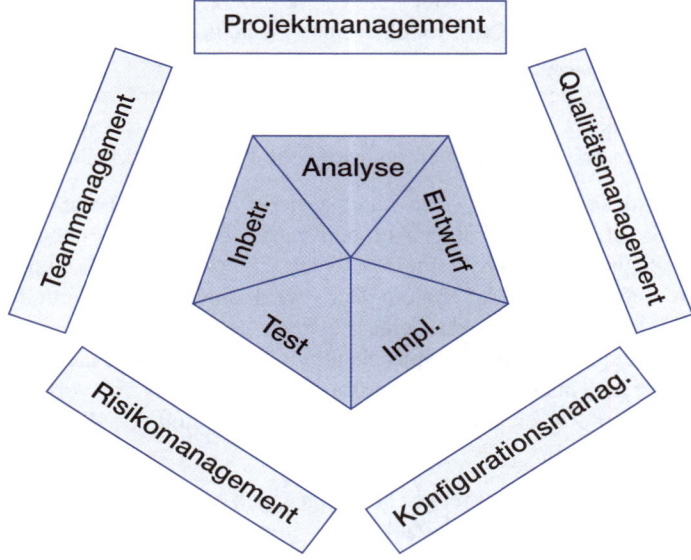

Abbildung 2.2: Bereiche in Vorgehensmodellen

Neben dem Vorgehensmodell, welches einem Prozess die grobe Struktur verpasst, hat ein Prozess mehrere Möglichkeiten, die inneren Details festzulegen:

- anhand der im Prozess erstellten Produkte,
- anhand der Abfolge von Aktivitäten, welche zur Erstellung dieser Produkte führen und anhand der Einteilung der Aktivitäten in Arbeitsschritte,
- anhand der Rollen, die an den Aktivitäten beteiligt sind,
- anhand von Methoden, best Practices usw., welche zur Erstellung von Produkten verwendet werden sollen.

Jeder Softwareentwicklungsprozess stellt eines oder mehrere Details in mehr oder weniger genauer Tiefe dar, ohne dass es hier einheitliche Richtlinien geben würde. Je nach Auswahl der Details, die dargestellt werden und welche nicht, wird manchmal von Software-Prozessen (z.B. Unified Process), manchmal aber auch nur von Frameworks (Microsoft Solution Framework) gesprochen, ohne dass es dafür aber Definitionen geben würde.

Eine genauere Darstellung von Vorgehensmodellen und konkreten Prozessen finden Sie in *Kapitel 3*.

2.4   Produkte und Leistungen

Die Produkte und Leistungen (im Folgendem nur als Produkte bezeichnet) stellen das überprüfbare Resultat eines Projekts dar. Die Produkte eines Projekts bestehen aus wesentlich mehr als den Quelldateien und der ausführbaren Applikation. Je nach Projekttyp können die Anzahl und der Umfang der Produkte stark variieren. Aus diesem Grund ist es notwendig, zu Beginn eines Projekts genau zu definieren, welche Produkte mit welchen Ausprägungen an Merkmalen zu erstellen sein werden. Mögliche Produktmerkmale sind:

Zweck: Der Zweck eines Produkts ist normalerweise ein inhaltlicher Beitrag zur Erstellung des gewünschten Systems. So ist der Zweck einer Anforderungsanalyse die Dokumentation der Anforderungen der Benutzer an das System. Der Zweck von Akzeptanztests ist die Überprüfung der korrekten Anforderungen im System. Der Zweck eines Analysemodells kann aber auch der Beweis der *Nichtmachbarkeit* eines Systems sein. Der Zweck einer Leistung kann schon verschiedenartiger sein. Bei einer Schulung kann als Zweck die Weiterbildung der Mitarbeiter oder aber auch nur die Überprüfung oder Festigung von vorhandenem Wissen definiert sein. Vom Zweck sind der Inhalt, der Umfang und vor allem die notwendige Granularität stark abhängig.

Zielpublikum: Ein Softwareprojekt kann drei mögliche Zielgruppen haben: den Kunden, die Projektgruppe oder das Management. Je nach Zielgruppe muss die Sprache (oder, allgemeiner, die Ausdrucksform) angepasst werden. Auch die Granularität und wiederum der Umfang können je nach Zielgruppe variieren. (Das Management ist möglicherweise nur an einer Zusammenfassung der Anforderungsanalyse, dafür aber an einem detaillierten Projektplan interessiert. Der Kunde benötigt die gesamte Anforderungsanalyse, jedoch nur die Meilensteine des Projektplans.)

Art: Produkte können vielfältiger Art sein: Ein Dokument beschreibt Inhalte in schriftlicher oder grafischer Form (z.B. Anwendungsfalldiagramm, Anforderungsanalyse). Ein technisches Produkt besitzt eine Funktionalität und kann selbstständig Arbeiten verrichten (z.B. eine Applikation, eine Maschine). Eine Leistung umfasst die Verrichtung von Tätigkeiten durch eine Person (z.B. Schulung, Lohnverrechnung). Bei manchen Produkten der Softwareentwicklung ist die Art des Produkts festgelegt (z.B. Anforderungsanalyse in Form eines Dokuments). Bei anderen Produkten kann die Art ausgewählt werden, wobei zu bedenken ist, dass jede Art bestimmte Vor- und Nachteile besitzt (z.B. Prototyp in Form von Skizzen oder als technisches Produkt mit funktionierenden Bildschirmmasken).

Detailgrad: Bei vielen Produkten kann entschieden werden, wie hoch der Detaillierungsgrad sein soll. Bei Dokumenten (z.B. Diagrammen) kann jedes mögliche Detail des darzustellenden Inhalts angeführt bzw. erklärt werden, oder die Erklärung erfolgt nur bis zu jenem Grad, als es der Zweck und das Zielpublikum erfordern. Zu genaue Dokumente erfordern unnötigen Aufwand und sind vor allem bei nachträglichen Änderungen sehr anfällig für Unstimmigkeiten. Zu ungenaue Dokumente sind eine Fehlerquelle für Unklarheiten in späteren Arbeitsschritten.

Bei technischen Produkten kann der Detailgrad anhand der vorhandenen Funktionalität bestimmt werden. Je genauer eine Funktion ist bzw. je mehr Funktionen erfüllt werden, desto detaillierter ist das Produkt. Bei Leistungen kann die Eigenschaft Detailgrad nicht bestimmt werden.

Reifestufe	Beschreibung	Optional
Konzept	Struktur (z.B. Überschriften); evtl. stichwortartige Aufzählung des Inhalts	Ja
Skizze	Beliebige Version mit Textteilen; nicht vollständig; nicht konsistent; keine Formvorschriften	Ja
Entwurf	Vollständige Erstfassung des Texts; nicht notwendigerweise inhaltlich und formal konsistent	Nein
Rohfassung	Inhaltlich korrekte Fassung des Dokuments; formale Änderungen noch wahrscheinlich	Ja
Vorschlag	Endgültige Fassung; inhaltlich korrekt und konsistent; formal korrekt; als Vorlage für Beschlussfassung zur Veröffentlichung	Nein
Version x.x	Überprüfte und beschlossene Version des Dokuments; Änderungen (nur über formalen Prozess möglich) resultieren in neuer Version	Nein

Tabelle 2.5: Reifestufen eines Dokuments

Reifestufen: Jedes Produkt weist im Zuge seiner Erstellung verschiedene Stufen von Reife auf. Diese Stufen sollten genau festgelegt werden und lassen sich für die Zwischenbeurteilung von Produkten verwenden. *Tabelle 2.5* zeigt eine allgemeine Einteilung in Reifestufen für Dokumente. Für große Projekte sollten für jedes einzelne Produkt genau angepasste Reifestufen bestimmt werden.

Abnahmekriterien: Für jedes Produkt sollten Abnahmekriterien bestimmt werden. Sind diese erfüllt, wird die Arbeit an dem Produkt abgeschlossen und das Produkt in der zu diesem Zeitpunkt bestehenden Form verwendet. Eine derartige Abnahme findet in Bezug auf oben vorgeschlagene Reifestufen normalerweise beim Übergang von einem Vorschlag zu einer Version statt. Formale Abnahmen bei früheren Reifestufen sind unüblich. Diese Stufen werden informell festgelegt und dienen meist nur für den Gebrauch innerhalb der Projektgruppe.

Referenzen: Der Inhalt eines Produkts kann sich auf andere Produkte beziehen und sollte mit deren Inhalten konsistent sein. Die Anführung von Referenzen für Produkte ist vor allem bei nachträglichen Änderungen von Bedeutung (möglicherweise von anderen Personen als den ursprünglichen Erstellern), um die Änderungen auch an allen relevanten Stellen in allen Produkten durchführen zu können.

Zeitpunkt der Erstellung: Je nach Zweck, Verfügbarkeit von Mitarbeitern und Prioritäten eines Projekts können Produkte zu verschiedenen Zeitpunkten der Softwareentwicklung erstellt werden (z.B. kann ein Testplan während der Analyse, des Entwurfs oder überhaupt erst während der Implementierung festgelegt werden). Jeder Zeitpunkt impliziert auch einen bestimmten Zustand an Wissen über das Projekt (z.B. sind während der Analyse nur die Anforderungen bekannt), welches die Gestaltung von Produkten maßgeblich beeinflusst. 2.4.1 Grundlagen für ein Softwareprojekt

Bevor mit der Erstellung von Software begonnen werden kann, muss ein formaler Rahmen geschaffen werden, um ein Projekt überhaupt erst zu ermöglichen. Fehlt dieser Rahmen, werden Tätigkeiten, die nicht direkt zum Ergebnis des Projekts beitragen, aber unterstützend notwendig sind, erschwert, was zu einem erhöhtem Aufwand führt. Ohne klare Definition dieser Rahmenbedingungen besteht überdies die Gefahr, dass Projektmitarbeiter diese unabhängig voneinander für sich selbst bestimmen. Dies kann im besten Fall zu Verwirrung und Klärungsbedarf, im schlimmsten Fall zum Verlust von Produkten und wiederum deutlich erhöhtem Aufwand führen. Folgende Produkte sollten in einem Projekt ab mittlerer Größe bei Projektstart in ausreichender Qualität vorhanden sein:

Begriffe: Ähnlich wie die Definition von Begriffen der Anwendungsdomäne während der Anforderungsanalyse, sollten innerhalb eines Unternehmens alle Begriffe, die im Zusammenhang mit der Softwareentwicklung stehen, eindeutig bestimmt sein. Dies nützt einerseits der Kommunikation innerhalb einer Projektgruppe und zwischen Projektgruppen, aber andererseits auch dem Gespräch mit dem Kunden, dem Definitionen von unklaren Begriffen der Softwareentwicklung präsentiert werden können.

Dokumentationsrichtlinien: Diese legen das Aussehen (z.B. Schrift, Absatzgestaltung, Format von Tabellen usw.) und den Aufbau von Dokumenten fest (z.B. jedes Dokument besitzt ein Titelblatt und ein Inhaltsverzeichnis). Weiters werden in den Dokumentationsrichtlinien grundlegende Abnahmekriterien definiert, welche Dokumente ungeachtet ihres Inhalts einhalten müssen (z.B. elektronisches Format der Dokumente).

Dokumentationsstruktur: Hier wird bestimmt, welche Dokumente in jedem Projekt erstellt werden müssen (z. B. Anforderungsanalyse, Tagesberichte, Testplan usw.). Weiterhin wird die Zusammenfassung von Dokumenten zu einem abschließenden Gesamtdokument bestimmt (z. B. besteht ein Analysedokument aus einer Anforderungsanalyse und einem Analysemodell). Anpassungen sollten von Projekt zu Projekt dennoch möglich sein.

Änderungsmanagement: In einem Dokument werden alle notwendigen Mechanismen beschrieben, die bei nachträglichen Änderungen an Produkten wirksam werden müssen, um konsistente Änderungen zu ermöglichen und eine neue Version des Produkts erzeugen zu können (z. B. ein genau beschriebener Arbeitsablauf bei Änderungen).

Versionsmanagement: Für jedes Produkt muss eine Vorgabe existieren, welche Versionen erstellt werden müssen, wie diese zu benennen sind, und wie lange sie archiviert werden sollen.

Archivierungssystem: Im Laufe der Software-Erstellung werden zahlreiche Versionen von vielen Produkten erzeugt. Diese müssen derart gespeichert werden, dass sie jederzeit wiedergefunden werden können. Dazu sind ein Verantwortlicher für die Archivierung, geeignete Werkzeuge und entsprechende Vorgaben wie eine Verzeichnisstruktur oder Namenskonventionen zu bestimmen.

Produktvorlagen: Diese sollen die Erstellung von Dokumenten und technischen Produkten beschleunigen und vereinheitlichen.

Checklisten: Diese dienen der Überprüfung der erzeugten Produkte durch die Ersteller selbst und auch der gezielten Beurteilung der Ergebnisse im Rahmen einer Abnahme. Checklisten tragen zu einer Übereinkunft zwischen Ersteller und Abnehmer von Produkten bei, was zur Vermeidung von unnötigen Diskussionen über Inhalt und Qualität von Produkten führen kann.

2.4.1 Zwischen- und Endprodukte

Wie bereits beschrieben, kann die Anzahl der Produkte von Projekt zu Projekt stark variieren. In diesem Abschnitt wird eine Mindestauswahl an Produkten beschrieben, welche im Zuge der Software-Erstellung für ein normal großes Projekt erzeugt und auch an den Kunden weitergegeben werden sollten. Nur mit dem gesamten Produktumfang kann eine effiziente Wartung und mögliche Wiederverwendung der Software sichergestellt werden.

Anforderungsanalyse: Die Anforderungsanalyse beschreibt die funktionalen und nicht funktionalen Anforderungen sowie die Ziele des Systems. Weiters werden alle Benutzer des Systems beschrieben und alle domänenspezifischen Begriffe ausreichend definiert.

Analysemodell: Das Analysemodell modelliert die Umsetzung der Anforderungen mit objektorientierten Techniken. Dies umfasst die Aufteilung des Systems in Subsysteme und weiters in Schnittstellen-, Kontroller- und Datenklassen sowie die Aufteilung der geforderten Funktionalität auf diese. Im Analysemodell werden außerdem Schnittstellen zu externen Systemen definiert. Das Analysemodell verwendet eine abstrakte, von der Technologie unabhängige Darstellungsweise.

Entwurf der Architektur: In diesem Dokument wird die Systemarchitektur (bestehend aus Aufteilung in Systemteile und Vergabe von Verantwortungen, Gliederung in Schichten und der Aufteilung in Module) in Bezug auf die konkret verwendeten Technologien der Ziel- und Entwicklungsumgebung beschrieben. Diese bildet die Grundlage für den Entwurf der Schnittstellen-, Kontroller- und Datenklassen.

Integrationsplan: Basierend auf der Aufteilung des Systems kann auch der Integrationsplan erstellt werden, der die schrittweise Zusammensetzung der Quelldateien zu einem Gesamtsystem definiert.

Entwurf: Der Entwurf beschreibt den Aufbau und die Funktionalität einer jeden Klasse. Weiters plant er die Umsetzung von objektorientierten Konzepten auf andere verwendete Technologien. Der Entwurf ist eine detaillierte technologiebezogene Beschreibung des Systems.

Quelldateien: Diese sind die technische Umsetzung des Entwurfs und dienen als Grundlage zur Herstellung der ausführbaren Applikation. Zusammen mit den Quelldateien muss auch das Vorgehen zur Herstellung der Applikation dokumentiert bzw. alle technischen Hilfsmittel zur Verfügung gestellt werden (z.B. in C-make-Dateien). Sofern zusätzliche Dokumentation zu den Quelldateien vorhanden ist, muss diese ebenfalls beigegeben werden.

Auslieferbares System: Dieses besteht aus den kompilierten Quelldateien, welche auf der Zielplattform ausführbar sind. Weiters wird für gewöhnlich ein Installationspaket erstellt, welches die Installation erleichtern und ganz automatisieren soll.

Testplan: Der Testplan ist die Anleitung für das Testvorgehen und die Testmethode. Er kann bei Änderungen Auskunft über das Zustandekommen von Fehlern geben.

Benutzerdokumentation: Die Benutzerdokumentation (z.B. das Anwenderhandbuch oder die Online-Hilfe) soll die Benutzer des Systems unterstützen. Zusätzlich zu diesen Dokumenten werden bei der Einführung eines Systems auch Schulungen durchgeführt. Diese dürfen die Benutzerdokumentation aber keinesfalls ersetzen, da die Benutzer des Systems wechseln können.

Übersicht

Abbildung 2.3 zeigt die wesentlichen Produkte im Verlauf der Softwareentwicklung nach den Arbeitsschritten, in denen sie erstellt werden. Produkte, die an der Grenze zwischen zwei Arbeitsschritten eingetragen sind, bilden Brücken. Diese enthalten Informationen, welche den Inhalt der Produkte eines Arbeitsschritts auf den Inhalt der Produkte des folgenden Arbeitsschritts abbilden. Somit lässt sich der Softwareentwicklungsprozess in zwei Richtungen verfolgen: vorwärts, um die Erstellung des nächstfolgenden Produkts zu ermöglichen, und rückwärts, um Änderungen in einem Produkt in vorhergehende Produkte rückwirkend durchführen zu können.

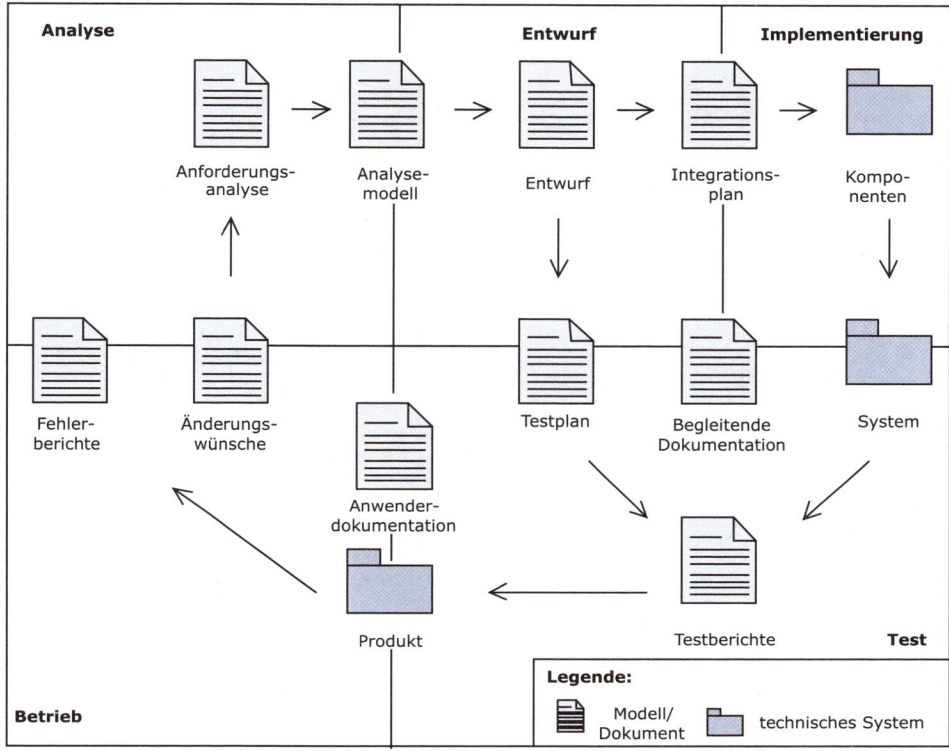

Abbildung 2.3: Übersicht der Produkte der Softwareentwicklung

Für kleinere bzw. größere Projekte kann es notwendig sein, den Produktumfang den speziellen Anforderungen des Projekts anzupassen. Auch hier gilt, wie bereits in den letzten Abschnitten erwähnt, dass der hier vorgestellte Produktumfang für kleine Projekte zu umfangreich ist und für sehr große Projekt unter Umständen nicht ausreicht. *Tabelle 2.6* zeigt eine Gegenüberstellung des möglichen Produktumfangs von kleinen, normalen/großen und sehr großen Projekten.

Produkt	kleines Projekt	normales/großes Projekt	sehr großes Projekt
Anforderungsanalyse	Nur notwendige Teile (z.B. Anwendungsfall-diagramm)	Ja	Ja
Analysemodell	Meist trivial, kann entfallen	Ja	Ja

Tabelle 2.6: Produkte bei verschiedenen Projektgrößen

Produkt	kleines Projekt	normales/großes Projekt	sehr großes Projekt
Entwurf der Architektur	Nein	Ja	Ja
Entwurf	Ja	Ja	Ja
Evaluierungsbericht von verfügbaren Komponenten	Nein	Verwendung von Komponenten nur begrenzt möglich	Ja
Module	Ja	Ja	Ja
Wiederverwendbare Komponenten	Nein	Aufwand für Erstellung zu hoch	Ja
Testplan	Meist keine Dokumentation der Tests	Ja	Ja
Automatisierte Tests	Nein	Nur, wenn diese unternehmensweit eingesetzt werden	Ja
Auslieferbares System	Ja	Ja	Ja
Online-Hilfe	Nicht notwendig	Ja	Ja
Anwenderhandbuch	Geringer Umfang	Ja	Ja
Langfristige Schulungsprogamme	Nein	Nur kurze Einschulungen	Möglich

Tabelle 2.6: Produkte bei verschiedenen Projektgrößen *(Forts.)*

2.4.2   Weitere Produkte

Darüber hinaus werden auch Produkte während der Softwareentwicklung erzeugt, welche aus Kundensicht für die Wartung und Wiederverwendung von untergeordneter Bedeutung sind. Diese Produkte müssen nach der Beendigung des Projekts nicht notwendigerweise archiviert werden.

Prototypen: Diese werden im Laufe der Analyse und des Entwurfs erstellt, um den Kunden den Stand des Projekts besser zeigen zu können. Anhand von Prototypen können die Systemarchitektur, Anwenderschnittstellen und auch grundlegende Funktionen demonstriert und diskutiert werden.

Projektplan: Projektpläne können zu verschiedenen Zeitpunkten eines Softwareprojekts erstellt werden, um unterschiedliche Arbeitsschritte zu planen. Vor der Kenntnis der Anforderungen kann keine Schätzung über die Gesamtprojektdauer abgegeben werden. Eine Schätzung der Dauer der Anforderungsanalyse ist ausschließlich aufgrund von Erfahrungswerten und Vorgesprächen möglich. Nach der Anforderungsanalyse kann eine erste

Grobeinschätzung des Realisierungsaufwands durchgeführt werden. Nach der Erstellung des Analysemodells kann anhand von Metriken eine erste verlässliche Kosten- und Zeitabschätzung durchgeführt und darauf basierend ein Projektplan erstellt werden. Dennoch muss ein Projektplan im Laufe des Projekts fortwährend angepasst werden.

Testberichte: Die Testberichte geben Auskunft über die erfolgreiche oder fehlerhafte Durchführung der im Testplan vorgesehenen Tests. Diese Testberichte dienen als Grundlage für die Fehlerbeseitigung und Verbesserungen des Systems. Nach jeder durchgeführten Änderung ist ein erneuter Test notwendig, und somit auch ein neuer Testbericht zu verfassen.

2.4.3 Qualität der Produkte

Der Erfolg eines Projekts wird hauptsächlich an der Qualität der Produkte gemessen. Die Definition von Qualität und Maßnahmen zu deren Erreichung werden im *Kapitel Qualitätsmanagement* noch ausführlich beschrieben. An dieser Stelle erfolgt nur eine Auflistung jener Merkmale, welche die Qualität der Produkte hauptsächlich beeinflussen. Für technische Produkte sind folgende Qualitätsmerkmale von Bedeutung (vgl. [Pomb93]):

- *Korrektheit*: Diese Eigenschaft gibt über die richtige Umsetzung der Anforderungen im fertig gestellten Produkt Auskunft. Das heißt, diese Eigenschaft beschreibt die inhaltliche Übereinstimmung zwischen Anforderungen und der Funktionalität der Applikation. Dieser Definition der beiden Autoren ist jedoch die Bedingung der syntaktischen Korrektheit der Quelldateien hinzuzufügen, um von vollständiger Korrektheit einer Software sprechen zu können.

- *Zuverlässigkeit*: Die Zuverlässigkeit ist ein Maß für die Wahrscheinlichkeit des Auftretens eines Fehlers während des Betriebes eines technischen Produkts in einem bestimmten Zeitintervall. Im Bereich der Echtzeitsysteme wird für die Zuverlässigkeit meist das Maß MTTF (*mean time to failure*) verwendet, welches die durchschnittliche Zeitspanne zwischen dem Auftreten von zwei Fehlern in Stunden angibt (vgl. [Kope97]).

- *Benutzerfreundlichkeit*: Die Benutzerfreundlichkeit setzt sich aus den Teilen Adäquatheit, Erlernbarkeit und Robustheit zusammen. Adäquatheit bedeutet, dass der Benutzer nur so viele Eingaben wie nötig tätigen muss, die Leistungsfähigkeit Benutzerwünschen angepasst werden kann und die Ausgaben des Systems gut strukturiert und einfach zu verstehen sind. Unter Erlernbarkeit ist zu verstehen, wie effizient der Benutzer aufgrund einer gut gestalteten Benutzerschnittstelle und weitere Hilfsmittel wie einer Online-Hilfe und dem Anwenderhandbuch die korrekte Nutzung des Systems erlernen kann. Die Robustheit ist schließlich eine Eigenschaft, die beschreibt, wie gut das System ungewollte Auswirkungen bei falschen Eingaben, Bedienungsfehlern oder Hardware-Fehlern vermeiden kann.

- *Wartungsfreundlichkeit*: Diese Eigenschaft bezieht sich auf die Eignung des Systems für Änderungen oder Erweiterungen der Funktionalität sowie für die Fehlerkorrektur. Dazu sollten die Quelldateien gut lesbar und demzufolge dokumentiert sein, das System sollte für eine Erweiterung vorgesehen sein (z.B. durch Modularisierung) und alle Änderungen sollten sich gut testen lassen.

- *Effizienz*: Diese Eigenschaft beschreibt die Nutzung der zur Verfügung stehenden Ressourcen durch das System. Diese sollten optimal genutzt werden, sodass das System selbst eine gute Leistung aufweist und in heute üblichen Betriebssystemen mit parallel arbeitenden Systemen auch anderen Systemen noch genügend Ressourcen zur Verfügung stehen.

Bei Dokumenten sind folgende Merkmale für ihre Qualität ausschlaggebend:

- *Vollständigkeit*: In einem Dokument müssen alle Informationen vorliegen, welche aufgrund des Zwecks des Dokuments notwendig sind (z.B. alle Anforderungen sind in der Anforderungsanalyse anhand von Anwendungsfällen definiert).

- *Korrektheit*: Die in einem Dokument dargestellte Information muss mit der Information übereinstimmen, welche von den dem Dokument zugrunde liegenden Quellen (andere Dokumente oder Personen) stammt (z.B. müssen die in den Anwendungsfällen definierten Anforderungen auch den Bedürfnissen und Wünschen des Kunden entsprechen).

- *Konsistenz*: Information an einer Stelle des Dokuments darf einer Information an einer anderen Stelle nicht widersprechen.

- *Änderbarkeit*: Diese Eigenschaft bezieht sich einerseits auf das Format des Dokuments (elektronische Formate sind generell leichter änderbar als Dokumente auf Papier), andererseits auf die Möglichkeiten, bei einer Änderung die Konsistenz eines Dokuments zu bewahren (z.B. durch eingefügte Querverweise).

- *Verständlichkeit*: Ein Dokument darf keine Zweideutigkeiten enthalten und falsche Interpretationen zulassen. Dies kann durch eine bewusste Wahl einer einfachen Sprache sowie durch Hilfsmittel wie Diagramme oder Tabellen erreicht werden.

2.5　Paradigmen

Die Geschichte der Softwareentwicklung ist durch eine stetige Zunahme des Leistungsumfangs der Produkte und des dafür benötigten Implementierungsaufwands gekennzeichnet. Damit verbunden war ein ständiges Anwachsen der Kosten von Software-Herstellung. Das Konzept der strukturierten Programmierung erwies sich als zu wenig leistungsfähig, um trotz Anwendung von Software Engineering-Methoden eine Kostensenkung und nachhaltige Qualitätsverbesserung zu erreichen. Dies führte zu dem Ruf nach neuen methodischen und technologischen Ansätzen, die es mit weniger Aufwand als bisher ermöglichen, für immer komplexer werdende Softwaresysteme Korrektheit und Robustheit zu garantieren.

2.5.1　Das strukturierte Paradigma

In den 80er Jahren wurden die so genannten strukturierten Methoden zur Software-Erstellung entwickelt. Diese modellierten gemäß dem damaligen Stand der Technik Systeme aus Sicht der zu verarbeitenden Daten und des Datenflusses. Diese Methoden (z.B. SADT[2]

---

[2]　SADT = Structured Analysis and Design Technique

[Marc88]) und viele mehr) konnten damals die Komplexität der Probleme, welche mit Softwareprojekten gelöst werden sollten, ausreichend analysieren und zur Lösung beitragen.

Der wesentliche Vorteil der strukturierten Methoden ist die genau definierte Vorgehensweise der schrittweisen Verfeinerung bei der Analyse einer Aufgabe. Jedoch haben sie auch folgende Nachteile (wobei sich je nach Methode verschiedene Gewichtungen ergeben):

- Alle Methoden konzentrieren sich auf die Darstellung des Datenflusses zwischen den vorhandenen Prozessen. Zum Teil sind Funktionalitäten nur schwer, umständlich oder gar nicht zu modellieren.

- Da ein wesentlicher Bestandteil einiger Methoden natürlichsprachlicher Text ist, sind diese Teile des Modells schwer auf Konsistenz, Vollständigkeit oder korrekte Implementierung zu überprüfen.

- Alle Methoden haben einen eingeschränkten Darstellungsumfang (z.B. sind in SADT keine natürlichsprachlichen Elemente vorgesehen, was die Beschreibung einer Semantik erschwert).

- Alle Methoden haben ein eingeschränktes Maß an Abstraktions- bzw. Verfeinerungsstufen (z.B. sind in der strukturierten Analyse (SA) keine Abstraktionsstufen für den Datenfluss vorgesehen).

- Die Darstellung von Datenstrukturen wird nur ungenügend berücksichtigt.

- Jede Methode ist für bestimmte Aufgaben speziell geeignet, für jede andere Art aber nur ungenügend.

- Die Methoden stellen keine Mechanismen zur Verfügung, die mehrere Arbeitsschritte umfassen.

2.5.2 Das objektorientierte Paradigma

Mitte der 80er Jahre begann man in der Software-Industrie, objektorientierte Methoden zu entwickeln und einzusetzen, da die strukturierten Methoden große Schwierigkeiten hatten, die wachsende Komplexität der Softwareprojekte zu beherrschen. Daraus entstand eine Welle von Veröffentlichungen über verschiedene objektorientierte Methoden. Mit der wachsenden Zahl an Methoden wurde es zunehmend schwieriger, Vergleiche zwischen Softwareprojekten anzustellen oder über diese zu kommunizieren. Trotz der unterschiedlichen Notationen und Vorgehen basieren alle objektorientierten Methoden auf denselben Konzepten. Ab Mitte der 90erjahre wurde daher erstmals der Versuch unternommen, eine vereinheitlichte objektorientierte Methode zu entwerfen, welche als Standard in der Software-Industrie eingeführt werden kann.

Der objektorientierte Gedanke und dessen Umsetzung ist keine ausschließliche Errungenschaft der späten 80er Jahre, als man mit der Entwicklung objektorientierter Methoden begann. Er lässt sich bereits in Programmiersprachen der 60er und 70er Jahre finden (z. B. Simula bzw. Smalltalk). Der für den damaligen Stand der Softwareentwicklung revolutionäre Gedanke war die Idee von eigenverantwortlich handelnden Dingen, den Objekten und das Klassenkonzept zur Definition von Objekten.

Einführung zum Verständnis von Objektorientierung

Was ist ein Objekt? Einerseits gibt es Objekte in der realen Welt. In diesem Zusammenhang wird zwischen drei verschiedenen Kategorien unterschieden: reale Gegenstände, die aktive Handlungen setzen (z.B. Menschen), reale Gegenstände, die von sich aus nur begrenzt (z.B. Computer) oder gar keine (z.B. Datenträger) Handlungen setzen und jede Art von inhaltlich zusammenhängender Information, die nicht unmittelbar sichtbar und/oder greifbar ist: z.B. Adressen, statistische Daten oder Informationen über Prozesse oder Vorgänge aller Art, wie z.B. die Recyclingstrategie in einem Land.

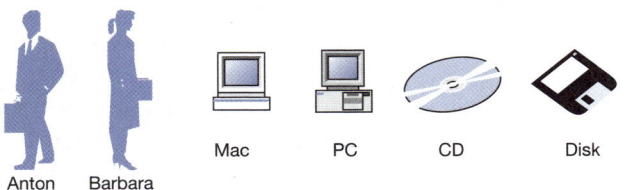

Anton   Barbara   Mac   PC   CD   Disk

Abbildung 2.4:   Objekte in der realen Welt

Wie kann man Objekte charakterisieren? Erstens haben sie alle Eigenschaften mit bestimmten Ausprägungen. Zweitens haben sie Fähigkeiten, die sie selbst durchführen können bzw. die mit ihnen durchgeführt werden. Ein Beispiel für eine mögliche Charakterisierung der in *Abbildung 2.4* abgebildeten Objekte ist in *Tabelle 2.7* dargestellt.

Objekt	Eigenschaften und Ausprägung	Fähigkeiten
Anton	Haarfarbe: Schwarz Augenfarbe: Grün, Größe: 170	gehen, sprechen, sehen, hören usw.
Barbara	Haarfarbe: Braun Augenfarbe: Blau, Größe: 176	gehen, sprechen, sehen, hören usw.
Mac	Hersteller: Apple	wird eingeschaltet, hochfahren, abstürzen, wird ausgeschaltet
PC	Hersteller: IBM	wird eingeschaltet, hochfahren, abstürzen, wird ausgeschaltet
CD	Volumen: 650 MB	wird eingelegt, wird entnommen
Disk	Volumen: 1,44 MB	wird eingelegt, wird entnommen

Tabelle 2.7:   Objekte, deren Eigenschaften und Fähigkeiten

In der objektorientierten Programmierung ist die Bedeutung dieses Begriffs ebenfalls klar definiert: Ein Objekt im objektorientierten Sinn ist durch einen Zustand (n-Tupel beliebiger Werte, gespeichert in den Attributen) und durch bestimmte Fähigkeiten (Methoden bzw. Services) charakterisiert. Ein Objekt im rein technischen Sinn ist ein bestimmter Speicherbereich, in dem solche Daten über Objekte verwaltet werden. Die Eigenschaften, welche insgesamt den Zustand ergeben, werden hierzu durch bestimmte Werte von Datentypen wie Integer oder String repräsentiert und die Fähigkeiten durch Einsprungadressen von Methoden. *Abbildung 2.5* zeigt beispielsweise die Speicherbelegung für das Objekt Barbara.

```
0xFF00  00001100
0xFF01  11110011
0xFF02  00000000
.
.
.
0xFF44  00110111
0xFF45  11001101
```

Abbildung 2.5: Aussehen des Speichers für das Objekt Barbara

Bei der Beschreibung einer Problemstellung bzw. eines zu erstellenden Systems ist es sehr umständlich bzw. bei einer größeren Anzahl gar unmöglich, jedes einzelne Objekt in die Beschreibung aufzunehmen, weil zum Zeitpunkt der Planung eines Systems die konkreten Ausprägungen noch nicht bekannt sind und bei Listen die tatsächlich enthaltene Anzahl von Objekten meist nicht bekannt bzw. zu groß ist, um in übersichtlicher Weise dargestellt zu werden.

Ignoriert man die konkreten Werte der Eigenschaften in *Tabelle 2.7,* so kann man feststellen, dass sich obige Objekte wie in *Tabelle 2.8* klassifizieren lassen.

Klasse	Eigenschaften und Ausprägung	Fähigkeiten
Person	Name: String, Haarfarbe: String Augenfarbe: String, Größe: Byte	gehen, sprechen, sehen, hören, usw.
Computer	Hersteller: String Geschwindigkeit: Integer	wird eingeschaltet, hochfahren, abstürzen, wird ausgeschaltet
Datenträger	Typ: String, Volumen: Integer	wird eingelegt, wird entnommen

Tabelle 2.8: Klassen, deren Eigenschaften und Fähigkeiten

Das Merkmal, welches die Objekte eindeutig identifiziert, wurde ebenfalls in die Klassifizierung als Variable aufgenommen (z.B. der Name der Person).

Diese Vorgehensweise ist der wichtigste Mechanismus von objektorientierten Entwurfsmethoden und Programmiersprachen. Die Definition von Klassen statt Objekten hat folgende Vorteile:

- Reduzierung der Definitionen auf einen Bruchteil tatsächlich benötigter Objekte.
- Methoden müssen nur einmal pro Klasse implementiert werden.

Mit der Deklaration von Klassen werden in Programmiersprachen auch implizit Typen definiert, d.h. Typüberprüfungen sind seitens des Compilers möglich.

Das objektorientierte Paradigma

Software Engineering gemäß des objektorientierten Paradigmas verfolgt vier Ziele [Wege90]:

- **Software-Komponenten**: Ein Problem wird in Teilprobleme zerlegt, welche durch einzelne Komponenten gelöst werden und durch ihre Interaktion über genau definierte Schnittstellen zur Lösung des Gesamtproblems beitragen.

- **Software-Bibliotheken**: Klassen werden in Archiven zur Wiederverwendung gesammelt. Dies soll die Erstellung von Software beschleunigen und vereinfachen. Natürlich kann selten eine Klasse unverändert verwendet werden (außer bei sehr generellen Klassen, die aber entweder wenig Funktionalität oder geringe Effizienz aufweisen), weshalb auch der Quellcode archiviert werden sollte.

- **Wiederverwendung**: Vor allem aus Kostengründen soll Software so gestaltet werden, dass sie in folgenden Variationen wiederverwendet werden kann: Interapplikationswiederverwendung, Entwicklungswiederverwendung, Programmwiederverwendung und Codewiederverwendung.

- **Megaprogrammierung**: „Programmieren im Großen" soll vor allem durch die Idee der Software-Komponenten erleichtert werden. Durch diese kann ein Projekt in mehrere, leichter handhabbare Teile aufgespaltet werden, welche über genau definierte Schnittstellen zusammenarbeiten.

Folgt man oben genannten Zielen, können nach [Meye96] folgende Eigenschaften eines objektorientierten Systems erreicht werden, welche zahlreiche Probleme der strukturierten Softwareentwicklung lösen können:

- **Zuverlässigkeit**: Es können Systeme hergestellt werden, die fehlerfrei sind und bereits bei der ersten Freigabe richtig arbeiten.

- **Erweiterbarkeit**: Ein objektorientiertes System kann bei Änderung der Anforderungen oder von technischen Voraussetzungen mit vertretbarem Aufwand verändert werden.

- **Wiederverwendbarkeit**: Das System wird aus vorgefertigten Teilen zusammengebaut. Damit wird sichergestellt, dass auch die Teile des Systems selbst in anderen Systemen verwertbar sind.

- **Portabilität**: Das System kann auf unterschiedliche Plattformen portiert werden.

- **Effizienz**: Das System bietet eine höhere Leistung als andere vergleichbare Systeme.

Wie in [Broo87] erläutert wird, ist die Erstellung von objektorientierten Systemen unter Anwendung einer objektorientierten Methode keine Garantie für die Qualität eines Systems an sich. Wie bei jedem Projekt müssen unabhängig von der Methode und der verwendeten Technologie noch weitere zahlreiche Rahmenbedingungen (Personen, Rollen, Projektkontrolle, Qualitätssicherung usw.) stimmen, um den Erfolg gewährleisten zu können.

Der Einsatz von objektorientierter Technologie kann aber immerhin einen entscheidenden Beitrag zur Verbesserung des Software-Erstellungsprozesses einerseits und der technologischen Voraussetzungen andererseits beitragen. Ob die Anwendung des guten Konzepts letztendlich gelingt, liegt schließlich an den ausführenden Personen selbst.

Die Prinzipien

Die strukturierte Softwareentwicklung basierte größtenteils auf den zu diesem Zeitpunkt weit verbreiteten prozeduralen Programmiersprachen[3]. Die Daten wurden in Datenbanken oder globalen Variablen abgelegt. Die Systemfunktionalität wurde mittels unabhängiger Methoden realisiert, welche auf die vorhandenen Daten zugreifen konnten. Systeme wurden hauptsächlich anhand ihres Datenflusses dargestellt.

Bei der objektorientierten Betrachtungsweise ersetzt man ein System, in dem Funktionen von Daten deutlich getrennt sind und erst durch die Programmlogik zusammengeführt werden, durch ein entsprechendes System von Objekten, in dem objektspezifische Daten und zugehörende Methoden eine Einheit bilden. Jedes Objekt ist primär durch seine Fähigkeiten charakterisiert. Zusätzlich besitzt es Eigenschaften (Attribute), die seinen aktuellen Zustand wiedergeben.

Eine Klasse beschreibt eine Menge an gleichartigen Objekten. Aus dieser allgemeinen Beschreibung können einzelne Objekte erzeugt werden. (Diese werden Instanz einer Klasse genannt.)

Objekte und Klassen in einem objektorientierten System basieren auf folgenden Prinzipien, die nicht durchbrochen oder umgangen werden sollten:

- *Objektidentität*: Jedes Objekt verfügt während seiner Lebensdauer über eine systemweit eindeutige Identität. Diese Identität steht in keinem Zusammenhang mit dem Zustand des Objekts. Die Gleichheit zweier Objekte bedeutet, dass alle Attribute den gleichen Wert besitzen, aber die Objekte nicht zwangsweise dieselbe Identität haben. Zwei idente Objekte *sind* dasselbe Objekt (d.h. zwei Referenzen zeigen zum Beispiel an unterschiedlichen Programmstellen auf dasselbe Objekt).

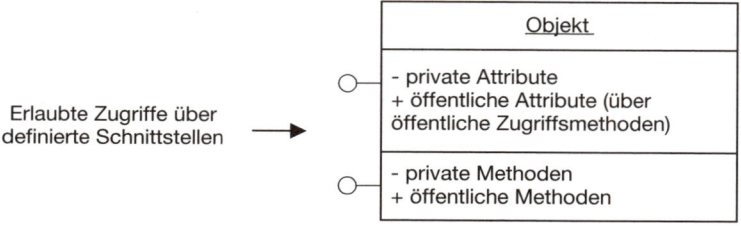

Abbildung 2.6:   Kapselung von Objektinterna

- *Datenkapselung*: Die interne Darstellung der Daten eines Objekts und auch deren Verarbeitung ist für den externen Benutzer nicht sichtbar. Er kann auf diese weder lesend noch schreibend direkt zugreifen. Die Daten und Funktionen eines Objekts werden ausschließlich über eine genau definierte Schnittstelle zugänglich gemacht. Dies verfolgt hauptsächlich den Zweck, Inkonsistenzen zu vermeiden bzw. gänzlich un-

---

[3]   Strukturierte Softwareentwicklung kann ebenso für niedere Programmiersprachen (Assembler) eingesetzt werden. Der Bereich der Softwareentwicklung mit logischen Programmiersprachen (z. B. Prolog) wird hier nicht betrachtet.

möglich zu machen[4]. In modernen objektorientierten Sprachen gibt es verschiedene Stufen der Kapselung (z.B. private, protected, public und published).

■ *Vererbung*: Objekte mit ähnlichem Verhalten und/oder Datenstrukturen können diese erben bzw. vererben. Dieses Prinzip spielt sowohl in der Modellierung (Spezialisierung, Generalisierung) als auch in der Implementierung (Vererbung von Code führt zu Aufwandsersparnis) eine große Rolle.

■ *Polymorphismus*: Methoden mit gleichem Namen können je nach Kontext, in dem sie aufgerufen werden, verschiedene Semantik besitzen. Polymorphismus verleiht objektorientierten Systemen Mächtigkeit, ist aber auch eine nicht zu unterschätzende Fehlerquelle.

Obwohl diese Prinzipien und die daraus abgeleiteten Technologien mehr als dreißig Jahre alt sind, konnten sie sich lange Zeit nicht durchsetzen. Ein Grund dafür ist darin zu suchen, dass das Denken in sequenziellen Abläufen einfacher erscheint als das Denken in Objekten. Ausschließlich an Abläufen orientierte Betrachtungen reichen aber zur Beschreibung eines komplexen Anwendungsbereichs meist nicht aus.

Objektorientierte Methoden

James Rumbaugh beschreibt in [Rumb95a] die Eigenschaften einer Methode. Eine Methode soll allgemein Personen helfen, bestimmte Tätigkeiten zu verrichten. Eine Methode ist eine Sammlung von Richtlinien und Regeln:

■ *Modelle*, um die Konzepte und inhaltliches Wissen über ein Problem und dessen Lösung sammeln zu können. Die Modelle sind von ihrer visuellen Darstellung unabhängig (z.B. gibt es zahlreiche Darstellungsarten für das Modellelement „Klasse“).

■ *Notationen* und Darstellungsmöglichkeiten, um die Modelle geeignet darstellen zu können. Jede Darstellung zeigt einen bestimmten Teil des gesamten Modells. Verschiedene Darstellungen können denselben Inhalt in unterschiedlicher Form zeigen.

■ Ein iteratives *Vorgehen* für die Konstruktion der Modelle und deren Implementierung. Die Prozesse können in verschiedenen Detailstufen dargestellt werden.

■ *Tipps* und Regeln für die Erstellung der Modelle. Gegebene Checklisten können Auskunft über die Qualität der Modelle geben. Für bestimmte Probleme können Lösungsmuster beschrieben werden.

Zentraler Gegenstand der Modellierung mit objektorientierten Methoden sind – wie der Name schon sagt – Klassen und Objekte. Diese vereinen Daten und Methoden, welche mit diesen Daten arbeiten und Inhalte der Anwendungsdomäne wirklichkeitsgetreu abbilden sollen. Der wesentliche Vorteil aller objektorientierten Methoden gegenüber den älteren strukturierten Methoden ist die mögliche Anwendung des Konzepts der Objektorientierung in allen Arbeitsschritten der Softwareentwicklung und somit vollständigere Methoden. Die Methoden definieren für jeden Arbeitsschritt eine Notation und ein Vorgehen, welche dem objektorientierten Paradigma folgen.

---

[4] Manche erfahrene Programmierer sehen dieses Prinzip des Zugriffs ausschließlich über genau definierte Schnittstellen als sehr hinderlich an, da dadurch die Nutzung von Klassen auf eine einmalige Definition eingeschränkt wird. Eine spätere Adaption an geänderte Anforderungen ist gar nicht oder nur schwer möglich. In manchen Systemen wird dieses Konzept nicht verfolgt (z. B. Smalltalk 80).

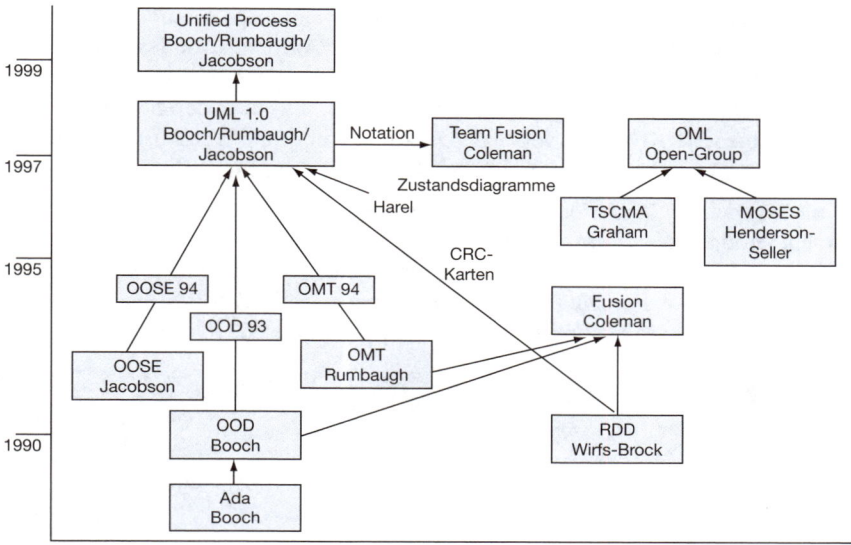

Abbildung 2.7: Objektorientierte Analyse- und Entwurfsmethoden

Die Umsetzung des objektorientierten Paradigmas im gesamten Softwareentwicklungs-prozess ermöglicht eine weitaus bessere Umsetzung eines in der Analyse erstellten Ab-bilds der realen Welt in ein fertiges Softwaresystem als mit strukturierten Methoden. Bei der objektorientierten Softwareentwicklung besteht eine wesentlich kleinere Abstrak-tionslücke zwischen Analyse, Entwurf und Implementierung. Da ein Vorteil der Anwen-dung objektorientierter Methoden die Übernahme der strukturellen Eigenschaften des realen Anwendungsbereichs ist, gewinnt die richtige Anwendung der Methoden und das Beibehalten der Verfolgbarkeit von der Analyse bis zur Implementierung gegenüber tech-nischen Fragen noch mehr an Bedeutung.

Der unüberlegte Einsatz einer objektorientierten Programmiersprache ohne vorangegan-genen objektorientierten Analyse- bzw. Entwurfsschritt ergibt ebenso wenig einen Vorteil wie die Erstellung eines objektorientierten Entwurfs ohne Rücksichtnahme auf die vorher erstellte Analysedokumentation. Entsprechende Projekte führen meist noch zu chaoti-scheren Implementierungen als traditionell entwickelte.[5]

Abbildung 2.7 zeigt eine Auswahl an objektorientierten Methoden, die Einfluss auf die Entwicklung des Unified Process hatten.

---

[5] Der Nutzen objektorientierter Analyse- und Designmethoden ist natürlich auch von der Größe des Projekts abhängig. In *kleinen* Projekten sind die Vorteile der objektorientierten Programmie-rung (z. B. Datenkapselung) durchaus ohne Analyse- und Designdokumente nutzbar. Allerdings unter der Voraussetzung, dass das objektorientierte Paradigma so weit verstanden wurde, dass die Implementierung trotz fehlender Analyse- und Designdokumente den Forderungen dieses Paradigmas entspricht.

Zu Beginn der 90erjahre entstand eine Vielzahl an objektorientierten Methoden. Jede der Methoden basierte auf unterschiedlichen Erfahrungen der Autoren in industriellen Projekten und setzte daher auch unterschiedliche Schwerpunkte. Die Notationen der einzelnen Methoden waren sich in manchen Bereichen sehr ähnlich, in anderen wurden aber grundlegend verschiedene Konzepte verfolgt. Die Gliederung und das Ausmaß der Beschreibung des Vorgehens unterscheiden sich bei den Methoden sehr stark.

Die einzelnen Methoden konkurrierten am Markt. Die Argumentation, welche Methode sich für ein Unternehmen eignete, war oftmals keine sachliche, sondern glich einer Glaubensfrage. Aus diesem Grund war es für viele Unternehmen nicht einfach, sich für eine bestimmte Methode zu entscheiden. Erste Bemühungen, objektorientierte Methoden zu standardisieren, wurden von den Autoren vieler Methoden entschieden abgelehnt (siehe [Open93]).

Zusammenfassung

- Die Herstellung von Software wird in Form von Projekten organisiert und durchgeführt.

- Ein Projekt ist ein einmaliges, zeitlich begrenztes Vorhaben. Ein Projekt hat stets klare Ziele. In einem Projekt werden durch Personen aus verschiedenen fachlichen Bereichen neuartige Probleme gelöst. Projekte unterliegen besonderen Risiken und müssen genaue Zeit- und Kostenpläne einhalten.

- Die Art eines Projekts und die damit verbundene Durchführung werden durch eine Vielzahl von Variablen bestimmt. Der Projekttyp bestimmt hauptsächlich die Quellen der Komplexität, welche von damit vertrauten Personen durch ein geeignetes Vorgehen gelöst werden sollen.

- Ein Projekt ist wesentlich von den Einzelqualifikationen und der Fähigkeit zur Zusammenarbeit im Team jener Personen abhängig, welche das Projekt durchführen.

- In einem Projekt laufen zahlreiche Prozesse teilweise gleichzeitig ab, welche von den Projektzielen abhängig sind. Das Vorgehensmodell strukturiert das Projekt als Ganzes und teilt es in grobe Phasen und Arbeitsschritte ein. Aktivitäten strukturieren den täglichen Arbeitsalltag der einzelnen Arbeitsgruppenmitglieder.

- Das Resultat eines Projekts sind stets bestimmte Produkte und Leistungen, welche an den Auftraggeber übergeben werden sollen oder zur Lösung des Problems notwendig sind. Je nach Problem und Projekttyp sind verschiedene Produkte und Leistungen erforderlich, um eine Lösung realisieren zu können.

- In *Abbildung 2.8* sind die Faktoren Personen, Prozesse und Produkte noch einmal im Überblick dargestellt. Diese Faktoren werden zunächst durch projekt-unabhängige Gegebenheiten wie das Unternehmensklima, die Organisation im Unternehmen oder technische Voraussetzungen beeinflusst. Der exakte Umfang und Inhalt der Faktoren wird schließlich durch das konkrete Projekt bzw. dessen Typ näher bestimmt. Die einzelnen Faktoren können noch weiter durch viele Einzelelemente beschrieben werden. Einige davon sind in der Darstellung aufgeführt.

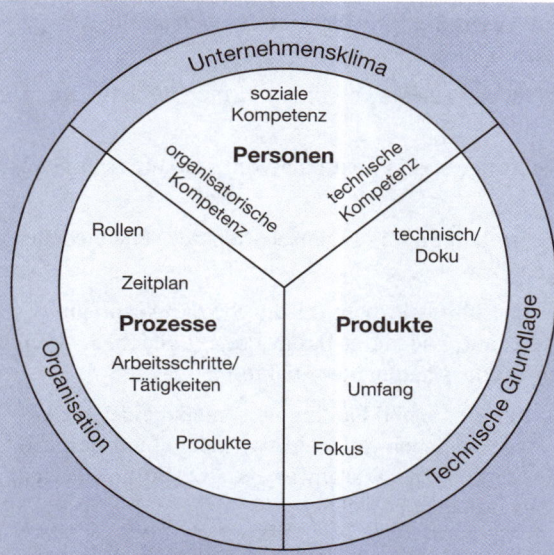

Unternehmensklima

soziale
Kompetenz

Personen

organisatorische
Kompetenz

technische
Kompetenz

Rollen

technisch/
Doku

Zeitplan

Prozesse

Produkte

Arbeitsschritte/
Tätigkeiten

Umfang

Produkte

Fokus

Organisation

Technische Grundlage

Abbildung 2.8: Faktoren eines Softwareprojekts

■ Das objektorientierte Paradigma sollte die immer wieder auftretenden Schwächen der bis zu diesem Zeitpunkt verwendeten Methoden und Technologien beseitigen und zu erfolgreichen Softwareprojekten maßgeblich beitragen.

■ Nachdem das objektorientierte Paradigma eine breite Anerkennung erfuhr, entwickelten zahlreiche Unternehmen und Autoren Methoden, welche der Herstellung von objektorientierten Systemen dienen sollten. Zusammen mit der Entwicklung und dem Einsatz von objektorientierten Programmiersprachen begann eine weite Verbreitung der Objektorientierung in der Software-Erstellung.

Übungen und Fragen

1. Stellen Sie die Interessengruppen eines von Ihnen durchgeführten oder aber auch fiktiven Projekts gegenüber. Erarbeiten Sie dabei vor allem auftretende Interessenkonflikte und mögliche Lösungsszenarien.

2. Erstellen Sie eine Liste der Projekte, an denen Sie aktiv beteiligt waren. Versuchen Sie, diese Projekte gemäß den Projekttypen in Abschnitt 2.1 zu klassifizieren. Welche Konsequenzen aufgrund des Projekttyps ergaben sich für die Durchführung des Projekts?

3. Beschreiben Sie die Beziehungen zwischen den Produkten der Softwareentwicklung. Stellen Sie den Informationsfluss zwischen den Produkten dar.

4. Welche Qualitäten von Produkten halten Sie für sehr wichtig, welche für weniger wichtig? Begründen Sie Ihre Entscheidung.

5. Suchen Sie Dokumente eines laufenden Projekts von Ihnen. Eruieren Sie die Reifegradstufe jedes Dokuments.

6. Worin unterscheidet sich das objektorientierte Paradigma vom strukturierten Paradigma?

7. Recherchieren Sie im Internet und stellen Sie die Eigenschaften der verschiedenen objektorientierten Methoden gegenüber.

8. Denken Sie an ein von Ihnen durchgeführtes Projekt. Listen Sie die Ausprägungen der Faktoren eines Softwareprojekts auf, wie sie in Ihrem Projekt gegeben waren. Welchen positiven oder negativen Einfluss hatten diese Faktoren?

9. Stellen Sie die Personen, Prozesse, Produkte und Paradigmen anhand eines konkreten Projekts gegenüber. Welche Aspekte haben große Auswirkungen auf den Projektverlauf, welche geringere Auswirkungen? Warum ist das so? Sollte man am Einfluss der einzelnen Faktoren etwas ändern? Wie?

Weiterführende Literatur

[DeMa87] DeMarco, Tom; Lister, Timothy: *Peopleware: Productive Projects and Teams*; Dorset House, 1987 (deutsche Ausgabe: DeMarco, Tom; Lister, Timothy: *Wien wartet auf Dich! Der Faktor Mensch im DV-Management*; München, Wien: Hanser, 1991).

[Pres91] Pressman, Roger: *Software Engineering*; 3. Aufl., Boston: McGraw-Hill, 1991.

[Scha99] Schach, Stephen R.: *Classical and Object-Oriented Software Engineering*; Boston: McGraw-Hill, 4. Aufl., 1999.

[Somm01] Sommerville, Ian: *Software Engineering*; Reading, Mass. [u.a.]: Addison-Wesley, 6. Aufl., 2001. (deutsche Ausgabe: Sommerville, Ian: *Software Engineering*; 6. Aufl.; München: Pearson Studium, 2001).

[Vlie00] Van Vliet, Hans: *Software Engineering: Principles and Practice*; Chichester: Wiley & Sons, 2. Aufl., 2000.

Kapitel

3

Software Engineering-Prozesse

Die Arbeit kann man aufteilen, den Geist, der über sie herrscht, nicht.

Oscar Wilde

Begriffe in diesem Kapitel

Softwareentwicklungsprozess (*Entwicklungsprozess, Prozess*): Beschreibt die Summe aus einem Vorgehensmodell, den konkreten Aktivitäten und deren Abfolge sowie den angewandten Methoden.

Vorgehensmodell: Ein Vorgehensmodell bestimmt die Abfolge von Phasen und Meilensteinen eines Projekts. Entsprechend der Abfolge kann man sequenzielle und iterative Vorgehensmodelle unterscheiden. In sequenziellen Vorgehensmodellen wird eine bestimmte Phase (die in solchen Modellen meist mit einem Arbeitsschritt gleichzusetzen ist) einmal durchlaufen. Der Anfang und das Ende jeder Phase sind durch Meilensteine festgelegt. In iterativen Vorgehensmodellen werden Phasen mehrmals durchlaufen, um zu einer höheren Produktreife zu gelangen. Die Kriterien für den Übertritt von einer Phase zur nächsten bzw. einer Iteration zur nächsten werden meist in Abhängigkeit vom aktuellen Projektstatus zu Beginn einer Phase bzw. einer Iteration festgelegt.

Phase: Eine Zeitspanne im Projekt, welche sich durch einen besonderen Fokus kennzeichnet. Der Fokus bezieht sich auf das Gesamtprojekt, nicht auf einzelne Produkte oder Arbeitsschritte.

Arbeitsschritt: Ein Arbeitsschritt ist ein inhaltlich abgeschlossener Teil eines Projekts, dessen Aktivitäten und durchführende Rollen sich grundlegend von den Aktivitäten und ausführenden Rollen eines anderen Arbeitsschritts unterscheiden. Ein Arbeitsschritt erzeugt inhaltlich zusammengehörende und auf demselben Abstraktionsniveau befindliche Produkte als Grundlage für einen folgenden Arbeitsschritt.

Aktivität: Ein in sich abgeschlossener Arbeitsprozess, dessen Ergebnis ein konkretes Produkt oder eine Leistung ist.

Bei der Betrachtung von Software Engineering Prozessen gibt es leider nach wie vor eine große Begriffsverwirrung, die sich durchaus auch in der täglichen Arbeit niederschlägt, da Kommunikation über Software Engineering Prozesse damit schwierig ist. Dieses

Kapitel erklärt in den beiden ersten Abschnitten die notwendige Begrifflichkeit und stellt einige abstrakte Prozessmodelle vor. Die weiteren Abschnitte des Kapitels widmen sich der Einführung von gängigen Prozessen bzw. Frameworks, allen voran natürlich der Unified Process.

3.1   Makroprozesse – Vorgehensmodelle

Ein Vorgehensmodell entspricht einer Strategie für die Durchführung eines Projekts. Die Art und Weise, wie die Arbeitsschritte angeordnet und durchlaufen werden, sowie die Definition von übergeordneten Phasen sind in den einzelnen Vorgehensmodellen sehr unterschiedlich. In unterschiedlichen Softwareentwicklungsprozessen, die den inhaltlichen Vorgaben einer Methode folgen, unterscheidet sich somit nur die Strategie, jedoch nicht der tägliche Arbeitsprozess in Form der Arbeitsschritte und Tätigkeiten. Aus diesem Grund ist es meist auch möglich, in einem Unternehmen je nach Projekt mehrere verschiedene Vorgehensmodelle zu verwenden, ohne dass sich für den einzelnen Entwickler in seiner täglichen Arbeit etwas ändert.

3.1.1   Build-and-Fix-Cycle

Hierbei handelt es sich um das einfachste Vorgehen, welches jeder Programmierer zweifellos bereits angewendet hat. Jemand hat eine Idee für eine bestimmte Software. Er implementiert dieses System entsprechend der Vorstellungen in seinem Kopf. Dieses System wird so lange entwickelt, bis es den Qualitätsansprüchen seines Programmierers genügt. Treten während des folgenden Betriebs Änderungswünsche auf, werden diese vom Programmierer in das System eingebracht.

Es existiert keinerlei Dokumentation, kein strukturiertes Vorgehen bzw. keine Einteilung in Arbeitsschritte wie Analyse oder Entwurf. Alle Tätigkeiten werden vom Programmierer zum Zeitpunkt der Erstellung der Software durchgeführt. Software, die auf diese Weise entsteht, kann durchaus von hoher Qualität sein und manche nützliche Anforderung umsetzen. Der Umfang von so entstehender Software ist jedoch äußerst begrenzt, die Wartung kann ausschließlich vom Programmierer selbst durchgeführt werden und auch der Einsatz durch andere Personen ist meist nur bedingt möglich.

3.1.2   Der Software-Life-Cycle

Die im Folgenden vorgestellten Vorgehensmodelle basieren auf der grundlegenden Idee des Software-Life-Cycle ([Pomb93]), welcher ein strukturiertes Vorgehen bei der Erstellung von Software vorsieht. Während der Lebensdauer eines Systems ist eine zumindest einmalige sequenzielle Durchführung aller notwendigen Arbeitsschritte (Anforderungen, Analyse, Entwurf, Implementierung, Test und Inbetriebnahme/Wartung) vorgesehen. Änderungen der Anforderungen werden erst im Zuge eines neuen Projekts durchgeführt, welches wiederum alle Arbeitsschritte in der vorgesehenen Reihenfolge durchläuft. Das größte Problem bei einem solchen starren Vorgehen stellt die fehlende Möglichkeit eines oder mehrerer Schritte zurück dar, wenn bereits während der Durchführung eines Projekts (auch im Zuge der Wartung) Änderungen der Anforderungen notwendig werden sollten.

3.1.3   Das Wasserfallmodell

Die fehlende Möglichkeit von Rückschritten berücksichtigt zumindest teilweise das Wasserfallmodell ([Royc70]). Dieses sieht eine Abfolge der Arbeitsschritte Anforderungen, Analyse, Entwurf, Implementierung, Test und Betrieb vor und lässt einen Rückwärtsschritt von einem Arbeitsschritt auf den direkten Vorgänger zu. Es bleibt jedoch die Bedingung bestehen, dass ein Arbeitsschritt erst dann abgeschlossen werden kann, wenn alle vorgesehenen Produkte dafür fertig gestellt worden sind. Dies soll zu einer Risikominimierung für den nächsten Arbeitsschritt führen. Das Wasserfallmodell ist ein stark verbreitetes Vorgehensmodell, von dem zahlreiche Varianten beschrieben wurden. In [Birr88] findet sich eine Übersicht über mögliche Ausprägungen des Software-Life-Cycle und des Wasserfallmodells. Zwei Beispiele davon sind in *Abbildung 3.1* dargestellt.

Das Wasserfallmodell eignet sich gut für Projekte, in denen die Arbeitsschritte deutlich voneinander getrennt werden können. Dazu müssen alle Risiken bereits vor Projektbeginn ausreichend ausgeschlossen werden können. Weiters lassen sich Projekte mit dem Wasserfallmodell bei kleinen Arbeitsgruppen gut durchführen, da alle Mitarbeiter gleichzeitig an einem Arbeitsschritt arbeiten können. Bei großen Arbeitsgruppen ist es aufgrund der Anzahl und der unterschiedlichen Qualifikationen unmöglich, alle Gruppenmitglieder an einem Arbeitsschritt arbeiten zu lassen. Für solche Projekte sollte ein iteratives Modell gewählt werden.

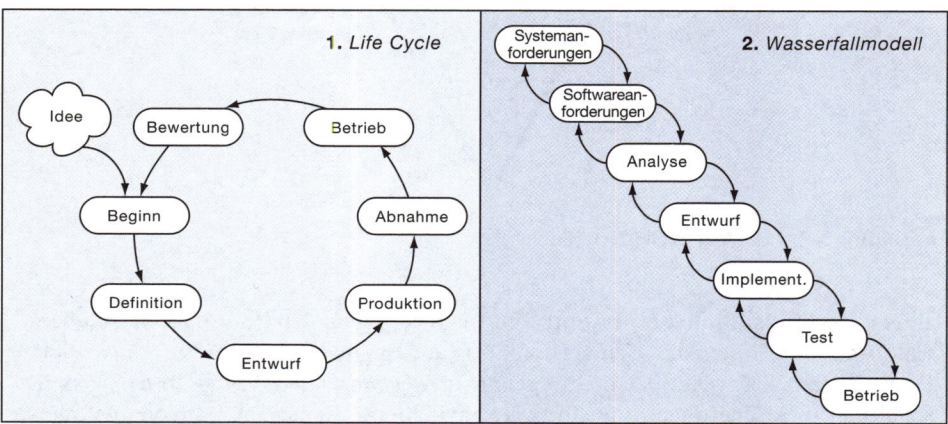

Abbildung 3.1:   Varianten des Software-Life-Cycle und des Wasserfallmodells

3.1.4   Das V-Modell

Das V-Modell (siehe [Boeh79]) gliedert den Softwareentwicklungsprozess in miteinander korrelierende Phasen. Die zweite Hälfte der Phasen bildet die Tests für die Produkte der ersten Phasen. Der Klassentest testet beispielsweise den Code, welcher aus der Implementierung hervorgegangen ist und den höchsten Detaillierungsgrad aller im Laufe der Softwareentwicklung entstandenen Produkte aufweist. Die Produkte und ihre Tests entsprechen den möglichen verschiedenen Sichten auf ein System. Aus der Anordnung nach diesen Sichten ergibt sich das für dieses Modell namensgebende „V".

Das V-Modell ist kein eigenständiges Vorgehensmodell im eigentlichen Sinn. Es fügt lediglich dem Wasserfallmodell, die Produkte im V-Modell werden ja nach wie vor streng sequenziell erstellt, eine zusätzliche strukturelle Sicht hinzu, nämlich dass für jedes zu erstellende Produkt ein entsprechend korrespondierender Test existieren und durchgeführt werden sollte.

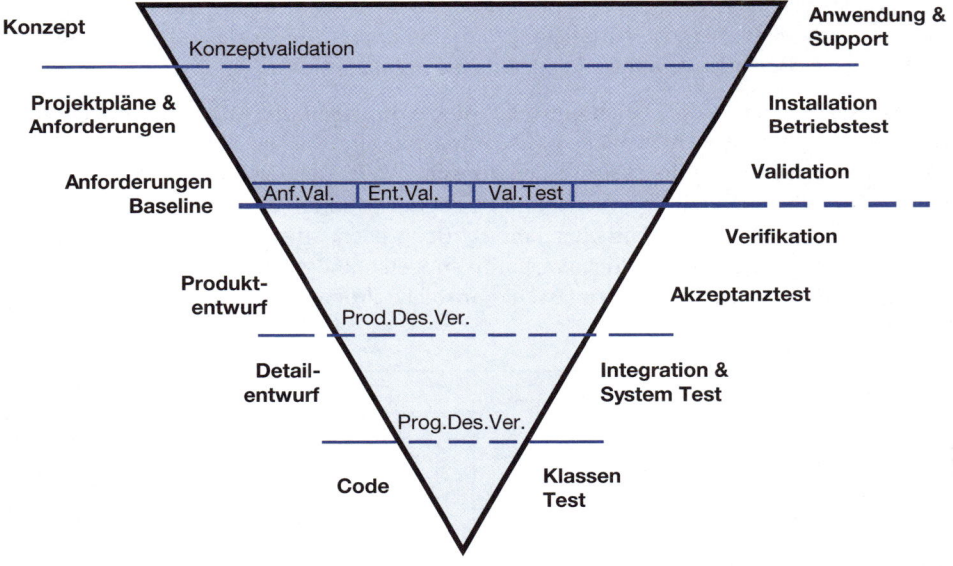

Abbildung 3.2:   Das V-Modell (nach [Boeh79])

Barry Boehm ist Professor für Software Engineering an der University of Southern California und Leiter des Centers for Software Engineering an dieser Universität. Barry Boehm setzt seit 30 Jahren regelmäßig wegweisende Akzente in der wissenschaftlichen Beschäftigung mit Softwareentwicklung. Er ist unter anderem verantwortlich für entscheidende Beiträge zu den Themen COCOMO, Spiralmodell oder Software Engineering Economics.

3.1.5   Das Spiralmodell

Das Spiralmodell trägt den möglichen Projektrisiken als erstes der beschriebenen Modelle Rechnung. Der gesamte Prozess ist in vier Phasen gegliedert, welche im Zuge einer evolutionären Softwareentwicklung mehrmals durchlaufen werden. Das heißt, dass in jedem Durchlauf nur bestimmte Produkte entwickelt werden, welche auf den Produkten des vorhergehenden Durchlaufs aufbauen und für den nächsten Durchlauf als Grundlage dienen. Die vier Phasen und deren wichtigste Tätigkeiten sind:

- *Zielbestimmung*: Jede Phase beginnt mit der Bestimmung der genauen Ziele und Produkte dieses Durchlaufs. Es werden auch Alternativen (z.B. Entwurfsvarianten) und Restriktionen (z.B. aufgrund des Zeitplans) untersucht und festgehalten.

- *Risikoanalyse*: In der nächsten Phase werden die Ziele und Alternativen unter Berücksichtigung der Restriktionen bewertet und die darin enthaltenen Risiken festgestellt. Für die gefundenen Risiken werden Lösungsstrategien zur Beseitigung der Ursachen entwickelt (z.B. Erstellung eines Prototypen, Simulation, Befragung der Benutzer usw.).

- *Arbeitsschritte durchführen*: In dieser Phase werden die für diesen Durchlauf vorgesehenen Produkte erstellt. Die in *Abbildung 3.3* dargestellten Produkte sind nur ein Beispiel für eine mögliche Auswahl von Produkten für ein bestimmtes Projekt. Je nach Projekt und identifizierten Risiken können die Anzahl und Abfolge der Produkte in den einzelnen Durchläufen stark variieren.

- *Nächste Phase planen*: Basierend auf den Ergebnissen eines Reviews, welches als Abschluss für jeden Durchlauf vorgesehen ist, wird der nächste Zyklus geplant.

Abbildung 3.3 zeigt eine mögliche Form des Spiralmodells mit vier Durchläufen. Der letzte Durchlauf, welcher erst nach der Beseitigung des letzten Risikos durchlaufen wird, zeigt die Erstellung des Systems. Die Systemerstellung selbst kann zum Beispiel durch ein eingebettetes Wasserfall- oder V-Modell strukturiert werden.

Das Spiralmodell kann für sehr große und komplexe Projekte verwendet werden, da es der Komplexität durch das risikogesteuerte Vorgehen Rechnung trägt. Die Anzahl der Durchläufe ergibt sich erst während des Projekts und wird durch die auftretenden Risiken bestimmt. Dies hat zur Folge, dass zu Beginn des Projekts ein Zeit- und Kostenplan nur schwer zu erstellen ist. Die Risikoanalyse kann nur durch erfahrene Projektleiter durchgeführt werden. Bei zu zaghaftem Vorgehen kann sich das Projekt unnötigerweise verlängern, was zu erhöhten Kosten führt. Zu schnelles Vorgehen kann Risiken vernachlässigen und zu Problemen in folgenden Durchläufen führen.

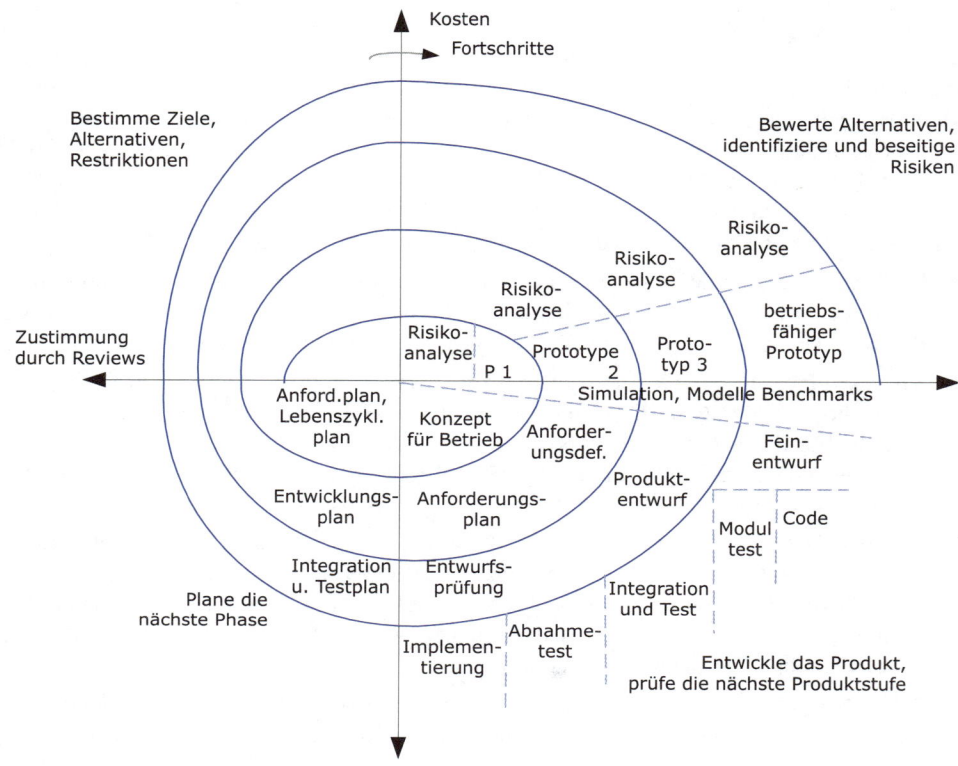

Abbildung 3.3:   Das Spiralmodell (nach [Boeh88])

3.1.6   Das inkrementelle Modell

Im Wasserfallmodell und auch im V-Modell ist die abgeschlossene Analyse Voraussetzung für den Entwurf und die Implementierung. Gibt es unklare Anforderungen oder sind die Anforderungen noch nicht komplett, kann mit dem Entwurf nicht begonnen werden, ehe nicht die letzte Anforderung restlos geklärt ist. Nach erfolgter Implementierung bekommt der Kunde das fertige System als Ganzes geliefert.

Bei großen Projekten hat dies zur Folge, dass die Auslieferung des Produkts ein oder mehrere Jahre dauern kann. Der Kunde muss eine lange Zeit warten, bis er sein System begutachten kann. Noch dazu ist es bei Projekten in dieser Größe sehr leicht möglich, dass sich Anforderungen aufgrund des langen Zeitraums ändern. Somit besteht das Risiko, dass das ausgelieferte Produkt bereits nicht mehr den aktuellen Anforderungen entspricht und eine sofortige Überarbeitung notwendig ist, oder der Kunde mit Einschränkungen auskommen muss.

Das inkrementelle Modell versucht, diese Probleme zu lösen. Anstatt auf die Fertigstellung der gesamten Anforderungen zu warten, werden – sobald eine ausreichende Anzahl an Kernanforderung beschrieben ist – für diese ein Entwurf und die Implementierung gestartet. Je mehr Anforderungen hinzukommen, desto mehr zusätzliche Inkremente werden gestartet.

Nach [Balz98] hat das inkrementelle Modell folgende Eigenschaften:

- Die Entwicklung des Software-Produkts erfolgt stufenweise. Die Entwicklung wird durch die Erfahrungen der Entwickler und des Kunden mit dem wachsenden Produkt gesteuert.

- Die Wartung wird als Erstellung einer neuen Version des bestehenden Produkts betrachtet.

- Dieses Vorgehensmodell ist gut geeignet, wenn der Kunde seine Anforderungen noch nicht vollständig überblickt bzw. sich der Möglichkeiten zur Realisierung der Anforderungen nicht bewusst ist und deshalb die Anforderungen nicht formulieren kann.

- Die Entwicklung wird hauptsächlich durch den Code betrieben. Im Zentrum des Interesses stehen lauffähige Systemteile.

Es ist mit diesem Modell möglich, Teile des Systems bereits vor Fertigstellung des gesamten Systems beim Kunden einzuführen (z.B. ein oder mehrere Subsysteme). Mit diesen Teilen kann der Kunde eine eingeschränkte Anzahl an Anforderungen realisieren. Die Zeitspanne zwischen Auftragsvergabe und Einsatz von zumindest Systemteilen wird somit geringer.

Weiters kann auf Anforderungsänderungen besser und schneller reagiert werden. Im besten Fall ist die zu ändernde Anforderung noch nicht implementiert und sie verursacht keinen zusätzlichen Aufwand. Die Entwicklung kann bei jedem inkrementellen Schritt gesteuert werden, da das Produkt in vielen kleinen überschaubaren Schritten erzeugt wird.

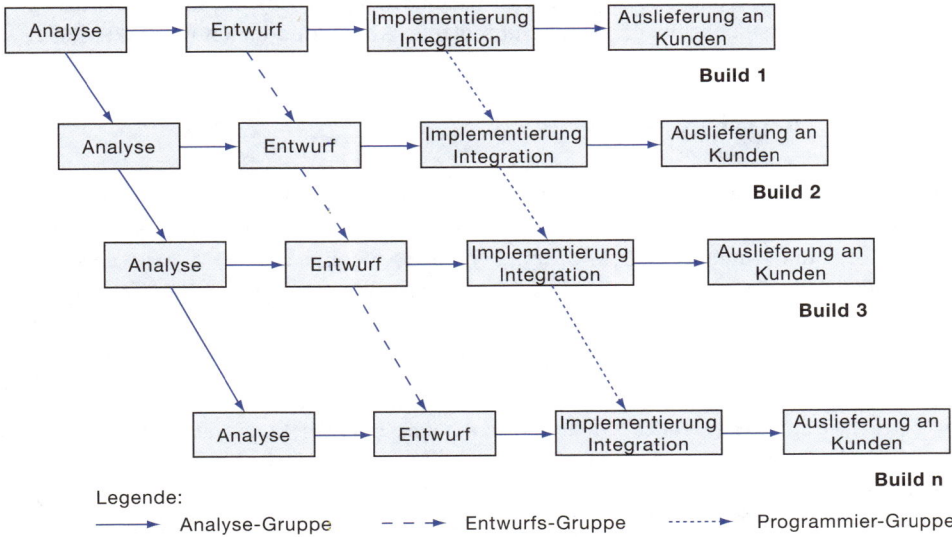

Abbildung 3.4: Inkrementelles Modell (aus [Scha99] S. 76)

Abbildung 3.4 zeigt eine Darstellung dieses Modells. Das System wird in mehreren „Builds" ausgeliefert. Alle Entwickler erweitern parallel ihre Modelle (Analyse, Entwurf, Programm).

Ein wesentlicher Nachteil dieses ursprünglichen Modells ist das Risiko, dass in einem fortgeschrittenen Stadium der Produktentwicklung die Architektur für die Realisierung der verbleibenden Anforderungen nicht geeignet ist. In einem solchen Fall muss die Architektur unter hohem Aufwand nachträglich geändert werden. Um diesen Fall zu vermeiden, kann man das inkrementelle Modell so weit einschränken, dass vor dem Start des Entwurfs zumindest alle entscheidenden Anforderungen bekannt sein müssen, welche die Architektur des Systems beeinflussen können. In manchen Fällen kann diese Einschränkung überhaupt die Analyse aller Anforderungen vor dem Entwurf bewirken.

3.2 Mikroprozesse – Arbeitsschritte und Aktivitäten

Steht das Vorgehen für ein Projekt fest, so muss der Projektleiter für alle Mitarbeiter die konkreten Tätigkeiten im Rahmen der Arbeitsschritte vorgeben. Diese Tätigkeiten werden nicht für jedes Projekt neu bestimmt, sondern sind meist durch den Softwareentwicklungsprozess eines Unternehmens standardisiert. Dennoch kann es ein Projekt erfordern (aufgrund seiner Größe oder einer hohen Komplexität der Anforderungen), dass zusätzliche Tätigkeiten definiert und durchgeführt werden. Für kleinere oder einfachere Projekte als sonst üblich ist es auch denkbar, dass Tätigkeiten weggelassen werden.

Der folgende Abschnitt beschreibt die Arbeitsschritte Analyse, Entwurf, Implementierung, Test, Inbetriebnahme und Wartung sowie die begleitenden Arbeitsschritte Projektmanagement und Qualitätsmanagement. Der darauf folgende Abschnitt erläutert kurz Aktivitäten.

3.2.1 Arbeitsschritte

Ein Arbeitsschritt ist wesentlich durch seine bestimmte Sicht auf den Gegenstand des Projekts gekennzeichnet und erzeugt dadurch ein bestimmtes Modell dieses Projekts, welches sich in Form und Abstraktionsgrad von den Modellen anderer Arbeitsschritte unterscheidet. Jede dieser Sichten bzw. jedes dieser Modelle verfolgt einen genau festgelegten Zweck und ist für eine spezielle Zielgruppe bestimmt. Aufgrund der unterschiedlichen Zielsetzung eines jeden Arbeitsschritts unterscheiden sich die Tätigkeiten und die beteiligten Rollen wesentlich voneinander.

So betrachtet zum Beispiel der Arbeitsschritt Analyse ein Projekt aus der Sicht der Anforderungen der zukünftigen Anwender. Erst im Arbeitsschritt Entwurf wird das System aus technischer Perspektive betrachtet. Die technische Sicht hätte im Arbeitsschritt Analyse wenig Sinn, da nur wenige Anwender genug technisches Verständnis besitzen, um diese Darstellung verstehen zu können. Für die dem Entwurf folgende Implementierung durch

Programmierer ist die technische Sicht aber notwendig, da die direkte Umsetzung der Anforderungen nicht möglich ist (das wäre, als wolle jemand ein Haus ohne Bauplan bauen).

Die Arbeitsschritte Analyse, Entwurf, Implementierung, Test, Inbetriebnahme und Wartung sowie die Bereiche Projektmanagement und Qualitätsmanagement werden im Folgenden kurz beschrieben.

Arbeitsschritt Analyse: Im Arbeitsschritt Analyse werden in Gesprächen mit dem Kunden die Anforderungen an das System ermittelt und diese in einem objektorientierten Systemmodell beschrieben. Der Arbeitsschritt Analyse dient zur Vorbereitung aller nachfolgenden Arbeitsschritte und schließt mit einer groben Projektplanung für die Realisierung ab.

Arbeitsschritt Entwurf: Während des Entwurfs werden alle technischen Vorbereitungen und Planungen getroffen, welche für eine fehlerfreie und rasche Implementierung des Systems notwendig sind. Parallel zum Entwurf wird auch der Testplan erstellt, welcher einerseits die Erfüllung der Anforderungen und andererseits die korrekte Funktionsweise der Implementierung überprüfen soll.

Arbeitsschritt Implementierung: Die Implementierung dient zur Umsetzung des Entwurfs in einer konkreten Programmiersprache und der Erstellung eines lauffähigen und lieferbaren Systems. Die Implementierung gliedert sich in die Erstellung einzelner Module und deren abschließende Integration zum gesamten System.

Arbeitsschritt Test: Zum Abschluss werden im Arbeitsschritt Test die angestrebte Korrektheit des Systems in Bezug auf Anforderungen und Technik sichergestellt und gefundene Fehler vor der Auslieferung an den Kunden beseitigt.

Arbeitsschritt Inbetriebnahme und Wartung: Das in Betrieb befindliche Produkt ist ständigen Änderungen unterworfen. Zum einen müssen Fehler, die zu diesem Zeitpunkt noch auftreten, ausgebessert werden, und zum anderen müssen für Änderungen der Anforderungen alle Arbeitsschritte nochmals im kleinen Rahmen durchgeführt werden.

Projektmanagement: Das Projektmanagement garantiert den korrekten Ablauf der Erstellung einer Software. Wesentliche Aufgaben im Rahmen des Projektmanagements sind die Planung, die Kontrolle, die Organisation und Koordination von allen Tätigkeiten im Rahmen der Arbeitsschritte, welche zur Erreichung der vorgegebenen Ziele notwendig sind. Eine der wichtigsten Aufgaben des Projektmanagements ist die Teambildung zu Beginn eines Projekts.

Das *Teammanagement* betrifft die konkrete Zuteilung und Koordination von Arbeit für die Projektmitarbeiter. Diese kann nur unter Berücksichtigung von Fähigkeiten und Verfügbarkeit zum jeweils aktuellen Zeitpunkt geschehen. Im Teammanagement werden weiters auftretende soziale Probleme mit Einfluss auf das Projekt geregelt. Nicht zuletzt ist das Teammanagement wesentlich für die Motivation der Mitarbeiter verantwortlich.

Qualitätsmanagement: Das Qualitätsmanagement soll einerseits während eines Projekts die Einhaltung von Qualitätskriterien steuern und überprüfen und andererseits zur Verbesserung des Softwareentwicklungsvorgangs innerhalb eines Unternehmens beitragen.

3.2.2   Aktivitäten

Aktivitäten sind jene Arbeitseinheiten, deren Durchführung stets ein konkretes Produkt oder die Erbringung einer einzelnen Leistung zum Ziel hat. Während an einem Arbeitsschritt eines kompletten Softwareprojekts mehrere oder gar viele Rollen beteiligt sind, kann eine Aktivität durch eine Rolle alleine durchgeführt werden. Aktivitäten sind daher auch Gegenstand von konkreten Arbeitsaufträgen seitens der Gruppen- oder Projektleitung. *Abbildung 3.5* zeigt alle Aktivitäten, welche im Rahmen des Arbeitsschritts Entwurf durchgeführt werden müssen.

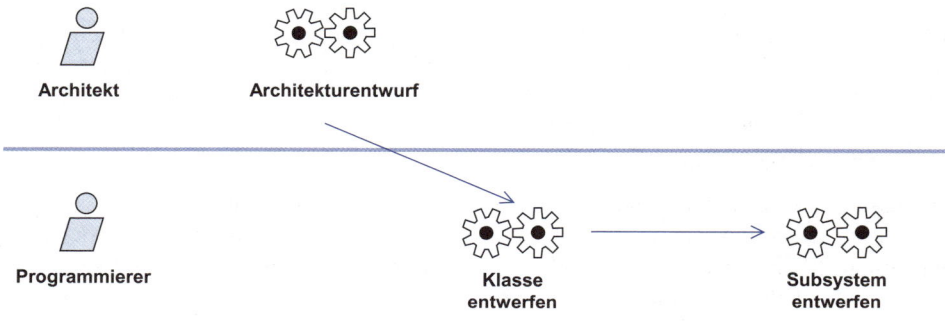

Abbildung 3.5: Aktivitäten des Arbeitsschritts Entwurf

Tabelle 3.1 zeigt alle Einheiten der Projektarbeit, die diese strukturieren, im Überblick. Dabei werden deren durchschnittliche Dauer und die Anzahl der normalerweise daran beteiligten Personen für ein normal großes Softwareprojekt mit einer Dauer von ca. einem halben Jahr angegeben.

Element	ungefähre Dauer	Größe der Arbeitsgruppe
Vorgehensmodell	Projektdauer	7
Phase	Wochen bis Monate	4-7
Arbeitsschritt	eine oder mehrere Wochen	2-5
Aktivität	Tage	1-2

Tabelle 3.1: Strukturelemente eines Software-Prozesses

3.3   Der Unified Process

Der Unified Process bildet die Grundlage für den in diesem Buch vorgestellten Softwareentwicklungsprozess. Nach einem kurzen geschichtlichen Überblick wird in diesem Abschnitt auf seine wichtigsten Konzepte einführend eingegangen.

3.3.1 Geschichte des Unified Process

Der „Unified Software Development Process" ([Jaco99]), wie er im gesamten Wortlaut heißt, ist keine Neuerfindung, sondern vielmehr die Weiter- bzw. Zusammenführung von in der Industrie durchaus etablierten Ideen mehrerer Personen und Unternehmen im Softwarebereich.

Der Unified Process wurde maßgeblich von den drei Spezialisten James Rumbaugh, Grady Booch und Ivar Jacobson (genannt die drei Amigos) im Rahmen ihrer gemeinsamen Tätigkeit bei Rational entwickelt. Alle drei hatten zuvor schon eigene objektorientierte Methoden bzw. Prozesse entwickelt (OMT, OOAD und OOSE). Rumbaugh und Jacobson verkauften ihre Methoden zusammen mit darauf abgestimmten Werkzeugen sehr erfolgreich an Software-Unternehmen.

Grady Booch arbeitet seit Beginn der 80er Jahre bei Rational und betreute zahlreiche Großprojekte der Softwareentwicklung, aus denen er sein umfangreiches Wissen über Software Engineering bezog. Ende der 80er Jahre veröffentlichte er bereits zwei Bücher zum Thema Software-Erstellung mit Ada. OOAD (Object Oriented Analysis and Design) wurde im gleichnamigen Buch Anfang der 90er Jahre vorgestellt.

OMT (Object Modeling Technique) von **James Rumbaugh** wurde erstmals 1991 vorgestellt [Rumb91]. 1994 wurde von OMT eine weiterentwickelte Version veröffentlicht. James Rumbaugh wechselte 1994 zu Rational, wo er zusammen mit Grady Booch an der Vereinheitlichung ihrer beiden Methoden zu arbeiten begann. Als erstes Ergebnis wurde im Oktober 1995 die Version 0.8 von UML veröffentlicht (siehe auch [Rumb95b]).

Ivar Jacobson hatte schon während seiner Zeit bei Ericsson (einem der führenden Unternehmen der Telekommunikationsindustrie) zahlreiche Erfahrungen in der Softwareentwicklung gesammelt. In diesem Bereich gab es bereits in den 70er Jahren einen Standard namens SDL (Specification and Description Language), welches Systeme in Blöcke aufteilte, welche untereinander mittels Nachrichten kommunizierten. Zur Darstellung solcher Systeme wurden Diagramme verwendet, welche den heute gebräuchlichen UML-Diagrammen ähnlich waren.

1987 gründete Jacobson seine eigene Firma Objectory AB. Im Jahre 1987 veröffentlichte er den Artikel „*Object-Oriented Development in an Industrial Environment*" ([Jaco87]), in dem der Begriff des „Use Case" erstmals erläutert wird. Er entwickelte das weltweit erfolgreiche Produkt Objectory – ein Werkzeug zur Erstellung von Software aufbauend auf der Beschreibung von Anwendungsfällen und einem Analysemodell. Während der Jahre 1987 bis 1995 wurde Objectory in mehreren Versionen kontinuierlich weiterentwickelt.

Jacobson veröffentlichte 1992 ein Buch, welches die von Objectory unterstützte Methode beschrieb ([Jaco96]). Das Konzept der Anwendungsfälle wurde im Laufe der Jahre von einer größeren Menge von Software-Entwicklern akzeptiert und übernommen (siehe [Jaco95a]).

Bei Rational wurden ab 1981 intern zahlreiche Arbeiten zur Entwicklung eines Softwareentwicklungsprozesses verfasst und auch umgesetzt. Von Mitarbeitern Rationals stammen wichtige Beiträge zu Themen wie iterative und inkrementelle sowie architekturzentrierte Softwareentwicklung.

1995 wurde Objectory AB von Rational aufgekauft und mit der Vereinheitlichung und Weiterentwicklung des Objectory-Prozesses und des Ansatzes von Rational begonnen. Die Grundlage der Entwicklung bildete die letzte Version des Objectory-Prozesses (Version 3.8). Von Seiten Rationals wurden vor allem die iterative Entwicklung und das Phasenmodell beigesteuert. Während der Jahre 1996 und 1997 wurde so der Rational-Objectory-Prozess 4.1 beschrieben.

Erstes Ergebnis der Bemühungen um die Vereinheitlichung ist die Veröffentlichung der einheitlichen Notation UML 1997. In weiterer Folge wurden in die Weiterentwicklung des Prozesses weitere Unternehmen eingebunden, welche ihr Wissen in verschiedenen Bereichen beisteuerten. 1999 wurde schließlich der Unified Process ([Jaco99]) veröffentlicht.

Abbildung 3.6 zeigt die Entwicklung des Rational Unified Process als eine spezielle Implementierung des Unified Process.

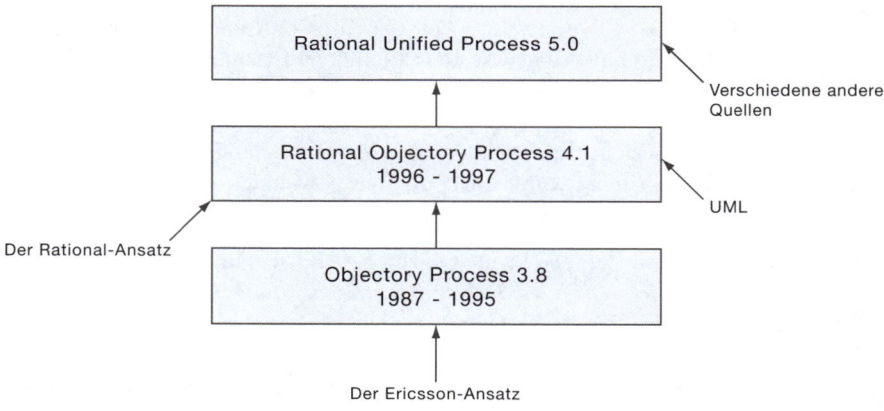

Abbildung 3.6: Entwicklung des Unified Process (aus [Jaco99] S.21)

3.3.2 Eigenschaften des Unified Process

Der Unified Process wird durch drei wesentliche Prinzipien gestaltet:

1. Er wird durch Anwendungsfälle gesteuert: Bevor ein System entworfen und imple-
    mentiert werden kann, müssen die Anforderungen an das System eindeutig beschrie-
    ben werden. Zu diesem Zweck muss die Gruppe der zukünftigen Benutzer ein-
    geschränkt werden, um deren Anforderungen untersuchen zu können. Bei den
    Benutzern kann es sich um Personen, aber auch um andere Systeme handeln, welche
    über Schnittstellen mit dem gegenwärtigen System zusammenarbeiten.

    Der gesamte Unified Process wird ausgehend von der Beschreibung der Anforderun-
    gen mit Hilfe von Anwendungsfällen gesteuert. Alle Modelle des Entwurfs müssen in
    Hinblick auf die Umsetzung der Anwendungsfälle erstellt werden. Bei der Implemen-
    tierung wird immer auf die korrekte Erfüllung der Anwendungsfälle geachtet. Bei der
    Erstellung des Testplans wird unter anderem die Überprüfung der korrekten Umset-
    zung der Anwendungsfälle berücksichtigt. Die Anwendungsfälle setzen somit alle
    Arbeitsschritte der Softwareentwicklung in Verbindung.

2. Der Unified Process ist ein iterativer und inkrementeller Prozess: Aufgrund der Kom-
    plexität von vielen Softwareprojekten können die Beschreibung und die Erstellung
    des Systems nicht in einer einmaligen Abfolge der Arbeitsschritte erfolgen, in der die
    Produkte der Softwareentwicklung sequenziell erstellt werden. Nach anfänglichen
    einmaligen Planungsschritten muss jeder Arbeitsschritt in so genannten Iterationen
    mehrmals durchlaufen werden. Während der wiederholten Ausführung jedes Arbeits-
    schritts werden der Umfang und die Qualität der Produkte schrittweise verbessert. Im
    Zuge einer Iteration werden so viele Produkte wie möglich und notwendig parallel
    weiterentwickelt. Das gesamte Projekt wächst somit inkrementell. Nach genügend
    Iterationen, wenn also alle gewünschten Produkte in der erforderlichen Qualität vor-
    handen sind, wird das System ausgeliefert. *Abbildung 3.7* stellt dieses iterative Vor-
    gehen dar.

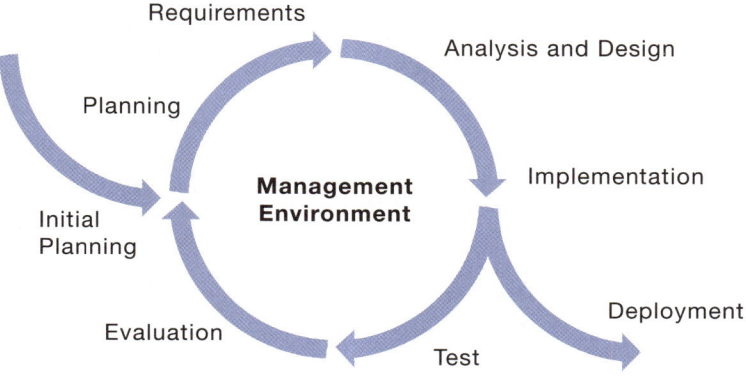

Abbildung 3.7: Ein iterativer und inkrementeller Prozess (nach [Kruc98])

Dieses Vorgehen bringt wesentliche Vorteile im Entwicklungsfortschritt während eines Softwareprojekts mit sich. Das Wasserfallmodell beginnt zwar mit einem linearen Anstieg des Fortschritts während der Analyse, des Entwurfs und der Implementierung, jedoch erleidet ein Projekt mit diesem Ansatz wahrscheinlich spätestens bei der erstmaligen Integration einen wesentlichen Rückfall. Spätestens zu diesem Zeitpunkt treten Mängel der Analyse oder des Entwurfs hervor. Das restliche Projekt ist meist durch ein stetiges Auf und Ab (bedingt durch Änderungen und neu auftretende Mängel) gekennzeichnet.

Bei einer iterativen und inkrementellen Entwicklung werden diese späten Rückschläge vermieden, da die Entwicklung fast aller Produkte, wenn auch nur im geringen Umfang, bereits zu einem frühen Zeitpunkt gestartet wird. Durch das inkrementelle Vorgehen sind Rückschritte, die es dennoch gibt, aber nur von geringem Umfang, da die Änderungen bzw. Weiterentwicklungen von einer Iteration zur nächsten ebenfalls nur von geringem Ausmaß sind. Durch den Wegfall solcher Rückschläge und der damit verbundenen Zeiteinbußen kann ein Projekt mit diesem Vorgehen früher abgeschlossen werden. *Abbildung 3.8* zeigt eine Gegenüberstellung des Projektfortschritts im Laufe der Zeit. Die Entwickler können überdies zielorientierter arbeiten, da die Ziele einer jeden Iteration näher sind als das Projektende. Weiters wird dem Umstand Rechnung getragen, dass die Anforderungen zu Beginn eines Projekts meist nicht vollständig beschrieben werden können oder zumindest Änderungen zu einem späteren Zeitpunkt sehr wahrscheinlich sind.

3. Der Unified Process ist architekturzentriert: Die Bedeutung der Architektur unterscheidet sich im Software Engineering kaum von der Wichtigkeit der Architektur im Bauwesen. Die Architektur bildet die Grundlage für das gesamte System. Ohne passende Architektur kann kein System erfolgreich gebaut werden. Es werden die Bedingungen der Zielumgebung (z.B. Betriebssystem), Komponenten, die zur Erstellung des Systems verwendet werden können, und auch nichtfunktionale Anforderungen bei der Beschreibung der Architektur berücksichtigt.

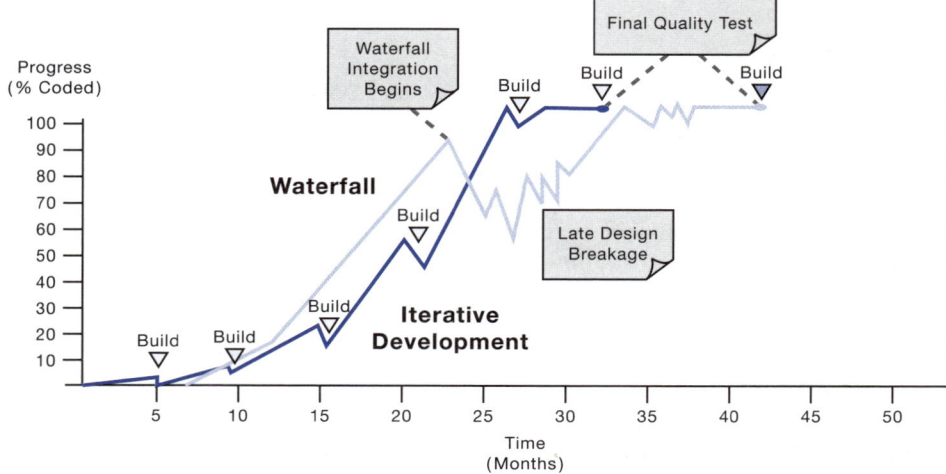

Abbildung 3.8:   Iteratives Modell und Wasserfallmodell im Vergleich (aus [Jaco99] S. 93)

Die Architektur gibt dem System die grundlegende Form, welche der Umsetzung der Anwendungsfälle dienen soll. Zur Bestimmung der Architektur reicht normalerweise die Berücksichtigung der wichtigsten Anwendungsfälle aus. Im Zuge der Architekturbeschreibung werden zuerst jene Teile der Architektur beschrieben, welche unabhängig von den Anwendungsfällen sind (z. B. Zielplattform), bevor anschließend für die Architektur die Umsetzung der wichtigsten Anwendungsfälle in Subsystemen, Klassen und Komponenten entworfen wird.

Die Beschreibung der Architektur beginnt bereits sehr früh parallel zur Beschreibung der Anwendungsfälle. So können eventuelle Probleme beim Entwurf der Architektur früh untersucht und gelöst werden. Im Zuge der Detaillierung der Anwendungsfälle im Rahmen der inkrementellen Entwicklung wird auch die Architektur Schritt für Schritt ausgereifter.

3.3.3   Die Elemente des Unified Process

Die statische Struktur des UP beschreibt, wer wann und wie etwas tut, und benutzt dazu vier Modellierungselemente:

- Rollen (wer),
- Aktivitäten (wie),
- Artefakte (was),
- Vorgehen (wann).

Rollen

Das zentrale Konzept im Prozess ist jenes der Rollen. Eine Rolle definiert das Verhalten und die Verantwortlichkeiten eines Individuums oder einer Gruppe von Individuen, die zusammen als ein Team arbeiten. Dieses Verhalten wird in Aktivitäten beschrieben und jede Rolle ist mit einer gewissen Menge an Aktivitäten assoziiert. Die Verantwortlichkeiten wiederum werden durch Artefakte ausgedrückt, mit denen eine Rolle in Verbindung gebracht wird, die sie kontrolliert, erstellt oder modifiziert.

Eine Person kann mehrere Rollen übernehmen und ist damit auch berechtigt, ganze Sammlungen an Artefakten zu erstellen und zu verändern. Beispiele für Rollen wären ein Systemanalyst, ein Designer oder ein Tester.

Aktivitäten

Den Rollen sind Aktivitäten zugeordnet, welche die Arbeit, die sie zu verrichten haben, definieren. Eine Aktivität ist eine Einheit von Arbeitsschritten, die ein Individuum durchführen kann. Jede Aktivität muss ein konkretes Ziel und einen Zweck aufweisen. Mögliche Aktivitäten wären zum Beispiel das Erstellen eines Artefaktes oder das Verändern einer Klasse. Die Granularität einer Aktivität reicht im Allgemeinen von ein paar Stunden bis hin zu ein paar Tagen, und sollte im Normalfall nur mit einer kleinen Anzahl von Artefakten in Verbindung gebracht werden. Aktivitäten können mehrmals durchgeführt werden, vor allem in unterschiedlichen Iterationen, wenn das System laufend erweitert wird. Mehrmalige Aktivitäten werden zwar von derselben Rolle ausgeführt, was aber nicht notwendigerweise bedeutet, dass es sich jedes Mal um dieselbe Person handelt. Beispiele für Aktivitäten sind die Planung einer Iteration, das Erstellen eines Anwendungsfalls oder das Durchführen eines Tests.

Artefakte

Die zuvor beschriebenen Aktivitäten besitzen Eingangs- und Ausgangsartefakte. Ein Artefakt ist ein Stück Information, das produziert, verändert und vom Prozess verwendet wird. Artefakte stellen sozusagen Neben- oder Teilprodukte des Prozesses dar, während sich der Prozess dem eigentlichen Endprodukt nähert. Artefakte können unterschiedliche Formen annehmen und sind nicht nur auf reine Textdokumente beschränkt. Beispiele sind Modelle, Modellelemente, Dokumente oder Teile des Quellcodes. Artefakte können wiederum aus anderen Artefakten bestehen und sind Gegenstand einer Versionskontrolle.

Da der UP ein iterativer Prozess ist, werden die unterschiedlichen Artefakte in allen Phasen des Prozesses benötigt und verändert, sie entwickeln sich im Laufe des Prozesses weiter. Einige Artefakte erreichen ihren Endzustand allerdings früher als andere.

Vorgehen

Eine reine Aufzählung von Rollen, Aktivitäten und Artefakten ergibt zusammen noch keinen Prozess. Um diese Lücke zu schließen, gibt es ein Vorgehensmodell, welche die einzelnen Aktivitäten aneinander fügen und damit den gesamten Prozess strukturiert.

3.3.4   Vorgehen im Unified Process

Im Unified Process werden fünf grundlegende Arbeitsschritte beschrieben, welche zur Erstellung von Software notwendig sind: Anforderungen, Analyse, Entwurf, Implementierung und Test. Die Ziele, Tätigkeiten und Produkte jedes Arbeitsschritts werden in den folgenden Kapiteln ausführlich beschrieben.

Jeder dieser Arbeitsschritte wird in einer Iteration einmal durchgeführt und führt zur Erstellung eines bestimmten Produkts, welches als Ausgangspunkt für Verbesserungen oder als Grundlage zur Erstellung weiterer Produkte in folgenden Iterationen dient. Die Abfolge der Iterationen ist in Phasen gegliedert, wobei in jeder Phase eine oder mehrere Iterationen durchlaufen werden können. Die Beginnphase dient der Suche nach ersten zentralen Anforderungen, damit das Projekt gestartet werden kann. In der Ausarbeitungsphase werden die Anforderungen größtenteils fertig gestellt. Darauf aufbauend wird eine Analyse erstellt und ein Entwurf begonnen. Parallel dazu erfolgen der Entwurf und die Implementierung des Kerns der Architektur. Während der Konstruktionsphase wird das System fertig entworfen, implementiert und getestet. In der Umsetzungsphase werden alle abschließenden Arbeiten durchgeführt, um das Produkt beim Kunden installieren und in Betrieb nehmen zu können.

Das Ende einer Iteration wird in einem formellen Review festgestellt. In diesem werden alle Produkte auf ihre Reife für den Start einer neuen Iteration geprüft. Einzelne Produkte sollten keine maßgeblichen Mängel aufweisen, da eine sinnvolle Erweiterung bzw. Verbesserung dieser Produkte aufgrund einer fehlenden Basis nicht möglich ist und der Sinn einer Iteration dadurch abhanden kommt. Produkte sollten aber auch nicht zu lange verbessert werden, bis der Start einer neuen Iteration durchgeführt wird, da dies andere auf diesem Produkt aufbauende und auch parallel dazu stattfindende Tätigkeiten unnötig verzögern kann. Der Sinn der folgenden Iteration besteht schließlich ohnehin in der weiteren Verbesserung des Produkts. In diesen Reviews wird vor allem die technische Qualität der Produkte behandelt und das weitere interne Vorgehen beschlossen.

Ein Status Review findet am Ende einer jeden Phase statt. Es wird festgestellt, ob das Projekt die vordefinierten Pläne und Standards erfüllt. Alle Abweichungen und die dazugehörigen Risikoeinschätzungen werden festgehalten und Maßnahmen zu deren Beseitigung werden beschlossen. Sobald alle Abweichungen ausreichend verbessert und alle das Projekt gefährdenden Risiken durch entsprechende Maßnahmen abgesichert worden sind, kann das Projekt in die nächste Phase übergehen.

Weitere Ausführungen zu Reviews, deren Aufbau, Zweck und den daran beteiligten Personen werden im *Kapitel 5* beschrieben.

Die genaue Anzahl der Iterationen kann von Projekt zu Projekt in Abhängigkeit von dessen Größe unterschiedlich sein. In [Kruc98] werden als Richtwerte folgende Werte für die Zahl an Iterationen pro Phase angegeben:

Komplexität des Projekts	Summe Iterationen	Iterationen Beginn	Iterationen Ausarbeitung	Iterationen Konstruktion	Iterationen Umsetzung
Niedrig	3	0	1	1	1
Normal	6	1	2	2	1
Hoch	9	1	3	3	2

Tabelle 3.2: Anzahl von Iterationen abhängig von der Projektkomplexität

Abbildung 3.9 zeigt den Zusammenhang zwischen Arbeitsschritten, Phasen und Iterationen in einem Projekt. Die grau hinterlegten Flächen zeigen die Verteilung des Aufwands eines jeden Arbeitsschritts während aller Phasen. Die gesamte Fläche stellt 100 Prozent des Aufwands pro Arbeitsschritt dar. Bei den einzelnen Arbeitsschritten lässt sich dadurch ablesen, in welcher Phase wie viel Aufwand für diesen Arbeitsschritt notwendig ist. So wird zum Beispiel mit der Anforderungsbeschreibung in der Konzeptionsphase angefangen, in der Entwurfsphase wird der Großteil beschrieben und zu Beginn der Konstruktion werden noch letzte Ergänzungen bzw. Änderungen hinzugefügt.

Alle Flächen gemeinsam ergeben 100 Prozent des Projektaufwands. Dadurch ist erkennbar, wie viel Aufwand ein Arbeitsschritt vom Gesamtaufwand verursacht.

Phasen

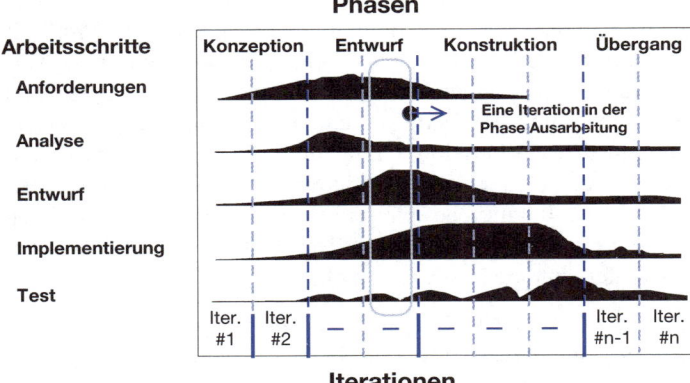

Abbildung 3.9: Phasen, Iterationen und Arbeitsschritte im Unified Process (aus [Jaco99] S. 104.)

Konzeptionsphase

Der Schwerpunkt der Arbeit in der ersten Phase liegt in der Einrichtung der Projektumgebung und der Festlegung aller Projektbedingungen. Dazu gehört einerseits die Initiierung der fünf Arbeitsschritte Anforderungen, Analyse, Entwurf, Implementierung und Test sowie der begleitenden Aktivitäten Projektmanagement und Qualitätsmanagement. Die Aktivität Projektinfrastruktur wird zum großen Teil in der Konzeptionsphase erledigt. Andererseits ist es äußerst wichtig, die zentralen Risiken des Projekts zu identifizieren, um entsprechende Maßnahmen vornehmen zu können.

Nachdem die Geschäftsleitung das Projekt vertraglich fixiert hat, beginnt das Projektteam (das zu diesem Zeitpunkt aus nur wenigen Personen bestehen kann, z.B. dem Projektleiter, einem Analytiker und einem Architekten), die Rahmenbedingungen für das Projekt festzulegen und das Projekt zu starten.

In einem Kick-off-Meeting werden alle zu diesem Zeitpunkt beteiligten Projektmitarbeiter über das Projekt und dessen Ziele informiert. Nach einem solchen Treffen sollten alle Projektmitarbeiter über alle für ihre Arbeit notwendigen Informationen verfügen.

Ausgehend von sehr wenigen Informationen (oft nur eine einseitige Vision) muss der Projektleiter zu Beginn dieser Phase zwei wichtige Tätigkeiten ausführen: Ein erster Projektplan muss erstellt werden und es müssen erste Kriterien für den Abschluss dieser Phase gefunden werden. Der Projektplan wird mit Zunahme der verfügbaren und konsolidierten Informationen ständig überarbeitet, um mit Abschluss der Phase eine erste gültige Version präsentieren zu können. Für mögliche Abschlusskriterien werden in [Jaco99] vier allgemeingültige Kriterien vorgeschlagen:

■   Festlegung des *Fokus des Systems:* Dazu gehören die Bestimmung der Systemgrenzen, der Akteure und der generellen Schnittstellen zum System und zu anderen Systemen.

■   *Beseitigung aller Unstimmigkeiten* in den Anforderungen, welche in dieser Phase beschrieben werden: Die Kernanforderungen des Systems sollten identifiziert und alle

Mehrdeutigkeiten beseitigt worden sein. Auch nichtfunktionale Anforderungen sollten ausreichend festgelegt worden sein.

- **Entwurf einer Architektur:** Zusätzlich zu den Anforderungen sollten Überlegungen bezüglich der Architektur nicht vergessen werden. Bei dieser Tätigkeit können bereits sehr früh Risiken und Schwierigkeiten für das Projekt identifiziert werden, die aus den Anforderungen alleine nicht erkennbar wären.

- **Rechtfertigung des Projekts** gegenüber dem Kunden: Bis zum Ende der Phase sollten dem Kunden ausreichend fundierte Fakten und Zahlen präsentiert werden können, welche die Entwicklung des Systems für ihn tatsächlich attraktiv erscheinen lassen.

Nebenbei wird die für das Projekt notwendige Infrastruktur aufgebaut. Diese Tätigkeit erfolgt meist durch einen Techniker, der dem eigentlichen Projektteam nicht angehören muss. Bei größeren Projekten ist aufgrund des hohen Ausmaßes an anfallenden Tätigkeiten auch während des Projekts ein eigens für das Projekt abgestellter Techniker denkbar. Diese Tätigkeiten umfassen das Einrichten der Arbeitsplätze, das Anlegen von Verzeichnissen, die Vergabe von Benutzerberechtigungen und vieles mehr. Der Projektleiter koordiniert die restliche Infrastruktur wie Sitzungszimmer, Präsentationshilfsmittel (z.B. Projektor) und jegliche weitere nicht technische Infrastruktur.

Der Analytiker sollte in dieser Phase die wesentlichen Anforderungen für das System finden und beschreiben. Dazu bedarf es zuerst eines tieferen Verständnisses des Kontexts, in welchem das System eingesetzt werden soll. Um dies zu ermöglichen, kann ein Geschäftsmodell erstellt werden (hierfür bietet UML eine bereits vordefinierte Erweiterung an). Nachdem alle notwendigen Begriffe geklärt und die Akteure identifiziert worden sind, kann der Analytiker beginnen, die ersten Anwendungsfälle zu beschreiben. Zu Beginn der Beschreibung sollte mit Hilfe eines Anwendungsfalldiagramms eine Übersicht geschaffen werden und nach einer Festlegung der Wichtigkeit der einzelnen Fälle sollten wenige sehr wichtige Anwendungsfälle genauer beschrieben werden.

Der Architekt erstellt parallel zur Anforderungsanalyse eine erste Analyse und einen ersten Entwurf der Systemarchitektur. Besonderes Gewicht wird hierbei auf die Festlegung von Schnittstellen und die Aufteilung des Systems in Subsysteme gelegt. Um vor allem die Schnittstellen ausreichend beschreiben zu können, muss auch die Zielplattform bereits zu diesem frühen Zeitpunkt genügend spezifiziert werden.

Der Projektleiter ist für die Überprüfung der Ergebnisse dieser Phase verantwortlich. Weiters sollte der Projektleiter basierend auf den zunehmenden Informationen die wesentlichen Risiken für das Projekt identifizieren und geeignete Maßnahmen für deren Vermeidung bereitstellen. Gegen Ende der Phase plant der Projektleiter das Vorgehen für die nächste Phase.

Nach der Konzeptionsphase sind die Artefakte in *Tabelle 3.3* vorhanden.

Produkt	Status	Produkt	Status
Geschäftsmodell	fast fertig	Architektur-beschreibung	fertig
Anwendungsfalldiagramm	fortgeschritten	Risiken- und Maßnahmenliste	entsprechend Informationsstand
Anwendungsfallbeschreibung	begonnen		

Tabelle 3.3: Produkte nach der Konzeptionsphase

Entwurfsphase

In dieser Phase wird der Großteil der Analyse durchgeführt. Zusätzlich wird eine erste Implementierung des Architekturkerns realisiert, um eine Einschätzung der daraus entstehenden Komplexität zu erhalten. Da das Projektteam im Normalfall noch klein ist, werden in dieser Phase viele Iterationen durchgeführt werden, um die Anforderungen so präzise wie möglich zu formulieren.

Der Großteil der Anforderungen wird ausreichend analysiert und dokumentiert. Zu diesem Zweck muss der Analytiker einen intensiven Kundenkontakt pflegen. In mehreren Treffen werden alle Anforderungen erkundet und alle Fragen ausreichend abgeklärt. Es werden den bereits bestehenden Anforderungen weitere Akteure und sowohl funktionale als auch nichtfunktionale Anforderungen hinzugefügt. Bei nichtfunktionalen Anforderungen ist auf deren möglicherweise unmittelbaren Auswirkungen auf die Architektur zu achten.

Alle Anwendungsfälle werden in das Anwendungsfalldiagramm übernommen. Mit zunehmender Größe wird es notwendig, dieses vermehrt zu strukturieren (z.B. durch das Hinzufügen von neuen Subsystemen). Bereits identifizierte Anwendungsfälle werden im Detail beschrieben. Nach dieser Phase sollten alle Anforderungen verstanden worden sein (auch wenn deren vollständige Beschreibung noch nicht abgeschlossen ist). Mit dem Kunden müssen nur mehr unwesentliche Details besprochen werden.

Begleitend dazu wird das Analysemodell erstellt und ausgebaut. Es werden Klassen gefunden, welche alleine oder in Zusammenarbeit mit anderen Klassen die Umsetzung der Anwendungsfälle übernehmen können. Diese Klassen werden in einem Analysemodelldiagramm dargestellt. Anschließend erfolgt eine detaillierte Darstellung aller Klassen.

Ein Programmierer erstellt unter Anleitung des Analytikers bzw. basierend auf den bereits vorhandenen Anforderungen einen Analyseprototypen, der dem Kunden anhand der Anwenderschnittstellen Aussehen und Funktion des zukünftigen Systems näher bringen soll. In Treffen mit dem Kunden können Unklarheiten bezüglich der Gestaltung der Anwenderschnittstelle und auch der Anforderungen geklärt werden, da der Prototyp eine erste Umsetzung der Anforderungen darstellt.

Weiters wird die Architektur fertig entworfen und zumindest teilweise implementiert. Dazu müssen die Schichten und Subsysteme des Systems endgültig festgelegt und ihre Schnittstellen untereinander definiert werden.

Der Gruppenleiter kann für fertig gestellte Anforderungen, für welche auch die Umsetzung im Analysemodell abgeschlossen ist, mit dem Entwurf der Klassen beginnen. Auch hierbei sollte mit Klassen begonnen werden, welche für das System von besonderer Bedeutung sind (korrespondierend zu den Anforderungen, welche in der Konzeptionsphase als erste beschrieben worden sind).

Der Projektleiter erstellt aufgrund der ersten vollständigen Version der Anforderungen (diese sollte spätestens als Ergebnis der vorletzten Iteration dieser Phase veröffentlicht werden, um in der letzten Iteration noch genügend Zeit für Änderungen zu haben) einen Projektplan für den Entwurf und die Implementierung. Weiters überprüft der Projektleiter in Reviews die erstellten Produkte.

Mit zunehmender Zahl der Anwendungsfälle kann der Tester bereits erste Testfälle erzeugen und dokumentieren. Nach der Erstellung des Projektplans ist der Tester auch in der Lage, einen Testplan zu erstellen. Die Implementierung der Architektur kann bereits in dieser Phase getestet werden. Aus diesem Grund sollten die Testfälle für die Architektur als Erstes erstellt werden.

Parallel zu diesen Tätigkeiten kann auch bereits eine erste Rohfassung des Anwenderhandbuchs und der Online-Hilfe erstellt werden, da zu deren Erstellung hauptsächlich die Anwenderschnittstellen (des Prototypen) und die Funktionalität des Systems (aus den Anwendungsfällen) notwendig sind.

Nach der Entwurfsphase sind die Artefakte in *Tabelle 3.4* vorhanden.

Produkt	Status	Produkt	Status
Geschäftsmodell	fertig	Benutzerdokumentation	begonnen
Anwendungsfalldiagramm	fertig	Entwurf der Klassen	begonnen
Anwendungsfallbeschreibung	fast fertig	Analyseprototyp	fertig
Analysemodelldiagramm	fertig	Beschreibung der Komponenten des Analysemodelldiagramms	fast fertig
Architekturbeschreibung	fertig	Testplan	fertig
Implementierung der Architektur	begonnen	Testfälle	fortgeschritten
Projektplan für Realisierung	fertig	Risiken- und Maßnahmenliste	entsprechend Informationsstand verändert

Tabelle 3.4: Produkte nach der Entwurfsphase

Konstruktionsphase

Alle Anforderungen und die daraus resultierende Analyse ergeben zu Beginn dieser Phase zusammen mit der Architektur eine konsistente und realisierbare Gesamtheit. Der Entwurf wird fortgeführt und abgeschlossen. Darauf aufbauend kann mit der Entwicklung und den Tests der entwickelten Komponenten begonnen werden. Diese werden abschließend zu dem zu entwickelnden Produkt zusammengesetzt. Begleitend zum System sollte die notwendige Dokumentation fertig gestellt werden. Änderungen des Systems, welche während der Implementierung notwendig werden, sollten sofort wieder in diese einfließen. Am Ende dieser Phase sind das fertige System und alle an den Kunden zu liefernden Produkte in einem auslieferbaren Zustand.

Die Implementierung der Architektur wird fertig gestellt und entsprechend den auftretenden Änderungen adaptiert.

Nachdem die Anforderung und das Analysemodell weitgehend abgeschlossen sind oder zu Beginn dieser Phase fertig gestellt werden, können die Programmierer mit dem Entwurf und der Implementierung der Klassen beginnen.

Mit wachsender Zahl der implementierten Klassen wird das System integriert und getestet. Dabei werden zuerst Klassentests, anschließend Integrationstests und schließlich Systemtests durchgeführt. Nach jedem Testdurchlauf passen die Tester die Testfälle entsprechend ihrer neuen Erkenntnisse an und übergeben den Programmierern Fehlerberichte, damit alle gefundenen Fehler ausgebessert werden können. Der Projektleiter erhält nach jedem Testdurchlauf einen Bericht über den Fortschritt der Implementierung.

Zusätzlich überprüft der Projektleiter in Reviews den Projektfortschritt selbst. Weicht dieser vom Projektplan ab, so müssen geeignete Maßnahmen zur Einhaltung des Projektplans beschlossen und durchgeführt werden.

Anwenderhandbuch und Online-Hilfe werden fertig gestellt und in das System eingebunden.

Der Architekt bereitet während dieser Phase die Zielumgebung für die Installation und Datenübernahme vor. Er entwickelte einen genauen Plan für das Vorgehen zur Integration des Systems auf der Zielumgebung. Weiters erstellt er Schulungsunterlagen für die Anwenderschulung nach erfolgter Inbetriebnahme. Dabei sollte er auf möglicherweise unterschiedliche Zielgruppen (Anfänger, Fortgeschrittene bzw. Benutzer der einen oder anderen Abteilung) besonders achten und wenn notwendig auch unterschiedliche Schulungen gestalten.

Nach der Konstruktionsphase sollten alle Produkte, welche im Zuge des konkreten Softwareprojekts erstellt werden sollten, vorhanden und getestet worden sein. Alle verbleibenden Fehler und Inkonsistenzen werden vor der Auslieferung an den Kunden in der nächsten Phase noch beseitigt.

Übergangsphase

Das Produkt wird fertig gestellt und nach abschließenden Tests und Qualitätskontrollen beim Kunden auf der Zielplattform integriert. Nach der erfolgten Integration werden die abschließenden Integrationstests durchgeführt. Nach der Schulung der Anwender und einer formellen Abnahme durch den Kunden kann das Projekt abgeschlossen werden. Der Architekt bleibt für den Kunden Ansprechpartner für auftretende Probleme oder Fehler. Für eine notwendige Weiterentwicklung wird auf Initiative des Kunden durch die Geschäftsleitung ein neues Projekt gestartet.

Die Programmierer korrigieren letzte Fehler in den Klassen. Die Implementierung wird mit der letzten Integration aller Systemteile fertig gestellt. Die letzten Tests sollen die Fehlerfreiheit des Systems überprüfen.

Nach der endgültigen Fertigstellung des Systems, der internen Abnahme durch den Projektleiter und der Freigabe durch die Geschäftsleitung wird das System beim Kunden integriert. Weiters wird die Datenübernahme laut der dafür erstellten Planung durchgeführt. Integrationstest vor Ort sollen das Funktionieren auf der Zielplattform sicherstellen.

Die Anwender werden am System selbst geschult. Weiters werden die verantwortlichen Personen und Kommunikationswege (Telefon, E-Mail usw.) für Probleme während des Betriebs bestimmt.

Nach Abschluss aller Projekttätigkeiten kommt dem Qualitätssicherer die Aufgabe der Projektanalyse zu. Er wertet alle Daten aus, welche über den Projektablauf verfügbar sind. Aufgrund der dadurch gewonnenen Fakten lässt sich der Entwicklungsprozess anpassen oder es werden Maßnahmen für kommende Projekte beschlossen.

Alle Projektdaten werden archiviert.

In dieser Phase entstehen keine neuen Produkte. Alle bisher angefertigten Produkte werden verbessert und abgeschlossen. Alle für den Kunden notwendigen Produkte werden in ein Installationspaket zusammengefasst und an diesen ausgeliefert. Sämtliche Projektdaten werden im Unternehmen selbst archiviert.

3.4 Der Rational Unified Process (RUP)

Der Rational Unified Process ist eine konkrete Implementierung des Unified Process. Der RUP ist, wie der Name schon sagt, von der Firma Rational entworfen worden und wird von dieser auch als Produkt vertrieben. Zur Unterstützung des RUP bietet Rational auch eine Reihe von darauf abgestimmten Werkzeugen an.

Der RUP definiert neun Hauptarbeitsschritte, alle repräsentieren eine logische Einteilung und Gruppierung von Arbeitern und Aktivitäten nach Aufgabenbereich und Disziplinen. Es gibt sechs Ingenieurs Arbeitsschritte (*Engineering Workflows*): Geschäftsmodellierung (*Business Modeling*), Anforderungen (*Requirements*), Analyse und Entwurf (*Analysis and Design*), Implementierung (*Implementation*), Test (*Test*), Auslieferung (*Deployment*). Weiters existieren drei unterstützende Arbeitsschritte: Projektmanagement (*Project Management*), Konfigurations- und Änderungsmanagement (*Configuration and Change Management*), Infrastruktur (*Environment*).

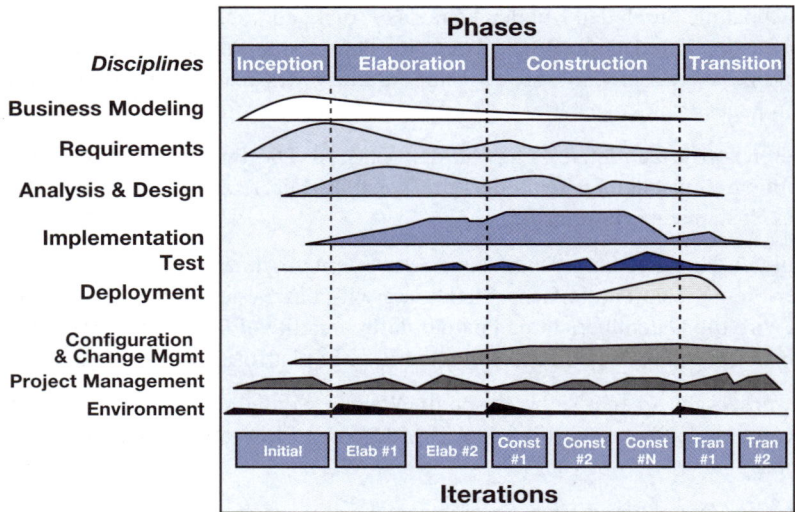

Abbildung 3.10:   Phasen und Arbeitsschritte im RUP (aus [Kruc00] S. 23)

Obwohl diese sechs Ingenieurs Arbeitsschritte auf den ersten Blick mit den Phasen des traditionellen Wasserfallmodells übereinstimmen können, unterscheiden sich diese vor allem dadurch, dass die Arbeitsschritte im Laufe des Prozesses iterativ immer wieder durchlaufen werden. Ein kompletter Arbeitsschritt des RUP durchläuft diese neun Hauptarbeitsschritte und wiederholt diesen Durchlauf in unterschiedlichen Phasen des Projekts, wobei die Intensität und Dauer des Durchlaufs verändert wird.

3.4.1   Die Arbeitsschritte im Detail

Arbeitsschritt Projektmanagement

Dieser Arbeitsschritt beschäftigt sich mit dem Ausbalancieren gegensätzlicher Ziele, dem Verwalten von Risiken und damit jene Hürden zu überwinden, die bei der Auslieferung an den Kunden und den Endbenutzer entstehen können. Vor allem für das Management intensiver Softwareprojekte ist dieser Arbeitsschritt die Grundlage für die Planung, Ausführung und Überwachung eines Projekts sowie die Verwaltung der Projektrisiken. Einige wichtige Aspekte des Projektmanagements werden jedoch in diesem Arbeitsschritt nicht abgedeckt:

- Personalmanagement,
- Budgetmanagement,
- Vertragsmanagement (Zulieferer und Kunden).

In diesem Arbeitsschritt findet die Planung der Iteration statt, dazu werden zwei Detailstufen an Plänen unterschieden. Zum einen findet sich der Phasenplan, zum anderen der Iterationsplan. Der Phasenplan existiert nur einmal im Projekt und beschreibt den kompletten Projektzyklus, und kann bei entsprechender Ausarbeitung auch für weitere, ähnliche Projekte herangezogen werden. Darin werden alle wesentlichen Meilensteine berücksichtigt. Der Phasenplan wird bereits frühzeitig in der Anfangsphase erstellt, und wird so oft als nötig überarbeitet.

Der Iterationsplan ist sozusagen die „Feinplanung" und existiert einmal pro Iteration. In einem Projekt sind im Normalfall zwei Iterationspläne gleichzeitig aktiv: Der momentane Iterationsplan, und der nächste Plan der folgenden Iteration, der ab der Halbzeit der ersten Iteration erstellt wird. Der Iterationsplan wird mit herkömmlichen Methoden der Planung (beispielsweise GANTT- Diagramme) erstellt und definiert die einzelnen Aufgaben und ihre Zuordnung zu den Teams. Der Iterationsplan kann als eine Art „Lupe" verstanden werden, die sich über den Projektplan fortbewegt und eine detaillierte Vergrößerung zeigt.

Arbeitsschritt Geschäftsmodellierung

Ziel der Geschäftsmodellierung ist das Verstehen der Struktur und Dynamik einer Organisation, in der das System letztendlich zum Einsatz kommen soll. Weitere zentrale Punkte sind: das Verstehen der Probleme der Zielorganisation, die Garantie, dass Kunden und Entwickler dieselben Vorstellungen über die Zielorganisation haben, und die Systemanforderungen so anzupassen, um die Zielorganisation tatsächlich wirkungsvoll zu unterstützen. Dazu wird in diesem Arbeitsschritt die Zielorganisation abgebildet und darauf basierend Prozesse, Rollen und Verantwortlichkeiten in einem Geschäftsmodell dargestellt. Ein Geschäftsprozess-Modell und ein Geschäftsobjekt-Modell werden für dieses Ziel herangezogen.

Arbeitsschritt Anforderungen

Die Ziele dieses Arbeitsschritts sind das Etablieren und Beibehalten einer gemeinsamen Sicht, was das System leisten soll. Damit wird den Systementwicklern ein besseres Verständnis für die Anforderungen geboten, die Grenzen und Limits des Systems werden gezogen und eine Basis für die technische Planung und die Zeit und Kostenschätzung geliefert.

Um diese Zielsetzungen zu erreichen, sieht der Arbeitsschritt die Erstellung einer Vision des Systems vor und definiert, wie diese Vision in ein Anwendungsfallmodell überführt wird. Der Arbeitsschritt definiert ebenfalls die Verwendung von Anforderungsattributen und wie diese genutzt werden können, um den Umfang der Anforderungen zu reduzieren und die Änderungen selbiger zu erleichtern. Neben dem Anwendungsfallmodell selbst werden in diesem Arbeitsschritt die Benutzerschnittstellen definiert und modelliert. Der Arbeitsschritt legt großes Augenmerk auf die Zusammenarbeit von Systementwicklern und den Stakeholdern, um eine einheitliche Sichtweise des System zu erlangen. Die Anforderungen werden dazu in unterschiedliche Kategorien wie funktionale und nichtfunktionale sowie „High-Level"-Anforderungen unterteilt.

Arbeitsschritt Analyse und Entwurf

Der Arbeitsschritt beschäftigt sich mit dem Überleiten der Anforderungen in spezifische Implementierungsrichtlinien (also den Entwurf) für das System. Zudem soll bereits frühzeitig im Projekt eine robuste Architektur für das System festgelegt werden, wobei die Eigenheiten der Implementierungsumgebung berücksichtigt werden müssen. Die Analyse beschäftigt sich dabei mit der Umwandlung der Anforderungen in eine für den Entwickler verständliche Sprache, zumeist Klassen und Subsysteme. Die Analyse verzichtet größten Teils auf die nichtfunktionalen Anforderungen und stellt ein ideales Bild des Systems dar. Der Entwurf adaptiert dann die Resultate der Analyse in Hinblick auf die nichtfunktionalen Anforderungen und die Bedingungen der Entwicklungsumgebung. Eine Optimierung des Systems wird dabei ebenfalls durchgeführt. Als Resultat des Arbeitsschritts entstehen das Analyse- und Entwurfsmodell, eine Beschreibung der Schnittstellen, die Systemarchitektur sowie Datenbankentwürfe. Dieser Arbeitsschritt schließt somit die Lücke zwischen den Anforderungen und der Implementierung.

Arbeitsschritt Implementierung

In der Implementierung entstehen das ausführbare System, die einzelnen Komponenten und Klassen sowie die Tests der Subsysteme, nicht jedoch die Tests des kompletten Systems. Dies wird in einem eigenen Arbeitsschritt durchgeführt, dem Arbeitsschritt Test. Im RUP wird zwischen drei Konzepten in der Implementierung unterschieden:

1. Builds: Ein Build beschreibt eine operationale Version des Systems. Durch die iterative Softwareentwicklung im RUP kommt es natürlich zu zahlreichen Builds. Diese dienen der frühzeitigen Fehlererkennung und als Review-Zeitpunkte. In Normalfällen wird versucht, in regelmäßigen Abständen, täglich oder zumindest einmal pro Woche, ein Build zu veröffentlichen.

2. Integration: Die Integration beschreibt das Zusammenführen von unterschiedlichen Komponenten und Subsystemen zu einem Ganzen. Das kann von der Zusammenführung der Ergebnisse einzelner Teams bis hin zur Integration des kompletten Systems reichen. Im RUP soll die Integration inkrementell stattfinden, das bedeutet, dass kleine Codesegmente geschrieben und getestet werden sollen, die dann zu einem größeren Teil zusammengefügt werden. Die Integration muss zumindest einmal pro Iteration durchgeführt werden.

3. Prototypen: Prototypen werden zur Verminderung der Risiken genutzt. Dazu sind im RUP unterschiedliche Arten von Prototypen definiert, welche für die Struktur oder das Verhalten des Systems herangezogen werden können. Prototypen werden entwickelt, um im Vorfeld gewisse technische oder anforderungsspezifische Probleme auszuloten, und dem Benutzer einen Einblick in die Art des EndProdukts zu gewährleisten. In vielen Projekten wird jedoch der Fehler gemacht, „gute" Prototypen in das finale System zu integrieren, was oftmals zu Qualitätseinbußen führen kann. Daher wird im RUP eine strikte Trennung zwischen Prototypen und tatsächlichem System vorgenommen.

Arbeitsschritt Test

Der Arbeitsschritt Test im RUP definiert eine Vielzahl an Tests und Testvorgängen sowie das Konzept der Qualitätsverantwortung für die einzelnen Teams. Dem Testen wir daher im RUP ein hoher Stellenwert beigemessen, wobei die Tests im RUP nicht dazu gedacht sind, Qualität zu bestätigen, sondern Qualität zu erreichen. Jedes Team und jeder Entwickler ist im RUP dafür verantwortlich, dass die von ihm erstellten Artefakte nicht nur den Anforderungen sondern auch den erwarteten Qualitätsansprüchen genügen. Das Testmodell im Arbeitsschritt besteht aus den Teilen Testfälle, Testprozesse, Testskripts, Testklassen und Testabläufe.

Arbeitsschritt Konfigurations- und Änderungsmanagement

Wie der Arbeitsschritt Test hat auch dieser Arbeitsschritt einen großen Einfluss auf die Qualitätssicherung. Ziel ist es, die erstellten Artefakte zu verfolgen, aufzubewahren und deren Integrität sicherzustellen. Konfigurationsmanagement beschäftigt sich mit der Identifizierung der Artefakte, deren Abhängigkeiten und Versionsnummern. Zudem teilt es die „Arbeitsräume" den einzelnen Arbeitern zu, damit sich diese während ihrer Arbeit nicht „auf die Füße steigen".

Das Änderungsmanagement ist für die Verwaltung der einzelnen Änderungsanfragen durch interne oder externe Stakeholders zuständig. Zudem werden hier auch die Auswirkungen der einzelnen Änderungen erfasst und analysiert. Zu guter Letzt beschäftigt sich die Statusprüfung und Messung, mit dem Extrahieren von Informationen für das Projektmanagement, durch Tools welche die Funktionen des Konfigurations- und Änderungsmanagement anbieten.

Arbeitsschritt Infrastruktur

Das Ziel und die Aufgabe dieses Arbeitsschritts ist die Unterstützung der Entwicklungsorganisation sowohl mit Prozessen als auch mit Tools. Dadurch erhofft man sich die Reduzierung der menschlichen Fehler auf ein Minimum. Diese Unterstützung inkludiert Folgendes:

- Auswahl von Tools und deren Erwerb,
- das Installieren und Anpassen der Tools in Hinblick auf die Organisation,
- Prozesskonfiguration,
- Prozessverbesserung und Weiterentwicklung,
- technische Dienstleistungen wie IT-Infrastruktur, Zugriffsadministration und das Erstellen von Backups.

Arbeitsschritt Auslieferung

Softwareentwickler finden sich des Öfteren zu früh im Glauben, bereits „gewonnen" zu haben, und vergessen dabei immer wieder, dass nicht das fehlerfreie Kompilieren des Systems das Ende eines Softwareentwicklungsprozesses darstellt, sondern der Wille des Kunden dieses System auch zu benutzen. Das Ziel und der Zweck dieses Arbeitsschritts ist es, die fertig gestellte Software dem Kunden zu übergeben. Dabei werden die folgenden Kernelemente herausgehoben:

- Beta-Tests,
- Software-Übergabe vorbereiten (Installationspakete),
- Installation und Verteilung der Software,
- Einschulung des Endbenutzers bzw. des Verkaufspersonals,
- Migration existierender Software und Datenbanken.

Die Wege, wie diese Kernelemente durchgeführt werden, unterscheiden sich hinsichtlich der Größe des Projekts und der Geschäftsbedingungen beträchtlich. Es ist daher für jedes Unternehmen und jedes Projekt, welches den RUP verwendet, ein eigener Spezialisierungsprozess nötig, wie dieser Arbeitsschritt letzten Endes umgesetzt wird. Einige grundlegende Artefakte wie Installationspakete, Supportmaterial (Benutzerhandbücher oder Wartungshinweise) oder Testergebnisse sind jedoch in allen Fällen ein Muss.

3.5   Das Microsoft Solution Framework (MSF)

Das MSF konzentriert sich auf die Planung, das Erstellen und die Auslieferungsphasen des Projektlebenszyklus. Dazu stellt das MSF neben Artikeln, Fallstudien und Kursmaterial für die Bereiche Unternehmensarchitektur, Applikationsentwicklung, Komponentendesign und Auslieferung auch detaillierte Pläne und Lösungsansätze zur Verfügung.

Das MSF besteht aus drei Kernmodellen, dem Risikomanagement-, dem Team- und dem Prozessmodell. Das MSF Prozessmodell kombiniert Konzepte des Wasserfall- und Spiralmodells, orientiert sich dabei stark an den Meilensteinen des Wasserfallmodells und dem Feedback aus dem Spiralmodell.

Die Struktur des MSF besitzt vier Phasen, die sich an unterschiedliche Projekttypen anpassen. Jede Phase endet mit einem nach außen sichtbaren Meilenstein (Abbildung 3.11). Sowohl die Benennung der Meilensteine als auch der Phasen sind von Projekt zu Projekt unterschiedlich.

3.5.1   Einsatz des Prozessmodells

Wie schon zuvor erwähnt kann das Prozessmodell für unterschiedliche Projekttypen eingesetzt werden und ändert sich dementsprechend in der Benennung der Phasen und Meilensteine. Als Beispiele für Projekttypen können nicht nur „normale" Applikationsentwicklungen sondern auch der Infrastrukturaufbau oder Unternehmensgestaltungsprozesse (in Bezug auf deren Softwaresysteme) angeführt werden. In der Applikationsentwicklung und Unternehmensgestaltung würden die vier Phasen „Visionsfindung", „Planung", „Entwicklung" und „Stabilisierung" zum Einsatz kommen, in Infrastrukturprojekten „Visionsfindung", „Planung", „Entwicklung" und „Auslieferung". Während einer Unternehmensgestaltung kann das Projekt in der Entwicklungsphase in kleinere Projekte übergehen bzw. diese starten. Diese Projekte benutzen dann wiederum das MSF-Prozessmodell (s. Abbildung 3.12).

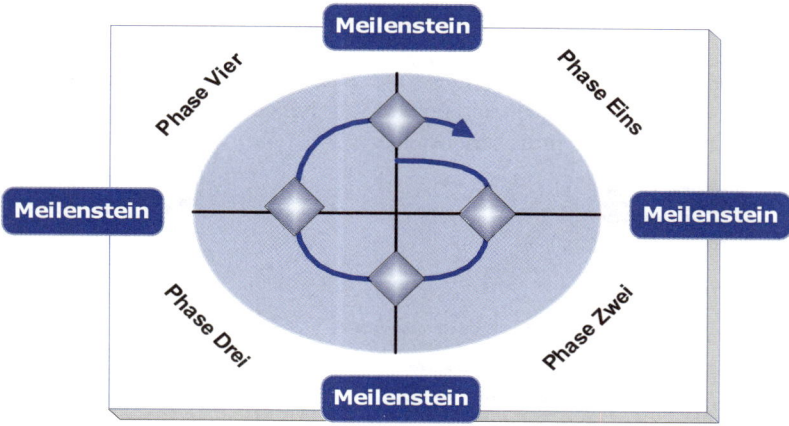

Abbildung 3.11: MSF-Prozessmodell

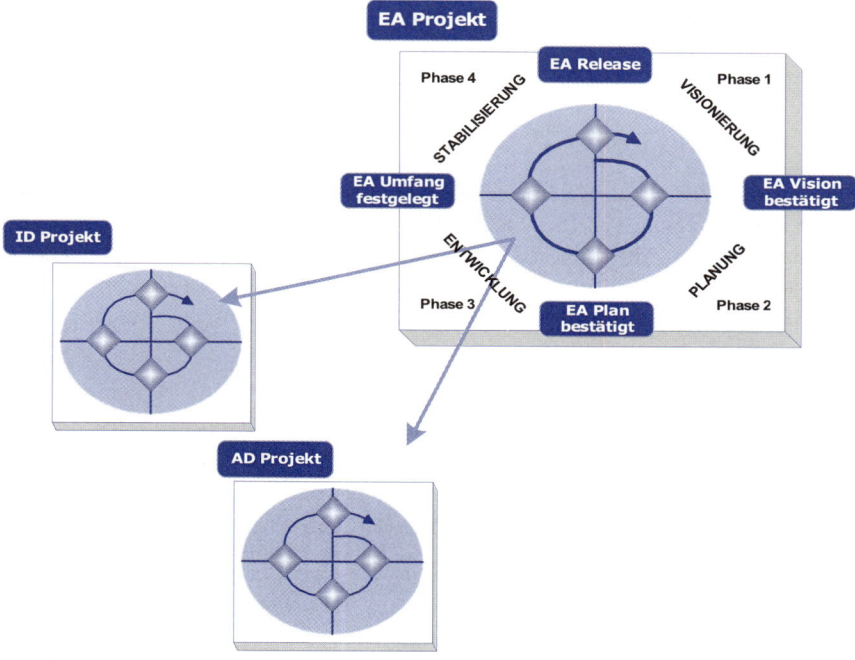

Abbildung 3.12: MSF-Prozess im Einsatz

3.5.2   Einsatz in der Applikationsentwicklung

Die vier Phasen in der Applikationsentwicklung sind zwar vom Namen her gleich wie jene in der Unternehmensgestaltung, doch variieren die Aktivitäten und Aufgaben. *Abbildung 3.13* zeigt die vier Phasen und ihre Meilensteine.

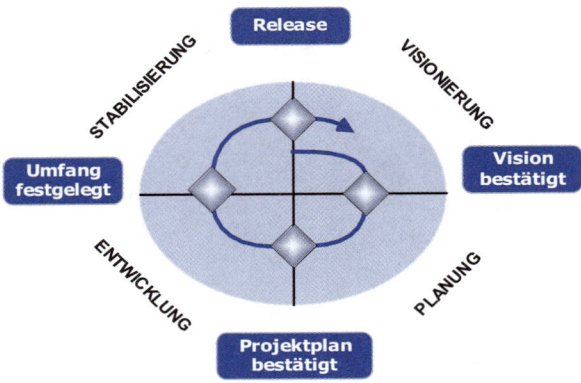

Abbildung 3.13:   Applikationsentwicklung

Phase eins: Visionsfindung

Das übergeordnete Ziel der Phase ist eine gemeinsame High-Level-Sicht auf die Ziele des Projekts sowie die Festlegung von Einschränkungen. Das Team und der Kunde analysieren das Geschäftsproblem, die Ziele des Produkts, eine Übersicht über die Problemlösung, Profile der Benutzer und grundlegende Entwurfsziele. All diese Ergebnisse werden in einem gemeinsamen Dokument, dem Vision/Scope-Dokument, gesammelt.

Phase zwei: Planung

Im Zuge der Planungsphase werden vom Team nicht nur ein Hauptprojektplan und ein Zeitplan erstellt, sondern auch eine funktionale Spezifikation des Produkts. Diese beschreibt, was implementiert werden wird, und listet dabei die Produktziele, Anforderungen, Features und Abhängigkeiten der Funktionalitäten auf. Wird diese Phase mit dem entsprechenden Meilenstein abgeschlossen, ist dies der Startschuss zur Implementierung des Produkts.

Phase drei: Entwicklung

Während dieser Phase liegt der Fokus auf der Programmierung und dem Testen des Produkts. Die Phase involviert eine Vielzahl von internen Veröffentlichungen des Produkts, das parallel und segmentiert entwickelt wird. Die Fortschritte werden dabei laufend gemessen und ständig synchronisiert.

Der Testprozess gehört zwar zur Stabilisierungsphase, ist aber bereits Bestandteil der Entwicklung. Da die Rolle des Testers nicht nur auf das Auffinden von Bugs beschränkt ist, sondern auch auf das Sichern der Qualität, ist der Tester bereits in der Entwicklung gefordert, zu überprüfen, ob das Produkt die Problemstellung qualitativ hochwertig löst. Gegen Ende der Phase beginnt der Tester mit den Abdeckungstests, abzielend auf die Features und den Code des Produkts, und den Benutzertests. Die Entwicklungsphase endet mit dem entsprechenden Meilenstein, wenn alle Features im Programm integriert sind und das Produkt zur Stabilisierung bereit ist. Benutzerhilfen müssen zu diesem Zeitpunkt ebenfalls bereits vorhanden sein, und das Team und die Stakeholder übereinstimmen, dass wirklich alle Feature, die inkludiert sein sollen, auch inkludiert sind.

Phase vier: Stabilisierung

Die Phase beginnt mit den Beta-Tests des Produkts und endet, wenn der Kunde das Produkt als fertig ansieht. Das Testen während dieser Phase fokussiert sich auf Benutzer und „Real-World" Tests. Das Augenmerk des Teams liegt auf dem Auffinden und Ausbessern von Bugs, um das Produkt auf jenen Stand zu bringen, dass es für eine Auslieferung bereit ist. Wenn das Team den letzten Meilenstein erreicht, wird das Produkt dem Operationsmanagement übergeben, das Team beginnt von Neuem mit dem MSF-Prozessund bereitet sich auf das nächste Release vor.

3.5.3 Prinzipien des MSF Prozessmodells

Die vier grundlegende Prinzipien, auf denen das MSF Prozessmodell basiert, werden in diesem Abschnitt kurz vorgestellt. Es sind dies der Projekt-Tradeoff, lebende Dokumente, Meilensteine und „*versioned releases*".

Projekt-Tradeoff

Die Variablen, die in jedem Projekt eine besondere Beachtung benötigen, sind Ressourcen in Form von Personal und Geld, Termine (Zeit) und Features (das Produkt und seine Qualität). Während der Entwicklung des Produkts ist es unvermeidlich, zwischen diesen drei Variablen einen Tradeoff zu finden. Die richtige Balance zwischen diesen drei Größen ist essenziell für den Erfolg eines Projekts. Diese Variablen können in Form eines Dreiecks zueinander in Beziehung gesetzt werden. Die Änderung einer Größe führt zwangsläufig auch zur Änderung zumindest einer der beiden anderen Größen.

Ein Projekt kann nur dann erfolgreich sein, wenn der Kunde auch davon überzeugt ist, dass das Team die richtige Balance zwischen diesen Faktoren gefunden hat. Daher ist es von großer Bedeutung, dass sich das Team über die Prioritäten des Kunden im Klaren ist.

Lebende Dokumente

Das MSF versucht, die Lücke zwischen der Projektdurchführung und dem „Denken hinter dem Projekt" mit so genannten lebenden Dokumenten zu überbrücken. Es kann durchaus vorkommen, dass Projekte in einer „Analyse/Paralyse" hängen bleiben, endlose Planung, ohne dass irgendwelche Aktionen durchgeführt werden. Die lebenden Dokumente sollen die Richtung zeigen und spezifizieren, wann mit dem Projekt begonnen wird. Sie können sich jedoch im Laufe des Projekts aufgrund neuer Informationen immer wieder ändern. Solche Dokumente zu erstellen, erlaubt es dem Team eine Balance zwischen zu wenig und zu viel Planung zu erreichen. Die zwei grundlegenden Eigenschaften dafür sind:

- Frühe Grundstruktur: Die Grundstruktur des Dokumentes sollte so früh als nur möglich erstellt werden, und als Basis für das fertige Dokument dienen. Das Team sollte mit der Entwicklung von Lösungen fortfahren, wenn auch noch nicht alle Fragen in dem Dokument beantwortet sind.

- Spät „einfrieren": Dieser Grundsatz bedeutet ganz einfach, das Dokument dynamisch zu halten, und Antworten und neue Details im Zuge des Projekts einzubinden.

Lebende Dokumente erlauben es dem Team also, schon mit der Entwicklung zu beginnen, auch wenn noch nicht alle offenen Fragen geklärt worden sind. Das Projektteam kann jedes Mal, wenn genug neue Details vorhanden sind, weiter voranschreiten.

Meilensteine

Meilensteine sind formale Checkpunkte, um den Fortschritt des Projekts zu messen und sich über die Projektrichtung einig zu sein. Das MSF Modell unterscheidet zwischen Intermims- und Hauptmeilensteinen. Während die Hauptmeilensteine den Übergang von einer Phase zur nächsten markieren, gliedern Interimsmeilensteine große Arbeitspakete in kleinere überschaubare Segmente.

Bei einem Hauptmeilenstein synchronisieren alle Teammitglieder ihre Arbeit. Der Kunde und das Team einigen sich auf den Übergang in die nächste Phase und bestimmen damit den Projektfortschritt. Diese Meilensteine sind im Prozessmodell bereits vordefiniert, während die Interimsmeilensteine vom Team selbst erstellt werden. Die wichtigsten Funktionen der Hauptmeilensteine im MSF kurz zusammengefasst:

- Review und Synchronisationspunkte: Eine Möglichkeit für das Team, den Projektfortschritt zu messen und Änderungen im Kurs vorzunehmen. Diskussionspunkte, die erörtert werden können: was ging gut, was nicht? Was hätte besser funktionieren können, was können wir dokumentieren, um zukünftigen Projekten zu helfen?

- Gemeinsame Einigung von Kunde und Team über den Projektfortschritt.

Versionierte Releases

Dieses Prinzip ist eine fundamentale Technik im MSF-Prozessmodell. Sie teilt große Projekte in kleinere, so genannte „versioned releases" ein, beginnend mit dem ersten Release als dem Kernprodukt, während nachfolgende Releases inkrementell so lange neue Features hinzufügen, bis das Produkt der Projektvision entspricht.

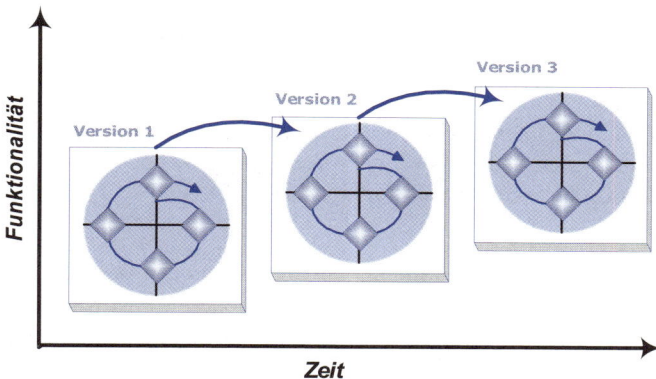

Abbildung 3.14: Versionierte Releases

Mit Hilfe dieses Konzepts ist es für Teams möglich, innerhalb kürzerer Zeit die wichtigsten Teile des Produkts fertig zu stellen, da nicht alle Features in der ersten Version vorhanden sein müssen. Zudem erleichtert und erweitert es die Möglichkeiten des Teams auf Änderungen bezüglich des Umfangs, der Risiken und der Zeitplanung. Die Vorteile dieses Ansatzes laut dem MSF sind daher:

- kürzere Auslieferungszeit für das Kernprodukt,
- klare Zielsetzungen,
- inkrementelle Featureentwicklung.

3.6   Extreme Programming (XP)

Extreme Programming ist ein neun Jahre alter Ansatz für Softwareentwicklung, der bereits bei so namhaften Unternehmen wie der Bayerischen Landesbank, der Credit Swiss Life, Daimler Chrysler oder der Ford Motor Company zum Einsatz gekommen ist. Der Fokus von Extreme Programming liegt darauf, dem Kunden eine Software vorzulegen, die seinen Wünschen und Vorstellungen zu dem Zeitpunkt entspricht, zu dem er auch diese Wünsche und Vorstellung hat. Zu diesem Zweck ist es bei Extreme Programming vorgesehen, selbst in einem fortgeschrittenen Projekt auf Änderungen der Kundenwünsche und Anforderung zu reagieren.

Extreme Programming ist zwar nicht das alleinige Werk von Kent Beck, ist aber vor allem wegen seiner zahlreichen Publikationen zu dem Thema stark mit diesem Namen verbunden.

Kent Beck arbeitet als selbstständiger Berater und weist zahlreiche Publikationen im Bereich des objektorientierten Software Engineering auf. Kent Beck ist Co-Autor an der Publikation „A Laboratory for Teaching Object-Oriented Thinking", in der CRC-Karten erstmals vorgestellt wurden. Er ist Mitinitiator der „Hillside Group", welche als die Triebfeder hinter der gesamten *Software Muster Community* gilt (und die auch die meisten Software-Muster-Konferenzen organisiert oder unterstützt).

Extreme Programming ist ein Modell, das die Kommunikation zwischen den Entwicklern untereinander und zwischen den Entwicklern und Kunden einen hohen Stellenwert beimisst. Zu diesem Zweck soll der Entwurf selbst so einfach als möglich gestaltet und am ersten Tag des Projekts mit dem Testen des Produkts begonnen werden, um das Produkt und die Ergebnisse so schnell als möglich dem Kunden vorlegen zu können. *Abbildung 3.15* zeigt den Ablauf eines Projekts, das mit Extreme Programming durchgeführt wird.

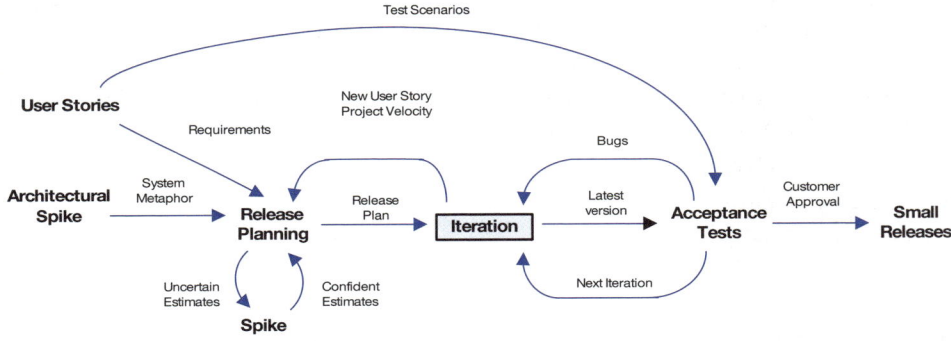

Abbildung 3.15: Ein XP-Projekt

Extreme Programming eignet sich nicht für jedes Softwareprojekt, sondern wurde besonders für Software entwickelt, deren Anforderungen sich in regelmäßigen Abständen ändern, oder für Softwareprojekte, in denen die genauen Anforderungen vom Kunden erst im späteren Verlauf festgelegt werden. Zudem wurde Extreme Programming zu Beginn nur für kleinere Gruppen von Entwicklern, am besten zwischen zwei und zwölf, entworfen, doch durch den Erfolg wurde der Ansatz auch bereits für Projekte mit mehr als 30 Beteiligten angewendet. Dennoch gibt es bei größeren Projekten Umsetzungsprobleme, da ein Kernpunkt von Extreme Programming das aktive und direkte Zusammenarbeiten von Managern, Kunden und Entwicklern darstellt, die zusammen Termine, Tests und Umfang der Arbeiten festlegen, was gerade bei großen Projekten zu organisatorischen Schwierigkeiten führen kann.

3.6.1 Werte, Prinzipien, Techniken

XP definiert Werte, Prinzipien und Grundtechniken. Die Werte, auf denen Extreme Programming als „Philosophie" beruht, sind:

- Einfache Lösungen: Einfache Lösungen sind schnell und kostengünstig zu erstellen, lassen sich einfach erklären, warten und weiterentwickeln.

- Feedback: Feedback wird als wesentlicher Mechanismus zur Qualitätssicherung betrachtet. Feedback gibt es auf unterschiedlichen Ebenen (Anwender an Entwickler, Entwickler an Entwickler).

- Kommunikation: Kommunikation zum effektiven Informationsaustausch und der damit verbundenen Vermeidung von Missverständnissen wird hervorgehoben. Damit einher geht auch der sparsame Umgang mit Dokumentation, die durch gute Kommunikation überflüssig wird.

- Mut: Die bisher genannten Werte verlangen viel Mut, da sie oft im Gegensatz zu althergebrachten Arbeitsweisen, Gewohnheiten und der allgemein anerkannten Wertekultur stehen (z.B. wird Feedback meist mit negativem Feedback assoziiert und daher oft eher vermieden als gefördert).

Die Prinzipien, die auf den Werten von Extreme Programming aufbauen, gliedern sich in:

1. Fünf zentrale Prinzipien: Unmittelbares Feedback (*Rapid Feedback*), Einfachheit anstreben (*Assume Simplicity*) Inkrementelle Veränderung (*Incremental Change*), Veränderung wollen (*Embracing Change*) und Qualitätsarbeit (*Quality Work*).

2. Weitere Prinzipien: Lernen Lehren (*Teach Learning*), Geringe Anfangsinvestition (*Small Initial Investment*), Auf Sieg spielen (*Play To Win*), Gezielte Experimente (*Concrete Experiments*), Offene, Aufrichtige Kommunikation (*Open, Honest Communication*), Die Instinkte des Teams nutzen, nicht dagegen arbeiten (*Work With Peoples Instincts, Not Against Them*), Verantwortung übernehmen (*Accepted Responsibility*), An örtliche Gegebenheiten anpassen (*Local Adaptations*), Mit leichtem Gepäck reisen (*Travel Light*) und Ehrlich Messen (*Honest Measurement*).

Die in XP definierten zwölf Grundpraktiken (*core practices*) sind: Kunde vor Ort (*On-Site-Customer*), Planungsspiel (*Planning Game*), Methaper (*Metaphor*), Einfaches Design (*Simple Design*), 40-Stunden-Woche (*40-Hour` Week*), Refactoring (*Refactoring*), Programmierung in Paaren (*Pair Programming*), Testen (*Testing*), Programmierstandards (*Coding Standards*), Gemeinsame Verantwortlichkeit (*Collective Ownership*), Fortlaufende Integration (*Continous Integration*), Kurze Releasezyklen (*Short Releases*).

3.6.2 Prozess

Die vier grundlegenden Arbeitsschritte der Softwareentwicklung, Planung, Entwurf, Implementierung und Test, finden sich auch im Modell des Extreme Programming wieder. Für jeden dieser vier Teile sind Regeln und vorgeschlagene Durchführungsschritte definiert, die eine erfolgreiche Durchführung eines Extreme Programming-Projekts garantieren sollen. Im Folgenden sind nur jene Konzepte von Extreme Programming beschrieben, die unmittelbar mit dem Prozess von Extreme Programming in Zusammenhang stehen.

Release Planning

Das „Release Planning Meeting" wird dazu genützt, einen sog. release plan zu erstellen, der einen Überblick über den weiteren Verlauf des Projekts gibt. Dieser Plan wird dann weiter dazu verwendet, um Iterationspläne für jede weitere Iteration zu generieren. Die Hauptaufgabe bei diesem Meeting besteht darin, den Aufwand für die vom Kunden erstellten User Stories abzuschätzen. Der Kunde setzt dann die Prioritäten fest, in welcher Reihenfolge die Stories umgesetzt werden sollen.

Iterationen

Um die Agilität des Projekts zu bewahren, wird das gesamte Vorhaben in Iterationen aufgeteilt, deren Dauer zwischen einer und drei Wochen betragen sollte. Die Länge der Iterationen soll über die gesamte Dauer des Projekts konstant gehalten werden, und ist sozusagen der Herzschlag des Projekts. In speziellen Meetings werden die Iteration geplant, „just-in-time"-Planung wird beim Extreme Programming groß geschrieben.

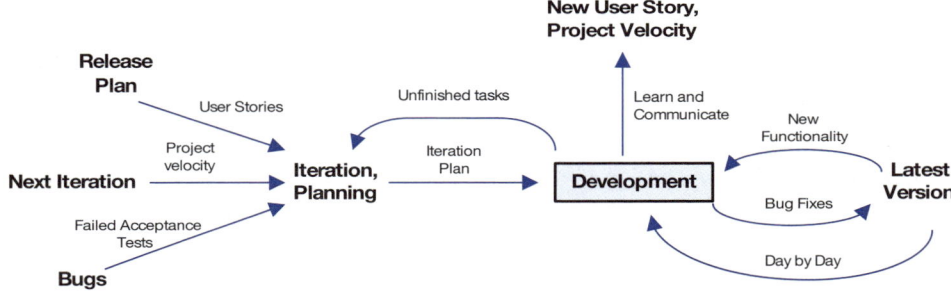

Abbildung 3.16: XP-Iteration

Iteration Planing Meeting

Zu Beginn jeder Iteration wird ein Meeting einberufen, um die Iteration zu planen. Dabei werden vom Kunden User Stories ausgewählt sowie durch Tests aufgedeckte Fehler zur Korrektur eingeplant. Dabei werden die User Stories und fehlerhaften Tests in „Program Tasks" eingeteilt. Diese Tasks werden nun in der Sprache der Entwickler geschrieben, wobei es vorkommen kann, dass unterschiedliche User Stories zu gleichen Tasks führen, die dann zu einem Task zusammengefasst werden. Jeder dieser Tasks wird dann einem Entwickler zugeteilt, der dessen Aufwand abschätzt, wobei die Dauer jedes Tasks zwischen einem und drei Entwicklungstagen betragen sollte. Mit Hilfe der Projektgeschwindigkeit kann nun abgeschätzt werden, ob die Iteration überbucht ist oder nicht. Sollte eine Überbuchung auftreten, so liegt es am Kunden, User Stories zu entfernen, die in einer späteren Iteration durchgeführt werden.

Zusammenfassung

- Software Engineering-Prozesse gliedern sich in deren abstrakten Betrachtung in strategische Vorgehensmodelle, Arbeitschritte und konkrete Aktivitäten.

- Ein Vorgehensmodell gibt dem gesamten Modell eine Prozessarchitektur.

- Arbeitsschritte gliedern das konkrete Vorgehen in leicht zu überblickende Einheiten und definieren auch ein bestimmtes Abstraktionsniveau der darin erstellten Produkte.

- Neben der Auflistung der konkreten Aktivitäten, die schließlich von einzelnen Entwicklern ausgeführt werden, wird in einem Software Engineering-Prozessmodell auch die Abfolge der Aktivitäten festgelegt.

- Der Unified Process ist ein Metamodell, d.h. er muss für eine konkrete Anwendung noch entsprechend erweitert und adaptiert werden (z.B. durch Produktvorlagen). Der Rational Unified Process ist eine konkrete Implementierung des UP.

- Sowohl der Rational Unified Process als auch das Microsoft Solution Framework werden von namhaften Softwareunternehmen entwickelt und propagiert, welche einschlägige Werkzeuge für die Softwareherstellung erzeugen und damit den Vertrieb ihrer Werkzeuge unterstützen wollen.

- Extreme Programming ist ein Vertreter der so genannten „lightweigt" bzw. agilen Prozesse. Der Prozess gibt nur ein Mindestmaß an Regeln vor und wird laufend, je nach Projektbedingungen, adaptiert.

- Extreme Programming wurde von einer relativ unabhängigen Gruppe von Projektmanagern entworfen und publiziert.

Übungen und Fragen

1. Vergleichen Sie Vor- und Nachteile der beschriebenen Vorgehensmodelle.

2. Welches Vorgehensmodell würden Sie für die Durchführung Ihrer Projekte wählen? Begründen Sie Ihre Antwort.

3. Welche Erweiterung nimmt das V-Modell im Vergleich zu dem ihm zugrunde liegenden Wasserfallmodell vor?

4. Was ist die Besonderheit des Spiralmodells?

5. Beschreiben Sie wesentlichen Neuerungen der iterativen und inkrementellen Vorgehensweise im Vergleich zu anderen Vorgehensweisen.

6. Worin unterschiedet sich der RUP vom Unified Process?

7. Worin unterscheiden sich RUP, MSF und XP bezüglich der zu erstellenden Produkte?

8. Worin unterscheiden sich RUP, MSF und XP bezüglich der auszuführenden Aktivitäten?

9. Worin unterscheiden sich RUP, MSF und XP bezüglich der vorgesehenen Rollen im Projekt?

10. Für welche Projekttypen halten Sie RUP, MSF und XP besonders geeignet? Für welche gar nicht?

Weiterführende Literatur

[Beck00] Beck, Kent: *Extreme Programming*; München: Addison-Wesley, 2000 (dt. Ausgabe).

[Jaco99] Jacobson, Ivar; Booch, Grady; Rumbaugh, James: *The Unified Software Development Process*; Reading, Mass. [u.a.]: Addison-Wesley, 1999.

[Kruc00] Kruchten, Philippe: *The Rational Unified Process: An Introduction*; Reading, Mass. [u.a.]: Addison-Wesley, 2. Aufl., 2000.

[Rumb99] Rumbaugh, James; Jacobson, Ivar; Booch, Grady: *The Unified Modeling Language Reference Manual*; Reading, Mass. [u.a.]: Addison-Wesley, 1999.

[Scha99]Schach, Stephen R.: *Classical and Object-Oriented Software Engineering*; Boston: McGraw-Hill, 4. Aufl., 1999.

[Stev01] Stevens, Perdita; Pooley, Rob; *UML. Software Engineering mit Objekten und Komponenten*; München: Pearson Studium, 2001.

Projektmanagement

*Wenn man in die falsche Richtung läuft, hat es keinen Zweck,
das Tempo zu erhöhen.*

Verfasser unbekannt

Begriffe in diesem Kapitel

Ressource: Knappes, materielles (z.B. Geld, Geräte, Räume) oder immaterielles Element (z.B. Zeit), welches zur Durchführung eines Projekts benötigt wird. Aufgrund der Knappheit bedarf es einer gezielten Planung des Einsatzes einer Ressource, damit das Projekt entsprechend der zur Verfügung stehenden Ressource abgeschlossen werden kann.

Planung: Ein bewusster Prozess, der zu einer konkreten Vorstellung vom Ablauf eines Vorhabens führt. Die Planung verwendet die knappen Ressourcen in ihrem zur Verfügung stehenden Rahmen. Der aus der Planung resultierende Plan muss überprüfbar sein.

Meilenstein: Ein Zeitpunkt in einem Projekt, bei dem maßgebliche Entscheidungen in Bezug auf das weitere Vorgehen getroffen werden müssen. Bei Erreichung eines Meilensteins wird der Ist-Zustand des Projekts im Rahmen einer formalen Überprüfung festgestellt. Basierend auf einem Vergleich zwischen Ist- und Soll-Zustand wird das weitere Vorgehen bestimmt. Übliche Vorgehensweisen bei einem Meilenstein sind der Übertritt in eine Folgephase, sofern der Soll-Zustand gewährleistet ist, oder aber unmittelbare Maßnahmen zur Erreichung des Soll-Zustands, falls dieser nicht erreicht worden ist.

Kritischer Pfad: Jene Abfolge von (meist voneinander abhängigen) Tätigkeiten im Projekt, deren Verzögerung eine Verzögerung des gesamten Projekts zur Folge hätte.

(Projekt-)Risiko: Ereignisse oder Umstände, durch die der „vorgesehene" Ablauf oder Ziele des Projekts gefährdet werden (vgl. DIN 69905).

Projektmanagement beschäftigt sich mit der Planung, Kontrolle und Steuerung von Projekten. Diese Aktivitäten werden von zahlreichen Faktoren beeinflusst. So ist die Planung von Projekten nicht nur vom anfallenden Aufwand und den zur Verfügung stehenden Personen abhängig, sondern unter anderem auch von ihren technischen und fachlichen

Fähigkeiten sowie ihrem sozialen Umgang in einem Team. Bei der Kontrolle eines Projekts reicht oft die Beurteilung der Projekte ohne genauere Analyse des Entstehungsvorgangs nicht aus, um fundierte Entscheidungen über notwendige Maßnahmen treffen zu können. Auch bei der Steuerung eines Projekts gibt es viele verschiedene Ansatzpunkte (Methoden, Teamzusammensetzung, Kommunikation im Team usw.), anhand derer der Entwicklungsprozess maßgeblich beeinflusst werden kann.

Wie *Abbildung 4.1* zeigt, gibt es vom Projektmanagement (PM) zahlreiche Schnittstellen zu den Bereichen Qualitätssicherung (QS), der eigentlichen Softwareentwicklung und dem Konfigurationsmanagement (KM). Über diese Schnittstellen holt der Manager die notwendigen Ist-Daten zur Beurteilung einer Situation ein. Über andere Schnittstellen werden die Projektpläne bereitgestellt, deren Ausführung von der empfangenden Stelle erwartet werden kann. Eine sehr wesentliche Schnittstelle stellt die Softwareentwicklungsumgebung (SEU) dar, welche für die Bereiche zahlreiche Vorgaben bereitstellt, um deren Erfüllung sich kein Entwickler bemühen muss, da sie per se gewährleistet sind (z. B. durch Produktvorlagen, standardisierte Werkzeuge usw.).

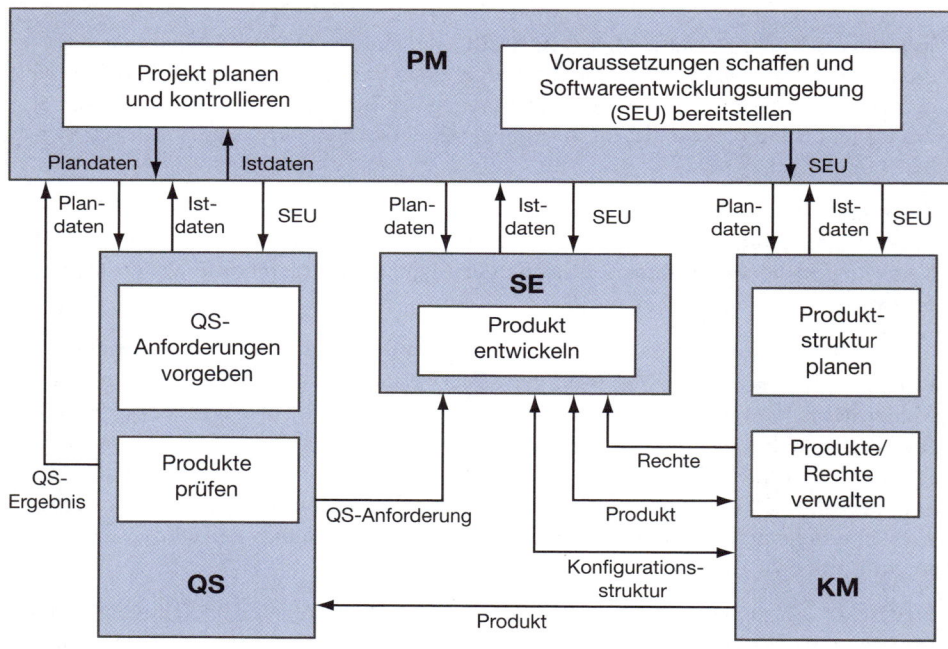

Abbildung 4.1:   Schnittstellen zwischen dem Projektmanagement und anderen Bereichen der Softwareentwicklung (aus [Drös98] S .8)

Dieses Kapitel beschäftigt sich zu Beginn mit der wichtigsten Komponente im Projektmanagement: den Menschen. Anschließend folgt ein Abschnitt, der sich mit der Planung von Projekten beschäftigt. Diese erfolgt in zwei Stufen: eine erstmalige Schätzung des Aufwands für ein Projekt (eventuell verbunden mit einer Machbarkeitsstudie) und in Abhängigkeit von deren Ergebnissen und der Entscheidung des Kunden die konkrete Projektplanung nach Auftragsvergabe. Der Vorgang der Auftragsvergabe und die dafür inhaltlich relevanten Punkte werden kurz erläutert. Für die Projektplanung werden verschiedene Methoden vorgestellt, die sich in ihrem inhaltlichen Schwerpunkt und der Genauigkeit unterscheiden. Diese können aufeinander aufbauend oder je nach Bedarf unabhängig voneinander für die Projektplanung eingesetzt werden.

Der letzte Abschnitt dieses Kapitels beschäftigt sich mit der Kontrolle von Projekten. Hier wird im Besonderen auf die Möglichkeiten zur Feststellung des Projektstatus eingegangen.

4.1 Menschen, nicht Ressourcen

Glauben Sie es oder auch nicht, aber Projekte stehen und fallen mit den Menschen, die sie ausführen. Keine noch so ausgeklügelte Methode wird schlechte Entwickler oder einen schlechten Projektleiter kompensieren können.

Neben den Menschen, die direkt am Projekt beteiligt sind, spielen aber auch noch andere „menschliche Aspekte" eine wesentliche Rolle in Projekten. So zum Beispiel die Kultur sowohl in Form der allgemeinen Unternehmenskultur als auch in Form der schon spezifischeren Projektkultur und natürlich auch in Form der persönlichen Kultur jedes Mitarbeiters.

Unternehmenskultur und Projektkultur

Bevor ein Projektleiter die Projektkultur aktiv mitgestalten kann, muss er die Unternehmenskultur und die Einflüsse auf das konkrete Projekt erkennen und verstehen. Vor allem die Art und Weise, wie Projekte typischerweise abgewickelt werden, welche Art von Vorgaben existieren, wie mit Problemsituationen (z.B. Zeitdruck, personelle Differenzen) umgegangen wird, oder wie allgemein der Umgang und das Vertrauen zwischen verschiedenen Einheiten oder Ebenen im Unternehmen sind. Je nach vorliegender Unternehmenskultur und den eigenen Vorstellungen von einer Projektkultur kann ein Projektleiter lokal in Projekten versuchen, Dinge zu ändern, muss dabei aber auch immer darauf Bedacht sein, den Anschluss an das restliche Unternehmen und damit die eigene Handlungsfähigkeit nicht zu verlieren.

Mitarbeiter

Das sicherlich wichtigste Glied in der gesamten Kette sind immer die Mitarbeiter selbst. Ein Projektleiter wird nicht umhinkommen, sich mit jedem Mitarbeiter intensiv zu beschäftigen, wenn er jeden Mitarbeiter optimal einsetzen will (wobei optimal hier nur bedeuten kann, dass beide Parteien – Projektleiter und Mitarbeiter – vom Optimum dieselbe Sicht gewinnen).

Es gibt viele Facetten, die bei der Betrachtung von Mitarbeitern relevant sind, hier seien nur einige angedeutet:

- **Persönlichkeit:** Jeder Mensch ist einzigartig. Menschliche Systeme sind daher auch meist undeterministisch. Je mehr man über die einzelnen Personen in einem solchen

System (wie z. B. das Projektteam) aber weiß, desto genauer werden die Prognosen sein. Je besser man die Personen im Team kennt, desto leichter wird es einem Projektleiter fallen, seine Mitarbeiter zu motivieren oder Konflikte zu lösen.

■ *Fähigkeiten:* Jeder Entwickler hat unterschiedliche Stärken und Schwächen. Niemandem ist geholfen, wenn Schwächen vertuscht oder ignoriert werden, weil damit dem Projektziel insgesamt nicht geholfen wird. Auf der andern Seite werden aber auch spezielle Fertigkeiten oft nicht erkannt, was natürlich weder dem Selbstwertgefühl der betroffenen Person noch dem Projekt dienlich ist.

■ *Kultureller Hintergrund:* Der kulturelle Hintergrund ist vor allem für die Umgangsformen miteinander von zentraler Bedeutung. Zahlreiche Kleinigkeiten werden von unterschiedlichen Kulturkreisen beispielsweise als höfflich oder unhöflich empfunden, die im eigenen Kulturkreis vollkommen anders empfunden werden. Für ein gutes Projektklima ist die Kenntnis und Beachtung solcher Feinheiten unumgänglich.

■ *Ziele, Wünsche, Erwartungen:* Neben dem Projektziel gibt es auch noch jede Menge persönliche Ziele, die sich jeder Entwickler in einem Projekt setzt (fachliches Knowhow gewinnen, sich persönlich zu profilieren, um befördert zu werden, oder auch den Kunden für einen möglichen Ausstieg als Selbstständiger zu vereinnahmen). Im Idealfall gelingt es einem Projektleiter, das Projektziel und die persönliche Ziele seiner Mitarbeiter möglichst zu vereinen.

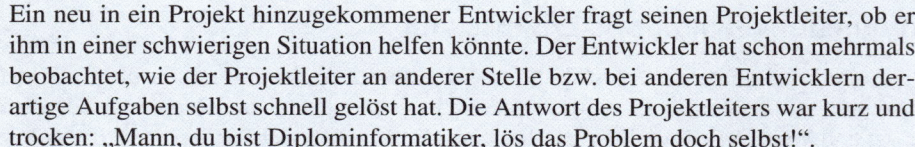

Ein neu in ein Projekt hinzugekommener Entwickler fragt seinen Projektleiter, ob er ihm in einer schwierigen Situation helfen könnte. Der Entwickler hat schon mehrmals beobachtet, wie der Projektleiter an anderer Stelle bzw. bei anderen Entwicklern derartige Aufgaben selbst schnell gelöst hat. Die Antwort des Projektleiters war kurz und trocken: „Mann, du bist Diplominformatiker, lös das Problem doch selbst!".

Der Entwickler ging enttäuscht weg, löste das Problem nach ein paar Tagen fruchtlosen Tüftelns selbst und bat den Projektleiter auch bei anderen Problemen nie wieder um Hilfe. Nach seinen Einschätzungen hat er dadurch im Laufe eines halben Jahres zumindest eine Arbeitswoche an Zeit bei Problemen verloren, die durch die Hilfe des erfahrenen Projektleiters in wenigen Stunden behebbar gewesen wären.

4.2   Schätzung von Aufwand und Terminen

Für ein Projekt ist die Aufwandsschätzung ein wesentlicher Faktor. Bei einer zu geringen Schätzung kommt es für die Mitarbeiter häufig zu Arbeitsintervallen unter einem hohen Zeitdruck, was entweder ein mangelhaftes Produkt nach sich zieht oder eine Überforderung und Überarbeitung der Mitarbeiter des Projekts zur Folge hat.

Bei einer zu hohen Einschätzung des Aufwands kann es der Fall sein, dass das Projekt aufgrund der entsprechend hoch veranschlagten Kosten gar nicht gestartet wird.

Häufig bedarf es, selbst bei exakten Schätzungen, einer aufwändigen Argumentation dem Kunden gegenüber, um diesen von dem Nutzen des Projekts zu überzeugen. Um einen solchen Konflikt (möglicherweise unbewusst) vorbeugend zu vermeiden, wird unter Umständen auf eine Manipulation von Schätzungen zurückgegriffen – wodurch die daraus resultierenden unrealistischen Zahlen wiederum zu den zuvor angedeuteten Problemen führen.

4.2.1   Machbarkeitsstudie

Vorab wird das Projektumfeld einer Machbarkeitsstudie unterzogen, was bedeutet, dass nicht nur von Interesse ist „was" getan werden soll, sondern auch die Umstände – also wie etwas getan werden soll – miteinbezogen werden müssen.

Projekttyp: Die Festlegung und Bestimmung des Projekttyps erfolgt noch bevor überhaupt die Machbarkeit eines Projekts festgestellt wird. Beispielsweise kann es sich um ein Projekt zur Softwareentwicklung oder um ein Wartungsprojekt handeln.

Qualität wiederverwendbarer Produkte: Häufig geht man dazu über, Teile von bestehenden Systemen weiterzuverwenden oder weiterzuverarbeiten, was aber aufgrund von z.B. veralteten Technologien zu einer sehr aufwändigen Integration dieser Systeme bedeuten kann.

Funktionalität: Es ist von erheblicher Bedeutung, die Anforderungen und die konkreten Fähigkeiten der zu entwickelnden Software zu spezifizieren und festzuhalten. Eine exakte Beschreibung der Anforderungen ist für eine realistische Aufwandsschätzung besonders ausschlaggebend. Besondere Beachtung verdienen hier die nichtfunktionalen Anforderungen bei der Beurteilung des Aufwands, da diese den Aufwand um einige Faktoren erhöhen können.

Als Beispiel seien hier eine verlangte Antwortzeit oder der Durchsatz für ein Datenbanksystem angeführt. Diese kann die völlige Neuentwicklung einer Architektur erforderlich machen. Abschließend sei noch erwähnt, dass die Größe eines solchen Projekts in solchen Fällen natürlich in keinem Vergleich zur Entwicklung einer Datenbanklösung mit einer Standarddatenbank steht.

Qualität: Die geforderte Qualität schlägt sich hauptsächlich in der Erstellung von Dokumentation und der systematischen Projektkontrolle seitens des Projektmanagements und des Qualitätsmanagements nieder.

Da der Vorgang der Dokumentationserstellung bei vielen Entwicklern äußerst unbeliebt ist, sollte hier auf die Einrechnung eines großzügigen Wertes geachtet werden. Daneben ist die Abhaltung von Reviews und der Aufwand für allfällige Änderungen ein Aufwandsposten, der nicht unterschätzt werden darf.

Risiken: Sämtliche Informationen aus den oben genannten Abschnitten werden zusammengetragen und mögliche Faktoren für Verzögerungen, also Risiken, identifiziert.

Risiken können in unterschiedlichen Bereichen auftreten; so im fachlichen Bereich (z.B. außergewöhnliche funktionale oder nichtfunktionale Anforderungen), im technischen Bereich (z.B. neue Technologien), personellen Bereich (z.B. ungeschulte Mitarbeiter) oder auch im organisatorischen Bereich (z.B. entscheidungsschwacher Kunde).

4.2.2   Aufwandsschätzung

Die Aufwandsschätzung ist die Basis, auf der Zeitplanung und Kostenschätzung überhaupt erst aufgebaut werden können. Daher nimmt die Aufwandsschätzung einen erheblichen Teil der Überlegungen zur Umsetzung ein.

Die folgende Auflistung fasst die wichtigsten Ansätze zur Schätzung zusammen:

1. *Aus-dem-Bauch-Methode:* Eine sehr häufig eingesetzte und völlig formlose Möglichkeit ist die gefühlsmäßige Methode. Ist eine ausreichende Basis an Erfahrungswerten der schätzenden Person vorhanden, so ist diese Methode durchaus erfolgversprechend. In jedem anderen Fall ist es ratsam, auf eine der weiteren angeführten Methoden auszuweichen oder eine Person mit der Schätzung zu beauftragen, die genügend Erfahrung auf dem Sektor besitzt.

2. *Analogienmethode*: Hier werden Gemeinsamkeiten und Parallelen von vorangegangenen Projekten zum aktuellen Vorhaben gesucht und adaptiert.

3. *Multiplikatormethode*: Das Projekt wird in einzelne „Bausteine" zerlegt, wobei die einzelnen Teile genau geschätzt werden; der Gesamtaufwand ergibt sich dann durch Multiplikation der einzelnen Bausteine.

4. *Gewichtungsmethode*: Hier werden „Aufwandstreiber" (Funktionsmerkmale) identifiziert, die Berechnung des Aufwands erfolgt dann mittels einer Formel (z.B. CO-COMO in [COCO])

5. *Prozentsatzmethode*: Der Gesamtaufwand wird aus der detaillierten Schätzung einer (Teil-)Phase (oder den Daten einer bereits abgelaufenen Phase) hochgerechnet.

Schätzverfahren, die praktisch eingesetzt werden, sind stark formalisiert (z.B. die Function-Point-Methode in [IFPUG]) und enthalten Elemente aller angeführten Basismethoden. In der Regel erfordert gutes Schätzen viel Erfahrung mit der verwendeten Methode und deren Parametern (Projekt, Betrieb, Organisation, Mitarbeiter etc.). Die gilt ebenso für scheinbar „Gebrauchsfertiges" wie die Function-Point-Methode: Auch hier ist ein großes Maß an Erfahrung und Vertrautheit mit dem Verfahren notwendig, um verwertbare Ergebnisse zu liefern.

Sehr häufig wird der Fehler gemacht, für „Nebentätigkeiten" wie Projektmanagement, Versionsverwaltung und Qualitätssicherung keinen Aufwand in die Gesamtschätzung des Projekts einfließen zu lassen. Dabei ist das ein wesentlicher Bestandteil. Er kann beispielsweise explizit angeführt oder bei den „Produktivtätigkeiten" als „Lastfaktoren" (Prozentsatz) dazugerechnet werden.

Die zu erwarteten Kosten ergeben sich aus dem ermittelten Aufwand auf recht simple Art und Weise. Hierbei kann grob geschätzt werden, dass ein Personenjahr mit einem Kostenfaktor von etwa 50.000 bis 100.000 Euro veranschlagt werden kann.

Ebenso relevant können zukünftige Vorhaben sein, da das Produkt nicht nur dem Stand der Technik bei Fertigstellung entsprechen sollte, sondern auch Preisverfälle für anzuschaffende Hard- und Software über die Zeit gerechnet in die Berechnung der Kosten einfließen.

4.2.3 Vertrag

Wurde die Machbarkeitsstudie positiv abgeschlossen, so ist der nächste Schritt die Entscheidung für das Projekt. Dabei ist es besonders wichtig, die getroffenen Annahmen auch vertraglich festzuhalten. Die wichtigsten Punkte seien im Folgenden zusammenfassend dargestellt, um unangenehmen Überraschungen möglichst vorzubeugen:

Pflichtenheft: Ein Projekt dient zur Veränderung eines momentan bestehenden Ist-Zustands hin zu einem Soll-Zustand. Hierbei kann es sich um verschiedene Themen handeln. So z.B. um das Lösen eines Problems (z.B. Jahr-2000-Fähigkeit) oder um die Potenzialausschöpfung (z.B. weniger Wartezeiten an den Kinokassen durch Selbstbedienungsterminals für Besucher) handeln. Es ist auf eine ausreichende Beschreibung des Ist- und des Sollzustands zu achten, anhand derer sich die bei dem Projekt anstehenden Aufgaben (d.h. Pflichten) gut erkennen lassen.

Leistung: Die Leistung ist – leger formuliert – das, wofür bezahlt wird. Im Idealfall dreht es sich hierbei um die Aufgabenerfüllung des Pflichtenhefts. Jedoch ist es ratsam, den gesamten Umfang (Lieferkomponenten und „Zusatzleistungen" wie Installation und Schulung) möglichst exakt zu beschreiben. Außerdem werden Vereinbarungen wie Ort der Leistung (z.B. Installation der Software in Brüssel und Stuttgart) und der zeitliche Rahmen, also die zur Verfügung stehenden Zeit, getroffen und festgehalten.

Dokumentation: Neben der projektinternen Dokumentation wird grundsätzlich auch die kundenspezifische Dokumentation, das so genannte „Anwenderhandbuch" erstellt. Auch kann eine Übergabe der technischen Dokumentation vereinbart werden (z.B. Schnittstellenbeschreibung zur späteren Erweiterung des Produkts durch den Kunden oder dritte).

Abnahme: Da es nicht ausreicht, nur Pflichten und Leistungen zu definieren, sondern auch konkret entscheidbar sein muss, ob bzw. wann diese erfüllt sind, sind hier möglichst quantitative Aussagen nötig, wie zum Beispiel eine Maximalzahl an reproduzierbaren Fehlern, die vom Kunden im Probebetrieb in einer bestimmten Zeit nach der Installation gefunden werden dürfen. In weiterer Folge ist es auch ratsam, Fristen, innerhalb derer vom Entwickler nachgebessert werden kann (und muss), ohne die positive Abnahme zu gefährden, festzulegen.

Pflichten des Kunden: Zu den Pflichten des Kunden gehören einmal die „Selbstverständlichkeiten" wie das rechtzeitige Melden von veränderten Voraussetzungen und von entdeckten Fehlern, oder die Bereitstellung von Kontaktpersonen zur Beantwortung von Fragen zum Problembereich. Weiters kann die Bereitstellung der eigenen EDV-Anlagen für den Systemtest dazugehören oder die zur Verfügungstellung von Unterlagen über bestehende Systeme.

Gewährleistung bei Problemen: Hier wird beschrieben, unter welchen Bedingungen ein Gewährleistungsfall vorliegt. Dazu gehört die Anführung einer Gewährleistungsfrist, also die Festlegung des Zeitraums, in dem die Fehler nach Meldung behoben werden. Statt (oder zusätzlich) zur Fehlerbehebung ist auch eine Vereinbarung in Bezug auf die Minderungszahlungen möglich. Und nicht zuletzt werden Haftungseinschränkungen (z.B. bei unautorisierten Eingriffen in die Software seitens des Kunden oder für Folgeschäden) bestimmt.

Wartung: Ähnlich wie bei der Gewährleistung werden auch hier Fristen und Leistungen (oder ihr Ausschluss) festgesetzt, mit dem Unterschied, dass hier zusätzlich die Verrechnung der Tätigkeiten der Normalfall ist. Zusätzlich ist zu dokumentieren, unter welchen Umständen und Bedingungen Quelltext und technische Dokumentation dem Kunden überlassen werden. Dies kann zum Beispiel der Fall sein, wenn der Kunde eigenständig Reparaturen durchführen will.

Vertragsbeendigung: Für den Fall einer vorzeitigen Vertragsbeendigung müssen exakte Fristen und Kriterien, also die Umstände, unter denen eine vorzeitige Vertragsbeendigung möglich ist, festgelegt werden. In Fällen, wo unvorhersehbare Umstände den Projektverlauf gefährden, kann dies eine nützliche Option sein. Allerdings ist auf eine Regelung für die bis dahin geleisteten Teilarbeiten zu achten (z.B. anteilsmäßige Bezahlung, wenn verwendbar).

Ansprechpartner und Kompetenzen, Eskalationsprozeduren: Für den projektinternen Verlauf sind die Zuständigkeitsbereiche möglichst konkret festzulegen. Fragen wie: „Wer kann/darf welche Dinge kompetent entscheiden kann? Wer entscheidet über Änderungen an der Spezifikation, die ja zusätzliche Kosten verursachen und im Projektverlauf (z.B. beim Testen) berücksichtigt werden wollen (Change Management)?" können hierbei wesentliche Hilfestellung geben. Es kommt durchaus vor, dass Mitarbeiter beim Kunden durch direkte Kontaktaufnahme mit einem Programmierer „Sonderfunktionen" für das Produkt reklamieren, für die bei der Abnahme niemand zahlen will.

Die Frage, die sich hier stellt, ist, wer der geeignete Ansprechpartner in einem solchen Fall wäre. Da dies nicht nur eine Frage der Verhältnismäßigkeit, sondern auch der Effizienz ist, ist es ratsam eine Art von „Amtsweg" für eine Beschwerde, genannt Eskalationsprozedur, festzulegen. Damit können auftretende Probleme nahe an der (kompetenten) Quelle angegangen und gelöst werden.

Vergütung: Hier wird Form und Zeitpunkt der Gegenleistungen für erledigte Arbeit fixiert, wobei mehrere Möglichkeiten zur Verfügung stehen. So kann die Bezahlung bei der Erreichung von Teilzielen oder erst bei Projektabschluss vereinbart sein, wobei auch hier zwischen pauschaler oder Aufwandsbezahlung (nach Arbeitszeit) unterschieden werden kann. Der Vollständigkeit wegen sei hier noch angeführt, dass auch Sachleistungen denkbar sind.

4.3   Projektplanung

Die Projektplanung muss in Projektplänen (Phasenpläne, Iterationspläne) die vorhandenen Mitarbeiter und Ressourcen an Geld, Zeit und Maschinen optimal einteilen. Auf Verzögerungen oder Änderungen der Arbeitsabläufe während der Projektdurchführung muss das Projektmanagement rasch und kosteneffizient reagieren können.

Nur mit Hilfe einer gezielten Projektplanung lässt sich der Einsatz von Mitarbeitern und Ressourcen optimal koordinieren, und somit ein Projekt mit minimalen Kosten durchführen. Jede nicht genutzte, aber dennoch zu bezahlende Ressource während eines laufenden

Projekts verursacht unnötige Kosten (z.B. für ein Projekt angemietete Büroräume, die nur zu Beginn und für die Testphase benötigt werden, aber für die gesamte Projektdauer gemietet werden müssen). Jeder nicht ausgelastete Mitarbeiter (der z.B. zwischen zwei projektbezogenen Tätigkeiten mehrere Tage keine sinnvolle Tätigkeit ausführen kann) ist noch wesentlich kostenintensiver.

4.3.1 Aspekte der Projektplanung

Technische Planung: Zu Beginn müssen für das Projekt ein günstiges Prozessmodell und dafür geeignete Methoden ausgewählt werden, sofern im Unternehmen kein standardisierter Prozess verwendet wird. Dieser Teil der Projektplanung erfordert weiters eine Bestimmung aller zu erstellenden Zwischen- und Endprodukte für das konkrete Projekt. Das Ziel der technischen Planung ist, den idealen technischen Plan zur Minimierung der Projektrisiken basierend auf dem Prozessmodell und den notwendigen Produkten zu finden, bevor der Plan in Verhandlungen mit dem Management und dem Kunden den kommerziellen Realitäten angepasst wird.

Qualitätsplanung: Für jedes Qualitätskriterium, welches im Projekt oder bei einem einzelnen Produkt umgesetzt werden soll, müssen geeignete Maßnahmen geplant werden. Auch die Überprüfung dieser Qualitätsmerkmale sollte in den Projektplan einfließen. Ebenso ist für besondere Risiken im Projekt zu verfahren. Die Methoden des technischen Plans sollten auf ihre Brauchbarkeit überprüft werden. Gegebenenfalls sind geeignete Qualitätssicherungsmaßnahmen oder ein Austausch erforderlich.

Wirtschaftliche Planung: Dieser Teil der Planung umfasst den zu planenden Einsatz von Personal und Ressourcen und die Finanzierung der dadurch anfallenden Kosten. Projektrisiken können speziell abgesichert werden (z.B. durch Vorsehung der Möglichkeit von zusätzlichem Ressourceneinsatz).

4.3.2 Phasenplan

Der Phasenplan fixiert den groben Zeitablauf des Projekts. Im Phasenplan werden die geschätzten Termine aller Meilensteine festgehalten. Weiters wird im Phasenplan die ungefähre Anzahl der Iterationen sowie die Dauer der jeweiligen Iteration geschätzt. Daneben wird im Phasenplan auch die Verfügbarkeit von Mitarbeitern und Ressourcen über die gesamte Projektdauer hinweg festgehalten, soweit diese bereits zu Projektbeginn bekannt sind.

Typische Meilensteine in einem Phasenplan sind (vgl. auch [Kruc00]):

- Das Ende der vier Phasen im Unified Process (Konzeptionsphase, Entwurfsphase, Konstruktionsphase, Übergangsphase).
- Die Finalisierung der Anforderungen respektive die Überschreitung einer kritischen Marke, ab der Änderungen der Anforderungen nicht mehr erwartet werden (und aus Projektsicht Verzögerungen nach sich ziehen würden).

- Abschluss der Planung der Architektur.
- Erste lauffähige Implementierung mit einem Mindestmaß an Funktionalität, welche alle wesentlichen technischen Risiken im Projekt bereits abdeckt.
- Beginn und Abnahme der Auslieferung.

Der Phasenplan enthält keine Details der Iterationen selbst oder Zuteilung von einzelnen Aktivitäten zu Mitarbeitern.

Zur Darstellung der zeitlichen Aspekte eines Phasenplans eignet sich ausgezeichnet der Initialzustand einer Meilensteintrendanalyse ohne die Abszisse.

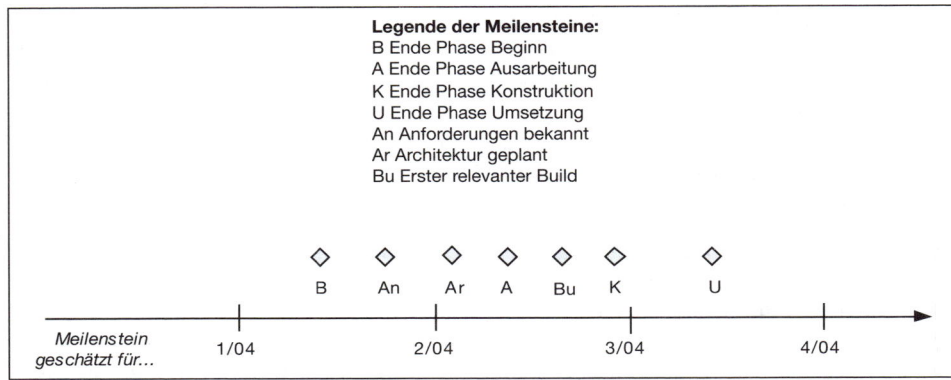

Abbildung 4.2: Zeitplan eines Phasenplans

4.3.3   Iterationsplan

Der Iterationsplan plant die Abfolge der konkreten Aktivitäten in der aktuellen oder der folgenden Iteration. Neben der zeitlichen Planung der Aktivitäten enthält der Iterationsplan eine Zuteilung von Aktivitäten zu Personen. Auch die genaue Zuteilung von Ressourcen wird im Iterationsplan vorgenommen.

Iterationspläne können unterschiedliche Sichten und damit unterschiedliche Darstellungsweisen verlangen:

- Zur Analyse der notwendigen Aktivitäten zur Erfüllung eines vorgegebenen Ziels eignen sich Abhängigkeitsdiagramme und eine Work-Breakdown-Structure.
- Zur Darstellung von Abhängigkeiten zwischen Aktivitäten (und z.B. der Identifizierung des kritischen Pfades) eignen sich Netzpläne.
- Zur Darstellung der zeitlichen Planung in Iterationsplänen eignen sich Balkendiagramme.

4.3.4 Mitarbeiter- und Ressourcenauslastung

Eine wertvolle Planungshilfe ist auch die Darstellung der Mitarbeiter- und Ressourcenverwendung über der Zeitachse. Es ist eine schwierige Aufgabe, ein Team über die gesamte Projektdauer gleichmäßig auszulasten.

Um größere Aktivitäten überhaupt sinnvoll parallel ablaufen lassen zu können, müssen sie auf mehrere Personen und Ressourcen (wie z.B. Arbeitsplätze) verteilt werden – und das möglichst mit einer günstigen Auslastung (nicht zu wenig und nicht zu viel) für jeden Mitarbeiter und jede Ressource. Eine Übersicht über die Auslastung von Mitarbeiter und Ressourcen (z.B. pro Woche) hilft, einen Überblick zu gewinnen und ungleiche Auslastungen besser aufzuteilen. Bei Arbeitsspitzen kann es durchaus notwendig sein, zusätzliche Mitarbeiter oder Ressourcen vorzusehen, wenn selbst bei einer gleichmäßigen Aufteilung auf alle zur Verfügung stehenden Mitarbeitern oder Ressourcen noch eine Überlastung erkennbar ist.

Abbildung 4.3 zeigt einen Ausschnitt aus einer Mitarbeiterverteilung. Würde es sich um ein reales Projekt handeln, wäre für den Planer noch einiges an Arbeit notwendig, um die äußerst ungleichmäßige Mitarbeiterauslastung zu verbessern.

	28.02.99	07.03.99	14.03.99	21.03.99	28.03.99
Gustav Zeus					
Projektplanung	40 h	40 h	15,8 h	1,2 h	16,17 h
Vorstudie	16 h				
Auswahl Entwicklungsplattform	24 h	26 h			
Beschaffung Entwicklungsplattform		14 h	1 h		
Spezifikation Funktionalität			7,8 h	0,2 h	
Entwurf Datenbank und Anbindung Reservierungssystem					16,17 h
Implementierung Datenbank und Anwendungssystem					
Integration					
Akzeptanztest und Nachbesserungen					
Spezifikation und Kiosk – Hardware			7 h	1 h	
Hera Hold					
Anwenderbefragung Betreiber		14 h	25 h	31 h	36 h
Anwenderbefragung Nutzer		7 h	5 h		
Spezifikation Kiosk – Hardware		7 h	13 h		
Spezifikation Datenbank			7 h	9 h	6 h
Entwurf Kiosk – Hardware				22 h	26 h
Beschaffung Einzelteile für Kiosk					4 h

Abbildung 4.3: Ausschnitt Ressourcenauslastung im Kiosk-Projekt

4.3.5 Tipps zur Projektplanung

Auch die erfolgreiche Projektplanung hängt wie das gesamte Projektmanagement in großem Maße von der Erfahrung und dem Feingefühl des Planers ab. Dieser Abschnitt präsentiert einige Tipps, die helfen können.

Realistische Projektpläne

Einige praktische Tipps zur Erstellung von Projektplänen, die auch erfüllt werden können, werden in [Magu98] beschrieben:

1. *Der Projektplan sollte niemals das Team hetzen oder es demoralisieren:* Ein Projektplan, der bereits zum Zeitpunkt der Erstellung völlig unrealistisch ist, kann im Zuge des Projekts innerhalb des Teams zu großem Druck und somit schwacher Leistung führen. Selbst wenn ein Projekt unter diesen Voraussetzungen dennoch unter hohem Aufwand der Mitarbeiter (in Überstunden und an Wochenenden) zeitgerecht abgeschlossen werden kann, werden diese Mitarbeiter beim nächsten Mal andere Wege beschreiten. Solche Projektpläne entstehen durch eine zu geringe Gesamtprojektdauer, aber auch aufgrund von zu weit vorgreifenden Arbeitsplänen, die keinen Raum für Verschiebungen zulassen.

2. *Projektpläne sollen erfüllbar sein, aber auch knapp genug, um stetigen Fortschritt zu garantieren:* In bereitwilliger Erfüllung des ersten Punktes sollte man den Projektplan nicht zu großzügig gestalten, da dadurch der Arbeitsfortschritt gefährdet werden kann. Der Arbeitsprozess jedes einzelnen Mitarbeiters wird durch zu große Pausen beeinträchtigt, da der Bezug zum Projekt verloren geht und eine neuerliche Einarbeitung zusätzlichen Aufwand bedeutet. Außerdem wird der Mitarbeiter in diesen Pausen andere Tätigkeiten verrichten. Diese fremden Tätigkeiten entfernen die Gedanken noch weiter von der ursprünglichen Aufgabe, was eine Fortsetzung dieser Arbeit aufwändiger werden lässt.

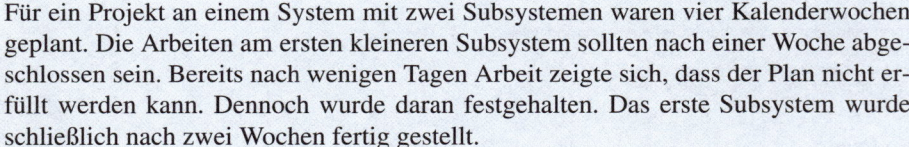

Für ein Projekt an einem System mit zwei Subsystemen waren vier Kalenderwochen geplant. Die Arbeiten am ersten kleineren Subsystem sollten nach einer Woche abgeschlossen sein. Bereits nach wenigen Tagen Arbeit zeigte sich, dass der Plan nicht erfüllt werden kann. Dennoch wurde daran festgehalten. Das erste Subsystem wurde schließlich nach zwei Wochen fertig gestellt.

Die Arbeit am zweiten Subsystem wurden begonnen – immer noch in der Hoffnung, innerhalb des Plans fertig zu werden. Nach der erstmaligen Installation des ersten Subsystems wurde klar, dass dieses aufgrund der großen Eile, zum zweiten Subsystem zu gelangen, äußerst mangelhaft war. Nach vier Wochen war das erste Subsystem äußerst mangelhaft und das zweite Subsystem gerade begonnen.

Die Mitarbeiter begannen inzwischen systematisch, sich gegenseitig die Schuld am Versagen zuzuschieben, was den weiteren Projektverlauf noch zusätzlich verzögerte. Niemand, vor allem nicht der Projektleiter, sprach aber jemals aus, dass ein Großteil des Problems bereits im unrealistischen Projektplan und dem damit verbundenen Druck zu finden war.

Das Projekt wurde schließlich nach vier Kalendermonaten fertig gestellt.

3. *Ein Produkt sollte niemals zugunsten eines möglicherweise willkürlichen Projekt-plans gefährdet werden:* Das Projektteam weiß meist nicht, auf welcher Basis (Erfahrung des Projektleiters, methodisches Vorgehen, Referenzprojekt usw.) der Projektplan erstellt wurde. Somit besteht immer die Möglichkeit, dass es sich tatsächlich um einen willkürlichen Projektplan handelt, der keinerlei fundierten Hintergrund aufweist. Aufgrund dieses Umstands sollte die Fertigstellung eines Produkts gegenüber der Einhaltung eines Termins immer Vorrang genießen.

4. *Längere Vorhaben sollten in kürzere, klar abgegrenzte Teilprojekte aufgeteilt werden:* Diese Teilprojekte besitzen den Vorteil, besser überschaubare Ziele zu haben, welche in absehbarer Zeit erreicht werden können. Somit erhält der einzelne Mitarbeiter wieder wesentlich mehr Anteil am Gesamtprodukt und fühlt sich dafür verantwortlich. Dies führt für gewöhnlich zu einem besseren Ergebnis, als wenn der einzelne Mitarbeiter kein klares Ziel erkennen kann oder nicht das Gefühl hat, an der Produktion des tatsächlichen Endprodukts beteiligt zu sein.

5. *Jedes Teilprojekt sollte ein befriedigendes und motivierendes Ergebnis haben:* Die Aufteilung in Teilprojekte ist nur dann sinnvoll, wenn jedes der Teilprojekte auch mit einem nachvollziehbaren Ergebnis abgeschlossen wird (z.B. ein Prototyp, ein Subsystem usw.). Diese Aufteilung ist nicht sinnvoll, wenn die einzelnen Produkte des Teilprojekts ohne einigendes Gesamtziel nur als Grundlage für ein nächstes Teilprojekt dienen.

Zeit sparen

Spätestens beim Erstellen und Durchrechnen des ersten Iterationsplanes kommt meist jener Moment, in dem der Projektmanager mit Schrecken erkennt, dass die errechneten Termine nicht zu den ursprünglichen Vorstellungen passen. Die Iteration dauert schlicht und einfach zu lang. Ein „klassischer" Fehler ist, diesen Widerspruch durch „politisches" Anpassen des geschätzten Aufwands auflösen zu wollen („… dann werden wir eben für die Implementierung nicht vier, sondern nur drei Monate brauchen")!

Vorgehensweisen mit mehr Aussicht auf Erfolg sind:

1. *Mehr Leute einsetzen:* die „klassische" Lösung. Zu beachten ist aber der erhöhte Kommunikationsaufwand, der den Zugewinn an verfügbarer Leistung immer mehr schmälert, je mehr Personen zusammenarbeiten. Vor allem, wenn das zusätzliche Personal nur kurzfristig (in bestimmten „neuralgischen Phasen") eingesetzt werden soll, ist auch der Einarbeitungs- und Trainingsaufwand zu bedenken. In bereits kritischen Projekten ist jedenfalls Brook's Law ([Broo82]) zu beachten:

   "Adding manpower to a late project makes it later."

2. *Phasen verzahnen:* Mehrere Tätigkeiten parallel durchzuführen, birgt ein erhöhtes Risiko, dass Arbeiten doppelt getan werden oder durch schlechte Abstimmung nicht mehr zusammenpassen. Dieses Problem ist auch beim Einsatz von mehreren Mitarbeitern (die ja sinnvollerweise auch parallel arbeiten sollten) zu beachten. Ganz allgemein sollte bei längeren Tätigkeiten immer überlegt werden, ob sich (kürzere) Teile davon parallel ausführen lassen.

3. *Teile kaufen statt erstellen:* Auch hier kann gewissermaßen Geld gegen Zeit getauscht werden. Unter Umständen sind die gekauften Elemente sogar qualitativ besser oder billiger als die Eigenentwicklung. Soll der Einsatz Zeitersparnis bringen, muss jedenfalls der Mehraufwand für die Entwicklung der Schnittstellen und die Anpassung des Umfeldes berücksichtigt werden.

4. *Werkzeuge einsetzen:* Das Automatisieren von Routinetätigkeiten (Musterbeispiel UI-Erstellung) kann tatsächlich Zeit einsparen. Zu berücksichtigen ist jedoch der in der Regel vorhandene Mehraufwand für Schulung/Training.

5. *Qualifizierteres Personal:* Die Option mit dem besten Potenzial. Der Zeitaufwand lässt sich genauer kalkulieren. Gute Leute sind in der Regel allerdings rar.

Als Plan *ungeeignet sind Überstunden!* Auch *Leistungsanreize* (z.B. Prämien für bestimmte Bestleistungen) funktionieren im Allgemeinen nur kurzfristig. Diese Maßnahmen sollte sich der Projektmanager als „letzte Hilfe" bei unerwarteten Verzögerungen aufsparen.

Zu Beginn sollte immer mit ausreichender Pufferzeit geplant werden; bei nicht akzeptabler Gesamtdauer des Projekts kann der Projektmanager dann kontrolliert Risiken einführen. Bei der Beschleunigung von Tätigkeiten konzentriert er sich sinnvollerweise auf den kritischen Pfad.

4.4   Darstellung der Projektplanung

Mit Hilfe der verschiedenen Darstellungsarten von Projektplänen lassen sich unter anderem (abhängig von der gewählten Darstellungsform) folgende Fragen beantworten:

- Wie lange dauert das gesamte Projekt?
- Wann werden welche Meilensteine erreicht?
- Bei welchen Aktivitäten würden Verzögerungen den Endtermin des Projekts gefährden (kritische Aktivitäten auf dem kritischen Pfad)?
- Bei welchen Aktivitäten wäre eine Verzögerung denkbar, ohne den Endtermin des Projekts zu gefährden?
- Sind die Mitarbeiter und Ressourcen gleichmäßig über das Projekt hinweg ausgelastet? Wo gibt es Auslastungsspitzen? Wo gibt es mangelnde Auslastung?

Die Wahl einer konkreten Darstellungsform hängt stark von dem gewünschten Detailgrad und dem Zweck des Projektplans ab.

4.4.1   Abhängigkeitsdiagramm

Bei der Planung werden zahlreiche Veranschaulichungshilfen angewandt, um den Überblick über Ziele, Tätigkeiten und Abhängigkeiten zu behalten und Unmöglichkeiten möglichst früh erkennen zu können. Beim ersten Ausloten und Sortieren der nötigen Tätigkeiten hilft das Ist-Soll-Abhängigkeitsdiagramm.

Die prinzipielle Natur eines Projekts besteht darin, einen Ist-Zustand in einen Soll-Zustand zu verwandeln. Das Diagramm hilft beim Finden der Tätigkeiten, die auf dem Weg zum Ziel nötig sind – und ihrer Abhängigkeiten untereinander.

Dazu wird zunächst das Wissen über den Ist-Zustand auf der linken Seite der Zeichenfläche festgehalten: Vorhandene Ressourcen werden zu einem Bild der Ausgangslage zusammengetragen. Auf der rechten Seite werden die (gewünschten) Eigenschaften, Fähigkeiten und Elemente des oder der Zielprodukte gesammelt. Bei der Abhaltung eines Reviews stehen als Ist-Zustand auf der linken Seite Personen als mögliche Teilnehmer, Produkte als Gegenstand des Reviews, Kriterien, die für die Produkte maßgeblich sein können, und Ressourcen, die zur Abhaltung eines Reviews notwendig sind. Auf der rechten Seite als Soll-Zustand erfolgt eine Auflistung der Tätigkeiten, die als Ergebnis des Reviews beschlossen wurden. Ein Review-Bericht soll alle Fakten des Reviews zusammenfassen.

Abbildung 4.4: Ist-Soll-Abhängigkeitsdiagramm: Ausgangslage

Jetzt gilt es, die nötigen Zwischenprodukte und -tätigkeiten zu identifizieren. Das kann je nach Bedarf und persönlicher Vorliebe vom Ist-Zustand aus (progressiv) oder vom Zielzustand aus (regressiv) erfolgen.

Zustände und Ressourcen werden als *Knoten* eines Graphen dargestellt. Eine gerichtete *Kante* von einer Aktivität A zu einer Aktivität B bedeutet „A ist Voraussetzung für B". A heißt Vorgänger von B und B heißt Nachfolger von A. Die Kante zwischen den Zuständen kann, wenn sinnvoll, mit der für den Übergang nötigen Tätigkeit beschriftet werden.

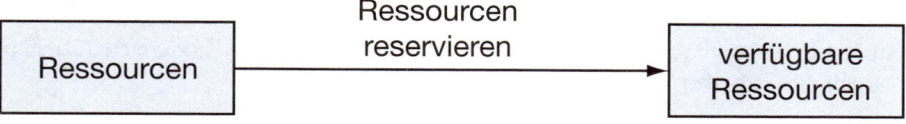

Abbildung 4.5: Ist-Soll-Abhängigkeitsdiagramm: Darstellung einer Abhängigkeit

Bei der Durchführung eines Reviews muss eine Auswahl von Produkten getroffen werden, welche beim Review betrachtet werden sollen. In Abhängigkeit davon müssen die Teilnehmer des Reviews informiert und mit Kopien der Produkte versorgt werden, um sich auf das Review vorbereiten zu können. Parallel dazu müssen Ressourcen reserviert werden (z. B. Räume), um das Review abhalten zu können, und Kriterien bestimmt werden, die zu einer erfolgreichen Abnahme der Produkte führen (z.B. Vollständigkeit, inhaltliche Korrektheit usw.). Anschließend kann das Review durchgeführt werden. Die Produkte werden bei auftretenden kleineren Mängeln unmittelbar darauf verbessert und nochmals überprüft. Anschließend wird über den gesamten Review-Vorgang ein Bericht verfasst, und es werden Tätigkeiten für das weitere Vorgehen beschlossen. *Abbildung 4.6* zeigt das zu diesem Vorgang passende Ist-Soll-Abhängigkeitsdiagramm.

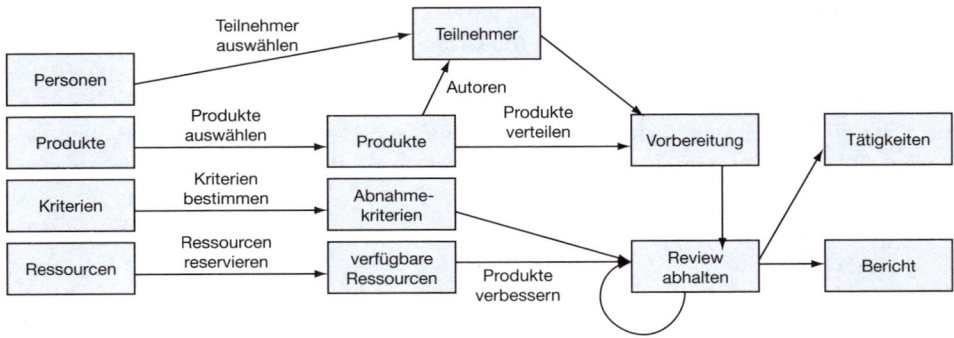

Abbildung 4.6:   Fertiges Ist-Soll-Abhängigkeitsdiagramm *„Review"*

Ein solcher Graph hilft auch beim „Aufbrechen" komplexerer Probleme als Reviews.

Allgemein erlegt ein Abhängigkeitsdiagramm der beschriebenen Art dem Planer keine wesentlichen syntaktischen Einschränkungen auf. Er muss die Genauigkeit, mit der er bei der Erstellung vorgehen will, somit nur von den momentanen Erfordernissen abhängig machen: Soll ein grober Überblicksplan als Diskussionsgrundlage zur Machbarkeitsstudie erstellt oder eine Phase detailliert geplant werden? Anfangs kann ein solches Diagramm dazu dienen, flexibel das Ordnen von Gedanken und Handlungsoptionen zu unterstützen, ohne sich beispielsweise genau damit beschäftigen zu müssen, welche Relation durch eine Linie dargestellt wird. Je strikter man vorgeht, umso quantitativere Aussagen sind nachher über den tatsächlichen Projektverlauf aus dem Graphen abzulesen.

4.4.2   Work Breakdown Structure

Besteht Klarheit über die auf dem Weg vom „Ist" zum „Soll" nötigen konkreten Tätigkeiten, werden diese als *Work Breakdown Structure* (WBS) gesammelt.

Alle Aktivitäten, für die Zeit bzw. Ressourcen gebraucht werden (z.B. Erstellung und Kontrolle von Produkten, Schulung, Bereitstellung von Ressourcen usw.), werden hier hierarchisch strukturiert aufgeführt. Diese ergeben sich aus dem Prozessmodell, den geplanten Produkten, Methoden und Kontrollen.

Die Anzahl an Ebenen und der Detaillierungsgrad sind – wie üblich – dem Zweck angepasst zu wählen. Bei einem Review sind beispielsweise folgende Tätigkeiten notwendig:

1. Review vorbereiten
   - Teilnehmer verständigen
   - Produkte verteilen
   - Ressourcen reservieren

2. Review durchführen
   - Produkt beurteilen
   - Tätigkeiten planen

Aus diesem Beispiel geht bereits hervor, dass bei der Strukturierung von Tätigkeiten diese wieder in kleinere Arbeitsvorgänge aufgegliedert werden können. Für eine Übersicht können die Details auch durchaus weggelassen werden, da z.B. den Kunden ausschließlich der Gesamtaufwand für ein Review interessiert. Für eine genaue Arbeitsplanung ist eine exakte Aufgliederung jedoch von großer Bedeutung, da die einzelnen Arbeitsvorgänge zu unterschiedlichen Zeitpunkten von verschiedenen Personen durchgeführt werden. Nur ein einziger Punkt „Review" wäre für diesen Zweck zu ungenau.

Wesentlich ist, dass in der WBS auch keine Aktivität vergessen wird. Das kann zum Beispiel auch passieren, wenn Annahmen nicht gesichert sind oder nicht klar ist, worin eine grob beschriebene Tätigkeit (z.B. „Spezifikation") im Einzelnen besteht. Nur eine möglichst hohe Detaillierung, die im Rahmen der Projektplanung gerechtfertigt ist, kann die Vollständigkeit der Tätigkeiten garantieren. Der für die in der WBS aufgelisteten Tätigkeiten vorgesehene Aufwand sollte keinesfalls durch unvorhergesehene Tätigkeiten erhöht werden können.

Beispiel Kiosk

Tabelle 4.1 zeigt eine WBS für das Projekt „Kiosk", welches ein Teil des Ticket-Line-Projekts darstellt. In dieser Darstellung sind alle Arbeitsschritte einmalig in Tätigkeiten aufgegliedert. Zusätzlich sind alle Tätigkeiten hierarchisch durchnummeriert. Dies ermöglicht eine konsistente und kurze Referenz von anderen Teilen des Projektplans und für die Zuordnung von Ist-Daten während des laufenden Projekts.

Für einen erfahrenen Projektplaner ist diese Gliederung ausreichend, da er die Dauer von längeren Tätigkeiten aufgrund seiner Erfahrung gut abschätzen kann. Für einen Neuling ist jedoch eine nochmalige Aufgliederung der Tätigkeiten in Arbeitsvorgänge zu empfehlen, da erst bei einer Gliederung in Arbeitsvorgänge mit einer Dauer von wenigen Stunden bis zu einem Tag sinnvolle Schätzungen möglich sind.

Informationen in der WBS

Die WBS als Auflistung aller anfallenden Arbeiten ist der geeignete Ort, um weitere wichtige Informationen zu diesen zu sammeln.

- Für jede Aktivität wird geschätzt, wie viele Zeiteinheiten dafür realistisch veranschlagt werden müssen (Erfahrung, Expertenwissen).

- Jeder Aktivität werden die benötigten *Ressourcen* zugeordnet. Ressourcen sind die an der Aktivität beteiligten Mitarbeiter, benötigte Geräte und sonstige Kosten.

Arbeitsschritt	Tätigkeit
1 Initiierungsphase/ Bedarfsermittlung	1.1 Projektplanung 1.2 Vorstudie 1.3 Anwenderbefragung Betreiber 1.4 Anwenderbefragung Nutzer 1.5 Auswahl Entwicklungsplattform 1.6 Beschaffung Entwicklungsplattform
2 Analyse	2.1 Analyse Kiosk-Hardware 2.2 Analyse Datenbank 2.3 Analyse Funktionalität 2.4 Analyse UI
3 Entwurf	3.1 Entwurf/Erstellung Kiosk-UI (Prototyping, User Testing) 3.2 Entwurf Funktionalität 3.3 Entwurf Datenbank und Anbindung Reservierungssystem 3.4 Entwurf Kiosk-Hardware 3.5 Entwurf Kiosk-Möbel
4 Implementierung	4.1 Implementierung Funktionalität 4.2 Implementierung Datenbank und Anbindung Reservierungssystem 4.3 Integration 4.4 Beschaffung Einzelteile für Kiosk 4.5 Zusammenbau Kiosk
5 Test	5.1 Testplan und Testfälle 5.2 Systemtest in Entwicklungsumgebung 5.3 Systemtest auf Kiosk-Hardware 5.4 Akzeptanztest und Nachbesserungen
6 Inbetriebnahme	6.1 Anbindung Strom und Netzwerk für Kiosk herstellen 6.2 Kiosk aufstellen 6.3 System in Betrieb nehmen 6.4 Übergabe und Abnahme

Tabelle 4.1: WBS-Kiosk-Projekt

■ Nun kann für jede Aktivität die voraussichtliche *Dauer* geschätzt werden. Diese bestimmt sich aus dem nötigen Aufwand, den zugeteilten Ressourcen und der Art der Aktivität: Können Teile davon parallel ausgeführt werden, können zusätzlich aufgewendete Ressourcen die benötigte Zeit verkürzen. Die Granularität der Dauer (Monat, Woche, Tag oder im Extremfall sogar Stunde) muss schon im Vorhinein festgelegt sein. Bei großen Softwareprojekten ist die Einheit der Dauer 5-10 % des Planungshorizonts. Als

Faustregel gilt: Eine Zeiteinheit mehr oder weniger soll einen Unterschied machen, aber keine Katastrophe sein; in der Regel sind Tage oder Wochen sinnvoll.

- Die WBS dient als Grundlage für den Netzplan und die Projektablaufverfolgung und Projektsteuerung. Vor jedem *Projektbericht* werden folgende Punkte in die WBS für jede bearbeitete Aktivität eingetragen: Wie lange wurde daran gearbeitet (wichtig, um den tatsächlichen Aufwand am Ende abrechnen zu können)? Falls die Arbeit noch nicht fertig ist, schätzt der Bearbeiter, wie lange er noch braucht. Falls das Zeitbudget von kritischen Aktivitäten deutlich überschritten worden ist, sollten der Netzplan und das Balkendiagramm am aktuellen Stand neu gezeichnet werden.

- Für die Erstellung großer und mehrstufig gegliederter WBS ist ein Textverarbeitungsprogramm mit Überblicksfunktion (Gliederungsansicht) hilfreich, um schnell den Überblick über eine bestimmte Detaillierungsebene erhalten zu können (vor allem für die Fortschrittskontrolle wichtig). Im Allgemeinen wird bei Projekten dieser Größenordnung aber ein geeignetes spezielles Projektplanungswerkzeug zum Einsatz kommen.

4.4.3 Netzplan

Ist nun aus der WBS bekannt, was getan werden muss, muss die Reihenfolge festgelegt werden, in der diese Tätigkeiten durchgeführt werden sollen. Diese ergibt sich aus den Abhängigkeiten, in denen die Aktivitäten zueinander stehen: So muss ein Review vorbereitet werden, bevor es durchgeführt werden kann. Die Reservierung von Ressourcen und das Verteilen von Produkten kann parallel geschehen. Ob Tätigkeiten parallel ausgeführt werden können, hängt aber auch von den zugeteilten Ressourcen ab: Prinzipiell unabhängige Tätigkeiten können nur dann parallel ausgeführt werden, wenn sie von verschiedenen Personen übernommen werden. Werden diese Tätigkeiten jedoch von einer einzelnen Person durchgeführt, können sie nur nacheinander erledigt werden, auch wenn diese Aktivitäten prinzipiell voneinander unabhängig sind.

Die Abhängigkeiten der Aktivitäten haben wir bereits bei der Erstellung des Abhängigkeitsgraphen aufgedeckt. Hier sieht es ähnlich aus, man folgt aber einer strengeren Syntax: Kästchen bezeichnen Tätigkeiten, Pfeile dazwischen die Abhängigkeitsrelation. Dabei handelt es sich in der Softwareentwicklung nahezu immer um die Normalfolge. In diesem Fall bedeutet ein Pfeil von einer Tätigkeit A zu einer Tätigkeit B: *Aktivität B kann frühestens dann beginnen, wenn Aktivität A beendet ist*[1]. Auch ist der Netzplan im Gegensatz zum Abhängigkeitsgraphen zyklenfrei – eine durch einen geschlossenen Kantenzug beschriebene Abhängigkeit wäre nicht erfüllbar. Etwaige im Ist-Soll-Abhängigkeitsgraphen enthaltene Zyklen werden in entsprechende Pufferzeiten umgewandelt.

Graphentheoretisch gesprochen ist ein Netzplan also ein azyklischer gerichteter Graph mit genau einem Anfangsknoten (Projektbeginn) und genau einem Endknoten (Projektende).

---

[1] Andere Folgearten sind z. B. Anfangsfolge (B kann nicht beginnen, bevor A beginnt) und Endfolge (B kann nicht beendet werden, bevor A beendet wird). Wir werden uns mit diesen hier nicht weiter beschäftigen.

Die Tätigkeiten im Netzplan ergeben sich unmittelbar aus der WBS. Übergeordnete Aktivitäten können dabei als Meilensteine oder Subprojekte dargestellt werden. Zu den Tätigkeiten werden in der Regel zusätzliche Informationen, wie Dauer, benötigte Ressourcen, voraussichtliche Start- und Endzeitpunkte usw. festgehalten.

Aus dem Abhängigkeitsgraph und der WBS für ein Review entsteht folgender Netzplan. Unter den Rechtecken mit den Tätigkeiten sind die ausführenden Personen, die Dauer und benötigte Ressourcen angeführt.

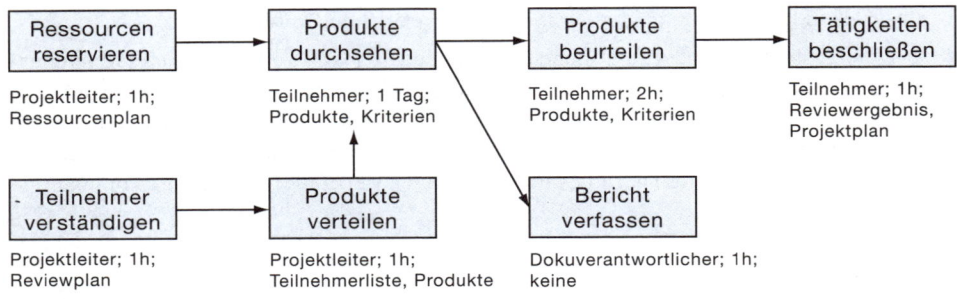

Abbildung 4.7: Netzplan *„Review"*

Planung der Projektdauer

Anhand des bei den Tätigkeiten notierten jeweiligen Zeitaufwands und der Ressourcen lässt sich die Gesamtdauer einschätzen. Tätigkeiten, die unabhängig voneinander sind und auch keine gemeinsamen Vorgänger haben (z.B. „Ressourcen reservieren" und „Teilnehmer verständigen") können jeweils zu einem beliebigen Zeitpunkt unabhängig voneinander geplant werden (auch parallel). Im Falle von „Ressourcen reservieren" und „Teilnehmer verständigen" liegt jedoch ein Ressourcenkonflikt vor, da diese beiden Tätigkeiten von derselben Person durchgeführt werden. Somit können sie nur hintereinander geplant werden.

Tätigkeiten mit Vorgänger (z.B. „Produkte durchsehen") können erst dann geplant werden, sobald *alle* Vorgänger ausgeführt wurden. Obwohl also „Ressourcen reservieren" bereits nach einer Stunde fertig ist, kann „Produkte durchsehen" erst nach frühestens drei Stunden gestartet werden, da „Teilnehmer verständigen" und „Produkte verteilen" insgesamt zwei Stunden beanspruchen und aufgrund des Ressourcenkonflikts auch „Ressourcen reservieren" erst danach oder bereits davor durchgeführt werden kann.

Aktivitäten, die keine Pufferzeit besitzen, heißen *kritisch*. Solche Aktivitäten verzögern das geplante Projektende, wenn sie später beginnen oder länger dauern. Sie liegen stets in einer Kette von Projektstart bis Projektende, dem so genannten *kritischen Pfad*[2]. *In dem Beispiel sind alle Tätigkeiten kritisch.*

---

[2] Ein Projekt kann in Sonderfällen auch mehrere kritische Pfade besitzen.

In obiger Darstellung scheint die Tätigkeit „Bericht verfassen" aufgrund der Dauer von nur einer Stunde und keines sichtbaren Ressourcenkonflikts vor „Tätigkeiten beschließen" ausgeführt werden zu können. Da in einen Review-Bericht aber alle Fakten des Review einfließen müssen, kann diese Tätigkeit frühestens enden, wenn auch „Tätigkeiten beschließen" endet. Diese Art von Abhängigkeit lässt sich in obigem Diagramm nicht darstellen. Es können nur Abhängigkeiten bezüglich des Beginnzeitpunkts dargestellt werden. In einem PERT-Diagramm können aufgrund genauer Anfangs- und Endtermine auch Abhängigkeiten in Bezug auf Endzeitpunkte aufgelöst werden.

4.4.4 PERT-Diagramm

Bei der Planung der Struktur eines Reviews muss nicht auf Arbeitszeiten oder Feiertage geachtet werden. Plant man hingegen ein konkretes Projekt ab einem bestimmten Startdatum, so müssen diese Zeiten erstmals genau betrachtet werden. Der Projektkalender verzeichnet Normalarbeitszeit (z.B. 40 Stunden pro Woche, acht Stunden pro Tag und Person) und Feiertage. Er wird von den Ressourcenkalendern ergänzt, in denen Informationen über die Verfügbarkeit einzelner Ressourcen festgehalten werden. Mit Hilfe dieser Angaben können den einzelnen Aktivitäten im Netzplan konkrete Kalenderdaten zugeordnet werden.

Bei jeder Aktivität des Netzplans werden folgende Daten betrachtet:

- Dauer: die Zeitspanne, die zur Ausführung der Aktivität notwendig ist (gemessen in Personenstunden oder -tagen),
- frühestmöglicher Anfangszeitpunkt und frühestmöglicher Endzeitpunkt: ergibt sich aus der frühestmöglichen Erfüllung aller vorangehenden Aktivitäten, zu denen eine Abhängigkeit besteht,
- spätestmöglicher Anfangszeitpunkt und spätestmöglicher Endzeitpunkt: ergibt sich aus dem spätestmöglichen Beginn nachfolgender abhängiger Aktivitäten, ohne die gesamte Projektdauer zu verlängern,
- gesamter Puffer: die Zeitspanne, die verbraucht werden kann, ohne die Projektdauer zu verlängern.

Für bestimmte Aktivitäten ist das genaue Beginndatum oder der genaue oder spätestmögliche Endzeitpunkt durch zeitliche Randbedingungen des Projekts vorgegeben. Dazu zählt zumindest der Projektanfang, dessen Datum feststehen muss. Auch Meilensteine unterliegen in der Regel zeitlichen Randbedingungen (wie z.B. vertraglichen Vereinbarungen). Solche Daten werden als fix (unveränderlich) in den Netzplan eingetragen.

Ausgehend von den bekannten festen Terminen werden die Eckdaten aller weiteren nachfolgenden Aktivitäten berechnet (jeweils durch Hinzuaddieren der geschätzten Dauer einer Aktivität zum Endzeitpunkt der zuletzt abschließenden Vorgängeraktivität). Dieser Vorgang wird als *Vorwärtsrechnung* bezeichnet und liefert die frühestmöglichen Anfangs- und Endzeitpunkte.

Die *minimale Projektdauer* ergibt sich dabei als Differenz vom frühestmöglichen Endzeitpunkt des Endknotens (Projektende) und frühestmöglichen Anfangszeitpunkt des Anfangsknotens (Projektbeginn). Ist ein spätestmöglicher Termin für das Projektende
bekannt, bildet die Differenz von diesem Termin und dem frühestmöglichen Anfangszeitpunkt des Anfangsknotens (Projektbeginn) die *maximale Projektdauer*.

Den nächsten Schritt bildet die *Rückwärtsrechnung*: Ausgehend vom spätestmöglichen
Projektende und den weiteren festen Terminen im Projekt wird die Dauer jedes Vorgän-
gerknotens errechnet (jeweils durch Subtraktion der geschätzten Dauer einer Aktivität
vom frühesten Anfangszeitpunkt der Nachfolgeraktivitäten). Auf diese Weise erhält man
die spätestmöglichen Anfangs- und Endzeitpunkte aller Aktivitäten.

Zur Illustration der Vorwärtsrechnung zeigt *Abbildung 4.8* einen Netzplan, der aus der
WBS für das Kiosk-Projekt entstanden ist. Bei den einzelnen Tätigkeiten sind Dauer, gesamter Puffer, frühester Start und frühestes Ende angeführt.

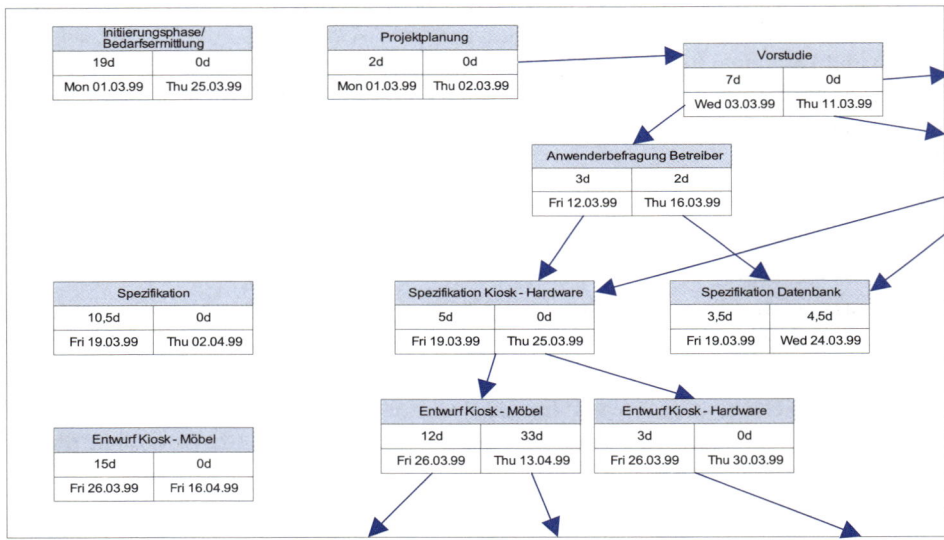

Abbildung 4.8:   Netzplan Kiosk-Projekt

4.4.5   Balkendiagramm (GANTT-Diagramm)

Ein grafischer Netzplan lässt sehr gut die Abhängigkeiten zwischen den Aktivitäten erkennen, bietet aber keinen guten Überblick über ihre genaue zeitliche Verteilung. Dazu
eignet sich ein Balkendiagramm.

In einem Balkendiagramm werden die Aktivitäten des Projekts als Balken über einer horizontalen Zeitachse dargestellt. Die Balken beginnen beim frühesten Anfangszeitpunkt
und enden beim frühesten Endzeitpunkt der jeweiligen Tätigkeit, aus ihrer Länge lässt
sich somit die Dauer der Aktivität ablesen. Die Aktivitäten sind dabei dieselben wie im

Netzplan; sie werden üblicherweise etwa nach ihren FA geordnet eingetragen. Über der Zeitachse lassen sich darüber hinaus Meilensteine und die Auslastung der Ressourcen auftragen.

Balkendiagramme kennen viele Variationsmöglichkeiten. So können beispielsweise die Aktivitäten bei den von ihnen benötigten Ressourcen eingetragen werden, was aber spätestens dann unübersichtlich wird, wenn eine Ressource zu einem Zeitpunkt mehr als einer Aktivität zugeordnet ist (z.B. Ausdruck und Korrekturlesen von Dokumenten). *Abbildung 4.9* zeigt ein solches „ressourcenzentriertes" Balkendiagramm, bei dem Zeitachse und Meilensteine weggelassen wurden.

Das Balkendiagramm zeigt übersichtlich, wann Aktivitäten tatsächlich stattfinden, während der Netzplan darüber informiert, in welcher Reihenfolge sie stattfinden könnten. Es ist möglich, die Abhängigkeiten aus dem Netzplan auch in das Balkendiagramm einzuzeichnen, worunter aber die Übersichtlichkeit leidet. Üblicherweise ist es besser, sich beider Diagrammarten parallel zu bedienen. Manchmal werden den Balken noch der unabhängige oder sogar der gesamte Puffer der Aktivität hinzugefügt.

Aufgabe	Dauer	Starttermin	2003	
			Februar	März
Initiierungsphase/Bedarfsanalyse	15t 1st 2m	01.02.2003		
Projektplanung	2t	01.02.2003		
Vorstudie	6t 2st	03.02.2003		
Anwenderbefragung / Bedarf.	3t	09.02.2003		
Anwenderbefragung / Nutzer	5t	09.02.2003		
Beschaffung Entwicklung	1t 7st 2m	09.02.2003		
Spezifikation	**17t**	**14.02.2003**		
Spezifikation Kiosk - Hardware	4t	14.02.2003		
Spezifikation Datenbank	3t	18.02.2003		
Spezifikation UI	5t 4st	21.02.2003		
Spezifikation Funktionalität	2t	26.02.2003		

Abbildung 4.9: Balkendiagramm Kiosk-Projekt

Die Einteilung der Zeitachse im Balkendiagramm hängt – wie üblich – vom Zweck ab; für die meisten Projekte sind Wochen eine sinnvolle Größenordnung. Der gute Überblick über die Start- und Enddaten der Aktivitäten macht das Balkendiagramm zur geeigneten Grundlage für alle Terminvereinbarungen und die laufende Kontrolle des Projektfortschritts im Vergleich zur Planung: Was ist gelaufen, wie geplant? Wo gab es Verzögerungen?

4.5   Projektkontrolle und -berichte

Während eines laufenden Projekts besteht die wesentliche Aufgabe des Projektleiters in der Verfolgung des aktuellen Projektfortschritts. Aufgrund des Vergleichs des aktuellen Projektstatus mit dem ursprünglichen Projektplan können Verzögerungen oder auch eine Zeitersparnis entdeckt werden. Bei Verzögerungen ist es notwendig, die Ursachen für diese herauszufinden, um solche Probleme für den weiteren Verlauf des aktuellen Projekts, aber auch für zukünftige Projekte zu vermeiden. Weiters müssen geeignete Maßnahmen beschlossen werden, um die verlorene Zeit wieder aufholen zu können. Liegt eine Zeitersparnis vor, kann diese zu einer vorzeitigen Fertigstellung des Projekts genutzt werden. Eine weitere Möglichkeit besteht in der Nutzung der Zeit für zusätzliche Tätigkeiten, die zur Erhöhung der Qualität der Produkte im Projekt führen (z.B. zusätzliche Verbesserung der Anwenderschnittstelle, zusätzliche Testläufe usw.).

In diesem Abschnitt werden Methoden vorgestellt, die zur Feststellung des aktuellen Projektstatus dienen. Die davon abhängigen Maßnahmen sind von Projekt zu Projekt stark unterschiedlich. Für interessierte Leser sei dafür auf einschlägige Literatur verwiesen: z. B. [Hans00], [Magu98], [McCo98], [Royc98].

4.5.1   Projekttagebuch und Aufwandserfassung

Teamrelevante Ereignisse werden im Projekttagebuch festgehalten. Hier findet sich eine Liste aller Besprechungen und Reviews, Integrations- und Testsitzungen etc. mit Datum, Dauer und Beteiligten. Ebenso werden zu jedem Ereignis eine Kurzbeschreibung und Informationen darüber festgehalten, wo (in welchem Dokument, z.B. Besprechungsprotokoll) Details zu finden sind.

Jeder am Projekt Beteiligte führt Buch über seine Arbeitszeit. Diese sollte aufgeschlüsselt nach bearbeiteten Dokumenten und Tätigkeiten aufgezeichnet werden, um Abweichungen gegenüber dem geschätzten und geplanten Aufwand feststellen zu können.

Das Erheben solcher Daten ist wesentlich, um *Metriken* zur gezielten Messung von Kennzahlen anwenden und in der Folge den Produktionsprozess verbessern zu können (Feedback). So könnte zum Beispiel der mittlere Aufwand, einen Fehler im Systemtest zu finden und zu lokalisieren, erhoben und mit jenem verglichen werden, der dafür in einem Review nötig ist.

Allgemein ist es sinnvoll, Daten projektbegleitend zu erheben, da sie nur dann zur Steuerung herangezogen werden können. Es ist aber darauf zu achten, dass der zusätzliche Aufwand in vertretbaren Grenzen bleibt, da mit sinkender Akzeptanz unter den Beteiligten oft auch die Qualität der erhobenen Daten sinkt.

4.5.2 Besprechungsprotokolle

Die Tatsache, dass mehrere Leute beteiligt sind, macht auch kurze Besprechungen teuer. Umso wichtiger ist es, dass die Ergebnisse in einer Weise festgehalten werden, die sie zur produktiven Arbeitsgrundlage macht.

Es wird festgehalten, wer in welcher Rolle teilnimmt; ebenso, wer nicht anwesend ist. Auch Datum, Dauer und Anlass werden aufgezeichnet. Welchem Zweck sollte die Besprechung dienen? Ebenso werden die zugrunde liegenden Materialien identifiziert: Über welche Dokumentversionen wird gesprochen, von welchen Voraussetzungen wird ausgegangen? In welchen Dokumenten finden sich weitere Details? In der Folge wird verzeichnet, über welche Fragen und Probleme tatsächlich gesprochen wurde.

Das Festhalten der getroffenen Entscheidungen und Ergebnisse bildet den Kern des Protokolls. Diese müssen in einer Art und Weise festgehalten werden, die es auch Nicht-Teilnehmern erlaubt, informiert zu handeln. Ebenso wichtig ist es, die aufgrund dieser Entscheidungen zu setzenden konkreten Aktionen zu bestimmen. Da auch wichtige Aufträge dazu tendieren, liegen zu bleiben, wenn sich niemand dafür zuständig fühlt, werden die für die Durchführung Verantwortlichen notiert. Wurden gewisse Fragestellungen nicht entschieden, ist diese Tatsache unbedingt festzuhalten.

4.5.3 Berichte

Mit Hilfe von Berichten sollen die einzelnen Projektmitarbeiter der Gruppenleitung den gegenwärtigen Stand ihrer Arbeit vermitteln. Berichte sind vor allem in Projekten unumgänglich, in denen die Gruppenleitung mehrere Projekte parallel zu betreuen hat. In solchen Situationen gibt es kaum mehr einen täglichen Kontakt zwischen der Gruppenleitung und einzelnen Entwicklern. Die Gruppenleiter erstatten wiederum der Projektleitung Bericht und die Projektleitung dem Management.

Berichte können in unterschiedlichen Intervallen erstellt werden (z.B. Tages- oder Wochenberichte). Die Intervalle richten sich nach den Zyklen, in denen unterschiedliche Tätigkeiten durchgeführt werden, und nach der aktuellen Projektphase. Für Tätigkeiten, die mehrere Tage oder gar Wochen dauern, reichen Berichte im Wochenabstand vollkommen aus, da ernsthafte Probleme bzw. der Arbeitsfortschritt in kürzeren Zeiträumen nicht erkennbar sind. Zum Ende der Implementierung hin, während Subsysteme integriert, zahlreiche kleinere Adaptionen durchgeführt und Fehler korrigiert werden, kann es durchaus notwendig sein, dass die Entwickler jeden Tag einen Bericht abliefern, damit die Gruppenleitung das Vorgehen für den nächsten Tag festlegen kann. Ohne ein straffes Verfolgen der Arbeiten kann es in dieser Phase ansonsten zu größeren Missverständnissen und unnötigem Arbeitsaufwand kommen (z.B. korrigieren zwei Mitarbeiter denselben Fehler, Schnittstellen werden unterschiedlich abgeändert oder ein Mitarbeiter hat längere Zeit keine Arbeit, da sein Teil abgeschlossen ist).

Berichte sollen so knapp wie möglich gehalten werden, damit sowohl für das Verfassen als auch für das Lesen wenig Zeit nötig ist. Weiters verleitet zu viel Inhalt dazu, den Text nur zu überfliegen und die Kernaussagen eines Berichts gar nicht zu erkennen (z.B. ein Problem, das baldigst gelöst werden muss). Dennoch müssen alle wesentlichen Fakten in einem Bericht enthalten sein, damit er aussagekräftig ist und den Stand der Dinge tatsächlich wirkungsvoll vermittelt. Folgende Punkte sollten daher in einem Bericht enthalten sein:

1. Datum, Name des Autors, Projektreferenz bestehend aus Projektbezeichnung und aktueller Projektphase.

2. Kurzzusammenfassung der in Arbeit befindlichen oder erledigten Tätigkeiten: Die Tätigkeiten, über welche berichtet wird, sollten in einer Übersicht zusammengefasst und deren aktueller Status sollte angegeben werden.

3. Auflistung aller Probleme: Schwierigkeiten, die zu Verzögerungen des Projekts führen könnten, sollten hier aufgelistet werden. Es sollte auch angegeben werden, ob diese durch den Entwickler selbst gelöst werden können oder ob dazu Fremdhilfe notwendig ist.

4. Nächste Schritte: Die nächsten geplanten Tätigkeiten bzw. das weitere Vorgehen zur Lösung von Problemen sollte hier angegeben werden.

5. Anmerkungen: Alles, was einer ausführlicheren Beschreibung bedarf, kann hier niedergeschrieben werden. Dieser Teil sollte nur als Weiterführung bzw. Erklärung aller in den vorherigen drei Punkten bereits aufgeführten Fakten dienen. Dieser Teil sollte keine zusätzlichen Fakten enthalten, die für den Leser nicht unmittelbar wichtig sind.

Die wichtigste Regel bei einem funktionierenden Berichtswesen sollte stets lauten: Es sollen nur Berichte verfasst werden, die auch tatsächlich gelesen werden und für den Leser anderweitig (und vor allem mit geringerem Aufwand) nicht zu erhaltende Informationen enthalten.

4.5.4   Meilenstein-Trendanalyse

Die Meilensteine des Projektplans markieren die Erreichung wesentlicher Stadien im Projektverlauf. Ihre tatsächliche oder geschätzte zeitliche Verteilung bietet daher einen guten und schnellen Überblick über die Terminlage des gesamten Projekts.

Bei der Meilenstein-Trendanalyse wird die Entwicklung der für die noch nicht erreichten Meilensteine geschätzten Zeitpunkte beobachtet. Dadurch lässt sich die Qualität der Schätzungen besser beurteilen. Verzögerungen im Projektablauf werden sichtbar gemacht und nicht erst gegen Projektende erkannt, wenn Kontrollmaßnahmen nicht mehr greifen können und der Projekterfolg in Frage gestellt wird.

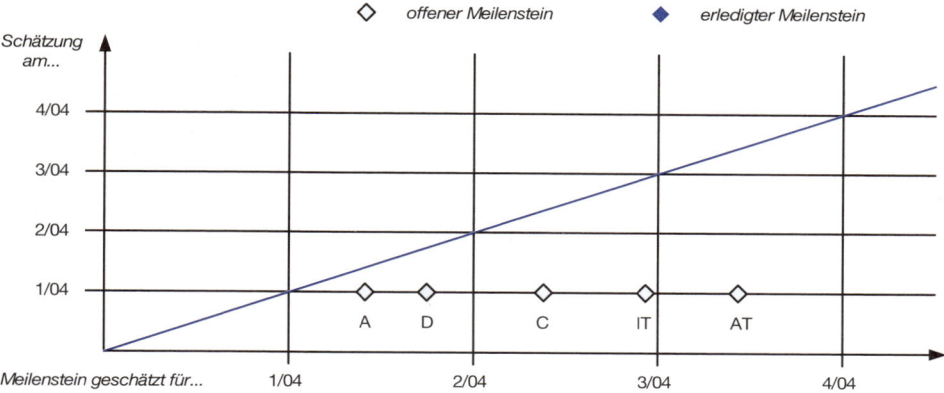

Abbildung 4.10: Schema eines Meilenstein-Trenddiagramms

Abbildung 4.10 zeigt grob den Grundaufbau eines *Meilenstein-Trenddiagramms*, das die Grundlage für eine *Meilenstein-Trendanalyse* ist. Das Diagramm zeigt auf der x-Achse die Zeitachse des Projekts. Auf der y-Achse ist ebenfalls eine Zeitachse für bereits erfolgte und zukünftige Schätzungen vorgesehen. Den Beginn bildet die erste Schätzung aller Meilensteine (alle Meilensteine sind daher auch als offen markiert) gemäß dem Projektplan.

Abbildung 4.11 zeigt ein Diagramm nach der zweiten Schätzung, die beispielsweise im Zuge eines Management-Reviews erstellt wurde. Das Diagramm zeigt die Erhebung des *Fertigstellungsstatus* („offener Meilenstein" bzw. „erledigter Meilenstein") aller Meilensteine. Meilenstein A wurde demnach erfolgreich abgeschlossen.

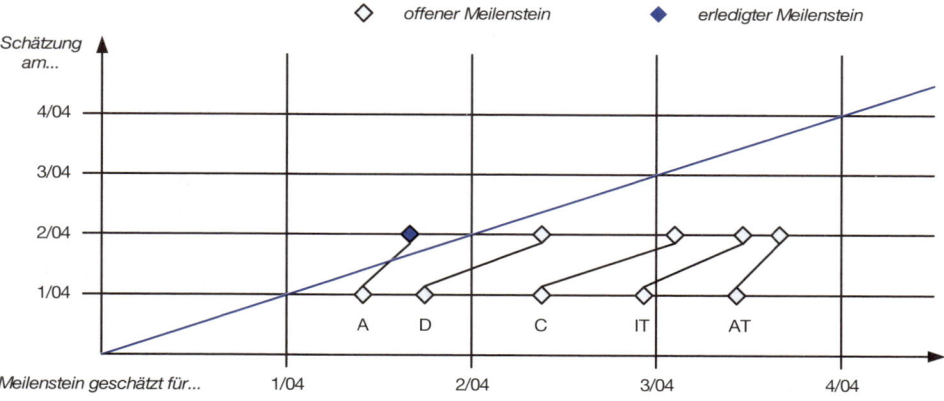

Abbildung 4.11: Meilenstein-Trenddiagramm nach der zweiten Schätzung

Für alle noch offenen Meilensteine wird eine neuerliche Schätzung vorgenommen und die zusammengehörigen Meilensteine werden durch eine Linie verbunden, um eine bessere Übersicht zu erhalten. Bei korrekter ursprünglicher Schätzung bewegt sich ein

Meilenstein senkrecht hinauf, bis er über die „Datumslinie" (diagonale Linie, auf der das geschätzte Datum dem Datum der Schätzung entspricht) rückt und erledigt ist. Abweichungen von der Senkrechten zeigen Fehlschätzungen. Es wird auch sichtbar, wie lange es gedauert hat, bis das tatsächliche Enddatum eines Meilensteins erraten wurde.

Das Beispiel in *Abbildung 4.12* zeigt ein Projekt, dessen Meilensteindaten von Schätzung zu Schätzung immer ein wenig nachgeben, sobald klar ist, dass die aktuelle letzte Schätzung wieder nicht eingehalten werden kann. Die Schätzungen in diesem Projekt erfolgen offensichtlich „politisch" und nicht realistisch; wenn es sich um ein größeres Projekt handelt, nennen die Teamleiter dem Projektmanager vielleicht „irgendwelche" Daten, um ihn zufrieden zu stellen.

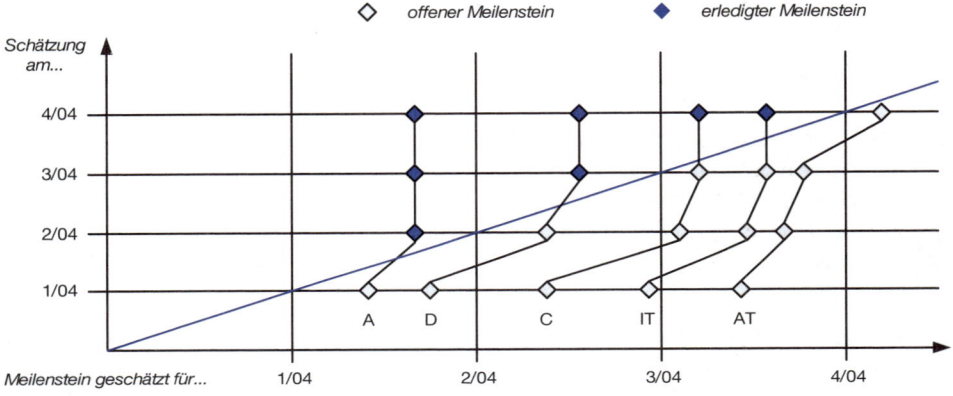

Abbildung 4.12:   Meilenstein-Trenddiagramm eines fast abgeschlossenen Projekts

Eine Meilenstein-Trendanalyse kann also wertvolle Informationen zur Projektkultur liefern. Verzögerungen im Projekt und damit Verschiebungen von Meilensteinen sind manchmal unvermeidbar; ein deutlicher Knick in einer sonst senkrechten Trendlinie zeigt aber von besseren Fähigkeiten, mit solchen Gegebenheiten umzugehen, als Trendlinien, die sich allmählich von der Datumslinie wegzukrümmen scheinen.

Besonders gefährlich sind Meilensteine, die parallel zur Datumslinie oder noch flacher verschoben werden, deren Fertigstellung also nie näher rückt. Hinter diesen Meilensteinen versteckt sich offenbar eine Aufgabe, die entweder deutlich unterschätzt wurde oder in der „der Wurm" steckt, die jedenfalls besondere Aufmerksamkeit des Projektmanagements verlangt.

Das Meilenstein-Trenddiagramm kann um zahlreiche Zusatzinformationen ergänzt werden. So ist zum Beispiel oft die Unterscheidung von projektinternen und extern wirksamen Meilensteinen sinnvoll. Interne Meilensteine (z.B. „Implementierung abgeschlossen") ergeben sich direkt aus dem Projektfortschritt; externe werden von außen vorgegeben und sind Gegenstand von Terminvereinbarungen (z.B. Akzeptanztest).

Wesentlich bei der Erstellung eines Meilenstein-Trenddiagramms ist die Auswahl der einzuzeichnenden Informationen. Da das Diagramm primär als Kommunikationsmedium dient, ist es besonders wichtig, den Überblick zu wahren, d.h. einerseits genügend Meilensteine einzuzeichnen, um den Verlauf des Projekts in Griff zu behalten, und andererseits so wenige, dass die Übersicht noch gegeben ist.

Eine ernst gemeinte Schätzung der Meilensteine geht stets Hand in Hand mit einer Aktualisierung des Projektplans. Hier hilft Projektplanungssoftware bei der „Handarbeit" und übernimmt zeitaufwändige Tätigkeiten wie das Neuzeichnen des Balkendiagramms. Diese Hilfestellung ist wertvoll, da diese wichtige Tätigkeit sonst gerne wegen des damit verbundenen Zeitverlusts „eingespart" wird; ein eventueller Einarbeitungsaufwand ist jedoch zu berücksichtigen.

Zusammenfassung

- Im Rahmen des Projektmanagements muss der Projektleiter den Ablauf eines Projekts planen, kontrollieren und steuern.

- Da an Projekten stets mehrere Personen beteiligt sind, die zahlreiche Aktivitäten in einer gezielten Arbeitsteilung aufgrund ihrer Rollen erledigen, müssen diese Aktivitäten zentral koordiniert und überprüft werden.

- Die Projektkultur hat wesentlichen Einfluss auf die Leistung der einzelnen Mitarbeiter. Die Projektkultur wird ihrerseits wiederum von der Unternehmenskultur beeinflusst.

- Die erste entscheidende Tätigkeit der Projektleitung in einem neuen Projekt besteht in der Erstellung eines Zeit- und Kostenplans.

- Zu Beginn eines Projekts, d.h. vor dem Start der eigentlichen Analyse, kann der anfallende Aufwand für die Analyse und Realisierung nur aufgrund ausreichender Erfahrung des Projektleiters und weniger Eckdaten, die in ersten Gesprächen mit dem Kunden ermittelt werden, geschätzt werden.

- Vor der Realisierungsphase (d.h. vor den Arbeitsschritten Entwurf, Implementierung, Test und Inbetriebnahme/Wartung) werden alle Aktivitäten, die aufgrund der bestehenden Anforderungen durchgeführt werden müssen, aufgelistet und in mehreren aufeinander folgenden Schritten immer feiner strukturiert und deren Abfolge wird geplant. Letztes Produkt ist ein Projektplan, der den handelnden Personen Aktivitäten und exakte Durchführungstermine zuweist.

- Wird der Auftrag für ein Projekt erteilt, muss die Projektleitung die Einhaltung des Projektplans überwachen und, wenn nötig, den Projektplan den sich stetig ändernden Bedingungen anpassen. Im besten Fall kann das Projekt laut Projektplan durchgeführt werden und die Projektleitung muss lediglich die Qualität der Produkte überprüfen und bestätigen, damit diese dem Kunden zur Abnahme übergeben werden können.

- Ein Phasenplan strukturiert das Projekt im Großen und Ganzen. Iterationspläne definieren den detaillierten Ablauf sowie die Zuordnung von Produkten und Aktivitäten zu Mitarbeitern.

- In vielen Projekten kann der ursprüngliche Zeitplan eines Projekts aufgrund neuer auftretender Probleme oder einer aufwändigeren Lösung eines bekannten Problems, als vermutet und geplant wurde, nicht eingehalten werden. In diesem Fall ist es notwendig, den Projektplan den neuen Umständen anzupassen und Tätigkeiten neu zu verteilen.

- Die Entscheidungen des Projektmanagements sind von Projektdaten abhängig, welche über mehrere Schnittstellen von anderen Bereichen der Software-Herstellung eingeholt werden müssen. Für das Projektmanagement ist stets eine enge Zusammenarbeit mit dem Qualitätsmanagement notwendig, um durch gegenseitige Information und Hilfestellungen die Qualität eines Produkts sicherstellen zu können.

Übungen und Fragen

1. Bearbeiten Sie in Bezug auf das fiktive Entwicklungsprojekt „E-Store" (s. Anhang) folgende Problemstellungen:

   a. Definieren Sie mindestens fünf Meilensteine für das Projekt, die das Gesamtprojekt umfassen.Geben Sie realistische Zeitrahmen dafür an und skizzieren Sie, welche Teilprodukte zu welchem Meilenstein fertig gestellt sein sollten.

   b. Skizzieren Sie grob den Inhalt einer Machbarkeitsstudie (Typ, Funktionalität, Qualität, Risiken). Legen Sie dabei Wert darauf, was bei dem Projekt E-Store im Vergleich zu „normalen" Entwicklungsprojekten besonders zu beachten ist.

   c. Verfassen Sie eine Liste der wahrscheinlich größten Risiken sowie eine Liste der wahrscheinlich größten „Aufwandstreiber".

   d. Überlegen Sie sich einen Prozentsatz zum Gesamtaufwand für das Projektmanagement und die Qualitätssicherung. Ist dieser Wert bei einem Gesamtaufwand von 3 Mio. Euro realistisch umlegbar auf entsprechenden Personalaufwand?

   e. Skizzieren Sie den Inhalt einer Checkliste für die endgültige *Abnahme* des Projekts.

   f. Welche Arten der Gewährleistung (inhaltliche Beispiele) würden Sie als Entwickler und Verkäufer des Projekts E-Store zu vermeiden versuchen.

   g. Welche Arten der Gewährleistung (inhaltliche Beispiele) würden Sie als Käufer des Produkts versuchen zu erhalten.

   h. Entwerfen Sie ein grobes Ist-Soll-Abhängigkeitsdiagramm für E-Store.

   i. Schätzen Sie anhand der obigen Listen den jeweiligen Aufwand für die Tätigkeiten und entwerfen Sie ein entsprechendes GANTT-Diagramm. Prüfen Sie, ob die Angaben in vernünftigem Zusammenhang zum jeweiligen Gesamtaufwand stehen.

j. Sie haben die Analyse des Projekts erfolgversprechend abgeschlossen sowie den „Auftritt" im WWW klar definiert. Es gelingt Ihnen aber als Anbieter nicht, die fachlich geeigneten Entwickler am Personalmarkt an Ihr Unternehmen zu binden. Für welchen ungefähren Betrag können Sie anhand der Schätzungen der vorigen Beispiele die Entwicklung extern „einkaufen", ohne die angestrebten Projektkosten zu überschreiten. Beachten Sie auch Finanzpuffer für die Integration der Fremdleistung in die Eigenentwicklung.

k. Verfassen Sie einen kurzen Bericht, dessen Autor der technische Gesamtverantwortliche ist, in dem die Projekt- oder Geschäftsleitung darüber informiert wird, dass das angedachte Entwicklungswerkzeug im Echteinsatz nicht stabil genug und daher eine Alternative zu finden ist. Skizzieren Sie etwaige Risiken. Erläutern Sie, warum das Problem nicht früher eruiert werden konnte.

l. Sie legen für Ihr Projekt fest, dass die Kosten für Besprechungen, inklusive des Aufwands für die Erstellung von Protokollen, deren Korrekturen, dem Lesen durch die Teilnehmer usw. 8 % der Gesamtkosten nicht übersteigen dürfen. Wie viele Besprechungen können in den verschiedenen Phasen des Projekts stattfinden, wenn Sie je Besprechung eine durchschnittliche Anzahl von vier Teilnehmern, eine durchschnittliche Dauer von einer Stunde sowie realistische durchschnittliche Personalkosten annehmen.

2. Erklären Sie den Begriff „kritischer Pfad" und wie Sie diesen in einem konkreten Projekt identifizieren können.

3. Erklären Sie die unterschiedlichen Sichten eines Netzplans und eines Balkendiagramms auf den Projekt- bzw. Terminplan.

4. Welche Vorteile hat ein Netzplan gegenüber einem Balkendiagramm, das nicht aus einem Netzplan entstanden ist?

5. Beschreiben Sie möglichst viele Wege, um den kritischen Pfad zu verkürzen.

6. Warum ist es wesentlich, den Aufwand von Projektaktivitäten sowie wichtige Ereignisse und Entscheidungen zwischen Versionen des Projektplans aufzuzeichnen?

7. Welche Anreize gibt es, derartige Aufzeichnungen nicht durchzuführen?

8. Wem schaden diese fehlenden Aufzeichnungen am meisten? Wer könnte etwas dagegen tun?

9. Beschreiben Sie anhand eines konkreten Projekts die Begriffe Systemleistung, Produktivität, Projektkosten und Projektkostenschätzung.

10. Diskutieren Sie, wie bei verschiedenen Projekttypen die Prioritäten in Bezug auf Komponenten der Systemleistung, Produktivität und Kosten sehr unterschiedlich sein können.

11. Welche Risiken gibt es bei der Schätzung von Projektkosten, und wie können diese Risiken im Projektverlauf verringert werden?

12. Warum ist Risiko wesentlicher Bestandteil jedes sinnvollen (Softwareentwicklungs-)Projekts?

Weiterführende Literatur

[Broo82] Brooks, Frederick P.: *The Mythical Man-Month: Essays on Software Engineering*; Reading, Mass. [u.a.]: Addison-Wesley, 1982.

[Cock98] Cockburn, Alistair: *Surviving Object-Oriented Projects: A Managers Guide*; Reading, Mass. [u.a.]: Addison-Wesley Longman, 1998.

[DeMa87] DeMarco, Tom; Lister, Timothy: *Peopleware: Productive Projects and Teams*; Dorset House, 1987 (deutsche Ausgabe: DeMarco, Tom; Lister, Timothy: *Wien wartet auf Dich! Der Faktor Mensch im DV-Management*; München, Wien: Hanser, 1991).

[Henr03] Henry, Joel: *Software Project Management*. Reading, Mass. [u.a.]: Addison-Wesley, 2003.

[Hump90] Humphrey, Watts S.: *Managing the Software Process*; Reading, Mass. [u.a.]: Addison-Wesley, 1990.

[Kruc00] Kruchten, Philippe: *The Rational Unified Process: An Introduction*; Reading, Mass. [u.a.]: Addison-Wesley, 2. Aufl., 2000.

[Magu98] Maguire, Steve: *Debugging the Development Process*; Redmond, Wash.: Microsoft Press, 1998.

[Royc98] Royce, Walker: *Software Project Management: A Unified Framework*; Reading, Mass. [u.a.]: Addison-Wesley, 1998.

[Vers00] Versteegen, Gerhard: *Projektmanagement mit dem Rational Unified Process*; Springer, 2000.

5 Qualitätsmanagement

Misserfolg ist die Chance, es beim nächsten Mal besser zu machen.

Verfasser unbekannt

Begriffe in diesem Kapitel

Qualität: Qualität ist die Gesamtheit von Eigenschaften und Merkmalen eines Produkts oder einer Tätigkeit, die sich auf deren Eignung zur Erfüllung gegebener Erfordernisse bezieht (vgl. DIN 55350, Teil 11).

Qualitätsmanagement: Qualitätsmanagement umfasst alle Tätigkeiten der Gesamtführungsaufgabe, welche die Qualitätspolitik, Ziele und Verantwortung festlegen sowie diese durch Mittel wie Qualitätsplanung, Qualitätslenkung, Qualitätssicherung und Qualitätsverbesserung im Rahmen des Qualitätsmanagementsystems verwirklichen (vgl. ISO 8402).

Qualitätssicherung (QS): Qualitätssicherung ist die Gesamtheit der Maßnahmen und Hilfsmittel, die eingesetzt werden, um den Anforderungen an ein Software-Produkt und an dessen Entwicklungs- und Pflegeprozess zu entsprechen (IEEE-Norm).

Standard: Allgemein anerkannte formale Richtlinie.

Audit: Ein Audit ist eine Aktivität, bei der sowohl die Angemessenheit und Einhaltung vorgegebener Vorgehensweisen, Anweisungen und Standards als auch deren Wirksamkeit und Sinnhaftigkeit geprüft werden (vgl. ANSI- Norm N45.2.10-1973).

Review: Ein Review ist ein formal geplanter und strukturierter Analyse- und Bewertungsprozess, in dem Projektergebnisse einem Team von Gutachtern präsentiert und von diesem kommentiert oder genehmigt werden (vgl. IEEE- Norm 729-1983).

Inspektion, Walkthrough: Inspektionen und Walkthroughs sind spezielle Review-Formen, bei denen der wesentliche Unterschied darin besteht, dass Inspektionen formaler geplant und durchgeführt werden als Walkthroughs. Walkthroughs dienen auch zur Ausbildung von Mitarbeitern und fördern Kommunikation und Diskussion innerhalb des Teams. Bei Walkthroughs wird die Funktionalität anhand von Beispielen und Testfällen durchgespielt, während bei Inspektionen die Dokumentation unter Beachtung besonderer Prüfkriterien Zeile für Zeile gelesen wird.

Softwareentwicklung, im Vergleich zu anderen Ingenieurdisziplinen, ist eine relativ junge Dienstleistung, die noch nicht in ausreichendem Maße über genügend Erfahrung verfügt, einen optimalen Prozess bei der Herstellung von Software-Produkten versprechen zu können. Anders als in anderen industriellen Sparten ist man hier von einem Konsens bezüglich der durchzuführenden Maßnahmen, ein qualitativ hochwertiges Produkt zu erstellen, weit entfernt.

Kunde und Hersteller stellen aber hohe Ansprüche an die Ergebnisse des Herstellungsprozesses. Der Kunde fordert ein funktionierendes Produkt, welches seine Bedürfnisse hinsichtlich einer automatisierten Abarbeitung seiner Betriebsabläufe in adäquater Weise erfüllt. Der Hersteller seinerseits versucht seine Kosten bei der Entwicklung zu reduzieren, um ein optimales Gewinnpotenzial ausschöpfen zu können.

Folgende Aussagen können getroffen werden:

- Nur ein geringer Teil von Software wird unmittelbar brauchbar geliefert.
- Fehler während eines frühen Arbeitsschritts der Softwareentwicklung (z.B. Analyse, Entwurf) verursachen wesentlich höhere Kosten als Fehler während eines späten Arbeitsschritts (z.B. der Implementierung).
- Tatsächlich haben die meisten aller Fehler ihre Wurzeln bereits in frühen Arbeitsschritten.
- Während der gesamten Lebensdauer von Software verursacht die Wartung die meisten Kosten.

Diese Erkenntnisse führen zu einer Forderung nach einem System, welches die Wahrung der Ansprüche an das Produkt gewährleisten soll. Wird die Herstellung optimiert, sowohl hinsichtlich der Fehleranfälligkeit als auch hinsichtlich einer ausgereiften Planung, so kann eine deutliche Kostenreduktion erzielt werden, die beiderseitig von Vorteil ist.

Qualitätssicherung respektive projektbegleitende Maßnahmen, die dieses Ziel erreichen sollen, müssen definiert werden, um ein Produkt herstellen zu können, welches letztendlich zu einem den geforderten Qualitäten genügenden Produkt führt.

5.1 Einführung in Qualitätssicherung

Neben allgemein anerkannten Definitionen von Qualität und Qualitätssicherung in internationalen Standards werden in diesem Abschnitt die wichtigsten Aufgaben der Softwarequalitätssicherung vorgestellt.

5.1.1 Definition von Qualität

„Hard to define, impossible to measure and easy to recognize". Mit diesen Worten beschreibt Kirchenham in [Kitch89] kurz aber sehr treffend das komplexe Thema Qualität. Für beteiligte Gruppen hat Qualität stets unterschiedliche Bedeutung. Sie ist daher nicht eindeutig und vom jeweiligen Kontext abhängig. *Abbildung 5.1* zeigt mögliche Qualitätskriterien aus der Sicht eines Anwenders.

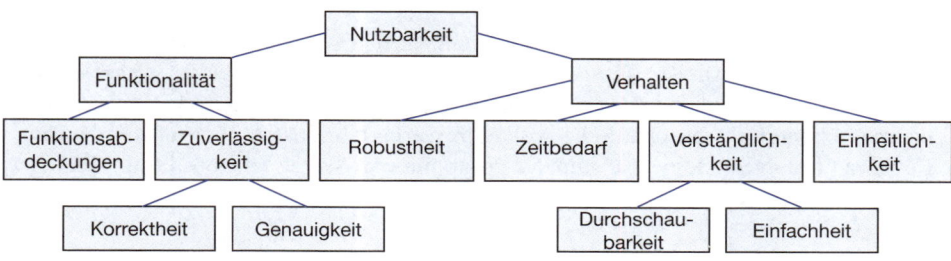

Abbildung 5.1: Relevante Eigenschaften eines Systems aus Anwendersicht

Qualität ist multidimensional. Das bedeutet, dass mehrere Faktoren das Gesamtbild der Qualität prägen. Hierbei gibt es gewisse Aspekte, die als messbar gelten, und wiederum andere, die aufgrund ihrer abstrakten Natur nicht exakt spezifiziert werden können (z.B. die Qualität eines User-Interface-Entwurfs).

Qualität hängt mit akzeptierbaren Kompromissen zusammen. Auf manche Qualitätskriterien wird eher verzichtet als auf andere. In der Regel wird z.B. bei der Handhabung eines User Interfaces zugunsten der Verlässlichkeit bzw. Sicherheit eines Systems etwas nachsichtiger umgegangen. Die so genannten *kritischen Attribute* stellen Qualitätsmerkmale dar, auf die am wenigsten verzichtet werden kann. Sie bilden meist eine Untermenge in Relation zur Gesamtqualität.

Qualitätskriterien sind nicht unabhängig voneinander. Verschiedene Qualitätskriterien sind ineinander verwoben und können damit zu Konflikten führen. Durch die zuvor angesprochene Schwierigkeit, dass jede beteiligte Gruppe andere Vorstellungen von Qualität mit sich bringt, liegt hier eine der Hauptschwierigkeiten. Diese unterschiedlichen Ansichten von Qualität im Software Engineering auf einen gemeinsamen Nenner zu bringen, ist eine ziemliche Herausforderung, da meist Entwickler und Management vom Endanwender abweichende Vorstellungen von einem „qualitativ hochwertigen Produkt" haben. Neben den unterschiedlichen Kosten liegt das auch am erforderlichen Mehraufwand zur Erfüllung der einzelnen Qualitätskriterien.

Gerald Weinberg definiert Qualität aus der Sicht der Anwender eines Systems. Wesentliche Eigenschaften von Qualität sind demnach:

- Qualität ist die Übereinstimmung mit den Anforderungen *einer Person* an die Gesamtheit von Eigenschaften und Merkmalen eines Produkts oder einer Leistung.

- Jede Aussage über Qualität ist abhängig von der jeweiligen Person.

- Höhere Qualität für die eine Person kann mindere Qualität für eine andere bedeuten.

- Qualität ist die Werteinschätzung *einer Person*.

Gerald Weinberg ist seit mehr als 45 Jahren in der Software-Industrie tätig. Den Großteil seiner beruflichen Tätigkeit verbrachte er als Berater, wobei er stets den Fokus stark auf menschliche Aspekte in Softwareprozessen legte. Gerald Weinberg hat mehrere hundert wissenschaftliche Artikel mitverfasst und ist Autor von zahlreichen Büchern (The Psychology of Computer Programming, Secrets of Consulting, Quality Software Management u.v.a.m.).

Formal definieren ANSI-Norm (ANSI/ASQC A3-1978), ISO 8402 und Deutsche Industrie-Norm (DIN 55350, Teil 11) *Qualität* ähnlich knapp und trocken:

„Qualität ist die Gesamtheit von Eigenschaften und Merkmalen eines Produkts oder einer Tätigkeit, die sich auf deren Eignung zur Erfüllung gegebener Erfordernisse bezieht."

In der Praxis versteht man unter dem Begriff *Software-Qualität* je nach Kontext üblicherweise eine der folgenden Bedeutungen:

■ Die Gesamtheit von Merkmalen und Eigenschaften eines Software-Produkts, die sich auf seine Fähigkeit, die gegebenen Erfordernisse zu erfüllen, bezieht; z.B. bestimmten Spezifikationen zu entsprechen.

■ Das Maß, in dem Software eine spezifisch verlangte Kombination von Merkmalen erfüllt.

■ Das Maß, in dem ein Kunde oder Anwender empfindet, dass Software seinen vielfältigen Erwartungen entspricht.

■ Die vielfältigen Eigenschaften von Software, die beschreiben, in welchem Maß die Software im Gebrauch den Erwartungen des Kunden entspricht.

5.1.2　Definition von Qualitätssicherung

Qualitätssicherung ist durch die IEEE-Norm definiert:

„Qualitätssicherung ist die Gesamtheit der Maßnahmen und Hilfsmittel, die eingesetzt werden, um den Anforderungen an das Software-Produkt und an dessen Entwicklungs- und Pflegeprozess zu entsprechen."

ISO 8402 definiert für Qualitätssicherung und -politik:

> *„Qualitätssicherung ist der Teil der Managementfunktionen, der die Qualitätspolitik bestimmt und über ihre Einhaltung wacht.*
>
> *Qualitätspolitik sind die von der Leitung bekannt gegebenen Absichten und Ziele einer Organisation in punkto Qualität."*

Die Hauptaufgaben der Qualitätssicherung umfassen die Qualitätsplanung, die Qualitätslenkung und die Qualitätsprüfung. Sie setzt sich aus der Festlegung der Qualitätspolitik sowie der Überwachung der Kontrollaktivitäten zusammen.

Die in diesem Konzept beschlossenen Vorschriften bezüglich Aufbau, Organisation, Zuständigkeiten und Mitteln für die Durchführung werden auf der Managementebene eines Unternehmens in einem Qualitätshandbuch zusammengefasst. An dieser Stelle möchten wir darauf aufmerksam machen, dass QS zwar darauf abzielt, den Prozess zu verbessern und die Wahrscheinlichkeit einer Qualitätsverbesserung steigern kann, aber jedoch keine Garantie für die Herstellung qualitativ hochwertiger Produkte gegeben werden kann. Die Senkung des Ausschusses bei Präzisionsschrauben während der Herstellung von 90 % auf 20 % wäre hierfür ein passendes Beispiel.

5.1.3 Aufgaben der Qualitätssicherung

Die Qualitätssicherung erbringt für den Software Engineering-Prozess projektübergreifend folgende Leistungen (vgl. [Wall90]):

Konstruktive Aktivitäten

1. Die *Anwendung von technischen Methoden*. Durch den Einsatz von Methoden und Werkzeugen in jeder Phase der Softwareentwicklung sind die Entwickler nicht gezwungen, für jedes Projekt den Prozess neu zu definieren und vermeiden dadurch gleich im Vorhinein zahlreiche Fehlerquellen abseits der technischen Problemstellung.

2. Die *Definition oder Anpassung von Verfahrensstandards*. Da etliche publizierte Methoden zu allgemein beschrieben werden, ist eine Adaption an die Gegebenheiten des Projekts oder zumindest an das Unternehmen unumgänglich. Wird darauf keine Rücksicht genommen, kann eine verwendete Methode z.B. zu umfangreich für ein konkretes Projekt sein und einen übermäßigen Aufwand ohne dahinterstehenden Sinn erfordern, was eine Demotivation der Entwickler nach sich zieht. Die Verrichtung nutzloser Tätigkeiten führt zu dem Phänomen der Demotivation, dies hat wiederum in den meisten Fällen eine qualitative Minderung statt Erhöhung zur Folge.

3. Das Führen von *Aufzeichnungen* sowie die Berichterstellung für das Management und den Kunden. Diese Berichte enthalten neben dem aktuellen Projektstatus aus der Perspektive der Qualitätssicherung ebenfalls mögliche Lösungsvorschläge. Ergänzend können auch Hinweise auf mögliche Risiken enthalten sein.

Analytische Aktivitäten

1. Die Überprüfung der Einhaltung von *Standards und lokalen Konventionen*. Zusätzlich zur Definition der Standards ist eine Überprüfung ihrer korrekten Anwendung sowie eine Schulung der Mitarbeiter bei mangelnden Kenntnissen dieser Standards vorzunehmen.

2. Messungen, d.h. *Sammeln von quantitativen Daten* über Technik und Management. Die Sammlung und Auswertung dieser Daten mit den zuvor definierten Merkmalen anhand von Metriken wird von Spezialisten durchgeführt. Im optimalen Fall bilden diese schließlich die Grundlage bei der Beurteilung des Entwicklungsprozesses.

3. Die Mit Hilfe bei *Audits*. Bei diesen Audits handelt es sich um eine Beurteilung des SoftwareentwicklungSoftwareentwicklungsprozesses durch externe Prüfer. Diese dienen einer Unternehmenszertifizierung gemäß des Standards und folgen den Vorgaben eines Qualitätsstandards (z.B. CMM oder ISO 9001).

4. Die *Evaluierung* der QS-Aktivitäten. Evaluierung ist quasi das Pendant eines Audits auf unternehmensinterner Ebene. Damit liegt auch hier der Zweck in der Feststellung der Qualität des Entwicklungsprozesses – allerdings nur für die interne strategische Planung der Qualitätssicherung.

Organisatorische Aktivitäten

1. Anwendung eines *Vorgehensmodells*. Ein Vorgehensmodell ist quasi ein festgelegter Prozess und bildet in Kombination mit einer Methode für Softwareprojekte eine erprobte Grundlage. Auch hier ist allerdings auf eine Adaption des Vorgehensmodells an die Gegebenheiten des Unternehmens oder des Einzelprojekts vorzunehmen.

2. Rollendefinition mit Karrierepfaden und entsprechender *Aus- und Weiterbildung*. Da viele Mitarbeiter nur kurze Zeit (oft auch nur für ein einziges Projekt) in einem Unternehmen arbeiten liegt es im Interesse des Arbeitgebers Qualitätssicherung durch Wissens- und Erfahrungsaufbau auszubauen und daher Mitarbeiter so lange wie möglich zu binden. Durch Karrierepfade und absehbare Karriereaufstiegschancen können diese Gegebenheiten für Mitarbeiter einen Anreiz bilden, längerfristig in einem Unternehmen zu bleiben.

5.2   Qualität und Menschen

Bei der Definition der Qualität ist bereits deutlich geworden, dass Menschen ein entscheidender Faktor bei der Diskussion über Qualität sind, denn:

■ Es sind Menschen respektive Organisationen, die Bedarf an Software-Produkten haben, welche ihre Aufgaben erleichtern bzw. Probleme lösen sollen.

■ Menschen definieren diese Probleme und entwickeln Lösungsansätze.

■ Menschen implementieren Designs und erzeugen Code.

■ Menschen testen Code.

■ Menschen benutzen das Endprodukt des Entwicklungsprozesses und entscheiden darüber, ob es ihre Anforderungen in einem adäquaten Maße erfüllt oder nicht.

Diese Darstellung zeigt deutlich den Interaktionsbedarf zwischen dem Kunden und dem Hersteller; gemeinsam muss an einer Übereinkunft gearbeitet werden, um die notwendige Qualität zu spezifizieren. Die Schwierigkeiten bei der Einigung auf eine gemeinsame Vorstellung der zu realisierenden Qualitätskriterien liegen in verschiedenen Punkten:

■ Mangelndes Qualitätsbewusstsein: Bevor über eine gemeinsame Vorstellung von Qualität überhaupt gesprochen werden kann, müssen die beteiligten Personen über das Vorhandensein von möglichen Qualitätskriterien informiert sein. Weiters müssen zu jedem Kriterium sein Nutzen und seine Kosten in Bezug auf andere Kriterien bekannt sein, um zu einer ausgewogenen Vorstellung von Qualität gelangen zu können. *Abbildung 5.2* zeigt die gegenseitigen Abhängigkeiten von Qualitätsfaktoren und die Auswirkung der einzelnen Faktoren auf die Projektdauer und die Projektkosten.

- Unterschiedliche Interessen der entscheidenden Personen: Jede der beteiligten Personen bei der Konstruktion von Qualität in einem Projekt oder Unternehmen setzt unterschiedliche Prioritäten. Während für den Anwender die Verfolgbarkeit im Entwicklungsprozess keine Rolle spielt und aus dessen Sicht nur Kosten verursacht, ist diese für den Entwickler aber von entscheidender Bedeutung. Stellt für den Entwickler die Beachtung der Einfachheit eines Systems einen oft hohen Zusatzaufwand im Vergleich zu einer strikten Umsetzung der geforderten Funktionalität dar, kann ein zu kompliziertes System vom Anwender nicht sinnvoll genutzt werden.

- Noch schwieriger wird dieser Punkt, wenn es bei einer Rolle mehrere Gruppen mit unterschiedlichen Qualitätsbedürfnissen gibt. So kann bei einem bestimmten Projekt eine Abteilung ein möglichst einfaches System benötigen, während eine andere Abteilung ein möglichst flexibles und offenes System braucht. Diese Qualitätsmerkmale widersprechen sich aber sehr stark.

- Bei der Konstruktion von Qualität ist auch zu beachten, dass ein Kompromiss nicht immer die beste Lösung darstellt. So erhält im letzten Beispiel bei einem System, das nicht mehr einfach, aber auch nicht flexibel genug ist, keine Gruppe, was sie wirklich benötigt.

- Zeit- und Kostenrahmen: Das Projektteam muss entscheiden, welchen Kriterien die Konzentration gilt, ohne die vorgegebenen Zeit- und Kostenvorgaben zu überschreiten.

Wie eine Konzentration auf einen der untenstehenden Faktoren sich auf die rechts stehenden Faktoren auswirkt.

	Korrektheit	Zuverlässigkeit	Erlernbarkeit	Robustheit	Lesbarkeit	Änderbarkeit	Testbarkeit	Effizienz	Übertragbarkeit	Zeit Entwicklung	Zeit Einsatz	Kosten Entwicklung	Kosten Betrieb	Kosten Wartung	Kosten Übertragung
Korrektheit	+	+		+						-	+	-	+	+	
Zuverlässigkeit	+	+		+				-		-	+	-	+	+	
Erlernbarkeit			+					-		-		-	+		
Robustheit	+	+		+			+	-		-	+	-	+	+	
Lesbarkeit	+	+		+	+	+	+	-	+	+	+	+		+	+
Änderbarkeit	+	+		+		+	+	-	+	-	+	+		+	+
Testbarkeit	+	+		+		+	+	-	+	+	+	+		+	+
Effizienz	-	-	-	-	-	-	-	+	-	-	+	-	+	-	-
Übertragbarkeit								-	+	-	+	-	-	+	+

Legende:
+ ... unterstützt
- ... behindert

Abbildung 5.2: Abhängigkeiten zwischen Qualitätsfaktoren und ihre Wirkung auf Zeit und Kosten (aus [Pomb93] S. 14.)

5.2.1   Qualitätsmanagement als Philosophie

Crosby in [Cros75] beschreibt schon Mitte der Siebzigerjahre einen Ansatz, der im asiatischen Raum bereits seit der Nachkriegszeit verfolgt wurde, in unseren Breiten aber erst hart erarbeitet werden musste, und noch bis heute nicht vollständig praktiziert wird.

Seine Theorien zielen auf eine unternehmensweite Akzeptanz von qualitätssichernden Maßnahmen ab, welche durch ein Bewusstsein innerhalb des Unternehmens gewährleistet werden soll. Qualitätssichernde Prozesse deren Nutzen von den Mitarbeitern nicht erkannt – oder schlimmer noch – in Frage gestellt werden, sind für ein Projekt eher hinderlich als von Vorteil. Neben den erhöhten Kosten, senken sie auch die Motivation der Mitarbeiter, da diese den unnötigen Mehraufwand nur widerwillig auf sich nehmen.

Bei der Einführung eines systematischen Qualitätsmanagements besteht ein stets erfolgreicher Ansatz darin, den Mitarbeitern den Nutzen des Qualitätsmanagements anhand eines Pilotprojekts vor Augen zu führen. Dieses Pilotprojekt kann zusätzlich dazu genutzt werden, Erfahrungen über die konkreten Maßnahmen zu sammeln und Meinungen der Mitarbeiter einzuholen und in eine Überarbeitung einfließen zu lassen.

Möglich wird die Einführung einer solchen Unternehmensphilosophie nur durch die Unterstützung namhafter Befürworter des oberen Managements, die diesen Ansatz konsequent verfolgen. Dabei obliegen ihnen nachfolgende Aufgaben:

- *Eine Arbeitsumgebung schaffen,* welche die Eigeninitiative hinsichtlich des Arbeitsprozesses fördert. Angestellte, die schlecht behandelt werden, denen misstraut wird, deren Arbeit streng kontrolliert wird, und die keine Sicherheit hinsichtlich ihres Arbeitsverhältnisses haben, werden sich nicht mit dem Unternehmen identifizieren können und sind auch nicht an dessen Zielen interessiert. Deshalb ist ein freundliches Arbeitsklima und entsprechende Entlohnung, sowohl materiell als auch immateriell, von größter Bedeutung, um die Arbeitnehmer entsprechend zu motivieren, Qualitäts-Produkte zu erzeugen.

- *Die Entwicklung von stabilen Arbeitsprozessen*, welche die Herstellung der geforderten Produkte bzw. Ziele ermöglichen.

- *Arbeitsanforderungen definieren* – Aufgabe des Managements ist es auch, ein Verständnis dafür zu schaffen, was hergestellt werden soll, und den Angestellten zu verdeutlichen, welche Verantwortung sie hinsichtlich des Gesamterfolgs tragen.

- *Effektive Pläne und Kontrollmechanismen erstellen* – Es besteht die Notwendigkeit, Pläne zu erstellen, welche Leistungen der Mitarbeiter möglichst effizient nutzen und geeignete Kontrollmechanismen einzuführen, um deren Qualität zu verifizieren.

- *Ausreichende Ressourcen zur Verfügung stellen* – Arbeitnehmer müssen entsprechend den Anforderungen, die an sie gestellt werden, ausgebildet und trainiert werden. Ihnen müssen die Werkzeuge und Materialien, welche sie für ihre Aufgaben benötigen, zur Verfügung stehen und ihnen muss ausreichend Zeit gegeben werden, ihre Aufträge zu erfüllen.

> In einem Unternehmen wurden bisher nur ein oder zwei Projekte zur selben Zeit durchgeführt und von einem Projektleiter koordiniert und kontrolliert. Aufgrund des raschen Wachstums des Unternehmens wächst auch die Anzahl der gleichzeitig durchgeführten Projekte, welche nunmehr auch von mehreren Projektleitern betreut werden.
>
> In diesem Unternehmen soll nun ein Berichtswesen eingeführt werden, um die Verfolgbarkeit der Projektfortschritte zu erhöhen. Dazu sollen in Projekten seitens der Entwickler zumindest Wochenberichte an den Projektleiter und seitens des Projektleiters Wochenberichte an die Geschäftsführung abgeliefert werden.
>
> Der für die Durchsetzung dieser Maßnahme verantwortliche Manager befürchtet jedoch eine zu starke Belastung der Mitarbeiter durch die zusätzliche Tätigkeit der Berichtserstellung. Aus diesem Grund wird der Inhalt der Berichte auf Stichworte reduziert, um den Aufwand für deren Erstellung auf ein Minimum zu reduzieren. Die Maßnahme wurde eingeführt und anfangs wurden auch Berichte gemäß den Vorgaben abgeliefert.
>
> Nach wenigen Wochen wurden weder seitens der Entwickler und der Projektleiter Berichte erstellt noch seitens der Empfänger Berichte eingefordert. Beide Seiten hatten sich zu einem Verzicht auf diese Maßnahme entschlossen, da die Berichte in dieser Kürze keinen Nutzen aufwiesen. Die Überwachung des Projektfortschritts geriet jedoch völlig außer Kontrolle.

Dieses Beispiel zeigt zwei wesentliche Fehler auf. Erstens mangelt es hier an Rückhalt im Management. Wäre diese Maßnahme konsequent eingeführt worden, wäre sie nach einer gewissen Gewöhnungszeit von den meisten der Beteiligten aufgrund des ersichtlichen Nutzens akzeptiert worden (im konkret vorliegenden Beispiel wurde die Maßnahme aufgrund des zunehmenden Chaos im vollen Umfang später eingeführt und auch akzeptiert).

Zweitens wurde eine Maßnahme abgelehnt, ohne zuvor die Betroffenen der Maßnahme überhaupt zu fragen. Entwickler hätten in einer Befragung zu verstehen gegeben, dass sie keine Berichte schreiben wollen, die ihre Arbeit verzerrt und bruchstückhaft wiedergeben und zahllose Rückfragen notwendig machen würden. Hätte man den Projektleiter oder die Geschäftsführung gefragt, hätten diese wohl geäußert, dass sie keine Berichte lesen, denen sie nichts Brauchbares entnehmen können.

5.2.2 Die QS-Gruppe

Je größer ein Unternehmen ist, desto höher sind auch die Anforderungen an das Qualitätsmanagement.Deshalb empfiehlt sich der Einsatz einer eigenständigen Qualitätssicherungsgruppe, die ausschließlich die Sicherstellung der Qualitätspolitik übernimmt. Die Eigenständigkeit ermöglicht eine unabhängige Bewertung, die notwendig ist, um den Erfolg der eingeführten Maßnahmen verifizieren zu können.

Aufgabe der Qualitätssicherungsgruppe ist es, als Ratgeber des Managements zu fungieren und sicherzustellen, dass die Angestellten Qualitäts-Produkte herstellen. In dieser Funktion muss die Qualitätssicherung sowohl über Kompetenz und Know-how in technischen Aspekten, als auch über Erfahrungen im Umgang mit Menschen verfügen.

Pflichten der QS sind:

- *das Management* dabei zu *unterstützen*, qualitätssichernde Maßnahmen zu formulieren und in der Organisation einführen,

- *Sorge* dafür *zu tragen*, dass Mitarbeiter über ausreichende *Qualifizierung* verfügen (Fortbildungsmaßnahmen vorschlagen) und

- als *Ansprechpartner* mit außenstehenden Organisationen bezüglich qualitätsassoziierter Aspekte in Kontakt zu stehen.

5.3   Entwicklung von Standards

Standards sind integraler Bestandteil eines ausgereiften Softwareentwicklungsprozesses, die zu höherer Qualität und mehr Kontinuität bei der Herstellung führen sollen. Drei wesentliche Punkte zeichnen den Einsatz von Standards aus.

- Sie verhindern die Wiederholung von alten Fehlern.
- Sind die Standards umfassend, dann besteht QS in der Sicherstellung der Standards.
- Standards beschleunigen zeitaufwändige Tätigkeiten wie Einlesen, Anlernen, Weitergabe von Software und Dokumenten.

Software-Standards sind die Grundlage für einen Qualitätssicherungsprozess: Die QS erstellt zuerst einen sinnvollen Standard und überwacht dann dessen Einhaltung.

Die Einführung von Standards in ein Unternehmen und deren konsequente Anwendung seitens der Mitarbeiter ist ein langwieriger und schwieriger Prozess, der hart erarbeitet werden muss. Es hat sich gezeigt, dass am besten damit begonnen wird, einen Standard nach dem anderen in die Arbeitsabläufe zu integrieren, und dass erst dann zur Erarbeitung eines weiteren übergegangen werden kann, wenn dieser in der Arbeitskultur verankert wurde. Ziel dieser Vorgänge ist eine Sammlung von Standards in einem Handbuch, welches unternehmensweit zum Einsatz kommt.Typische Gegenstände der Standardisierung sind:

- Dokumentations- und Programmierrichtlinien, Testvorgehen; Mindeststandards,
- Design und Programminspektionen (Fehlersuche, Standardeinhaltung, Checklisten),
- Management-Reviews, Kosten, Pläne, Zeitpläne, Entscheidungen über Projektverlauf,
- Verifikation: Konsistenz zwischen Produktteilen (Schnittstellen, Kontinuität, Analyse-Design),
- Einhaltung von Standards und Qualitätsattributen, Benutzeransprüche,
- Projektaufzeichnungen und Berichtswesen: was soll aufgezeichnet werden, wie wird es gesammelt,
- Vorgehensmodelle.

5.3.1 Internationale Normen und Standards

IEEE

Das IEEE Institut of Electrical and Electronic Engineers, 1963 aus der Fusion zweier amerikanischer Konzerne entstanden, hat sich über Jahrzehnte zu einer internationalen Organisation von Ingenieuren entwickelt, die sich nach unterschiedlichen Interessen und geographischen Lagen entsprechend, gruppiert haben. Heute ist das IEEE die weltgrößte Organisation von Experten mit über 300.000 Mitgliedern weltweit. Größtes Mitglied dieser Gruppierung ist die Computer Society (CS), zu welcher das Software Engineering Standards Committee (SESC) zählt.

Die Standards, die hier entwickelt wurden, repräsentieren den Konsens der Expertisen der Beteiligten und finden ihre Anwendung in vielen Bereichen der Industrie. Speziell im Bereich des Software Engineering decken diese Übereinkünfte sowohl Terminologie, Prozesse, Projekt-Management als auch Dokumentationsrichtlinien ab. Für eine Reihe von Disziplinen wie Qualitätsmanagement und beispielsweise System-Engineering dienen diese Standards als Modell zur Erstellung einer Vielzahl von Projektartefakten, die in allen Phasen des Software- Herstellungsprozesses zum Einsatz kommen.

Mindestens alle fünf Jahre werden die IEEE-Standards überarbeitet und den jeweiligen Entwicklungen des Software-Marktes angepasst. Dabei wird großer Wert auf die Erfahrungen und das Feedback der Personen gelegt, die mit diesen Vorgaben arbeiten.

Die ständige Weiterentwicklung der kumulativen Erfahrungen von vielen Tausend Experten, welche diese Standards repräsentieren, hat dazu geführt, dass sich die IEEE-Standards zu einem Werk entwickelt haben, welches schwer zu handhaben ist. Die 1999 SESC-Edition umfasst 39 IEEE-Standards und ist in vier Bände unterteilt, von denen jeder 240 – 900 Seiten enthält.

Die Aufteilung in vier Bände resultiert aus der Überlegung, dass Software Engineering-Projekte *Ressourcen* nutzen und *Prozesse* durchführen müssen, um *Produkte* für *Kunden* zu erstellen.

Michael Schmidt erklärt diese vier Aspekte in [Schm00b]

- *Kunden-Standards:* Standards, welche die Interaktionsmechanismen zwischen einem Kunden und einem Software-Hersteller beschreiben.

- *Prozess-Standards:* Beschreibung projektübergreifender Prozesse im Entwicklungsablauf von Software-Produkten bzw. Dienstleistungen.

- *Produkt-Standards:* Standards, die Anforderungen an Klassen von Software-Produkten, Charakteristiken, Messungen, Bewertung und Spezifikationen definieren.

- *Ressourcen-Standards:* Empfehlungen für den Einsatz von Dokumentationsvorgängen, Methoden, Modellen und Werkzeugen, um einen ausgereiften Entwicklungsansatz verfolgen zu können.

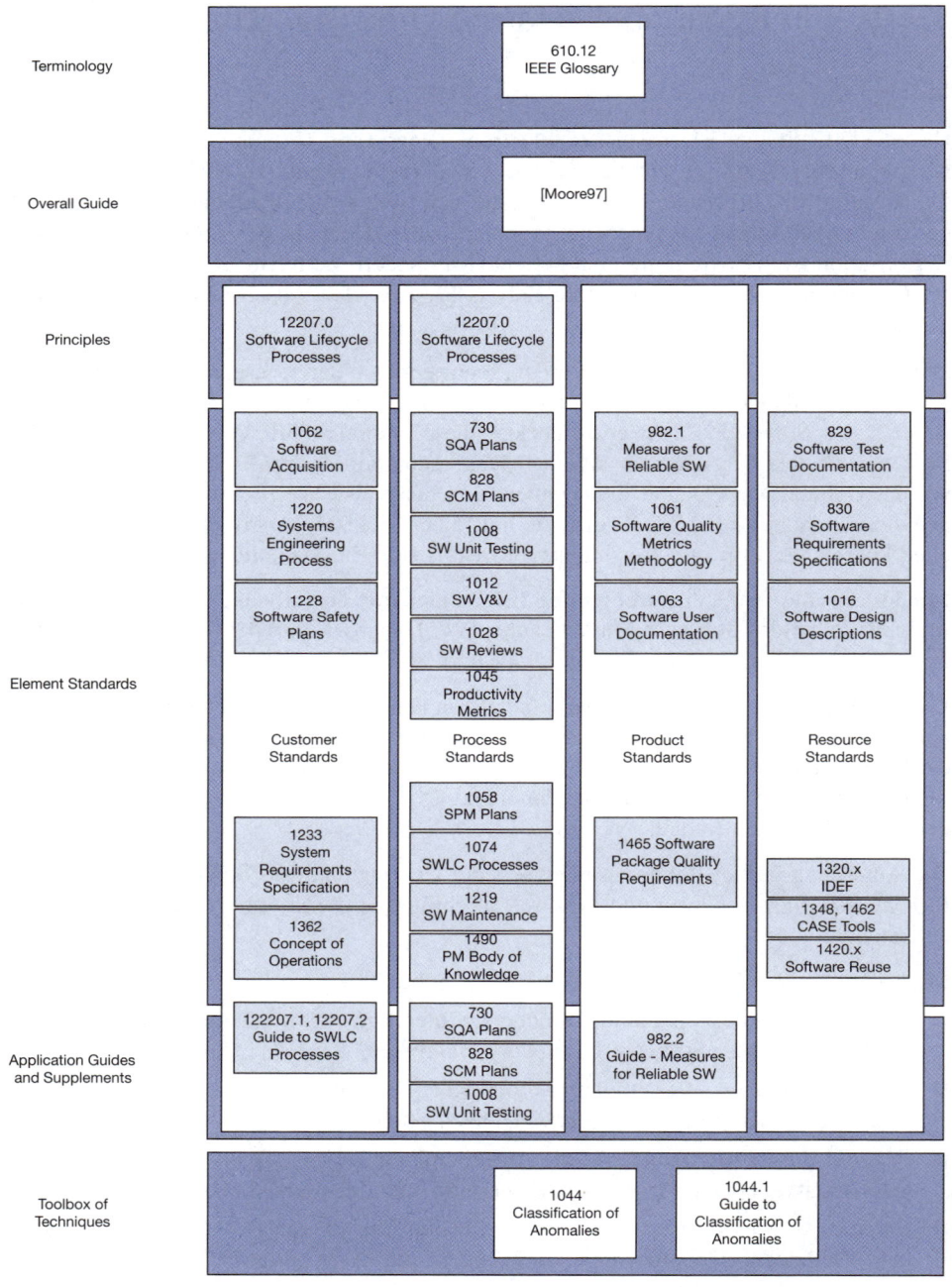

Abbildung 5.3: IEEE-Standards im Überblick (aus [Schm00b] S. 29.)

Zusätzlich zu den vier Bänden werden die Standards in sechs Schichten unterteilt, *Abbildung 5.3* verdeutlicht den Aufbau dieses Frameworks:

- *Terminologie:* Dokumente, die Begriffe und das Vokabular erläutern sollen.

- *Gesamtleitfaden (Overall Guide):* Das Buch „Software Engineering Standards: A User's Road Map" von James W. Moore bietet einen Überblick über die gesamte Kollektion.

- *Prinzipien:* Dokumente, welche die Prinzipien der Benutzung der Standards beschreiben.

- *Element-Standards:* Standards, welche eine Basis der Übereinkünfte darstellen.

- *Anwendungsleitfäden und Ergänzungen:* Ratgeber zur Anwendung der Standards in unterschiedlichen Situationen.

- *Toolbox von Techniken:* Techniken, die sich als hilfreich bei der Implementierung von ausgereifteren Dokumentationsvorgängen erweisen könnten.

ISO 900x

Diese Normenserie der ISO (*International Organization for Standardization*) legt Regeln für den Herstellungsprozess von Produkten fest. Die Standards erschienen 1985 und wurden inzwischen auch von nationalen und anderen internationalen Institutionen übernommen.

In ISO 9001 werden Modelle zur Darlegung der Qualitätssicherung in der Entwicklung, Produktion, Montage und im Kundendienst festgelegt.

ISO 9000-3 liefert Richtlinien, wie die allgemeinen Vorgaben in ISO 9001 im Bereich der Softwareentwicklung angewendet werden sollen. In diesem Dokument werden folgende Themen behandelt (auszugsweise):

- *Rahmenbedingungen* der Qualitätssicherung: Verantwortung des Managements und Qualitätssicherungssysteme

- *Aktivitäten* im Rahmen des Software-Life-Cylce: Review des Vertrags, Qualitätsplanung, Testen, Validierung und Wartung

- *Unterstützende Aktivitäten:* Konfigurationsmanagement, Kontrolle der Dokumentation und Werkzeuge und Techniken

Die Norm setzt Entwicklung in Phasen, Vorgaben für jede Phase, definierte Ergebnisse für jede Phase und Verifizierungsverfahren für jede Phase voraus. Folgende Tätigkeiten werden neben den für jede Phase spezifischen Aktivitäten phasenübergreifend gefordert (Auswahl):

- Konfigurationsmanagement,

- Lenkung der Dokumente,

- Qualitätsaufzeichnungen,

- Messungen und Verbesserungen am Produkt und am Prozess,

- Festlegung von Regeln, um ein Qualitätssicherungssystem wirksam einzusetzen,

- Nutzung von Werkzeugen und Techniken, um das geplante Qualitätssicherungssystem umzusetzen.

Die Zertifizierung eines Unternehmens erfolgt von einer Zertifizierungsstelle in Rahmen eines Audits, in dem festgestellt wird, dass alle Forderungen gemäß ISO 9000 erfüllt werden.

ISO/IEC 15504 (SPICE)

1993 wurde ein Projekt der ISO namens *„Software Process Improvement and Capability Determination"*, kurz SPICE, ins Leben gerufen, welches sich mit Evaluierungmethoden von Softwareprozessverbesserung (*Software Process Improvement*) beschäftigen sollte. Als Ergebnis der Arbeit dieses Projekts wurde 1998 der ISO Standard 15504 erstmals publiziert, welcher Vorgaben zur Evaluierung von Softwareprozessverbesserungsansätzen enthält. ISO 15504 definiert Stufen (*Process Capability Levels*), welche die Leistungsfähigkeit des vorliegenden Prozesses beurteilen:

- Stufe 0 – Unvollständig: Es sind keine Produkte als Ergebnis eines Prozesses identifizierbar.

- Stufe 1 – Ausgeführt: Es wird ein Prozess ausgeführt, und es gibt ein minimales Einvernehmen darüber, zu welchem Zeitpunkt welche Schritte zu setzen sind. Es können auch Produkte als Ergebnis dieser Tätigkeiten eindeutig erkannt werden.

- Stufe 2 – Geführt: Der Prozess führt zu Produkten anhand von festgelegten Vorgängen. Der Prozess wird geplant und verfolgt. Die Produkte entsprechen vorgegebenen Standards.

- Stufe 3 – Etabliert: Der Prozess wird umgesetzt und geführt und folgt guten Softwareentwicklungsprinzipien. An spezielle Szenarien angepasste Versionen des Prozesses werden verwendet.

- Stufe 4 – Vorhersagbar: Detaillierte Daten werden zu definierten Zeitpunkten von Produkten gesammelt und ausgewertet. Der Prozess wird konsistent angewandt. Aufgrund der quantitativen Messungen können Vorhersagen getroffen werden.

- Stufe 5 – Optimierend: Der Prozess wird gemäß den Geschäftszielen optimiert und laufend angepasst. Zur Weiterentwicklung werden Pilotversuche durchgeführt, ineffektive Methoden werden verändert oder ausgeschieden.

SEI CMM/CMMI

Dieser Ansatz wurde erstmals 1987 vom Software Engineering Institute der Carnegie Mellon University entwickelt. In weiterer Folge wurden mehrere spezialisierte Varianten des CMM für ausgewählte Bereiche (z.B. System Engineering, Software Engineering) herausgegeben. 2000 wurde schließlich das *Capability Maturity Model Integration* (CMMI) erstmals veröffentlicht, welches eine Integration von spezialisierten CMM-Varianten vorsieht und damit Redundanzen und Inkonsistenzen bei der Anwendung von mehreren CMM-Varianten in gemischten Projekten (z.B. mit Hard- und Softwareanteil) verhindern soll. Bei der Entwicklung von CMMI wurde auch auf eine Kompatibilität mit ISO 15504 geachtet, weswegen auch die Reifegradstufen jenen der ISO-Norm im Wesentlichen entsprechen.

CMM liefert eine Analyse des momentanen Zustands eines Unternehmens und ist kein international anerkanntes Zertifikat wie ISO 900x. Die Bewertung wird mit Hilfe von

Fragebögen durchgeführt (Assessments). *Tabelle 5.1* zeigt eine Gegenüberstellung von CMM und ISO.

	CMM-Assessments	**ISO 9001**
Gegenstand	Zurzeit nur für Softwareentwicklung	für Vielzahl von industriellen Organisationen, Produkte und Abläufe
Ziel	Detaillierte Ziel- und Prioritätenvorgaben zur Prozessverbesserung	Nachweis der Qualifikation zur Erzeugung qualitätsgerechter Resultate
Status	Hilfsmittel zur Problemanalyse und Prozessverbesserung	Industriestandard
Forderungen	Hierarchie von Forderungen und Abhängigkeiten der Stufen	alle Minimalanforderungen sind zu erfüllen
Basis	Capability Maturity Model	starrer Normentext
Ergebnis	Ist-Zustand, Stärken- und Schwächenprofil	Zertifikat
Kosten Vs. Nutzen	Einsparungen durch Prozessverbesserung, Kosten für Assessments	Zertifikat als Qualitätsgarantie für Kunden

Tabelle 5.1: CMM vs. ISO 9001

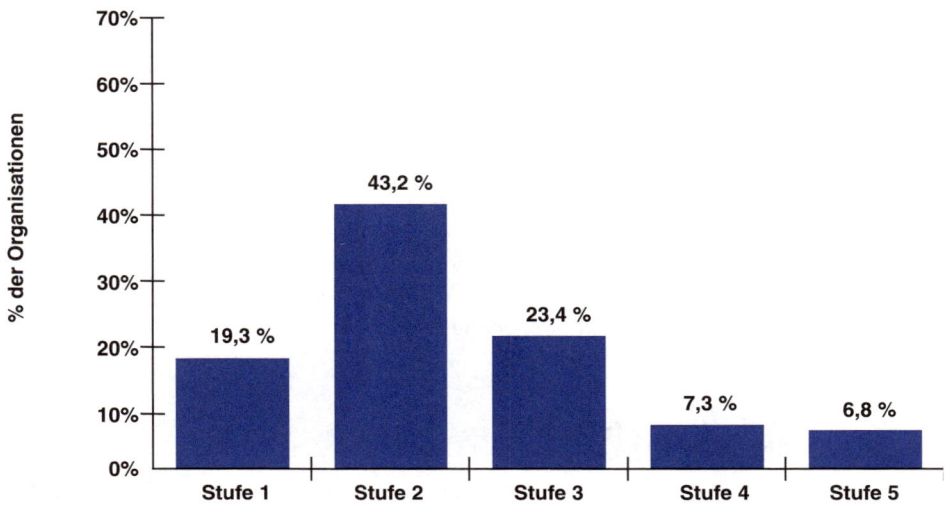

Abbildung 5.4: Unternehmen auf den Stufen des CMM laut einer Studie des SEI von 1998 – 2002
Quelle: Software Engineering Institute

5.4   Methoden zur Feststellung der Qualität

Tests, Reviews und Audits sind Methoden der Qualitätssicherung, die während des gesamten Projekts zum Einsatz kommen. Ihre Durchführung ist nicht auf einen bestimmten Entwicklungsabschnitt beschränkt, sondern dient in allen Phasen des Projektverlaufs zur Evaluierung der Fortschritte.

Die Methoden, die im Folgenden näher erläutert werden, finden ihren Einsatz aber nicht nur im Bereich des Software Engineering, sondern haben sich auch in nahezu allen anderen technischen Prozessen bewährt.

Tests sind quantitative Methoden, die vor allem im Bereich der Überprüfung von Code eingesetzt werden. Bei ihrer Anwendung werden Testfälle formuliert, die in Abhängigkeit von bestimmten Eingaben oder Aktionen das zu erwartenden Verhalten und die Ausgaben des Systems festlegen. Tests werden auch im Rahmen eines „gewöhnlichen" Software Engineering zur Überprüfung von Code eingesetzt (die Erzeugung von sinnvoll ausführbarem Code wäre ohne Tests absolut undenkbar). Tests werden in einem eigenen Kapitel ausführlich erläutert.

Reviews sind qualitative Methoden; sie werden zur Verbesserung der Qualität sowohl von Prozessen als auch von Produkten eingesetzt. Reviews dienen vor allem zur qualitativen Beurteilung von Produkten, die quantitativ mit Hilfe von Tests nur schwer oder gar nicht beurteilt werden können (z. B. Modelle oder Dokumente).

Audits sind Vorgänge, die von einer außenstehenden Organisation bzw. einem Team durchgeführt werden, die nicht direkt in den Entwicklungsprozess integriert sind. Dies garantiert ein Maximum an Objektivität bei der Bewertung von Arbeitsabläufen und Produkten. Vor allem bei der Bewertung und Überarbeitung von Entwicklungsprozessen kommt ihnen besondere Bedeutung zu, da sich Verbesserungen hier auf vielfältige Art und Weise auf das Endprodukt auswirken. Zudem ist die Weiterentwicklung von Prozessen auch eine Investition für die Zukunft, da auch nachfolgende Projekte davon profitieren.

Beide Evaluierungsarten dienen dazu, Probleme zu entdecken und dem Projektteam die Möglichkeit zu eröffnen, entsprechend darauf zu reagieren. Folglich können sie nur erfolgreich durchgeführt werden, wenn die Produkte, die bewertet werden sollen, in einem ausreichendem Fertigstellungsgrad vorliegen. Je früher Probleme entdeckt werden, desto weniger Folgekosten verursacht ihre Behebung.

5.4.1   Das Review-Team

Zunächst einmal ist es notwendig, Teammitglieder für die Teilnahme am Review auszuwählen. Das Review-Team sollte mindestens drei und höchstens acht Personen umfassen; die optimale Teamgröße liegt erfahrungsgemäß bei fünf Mitgliedern. Als Entscheidungshilfe bietet sich eine Tabelle an, deren Zeilen bzw. Spalten die verfügbaren Teammitglieder bzw. ihre Rollen sowie die geplanten Inhalte der Reviews enthalten. So kann man leicht ablesen, welche Personen zu einem bestimmten Review eingeladen werden sollten. Beispiele für solche Tabellen zeigen *Tabelle 5.2* und *Tabelle 5.3*.

Die einzelnen Mitglieder des Review-Teams übernehmen bei der Durchführung des Reviews bestimmte, genau festgelegte Rollen. So lässt sich der Ablauf kontrollieren und eine maximale Produktivität erreichen.

Der Moderator leitet das Review. Er eröffnet und beendet es. Falls nicht alle Teilnehmer untereinander bekannt sind, stellt er alle Personen vor. Er erklärt die Rollen aller teilnehmenden Personen und hat auf die Gesprächsdisziplin zu achten. Weiters sollte der Moderator auf den Fortschritt im Review achten und bei Themen, bei denen keine rasche Entscheidung getroffen werden kann, auf einen Abschluss drängen bzw. zwischen den Parteien lösungsorientiert vermitteln.

Der Autor des Review-Gegenstands steht für Fragen zur Verfügung und nimmt alle Anregungen wohlwollend entgegen. Der Autor schreibt eigene Notizen während des Reviews, wird aber auch durch das Protokoll in der Verfolgung des Gesprächs unterstützt. Der Autor ist für die Überarbeitung des Review-Gegenstands nach Beendigung des Reviews verantwortlich. Der überarbeitete Review-Gegenstand wird wiederum an alle Teilnehmer verschickt, damit diese die Einarbeitung der Verbesserungsvorschläge verfolgen können.

Der Protokollschreiber verfasst ein Protokoll, welches den weiter unten genannten Vorgaben entspricht. Notizen während des Reviews sind dabei unumgänglich, da ein reines Gedächtnisprotokoll für gewöhnlich viel zu undetailliert ist.

Die weiteren Reviewteilnehmer sollen durch ihre Kommentare und Verbesserungsvorschläge zum Review-Gegenstand dem Autor helfen, den Review-Gegenstand zu verbessern. Im Vordergrund sollte dabei nicht die Kritik oder das schonungslose Aufdecken von Fehlern oder gar ein kleinliches Diskutieren von Details stehen, sondern konstruktive Verbesserungsvorschläge, die dem Autor tatsächlich weiterhelfen.

Der Autor sollte keine Angst vor einem Review haben (es möglicherweise sogar als Scherbengericht über sein Werk auffassen), sondern dieses als positives Feedback-Instrument verstehen können. Ein entsprechender Umgang im Review zwischen dem Autor und den restlichen Teilnehmer ist dabei wesentliche Grundlage. Für die Einhaltung dieses positiven konstruktiven Klimas ist wesentlich der Moderator des Reviews verantwortlich.

	Phase Beginn	Phase Ausarbeitung	Phase Konstruktion	Phase Umsetzung
Kunde	X			X
Anwender	X	X		X
Projektleiter	X	X	X	X
Analytiker	X	X		
Architekt	X	X	X	X

Tabelle 5.2: Reviewer bei Status-Reviews am Ende einer Phase im Unified Process

	Phase Beginn	Phase Ausarbeitung	Phase Konstruktion	Phase Umsetzung
Programmierer		X	X	
Tester		X	X	
Qualitätssicherer	X	X	X	X

Tabelle 5.2: Reviewer bei Status-Reviews am Ende einer Phase im Unified Process *(Forts.)*

	Projekt-plan	Anforde-rungen	Architektur	Testplan	Entwurf	Code
Kunde	X					
Anwender		X		X		
Projektleiter	X	X	X	X	X	X
Analytiker	X	X	X	X		
Architekt	X	X	X		X	X
Programmierer			X		X	X
Tester				X		X
Qualitätssicherer	X	X	X	X	X	X

Tabelle 5.3: Reviewer bei verschiedenen Produkt-Reviews

5.4.2 Ablauf eines Reviews

Um ein Review abhalten zu können, ist es notwendig, dass der Gegenstand des Reviews (Dokument, Source-Code) in einem Zustand ist, der das Review überhaupt erst sinnvoll ermöglicht. Solche Kriterien sind für gewöhnlich:

■ Formale Korrektheit: Der Review-Gegenstand ist formal so aufbereitet, dass die dargestellte Information leicht erfasst werden kann. Die Einhaltung von Dokumentrichtlinien oder Source-Code-Richtlinien dient hierbei meist als Anhaltspunkt.

■ Vollständigkeit: Der Review-Gegenstand hat einen inhaltlichen Mindestumfang erreicht, sodass eine inhaltliche Diskussion überhaupt ermöglicht wird. Zu große Lücken in einem Dokument verbergen möglicherweise Zusammenhänge, die für die Diskussion vonnöten wären. Skizzen beispielsweise sind aufgrund des geringen Informationsgehalts meist nur für den Autor selbst oder eingeweihte Leser verständlich und sind daher nicht sinnvoll diskutierbar.

Falls der Review-Gegenstand diesen Zustand noch nicht erreicht hat, kann das Review zu diesem Zeitpunkt nicht durchgeführt werden.

Nachdem der Moderator des Reviews sichergestellt hat, dass der Review-Gegenstand im gewünschten Zustand ist, kann er an alle TeilnehmerInnen des Reviews eine Einladung aussenden.

Die Einladung sollte zumindest folgende Daten enthalten:

- Ort, Beginnzeit und geplante Dauer,
- Teilnehmer sowie deren Rollen im Review (Moderator, Autor, Reviewer, Protokoll-führer),
- Tagesordnung (genaue Bezeichnung des Review-Gegenstandes (Dokumentname bzw. Klassenname und Versionsangabe), Fokus des Reviews (was soll genau am Review-Gegenstand überprüft werden), weitere Punkte, die beim Review besprochen werden und für das Projekt relevant sind),
- der Review-Gegenstand wird zur Vorbereitung ebenfalls mit der Einladung gemein-sam ausgeschickt.

Der Moderator ist dafür verantwortlich, dass der Ort des Reviews reserviert und benutz-bar ist und weitere Hilfsmittel für das Review zur Verfügung stehen (Laptop, Flip-Chart, Zettel, Stifte usw.).

Wichtige Informationen und Daten werden vorab dem Review-Team bereitgestellt. Ebenso ist es zielführend, spezielle Ziele des Treffens immer schriftlich zu fixieren und diese Informationen vorab an die Beteiligten zu verteilen. Wenn es nicht möglich ist, alle wichtige Daten und Informationen bereitzustellen, wird üblicherweise das Treffen ver-schoben oder ein zusätzliches Treffen vereinbart.

Abbildung 5.5 zeigt die Aktivitäten zur Vorbereitung eines Reviews nochmals im Über-blick.

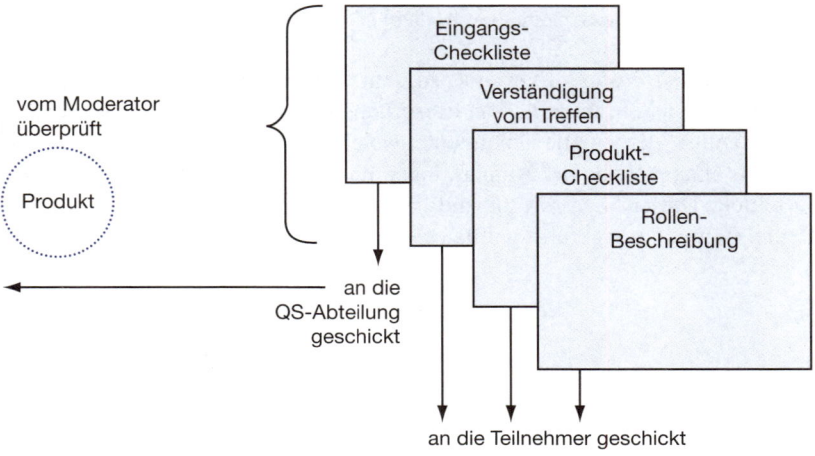

Abbildung 5.5: Vorbereitungen zu einem Review (aus [Holl90] S. 62.)

Während der Review-Sitzung präsentiert der Autor das Dokument, der Moderator leitet die Diskussion. Der Protokollschreiber protokolliert vor allem die Meldungen, welche für den Autor bei der Überarbeitung seines Dokuments relevant sein werden. Der Moderator achtet während des gesamten Reviews auf die Gesprächsdisziplin aller Teilnehmer. Er achtet dabei, dass alle Beteiligten zu Wort kommen, dass ein konstruktiver Tonfall herrscht, aber auch, dass ein gewisser Fortschritt erzielt und nicht allzu lange bei Detailfragen verharrt wird. Details sollten in kleineren Runden unter Experten geklärt werden. Das primäre Ziel eines Reviews ist vielmehr die Gesamtgestalt und Gesamtqualität. Reviews sollten für gewöhnlich nicht länger als eine Stunde ohne Pause dauern, da ansonsten die Konzentration der Teilnehmer leidet. Der Ablauf einer Review-Sitzung wird in *Abbildung 5.6* dargestellt.

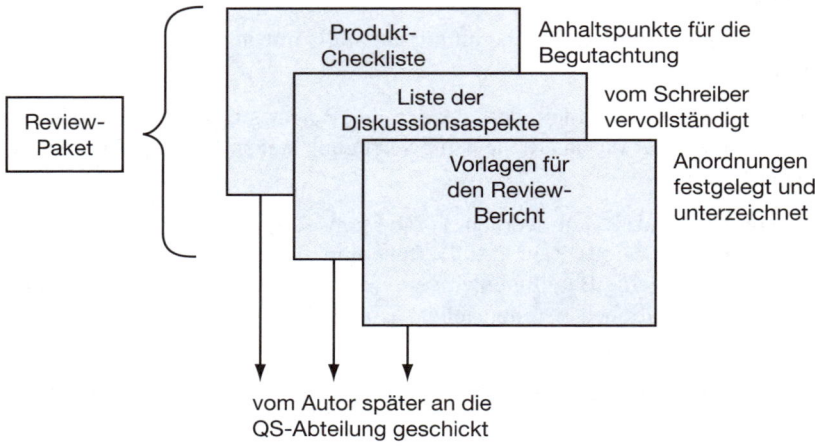

Abbildung 5.6:   Ablauf einer Review-Sitzung (aus [Holl90] S. 62)

Nach dem Review wird ein Protokoll verfasst, zu dem alle Teilnehmer des Reviews ihr Einverständnis abgeben müssen. Im Falle von Einsprüchen ist das Protokoll entsprechend anzupassen. Im Anschluss werden alle Dokumente, welche im Review behandelt wurden, vom Autor nochmals entsprechend der Anmerkungen im Review überarbeitet und an den Moderator übermittelt. Dieser überprüft anhand des Reviewprotokolls, ob die Änderungen sinngemäß und richtig durchgeführt wurden.

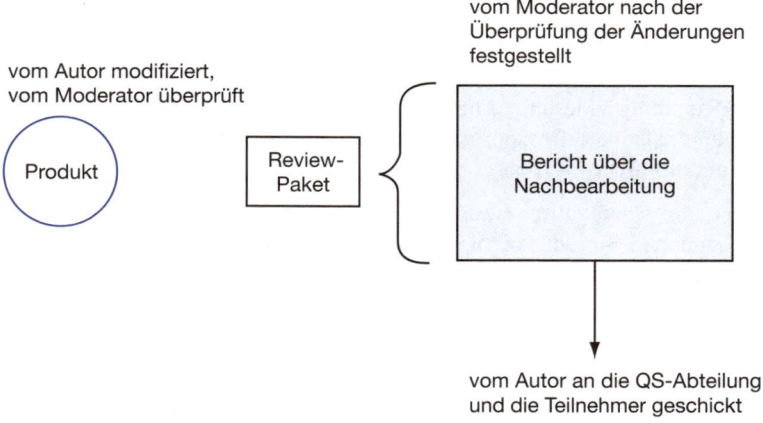

vom Moderator nach der
Überprüfung der Änderungen
festgestellt

vom Autor modifiziert,
vom Moderator überprüft

Produkt

Review-
Paket

Bericht über die
Nachbearbeitung

vom Autor an die QS-Abteilung
und die Teilnehmer geschickt

Abbildung 5.7: Nach der Review- Sitzung (aus [Holl90] S. 62)

5.4.3 Typen von Reviews

Reviews können nach ihrem primären Ziel in verschiedene Kategorien eingeteilt werden, wobei wir die wichtigsten Reviewtypen im folgenden Abschnitt vorstellen werden.

Status-Review

Das Status-Review ist eine formale Bewertung eines Projektplans an fixierten Meilensteinen oder eine Bewertung des aktuellen Projektstatus zu nicht geplanten Zeitpunkten, z.B. bei besonderen Problemen im Projekt. Typische Meilensteine und kritische Punkte im Laufe eines Projekts können folgende sein:

- Abschluss der Projektvorarbeiten (Machbarkeitsstudie, Vertragsabschluss usw.),
- Abschluss eines Arbeitsschrittes oder einer Phase im Unified Process,
- massive Änderungen der Anforderungen auf Kundenseite,
- unerwartete (technologische) Probleme zu einem fortgeschrittenen Projektzeitpunkt,
- jeder Punkt, an welchem die primäre Verantwortung eines Bereiches oder der Schwerpunkt eines Teilbereiches verändert wird,
- Abschluss der Implementierung der Komponenten und Bereitschaft des Produkts für die ersten systemweiten Tests,
- Bereitschaft zur Auslieferung,
- Zurückziehen des Produkts.

Die Aufgabe des Review-Teams ist die Besprechung und Beurteilung der Fortschritte des Projekts sowie die Koordiniation der Entscheidungen innerhalb seines Kontrollbereichs.

Diese Form des Reviews ist ein gutes Instrument, um unerwartete Ereignisse oder Zufälle zu behandeln. Der Fokus des Reviews liegt auf dem Projektstatus. Es wird eruiert, ob das

Projekt die vordefinierten Pläne und Standards erfüllt. Schließlich werden Abweichungen und die dazugehörigen Risikoeinschätzungen festgehalten, sowie Maßnahmen zur Korrektur des Projektstatus beschlossen.

Gegebenfalls können Richtungsänderungen im Projekt oder die Notwendigkeit alternativer Planungen sowie eine adäquate Ressourcenverteilung zum Erhalt der Kontrolle über das Projekt von diesem empfohlen werden.

Der Berichterstatter ist zum einen dafür verantwortlich, dass der Projektstatus anhand der Projektpläne und vorhandenen Berichte verfügbar ist, und zum anderen, dass alle Lösungen, Entscheidungen und Empfehlungen des Review-Teams dokumentiert werden.

Qualitäts-Review

Das Qualitäts-Review wird zur Bewertung von speziellen Software-Elementen und sonstigen Artefakten eingesetzt und soll zeigen, dass es seine Vorgaben und anwendbaren Standards erfüllt. Falls Abweichungen von Standards, Vorgaben oder Defekte auftreten, dient das Instrument des Qualitäts-Reviews diese aufzuzeigen.

Auch bei diesem Review-Typ ist der Review-Leiter für die Administration und den Review- Bericht verantwortlich. Die Ergebnisse werden ebenso von einem Berichterstatter protokolliert und Erkenntnisse, Entscheidungen und Empfehlungen des Review-Teams werden von ihm festgehalten.

Die Durchführung von Qualitäts-Reviews ist grundsätzlich in der Projektplanung enthalten, aber unter gewissen Umständen ist es erforderlich, außerordentliche Treffen einzuschieben. Voraussetzungen für die korrekte Durchführung eines Qualitäts-Review sind:

- klar definierte Review-Ziele,
- die verantwortliche Person für das zu untersuchende Artefakt ist bereit für die Durchführung eines Review,
- die Verfügbarkeit der Vorgaben für das zu untersuchende Artefakt ist gewährleistet,
- ebenso müssen alle Pläne, Standards oder Richtlinien verfügbar sein,
- das Artefakt ist für ein sinnvolles Review ausreichend vollständig.

Die Bereitstellung zusätzlicher Materialien und Dokumente kann durch den Review-Leiter angefordert werden.

Software-Inspektion

Die Software-Inspektion wird ebenfalls zur Überprüfung eines speziellen Software-Elements auf die Erfüllung seiner Spezifikationen oder von Standards eingesetzt. Der Unterschied zu einem Qualitäts-Review liegt lediglich in seinen Verifikations- und Validierungszielen, die durch die Software-Inspektion verfolgt werden sollen:

- Ziel ist es, Defekte des zu prüfenden Elements zu entdecken, zu identifizieren und zu beschreiben.
- Es erfolgt eine Datensammlung z.B. über Aufwand und Defekte im Rahmen des Software Engineering-Prozesses.
- Alternativen und Stilfragen wird hierbei keine Beachtung geschenkt.

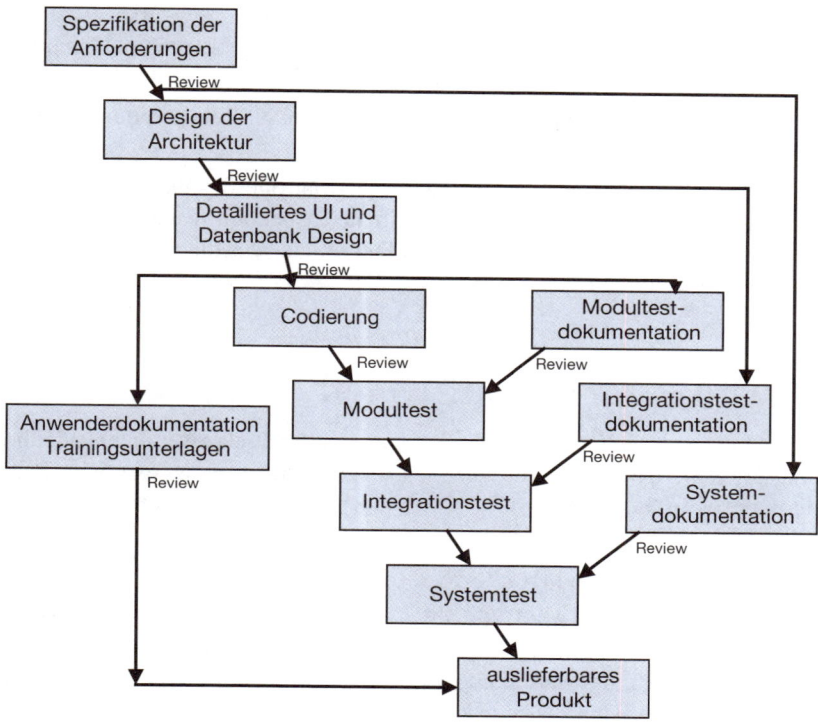

Abbildung 5.8: Zeitpunkt und Grundlagen von technischen Reviews (aus [Wieg01] S. 62)

Software-Inspektionen werden typischerweise von drei bis sechs Teilnehmern durchgeführt, die von einem Moderator durch die Begutachtung geführt werden. Der Moderator kann Schriftführer sein, ist aber nicht der Autor des Software-Elements. Sein vorwiegender Aufgabenbereich ist die optimale Nutzung der Synergieeffekte im Rahmen eines kleinen Reviews.

Alle Teammitglieder gelten als Inspektoren mit der Aufgabe, Defekte des Software-Elements zu identifizieren und unterschiedliche Perspektiven beim Treffen selbst zu vertreten (beispielsweise Sicht der Anforderungen, Entwurf, Kodierung, Test, Projektmanagement oder Qualitätssicherung).

Die Rolle des Lesers ist in diesem Prozess zusätzlich eingeführt, damit nur eine Person Material präsentiert. Dadurch soll die Konzentration und die Effizienz der Inspektion zusätzlich unterstützt werden. Die Geschwindigkeit und das Timing der Inspektion bedarf viel Fingerspitzengefühl, da bei zu langsamer Geschwindigkeit dieses Prozesses die Konzentration der Teilnehmer aussetzt und bei einem zu schnellem Ablauf relevante Defekte übersehen werden.

Abschließend wird entschieden, ob die Kriterien die das Software-Element erfüllen soll, zutreffen respektive welche Nachbearbeitungen durchzuführen sind. Die Bewertung des Software-Elements kann dabei wie folgt ausfallen:

- *Akzeptiert*: Dieses Urteil erhält ein Software-Element, wenn der momentane Zustand als ausreichend angesehen wird oder lediglich eine geringe Nachbearbeitung benötigt wird, die keine weitere Überprüfung nötig macht.

- *Nachbearbeitung überprüfen*: Erst nach der Kontrolle der Nachbearbeitung seitens des Moderators wird das Software-Element akzeptiert.

- *Neuinspektion*: Dieses Urteil wird erteilt, wenn die Kontrolle der Nachbearbeitung seitens des Moderators erfolgt ist und eine neuerliche Inspektion festgesetzt werden muss. Die Neuinspektion muss in einem solchen Fall mindestens die von den Fehlern betroffenen Bereiche umfassen.

5.4.4   Audit

Der größte Unterschied zwischen einem Review und einem Audit als zwei unterschiedliche Überprüfungsarten ist, dass ein Audit von einer unabhängigen (meist externen) Person, dem Auditor, der vollständige Kontrolle sowohl über das Audit selbst, als auch über die resultierenden Berichte hat, geleitet wird.

Weitere Unterschiede sind zu finden in

- *Mechanismen:* Reviews werden mit Hilfe von vorgegebenen Checklisten und Verfahren abgehalten, welche bei Audits nicht verfügbar sind bzw. je nach Bedarf laufend adaptiert werden. Die Wahl der Verfahren ist z. T. Sache des Auditors, der aus einem Fundus von möglichen Verfahren wählen kann.

- *Dauer:* Im Unterschied zu Reviews, die meist nur einige wenige Stunden dauern, können Audits mitunter Monate lang dauern, bis sie als abgeschlossen betrachtet werden können.

- *Initiierung:* Reviews werden typischerweise am Ende eines spezifischen Projekt-Meilensteins abgehalten, während Audits vollkommen unabhängig vom Entwicklungskontext durchgeführt werden.

Übereinstimmungen finden sich in:

- *Struktur:* Audits sind auf das Vorhandensein von objektiven Kriterien angewiesen (Verträge, Anforderungen, Pläne, Spezifikationen etc.), gegen welche Software-Elemente bzw. Prozesse evaluiert werden sollen. Ähnlich verhält es sich auch bei Reviews, die nur mit Hilfe von Standards für den Inhalt und das Format (Produkt Reviews) durchgeführt werden.

- *Verschachtelung:* Reviews benötigen unter Umständen mehr als ein Meeting, um das vorhandene Material abdecken zu können. Audits können andere Audit-Aktivitäten inkludieren, beispielsweise auch Reviews, die von den Auditoren durchgeführt werden.

Ziel eines Audits ist eine objektive Begutachtung hinsichtlich Qualität von Produkten und Prozessen und ihre Einhaltung von Standards, Spezifikationen und Vorgehensweisen. Das Audit- Team hält sich dabei an objektive Kriterien wie Verträge und Pläne, Konventionen, Anforderungen und Spezifikationen, um folgende Komponenten zu evaluieren:

- Software-Elemente,
- die Prozesse, um diese zu erstellen,
- Projekte,
- vollständige Qualitätsprogramme.

Es liegt in der Verantwortung des Audit-Team-Leaders, das Audit zu organisieren und die Erstellung eines Audit-Berichts zu koordinieren. Weiters informiert er die Personen, deren Produkte einem Audit unterzogen werden sollen, und kann optional zu diesem Zweck ein Kick-off-Meeting einberufen, welches folgende Punkte klären soll:

- Überblick über die existierenden Vereinbarungen (Rahmen des Audit, Projekt-Pläne und einzuhaltende Verträge),
- Überblick über Produktionsvorgehen und Prozesse, die begutachtet werden sollen,
- Überblick über den Audit Prozess und seine Ziele,
- zeitliche Abläufe des Audit.

Die Einheit, sei es ein Entwicklungsteam oder das Management, welche ein Audit initiiert, muss sicherstellen, dass alle Ressourcen, respektive alle relevanten Unterlagen, um ein Audit durchzuführen, vorliegen.

Diejenigen, deren Produkte einem Audit unterzogen werden, stellen die notwendigen Materialien und Unterlagen zur Verfügung, und sorgen dafür, dass Mängel, die von dem Audit-Team festgestellt wurden, korrigiert bzw. behoben werden.

Ein Audit umfasst die folgenden Tätigkeiten:

- Abläufe und Anweisungen überprüfen,
- Work-Break-Down-Structure begutachten,
- Nachweise der Implementierung und ausgewogenen Kontrolle verifizieren,
- Personal befragen, um den Status und die Funktionalität von Prozessen und Produkten sicherzustellen,
- Dokumentation der Elemente überprüfen,
- Softwareteile testen.

Ein Audit wird als abgeschlossen betrachtet, wenn alle Elemente innerhalb des festgelegten Rahmens einer Prüfung unterzogen wurden, die gefundenen Mängel an die entsprechenden Stellen (Management, Entwicklungsteam) weitergeleitet und alle nachfolgenden Aktionen, die im Vertrag festgehalten sind, erfüllt wurden.

Es gibt mehrere Gründe, ein Audit durchführen zu lassen:

- Ein *Projekt-Meilenstein*, eine Deadline oder ein anderes Kriterium wurde erreicht.
- *Externe Parteien*, beispielsweise der Kunde, verlangen ein Audit, um die Einhaltung des abgeschlossenen Vertrags überprüfen zu können.
- *Anfrage einer firmeninternen Partei*, zum Beispiel Projektmanagement, oder interne Qualitätssicherungsabteilung, welche Klarheit über Projektstatus verlangt.
- Zertifizierung einer Abteilung oder des gesamten Unternehmens.

Kriterien für einen erfolgreichen Audit-Prozess sind:

- *Kooperation der Organisation*, die einem Audit unterzogen wird. Diese kann nur entstehen, wenn die Betroffenen den Nutzen in den Vorgängen erkennen und davon überzeugt sind, dass sie einen positiven Beitrag zu ihren Zielen leisten können.

- *Integrität des Audit-Prozesses*, respektive die Einhaltung von Standards und Richtlinien sowie die Anwendung objektiver und angemessener Bewertungskriterien.

- *Die Fähigkeiten des Auditors*, Audits durchzuführen, und ein Verständnis für die Thematik der Untersuchung sind Zeichen für ein ausgereiftes Audit.

- *Das Erkennen des Nutzens* und die Entwicklung von Vertrauen in Audit-Prozesse und ihre Vorteile.

Software Quality Program Audit

Ziel ist es, in Erfahrung zu bringen, in welchem Maße die Organisation ihren formalen Programmen bei der Entwicklung folgt, sowie festzustellen, ob die gegenwärtigen Prozesse die Anforderungen erfüllen, die an sie gestellt werden.

Dabei besteht eine enge Zusammenarbeit zwischen dem Audit-Team, dem Management und Angestellten, um alle Abläufe für das Quality-Program-Audit bestmöglich koordinieren zu können. Dies soll gewährleisten, dass alle Aktivitäten des Projekt-Teams begutachtet werden können, ohne dass störende Einflüsse die Arbeitsabläufe behindern.

Fünf Methoden der Informationsbeschaffung werden eingesetzt, um ein Qualitäts-Programm und dessen Prozesse zu charakterisieren:

- Überprüfung der Prozess-Dokumentation auf Konsistenz,
- Überprüfung von ausgewählten Produkten, die noch nicht fertiggestellt sind,
- Prozesse und Vorgänge durch passive Teilnahme inspizieren,
- Interview mit den Angestellten,
- Fallstudien.

In-Process-Audit

Dieser Audit-Typ wird vor den abschließenden System-Tests durchgeführt, um die Konsistenz des Entwurfs und die ordnungsgemäße Durchführung der Entwicklungsprozesse zu verifizieren.

Dabei werden verschieden Ansätze der Überprüfung verfolgt:

- alle Elemente einer Produktklasse werden untersucht (z.B. alle Anforderungen),
- eine statistische, repräsentative Auswahl einer Produktklasse (z. B. Teile des Entwurfs),
- ausgewählte kritische Elemente einer Produktklasse (z.B. Schnittstellenentwurf eines bestimmten Subsystems).

Die Vorgehensweise unterscheidet sich hinsichtlich anderer Audit-Formen dadurch, dass sich die Bewertung ausschließlich auf ein Produkt beschränkt. In-Process-Audits werden im Auftrag des Managements regelmäßig durchgeführt, um die Produkte auf das Erreichen eines Meilensteines vorzubereiten. Dieser Zyklus der wiederholten Inspektion und Überarbeitung endet mit dem durchführen eines funktionellen *Configuration Audit*.

Configuration Audit

Das IEEE-Standard-Glossar der Software Engineering-Terminologie [IEEE, 729] beschreibt diese Form der Audits wie folgt:

> *„Der Prozess der Verifikation, dass alle geforderten Konfigurations-Elemente hergestellt wurden, die aktuellste Version mit den spezifizierten Anforderungen übereinstimmt, die technische Dokumentation vollständig und ausführlich das Element beschreibt, und das alle vorgeschriebenen Änderungen durchgeführt wurden."*

Anders als In-Process-Audits, die über eine längere Zeitspanne abgehalten werden, ist ein Configuration Audit eine Momentaufnahme, die zeigen soll, ob ein Produkt innerhalb der vereinbarten Spezifikationen ist oder nicht. Configuration Audits können weiter unterteilt werden in *physische* und *funktionelle Configuration Audits*.

Physisches Configuration Audit

Dieser Audit-Typ wird abgehalten, um zu verifizieren, dass Software und ihre Dokumentation konsistent und bereit zur Auslieferung sind [IEEE, 730]. Zur Durchführung werden folgende Elemente einer Überprüfung unterzogen.

- Produktzusammenstellung und -struktur,
- Funktionalität,
- Änderungskontrollen.

Das Audit-Team vergleicht die dokumentierte Vorgehensweise mit den tatsächlichen Ergebnissen und identifiziert die Merkmale eines Elements hinsichtlich der Einhaltung der Standards für Bezeichnung, Paketabhängigkeiten usw. Außerdem muss es mit Hilfe der Änderungskontrolle möglich sein, frühere Versionen des Produkts zu rekonstruieren, um Benutzeranfragen nachvollziehen zu können, deshalb wird auf ihre Konsistenz besonderer Wert gelegt. Die eigentliche Funktionalität wird beim funktionellen Configuration Audit sichergestellt.

Funktionelles Configuration Audit

Dieser Audit-Typ wird vor der Auslieferung abgehalten, um zu verifizieren, dass alle Anforderungen, die in der Software-Anforderungsspezifikation festgehalten sind, erfüllt werden [IEEE, 730]. Aktivitäten, die typischerweise durchgeführt werden, sind:

- *Bewertung von vorangegangenen Verifikations- und Validierungs-Vorgängen*,
- *Testen des Produkts* ist eine Aufgabe, die entweder vom Audit-Team selbst durchgeführt wird oder aber an eine unabhängige Organisation, unter der Leitung des Audit-Teams, weitergegeben wird,
- *Bewertung des Testvorgehens* und der erreichten Ergebnisse,

- **Nachverfolgen von Anforderungen** von ihren ursprünglichen Spezifikationen bis hin zu System-Tests. Dadurch soll festgestellt werden, ob alle dokumentierten Anforderungen erfüllt werden, und ob darüber hinaus auch noch Funktionalität implementiert wurde, die nicht verlangt wurde,

Das Audit beschränkt sich aber nicht nur auf die Evaluierung der Funktionalität sondern beschäftigt sich auch mit der Gesamtleistung des Produkts. Zu diesem Zweck werden ausführliche Simulationen vorgenommen, um die Leistung im tatsächlichen Einsatz sicherstellen zu können.

Sowohl physisches als auch funktionelles Configurations-Audit werden mit einem Audit-Bericht abgeschlossen, der eine der drei Bewertungen enthält.

- **Zustimmung:** Das Software-Element wurde untersucht und erfüllt alle Erfordernisse, um einem minimalen Standard zu genügen.
- **Bedingte Zustimmung:** Der Bewertung des Zustandes des Software-Elements wird zugestimmt, sofern spezifische, wohldefinierte Korrekturen erfolgreich durchgeführt werden.
- **Ablehnung:** Das Software-Element weist deutliche Mängel auf.

Zusammenfassung

Qualitätsdefinition

- Software Engineering ist eine junge Ingenieurdisziplin, Qualitätssicherung als Teil des Software Engineering befindet sich in der Entwicklung.
- Qualität ist die Erfüllung gegebener Erfordernisse.
- Qualitätssicherung gibt Standards und Definitionen für Produkte und Abläufe vor, um Qualität zu erreichen.
- Manche technischen Qualitätsmerkmale unterstützen, manche behindern einander.
- Grundlegende Qualitätsmerkmale sollen zu Projektbeginn von und mit dem Kunden festgeschrieben werden.
- Qualitätssicherung kann eine Geisteshaltung, eine Menge von Aktivitäten oder eine Personengruppe bezeichnen.

Qualität und Menschen

- Qualität hängt stark von den Vorstellungen der Beteiligten ab.
- Nur durch die Zusammenarbeit von Management und den Angestellten kann ein zufriedenstellendes Produkt erzeugt werden.

Standards

- Die Sicherstellung bzw. Erhöhung von Qualität eines Software-Produkts hängt wesentlich von der Qualität des Erstellungsprozesses ab.

- Standards sind Richtlinien, die zu höherer Qualität und mehr Kontinuität bei der Herstellung führen sollen.

Methoden der Feststellung von Qualität

- Reviews sind formale Überprüfungen von Produkten bzw. Dokumenten. Dabei wird darauf geachtet, dass die richtige Mischung von Personen vorbereitet und zielgerichtet die Überprüfung durchgeführt wird, und dass die Ergebnisse für die weitere Verwendung festgehalten werden.

- Audits werden von externen Parteien, die nicht in den Entwicklungsprozess inkludiert sind, durchgeführt, um eine objektive Evaluierung gewährleisten zu können.

- Qualitätssicherung kann eine Geisteshaltung, eine Menge von Aktivitäten oder eine Personengruppe bezeichnen.

Übungen und Fragen

1. Welchen Einfluss haben Menschen auf die Qualität eines Softwareprodukts?

2. Zählen Sie für die Übungsbeispiele im Anhang jeweils die wichtigsten Qualitäten im Projekt auf.

3. Beschreiben Sie die Auffassung von Qualitätssicherung von Crosby.

4. Welche Aufgaben hat die Qualitätssicherung?

5. Vergleichen Sie Reviews mit Audits. Worin bestehen die wesentlichen Unterschiede? Was sind die Gemeinsamkeiten?

6. Warum werden Standards festgelegt? Was definieren typische Standards?

7. Welche internationalen Standards kennen Sie? Welche Vorgaben gibt ihnen der jeweilige Standard? Welche Informationen liefert Ihnen eine Evaluierung nach einem bestimmten Standard?

8. Welchen Standard würden Sie einem Ihnen bekannten Unternehmen empfehlen? Beschreiben Sie das Geschäftsfeld des Unternehmens und die typischen Projekttypen im Unternehmen und begründen Sie basierend darauf Ihre Empfehlung.

9. Welche Typen von Reviews kennen Sie? Worin bestehen Unterschiede? Wann kommen die verschiedenen Typen zu Anwendung?

10. Welche Typen von Audits kennen Sie? Worin bestehen Unterschiede? Wann kommen die verschiedenen Typen zu Anwendung?

11. Was unterscheidet Tests von Reviews und Audits?

12. Nennen Sie die wichtigsten Erfolgsfaktoren für die Durchführung von Reviews.

Weiterführende Literatur

[Gali04] Galin, Daniel: *Software Quality Assurance: From Theory to Implementation*; Reading, Mass [u.a.]: Addison-Wesley, 2004.

[Holl90] Hollocker, Charles P.: *Software Reviews and Audit Handbook*; Chichester: Wiley, 1990.

[Wall90] Wallmüller, E.: *Software-Qualitätssicherung in der Praxis*; München: Hanser, 1990.

[Wein97] Weinberg, Gerald: *Quality Software Management: Systems Thinking*; New York: Dorset House, 1997.

[Wieg01] Wiegers, Karl E.: *Peer Reviews in Software: A Practical Guide*; Reading, Mass [u.a.]: Addison-Wesley, 2001.

Kapitel

6

Software Engineering-Teams

Management ist die Kunst, Talente richtig einzusetzen.

Robert Strange McNamara

Begriffe in diesem Kapitel

Rolle: Beschreibung der Aufgaben und Verantwortlichkeiten eines Mitarbeiters in einem Unternehmen oder einem Projekt. Für alle Projektmitarbeiter werden Rollen festgelegt, aufgrund derer jeder Mitarbeiter bestimmte Arbeiten zu erledigen hat. Rollenbeschreibungen werden auch als Qualifikationsprofile für Neueinstellungen und zur Zusammensetzung von Arbeitsgruppen verwendet.

Fähigkeit: Das Vermögen von Personen, bestimmte Tätigkeiten korrekt auszuführen. Eine bestimmte Auswahl an Fähigkeiten wird für gewöhnlich vorausgesetzt, um eine bestimmte Rolle bekleiden zu können.

Arbeitsgruppe: Mehrere Personen, welche zusammen an der Erreichung eines bestimmten Ziels arbeiten. In einer Arbeitsgruppe sind meist verschiedene Rollen definiert. Es gibt häufig einen designierten Gruppenleiter, der die Interessen der Gruppe gegenüber dem Management oder dem Kunden vertritt und auch die Verantwortung für die Ergebnisse der Gruppe trägt.

Team: Eine Gruppe von Personen, die zur Erreichung eines gemeinsam identifizierten Ziels Ressourcen gemeinsam nutzen. Ein Team betrachtet sich selbst als solches, verfügt also über eine Identität, die von den Teammitgliedern auch nach außen getragen wird.

Die erfolgreiche Abwicklung von Softwareprojekten erfordert als Vorbedingung Mitarbeiter, die genügend qualifiziert sind bzw. wesentliche Vorerfahrungen mitbringen. In einem Projekt arbeiten üblicherweise mehrere Personen gemeinsam an der Lösung der Aufgabenstellung. Jede dieser Personen verfügt über spezielles Wissen in einem bestimmten Bereich der in einem Projekt anfallenden Tätigkeiten. Aus dieser gezielten Zusammenarbeit ergibt sich ein höheres Leistungspotenzial, gleichzeitig sind aber auch einige wesentliche Vorbedingungen zur Realisierung dieses Potenzials zu beachten (Qualifikation, Kommunikation, Organisation, Arbeits- bzw. Kulturtechniken, typische Schwierigkeiten, eventuell Persönlichkeitstypen). Die folgenden Abschnitte zeigen einige wesentliche Punkte, die für die Gestaltung und Bildung eines Projektteams wichtig sind.

6.1   Rollen von Personen in Arbeitsgruppen und Teams

Eine Rolle ist die Beschreibung der Anforderungen an eine Person des Projektteams, welche alle Aufgaben dieser Person genau festlegt. Jede Person, die eine bestimmte Rolle ausfüllt, kann von anderen Rollen bestimmte Leistungen erwarten und hat auch für andere Rollen Leistungen zu erbringen (z.B. erhält die Projektleitung Berichte vom Team und liefert der Geschäftsführung Berichte ab). Sind in einem Unternehmen alle Rollen gut definiert, kann die Auswahl bzw. die Schulung von Mitarbeitern nach diesen Rollenprofilen gezielt durchgeführt werden.

6.1.1   Pflichten von Rollen

Je nach Projektgröße kann die Zahl der beteiligten verschiedenen Rollen stark variieren. *Tabelle 6.1* zeigt eine Auswahl an notwendigen Rollen für bestimmte Projekte.

Projektgröße	Rollen
Klein	Kunde, Anwender; Projektleiter, Programmierer
Mittel	Kunde, Anwender; Projektleiter, Analytiker, Architekt, Programmierer und Tester
Groß	Kunden mit Anwendern; oberes Management, wirtschaftlicher Projektleiter, technischer Projektleiter, Gruppenleiter, Analytiker, Architekt, Programmierer, Tester, Dokumentierer, Qualitätssicherer; Spezialisten, Berater

Tabelle 6.1:   Rollen bei unterschiedlichen Projektgrößen

Für jede Rolle sollte eine exakte Rollenbeschreibung existieren, die festlegt, welche Verantwortungen und Pflichten, aber auch Rechte der Inhaber dieser Rolle hat.

Umfeld

- *Kunde:* Für jedes Projekt gibt es einen Kunden. Sollte es sich um ein Projekt handeln, welches keinen Kunden im wirtschaftlichen Sinn besitzt, so ist diejenige Person mit der Rolle Kunde zu versehen, welche die Anforderungen festlegt. Auf Seite des Kunden sollte es stets einen Hauptverantwortlichen und einen Stellvertreter geben, welche Entscheidungen wirtschaftlicher und organisatorischer Natur treffen können. Der Kunde sollte auch dazu verpflichtet werden, jegliche benötigte Information (z.B. Schnittstellen zu existierenden Systemen) dem Projektteam bei Bedarf so rasch wie möglich zur Verfügung zu stellen. Weiters sollte der Kunden auch jene Personen nennen, welche an den Reviews teilnehmen werden und über die Abnahme eines Produkts entscheiden.

■ *Anwender:* Weiters ist es wichtig, eine ausgewählte Gruppe an zukünftigen Benutzern erreichen zu können, um Wissen über Anforderungen und Wünsche bezüglich Anforderungen und der Anwenderschnittstelle zu erhalten.

■ *Management:* Diese Rolle, die in vielen Fällen von der Geschäftsleitung eingenommen wird, ist für den Start eines Projekts und die Zuteilung von Ressourcen verantwortlich. Das Management ist für rechtliche Belange gegenüber dem Kunden zuständig (z.B. Abschluss von Verträgen). Zur Durchführung des Projekts stellt das Management dem Projektleiter Ressourcen in Form von Mitarbeitern, technischem Gerät sowie Räumlichkeiten und Zeit zur Verfügung. Das Management entscheidet über die Fortführung oder den Abbruch eines Projekts.

Team

■ *Projektleiter:* Der Projektleiter trägt die wirtschaftliche und technische Verantwortung bei der Projektdurchführung. Er verteilt die Ressourcen auf die Projektmitarbeiter und überprüft im Rahmen von internen Reviews die Qualität der Produkte. Er erstattet dem Management und dem Kunden Bericht über den Projektfortschritt und gegebenenfalls über auftretende Probleme und neu hinzugekommene Risiken. Weiters ist der Projektleiter für die Planung und Gestaltung von Treffen mit dem Kunden verantwortlich. Er kann Entscheidungen im Rahmen des vorgegebenen Zeit- und Kostenplans autonom treffen.

■ *Gruppenleiter:* Diese Rolle steht an der Spitze einer Entwicklergruppe (Analytiker, Programmierer oder Tester). Er verfügt über ein hohes technisches Wissen und ist daher die zentrale Anlaufstelle bei Problemen während der Analyse, dem Entwurf oder der Implementierung eines Systems. Er teilt den ihm unterstellten Mitarbeitern Arbeitsaufträge zu und überprüft deren technische Erfüllung.

■ *Analytiker:* Analytiker erstellen die Anforderungsanalyse und das Analysemodell. Analytiker führen zahlreiche Kundentreffen durch, in dem die Anforderungen erarbeitet und überprüft werden. Im Idealfall sind Analytiker keine dafür abgestellte Programmierer, da die Sicht- und Denkweise eines Analytikers auf einem wesentlich abstrakteren Niveau als die eines Entwicklers sein sollte.

■ *Architekt:* Sie befassen sich mit den technischen Anforderungen an das Projekt. Parallel zur Analyse untersucht ein Architekt Schnittstellen zu bestehenden Systemen. Zusammen mit den Gruppenleitern sind Architekten hauptverantwortlich für den Entwurf. Nach erfolgter Implementierung übernehmen Architekten die Inbetriebnahme des Systems beim Kunden einschließlich der nötigen Datenübernahme. Architekten sind für den Kunden der technische Ansprechpartner.

■ *Programmierer:* Diese Personen implementieren das Projekt. Sie erstellen die notwendigen Quelldateien und erzeugen eine ausführbare Applikation. Nach Tests führen sie Änderungen durch. Sie sind in größeren Projekten Gruppenleitern unterstellt. Ihre Hauptverantwortung betrifft die Erstellung eines qualitativ hochwertigen Quellprogramms und die korrekte Berichterstattung über den Zustand der ihnen zugeteilten Implementierungsaufgaben.

- **Tester:** Die Tester erstellen während der Analyse und des Entwurfs Testpläne bestehend aus Testvorschriften und Testprozeduren. Parallel zur Implementierung testen sie fertig gestellte Produkte und verfassen Fehlerberichte für die Programmierer und Statusberichte für den Projektleiter. Die Tester sind darüber hinaus für die Bereitstellung von Testdaten verantwortlich.

- **Qualitätssicherer:** Diese Rolle ist für die Überprüfung der Einhaltung aller Vorgaben des Softwareentwicklungsprozesses verantwortlich. Weiters erarbeitet ein Qualitätssicherer basierend auf Metriken von bereits durchgeführten Projekten Verbesserungsvorschläge für den Softwareentwicklungsprozess. Der Qualitätssicherer berichtet dem Projektleiter über die Qualität des Projektprozesses und der Produkte.

Die Rollen Analytiker, Architekt, Programmierer und Tester werden oft auch unter dem Begriff Entwickler zusammengefasst.

6.1.2   Rechte von Rollen

Bisher war nur von den Pflichten der einzelnen Rollen die Rede. Jede Rolle hat auch genau festgelegte Rechte, die sie gegenüber anderen Rollen einfordern kann. Als Beispiel zeigt *Tabelle 6.2* die Rechte des Kunden gegenüber dem Projektteam.

Der Kunde hat das Recht, ...
1. ... Ziele festzulegen und darf erwarten, dass diese eingehalten werden.
2. ... zu wissen, wie lange das Projekt aus aktueller Sicht dauern und wie viel es kosten wird.
3. ... zu entscheiden, welche Anforderungen das Projekt erfüllen soll und welche nicht.
4. ... Anforderungen während des Projekts in vertretbarem Ausmaß zu ändern und eine Prognose zu erhalten, welche finanziellen Auswirkungen diese Änderungen haben werden.
5. ... über den Projektstatus verständlich, rechtzeitig und zuverlässig informiert zu werden.
6. ... über Risiken regelmäßig verständigt zu werden, welche die Kosten, den Projektplan oder die Qualität beeinflussen können, und über Optionen informiert zu werden, wie diese Probleme zu lösen sind.
7. ... während der gesamten Projektdauer Zugang zu allen Produkten zu haben.

Tabelle 6.2:   Rechte des Kunden (aus [McCo98] S. 7.)

Die Rolle des Kunden wird in vielen Projekten stark unterschätzt. Dabei nimmt aber gerade der Kunde die entscheidende Rolle ein und sollte daher während des gesamten Projekts eingebunden werden: Der Kunde besitzt zu Beginn alle Informationen, die zur Realisierung des Projekts notwendig sind. Es liegt im Geschick des Analytikers, auch alle notwendigen Informationen vom Kunden zeitgerecht zu bekommen. Während eines laufenden Projekts kann der Kunde durch Anforderungsänderungen den Aufwand für ein Projekt maßgeblich erhöhen. Der Kunde entscheidet am Ende des Projekts, ob die Anforderungen erfüllt wurden oder nicht (die Grundlagen für diese Entscheidung sind zwar in der Projektvereinbarung formal festgehalten, die letzte Entscheidung liegt aber immer im Ermessen des Kunden).

Aus diesen Gründen ist es entscheidend, dass die Anforderungen an ein Projekt in der Projektvereinbarung genau festgehalten sind und Anforderungsänderungen weitestgehend ausgeschlossen werden können. Weiters ist es immer wichtig, den Kunden während eines Projekts über den Stand der Dinge zu informieren und Zwischenprodukte zu präsentieren, damit es bei der Abnahme zu keinen unangenehmen Überraschungen kommt. Sich am Projekt zu beteiligen, sollte aber nicht als Privileg des Kunden betrachtet werden, sondern als seine Pflicht. Weigert sich ein Kunde, den Projektfortgang zu verfolgen, korrigierend mitzuarbeiten und wichtige Informationen bereitzustellen, so kann dies schwere Auswirkungen auf die korrekte Umsetzung der Anforderungen haben.

Nicht nur der Kunde hat Rechte und Pflichten, sondern auch die Arbeitsgruppe sollte neben der wesentlichen Pflicht, ein qualitativ gutes Produkt zu erzeugen, Rechte gegenüber dem Kunden besitzen und diese wahrnehmen können. Solche Rechte sind in *Tabelle 6.3* dargestellt.

Das Projektteam hat das Recht, ...

---

1. … die Projektziele und Prioritäten zu erfahren.

2. … zu wissen, welche Produkte erzeugt werden sollen, und eine Klarstellung zu deren Inhalten zu erhalten.

3. … mit jenen Personen des Kunden in Kontakt treten zu können, die Entscheidungen in Bezug auf die Funktionalität bzw. Qualität treffen können.

4. … in jeder Phase des Projekts technisch verantwortungsvoll arbeiten zu können und nicht gezwungen zu werden, die Implementierung zu früh zu starten.

5. … Aufwand und Zeitplan für jede Tätigkeit überprüfen zu können, welche durchgeführt werden muss. Weiters müssen nur jene Schätzungen abgegeben werden, welche zu einem bestimmten Zeitpunkt im Projekt möglich sind. Schätzungen dürfen bei jeder Anforderungsänderung abgeändert werden.

6. … den tatsächlichen Projektstatus dem Management und dem Kunden mitteilen zu dürfen.

7. … in einer Arbeitsumgebung zu arbeiten, welche vor allem während der kritischen Phasen des Projekts frei von ständigen Störungen ist.

Tabelle 6.3:   Rechte der Arbeitsgruppe (aus [McCo98] S. 8)

6.1.3   Team-Management-Kreis

Bei Teamarbeit ergeben sich eine Reihe von Aufgaben und Funktionen, die im Laufe des Projekts fertiggestellt bzw. ausgefüllt werden müssen. Diese verlangen verschiedenste Arbeitsstile und Arbeitspräferenzen, sowie Denk- und Verhaltensstile. Um sicherzustellen, dass jedes Mitglied optimal mit seinen Fähigkeiten in den Prozess eingebunden wird, und um Energieverluste zu minimieren, kann eine Rollenzuordnung z.B. mit Hilfe des Team-Management-Kreises vorgenommen werden.

Dieses Modell, von den beiden englischen Wissenschaftlern C. Margerison und D. Mc. Cann erstellt, beruht in seinen wesentlichen Zügen und Theorien auf denen des Psychologen C. G. Jung. Nach C. G. Jungs Theorie unterscheiden sich Menschen grundsätzlich in ihrem Verhalten in vier verschiedenen Bereichen:

- introvertiertes oder extrovertiertes Verhalten in zwischenmenschlichen Beziehungen,
- praktisches oder kreatives Vorgehen bei der Informationsbeschaffung und -verarbeitung,
- analytische oder intuitive Entscheidungsfindung und
- strukturierte oder flexible Selbst- und Arbeitsorganisationen.

C. Margerison und D. Mc. Cann nahmen diese Theorie der Persönlichkeitstypen auf und verglichen die unterschiedlichen Eigenschaften mit den Anforderungen an Rollen in einem Projekt. Ihrem Ansatz nach gibt es acht verschiedene Aufgabenrollen, welche auf Persönlichkeitsprofilen – entsprechend den Eigenschaften und Fähigkeiten – basieren. Eine solche optimale Besetzung kann somit maßgeblich für den Erfolg eines Teams sein.

„Bei diesen Neigungen handelt es sich größtenteils um angeborene Persönlichkeitsmerkmale, die sich mit ebenso unterschiedlichen Talenten und Ausbildungswegen zu ganz bestimmten Arbeitsstilen und Arbeitspräferenzen verbinden."

aus [Haug92]

Dieses Modell sagt nicht aus, dass ein Team nur mit mindestens acht Personen leistungsfähig wäre (sodass jede Rolle einer unterschiedlichen Person zugeteilt werden kann). Bei kleineren Teams können mehrere Teamarbeiter verschiedene Rollen gleichzeitig bekleiden. Hierbei müssen sich allerdings die verschiedenen Funktionen, die in einer Person vereinigt sind, naturgemäß ähnlich sein.

Der TMK ist also ein gutes Hilfsmittel, um Teammitglieder gezielt abhängig von der Art zusammenzubringen, wie sie mit anderen Menschen bzw. deren Meinungen und Entscheidungen umgehen. *Abbildung 6.1* veranschaulicht das Modell des TMK.

Um einen vertiefenden Überblick über die Eigenschaften der verschiedenen Rollen zu geben, folgt hier eine Beschreibung der einzelnen Funktionen mit ihren jeweiligen Aufgabenbereichen:

- *Berater* (Reporter – Adviser): Sorgt für das Sammeln von Informationen zu einem Problem und die verständliche Aufbereitung. Er ist weder beratschlagend noch entscheidungsfreudig, sein Schwerpunkt liegt auf der Klärung von Details und der Beschaffung von relevanter Information, um Fehlentscheidungen vorzubeugen. Er ist kein Organisator, steuert aber viel zum Thema bei. Er leistet einen wichtigen Beitrag zum Teamaufbau und zur Förderung für die Teamentwicklung.

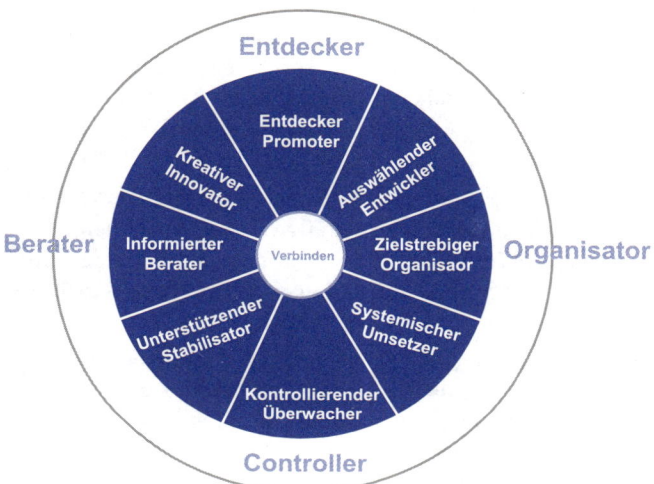

Abbildung 6.1: Team-Management-Kreis (nach [Marg92])

- *Kreativer* (Creator – Innovator): Diese Rolle zeichnet sich durch Ideenreichtum und Experimentierfreudigkeit aus. Er akzeptiert Hierarchien schwer und will sich nicht unterordnen. Er arbeitet bevorzugt selbstständig. Generell ist diese Persönlichkeit recht schwierig mit anderen Teammitgliedern in Einklang zu bringen, sie sorgt dafür aber immer wieder durch unkonventionelle Ideen für „neuen Wind".

- *Überzeuger* (Explorer – Promoter): Er behält den Überblick und kann im richtigen Moment die notwendigen Kontakte knüpfen, um die nötigen Informationen aufzutreiben bzw. Hilfsmittel zu beschaffen. Er ist weniger an Details interessiert, sondern betrachtet eher den Masterplan. Neuen Ideen gegenüber ist er aufgeschlossen und kann andere für Innovationen begeistern. Er ist kontaktfreudig. Er kann Ideen von außen einbringen oder nach außen präsentieren.

- *Bewerter* (Assessor – Developer): Er entspricht einem „Prüfer", der testet, ob Ideen auch umsetzbar sind und Bestand haben. Er schätzt die Arbeitsergebnisse in der Regel realistisch ein. Er ist begeistert bei der Erstellung eines Prototyps, routinemäßige Produktion ist für ihn hingegen eher unbedeutend. Er besitzt eine ausgeprägte analytische und objektive Perspektive. Er schätzt Praktikabilität und Marktgängigkeit einer Neuigkeit ein und kümmert sich nach bestandener Prüfung darum, diese Idee zu verwirklichen.

- *Entscheider* (Thruster – Organizer): Er ist vorzugsweise an der Erstellung von konkreten Plänen beteiligt. Er begeistert sich für die Organisation von Personal und Systemen sowie die Festsetzung von Terminen und Zielen. Krisen wirken auf ihn anspornend. Er schätzt generell Hierarchie und Strukturen. Diese Rolle entspricht eher einer unpersönlichen Haltung gegenüber den Mitgliedern, da sie stark von seinem Urteil über deren Leistungsfähigkeit beeinflusst ist.

- **Macher** (Concluder – Producer): Seine Stärke liegt im Durchhaltevermögen, dem Erledigen aller Routinearbeiten und der Zuverlässigkeit bei der Erledigung aller nach Vorgaben definierten Aufgaben, die ausgeführt werden müssen. Er hat einen gesunden Realismus gegenüber eigenen Fertigkeiten und der Erreichung der gesetzten Teamziele und mahnt andere Teammitglieder zur Einhaltung von Plan- und Budgetvorgaben.

- **Prüfer** (Controller – Inspector): Seine Spezialität ist die Ausarbeitung von Details, das Aufspüren von Fehlern, und er ist daher bestens geeignet für Qualitätssicherung und Budgetplanung. Diese Rolle kann ihre Konzentration lange persönlich sowie gründlich einer Aufgabe widmen. Im Team zeichnet er sich eher durch geringe Kontaktfreudigkeit aus, dafür ist er im Hintergrund ein wichtiger maßgeblicher Faktor für den Fortschritt im Team

- **Bewahrer** (Upholder – Maintainer): Diese Rolle ist ein guter Helfer und bietet schwachen Teammitgliedern gerne Unterstützung an. Er versteht es, Gefühlsbeziehungen im Team zu stabilisieren und diesen so Rückgrat zu verleihen. Nach außen verteidigt er das Team und ist auf die Aufrechterhaltung von Teamnormen und Werten bedacht. Veränderungen werden eher reserviert betrachtet.

6.2   Arbeitsgruppen

Stellen Sie sich vor, Ihr Chef hat Ihnen gerade eine Spezifikation auf den Tisch gelegt und gefragt: „Wie lange brauchen Sie mit einer weiteren Person, um das zu erledigen?" Welche Frage stellen Sie zuerst?

Würden Sie fragen: „Können wir objektorientierte Methoden verwenden?" oder „Welches CASE-System können wir kaufen?" – Natürlich nicht. Ihre erste Frage lautet: „Wer ist die andere Person?"

[DeMa97] S. 81

Ein Projekt wird üblicherweise von mehreren Personen zusammen durchgeführt. Diese Personen bilden eine Arbeitsgruppe, in welcher mehr oder weniger viele Rollen definiert sein können und jede Rolle mit einer oder mehreren Personen besetzt sein kann. Eine Arbeitsgruppe bzw. deren Gruppenleiter ist meist einer Person des Managements unterstellt. Die Gruppe erhält von diesem Manager Arbeitsaufträge und muss über die erledigte Arbeit Berichte erstellen.

Eine Arbeitsgruppe kann für ein bestimmtes Projekt gebildet werden. Nach Beendigung des Projekts kehren die Personen wieder in andere Arbeitsbereiche zurück oder werden in anderen Arbeitsgruppen eingesetzt. Diese Variante besitzt den Vorteil, dass für jedes Projekt die am besten qualifizierten Personen für die Arbeitsgruppe eingesetzt werden könnten. Die Realität zeigt jedoch, dass oft jene Personen für eine Arbeitsgruppe abgestellt werden, welche entweder ungeachtet ihrer Qualifikation zu diesem Zeitpunkt verfügbar sind oder – im schlechteren Fall – aufgrund mangelnder Qualifikation in ihrem Arbeitsbereich am leichtesten entbehrlich sind.

6.2.1 Gruppenstrukturen

Anhand der Zusammensetzung einer Arbeitsgruppe können verschiedene Ansätze unterschieden werden. Die hier vorgestellten Modelle einer demokratischen Arbeitsgruppe und des Chefprogrammierer-Teams sind von eher theoretischem Interesse und wurden in der Praxis nur in wenigen Fällen angewandt. Dennoch sind sie von Interesse, da der darauf folgende praktische Ansatz eine Mischung aus Ideen dieser zwei Modelle zusammen mit pragmatischen Ergänzungen darstellt. Je nach Projekt kann eine Arbeitsgruppe auch mehr zu einer der beiden theoretischen Organisationsformen tendieren, wenn es die daran beteiligten Personen ermöglichen.

Theoretische Modelle

Demokratische Arbeitsgruppe ([Wein71]): Dieser Ansatz basiert auf der Annahme, dass ein Programmierer eine Beziehung zu seinen Produkten besitzt. Aufgrund dieser Beziehung suchen Programmierer nur ungern und sehr ungenau nach Fehlern. Die Idee einer demokratischen Arbeitsgruppe ist, diese Beziehung aufzulösen. Einen Fehler zu finden, darf in einer solchen Gruppe nicht als Unannehmlichkeit empfunden werden, sondern die Mitglieder sollten sich dazu gegenseitig motivieren. In einer demokratischen Gruppe gibt es keinen festgelegten Gruppenleiter. In einer solchen Gruppe sind vor allem der gegenseitige Respekt und eine gemeinsame Vision sehr wichtig, um die Mitglieder aneinander zu binden. Größter Vorteil einer demokratischen Gruppe ist die positive Einstellung bezüglich der Suche nach Fehlern. Größter Nachteil dieses Ansatzes ist die Tatsache, dass eine solche Gruppe nur funktioniert, solange es innerhalb der Gruppe keine Beförderungen und somit Positionsunterschiede gibt. Aufgrund dessen kann es für das Management schwierig sein, mit einer solchen Gruppe zu arbeiten.

Chefprogrammierer-Team ([Bake72]): In einer Gruppe mit sechs Mitgliedern würde es bei einer Kommunikation zwischen jedem der Mitglieder zu $5 + 4 + 3 + 2 + 1 = 15$ Kommunikationswegen kommen. Um diese Vielzahl zu verringern, geht Kommunikation nur von einem bestimmten Gruppenleiter aus. Der Gruppenleiter wird in seiner Arbeit von Spezialisten unterstützt. In [Broo82] wird dieser Ansatz mit einem Operationsteam verglichen, in welchem dem Chefarzt von einem Herzspezialisten usw. assistiert wird. *Abbildung 6.2* zeigt eine solche Chefprogrammierer-Gruppe.

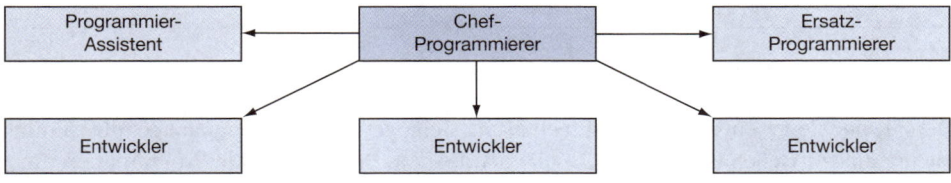

Abbildung 6.2: Struktur einer Chefprogrammierer-Gruppe

Der Chefprogrammierer ist zugleich ein guter Manager und ein talentierter Programmierer. Er entwickelt die kritischen Teile der Applikation und teilt die anderen Gruppenmitglieder für bestimmte Arbeiten ein. Weiters überprüft er die gesamte Arbeit. Der Ersatzprogrammierer ist ein Programmierer, der die Rolle des Chefprogrammierers bei dessen Ausfall einnimmt. Er muss nicht nur die Arbeit eines herkömmlichen Programmierers leisten, sondern mit dem Projekt ebenso gut vertraut sein wie der Chefprogrammierer. Der Programmierassistent erledigt administrative Aufgaben und kümmert sich auch um technische Belange wie Archivierung von Versionen und die Dokumentation des Projekts. Die Programmierer implementieren das System gemäß dem Auftrag des Chefprogrammierers.

Dieser Ansatz ist machbar, wenn sich erstens die Person des Chefprogrammierers finden lässt und zweitens ein fast ebenso guter Ersatzprogrammierer zur Verfügung steht. Beide Positionen sind nur schwer zu besetzen, da sich die Qualitäten eines Managers und Programmierers nur selten gut vereinigen lassen und eine derart qualifizierte Person nur ungern die Vertretung für jemanden übernimmt, wenn sie selbst qualifiziert genug wäre, als Chefprogrammierer zu arbeiten. Auch ein Programmierassistent ist nicht leicht zu besetzen, da ein Techniker kaum die viele Dokumentationsarbeit leisten will, und ein Sekretär kaum über das notwendige technische Wissen verfügt.

Praktischer Ansatz

Typische Gruppenstruktur ([Scha99]): Die bisher genannten Ansätze haben zweierlei personelle Probleme. In einer demokratischen Gruppe gibt es keine Hierarchie, weswegen die Leitung dieser Gruppe seitens des Managements schwierig sein kann. In einer Chefprogrammierer-Gruppe werden von den einzelnen Mitgliedern zu viele Qualifikationen abverlangt.

Eine moderne und heute durchaus übliche Gruppenstruktur besitzt eine Hierarchie und definiert ausreichend verschiedene Rollen, um alle benötigten Qualifikationen aufteilen zu können. *Abbildung 6.3* zeigt eine mögliche Struktur einer solchen Gruppe.

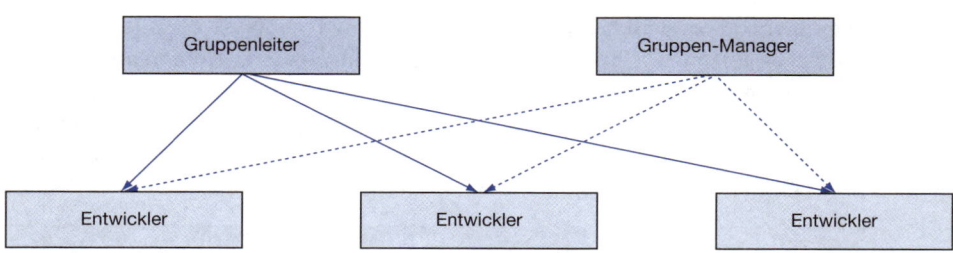

Abbildung 6.3: Eine moderne Gruppenstruktur

Der Gruppenleiter entscheidet über technische Belange. Der Gruppenmanager übernimmt die organisatorischen und wirtschaftlichen Aufgaben. Beide teilen die Programmierer der Gruppe nach Bedarf ein. Im Normalfall stimmen sich Gruppenleiter und Gruppenmanager in wichtigen Entscheidungen ab bzw. holen gegenseitig Rat ein. Für größere Projekte können über dem Gruppenleiter und dem Gruppenmanager noch beliebig viele Managementschichten mit einbezogen werden (z.B. ein Projektleiter, welcher mehrere Gruppen betreut). Auch auf der Ebene der Entwickler lassen sich beliebige Rollen definieren (z.B. Analytiker, Programmierer, Tester usw.).

6.2.2 Kommunikation in der Arbeitsgruppe

Wie in der Beschreibung von möglichen Gruppenstrukturen erwähnt, spielt die Kommunikation innerhalb der Gruppe sowie zwischen der Gruppe und dem übergeordneten Management eine große Rolle. Um die Kommunikation so geordnet und nachvollziehbar wie möglich zu gestalten, sollten die Kommunikationskanäle (Gespräch, Telefon, E-Mail usw.) und die möglichen Kommunikationsgründe gut analysiert und auch dokumentiert werden. Wenn möglich, sollten redundante Kommunikationswege (z.B. sowohl der Programmierer als auch der Gruppenleiter berichten dem Projektleiter) vermieden werden. Notwendige Kommunikation sollte über so wenige Rollen und Kommunikationskanäle wie möglich stattfinden. *Abbildung 6.4* zeigt ein mögliches Diagramm, welches die gesamte stattfindende Kommunikation einer Arbeitsgruppe darstellt.

Ein wesentlicher Punkt bei der Kommunikation innerhalb einer Arbeitsgruppe und auch bei stattfindender Kommunikation zwischen Entwicklern und Kundenvertretern ist die Nachvollziehbarkeit. Zahlreiche Informationen gehen verloren, weil diese nach einem Gespräch oder aus einer E-Mail nicht bleibend archiviert werden. So kommt es oft vor, dass dieselben Dinge mehrmals mit den Kunden geklärt werden müssen, oder dass drei Programmierer dieselbe Frage an den Analytiker richten. Wesentlich problematischer ist das Auslassen der Dokumentation von wesentlichen Entscheidungen (z.B. die Verwendung eines älteren Sprachstandards aufgrund einer erforderlichen Abwärtskompatibilität). Werden Entscheidungen nicht dokumentiert, so kann dies zu unterschiedlichem Vorgehen in einer Arbeitsgruppe führen. Die Ausbesserung des dadurch entstehenden Zeitverlusts führt möglicherweise bei später Entdeckung zu einem hohen unerwünschten Zusatzaufwand.

Grundsätzlich sollte jede wichtige Information und Entscheidung, die im Zuge eines Gesprächs oder in Form von elektronischer Kommunikation ausgetauscht bzw. getroffen wird, für alle Mitglieder der Arbeitsgruppe zugänglich gemacht werden (z.B. über dafür geeignete CSCW[1]-Software). Für mündliche Gespräche sollten Gesprächsnotizen angelegt werden. Bei elektronischer Kommunikation kann das elektronische Dokument meist einfach archiviert und verbreitet werden. Werden jedoch auch unnötige Informationen dokumentiert, führt dies zu einem unnötigen Aufwand und zu einer Informationsflut, die das Gegenteil ihres ursprünglichen Zwecks erfüllt.

Abbildung 6.4 zeigt die in diesem Abschnitt definierten Rollen und deren Kommunikation untereinander. So liefert zum Beispiel der Tester die schriftlichen Testberichte an den Gruppenleiter, und die Programmierer besprechen mit dem Gruppenleiter mündlich Probleme bei der Implementierung. In dieser Abbildung sind sowohl die richtigen Ansprechpartner für bestimmte Probleme (z.B. für die Klärung von Fragen bezüglich der Architektur) als auch die beste Art der Kommunikation dargestellt. Wichtig sind vor allem die Pfade, die Kommunikation über E-Mail oder mündlich mit Gesprächsnotiz vorsehen, da diese Formen von der zuvor beschriebenen Problematik der Informationsbereitstellung für andere Gruppenmitglieder innerhalb einer Arbeitsgruppe am meisten betroffen sind.

---

[1] CSCW = *computer supported cooperative work*

6.3   Teams

Teams werden meist als sich selbst organisierende und sich selbst steuernde Ein-
heiten eingerichtet. In diesem Sinne ist ein Team eine Gruppe von Mitarbeitern,
die für einen ganzen geschlossenen Arbeitsgang verantwortlich ist und die das
Ergebnis ihrer Arbeit als Produkt oder Dienstleistung an einen internen oder
externen Empfänger liefert. Sie leisten nicht nur Arbeit – Sie organisieren sich
selbst.

[Haug 92]

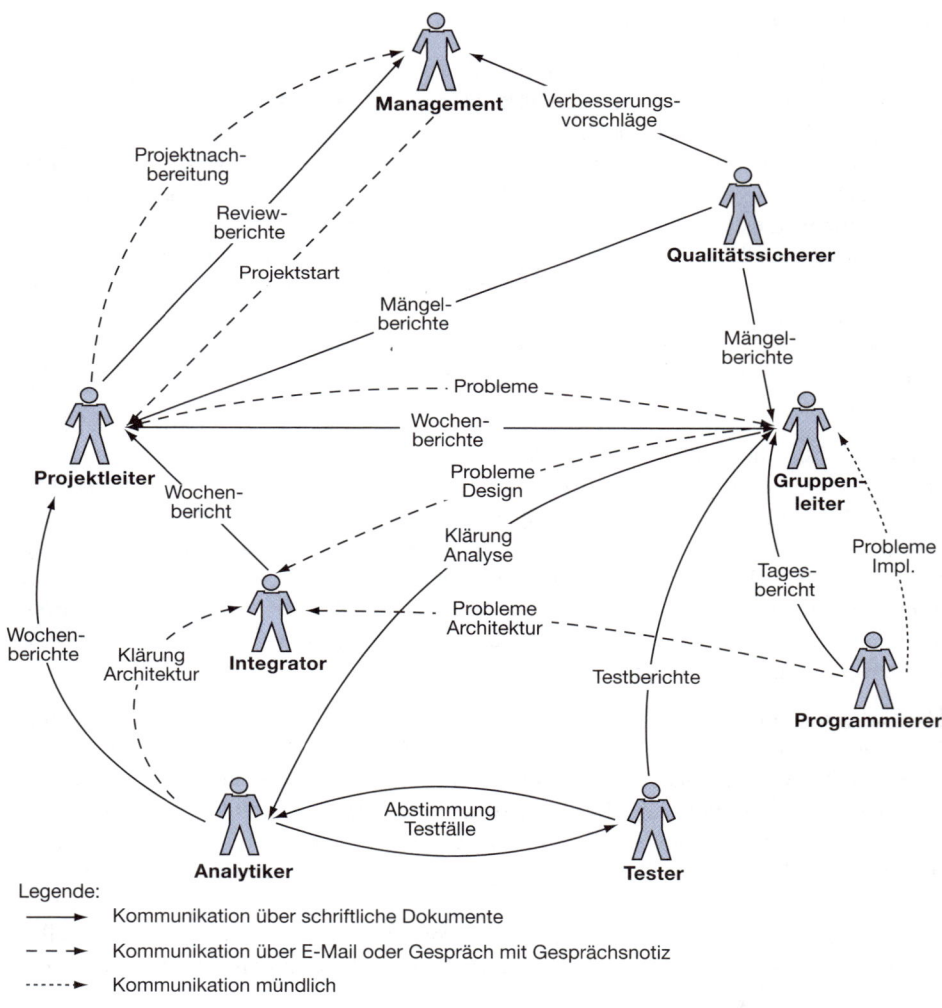

Abbildung 6.4: Kommunikationsbeziehungsdiagramm

Teams werden meist genauso wie Arbeitsgruppen gebildet, wenn ein komplexes Vorhaben – eine (interdisziplinäre) Zusammenarbeit – erforderlich ist. Zweck, Zielsetzungen und Dauer können hierbei unterschiedlich sein und variieren. Die Mitarbeiter eines Teams leben innerhalb eines gewissen Ordnungssystems ihren eigenen produktiven Arbeitsstil aus und arbeiten unter diesen Bedingungen produktiver bzw. effizienter als in der herkömmlichen Organisationsform. Zusätzlich entlastet Teamarbeit das Management und entlastet damit das Unternehmen um einen hohen Kostenfaktor. Damit ist Teamarbeit als Arbeitsform ein Schritt in Richtung größerer Flexibilität und in weiterer Folge auch eine Voraussetzung für den Fortbestand eines Unternehmens.

Die Unterschiede zwischen einer Arbeitsgruppe und einem Team führen im Bereich des Leistungsniveaus zu sehr markanten Unterschieden, wie in *Abbildung 6.5* veranschaulicht.

Gruppen haben eine gemeinsame Zielorientierung, wobei hier die Verantwortung der Vorgesetzte trägt. Unter einem solchen klassischen autoritären Führungsstil werden die Gruppenmitglieder zu ausführenden Organen degradiert. Innovations- und Einsatzbereitschaft kann unter diesen Bedingungen von keinem Gruppenmitglied erwartet werden.

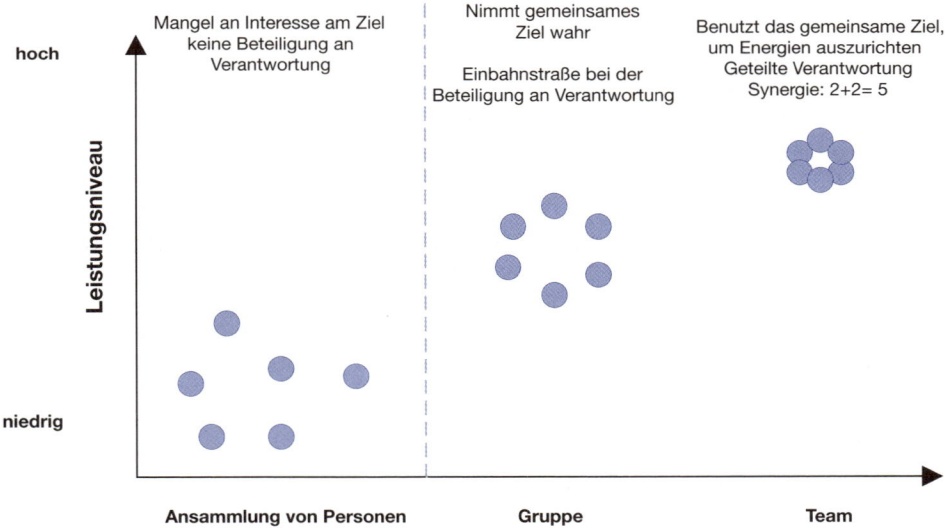

Abbildung 6.5: Gruppenleistung versus Teamleistung (aus [Haug92])

Bei Teams hingegen ist die Verantwortung auf die Teammitglieder verteilt. Jedes Teammitglied ist in Entscheidungsprozesse involviert und identifiziert sich dadurch verstärkt mit dem Endprodukt und seiner Qualität. Diese Identifikation wird in Teams dazu genützt, die Energien auf diesem Wege zu einem möglichst großen Synergieeffekt zu bündeln: 2 + 2 = 5. In diesem Sinne steht der Begriff „Team" für eine außergewöhnlich leistungsfähige Gruppe. Teams werden dazu gebildet bzw. sind selbst darauf bedacht, über ein einzelnes Projekt hinaus zu existieren. Gerade aus dieser Langfristigkeit eines Teams verstärken sich die eigene Identität und auch die Abstimmung im Team. Beide

Faktoren tragen wesentlich zur Motivation und damit schließlich auch wieder zur Produktivität im Team bei.

6.3.1   Teamfaktoren

Wenn einer alles selbst machen will, braucht er sich nicht zu beklagen, dass er schließlich alles selbst machen muss.

Henri Nannen

Ob Teams bestehen und ihre Aufgaben erfolgreich bewältigen, hängt im Weiteren vom Zusammenspiel und der Dynamik zweier wesentlicher Dimensionen statt. Diese lassen sich nach [Haug92] in harte und weiche Teamfaktoren unterteilen.

Unter harten Teamfaktoren versteht man objektiv messbare und empirisch erfassbare Aspekte der Teamarbeit. Messbar sind dabei Zeitvorgaben, Zielvorgaben, Aufgabenverteilung oder Projektplanung. Zu den objektiv messbaren Teamfaktoren zählen damit:

- Teamziele,
- Teamführung,
- Zeit- und Projektplanung,
- Qualifikations- und Aufgabenverteilung,
- Entscheidungskompetenz,
- Einbindung im Unternehmen.

Weitere, als schwer messbare Phänomene geltende Einflüsse werden als weiche Teamfaktoren bezeichnet, die von jedem Teilnehmer der Gruppe subjektiv wahrgenommen werden. Hierbei kommt es weniger auf die einzelnen Aspekte der Ausprägungen an, als vielmehr auf die gesamte Konstellation und die Mischung der vorhandenen Einflüsse. Zu den weichen Faktoren zählen:

- Vision,
- Kommunikation und Interaktion,
- sachliche und emotionale Offenheit,
- gegenseitige Unterstützung,
- konstruktive Konkurrenz,
- Partizipation und Engagement,
- Interesse, Vertrauen und Akzeptanz,
- Übernahme von Verantwortung,
- konstruktive Unzufriedenheit,
- Arbeitsklima,
- Effizienz, Dynamik, Teamgeist.

Die richtige Zusammensetzung der Ausprägung dieser Faktoren ist ein Maß für die Leistungsfähigkeit und damit in weiterer Folge ein Maß für den Erfolg, den das Team erzielt. Die Liste der angeführten Teamfaktoren soll hier lediglich Anhaltspunkte geben, welche Faktoren in der Teamarbeit eine Rolle spielen können. Häufig ist es ausreichend, sich im Team bewusst zu machen, auf welche Bereiche geachtet werden muss, um das Arbeitsklima zu verbessern.

6.3.2 Teambildung: Wie spät ist es in Ihrem Team?

Der Prozess der Teambildung ist in vier Phasen eingeteilt und wird gerne anhand der „Teamuhr" von [Tuck92] veranschaulicht. Jede Gruppe durchläuft, bevor sie zu einem Team zusammenwächst, vier Phasen. Die Entwicklungen zwischen den vier Stufen können unterschiedlich viel Zeit und persönliche Ressourcen der werdenden Teammitglieder fordern. Auch Rückschritte sind in diesem iterativen Modell nicht ausgeschlossen. Bei personellen Veränderungen können auch alle Phasen noch einmal durchlaufen werden.

Wie sp t ist es in ihrem Team?

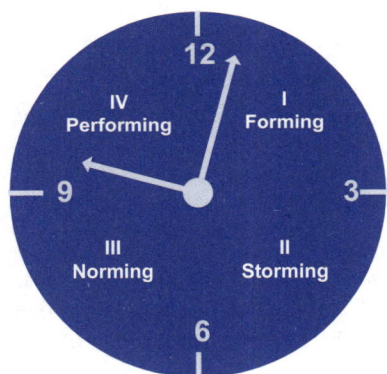

Abbildung 6.6: Die Teamuhr: Prozessphasen der Teamentwicklung (nach [Tuck65])

Die vier Phasen sind:

1. *Forming:* Die erste Phase ist geprägt von einem meist höflichen und etwas unpersönlichen Umgang. Die eigenen Interessen, die eigene Meinung werden noch sehr vorsichtig geäußert und eingebracht. Diese Phase dient dem gegenseitigen „Abtasten" und Kennenlernen.

2. *Storming:* In der darauf folgenden zweiten Phase – dem Storming – kommt es zur Auseinandersetzung mit- und gegeneinander. Machtpositionen werden unter emotionalen Spannungen untereinander ausgetragen. Es werden Rollen und Rechte durch Konflikte untereinander ausgehandelt, damit gemeinsam die zukünftige Arbeit „normiert" gestaltet werden kann. Konfrontationen auf der persönlichen Ebene sind häufige Begleiterscheinungen. Oft unsachliche Diskussionen führen zur Koalitionssuche und

Cliquenbildung. Wichtig in dieser Phase ist, Konflikte zuzulassen und nicht zu überspielen. Die Teamleitung kann in der Rolle als Moderator diese Phase beschleunigen.

3. *Norming:* Gruppen, die das Storming erfolgreich überstehen, erleben die Phase der positiven Abstimmung untereinander und einer stark nach vorne, auf die erstrebte Zusammenarbeit, gerichteten Ausrichtung des Teams. Von allen ersehnte, bessere Umgangsformen werden entwickelt, neue, auf das Team und seine Aufgaben spezifizierte Verhaltensweisen entstehen, konstruktives Feedback sorgt für eine hochwertige Zusammenarbeit und ermöglicht eine sachliche Konfrontation.

4. *Performing:* Die Gruppe ist schließlich zum Team geworden, welches jetzt in der Lage ist, sich selbst zu organisieren, und eigenverantwortlich zu arbeiten. Es beginnt die Arbeitsphase, in der hochproduktive Leistungen für das Projekt erbracht werden.

6.3.3   Führung im Team

Bevor auf Teamführung konkreter eingegangen wird, soll zuvor ein kurzer Überblick über prinzipielle Führungsstile gegeben werden.

Führungsstile können unter verschiedenen Aspekten betrachtet werden:

- nach Macht und Entscheidungsspielraum des Vorgesetzten und der Gruppe (*Abbildung 6.7*),
- nach der Orientierung gegenüber der Aufgabe und den Personen (*Abbildung 6.8*),
- oder nach ihrer motivierenden Funktion.

Führung ist die Beziehung zwischen den Führungskräften und den Mitarbeitern (einzelne Personen wie auch ganze Gruppen).

Ein Führungsstil ist die Art des Verhaltens, welche sich aus den unternehmerischen Wertvorstellungen der Führungskräfte ergeben. Generell kann behauptet werden, dass der Wirkungsgrad von Führungsstilen situationsabhängig ist. Das bedeutet: Es gibt für bestimmte Situationen effizientere Führungsmethoden als für andere. Es ist nun Aufgabe des führenden Mitarbeiters zu entscheiden, wann welcher Stil angebracht ist.

Während der klassisch autoritäre Führungsstil sich durch die alleinige Entscheidungskompetenz des Vorgesetzten auszeichnet und Mitarbeiter lediglich Anweisungen entgegennehmen, legt der demokratische Führungsstil Wert auf die Miteinbeziehung aller Mitwirkenden am Entscheidungsprozess und damit den weiteren Verlauf des Projekts.

Anhand von *Abbildung 6.7* lässt sich das Spektrum der Führungsstile grob veranschaulichen. Es stellt den gesamten Bereich vom autoritären bis hin zum partizipativ demokratischen Stil dar.

Die Wichtigkeit liegt auf der Hand. Viel Potenzial, Engagement und Innovationsbereitschaft kann durch ungeeignete Führungsmethoden verloren gehen und sich negativ auf die Leistung und das Klima in der Gruppe auswirken. Hingegen kann der richtige Umgang mit Teammitgliedern enorme Energien freisetzen, was neben der motivierenden Wirkung auf die einzelnen Mitarbeiter sich auch förderlich auf die Qualität des Endprodukts auswirkt.

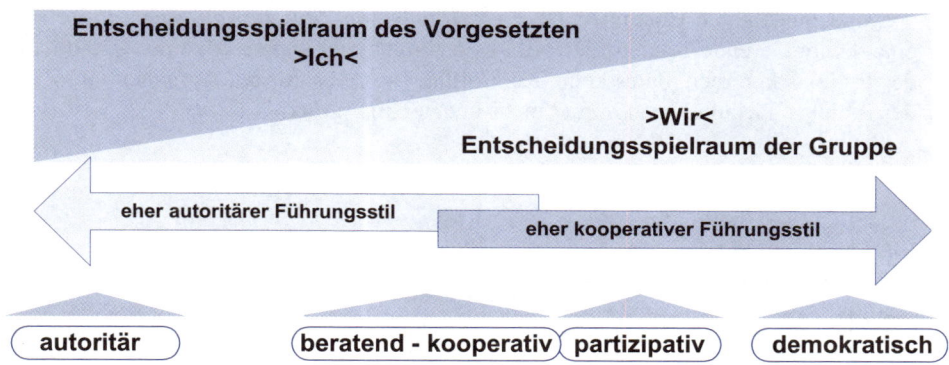

Abbildung 6.7: Entscheidungsspielräume in Abhängigkeit von den angewendeten Führungsstilen

Ein weiterer Aspekt, unter dem Führung betrachtet werden kann, ist, wie bereits angedeutet, die Orientierung gegenüber der Aufgabe und den Mitarbeitern. Dieses Modell der situationsbezogenen Führung unterscheidet vier Stile. Nach [Kone95] und [Geip03] werden diese folgendermaßen charakterisiert:

1. *Autoritärer Führungsstil:* Dieser Stil orientiert sich vorrangig an den zu erledigenden Aufgaben des Softwareprojekts und dem Erreichen des Projektziels. Die Entscheidungskompetenz liegt ausschließlich beim Vorgesetzten, welcher Aufgaben vorwiegend an seine Mitarbeiter delegiert und die Ergebnisse kontrolliert. Die Folge ist ein distanziertes Verhältnis aufgrund mangelnden Austausches auch unter den Mitarbeitern. Eine weitere Konsequenz ist geringe Eigeninitiative und Ideenmangel. In diffusen Projektphasen kann dieser Stil allerdings mit klaren Vorgaben und strukturierten Abläufen entzerrend wirken.

2. *Wohlwollend-beratender Führungsstil:* Auch kooperativer Führungsstil genannt. Die Aufmerksamkeit orientiert sich hier gleichermaßen an den Aufgaben des Softwareprojekts sowie an den Bedürfnissen der Mitarbeiter. Alle Mitwirkenden werden in Entscheidungsprozesse miteinbezogen. Eigenverantwortliches Arbeiten, Eigeninitiative sowie eine angenehmes Arbeitsklima wird vom Vorgesetzten, der hier eher als Prozessbegleiter agiert, gefördert. Gute Zusammenarbeit („Wir-Gefühl") und die Produktqualität stehen hier im Vordergrund.

3. *Beratend-demokratischer Führungsstil:* Hier stehen vorrangig die Bedürfnisse der Mitarbeiter im Vordergrund, die Projektaufgaben sind nachrangig. Der Vorgesetzte zeigt hier große Hilfsbereitschaft, verhält sich unterstützend und nimmt auch gern Verantwortung ab. Die Anwendung dieses Stils sollte sich auf gewisse Situationen – wie z. B. die Einarbeitung neuer Projektmitarbeiter – beschränken, da sonst das Team Gefahr läuft, zur Unselbstständigkeit erzogen zu werden, und der weitere Projektverlauf gefährdet werden kann.

4. *Laisser-faire-Führungsstil:* Der Vorgesetzte lässt seinen Mitarbeitern viel Freiheit, sowohl in der Gestaltung der Projektabläufe, als auch in der Zusammenarbeit untereinander. Mit wenig Vorgaben und viel Freiraum hat dieser Stil einen besonders kreati-

ven und innovativen Charakter. Über einen längeren Zeitraum hingegen ergibt sich eine demotivierende Tendenz der Mitarbeiter. Auch hier kann es zu einer Gefährdung des Projekts kommen, da es keine Kontrollfaktoren gibt, rücken Aufgaben und Ziele des Projekts nach und nach immer mehr in den Hintergrund.

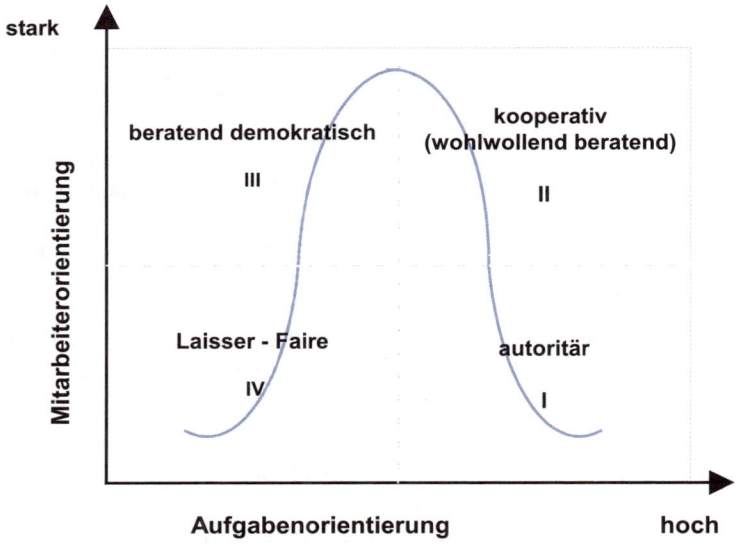

Abbildung 6.8: Hersey und Blanchards Modell der situationsbezogenen Führung (aus [Kone95] S. 331)

Teams „zu führen" ist eine Frage der Umstände. Eine direktiv geführte Gruppe kann ein gutes Team sein, ebenso wie eine demokratisch ausgerichtete Gruppe. Die Hauptfrage, die hier gestellt werden muss, ist die Art und Weise der praktizierten und organisierten Führung.

Das Motto des teamorientierten Führungsstils könnte mit der Aussage „Zug statt Druck" beschrieben werden, was an die Teamleiter neben hohen fachlichen Anforderungen auch erhebliche methodische, organisatorische und soziale Kompetenzen stellt, die auf die produktive Teamentwicklung ausgerichtet sind.

Da Teams in der Regel sehr heterogen betreffend Erfahrung der einzelnen Teammitglieder sind, Einsatzbereiche, Fachwissen und Persönlichkeit, muss eine flexible Form der Führung stets angewendet werden. Der so genannte situative Führungsstil eignet sich hierzu am besten. Dieser orientiert sich am Reifegrad der Mitarbeiter und führt jeden Einzelnen auf seine Weise. Fragen wie, „Wer arbeitet in meinem Team selbstständig?", „Wer braucht mehr Kontrolle?" können hier entscheidende Hinweise auf den Umgang mit den einzelnen Mitarbeitern geben.

Situatives Führen bedeutet aber auch, den Situationen entsprechend zu handeln. Beispielsweise ist es in manchen Phasen notwendig, rasche Entscheidungen zu treffen und deren Umsetzung zu veranlassen. In gewissen Teilbereichen kann und soll sich ein Team aber selbst führen. Das heißt, es entwickelt und akzeptiert ein prozesshaftes und komplexes Vorgehen für

- Zielfindung, Strategie und Methoden,
- Arbeitsteilung, Gestaltung und Spielregeln,
- Kontrolle, Reflexion, Situationsanalyse und Konfliktregelung.

Zusammenfassung

- Das Gelingen eines Softwareentwicklungsprojekts ist primär von den Personen abhängig, welche dieses Projekt tragen. Der Umgang mit diesen Personen und deren Einsatz in der Projektorganisation ist ein wesentliches Erfolgs- oder Misserfolgsmerkmal.
- Rollen im Team sorgen dafür, dass alle Mitarbeiter über ihre Verantwortlichkeiten Bescheid wissen, und die Verantwortungsbereiche im Projekt klar voneinander getrennt und vollständig abgedeckt sind.
- Rollen können zu Projektbeginn festgelegt werden, können und werden sich im Laufe der Zeit aber ändern, um geänderten Projektbedingungen gerecht zu werden oder den Erwartungen, Stärken und Schwächen der Mitarbeiter besser zu entsprechen.
- Arbeitsgruppen werden aus einer bestehenden (Linien-)Organisation oft für ein Projekt herausgelöst, um die speziellen Anforderungen des Projekts in der gesonderten Organisationsform gezielter bearbeiten zu können.
- Arbeitsgruppen werden meist zentral und hierarchisch geleitet, die einzelnen Mitarbeiter übernehmen nur ein Mindestmaß an Verantwortung.
- Teams werden ebenso wie Arbeitsgruppen gebildet, um besondere Aufgabestellungen abseits des Tagesgeschäfts bearbeiten und lösen zu können.
- In einem Team herrscht für gewöhnlich im Gegensatz zu einer Arbeitsgruppe eine wesentlich egalitärere Stimmung, was dazu führt, dass die einzelnen Teammitglieder sich viel stärker mit dem Projekt- und/oder Teamziel identifizieren und damit auch wesentlich motivierter sind, produktiv im Team zu agieren.
- Teams entstehen nicht schlagartig und auf Befehl. Es ist ein lange andauernder Prozess erforderlich, bis sich von Einzelpersonen ausgehend über eine Gruppe ein Team bildet, das auch tatsächlich hochproduktiv arbeitet.
- Der Führung im Team kommt eine besondere Rolle zu, da es einerseits zu beachten gilt, nicht durch zu rigide Führung aus einem Team wieder „nur" eine Gruppe werden zu lassen, und andererseits auch in einem Team ein Mindestmaß an Führung notwendig ist, um z.B. Koordination, Kommunikation und Repräsentation nach außen wirksam zu gestalten und zu überwachen.

Übungen und Fragen

1. Bearbeiten Sie in Bezug auf das fiktive Entwicklungsprojekt „E-Store" folgende Problemstellungen:
   - Wer in Ihrem beruflichen oder privaten Bekanntenkreis könnte die Rolle eines Projektleiters in dem Projekt einnehmen? Begründen Sie Ihre Annahme.
   - Das User Interface wird für das Projekt sehr bedeutend sein. Wer könnte die Rolle des UID- und Marketing-Leiters übernehmen? (Begründung)
   - Welche Personen in Ihrem Bekanntenkreis wären als Programmentwickler in dem Projekt geeignet? Was müssten sie wahrscheinlich noch lernen, wie lange werden sie dafür brauchen?

2. Welchen der vier Führungsstile wenden Sie an, wenn ...
   - Sie einen neuen Projektmitarbeiter haben?
   - ein Projektmitarbeiter schon sehr lange ein Leistungsträger in Ihrem Team ist und stets zuverlässig und selbstständig arbeitet?
   - wenn ein Mitarbeiter immer nur auf Nachdruck seine Aufgaben abliefert?
   - wenn er gar keine Arbeiten abliefert? (Symptom von Überforderung)?

3. TMK: Welches Profil bin ich? Fragen zur Selbsteinschätzung:
   - Welchen Beitrag kann ich in meinem Team leisten?
   - Durch welche Aufgabenbereiche und Tätigkeiten gewinne ich Zufriedenheit? Wo liegen meine Stärken (Analytik, Kreativität, Administration ...)?
   - Was sind Tätigkeiten, die ich nicht gerne mache? Welche Art von Aufgaben missfällt mir (Programmieren, Testen, Dokumentation, Entwerfen)?
   - Wie verhalte ich mich, wenn ich mit anderen Menschen in ein Projekt einbezogen bin (tendenziell introvertiert-zurückhaltend, extrovertiert – auf andere zugehend, diskussionsfreudig ...) ?
   - Wie verhalte ich mich vorzugsweise bei unerwarteten Aufgaben, die unter viel Zeitdruck abgeschlossen werden müssen (Informationen einholen, tüfteln, mit anderen „brainstormen")?

4. Beschreiben Sie jene Rollen, die Sie bereits in Softwareentwicklungsprojekten eingenommen haben. Welche Verantwortungen und welche Rechte hatten Sie bei jeder Rolle?

5. Beschreiben Sie die Gruppenstrukturen jener Arbeitsgruppen, in denen Sie aktiv bereits eingebunden waren. Welche Vor- und Nachteile hatten diese Gruppenstrukturen?

6. Wenn Sie an ihre letzte Teamarbeit zurückdenken: Welche Person hat welche Eigenschaften gehabt? Wurden die Rolle entsprechend der Talente der Personen vergeben? Bekam jede Person die für sie am besten geeignete Rolle? Entwerfen sie einen TMK zugeschnitten auf die Rollenverteilung ihres letzten Projekts. Was würden sie das nächste Mal anders machen?

7. Beschreiben Sie besondere Schwierigkeiten des Managements von Softwareprojekten, die daraus entstehen, dass Softwaresysteme – im Gegensatz zu anderen Ingenieurdisziplinen – nicht wirklich greifbar sind.

8. Welche Faktoren sollten bei der Auswahl von Rollen bzw. konkreten Personen für ein Softwareprojekt bedacht werden?

9. Welche Vorteile hat eine Backup-Person für jede wesentliche Rolle im Projekt?

10. Warum ist gemeinsame Information für alle Mitglieder des Projektteams wesentlich, um ein gut ausbalanciertes System zu erstellen?

11. Welche Möglichkeiten kennen Sie, um alle Mitglieder eines Teams über die wesentlichen Entscheidungen und Ereignisse zu informieren (und gleichzeitig vor Informationsüberflutung zu bewahren)?

12. Unterschiedliche Arten von Information brauchen unterschiedliche Kommunikationsmedien. Interpretieren Sie diese Aussage für den Entwurf eines Kommunikationssystems in einem Entwicklungsprojekt.

Weiterführende Literatur

[Broo95] Brooks, Frederick P.: *The Mythical Man-Month*; Silver Anniversary Edition; Reading, Mass. [u. a.]: Addison-Wesley, 1995.

[DeMa87] DeMarco, Tom; Lister, Timothy: *Peopleware: Productive Projects and Teams*; Dorset House, 1987 (deutsche Ausgabe: DeMarco, Tom; Lister, Timothy: *Wien wartet auf Dich! Der Faktor Mensch im DV-Management*; München, Wien: Hanser, 1991).

[Const01] Constantine, Larry L.: *The Peopleware Papers*; Upper Saddle River: Prentice Hall, 2001.

[Geip03] Geipel, P.: *Der IT – Projektmanager*; München: Addison-Wesley, 2003.

[Haug03] Haug, Christoph., Haug, Cornelia: *Erfolgreich im Team*; München: DTV-Beck, 2003.

[Kone95] Konecny, E., Leitner M.: *Psychologie*; Wien: Braumüller, 1995.

[Marg92] Margerison, C. : *Management Development fördern und entwickeln*; Frankfurt: Campus Verlag, 1992.

Teil 2
Methoden des Software Engineering

Kapitelübersicht

Kapitel

7 Think UML

In den vergangenen zwanzig Jahren wurde im Zuge der Bemühungen, die Methoden des Software Engineerings zu verbessern, viel Aufwand in die Entwicklung einer Vielzahl von Notationen zur Darstellung von technischen Problemen und deren modellhaften Lösung investiert. Die Unified Modeling Language ist erstmals eine international anerkannte Notation, die in diesem Abschnitt einleitend vorgestellt wird. UML bildet die Grundlage zahlreicher Artefakte, welche in den folgenden Kapiteln beschrieben werden.

7.1 Einführung in die Unified Modeling Language

Nach einem kurzen Abriss der Geschichte von UML werden die wichtigsten Grundüberlegungen vorgestellt, die bei der Gestaltung von UML berücksichtigt wurden. Abschließend wird auf die wesentlichen Weiterentwicklungen in UML 2.0 eingegangen.

7.1.1 Geschichte der UML

UML (*Unified Modeling Language*) wurde wie auch der Unified Process von den drei „Amigos" James Rumbaugh, Grady Booch und Ivar Jacobson entwickelt. Nachdem Booch und Raumbaugh schon länger an einer Vereinheitlichung ihrer beiden Ansätze gearbeitet hatten (und UML 0.8 herausbrachten), arbeiten sie nach dem Hinzustoßen von Ivar Jacobson an einer weiteren Verbesserung. Sie entwickelten gemeinsam UML 0.9.

Anschließend wurden zahlreiche andere Methoden und Unternehmen (z.B. IBM und HP) in die Weiterentwicklung von UML eingebunden. Im Januar 1997 wurde schließlich die Version 1.0 von UML (*Unified Modeling Language*) veröffentlicht [Rumb97]. Im November 1997 wurde UML nach vollzogener Standardisierung von der OMG[1] (*Object Management Group*) als Standard veröffentlicht, nachdem Autoren von anderen Methoden betont hatten, dass sie eine einheitliche Notation nur unterstützen würden, sofern diese nicht unter der alleinigen Führung von Rational definiert wird.

---

[1]   Von der OMG stammt unter anderem auch der CORBA-Standard.

Nachdem viele Stimmern laut wurden, Teile von UML seien unpräzise, unvollständig oder gar fehlerhaft und man könne einige Modelle nicht adäquat darstellen, rief die OMG alle interessierten Industrievertreter auf, Vorschläge und Konzepte für eine vollständige Neudefinition von UML zu erarbeiten und zu diskutieren. Es bildeten sich im Laufe dieses Prozesses mehrere namhafte Konsortien, die untereinander einen konsolidierten Vorschlag erarbeiteten und einreichten. Nach mehreren Überarbeitungszyklen gab die OMG im Juni 2003 in einer Pressekonferenz den Abschluss der Weiterentwicklung von UML bekannt und kündigte die Veröffentlichung der Spezifikation der Teile von UML 2.0 an. *Abbildung 7.1* zeigt die Entwicklung von UML nochmals im Überblick.

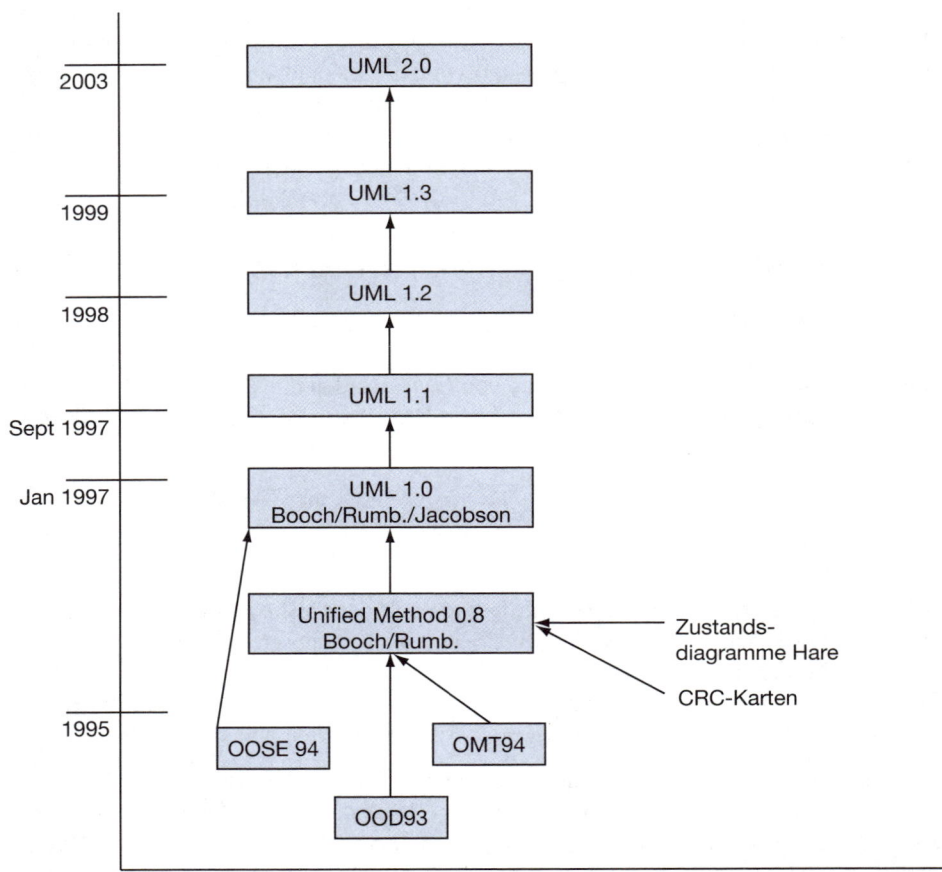

Abbildung 7.1:   Entwicklung von UML

7.1.2   Was ist UML?

Der Grundgedanke der Unified Modeling Language ist es, Entwicklern von Softwaresystemen ein adäquates Werkzeug zur Verfügung zu stellen, um die Geschäftsprozesse, Anforderungen und die daraus resultierenden (statischen und dynamischen) Entwürfe ihres Produkts visuell beschreiben zu können und damit eine leicht verständliche Kommunikationsbasis zwischen Entwicklern zur Verfügung zu haben.

Das Spektrum der Anwendungsgebiete von UML reicht von der Beschreibung von „klassischen" Datenbankanwendungen, über Workflow-Anwendungen bis hin zu Echtzeitsystemen und darüber hinaus. Dies zeigt klar das Ziel, welches von den Entwicklern der UML verfolgt wurde und bis heute wird: Eine einheitliche Darstellung einer Vielzahl von Elementen von Softwaresystemen mittels einer einheitlichen Notation.

UML verfügt über mehrere Diagrammtypen von denen die wichtigsten im Rahmen dieses Buches vorgestellt werden. Eine Auflistung der Diagrammarten und deren prinzipieller Anwendungszweck ist in *Tabelle 7.1* dargestellt.

Zu modellierendes Element *Verwendete Diagrammart aus UML*	**Beschreibung**
Funktionale Anforderungen *Anwendungsfalldiagramm*	Die Anforderungen der Benutzer werden anhand von sinnvollen Einheiten dargestellt.
Modell der Domäne *Klassendiagramm*	Die statische Struktur der Problemdomäne wird mit Hilfe von Klassen gezeigt.
Objektorientiertes Modell des Systems *Klassendiagramm mit Stereotypen für Analysemodell*	Die statische Struktur des Systems wird mit Hilfe von Klassen gezeigt.
Objektzusammenarbeit *Sequenzdiagramm* *Kollaborationsdiagramm*	Zeigt die dynamische Zusammenarbeit von Objekten, welche zur Umsetzung eines Anwendungsfalls notwendig ist.
Objektzustände *Zustandsdiagramm*	Zeigt die Zustände eines Objekts oder eines Moduls, die während seiner Lebensdauer auftreten können und deren Übergänge untereinander.
Systemarchitektur *Pakete* *Komponentendiagramm* *Auslieferungsdiagramm*	Zeigt die Elemente der Systemarchitektur in verschiedenen Sichten. Die Pakete enthalten Elemente der Analyse oder des Entwurfs und strukturieren das System während dieser Arbeitsschritte. Die physische Realisierung wird in den beiden weiteren Diagrammen dargestellt.
Abläufe *Aktivitätsdiagramm*	Zeigt einzelne Aktivitäten und den zeitlichen Zusammenhang zwischen den Aktivitäten.

Tabelle 7.1:   Diagrammarten in UML

Bei der Gestaltung von UML und vor allem bei den laufenden Überarbeitungen bis hin zur Version 2.0 wurde im Speziellen darauf geachtet, dass gleiche grafische Symbole in allen Diagrammen dasselbe bedeuten sollten. Ein Beispiel für immer wiederkehrende Elemente sind vor allem die verschiedenen Arten von Verbindungslinien, die Zusammenhänge zwischen Modellelementen ausdrücken (*Tabelle 7.2*).

Element	Beschreibung
————————	Beziehung: Diese Art von Pfeil zeigt eine statische Beziehung zwischen den Modellelementen an den beiden Enden an, bei der beide Elemente voneinander wissen (z. B. eine Klasse für Eltern und eine Klasse für Kinder).
———————▶	Gerichtete Beziehung: Im Falle der Verwendung der Pfeilspitze bedeutet dies, dass nur das Element am Ende ohne Spitze über das Element am anderen Ende Bescheid weiß, aber nicht umgekehrt (z. B. eine Klasse an der Spitze und ein davon instanziiertes Objekt am Ende ohne Spitze, das Objekt kennt seine Klasse, aber die Klasse nicht alle seine Objekte).
———————▷	Generalisierung: Diese Beziehung zwischen zwei Modellelementen bedeutet, dass das Element am Pfeilanfang eine spezielle Form des Elements an der Pfeilspitze ist. Das erste Element kann alles, was auch das Element an der Pfeilspitze kann, hat aber noch zusätzliche Fähigkeiten oder Eigenschaften.
- - - - - - - - - -▶	Abhängigkeit: Diese Beziehung zwischen zwei Modellelementen bedeutet, dass das Element, welcher der Ausgangspunkt des Pfeils ist, von dem Element, auf das die Pfeilspitze zeigt, abhängig ist (stellt einen schwächeren Zusammenhang als eine Beziehung dar, weil keine permanente statische Beziehung vorliegt: z. B. bei einer Schnittstelle und den darauf zugreifenden Komponenten). Die genaue Art der Abhängigkeit wird oft in Form einer Beschriftung zwischen je zwei spitzen Klammern an jedem Ende angegeben (z. B. <<include>> bei Anwendungsfällen).

Tabelle 7.2: Zusammenhänge zwischen Modellelementen

Ein wichtiger Aspekt in UML ist die Möglichkeit, die bestehende Spezifikation um eigene syntaktische Konstrukte zu erweitern. Basierend auf dem Metamodell welches der UML zugrunde liegt, erlaubt UML Sprachkonstrukte zu definieren, welche die Notation um problemorientierte Ansätze erweitert.

Ein einfaches Beispiel, um die Erweiterung der UML zu verdeutlichen, ist die Verwendung von unterschiedlichen Elementen zur Repräsentation des gleichen Aktors.

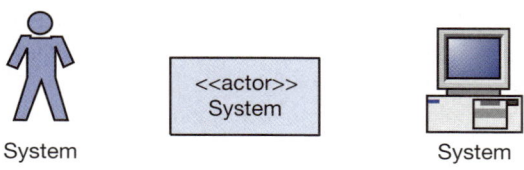

Abbildung 7.2: Mögliche Darstellung von Aktoren

Abbildung 7.2 zeigt die Darstellung des Aktors System. Einerseits mit dem Standardsymbol für Aktoren (Strichmännchen), andererseits als Klasse mit dem Stereotyp <<actor>> und, ebenso legitim, mit in einer selbst definierten Darstellung. Stereotypen erlauben es, Modellelemente mit gleichen Eigenschaften näher zu beschreiben. d.h. es würden z.B. in einem Klassendiagramm mit Aktoren und ihnen zur Verfügungen stehenden Schnittstellen allen Klassen, die Aktoren repräsentieren, der Stereotyp <<actor>> beigefügt werden und allen Schnittstellen beispielsweise der Stereotyp <<interface>>. Damit sind Verwechslungen auch bei nicht eindeutigen Klassennamen auszuschließen.

Ein weiteres Beispiel für derartige Profile sind auch die Diagramme, welche in den folgenden Kapiteln zur Darstellung der Aktivitäten verwendet werden.

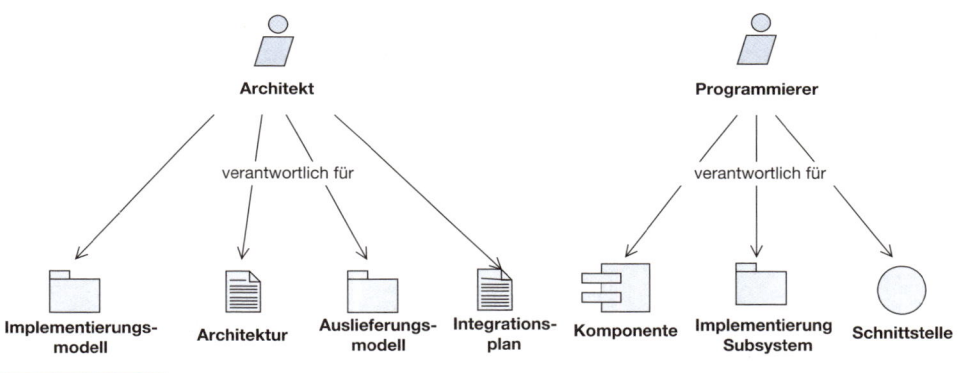

Abbildung 7.3: Produkte im Arbeitsschritt Implementierung

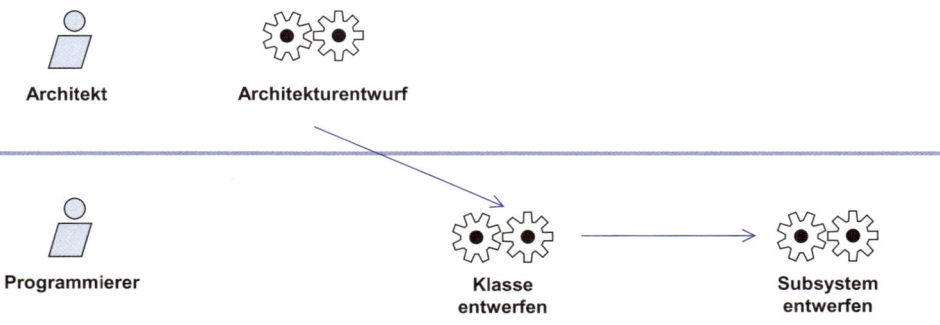

Abbildung 7.4: Aktivitäten im Arbeitsschritt Entwurf

Abbildung 7.3 zeigt ein Klassendiagramm zur Darstellung des Zusammenhangs zwischen Rollen und den von ihnen verantworteten Artefakten. Anstelle der gewöhnlichen Klassensymbole wurden entsprechende, eigens geschaffene Symbole für Dokumente und Rollen, und in UML ohnehin definierte Symbole für Pakete und Komponenten verwendet. Das Symbol für die Entität stammt eigentlich aus einem weiteren Profil für Analysemodelldiagramme.

Abbildung 7.4 zeigt ein Aktivitätsdiagramm, wobei hier vor allem die Symbole für die Aktivitäten neu gewählt wurden.

Zusammenfassend wurden bei der Entwicklung der UML folgende, generelle Ziele verfolgt:

- den Benutzern eine gebrauchsfertige, ausdrucksstarke Notation zur Verfügung zu stellen, mit der nutzbare Modelle erstellt und ausgetauscht werden können,
- Mechanismen zur Verfügung zu stellen, welche die Erweiterung und Spezialisierung der Grundkonzepte von UML zulassen,
- Spezifikationen anzubieten, welche unabhängig von bestimmten Programmiersprachen und Entwicklungsmethoden sind,
- eine formale Basis zur Verfügung zu stellen, welche die Notation leicht verständlich machen soll,
- das Wachstum des Markts für Werkzeuge für die objektorientierte Software-Erstellung zu fördern,
- Entwicklungskonzepte wie Komponenten oder Muster zu unterstützen,
- die wichtigsten praktischen Erfahrungen zu integrieren.

7.1.3   Neuerungen der UML 2.0

In der Überarbeitung der UML zur Version 2.0 haben einige grundlegende Veränderungen stattgefunden, die von vielen Entwicklern seit längerem gefordert wurden. Nichtsdestotrotz haben viele dieser Anpassungen wenig Einfluss auf die generelle Anwendung der UML, sondern beziehen sich eher auf die grundlegende Konstruktion, respektive auf eine Verbesserung des Metamodells.

Durch die Überarbeitung ist die UML nun in folgende Kernbereiche gegliedert:

- *Infrastrucure:* Kern der Architektur und deren Konstrukte, Profile und Stereotypen,
- *Superstructure:* Erweiterte Konstrukte, dynamische Modellelemente,
- *Object Constraint Language (OCL):* Sprache für formale Zusicherungen,
- *Diagramm Interchange:* Festlegung der Voraussetzungen für den Datenaustausch von UML-Diagrammen mittels XMI.

Die wichtigsten semantischen Veränderungen haben vor allem in der Verhaltensmodellierung, im Speziellen bei Aktivitätsdiagrammen stattgefunden. Im Bereich der statischen Modellierung sind verschwindend geringe Änderungen durchgeführt worden, sodass die

Notation bei der Erstellung von Diagrammen dieser Typen ohne Einschränkungen beibehalten werden kann.

Im Entwurf von UML 2.0 wurde auf folgende Aspekte verstärkt Rücksicht genommen:

- verbesserter Modellaustausch durch XML Metadata Interchange (XMI). XMI dient als Format zum Austausch von Objekten,
- verbesserte Unterstützung der Model Driven Architecture (MDA) hinsichtlich der Interoperation verschiedenster Modellierungstools,
- Erweiterung der Syntax und Semantik. Vor allem Elemente zur Echtzeitmodellierung (Real Time – RT) wurden hinzugefügt. Ein neuer Diagrammtyp „Timing Diagram" wurde geschaffen.
- Die Modellierung von Geschäftsprozessen (Business Process Modeling – BPM) wird verbessert unterstützt.

7.2 Diagramm-Typen in UML

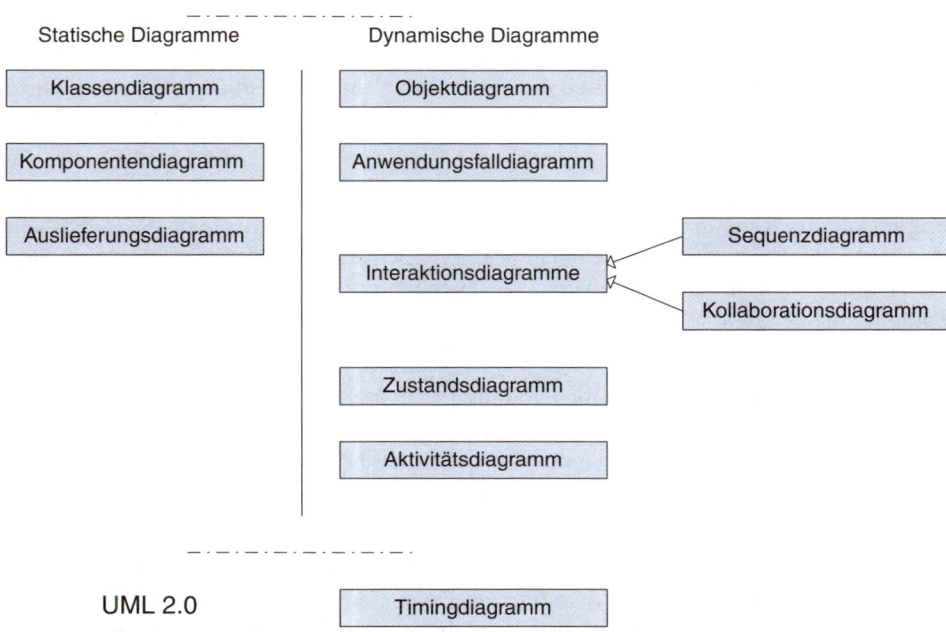

Abbildung 7.5: Einteilung der Diagrammtypen in UML

Der wichtigste Aspekt von UML ist die Darstellung von Geschäftsbereichen und dem Verhalten der dort ablaufenden Prozesse mittels Diagrammen. Die Notation der UML stellt Mechanismen zur Verfügung, mit denen die unterschiedlichsten Sichten auf ein System repräsentiert werden können. Zur Visualisierung einer speziellen Aufgabe können verschiedene Diagramm-Typen zum Einsatz kommen, jedoch sind mitunter nicht immer alle Typen gleich gut geeignet. Deshalb werden nachfolgend die wichtigsten Diagramm-typen beschrieben.

In UML können die unterschiedlichen Diagrammtypen in zwei große Bereiche unterteilt werden. *Statische Diagramme* dienen zur Visualisierung der Struktur der Klassen, ohne auf eine temporäre Abfolge einzugehen. *Dynamische Diagramme* hingegen zeigen so-wohl die Relationen der Klassen bzw. Objekte untereinander, als auch das Verhalten des zu beschreibenden Systems.

Pakete-Struktur und Re-Usability

Eine Sonderform innerhalb der einzelnen Diagramme nimmt das Paket ein. Einerseits wird es in UML 2.0 als eigenständiges Diagramm deklariert, andererseits ist ein Paket aber ab-hängig von anderen Diagrammen und ist nicht vollständig ohne inkludierte Elemente. Zwar kann ein Paket in vielen Modellierungstools ohne enthaltende Elemente erstellt wer-den; es lässt sich aber über den Informationsgehalt eines solchen Modells streiten.

Die primäre Aufgabe eines Pakets ist es, Diagramme und einzelne Komponenten eines Systems zu logischen Einheiten zu gruppieren. Zu diesem Zweck stellt das Paket für seine Elemente einen einheitlichen Namensraum zur Verfügung. Damit können die ent-haltenen Elemente untereinander und von Elementen von anderen Paketen namentlich unterschieden werden. Vorteile durch die Verwendung eines einheitlichen Namensraumes ergeben sich nicht unmittelbar bei der Modellierung, sondern erst bei der Konvertierung in Code.

Ein klarer Vorteil aus der Sicht des Modellierers bei der Verwendung von Paketen ist die Möglichkeit der Referenzierung eines bestehenden Diagramms. Pakete in UML verfügen über die Möglichkeit, einzelne Elemente oder alle Elemente eines Paketes zu importieren. Dieser Import ist mit einem Paradigma vergleichbar, das aus der objektorientierten Pro-grammierung bekannt ist. Eine Klasse bzw. ein Paket stellt Methoden respektive model-liertes Verhalten für andere Pakete zur Verfügung.

Bei komplexeren Aufgabenstellungen kommt dieses Verhalten den Entwicklern zu Gute, da sie ein- und dasselbe Diagramm bzw. Paket in unterschiedlichen Kontexten wiederver-wenden können. Dies minimiert einerseits den Arbeitsaufwand und, was wesentlich ent-scheidender ist, gewährleistet Konsistenz bei der Entwicklung, da referenzierte Modelle im aufrufenden Paket nicht verändert werden können.

Dargestellt werden Pakete in UML als Rechtecke, die am linken oberen Rand eine Lasche haben, ähnlich einer Registerkarte. Sofern ein Paket ein Teil eines übergeordneten Pake-tes ist, wird es entweder direkt im Paket abgebildet oder die Subpakete stehen in einer Relation mit ihrem Oberpaket. *Abbildung 7.6* soll diese Sachverhalte verdeutlichen:

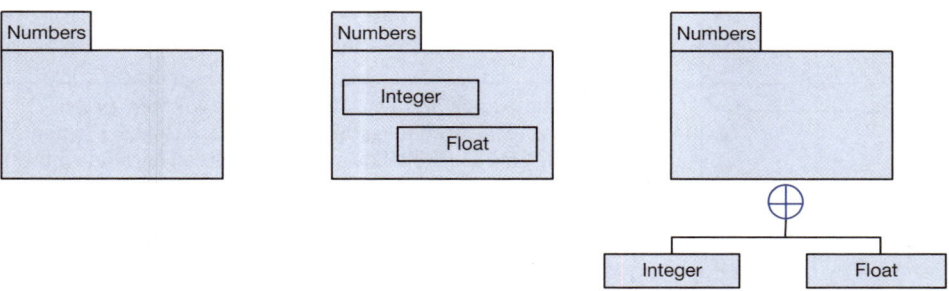

Abbildung 7.6: Pakete in UML

7.3 Anwendungsfalldiagramme

Alle vorhandenen Aktoren und Anwendungsfälle des Systems und deren Kommunikation untereinander werden im *Anwendungsfalldiagramm* dargestellt. Dessen wesentliche Elemente sind in *Abbildung 7.7* zu sehen.

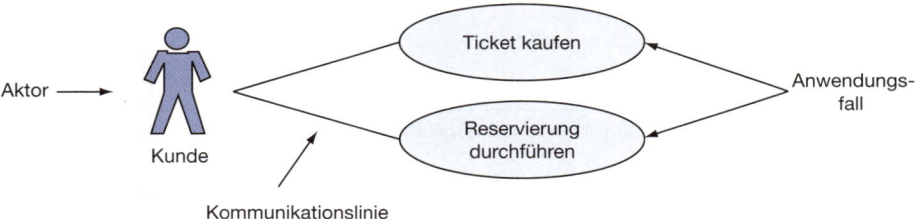

Abbildung 7.7: Elemente eines Anwendungsfalldiagramms

Ein Anwendungsfall ist eine abgeschlossene, zusammenhängende Einheit, welche einen Teil der Funktionalität des Systems repräsentiert. Ein Anwendungsfall sollte eine logisch zusammengehörige, wiederkehrende Anwendung innerhalb des Systems darstellen.

Ein Aktor ist ein bestimmter Benutzer des Systems, der genau definierte Rechte und Aufgaben innerhalb des Systems hat. Ein Aktor hat genau dann eine Beziehung zu einem Anwendungsfall, wenn er ermächtigt ist, diesen auszulösen. Eine Kommunikationsbeziehung ist die einzig mögliche Beziehung zwischen einem Aktor und einem Anwendungsfall. Weitere Beziehungen in Anwendungsfalldiagrammen werden in *Tabelle 7.3* gezeigt.

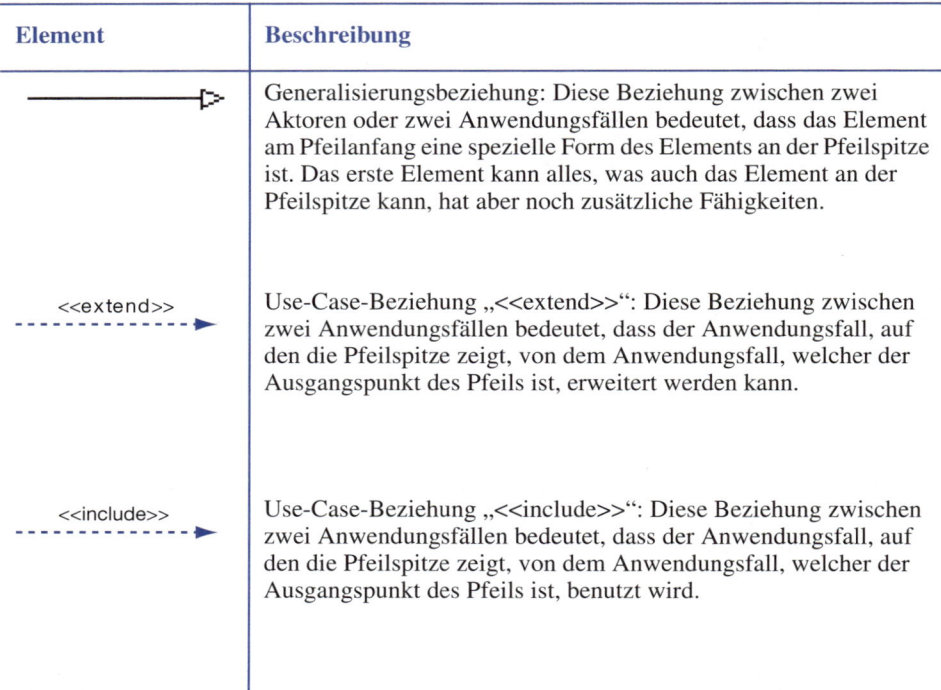

Element	Beschreibung
	Generalisierungsbeziehung: Diese Beziehung zwischen zwei Aktoren oder zwei Anwendungsfällen bedeutet, dass das Element am Pfeilanfang eine spezielle Form des Elements an der Pfeilspitze ist. Das erste Element kann alles, was auch das Element an der Pfeilspitze kann, hat aber noch zusätzliche Fähigkeiten.
<<extend>>	Use-Case-Beziehung „<<extend>>": Diese Beziehung zwischen zwei Anwendungsfällen bedeutet, dass der Anwendungsfall, auf den die Pfeilspitze zeigt, von dem Anwendungsfall, welcher der Ausgangspunkt des Pfeils ist, erweitert werden kann.
<<include>>	Use-Case-Beziehung „<<include>>": Diese Beziehung zwischen zwei Anwendungsfällen bedeutet, dass der Anwendungsfall, auf den die Pfeilspitze zeigt, von dem Anwendungsfall, welcher der Ausgangspunkt des Pfeils ist, benutzt wird.

Tabelle 7.3:   Weitere Elemente eines Anwendungsfalldiagramms

Abbildung 7.8 zeigt ein Anwendungsfalldiagramm des Projekts Ticket-Line. In diesem gibt es zwei Aktoren (Kunde und Kassa), welche die Reservierung und den Verkauf von Karten mittels der im Diagramm enthaltenen Anwendungsfälle durchführen können. Der Anwendungsfall *Reservierung anonym oder mit Ticket Card* erfordert jedenfalls die Angabe einer Ticketkategorie und der Anzahl der gewünschten Plätze, weswegen eine entsprechende include-Beziehung zu *Auswahl Ticket-Kategorie Anzahl Plätze* besteht. Werden die weiteren Daten wie Veranstaltung usw. direkt eingegeben, sind die weiteren Anwendungsfälle *Überblick Aufführungen, Orte, Zeiten* und *Überblick Veranstaltung und Künstler* nicht notwendig, dennoch können sie im Falle von Unklarheiten verwendet werden. Im Falle des Verkaufs ist die Angabe der Kategorie und Plätze nur dann notwendig, wenn der Verkauf nicht aufgrund einer bereits erfolgten Reservierung erfolgt. Deswegen findet man hier nur mehr die optionale extend-Beziehung.

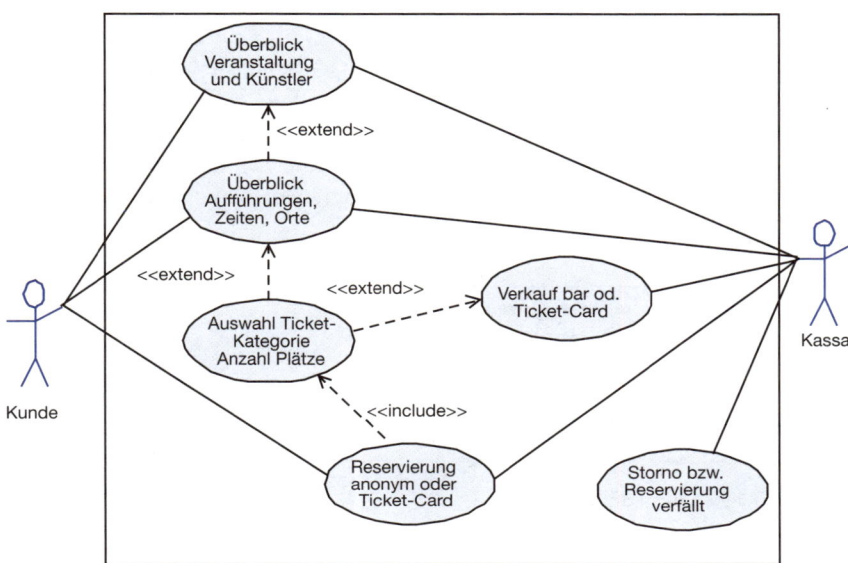

Abbildung 7.8: Ausschnitt des Anwendungsfalldiagramms für das System Ticket-Line

7.4 Statische Struktur – Klassendiagramme

Sowohl in UML 1.x als auch in UML 2.0 gibt es drei verschiedene Detailgrade für die Darstellung von Klassen: entweder nur der Klassenname selbst, der Name einer Klasse zusammen mit deren Attributen oder der Name einer Klasse, deren Attribute und deren Methoden.

Grafisch wird eine Klasse durch ein Rechteck dargestellt, wobei Klassenname, Eigenschaften und Funktionen durch eine Linie voneinander getrennt werden. Eine abstrakte Klasse wird durch das Schlüsselwort *abstrakt* umgeben von geschwungenen Klammern unter dem Klassennamen gekennzeichnet.

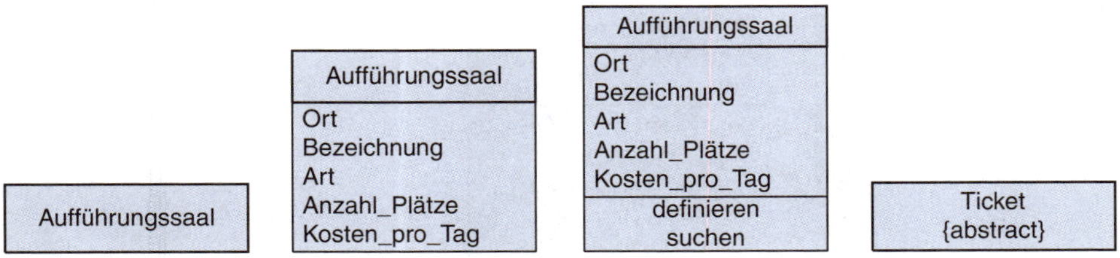

Abbildung 7.9: Darstellung von Klassen

Attribute

Die Attribute sind das Gedächtnis eines Objekts. Nur in ihnen können benötigte Informationen gespeichert werden. Die Summe der Werte aller Attribute bestimmt den Zustand eines Objekts während seiner Existenz. Alle Attribute, welche in irgendeiner Form dauerhaft gespeichert werden (z.B. in einer Datei oder einer Datenbank), um eine Rekonstruktion des Objekts bei einem Neustart des Systems zu ermöglichen, nennt man *persistent*.

Abbildung 7.10 zeigt zwei Beispiele für Klassen mit ihren Attributen.

Person
Name
Geschlecht
Haarfarbe
Augenfarbe
Alter

Aufführungssaal
Ort
Bezeichnung
Art
Anzahl_Plätze
Kosten_pro_Tag

Abbildung 7.10: Klassen mit Attributen

Methoden

Methoden bestimmen die Fähigkeiten der Klasse bzw. deren Objekte. Zur besseren Strukturierung der Suche nach Methoden kann man folgende Arten von Methoden unterscheiden:

- Methoden, die Objekte erzeugen und zerstören (Konstruktoren und Destruktoren),
- Methoden, die zum Speichern bzw. Laden des aktuellen Zustands eines Objekts geeignet sind,
- Methoden, die den Zustand des Objekts ändern, d.h. eines oder mehrere Attribute ändern,
- Methoden, die basierend auf dem aktuellen Zustand des Objekts Berechnungen durchführen (z.B. Auswertungen oder Konsistenzprüfung).

Abbildung 7.11 zeigt zwei Beispiele für Klassen mit Attributen und Methoden.

Aufführungssaal
Ort
Bezeichnung
Art
Anzahl_Plätze
Kosten_pro_Tag
definieren
suchen

Person
Name
Geschlecht
Haarfarbe
Augenfarbe
Alter
definieren
Alter_festlegen
Haarfarbe_ändern
löschen
zerstören
laden
speichern

Abbildung 7.11: Klassen mit Attributen und Methoden

Generalisierung/Spezialisierung

In den Klassen kann unter den Attributen und Methoden nach inhaltlichen Übereinstimmungen gesucht werden. Eine Übereinstimmung besteht, wenn

1. bei Attributen der in Frage kommenden Klassen der Typ übereinstimmt (z.B. Zeichenkette, ganzzahliger Wert usw.) und die Werte der übereinstimmenden Attribute dieselbe Bedeutung haben (z.B. 0 bedeutet *false* und 1 *true*) und

2. bei Methoden der in Frage kommenden Klassen dasselbe Verhalten implementiert wird (d.h. in der Implementierung derselbe Code verwendet wird) und die Methoden dieselben Parameter benötigen und denselben Rückgabewert liefern.

Gibt es genügend solcher Übereinstimmungen zwischen zwei oder mehreren Klassen, so können diese mit einer Vererbungsbeziehung miteinander verbunden werden.

Diese Art der Vererbung wird *Generalisierung/Spezialisierung* (GenSpec) genannt. Allgemeine Gemeinsamkeiten werden in so genannten Oberklassen zusammengefasst.

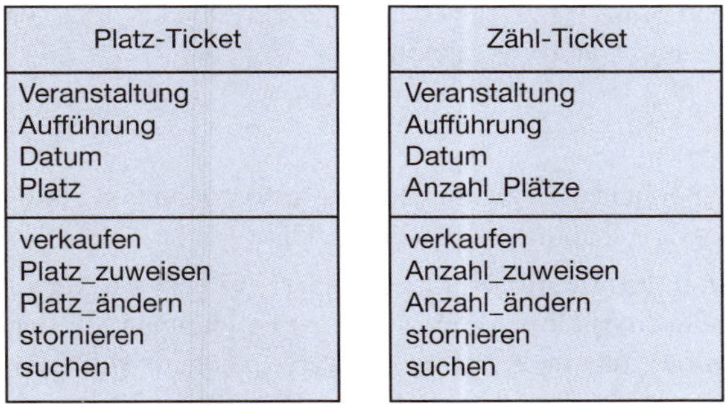

Platz-Ticket	Zähl-Ticket
Veranstaltung Aufführung Datum Platz	Veranstaltung Aufführung Datum Anzahl_Plätze
verkaufen Platz_zuweisen Platz_ändern stornieren suchen	verkaufen Anzahl_zuweisen Anzahl_ändern stornieren suchen

Abbildung 7.12:   Klassen mit Gemeinsamkeiten

Die beiden Klassen in *Abbildung 7.12* haben die Attribute Veranstaltung, Aufführungssaal und Datum gemeinsam. Weiters benötigen beide die Methoden Verkaufen, Stornieren und Suchen. Diese Gemeinsamkeiten können nun in einer Oberklasse *Ticket* zusammengefasst werden, von der die Klassen Platz-Ticket und Zähl-Ticket diese erben (die gemeinsamen Attribute und Methoden werden nur in der Oberklasse angeführt). Da die Oberklasse Ticket nun jedoch zu wenige Attribute besitzt, um ein konkretes Objekt aus ihr erzeugen zu können, wird sie als abstrakt deklariert.

Eine Vererbungsbeziehung wird durch einen gerichteten Pfeil zwischen zwei Klassen dargestellt, wobei die Spitze des Pfeils in die Richtung der Oberklasse zeigt.

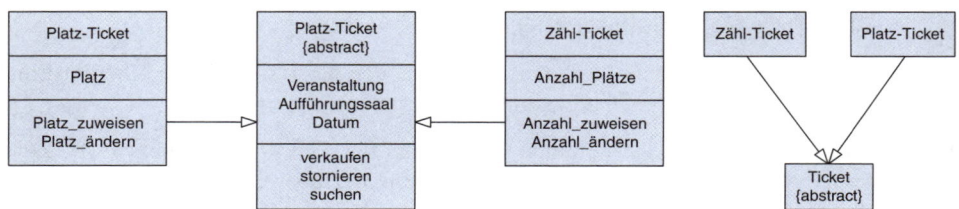

Abbildung 7.13: Vererbungshierarchie mit und ohne Details

Eine solche Beziehung hat vor allem zwei konkrete Auswirkungen: Erstens unterstützen objektorientierte Sprachen Codevererbung, d.h., eine Klasse, welche eine Unterklasse einer oder mehrerer anderer Klassen ist, verfügt über alle Attribute und Methoden (einschließlich deren Implementierungen) der Oberklassen[2]. Ist zweitens eine Variable von einem bestimmten Typ, welcher durch eine Klasse festgelegt ist, so kann in einem objektorientierten System diese Variable nicht nur eine Instanz genau dieser Klasse enthalten, sondern auch eine Instanz einer beliebigen Unterklasse der deklarierten Klasse. (In Bezug auf obiges Beispiel: In einer Variablen vom Typ Ticket darf auch ein Objekt vom Typ Zähl-Ticket oder Platz-Ticket stehen – sog. Untertypbeziehung.)

Assoziationen

Klassen stehen zueinander in unterschiedlichen Beziehungen. Diese so genannten Assoziationen können unter anderem folgende Zusammenhänge darstellen:

- **Datenabhängigkeit:** Ein Objekt stellt Informationen für ein anderes Objekt zur Verfügung oder ist selbst Teil der Attribute eines Objekts. Für letzteren Fall können Sie sich als Faustregel merken: Jedes Attribut, das mehr als einen Wert speichern soll (d.h. jede Form von Liste, Array usw.), wird als Assoziation aufgelöst!

- **Funktionaler Zusammenhang:** Eine Klasse benötigt bestimmte Funktionen einer anderen Klasse, um eigene Funktionalität garantieren zu können.

Generell kann man jede Art von umgangssprachlichen Formulierungen wie „eine Klasse benötigt etwas von einer anderen Klasse" als Assoziation modellieren.

Jede Assoziation wird durch eine Kardinalität mitbestimmt. Diese gibt an, wie viele Instanzen einer Klasse zu einer Instanz der Klasse am gegenüberliegenden Ende der Assoziation in Beziehung stehen können. Assoziationen werden durch eine Linie, welche die zwei[3] assoziierten Klassen verbindet, dargestellt. Jede Assoziation trägt einen Namen, der ein aktives Verb (z.B. geht, sieht, verkauft) oder eine Verbformgruppe (z.B. wird_verkauft, zieht_um, hat_Einkommen) sein sollte. Zur besseren Lesbarkeit kann die Leserichtung des Namens mittels eines gefüllten Dreiecks angezeigt werden. An den

---

[2] Manche Sprachen unterstützen auch eine selektive Auswahl der zu erbenden Attribute und Methoden.

[3] Es können auch Assoziationen zwischen drei oder mehreren Klassen dargestellt werden. Deren genaue Beschreibung befindet sich z.B. auf [OMG].

Enden der Linie werden die Kardinalitäten angegeben, welche folgende Formen haben können:

- Ein beliebiger Wert aus den natürlichen Zahlen wird durch einen Stern dargestellt (d. h. 0 bis beliebig viele). Dieser Fall wird durch „*" repräsentiert.
- Ein einzelner ganzzahliger positiver Wert (z.B. 1).
- Ein Bereich von Werten, wobei der niedrigste vom höchsten Wert durch zwei Punkte getrennt ist. Der niedrigere Wert sollte dabei immer links stehen (z.B. 1..3). Gibt es für den höheren Wert keine Obergrenze, wird dafür ein „*" verwendet (z.B. 3..*).
- Mehrere durch Beistriche getrennte Werte oder Wertebereiche (z.B. 1,3..6,9)

Assoziationsformen

Die Beispiele in *Tabelle 7.4* und *Tabelle 7.5* sollen das Konzept von Assoziationen näher bringen und darstellen. Sie sind folgendermaßen aufgebaut: In der linken Spalte finden Sie die Darstellung der jeweiligen Assoziation in UML. Rechts lesen Sie eine Beschreibung des dargestellten Inhalts. Unter diesen beiden Spalten wird unter dem Begriff „Praktische Bedeutung" die Auswirkung einer solchen Assoziation auf eine konkrete Implementierung von Klassen beschrieben.

UML-Notation	Bedeutung
Sitzplatz 1 ▲ gilt_für 1 Ticket	Leserichtung 1: Ein Ticket gilt genau für einen Sitzplatz. Leserichtung 2: Für einen Sitzplatz gibt es genau ein Ticket (egal ob verkauft oder nicht). Praktische Bedeutung: Gibt es im Speicher ein bestimmtes Objekt Ticket, so muss es zu diesem Objekt auch genau ein korrespondierendes Objekt Sitzplatz geben (diese verweisen normalerweise mittels Zeiger[4] aufeinander).
Künstler 1 wirkt_mit_bei ▽ * Mitwirkung	Leserichtung 1: Ein Künstler wirkt bei 0 bis n Mitwirkungen mit. Leserichtung 2: Einer Mitwirkung entspricht genau ein Künstler. Praktische Bedeutung: Für ein Objekt Künstler kann es korrespondierende Objekte Mitwirkung geben, muss es aber nicht (wird üblicherweise mit einer Liste realisiert). Für jedes Objekt Mitwirkung muss im Gegensatz dazu eine Referenz auf einen Künstler vorhanden sein.

Tabelle 7.4: Assoziationen

---

[4] Diese und im folgenden erwähnte Zeiger bzw. Referenzen werden im Klassendiagramm nicht als Attribute angeführt, da sie mittels der Assoziationen dargestellt werden. In einer konkreten Implementierung sind sie aber sehr wohl als Attribute der entsprechenden Klassen zu realisieren.

UML-Notation	Bedeutung
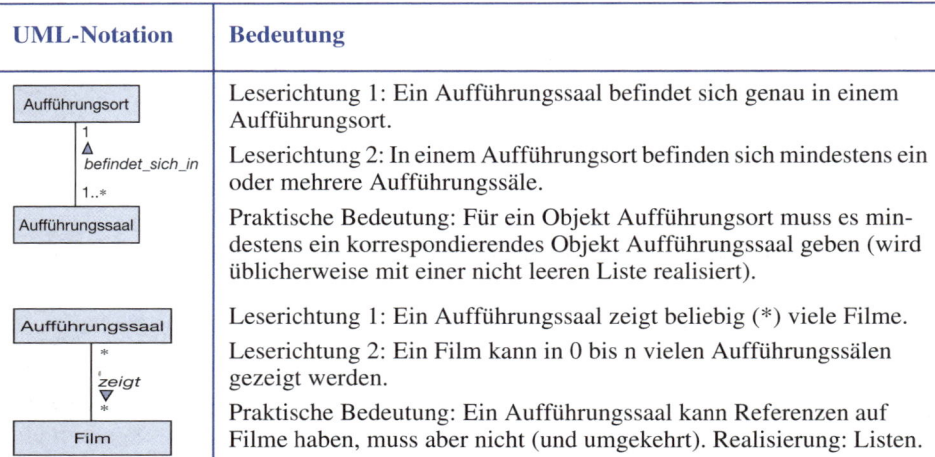	Leserichtung 1: Ein Aufführungssaal befindet sich genau in einem Aufführungsort.
	Leserichtung 2: In einem Aufführungsort befinden sich mindestens ein oder mehrere Aufführungssäle.
	Praktische Bedeutung: Für ein Objekt Aufführungsort muss es mindestens ein korrespondierendes Objekt Aufführungssaal geben (wird üblicherweise mit einer nicht leeren Liste realisiert).
	Leserichtung 1: Ein Aufführungssaal zeigt beliebig (*) viele Filme.
	Leserichtung 2: Ein Film kann in 0 bis n vielen Aufführungssälen gezeigt werden.
	Praktische Bedeutung: Ein Aufführungssaal kann Referenzen auf Filme haben, muss aber nicht (und umgekehrt). Realisierung: Listen.

Tabelle 7.4: Assoziationen

UML-Notation	Bedeutung
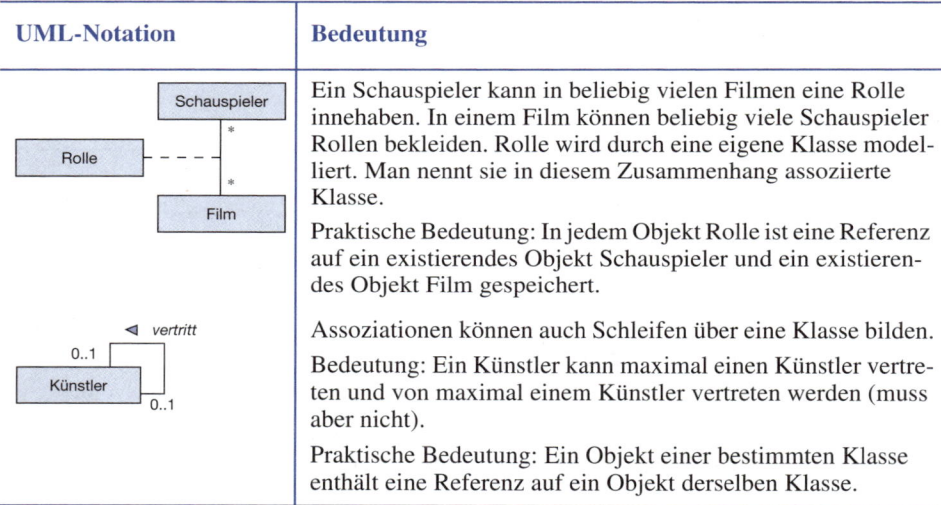	Ein Schauspieler kann in beliebig vielen Filmen eine Rolle innehaben. In einem Film können beliebig viele Schauspieler Rollen bekleiden. Rolle wird durch eine eigene Klasse modelliert. Man nennt sie in diesem Zusammenhang assoziierte Klasse.
	Praktische Bedeutung: In jedem Objekt Rolle ist eine Referenz auf ein existierendes Objekt Schauspieler und ein existierendes Objekt Film gespeichert.
	Assoziationen können auch Schleifen über eine Klasse bilden.
	Bedeutung: Ein Künstler kann maximal einen Künstler vertreten und von maximal einem Künstler vertreten werden (muss aber nicht).
	Praktische Bedeutung: Ein Objekt einer bestimmten Klasse enthält eine Referenz auf ein Objekt derselben Klasse.

Tabelle 7.5: Sonderformen von Assoziationen

Aggregation und Komposition

Einen Spezialfall einer Assoziation stellt die Ganzes-Teil-Beziehung (*Whole-Part*) dar. Diese modelliert den Fall, dass eine bestimmte Klasse aus Teilen zusammengesetzt werden kann, welche wiederum in Klassen definiert sind. Man unterscheidet zwei unterschiedliche Fälle in Abhängigkeit von der Lebensdauer der Teile:

■ *Aggregation.* Die Teile können auch bei einer Zerstörung des Ganzen weiter existieren. Dieser Fall wird durch eine *leere Raute* an demjenigen Ende der Assoziationslinie dargestellt, an welchem die Klasse des Ganzen anschließt. So sind die Räumlichkeiten eines Kinos auch z.B. nach dessen Konkurs noch vorhanden, wie in *Abbildung 7.14* dargestellt.

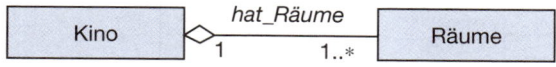

Abbildung 7.14: Aggregation

- *Komposition.* Die Teile hören mit dem Ende der Existenz des Ganzen ebenfalls auf zu existieren. Dieser Fall wird durch eine *gefüllte Raute* an demjenigen Ende der Assoziationslinie dargestellt, an welches die Klasse des Ganzen anschließt. In *Abbildung 7.15* wird die organisatorische Einheit Reihe mit dem Löschen des Sitzplans ebenfalls gelöscht.

Abbildung 7.15: Komposition

7.5 Dynamische Diagramme

Die Beschreibung eines Systems kommt selten mit der Beschreibung der statischen Struktur und der Aufteilung der Methoden auf Klassen aus. In vielen Fällen müssen dynamische Modelle erzeugt werden, um die Arbeitsweise des Systems verstehen zu können.

Zur Darstellung dynamischer Abläufe und Abhängigkeiten können Kollaborationsdiagramme, Sequenzdiagramme, Zustandsdiagramme oder Aktivitätsdiagramme verwendet werden.

7.5.1 Kollaborationsdiagramme

Ein Kollaborationsdiagramm stellt die Abhängigkeiten von *Objekten* anhand der zwischen ihnen auszutauschenden Nachrichten dar. In diese Form von Diagrammen fließt die statische Struktur zwischen den Objekten, die aus dem Klassendiagramm abgeleitet werden kann, wesentlich ein. Basierend auf dieser Struktur werden alle gesendeten Nachrichten, die für einen Betriebsablauf bzw. ein ganzes Szenario notwendig sind, eingezeichnet.

Sowohl in Kollaborationsdiagrammen als auch in Sequenzdiagrammen können auch *Aktoren* eingezeichnet werden, von denen Nachrichten an das System geschickt werden.

Objekte werden durch ein Rechteck dargestellt, in welches der Objektname gefolgt von einem Doppelpunkt und einem Klassennamen geschrieben wird. Die gesamte Benennung ist zu unterstreichen (Standarddarstellung für Objekte in UML). Wird nur ein Doppelpunkt gefolgt von einem Klassennamen angeführt, so handelt es sich um ein nicht näher benanntes Objekt der angegebenen Klasse.

Eine *Kollaboration* zwischen zwei Objekten besteht genau dann, wenn Nachrichten zwischen ihnen ausgetauscht werden. Eine Kollaboration wird durch eine durchgehende Linie, welche die zwei Objektsymbole verbindet, dargestellt.

Abbildung 7.16: Kollaboration zwischen dem Objekt p vom Typ Platzticket und einem nicht benannten Objekt des Typs Transaktion

Die zwischen den Objekten ausgetauschten *Nachrichten* werden anhand ihrer Namen und der übergebenen Parameter eingetragen. Vor jede Nachricht wird eine hierarchische Nummerierung gefolgt von einem Doppelpunkt gestellt, damit ihre zeitliche Abfolge identifiziert werden kann. Weiters werden sie mit einem Pfeil versehen, der die Senderichtung der Nachricht anzeigen soll. *Tabelle 7.6* beschreibt die beiden zur Verfügung stehenden Pfeile.

Symbol	Bedeutung
- - - - - ▶	Ein Pfeil mit offener Spitze zeigt eine Nachricht an, welche die Programmflusskontrolle abgibt (d.h., es ist keine Rückkehr zur sendenden Methode zu erwarten).
───────▶	Ein Pfeil mit gefüllter Spitze zeigt jede Art von Methodenaufruf an, d.h., der Programmfluss kehrt nach Beendigung der Methode zur aufrufenden Methode zurück.

Tabelle 7.6: Pfeile in einem Kollaborationsdiagramm

Abbildung 7.17 zeigt einen Ausschnitt eines Kollaborationsdiagramms für das Szenario Reservierung. Der Ablauf in dieser Abbildung findet sich auch in *Abbildung 7.18* als Teil eines größeren Sequenzdiagramms wieder.

Diese Darstellung ist darauf beschränkt, dass eine Ticket-Card eine Transaktion erstellt (`erstelleTransaktion(k,a)`) und diese Transaktion alle notwendigen Daten der betroffenen *Objekte p und a* ausliest (`holeDaten()`). Abschließend wird eine generierte Reservierungsnummer ausgegeben (`gib_ResId_aus(ResId)`).

Wichtig ist die Unterscheidung zwischen Nachrichten (1 und 1.4) und Methodenaufrufen (1.1, 1.2, 1.2.1 und 1.3), welche an den unterschiedlichen Pfeilen erkennbar sein sollte. Der Methodenaufruf 1.2.1 richtet sich an das eigene *Objekt a*.

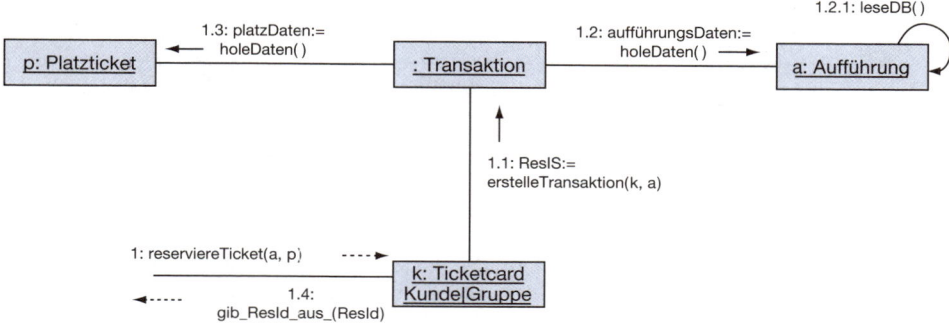

Abbildung 7.17: Ausschnitt eines Kollaborationsdiagramms für das Szenario Reservierung des Systems Ticket-Line

7.5.2 Sequenzdiagramme

Will man statt der statischen Abhängigkeiten von Objekten auf der Basis der Abfolge von Nachrichten eine zeitliche Komponente darstellen, können Sequenzdiagramme verwendet werden. Die wesentlichen Elemente eines Sequenzdiagrammes werden in *Tabelle 7.7* im Überblick dargestellt.

UML-Notation	Bedeutung
a: Aufführung p: Platz-Ticket	Die beteiligten Objekte werden in der UML-Notation waagrecht nebeneinander angeordnet. Zusätzlich zu den Objekten können auch Aktoren in einem Sequenzdiagramm eingezeichnet werden.
	Eine gestrichelte Linie, die senkrecht von den Objekten nach unten wegführt, zeigt die Lebensdauer eines Objekts an. Die zeitliche Abfolge der Aktionen sieht wie folgt aus: Je weiter eine Aktion vom (oben liegenden) Anfang der Lebenslinie entfernt eingezeichnet ist, desto später findet sie statt.
k: Ticket-Card Kunde|Gruppe	Hat das Objekt Kontrolle über den Programmfluss, so wird statt der gestrichelten Linie ein schmales Rechteck eingezeichnet.

Tabelle 7.7: Elemente eines Sequenzdiagramms

UML-Notation	Bedeutung
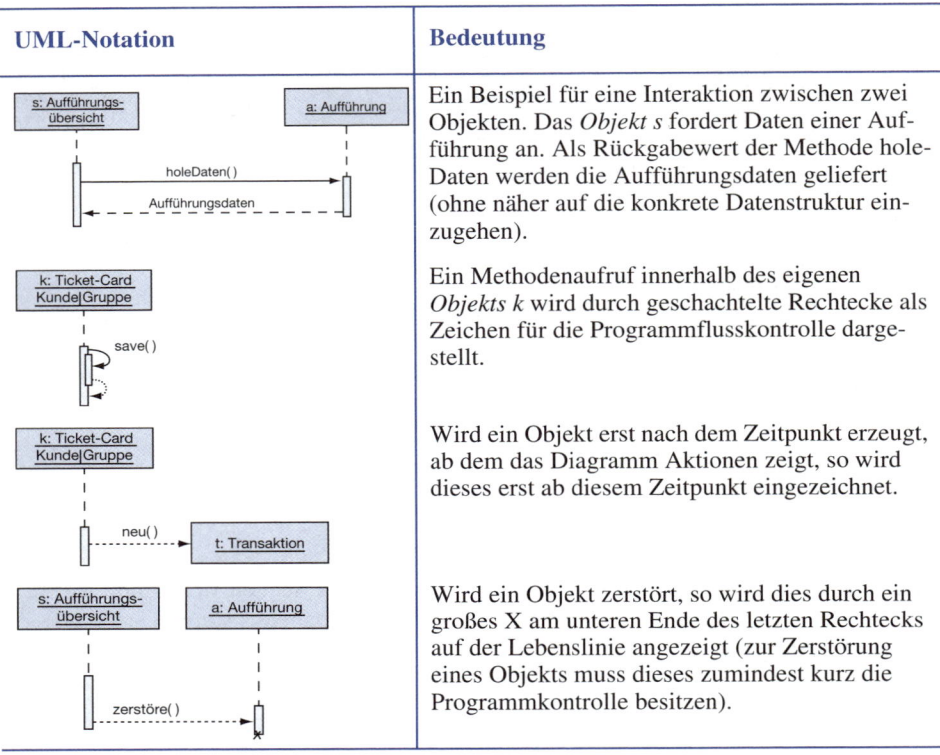	Ein Beispiel für eine Interaktion zwischen zwei Objekten. Das *Objekt s* fordert Daten einer Aufführung an. Als Rückgabewert der Methode holeDaten werden die Aufführungsdaten geliefert (ohne näher auf die konkrete Datenstruktur einzugehen).
	Ein Methodenaufruf innerhalb des eigenen *Objekts k* wird durch geschachtelte Rechtecke als Zeichen für die Programmflusskontrolle dargestellt.
	Wird ein Objekt erst nach dem Zeitpunkt erzeugt, ab dem das Diagramm Aktionen zeigt, so wird dieses erst ab diesem Zeitpunkt eingezeichnet.
	Wird ein Objekt zerstört, so wird dies durch ein großes X am unteren Ende des letzten Rechtecks auf der Lebenslinie angezeigt (zur Zerstörung eines Objekts muss dieses zumindest kurz die Programmkontrolle besitzen).

Tabelle 7.7: Elemente eines Sequenzdiagramms

In einem Sequenzdiagramm werden für Nachrichten und Methodenaufrufe verschieden Pfeile verwendet, welche mit einem erklärenden Namen und den Parametern versehen werden. Eine Übersicht ist in *Tabelle 7.8* zusammengefasst.

Symbol	Bedeutung
------▶	Ein Pfeil mit offener Spitze zeigt eine Nachricht an, welche die Programmflusskontrolle abgibt (d.h., es ist keine Rückkehr zur sendenden Methode zu erwarten).
——▶	Ein Pfeil mit gefüllter Spitze zeigt jede Art von Methodenaufruf an, d.h., der Programmfluss kehrt nach Beendigung der Methode zur aufrufenden Methode zurück.
------▶	Ein Pfeil mit offener Spitze, aber gestrichelter Linie zeigt die Rückkehr von einem Methodenaufruf an.

Tabelle 7.8: Pfeile in einem Sequenzdiagramm

Die folgende Abbildung zeigt ein Sequenzdiagramm des Projekts Ticket-Line. Der Benutzer kann hier über die Aufführungsübersicht (das Objekt, welches die Anwenderschnittstelle implementiert) zuerst eine Aufführung und anschließend ein Platz-Ticket auswählen (wähle()). Nach Beendigung dieser Methoden wird die Kontrolle in der Applikation an eine Ticket-Card übergeben (reserviereTicket(a,p)). Die Ticket-Card erzeugt ein Objekt vom Typ Transaktion (neu()) und dieses wird mit den notwendigen Parametern initialisiert (erstelle_Transaktion(t,a,p)). Notwendige Daten werden ausgelesen (holeDaten()). Abschließend erfolgt die Freigabe aller nicht mehr benötigten Objekte (zerstöre()).

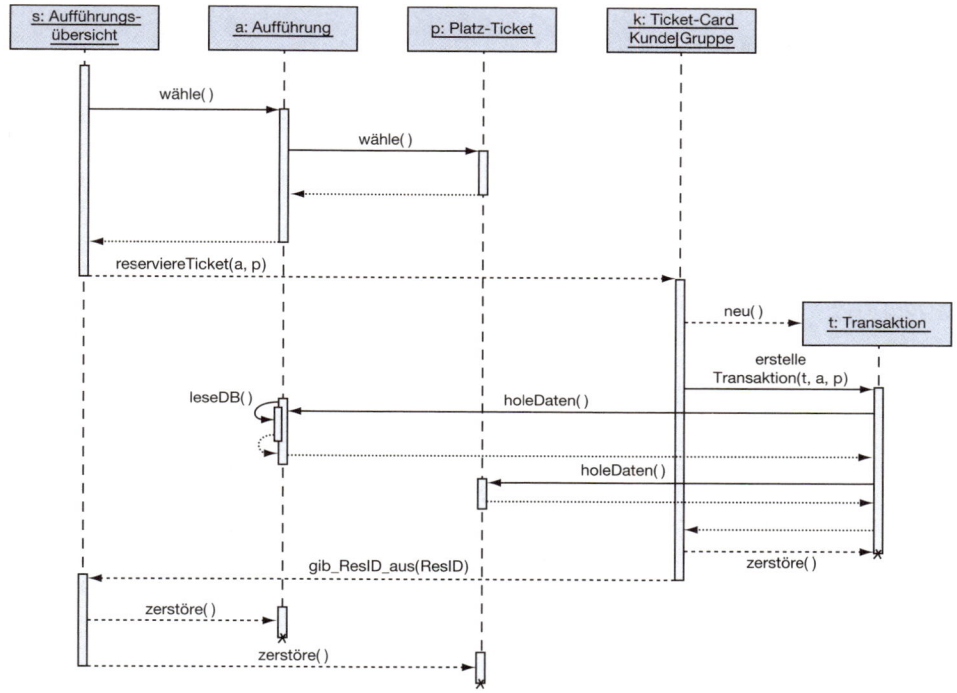

Abbildung 7.18:   Sequenzdiagramm aus dem System Ticket-Line

Vor- und Nachteile

Sequenzdiagramme weisen im Vergleich zu anderen Darstellungen des dynamischen Ablaufs wenige, dafür aber bedeutende Vorteile auf (nach [Bind00]):

1. Sie sind meist ein guter Kompromiss zwischen zu wenigen und zu vielen Details.

2. Sie können Schnittstellen zu anderen Systemen modellieren.

Gerade die letzte Eigenschaft ist in anderen Darstellungen nicht ausreichend berücksichtigt. Sequenzdiagramme weisen jedoch auch einige Nachteile auf:

1. Sie haben keine geeignete Repräsentation von sich wiederholenden, rekursiven oder bedingten Abfolgen.

2. Sie können nur einen (kleinen) Ausschnitt der Gesamtfunktionalität des zu testenden Systems darstellen.

3. Bedingte und verzögerte Nachrichten lassen sich nicht unterscheiden.

4. Dynamisches Binden kann nicht dargestellt werden.

5. Sie sind visuell überladen.

In der Analyse sind der Aufbau des Systems nur bis zur Ebene der Klassenstruktur und die grobe Zusammenarbeit zwischen den Klassen von Interesse. Methoden werden nur sehr oberflächlich betrachtet und dienen lediglich zur Darstellung wesentlicher Funktionen. Der exakte interne Aufbau der Klassen und deren Funktionsweise werden erst im Entwurf festgelegt. Die Methoden, welche in dynamischen Diagrammen in der Analyse verwendet werden, sollten aufgrund ihres Namens und der Parameter *Auskunft über ihre Funktionalität* geben und zum Verständnis der Klasse beitragen. Sie sollten aber *keine verpflichtende Referenz* für den Entwurf oder die Implementierung sein.

7.5.3   Zustandsdiagramme

Das grundlegende Element eines Zustandsdiagramms ist ein *Zustand*. Jeder Zustand hat einen Namen und repräsentiert die Summe der Eigenschaften eines Objekts, während dieses gewisse Bedingungen erfüllt, etwas ausführt oder auf etwas wartet. Ein Zustand wird durch ein Rechteck mit abgerundeten Ecken dargestellt. Der Name wird in das Rechteck eingetragen.

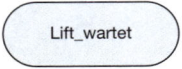

Abbildung 7.19:   Der Zustand „Lift_wartet" des Objekts Lift

Für einen Zustand können Ereignisse und zugehörige Aktionen definiert werden, welche während dieses Zustands eintreten können, jedoch zu keiner Zustandsänderung führen. Bestimmte Ereignisbezeichnungen sind reserviert:

- *Entry*: Die dazu festgelegte Aktion wird bei einem Wechsel in diesen Zustand ausgeführt.
- *Exit*: Die dafür bestimmte Aktion wird bei Verlassen dieses Zustands ausgeführt.
- *Do*: Die hier definierte Aktion wird während dieses Zustands ausgeführt.

Die Ereignis/Aktions-Paare werden in das Rechteck – durch eine Linie vom Namen des Zustands getrennt – eingetragen. *Abbildung 7.20* zeigt einen Zustand mit solchen Ereignis/Aktions-Paaren.

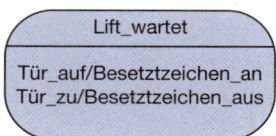

Abbildung 7.20: Der Zustand „Lift_wartet" mit Ereignis/Aktions-Paaren

Zustandsübergänge

Zustandsübergänge werden durch einen Pfeil mit offener Spitze dargestellt, wobei die Spitze das Symbol für den Folgezustand berührt. Der Pfeil wird mit dem Ereignis beschriftet, welches zu dem Zustandsübergang führt. Der Anfangszustand wird durch ein spezielles Symbol markiert, welches in der folgenden Abbildung am linken Rand eingezeichnet ist. Der Endzustand erhält ebenfalls ein eigenes Symbol, welches in der nächsten Abbildung am rechten Rand zu finden ist.

Abbildung 7.21 zeigt die Zustände eines Lifts, während er leer auf eine gültige Anforderung in einem anderen Stockwerk wartet als dem, in dem er sich zum aktuellen Zeitpunkt befindet.

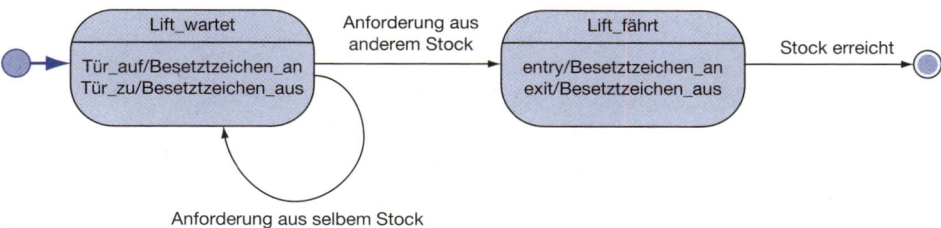

Abbildung 7.21: Zustandsdiagramm mit Anfangs- und Endzustand sowie Zustandsübergängen

Je nach Abstraktionsgrad der Darstellung können mehrere Zustände in einem Sammelzustand zusammengefasst werden. Ein Sammelzustand kann mit Hilfe eines eigenen Zustandsdiagramms in seine internen Zustände aufgespaltet werden. Diese Auflösung kann auch in ein und demselben Diagramm erfolgen. Dazu wird in das Rechteck, welches den Sammelzustand zeigt, das Zustandsdiagramm seiner internen Zustände eingezeichnet.

Abbildung 7.22: Zustandsdiagramm mit Sammelzustand

In *Abbildung 7.22* ist der Zustand „Lift fährt" als Sammelzustand markiert. Die folgende *Abbildung 7.23* zeigt die internen Zustände des Sammelzustands. Sobald in der internen Darstellung der Endzustand erreicht ist, tritt der Übergang „Stockwerk erreicht" aus dem übergeordneten Diagramm in *Abbildung 7.24* ein.

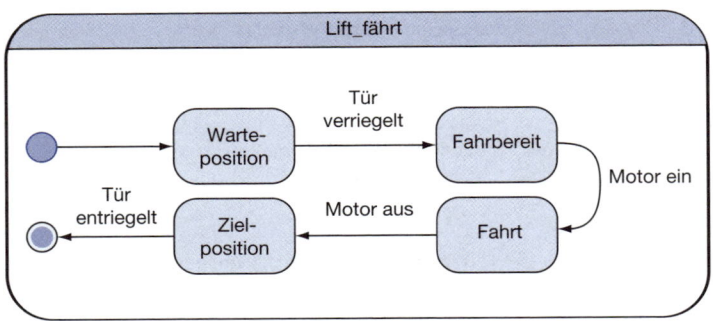

Abbildung 7.23:   Auflösung des Sammelzustands

Innerhalb eines Systems kann es auch zu parallelen Zuständen kommen. Diese werden durch eine Linie getrennt innerhalb eines Sammelzustands eingezeichnet. Jede der parallelen Zustandsfolgen kann einen Anfangs- und Endzustand haben. Der Sammelzustand „letzte_Anforderung_erfüllen" wird genau dann verlassen, wenn alle parallelen Folgen von Zuständen und Zustandsübergängen ihren jeweiligen Endzustand erreicht haben. Dazu müssen in diesem Beispiel die Ereignisse „Timeout" und „Knopf gedrückt" eingetreten sein.

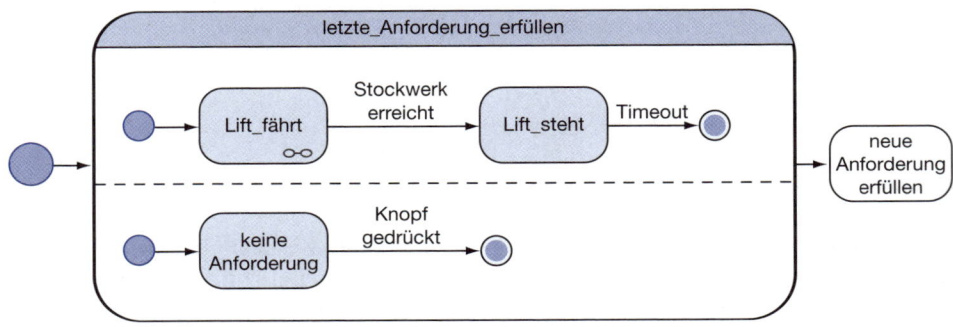

Abbildung 7.24:   Parallele Zustände

7.5.4   Aktivitätsdiagramme

Ein weiteres dynamisches Diagramm ist das Aktivitätsdiagramm. Es erlaubt die Darstellung des genauen Ablaufs komplexer Prozesse durch Aktivitäten. Im Unterschied zu anderen Diagrammen verdeutlichen Aktivitätsdiagramme nicht nur die erfolgreiche Abarbeitung eines Arbeitsschrittes, sondern auch alternative und fehlerhafte Beendigungen. Aktivitätsdiagramme verfügen über Mittel, parallele und iterative Vorgänge zu visualisieren.

Das primäre Element eines Aktivitätsdiagramms ist die Aktivität. Die essenziellen Eigenschaften einer Aktivität, die starken Einfluss auf das Verhalten haben, sind:

- Atomar: Aktivitäten sind die elementarste Einheit in einem Aktivitätsdiagramm. Sie können in keine weiteren Aktivitäten aufgespalten werden.

- Ununterbrechbar: Sobald eine Aktivität begonnen wurde, wird sie bis zu ihrem Ende durchgeführt.

- Werden unverzüglich durchgeführt: Das Durchführen einer Aktivität nimmt eine verschwindend geringe Menge an Zeit in Anspruch.

Tabelle 7.9 zeigt die wichtigsten Elemente des Aktivitätsdiagramms. *Tabelle 7.10* listet die zusätzlichen Symbole (wie Startzustand) auf, die für ein Aktivtätsdiagramm bedeutend sind.

UML-Notation	Bedeutung
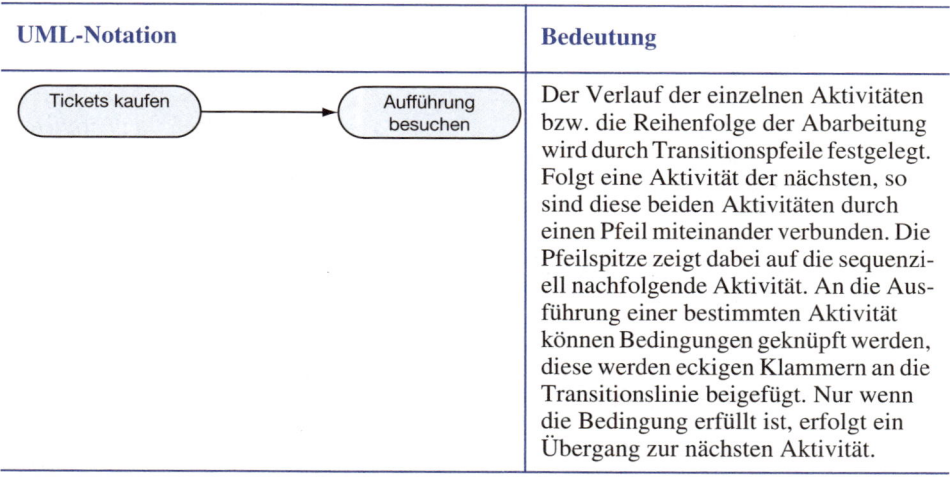	Der Verlauf der einzelnen Aktivitäten bzw. die Reihenfolge der Abarbeitung wird durch Transitionspfeile festgelegt. Folgt eine Aktivität der nächsten, so sind diese beiden Aktivitäten durch einen Pfeil miteinander verbunden. Die Pfeilspitze zeigt dabei auf die sequenziell nachfolgende Aktivität. An die Ausführung einer bestimmten Aktivität können Bedingungen geknüpft werden, diese werden eckigen Klammern an die Transitionslinie beigefügt. Nur wenn die Bedingung erfüllt ist, erfolgt ein Übergang zur nächsten Aktivität.

Tabelle 7.9:   Elemente eines Aktivitätsdiagramms

UML-Notation	Bedeutung
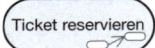	Mehrere Aktivitäten können aufgrund der Lesbarkeit eines Diagramms zu einem *Sub-Aktivitätsdiagramm* zusammengefasst werden. Durch die Gruppierung zu einem Subdiagramm gehen die fundamentalen Eigenschaften einer Aktivität verloren. Für das Diagramm bedeutet das, dass eine zusammengesetzte Aktivität nicht länger atomar ist, da sie ein eigenständiges Unterdiagramm repräsentiert. Subaktivitäten können unterbrochen werden, und die Dauer ist nicht länger abschätzbar, da es unklar ist, wie lange die Abarbeitung der Sub-Aktivitäten dauert.
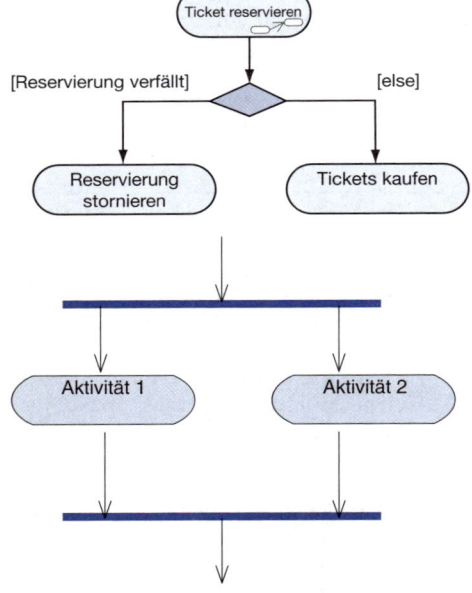	Gibt es Alternativen zwischen mehreren Nachfolgeaktivitäten, so können *Entscheidungszustände* eingeführt werden, die nur bei Erfüllung spezieller Bedingungen ausgeführt werden.
	Abhängig davon, welche Bedingung erfüllt ist, folgt der Kontrollfluss einem anderen Pfad.
	Das *Splitten* des Ablaufs, um *parallele Aktivitäten* zu verdeutlichen. Treffen beide Aktivitäten wieder zusammen, werden ihre Abläufe wieder *synchronisiert*.
	In UML 1.x konnte bei parallelen Zuständen erst mit der weiteren Abfolge fortgefahren werden, sobald beide Aktivitäten durchgeführt wurden. Dies kann mitunter geraume Zeit dauern, sofern die Abarbeitung an eine Bedingung geknüpft ist. In UML 2.0 wird auf diese Einschränkung verzichtet. Diese Darstellung kann zwar zur Synchronisation verwendet werden, es müssen aber nicht notwendiger Weise alle beteiligten Aktivitäten durchgeführt werden, um mit der Abarbeitung fortfahren zu können.

Tabelle 7.9: Elemente eines Aktivitätsdiagramms *(Forts.)*

UML-Notation	Bedeutung
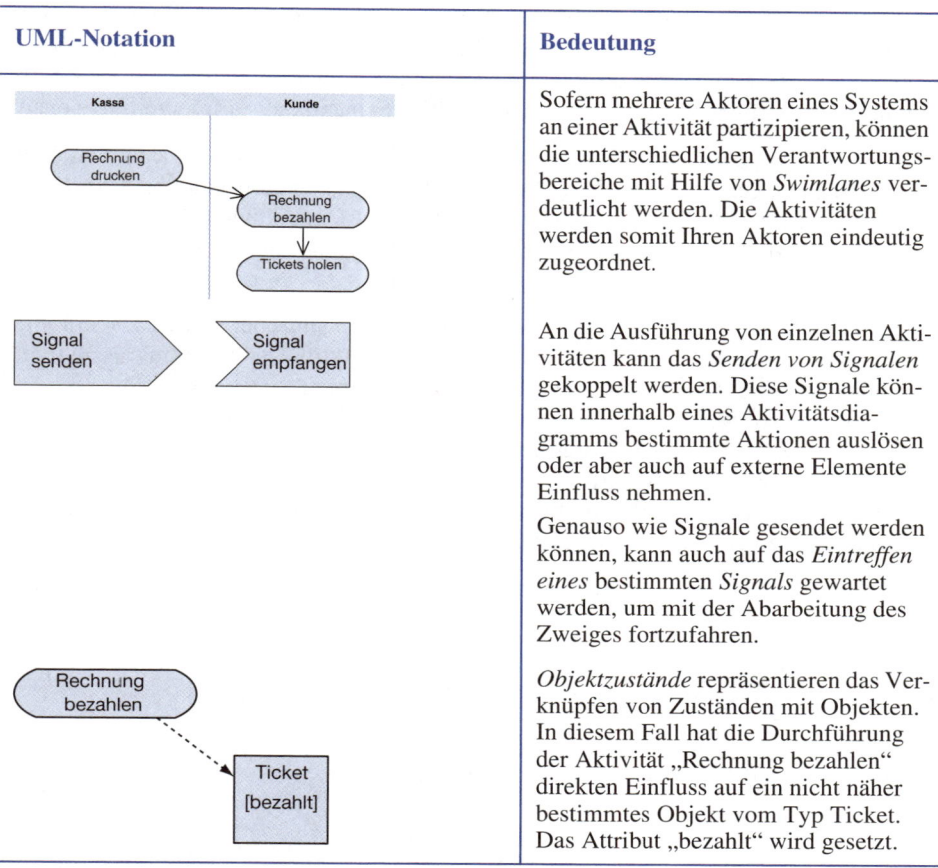	Sofern mehrere Aktoren eines Systems an einer Aktivität partizipieren, können die unterschiedlichen Verantwortungsbereiche mit Hilfe von *Swimlanes* verdeutlicht werden. Die Aktivitäten werden somit Ihren Aktoren eindeutig zugeordnet.
	An die Ausführung von einzelnen Aktivitäten kann das *Senden von Signalen* gekoppelt werden. Diese Signale können innerhalb eines Aktivitätsdiagramms bestimmte Aktionen auslösen oder aber auch auf externe Elemente Einfluss nehmen.
	Genauso wie Signale gesendet werden können, kann auch auf das *Eintreffen eines* bestimmten *Signals* gewartet werden, um mit der Abarbeitung des Zweiges fortzufahren.
	Objektzustände repräsentieren das Verknüpfen von Zuständen mit Objekten. In diesem Fall hat die Durchführung der Aktivität „Rechnung bezahlen" direkten Einfluss auf ein nicht näher bestimmtes Objekt vom Typ Ticket. Das Attribut „bezahlt" wird gesetzt.

Tabelle 7.9: Elemente eines Aktivitätsdiagramms *(Forts.)*

Symbol	Bedeutung
●	Der *Startzustand* beschreibt den Beginn des Aktivitätsdiagramms. Seit UML 2.0 kann ein Aktivitätsdiagramm über mehr als einen Startzustand verfügen, um verstärkt parallele Abarbeitung zu verdeutlichen.
◉	Der *Endzustand* repräsentiert das endgültige Ende des Ablaufs. Beim Erreichen dieses Zustands ist mit keiner weiteren Aktivität zu rechnen.
⊗	Ein spezieller Endzustand, der erst mit UML 2.0 eingeführt wurde ist das *Ablaufende*. Im Gegensatz zum Endzustand repräsentiert dieses Element lediglich das Ende eines speziellen Ablaufzweiges. Andere Zweige können noch weiter aktiv sein.

Tabelle 7.10: Symbole in Aktivitätsdiagrammen

In UML 1.x ist das Aktivitätsdiagramm ein Spezialfall eines Zustandsdiagramms, welches die einzelnen Zustände durch durchzuführende Aktionen ersetzt. Durch die Überarbeitung der UML sind Aktivitätsdiagramme wesentlich unabhängiger von Zustandsdiagrammen und verfügen über eine unterschiedlichere Semantik als in früheren Versionen.

Größtes Problem an Aktivitätsdiagrammen war die eher ausdrucksschwache Semantik, die auf Probleme bei der Darstellung von parallelen Abläufen zurückzuführen ist. Dieser Mangel ist größtenteils durch Version 2.0 behoben worden. Aktivitätsdiagramme haben dadurch große Ähnlichkeiten mit Petrinetzen erhalten, die zu den „klassischen" Modellen für nebenläufige und verteilte Systeme gehören.

Die Veränderungen in UML 2.0 sind aber nicht nur semantischer Natur, sondern auch syntaktischer. Ursprünglich wurden die Elemente eines Aktivitätsdiagramms als Aktivitäten bezeichnet. Seit der Überarbeitung ist aber ein komplettes Diagramm eine Aktivität und die primären Elemente sind lediglich Verhaltensaufrufe (*acitivity invocation*) eines Objekts. Auf der einen Seite ermöglicht dieses Vorgehen, wesentlich komplexere Vorgänge zu modellieren, und basiert verstärkt auf objektorientierten Mustern. Auf der anderen Seite bringt diese Veränderung begriffliche Probleme mit sich, die auf die Verwendung identer Begriffe in unterschiedlichen Versionen zurückzuführen ist.

Die *Abbildungen 7.25* und *7.26* zeigen ein Diagramm in UML 1.x und UML 2.0 zum Vergleich.

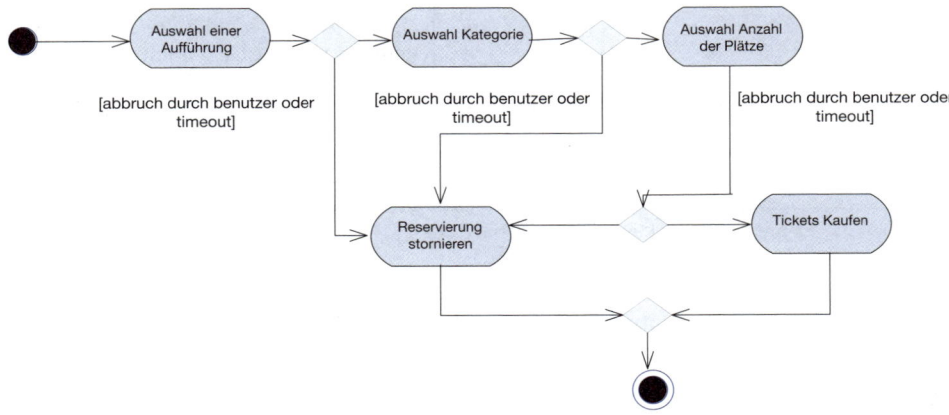

Abbildung 7.25: Aktivitätsdiagramm in UML 1.x Notation

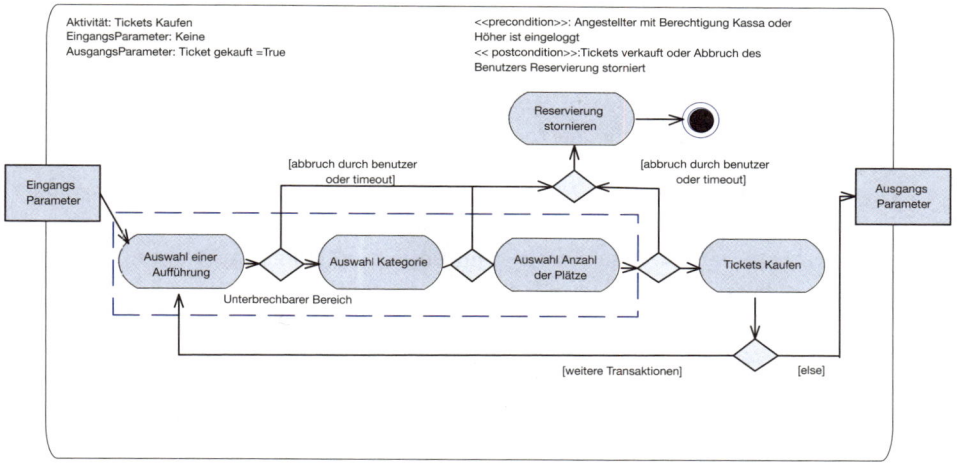

Abbildung 7.26: Aktivitätsdiagramm in UML 2.0 Notation

Zusammenfassung

- UML wurde in Zusammenarbeit zahlreicher namhafter Experten und Unternehmen als einheitliche international verständliche Notation zur Darstellung verschiedener Modelle von Softwaresystemen entworfen.

- UML ist mittlerweile zu einem Quasi-Standard geworden, wenn man von den nach wie vor zahlreichen, unternehmensintern gebräuchlichen Notationen absieht, die aber jeweils keine weitere Verbreiterung aufweisen.

- UML 2.0 stellt die erste massive strukturelle Überarbeitung von UML seit deren Einführung dar.

- Die Anwendbarkeit von UML soll durch Unterstützung von Konzepten wie XMI oder MDA erhöht werden.

- UML verfolgt das Ziel, dass dieselben Symbole (z.B. Pfeile) überall (d.h. auch in unterschiedlichen Diagrammtypen) dieselbe Semantik haben, und damit die Verständlichkeit verschiedener Diagramme erhöht wird.

- Mit Hilfe von Stereotypen wird es den Anwendern von UML ermöglicht, neue Symbole einzuführen, ohne die Semantik von UML zu ändern.

- Eine strukturierte Übersicht von Anforderungen wird in Form von Anwendungsfalldiagrammen dokumentiert. Jeder Anwendungsfall stellt einen genau festgelegten Ablauf dar, bei dem der Benutzer gezielt Systemfunktionen zur Erreichung eines bestimmten Ziels ausführt.

- Die statische Struktur von Klassen oder Objekten wird mit Klassendiagrammen visualisiert. Zentrale Elemente sind Klassen und Objekte und deren Beziehungen (Generalisierungen, Abhängigkeiten) untereinander.

- Dynamische Diagramme dienen zur Darstellung von komplexen Abläufen auf allen Ebenen (Geschäftsprozesse, Anforderungen, Entwurf, Implementierung). Diese Kategorie von Diagrammen wird nur für Fälle eingesetzt, in denen das Verständnis der dynamischen Funktionsweise des Systems nicht trivial erkennbar ist, da im allgemeinen Fall die Erstellung von dynamischen Diagrammen sehr aufwändig sein kann und damit der Aufwand den Nutzen übersteigt.

Weiterführende Literatur

[Fowl98] Fowler, Martin; Kendall, Scott: *UML Distilled. Applying the Standard Object Modeling Language*; Reading, Mass. [u.a.]: Addison-Wesley Longman, 1998.

[Jaco99] Jacobson, Ivar; Booch, Grady; Rumbaugh, James: *The Unified Software Development process*; Reading, Mass. [u.a.]: Addison-Wesley, 1999.

[Rumb99] Rumbaugh, James; Jacobson, Ivar; Booch, Grady: *The Unified Modeling Language Reference Manual*; Reading, Mass. [u.a.]: Addison-Wesley, 1999.

Kapitel

8   Anforderungen

Ein Problem ist halb gelöst, wenn es klar formuliert ist.

John Dewey

Begriffe in diesem Kapitel

Anforderung: Eine Bedingung oder eine Fähigkeit funktionaler oder nicht funktionaler Natur, welche ein Produkt erfüllen bzw. haben muss.

Anforderungsdokument (Spezifikation): Beschreibung eines Systems mit Begriffen aus dem Anwendungsbereich. Es definiert, *was* realisiert werden soll, *ohne* das *Wie* einer konkreten Implementierung vorwegzunehmen. Dieses Dokument wird meist als Übereinkunft zwischen Kunden und Auftragnehmer verwendet, um die Anforderungen an eine Anwendung festzulegen.

Anwender (Benutzer): Jene Personen, welche die aus einem Softwareprojekt entstehende Software nach deren Auslieferung benutzen müssen. Anwender sind vor allem an der Funktionalität der Software und den Qualitätsmerkmalen interessiert.

Anwendungsfall (Use Case): Eine Interaktion zwischen einem Anwender und einem Softwaresystem, welche zur Erfüllung eines Bedarfs des Anwenders an das System führt.

Anforderungsmodell: Besteht aus allen Produkten des Arbeitsschrittes Anforderungen.

Im Arbeitsschritt Anforderungen werden in Gesprächen mit Anwendern ihre Wünsche und Vorstellungen der gewünschten Software oder des Softwaresystems ermittelt. Basierend auf den Erkenntnissen dieser Gespräche, die meist in Form von Interviews oder kleinen Gruppendiskussionen abgehalten werden, wird das Anforderungsmodell erstellt, welches als Grundlage für das gesamte weitere Projekt dient.

Dieser Arbeitsschritt, von dessen Gelingen der Projekterfolg entscheidend abhängt, ist nicht nur aufgrund des hohen Bedarfs an Kommunikation sehr schwierig. Vor allem die unterschiedlichen Denkmuster seitens der Anwender und des Analytikers machen ein Gespräch über einen gemeinsamen Inhalt oft sehr kompliziert. Bevor nicht eine gemeinsame Sprache zwischen dem Analytiker und dem Kundenvertreter gefunden werden kann, ist es schwierig, Ideen auszutauschen und für den anderen nachvollziehbar zu beschreiben.

Gesprächsdisziplin und die konsequente Klärung von potenziellen Missverständnissen sind unumgängliche Qualitätsfaktoren der Interviews im Rahmen der Anforderungsanalyse.

8.1   Grundlagen der Anforderungsfindung

Der erste Abschnitt dieses Kapitels soll grundlegende Überlegungen darstellen, welche für den Arbeitsschritt Anforderungen von Bedeutung sind.

8.1.1   Geschäftsziele

Bei der Diskussion und Dokumentation der Anforderungen, welche hauptsächlich in enger Zusammenarbeit mit den Anwendern durchgeführt wird, dürfen die Geschäftsziele des Kunden nicht außer Acht gelassen werden.

Kein Softwaresystem wird erfolgreich eingesetzt werden können, wenn es nicht auch den Geschäftszielen des Kunden dient, der ja schließlich auch die finanzielle Grundlage für die Durchführung des Softwareprojekts sicherstellen muss.

Während die Anwender aufgrund ihrer Arbeit mit den funktionalen Anforderungen und den notwendigen Qualitätsmerkmalen gut vertraut sind, und diese mit ein wenig Hilfe durch den Analytiker auch gut kommunizieren können, fehlt ihnen dieses Wissen zu den Geschäftszielen in der erwünschten Tiefe.

Ein ausreichendes Verständnis der Geschäftsziele des Kunden wird nur im Gespräch mit dem Kunden selbst erreicht werden können.

Die Geschäftsziele des Kunden können natürlich die Anwender oder das gesamte Unternehmen in positiver aber auch (vor allem aus subjektiver Sicht der einzelnen Mitarbeiter) in negativer Weise beeinflussen. Die Kenntnis der Geschäftsziele ermöglicht dem Projektteam, Einstellungen oder Verhalten von Anwendern gegenüber dem Projektteam richtig zu interpretieren.

8.1.2   Anwendergruppen

Die erste wesentliche Voraussetzung im Arbeitschritt Anforderungen ist der Zugang zu wirklich allen Anwendern des Systems. Da man natürlich nicht mit jedem Anwender einzeln sprechen kann, ist es notwendig, zumindest jene Gruppen von Anwendern zu erkennen, in denen Anwender mit identischen Anforderungen zu finden sind und zumindest zu je einem Anwender aus jeder Gruppe Zugang zu haben.

Vor allem dürfen dabei nicht solche Anwender vergessen werden, die das System nur nebenbei oder seltener als die „Haupt"-Anwender verwenden. Nur die vollständige Kenntnis aller vorhandenen Anwendergruppen und der notwendige Kontakt mit allen diesen Gruppen kann auch die vollständige Untersuchung aller Anforderungen gewährleisten.

8.1.3   Anforderungstypen

Der Arbeitsschritt Anforderungen beschäftigt sich nicht nur mit den funktionalen Anforderungen an das System. Neben den funktionalen Anforderungen werden folgende Anforderungen an das System ebenfalls mitberücksichtigt:

1. *Technische Anforderungen:* Diese Anforderungen betreffen sowohl die technischen Grundlagen (wie z.B. Hardware, Betriebsysteme, vorhandene Applikationssoftware usw.), als auch vor allem alle technischen Anforderungen, die Schnittstellen des Systems betreffen. Im Zuge des Arbeitsschritts Analyse ist es für den Analytiker vor allem wichtig zu erkennen, dass in bestimmten Bereichen ebensolche Anforderungen bestehen, damit eine weiter gehende Betrachtung der exakten technischen Details in folgenden Arbeitsschritten nicht übersehen wird.

2. *Qualitätsanforderungen:* Diese – oft auch als nichtfunktionale Anforderungen bezeichnet – Anforderungen sollen alle jene Merkmale der Software darstellen, die zum Gelingen der Interaktion zwischen Anwender und System maßgeblich beitragen, aber mit der direkten Eingabe-Verarbeitung-Ausgabe-Kette von Daten nichts zu tun haben. Die Erfassung und korrekte Umsetzung der Qualitätsanforderungen kann maßgeblich für den Projekterfolg per se sein (z.B. die Garantie von bestimmten Antwortzeiten bei zeitkritischen Systemen) oder aber zumindest das System maßgeblich von anderen Produkten in positiver Art und Weise abheben (z.B. durch eine optisch besonders ansprechende Anwenderschnittstelle).

8.2   Produkte

In Arbeitsschritt Anforderungen werden zunächst alle Anforderungen an die zu erstellende Software gefunden. In mehreren Iterationen werden die Anforderungen dokumentiert, Fragen geklärt und das Anforderungsmodell wieder angepasst. Im Arbeitsschritt Anforderungen wird das zu erstellende System aus der Sicht der zukünftigen Anwender beschrieben, also ausschließlich von außen, ohne auf die internen technischen Details der möglichen Realisierung einzugehen. Die Dokumentation der Anforderungen stellt die Grundlage für alle weiteren Arbeitsschritte im Projekt dar und ist daher wesentliche Basis für den Vertrag zwischen Kunden und Auftragnehmer zur Realisierung des Systems.

Die Produkte der Anforderungsanalyse beziehen sich alle auf deren gemeinsame Wurzel, die Anwendungsfälle. Die Systembeschreibung, die Aktorenliste und das Begriffsverzeichnis geben eine allgemeine Einführung bzw. klären Fakten im Vorfeld, welche zum Verständnis der Anwendungsfälle selbst notwendig sind. Das Anwendungsfallmodell gibt eine Übersicht über alle Anwendungsfälle und die damit arbeitenden Aktoren. Aus dem Anwendungsfallmodell ist auch die Zusammenarbeit der Anwendungsfälle untereinander erkennbar. Der Prototyp stellt das erste wirklich überprüfbare Resultat für die Überprüfung der Richtigkeit der Anforderungen dar. In der folgenden *Tabelle 8.1* sind alle Produkte, die in der Anforderungsanalyse erstellt werden, gemeinsam mit dem jeweiligen Zweck aufgelistet.

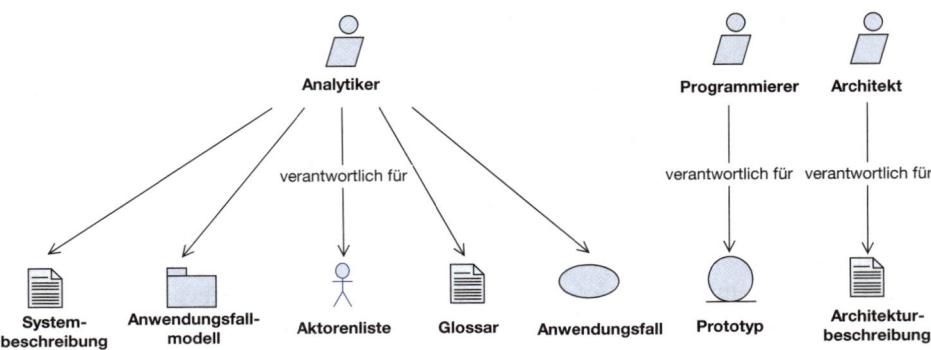

Abbildung 8.1: Produkte im Arbeitsschritt Anforderungen

Als Nebenprodukt gibt es vor allem im Arbeitsschritt Anforderungen stets ein Dokument mit *offenen Fragen.* Dieses Dokument enthält alle Fragen des Analytikers, welche basierend auf den bisherigen Gesprächen und erhaltenen Unterlagen nicht geklärt werden konnten. Die offenen Fragen werden zu Beginn des nächsten Treffens mit Anwendern (z. B. in einem Review oder bei einem weiteren Interview) geklärt und dienen oft auch als Einstiegspunkt für weitere Änderungswünsche oder Fehlerkorrekturen seitens der Anwender.

Produkt	Zweck
Systembeschreibung	Allgemeine Einführung in das System
Glossar	Gemeinsame Sprache zwischen Kunde und Analytiker, Erklärung der Fachbegriffe aus der Domäne der Anwender
Aktorenliste	Beschreibung der Rechte der Akteure
Anwendungsfallmodell	Übersichtliche Darstellung der Funktionalität des Systems
Anwendungsfall	Detaillierte Beschreibung der Anforderungen an das System
Architekturbeschreibung	Zeigt neben wichtigen technischen Grundlagen erste Entwürfe für eine mögliche Architektur auf.
Domänenmodell	Beschreibung aller Domänenobjekte zum Verständnis der zur Verfügung stehenden Daten
Prototyp	Detaillierte Darstellung der Anwenderschnittstelle

Tabelle 8.1: Produkte der Anforderungsanalyse und deren Zweck

Die folgenden Abschnitte beschäftigen sich näher mit dem Inhalt der einzelnen Produkte.

8.2.1   Systembeschreibung

Die Systembeschreibung stellt eine oberflächliche, aber dennoch ausführliche Beschreibung des Systems dar. Sie dient vor allem zur Beschreibung der wesentlichen Merkmale und soll den Benutzern des Anforderungsmodells (Anwender bzw. Entwickler) einen passenden Hintergrund für die darin dokumentierten Anforderungen bieten.

Die Systembeschreibung erklärt folgende Punkte ausführlich:

- *Ausgangssituation:* Kurzer Überblick über den Kunden und die aktuelle Situation im Unternehmen.
- *Geschäftsziel:* Zweck und primärer Nutzen des Systems (etwa Kundeninformation, Verwaltungshilfe usw.) aus Sicht des Kunden.
- *Organisation:* Als Grundlage für die Erhebung ist ab einer nicht trivialen Unternehmensgröße die organisatorische Aufteilung in Geschäftsbereiche zu beschreiben, soweit diese für das Projekt relevant ist.
- *Abgrenzung:* Das neue System wird in eine bestehende Systemlandschaft eingebettet. Eine Beschreibung der Schnittstellen zu bestehenden Systemen und eine Abgrenzung von bestehenden Systemen vermeidet Konflikte mit Verantwortungsbereichen anderer Systeme.
- *Informationsquellen:* Zu Beginn der Analyse macht es Sinn, mehr oder weniger nahe liegende Informationsquellen zu sammeln, die im Zuge der Analyse existierendes Wissen zugänglich machen.

Systembeschreibung

Ausgangssituation

- Wo befinden sich die wesentlichen Nachteile bzw. Schwachstellen von existierenden Geschäftsprozessen?
- Wo befinden sich die wesentlichen Nachteile bzw. Schwachstellen von existierenden Systemen?
- Welche Vorteile existierender Systeme oder Geschäftsprozesse sollen jedenfalls erhalten bleiben?

Geschäftsziel

- Sind alle Ziele des Kunden bekannt?
- Werden existierende Geschäftsprozesse nur abgebildet oder werden mit dem System Geschäftsprozesse auch verändert?

Abgrenzung

- Welche Systeme soll das System ersetzen?
- Mit welchen Systemen wird zusammengearbeitet?
- Welche Systeme werden explizit nicht berührt?

Informationsquellen

- Gibt es dokumentierte Vorarbeiten, die weiter verwendet werden können?
- Gibt es relevante Dokumente, auf welche verwiesen werden kann?
- Wer sind die Ansprechpartner für welche fachlichen Themen?

8.2.2   Glossar

Als Grundlage für die Anforderungsanalyse muss am Beginn die Fachsprache des Anwenders und der Anwendungsdomäne ausreichend verstanden und dokumentiert werden. Nur eine genaue Definition von Begriffen und Prozessen, die der Anwendungsdomäne zugrunde liegen und zu deren Verständnis notwendig sind, ermöglicht eine exakte Anforderungsanalyse. Die Verwendung von nicht exakt definierten Begriffen und Prozessen kann zu Missverständnissen führen. Eine Klärung dieser Missverständnisse führt zu einem Mehraufwand im Projekt, keine Klärung kann ein unerwünschtes Projektergebnis zur Folge haben.

8.2.3   Aktorenliste

Diese Auflistung aller mit dem System kommunizierenden Aktoren enthält eine genaue Beschreibung der Rechte eines jeden Aktors im System. Da aus dem Anwendungsfalldiagramm und der Anwendungsfallbeschreibung aufgrund von Erweiterungen, optionalen Pfaden und Variationen oft nicht klar erkennbar ist, welcher Aktor eine Optionen ausführen darf und welcher nicht, ist eine Zusammenfassung dieser Rechte in der Aktorliste von großem Nutzen.

8.2.4   Anwendungsfallmodell

Alle vorhandenen Aktoren und Anwendungsfälle des Systems und deren Kommunikation untereinander werden mit Hilfe eines *Anwendungsfalldiagramm* dargestellt. *Abbildung 8.2* zeigt nochmals das Anwendungsfalldiagramm des Projekts Ticket-Line. Das Diagramm soll vor allem als Überblick dienen und dementsprechend sorgfältig sollten die Elemente semantisch sinnvoll angeordnet werden, um inhaltliche Zusammenhänge schnell erkennen zu können.

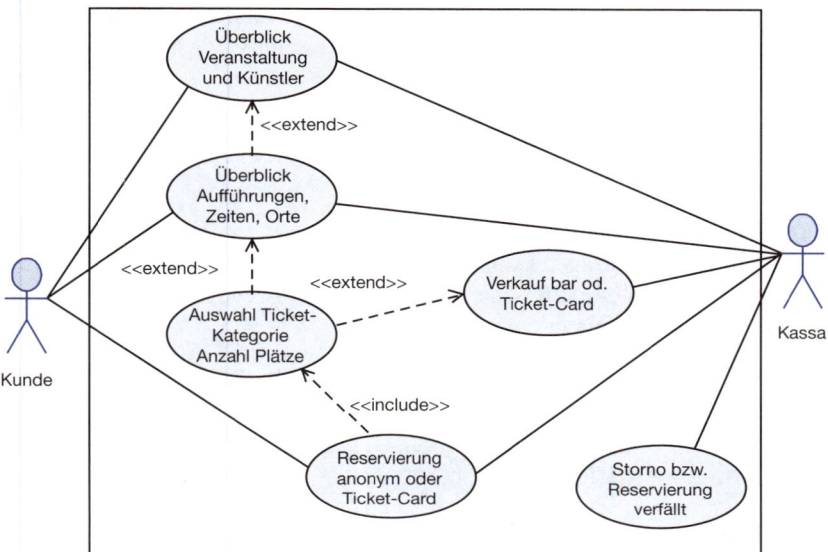

Abbildung 8.2: Ausschnitt des Anwendungsfalldiagramms für das System Ticket-Line

8.2.5 Anwendungsfall

Jeder Anwendungsfall des Anwendungsfalldiagramms bedarf einer genauen Beschreibung, die folgende Punkte enthalten sollte:

1. Eine eindeutige Bezeichnung, welche in anderen Anwendungsfällen oder Dokumenten einfach referenziert werden kann.

2. Die Angabe des oder der primären Aktoren, welche diesen Anwendungsfall benutzen.

3. Einen Gültigkeitsbereich, der den Kontext (z.B. Subsysteme) des Anwendungsfalles definiert, in dem er ausgeführt werden kann.

4. Vorbedingungen für die Ausführung des Anwendungsfalls.

5. Den genauen Ablauf des wichtigsten Erfolgsszenarios anhand der Anwender-System-Interaktion. Jeder Interaktionsschritt wird fortlaufend nummeriert.

6. Erweiterungen, welche alternativ zum Erfolgsszenario eintreten können. Wird zu einem Schritt eine Erweiterung festgehalten (d.h. eine Bedingung im Schritt hat sich geändert), so wird diese mit der Nummerierung des ursprünglichen Schritts gefolgt von einem Kleinbuchstaben beziffert (z.B. 2a). Gibt es mehrere Schritte im Zuge einer Erweiterung, so werden diese im Stil 2a1, 2a2 usw. beziffert (siehe auch *Abbildung 8.7*).

7. Die Auswirkungen des Anwendungsfalls, welche sich ausschließlich auf Änderungen des Systemzustands und des Datenbestands beziehen. Ereignisse, wie Meldungen an den Anwender, sind als Reaktion des Systems zu verstehen.

8. Technologie und Datenvarianten: Jegliche Hinweise, die in Zusammenhang mit der geplanten Technologie und den zugrunde liegenden Daten wichtig erscheinen, sind hier aufzuführen.

9. Anmerkungen: Dieser Abschnitt enthält jegliche Information, welche zum Verständnis des Anwendungsfalls beitragen kann. Nicht funktionale Anforderungen (z.B. Antwortzeiten, Transaktionsraten, Wünsche bezüglich der Anwenderschnittstelle usw.) werden ebenfalls unter den Anmerkungen aufgeführt.

10. Offene Fragen: Fragen, die mit den Anwendern in Bezug auf diesen Anwendungsfall noch geklärt werden müssen.

Anwendungsfall 1: Aufführung suchen

Primärer Aktor: Kunde.

Gültigkeitsbereich: Ticket-Line-Applikation (Kiosk, Kassa Client, Webshop) – allgemeine Auskunftstätigkeit.

Vorbedingungen: Keine.

Wichtigstes Erfolgsszenario:

1. Der Benutzer wählt eine Aufführungskategorie und spezifiziert Datum und Uhrzeit. Das System stellt sicher, dass angegebene Werte nicht in der Vergangenheit liegen und setzt eventuell die Eingabe auf aktuelle Daten zurück.

2. Das System zeigt das Ergebnis der Anfrage an.

3. Der Benutzer fordert eine Detailansicht einer gewählten Aufführung.

4. Das System zeigt die Details des Eintrags an.

Erweiterungen:

2a) Es wurden keine den Kriterien entsprechenden Einträge gefunden. Zurück zu 1 oder Abbruch.

Auswirkungen: Keine.

Technologie und Datenvarianten:

Anfrage wird gestellt:

- Über Web-Portal des Systems (Primärer Aktor)
- Über Kiosk-Interface (Primärer Aktor)
- Über Kassa-Client (Unterstützender (Sekundärer) Aktor)

Anmerkungen: Das Suchergebnis muss innerhalb von fünf Sekunden verfügbar sein, um Wartezeiten an der Kassa so kurz wie möglich zu halten.

Offene Fragen:

■ Kann der Anwender auch mehrere Einträge gleichzeitig in Detailansichten öffnen?

Abbildung 8.3: Beschreibung eines Anwendungsfalls

Je nach Fortschritt im Arbeitsschritt Anforderungen können auch gröbere bzw. detailreichere Formen der Anwendungsfallbeschreibung verwendet werden. So wird nach einem ersten Treffen mit dem Kunden eine Beschreibung des Anwendungsfalls in wenigen Sätzen ausreichen, da zu diesem Zeitpunkt das Wissen für eine ausführliche Beschreibung, wie oben vorgeschlagen, nicht ausreichend sein wird (vgl. auch [Harw96]).

8.2.6 Prototyp

Der Prototyp wird parallel zu den Anforderungen erstellt und zeigt alle Anwenderschnittstellen des zukünftigen Systems. Weiters werden mit den Anwenderschnittstellen verbundene Aktionen, wie Aufruf eines Fensters aus einem anderen, Schließen eines Fensters, alle Menüs und die darin enthaltenen Aufrufe beschrieben.

Der Prototyp implementiert aber keinerlei Funktionalität über die Anwenderschnittstelle hinaus. Außerdem sollte er im Sinne eines sauberen Entwurfs und einer sauberen Implementierung nicht als technische Grundlage für nachfolgende Arbeitsschritte dienen.

Der Analytiker erhält über den Prototypen, der in enger Zusammenarbeit mit dem Kunden erstellt wird, ein rasches Feedback über die Richtigkeit der Anforderungen. So können rasch unklare Abläufe (z.B. werden die Überprüfungen der Eingaben während der Eingaben oder nach Abschluss eines Anwendungsfalls durchgeführt) anhand einer konkreten Anwenderschnittstelle besprochen und geklärt werden.

Der Kunde erhält bereits frühzeitig ein Gefühl für das Aussehen und die Funktionsweise seines Systems. Durch diese Einbindung werden spätere sprunghafte Änderungen der Anforderungen auf ein Minimum reduziert.

Ein Programmierer erhält darüber hinaus die Möglichkeit, zu einem frühen Zeitpunkt mit den Anforderungen vertraut zu werden. Dieser Programmierer kann im späteren Programmiererteam eine zentrale Anlaufstelle bei Unklarheiten bezüglich der Anforderungen darstellen. Ohne einen Analyseprototypen bzw. bei einer Erstellung durch den Analytiker könnten die Programmierer erst bei Abschluss der Analyse mit dem Problem vertraut gemacht werden, was einen großen Zeitverlust und auch geringeres Wissen zur Folge hat.

Die Dokumentation der Analyseprototypen kann anhand von Skizzen oder mit Bildschirmausdrucken erfolgen. *Abbildung 8.4* zeigt die Skizze einer Anwenderschnittstelle.

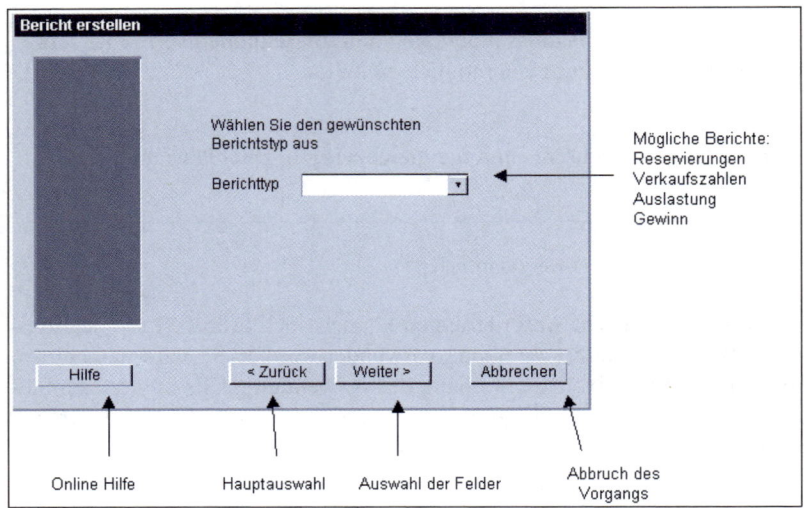

Abbildung 8.4:   Skizze der Anwenderschnittstelle eines Analyseprototypen

8.2.7   Architekturbeschreibung

Für die Festlegung der Architektur im Arbeitsschritt Anforderungen sind für gewöhnlich die wichtigsten Anwendungsfälle im System ausreichend, da diese die Architektur des Systems maßgeblich bestimmen.

In der Architekturbeschreibung während des Arbeitsschritts Anforderungen werden vor allem folgende Elemente berücksichtigt:

■ technische Grundlagen wie Betriebssystem, Frameworks usw.,

■ bereits bekannte Schnittstellen zu existierenden Systemen,

■ falls absehbar eine grobe Gliederung des Systems in Subsysteme, wenn diese aufgrund fachlicher Trennlinien oder eindeutig technischer Trennungen deutlich feststellbar ist.

8.2.8   Domänenmodell

Das Domänenmodell zeigt die wichtigsten Objekte der Anwendungsdomäne und ihre Attribute. Diese Darstellung soll der Identifizierung und dem Verständnis aller Objekte der Anwendungsdomäne dienen. Typischerweise handelt es sich dabei um Folgendes:

■ An Funktionen des Systems beteiligte oder davon betroffene Personen bzw. deren Rollen (z.B. Kunde, Verkäufer, Ansprechpartner, Operator usw.).

■ Objekte, welche Zustände eines Prozesses wiedergeben (z.B. Transaktion, Buchung, Reparatur, Abflug, Ankunft usw.).

■ Objekte, welche wichtige Sachgegenstände für den Prozess beschreiben (z.B. Vertrag, Rechnung, Memo usw.).

- Objekte des Alltags der Anwendungsdomäne (z.B. Auto bei Autohändlern, Haus bei Immobilienmaklern usw.).
- Objekte, die Infrastruktur beschreiben (z.B. Zimmer und Zimmerplan, Abteilungshierarchie usw.).

Zur Darstellung des Domänenmodells wird ein *UML-Klassendiagramm* verwendet. In diesem werden als Abstraktionsschritt nicht die Domänenobjekte, sondern deren Klassen abgebildet (zur Einführung in die Unterscheidung zwischen Objekten und Klassen siehe auch *Kapitel 3.1*).

Für den Analytiker bedeutet das Domänenmodell jedoch eine sehr hilfreiche Unterstützung. Für das Verständnis von Abläufen, die mit den Anwendungsfällen abgebildet werden, ist die vorherige Kenntnis der zugrunde liegenden Daten sehr nützlich.

Die dargestellten Objekte und Beziehungen im Domänenmodell können mit den Objekten, die in der Beschreibung der Anwendungsfälle auftreten, verglichen und auf Konsistenz überprüft werden. So können Fehler im Domänenmodell oder im Anwendungsfalldiagramm bzw. in den Anwendungsfallbeschreibungen bereits früh gefunden und ausgebessert werden.

8.3 Vorgehen

Dieser Abschnitt erläutert die einzelnen Aktivitäten, welche zur Erstellung der bereits vorgestellten Produkte führen.

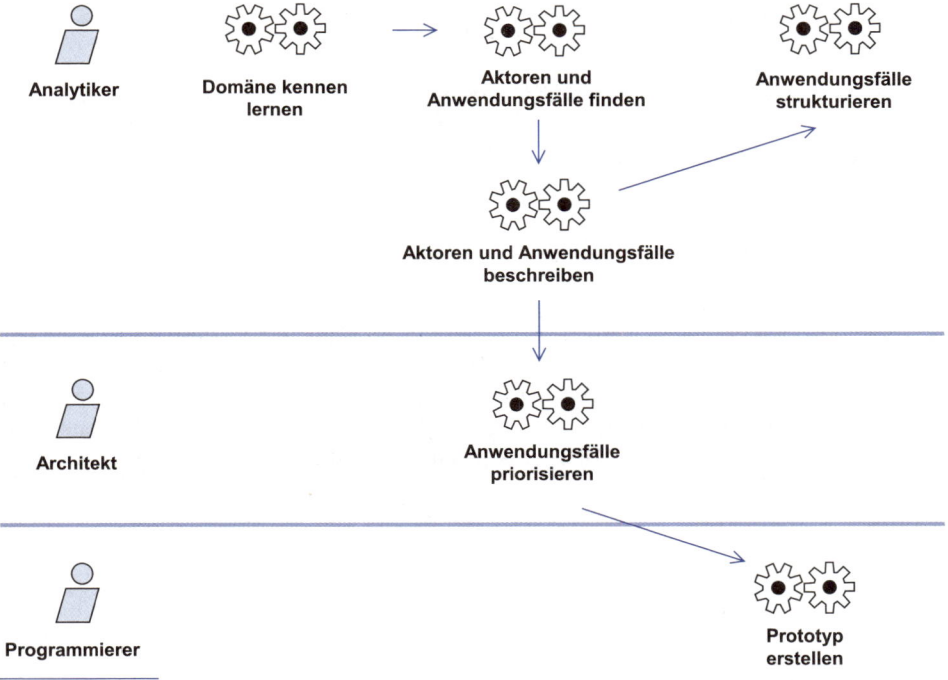

Abbildung 8.5: Aktivitäten im Arbeitsschritt Anforderungen

8.3.1   Die Domäne kennen lernen

Die vermutlich wichtigste Voraussetzung für einen erfolgreichen Arbeitsschritt Anforderungen ist die ausreichende Kenntnis der Anwendungsdomäne. Der Analytiker muss sich dabei vor allem das Vokabular der Domäne aneignen. Zentrale Begriffe, die auch für das weitere Projekt bedeutend sind, werden dabei im *Begriffsverzeichnis* aufgenommen.

Bezeichnend für eine bestimmte Domäne, vielmehr aber noch für ein konkretes Unternehmen sind die Daten, mit welchen gearbeitet wird. Bei der Analyse der bestehenden Daten und möglicherweise zukünftiger gewünschter Daten scheinen in den Datenmodellen meist sehr viele domänenspezifische Begriffe auf. Über die Analyse und Diskussion der Datenmodelle kann somit meist das Vokabular erarbeitet werden, ohne dass dafür zusätzlicher Aufwand notwendig wäre, da das Datenmodell im Zuge des Arbeitsschrittes Anforderungen idealerweise bereits zu Beginn erstellt wird.

Domänenobjekte finden

Die hier betrachteten Softwaresysteme basieren auf Daten, die sie in irgendeiner Weise aufnehmen, verarbeiten oder ausgeben. Diese Daten kommen immer aus dem Fachbereich der Anwender. Um diese Daten überblicken und verstehen zu können, werden sie in Form von Domänenobjekten dokumentiert.

Zur Darstellung der einzelnen Domänenobjekte, deren Attribute und der Beziehungen untereinander wird ein UML-Klassendiagramm verwendet. Das resultierende Diagramm wird wesentlicher Bestandteil des *Domänenmodells*, dient aber auch als Referenz für die Daten in den *Anwendungsfällen*.

Das Domänenmodell soll im Zuge der Analyse *vor* den Anwendungsfällen erstellt werden. In der Dokumentation wird es erst nach den Anwendungsfällen angereiht, da es für den Kunden von geringerer Bedeutung ist. Dieser kennt die Objekte der Anwendungsdomäne ausreichend und ist an ihrer Dokumentation nur mäßig interessiert.

Domänenobjekte beschreiben

Für jedes einzelne Domänenobjekt müssen alle Attribute und Beziehungen zu anderen Domänenobjekten gefunden werden. Attribute und Beziehungen werden im Klassendiagramm des Domänenmodells festgehalten. Manche Daten einer Domäne werden anhand von Formularen oder anderen Vorlagen usw. beschrieben, die von den Anwendern an die Analytiker weitergegeben werden. Die Informationen (meist vor allem Attribute von Domänenobjekten) auf diesen Vorlagen können in das Klassendiagramm übernommen werden, es können aber auch die Vorlagen selbst als Teil des *Domänenmodells* verwendet werden.

8.3.2 Aktoren und Anwendungsfälle finden

In den Gesprächen mit den Anwendern über deren Vorstellungen über das zukünftige System werden vor allem zwei Elemente extrahiert: die *Aktoren* und die *Anwendungsfälle*.

Im Extremfall gibt es so viele Aktoren wie Anwender im System. Für gewöhnlich werden sich aber mehrere Anwender zu einem Aktor zusammenfassen lassen, da sie dieselben Anwendungsfälle benötigen, d.h. dieselben Rollen im Unternehmen innehaben, und vor allem über dieselben Rechte im System verfügen.

Im Gespräch mit den Anwendern werden ihnen diese meist eine Fülle von Anwendungsfällen präsentieren, wie aus ihrer Sicht ein System sie in ihrer Arbeit unterstützen kann. Diese Darstellung sollte in keinem Fall zu kurz kommen.

Abbildung 8.6: Unterschiedliches Verständnis von Anforderungen[1]

---

[1] Diese Darstellung wird in Variationen von zahlreichen Autoren verwendet. Eine Originalquelle ist nicht auszumachen. Der interessierte Terry-Pratchett-Fan dürfte aber sofort erkennen, dass diese Darstellung eine hohe Ähnlichkeit mit einem Abschnitt des Romans „Rollende Steine: Ein Scheibenwelt-Roman" hat (Terry Pratchett: „Rollende Steine. Ein Scheibenwelt-Roman", Goldmann, 2001, Seiten 325-326).

Dennoch ist es notwendig, nach den ersten Darstellungen der Anwender die Analyse der Anforderungen auch ein wenig zu lenken und zu strukturieren. Vor allem die Einbeziehung des eigentlichen Geschäftsziels und die Berücksichtigung von grundsätzlichen technischen Beschränkungen (d.h. Ausschließen von Unmöglichem) sollte die Diskussion der Anwendungsfälle ein wenig lenken.

Wird das Anwendungsfalldiagramm basierend auf einem Text erstellt (z.B. Interviewabschrift des ersten Kundengesprächs), der die Aufgaben des zukünftigen Systems beschreibt, können Aktoren und Anwendungsfälle leicht gefunden werden[2]:

1. Das Subjekt in einem Satz (wer?) ist oft ein Aktor.

2. Verben in den Sätzen lassen auf Tätigkeiten schließen, die selbst ein Anwendungsfall oder Teil eines Anwendungsfalls sind. Handelt es sich um keine Interviewabschrift, sondern um eine Zusammenfassung in Fließtext, deuten vor allem die Sätze am Beginn eines Absatzes auf Anwendungsfälle hin, während die folgenden Sätze im Absatz meist wichtige Details enthalten.

3. Die Objekte in einem Satz (was?) sind oft die zu handhabenden Daten (welche im Domänenmodell modelliert werden).

Neben den Anwendungsfällen als funktionaler Kern des Systems sollte stets auch an die Analyse der Qualitätsanforderungen im System gedacht werden. Im Idealfall werden für jeden Anwendungsfall auch alle Qualitätsanforderungen dokumentiert. Selbst triviale Qualitätsanforderungen sollten festgehalten werden, da diese zwar möglicherweise in den Augen der Anwender als trivial erachtet werden, für die Entwickler des Systems aber als wichtiges Qualitätsmerkmal nicht zwingend erkennbar sind.

> Dokumentieren Sie für jeden Anwendungsfall zumindest die drei wichtigsten Qualitätsanforderungen der Anwender. Anwendungsfälle, bei denen keine Qualitätsanforderungen benannt werden können, bergen immer die Gefahr, dass diese nur deswegen nicht benannt werden können, weil sie aus Sicht der Anwender als selbstverständlich vorausgesetzt werden.

8.3.3   Anwendungsfallmodell strukturieren

Eine schwierige Entscheidung ist die Strukturierung und Granularisierung der *Anwendungsfälle*. Zu viele Anwendungsfälle verursachen einen beträchtlichen Arbeitsaufwand bei der Dokumentation und verstellen vor allem den Blick auf das Wesentliche, dem eigentlichen Hauptzweck des Systems. Zu wenige Anwendungsfälle bergen das Risiko, dass wichtige Details ausgelassen und „Unwichtigkeiten" weggelassen werden, die aber durchaus entscheidend sein können.

---

[2]   Der Text muss dazu aktiv formuliert sein, d.h., handelnde Personen müssen als Subjekt der Sätze vorkommen (z.B. „Ein Benutzer startet das System" und nicht „Das System wird durch den Benutzer gestartet").

Eine Methode zur Granularisierung wird im *Abschnitt 8.4.1 Anwendungsfälle mit* Zielen vorgestellt.

!

8.3.4   Anwendungsfälle priorisieren

Beginnend mit dem ersten bekannten *Anwendungsfall* wird die erste Entscheidung in Bezug auf die zukünftige Architektur getroffen. Die Architektur des Systems muss so früh als möglich analysiert, entworfen und auch implementiert werden muss, da die restliche Entwicklung (d.h. Realisierung der Anwendungsfälle) auf dieser aufbaut. Um eine erste Architekturbeschreibung erstellen zu können, ist vor allem die Berücksichtigung der Anwendungsfälle mit den höchsten Prioritäten notwendig.

Die Priorisierung der Anwendungsfälle dient daher vor allem zwei Dingen: erstens der Identifizierung jener Anwendungsfälle, die für die Architektur entscheidend sind und daher möglichst früh detailliert beschrieben werden. Zweitens der Entscheidung, welche Anwendungsfälle in frühen Iterationen entworfen und implementiert werden, und welche in späteren Iterationen.

Zur Reihung der Anwendungsfälle eignet sich je nach Projektgröße eine zwei- oder dreistufige Skala (A, B, C oder 1, 2, 3).

8.3.5   Aktoren und Anwendungsfälle im Detail beschreiben

Nachdem die erste Struktur durch die Reihung der *Anwendungsfälle* nach Prioritäten vorgenommen wurde, wird damit begonnen, die wichtigsten Anwendungsfälle und die mit ihnen verbundenen Aktoren zu beschreiben. Die Beschreibung jedes Anwendungsfalls geschieht stark iterativ unter Einbeziehung jeweils jener Anwender, von denen der Anwendungsfall ursprünglich stammt, um Missverständnisse und Unklarheiten so früh als möglich zu bereinigen.

Ein Anwendungsfall enthält stets auch einen Abschnitt „Offene Fragen". Die darin enthaltenen Fragen werden dann am Ende der Mini-Iteration mit den Anwendern geklärt.

Anwendungsfälle

- Sind alle Anforderungen bekannt, welche die Anwender durchführen möchten?
- Lässt sich jeder Anforderung eine Gruppe von Anwendern zuordnen (Aktoren)?
- Ist für jede Anforderung klar, welche Daten dafür notwendig sind, und welche Daten dabei entstehen? Sind diese Daten im Domänenmodell enthalten?
- Sind alle Anforderungen in Form von Anwendungsfällen dokumentiert?
- Ist das Anwendungsfalldiagramm übersichtlich und aussagekräftig?
- Ist die Benennung der Anwendungsfälle intuitiv verständlich?
- Ist die Beschreibung der Anwendungsfälle zur Erstellung eines ersten Prototypen und des Analysemodells ausreichend?
- Sind alle nicht funktionalen Anforderungen bekannt (Qualitätsanforderungen, Leistungsanforderungen, Fehlerverhalten)?

8.3.6   Anwenderschnittstellen-Prototyp erstellen

Schnelles Feedback an den Kunden und die Anwender ist für den Projekterfolg von oberster Bedeutung. Der Kunde braucht die Bestätigung, dass mit seinem Geld etwas Sinnvolles geschieht. Die Anwender brauchen die Bestätigung, dass ihre Anforderungen richtig verstanden wurden, und dass die Umsetzung auch ihren Vorstellungen entspricht.

Sowohl dem Kunden als auch den Anwendern kann mit einem *Anwenderschnittstellen-Prototyp* ein rasches Feedback vermittelt werden, was im Projekt geschieht. Solche Prototypen lassen sich leicht iterativ erweitern und ändern, sodass auf Rückmeldungen rasch reagiert werden kann.

8.3.7   Das Anforderungsmodell testen

Durch die hochgradig redundanten Informationen, die im *Anforderungsmodell* gesammelt werden (z.B. werden sowohl Domänenobjekte im Domänenmodell, z. T. im Begriffsverzeichnis und vor allem auch in den Anwendungsfällen dokumentiert, als auch im Anwenderschnittstellen-Prototyp grafisch dargestellt), erfolgt das Testen des Anforderungsmodell vor allem durch den Vergleich der zur Verfügung stehenden Produkte.

Da es sich bei den meisten Produkten um eher unstrukturierte Darstellungen handelt, eignen sich vor allem Checklisten als Leitfaden für solche Tests.

8.4 Methoden

8.4.1 Anwendungsfälle mit Zielen

Die hier vorgestellt Methode stammt von Alistair Cockburn, vorgestellt in seinem Buch [Cock01]. Ein Anwendungsfall wird hier wie folgt definiert:

Ein Anwendungsfall erfasst einen Vertrag zwischen den Projektparteien des Systems über das Verhalten des Systems. Der Anwendungsfall beschreibt das Systemverhalten unter verschiedenen Bedienungen, während das System auf Eingaben der (primären) Anwender reagiert.

Alistair Cockburn ist Co-Editor der „Agile Software Development Series" und selbst Autor mehrerer Bücher zum Thema Use Cases und Software Engineering. Das Besondere an seinen Büchern ist vor allem die Verfügbarkeit von frühen Versionen der Bücher im Internet, verbunden mit dem Aufruf, durch möglichst viel Feedback mitzuhelfen, die Bücher zu verbessern und damit der gesamten Software Engineering-Gemeinschaft einen Dienst zu erweisen.

Aktoren haben Ziele

Jeder Aktor hat ein Ziel (z.B. dass ein System bestimmte Daten speichert). Dieser Aktor wird auch primärer Aktor genannt. Das System hat eine Verantwortung (z.B. diese Daten zu speichern). Das System formuliert nun Subziele, um seine Verantwortung zu erreichen. Manche der Subziele kann es eigenständig erreichen, für manche benötigt es die Unterstützung von anderen Aktoren (z.B. von anderen Systemen im eigenen oder aber auch in anderen Unternehmen). Ziele können aber auch nicht erfüllt werden. Deswegen gibt es Ersatzziele, welche als Alternative angestrebt werden.

Eine Interaktionssequenz, welche entweder zu einem oder aber auch zu keinem Ziel führt, wird Szenario genannt. Ein Anwendungsfall beschreibt alle Szenarien eines einzigen Ziel, sowohl jene, in denen das Ziel erfolgreich erreicht wird, als auch jene, in denen es nicht erreicht wird.

Zieltypen

Es werden drei verschiedene Typen von Zielen unterschieden:

1. *Übersichtsziele:* Übersichtsziele enthalten mehrere Anwenderziele. Sie fassen Anwenderziele in sinnvollen Gruppen zusammen. Übersichtsziele haben eine Laufzeit bis zur erfolgreichen Erfüllung von Stunden, Wochen, Monaten oder länger.

2. *Anwenderziele:* Diese sind die wichtigsten Ziele. Sie werden von einem Aktor in einer kurzen Zeit (wenige Minuten bis zu einer Stunde) erreicht.

3. **Subfunktionen:** Diese Ziele dienen zur Erfüllung von Anwenderzielen. Diese können durchaus auch von mehreren Anwenderzielen benötigt werden (z.B. „Suche ein Produkt", „Speichere eine Datei").

Um für ein Ziel den richtigen Typ auszuwählen, muss man vor allem wissen, was für ein Ziel ein Anwender wirklich hat (auch dann, wenn dem Anwender dieses Ziel als solches gar nicht bekannt ist). Weiters sollte jeder Anwendungsfall zwischen drei und zehn Schritte haben. Sind es weniger, können mehrere Anwendungsfälle vermutlich zusammengefasst werden und eventuell das zugehörige Ziel auf die nächsthöhere Ebene verlagert werden (von Subfunktion zu Anwenderziel bzw. von Anwenderziel zu Übersichtsziel). Hat ein Anwendungsfall mehr als zehn Schritte, ist möglicherweise eine Aufteilung in mehrere Anwendungsfälle zu überlegen und damit verbunden möglicherweise eine Verlagerung der Ziele auf untere Ebenen.

Für die Formulierung der Schritte in einem Anwendungsfall werden folgende Regeln beschrieben:

- Verwenden Sie einfache Sätze (Subjekt – Prädikat – Objekt – Ergänzungen, z.B. „Der Anwender wählt eine Produktkategorie aus der Liste aller Produktkategorien"). Achten Sie vor allem darauf, dass es ein Subjekt gibt und damit klar erkennbar ist, wer (welcher Aktor) diesen Schritt setzt.

- Zeigen Sie immer, wer die Kontrolle gerade hat. Der primäre Aktor sollte immer klar erkennbar sein (siehe auch Punkt 1, der primäre Aktor sollte immer das Subjekt sein).

- Schreiben Sie aus der Vogelperspektive. Schreiben Sie nicht aus der Sicht des Systems, sondern aus der Sicht von jemandem, der das System und die Aktoren von außen beobachtet.

- Zeigen Sie, dass sich etwas vorwärts bewegt. Halten Sie sich mit keinen Details auf, achten Sie immer darauf, was das eigentliche Ziel einer Aktion ist. Erfassen Sie das Ziel, nicht die Aktion.

- Zeigen Sie das Ziel, nicht die Aktionen. Ein Beispiel ist in *Tabelle 8.2* dargestellt.

Anwendungsfall schlechter Stil	Anwendungsfall guter Stil
Das System fragt nach einen Namen. Der Anwender gibt seinen Namen ein. Das System benötigt eine Adresse. Der Anwender gibt die Adresse ein. Der Anwender drückt „OK". Das System zeigt das Profil des aktuellen Anwenders.	Der Anwender gibt Namen und Adresse ein. Das System zeigt das Profil des aktuellen Anwenders.

Tabelle 8.2:   Schlechter und guter Stil bei der Beschreibung von Anwendungsfällen

Abbildung 8.7 zeigt ein Beispiel für einen Anwendungsfall, der gemäß diesem Konzept verfasst wurde.

Anwendungsfall 2: Reservierung durchführen

Primärer Aktor: Kunde.

Ziel im Kontext: Kunde reserviert Karten für eine bestimmte Aufführung, erhält Reservierungsnummer seines Auftrags. Bezahlung ist nicht inkludiert (Anwendungsfall Tickets kaufen).

Gültigkeitsbereich: Ticket-Line-Applikation (Kassa, Client, Webshop) – allgemeine Reservierungstätigkeit.

Typ: Anwenderziel.

Beteiligte Personen und Interessen:

Kunde: Will Karten einer bestimmten Aufführung reservieren.

Anwender: Angestellter des Kartenverkaufs, will rasch möglichst viele Reservierungen durchführen. (unterstützender (sekundärer) Aktor).

Vorbedingungen:

- Angestellter des Kartenverkaufs mit Berechtigung Verkauf oder höher ist eingeloggt (Technologievariante: Kassa-Client).
- Kunde verfügt über Zugang zum Internet (Technologievariante: Web-Portal).

Erfolgsgarantien: Entscheiden für den Erfolg ist eine übersichtliche Aufbereitung der Suchergebnisse und der Platzauswahl.

Wichtigstes Erfolgsszenario:

1. Der Anwender sucht einen Kunden (Anwendungsfall Kunden suchen), für den die Reservierung durchgeführt werden soll und lässt sich das Ergebnis anzeigen.
2. Der Anwender startet eine Suche nach freien Plätze einer Aufführung (Anwendungsfall Freie Plätze einer Aufführung suchen) und lässt sich diese anzeigen.
3. Der Anwender wählt aus den freien Plätzen eines Saals die gewünschte Anzahl an zu reservierenden Plätzen aus und bestätigt die Reservierung.
4. Das System reserviert die ausgewählten Plätze.
5. Das System fragt nach, ob weitere Reservierungen für den betreffenden Kunden durchgeführt werden sollen.
6. Der Kunde lehnt es ab, weitere Reservierungen durchzuführen.
7. Das System gibt die Reservierungsnummer aus.

Erweiterungen:

1a) Der Kunde konnte nicht gefunden werden, ein Dummy-Kunde (Default Ticket-Card Nr. 0) wird zur Bearbeitung herangezogen.

2a) Es existieren keine freien Plätze für die entsprechende Aufführung.

    2a1) Abbruch oder Auswahl einer anderen Aufführung.

5a) Der Kunde entscheidet sich, weitere Reservierungen durchzuführen – Sprung zu E2.

Auswirkungen: Es wird eine Reservierung samt eindeutiger Reservierungsnummer angelegt.

Technologie und Datenvarianten:

Anfrage wird gestellt:

- über Web-Portal des Systems (primärer Aktor),
- über Kassa-Client (unterstützender (sekundärer) Aktor).

Anmerkungen: Die Suchergebnisse müssen innerhalb von fünf Sekunden verfügbar sein, um Wartezeiten an der Kassa so kurz wie möglich zu halten. Im System muss ein Dummy-Kunde enthalten sein, um Reservierungen für Kunden durchführen zu können, die keine Ticket-Card besitzen (anonyme Reservierung).

Offene Fragen:

- Was passiert mit Reservierungen, die nicht vor Beginn der Aufführung abgeholt werden?

Abbildung 8.7: Beschreibung eines Anwendungsfalls

8.4.2   Aufgabenanalyse

Die meisten gebräuchlichen Analyse- und Entwurfsmethoden neigen dazu, den Problembereich aus einem sehr technischen Blickwinkel zu betrachten. Wird diese technische Betrachtungsweise jedoch zu sehr betont, bleibt in der Folge die Benutzbarkeit des Systems meist auf der Strecke. Der Grund dafür liegt in den charakteristischen Merkmalen, die ein benutzbares Softwaresystem auszeichnen. Ein Softwaresystem lässt sich dann gut verwenden, wenn es seine Benutzer in die Lage versetzt, ihre Aufgaben mit den zur Verfügung stehenden Mitteln in ihrer Arbeitsumgebung optimal zu erledigen.

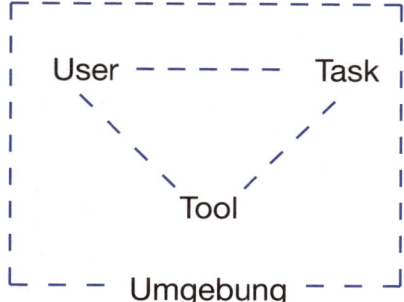

Abbildung 8.8: Komponenten von Benutzbarkeit

Aus dieser Definition geht hervor, dass es nicht die Technik an sich ist, die Benutzbarkeit garantiert, sondern dass Benutzbarkeit nur aus dem optimalen Zusammenspiel mehrerer Faktoren entsteht. Um diese Aussage zu veranschaulichen, kann man sich vorstellen, dass für jedes noch so ausgereifte User Interface auch eine Verwendungssituation oder eine Benutzergruppe konstruiert werden kann, in der sich dieses User Interface nur schlecht einsetzen lässt.

Aufgabenanalyse soll Benutzer in die Lage versetzen, eine der Komponenten von Benutzbarkeit – nämlich die Aufgaben, die die Benutzer mit dem System erledigen wollen – besser zu verstehen. Aufbauend auf dem bisher Gesagten ist dieses Verständnis wichtig, um das optimale Zusammenspiel aller Komponenten zu ermöglichen. Dies wird erreicht, indem die Ziele, Aufgaben und Aktionen, die Benutzer mit dem System durchführen sollen, *aus der Sicht des Benutzers* analysiert werden. Dabei ist es wichtig festzuhalten, dass Benutzer ihre Aufgaben oft völlig anders strukturieren, als dies auf einer technischen Ebene im Entwurf getan wird. Anders formuliert: Menschen denken, planen und handeln ohne Rücksicht auf Implementierungsdetails, die zum Beispiel für eine optimale Datenbankanbindung zu beachten sind.

Grundlegend für die Durchführung einer solchen Aufgabenanalyse ist die Unterscheidung der folgenden drei Begriffe: *Ziele, Aufgaben* und *Aktionen*. Die drei Begriffe spezifizieren auf unterschiedlichen Abstraktionsebenen, wie Menschen Dinge erledigen.

Das *Ziel* stellt die höchste Abstraktionsebene dar. Es wird in diesem Kontext als ein vom Benutzer angestrebter Zustand des Systems definiert. In anderen Worten: „Was will der Benutzer tun?" Als Beispiel für einen vom Benutzer angestrebten Zustand könnte ein Kinobesuch genommen werden.

Damit ein Benutzer dieses Ziel erreichen kann, ist es erforderlich, dass er bestimmte *Aufgaben* erledigt. Diese Aufgaben können wiederum in eine Reihe hierarchisch geschachtelter Unteraufgaben zerlegt werden. Im genannten Beispiel wären „Film aussuchen" oder „Karten reservieren" Beispiele für Aufgaben, die zum Erreichen des Ziels „Kinobesuch" erforderlich sind.

Ist eine Unteraufgabe ausreichend aufgegliedert, spricht man von *Aktionen* (oder elementaren Aufgaben). Im Gegensatz zur Erledigung einer Aufgabe, die zum Teil eine komplexe Denkleistung von Seiten des Benutzers erfordert, werden Aktionen beinahe transparent und mit sehr geringem geistigem Aufwand erledigt (z.B. Formatieren eines Textes als Aufgabe, Mausklick als Aktion oder Kinokarten kaufen als Aufgabe, Betrag über die Theke schieben als Aktion). Hierbei wird auch wieder die Verbindung der einzelnen Teilkomponenten von Benutzbarkeit (Mensch, Aufgabe, Umfeld, Technik) deutlich, da die Unterscheidung von Aktionen und Aufgaben natürlich auch von den Menschen abhängt, die das zu entwickelnde System verwenden sollen. Ein Mausklick zum Beispiel ist für Menschen mit guten Computerkenntnissen eine Aktion, da der Umgang mit der Maus beinahe transparent geschieht (bis auf Ausnahmen, z.B. wenn die Mauskugel verschmutzt ist). Für Teilnehmer eines Computerkurses für Senioren jedoch kann ein Mausklick bereits eine Aufgabe darstellen, die erheblichen Aufwand erfordert.

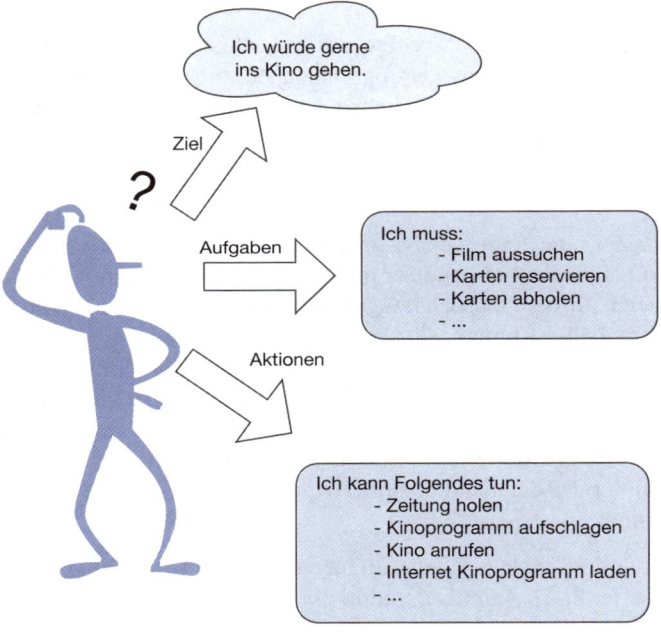

Abbildung 8.9: Ziele, Aufgaben und Aktionen

Eine konkrete Zerlegung für das Ziel „Ich möchte gerne einen Kinofilm ansehen", ist in *Abbildung 8.10* zu sehen. Bei Betrachtung dieses Teildiagramms fällt auf, dass es natürlich nur eine mögliche Zergliederung in Aufgaben darstellt. Die Entscheidung für die eine oder andere Form der Aufgliederung muss aufgrund bereits vorhandenen Wissens über das Systemumfeld getroffen werden. Eine wichtige Entscheidung bei der Erstellung einer Aufgabenanalyse betrifft die Festlegung der Granularität der Analyse. Wie bereits oben gesagt hängt dies hauptsächlich davon ab, wer die geplanten Benutzer des Systems sein werden.

Im Falle eines Kartenreservierungssystems müsste zum Beispiel geklärt werden, ob das System hauptsächlich von lokal ansässigen Benutzern oder von Touristen verwendet werden soll. Für Letztere wäre aufgrund potenzieller Sprachprobleme eine feinere Analysegranularität zu wählen.

Wichtig ist, dass diese Entscheidungen immer nur aufgrund bereits etablierten Wissens (oder zumindest gut dokumentierter Annahmen) über das Systemumfeld getroffen werden sollen und nicht aufgrund von undokumentierten Annahmen seitens der Analytiker oder Entwickler.

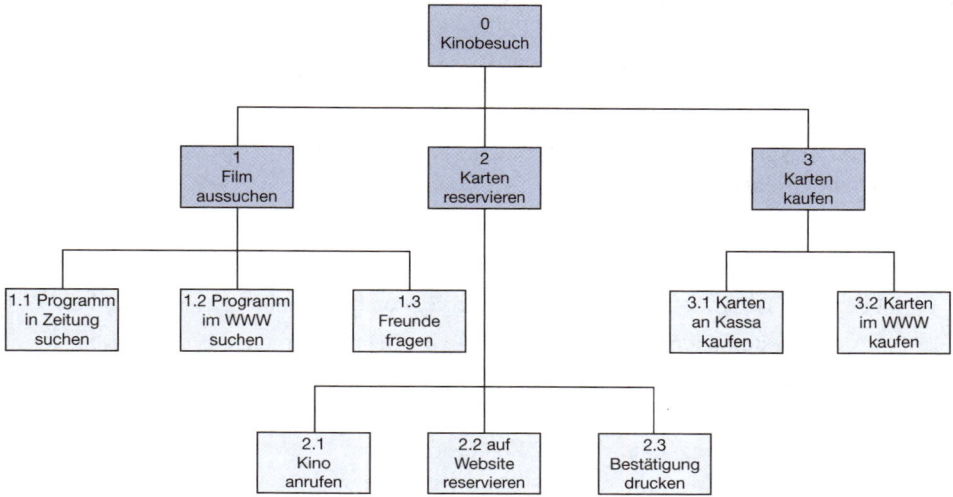

Abbildung 8.10: Zerlegung für das Ziel „Kinobesuch"

Neben der Zerlegung der Aufgaben in Unteraufgaben stellt auch ihre Synchronisierung ein wichtiges, zum Verständnis erforderliches Element dar. Aufgaben können zum Beispiel parallel laufen, sich gegenseitig bedingen oder ausschließen und vieles mehr. Um diese Zusammenhänge zu modellieren, wird die Aufgabenzergliederung mit so genannten Plänen versehen. Ein Plan spezifiziert die möglichen Kombinationen von Unteraufgaben, die zur Erreichung des Ziels führen. Bei Erstellung dieser Pläne ist darauf zu achten, dass selbige nicht formalisiert sind, sondern meist auf textueller Beschreibung beruhen.

Wurde die Aufgabenanalyse inklusive Planerstellung für alle Bereiche des Systems durchgeführt, kann das Modell noch um eine kognitive Komponente erweitert werden. Dies bedeutet zweierlei: Erstens wird untersucht, welche Informationen der Benutzer zur erfolgreichen Erledigung der einzelnen Teilaufgaben benötigt. Zweitens kann in dieser Phase auch der Frage nachgegangen werden, woher der Benutzer diese zur Erledigung der Aufgaben notwendigen Informationen erhält. Dies ist wichtig, um die geistigen Anforderungen an das Gedächtnis der Benutzer zu minimieren und gleichzeitig den ökonomischen Umgang mit der zur Verfügung stehenden Bildschirmfläche zu gewährleisten.

8.4.3   Test des Anforderungsmodells mit Checklisten

Die Qualität des Anforderungsmodells hat wesentliche Auswirkung auf die Qualität aller weiteren Artefakte und damit auch auf das schlussendlich entstehende System. Jede Unklarheit im Anforderungsmodell erzeugt zusätzlichen Klärungsbedarf zwischen den Entwicklern und Anwendern bzw. den Entwicklern untereinander.

Ein guter Ansatz zur Überprüfung von Vollständigkeit, Konsistenz und Korrektheit des Anforderungsmodells sind Checklisten, die vor allem darauf abzielen, die einzelnen Teile des Modells (Systembeschreibung, Begriffsverzeichnis, Anwendungsfälle, Domänenmodell) untereinander zu vergleichen, da diese Teile viele Informationen redundant, aber jeweils von unterschiedlichem Blickwinkel bzw. unterschiedlichen Abstraktionsgrad enthalten. Ein Beispiel einer solchen Checkliste ist in der Liste „Test des Anforderungsmodells" zur Orientierung dargestellt.

Test des Anforderungsmodells

1. Ist der primäre Zweck des Projekts aus der Systembeschreibung klar erkennbar?

2. Wurden alle domänenspezifischen Begriffe im Begriffsverzeichnis definiert?

3. Wurden alle Aktoren anhand ihrer Aufgaben und Rechte im System eindeutig beschrieben?

4. Sind die Anwendungsfälle verständlich beschrieben?

5. Sind die Anwendungsfallbeschreibungen vollständig?

6. Sind die nichtfunktionalen Anforderungen ausreichend beschrieben?

7. Stimmen Anwendungsfalldiagramm und Anwendungsfälle überein?

8. Sind das Domänenmodell und die Anwendungsfälle konsistent?

   - Sind alle in den Anwendungsfällen benötigten Domänenobjekte auch im Domänenmodell enthalten?

   - Werden alle im Domänenmodell beschriebenen Domänenobjekte auch tatsächlich von Anwendungsfällen benötigt?

   - Gibt es Widersprüche zwischen Attributen von Domänenobjekten im Domänenmodell und in den Anwendungsfällen?

   - Gibt es Widersprüche zwischen Domänenobjekten oder deren Attribute in verschiedenen Anwendungsfällen (dies ist vor allem wichtig, wenn die Anwendungsfälle von verschiedenen Anwendern gesammelt werden)?

9. Sind für alle Domänenobjekte die wichtigsten Attribute und deren Datentypen bekannt?

10. Gibt es Widersprüche zwischen der Beschreibung eines Begriffs im Begriffsverzeichnis und der Verwendung des Begriffs in den Domänenobjekten (als Objektname oder als Attributname)?

11. Gibt es Widersprüche zwischen der Beschreibung eines Begriffs im Begriffsverzeichnis und der Verwendung des Begriffs in den Anwendungsfällen?

8.5 Weiterführendes zum Arbeitsschritt Anforderungen

8.5.1 Extreme Programming

In Extreme Programming spielen zwei Konzepte für Anforderungen eine wesentliche Rolle. User Stories als XP-Pendant zu den Anwendungsfällen und die Systemmetapher, die unter anderem auch auf die Architektur abzielt.

User Stories

User Stories könnte man grob gesprochen mit den bekannten Anwendungsfällen vergleichen, doch bei genauerer Betrachtung erkennt man, dass sich die beiden Konzepte doch deutlich unterscheiden. Die User Stories werden benutzt, um Zeitschätzungen für das *„Release planning meeting"* zu generieren, und ersetzen das in anderen Projekten große Anforderungsdokument. Die User Stories werden tatsächlich vom Kunden selbst geschrieben, und beschreiben, was der Kunde von der Software erwartet. Man könnte sie als Szenarien oder Anwendungsfälle beschreiben, doch sind sie nicht nur auf das User Interface beschränkt, sie beschreiben in maximal drei Sätzen ohne jegliches technische Vokabular, was die Software tun soll. Aufgrund dieser User Stories werden dann die *„acceptance tests"* generiert, um zu überprüfen, ob eine User Story korrekt implementiert worden ist.

Eines der größten Missverständnisse im Zusammenhang mit den User Stories ist, dass sie oft mit der traditionellen Anforderungsspezifikation verglichen werden. Dies ist aber nicht korrekt. Ein großer und wichtiger Unterschied zwischen diesen beiden Konzepten ist ihr Umfang. User Stories sollen nur so detailliert sein, um eine fundierte Schätzung abgeben zu können, wie lange es dauern wird um diese Anforderung zu implementieren. Wenn es zur Implementierung selbst kommt, setzen sich die Entwickler erneut mit dem Kunden zusammen, um von diesem jene Details zu bekommen, die sie tatsächlich für die Implementierung benötigen.

Diese zuvor erwähnte fundierte Schätzung wird von den Entwicklern selbst abgeben, und kann eine, zwei oder drei Wochen betragen. Diese Angabe in Wochen stellt eine „ideale" Entwicklungszeit dar, wie lange es dauern würde, jene Anforderung zu implementieren, wenn jeder Beteiligte seine Aufgaben kennt, es keine weiteren Aufgaben und Änderungen gibt. Tests für die jeweiligen Anforderungen werden in der Schätzung jedoch berücksichtigt. Beträgt die Schätzung mehr als drei Wochen, so muss jene User Story in weitere aufgeteilt werden, ist die Schätzung kleiner als eine Woche, so ist die Detailstufe zu hoch und mehrere Stories müssen zusammengefasst werden. 80 plus/minus 20 Stories werden als ideal für ein Extreme Programming-Projekt angesehen.

Ein weiterer Unterschied zwischen den User Stories und einem herkömmlichen Anforderungsdokument ist, dass sich die User Stories auf die Wünsche und Vorstellungen der Kunden fokussieren und jegliche technische Details wie Datenbankdesign oder verwendete Algorithmen vernachlässigen.

Systemmetapher

Die Systemmetapher des zu bauenden Systems wird aus folgenden Gründern erstellt:

- *Gemeinsame Vision:* Alle beteiligten Personen (Kunde, Anwender, Entwickler) sollen anhand der Metapher ein gemeinsames, leicht verständliches Bild von der Struktur und der Arbeitsweise des Systems verfügbar haben.

- *Gemeinsame Sprache:* Die Metapher stellt Namen für Objekte im System zur Verfügung, damit unmissverständlich über das System kommuniziert werden kann.

- *Generativität:* Anhand von Analogien können, basierend auf der Metapher, möglicherweise neue Idee gewonnen und Lösungen gefunden werden.

- *Architektur:* Die Metapher bestimmt die Struktur des Systems, indem sie wesentliche Objekte des Systems vorgibt und Schnittstellen skizziert.

8.5.2   Analysemuster

Ein Muster ist die abstrakte Beschreibung einer wieder verwendbaren Struktur, deren erneute Anwendung in neuen Aufgabenstellungen (der Implementierung eines Musters) eine Verringerung des Aufwands und Sicherheit in Bezug auf die Richtigkeit der Lösung gewährleisten soll.

Eine Verringerung des Aufwands ergibt sich dadurch, dass aufgrund der Anwendung von Mustern ein Problem nicht mehrmals gelöst werden muss, sondern eine vorgefertigte Lösung auf ein konkretes Problem angewendet wird. Der Aufwand der Implementierung ist wesentlich geringer als der Aufwand des Entwurfs der Problemlösung. Ist dies nicht der Fall, ist das Muster ungeeignet oder falsch. Beide Fälle sollten durch eine gezielte Auswahl des anzuwendenden Musters vermieden werden.

Die Sicherheit in Bezug auf die Richtigkeit der Lösung wird durch die Gewissheit garantiert, dass vor der Beschreibung des Musters dieses bereits in mehreren funktionierenden Implementierungen Verwendung gefunden hat.

Der Begriff Muster wird in der Literatur stets mit zwei Publikationen in Verbindung gebracht, zum einen mit einem Buch von Christopher Alexander: „A Pattern Language" ([Alex77]). Dieses Buch beschreibt zwar Architekturmuster, ist aber eine Art Prototyp für die Veröffentlichung von Mustern und beeinflusste vor allem die Art und Weise, wie Muster beschrieben werden. Zum anderen wird immer wieder das Buch „Design Patterns" ([Gamm94]) der berühmten „Gang of Four (GoF)" zitiert. Dieses Werk ist die erste derartige Veröffentlichung im Bereich des Software Engineering.

Analysemuster im Speziellen wurden erstmals im Buch „Analysis Patterns" ([Fowl97]) veröffentlicht und dienen zur Unterstützung im Arbeitsschritt Analyse. Die darin enthaltenen Muster beschreiben statische Strukturen wie eine Organisationsstruktur und auch Prozesse im Bereich der Datenverarbeitung. Darüber hinaus werden auch Muster aus dem Bereich der Systemarchitektur beschrieben.

Zur Veranschaulichung der Beschreibung von Mustern wird im folgenden Abschnitt ein Analysemuster exemplarisch dargestellt.

Analysemuster Organisationsstruktur

Oftmals stolpert man über eine organisatorische Struktur mit bestimmten Hierarchieebenen, die wie in *Abbildung 8.11* modelliert sein könnte.

Abbildung 8.11: Organisationsstruktur

Nun liegt es nahe, für große Unternehmen die vier Klassen für die Hierarchieebenen zusammenzufassen. Da es in einem solchen Unternehmen mehrere Organisationslinien geben könnte, kann die neue Organisationsstruktur wie in *Abbildung 8.12* aussehen.

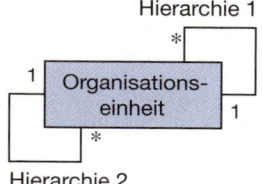

Abbildung 8.12: Organisationsstruktur mit mehreren Hierarchien

Wie sich unschwer erkennen lässt, wird dieses Modell mit zunehmender Anzahl von Hierarchien schnell unübersichtlich und schwer handhabbar. Außerdem können keine neuen Hierarchien dynamisch hinzugefügt werden.

In [Fowl97] wird daher das in *Abbildung 8.13* dargestellte Muster für eine Organisationsstruktur vorgeschlagen.

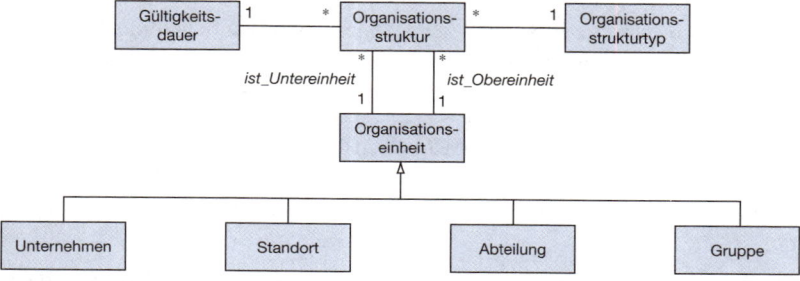

Abbildung 8.13: Organisationsstruktur (nach [Fowl97] S.22)

Dieses Muster hat wesentliche Vorteile: Es können beliebig viele Hierarchien definiert werden (Klasse Organisationsstruktur mit den Assoziationen ist_Untereinheit und ist_Obereinheit), die sich wiederum zusätzlich zeitlich begrenzen lassen. Die Definition von Organisationseinheiten ist über Vererbung sehr einfach.

Analysemuster sind sicher ein Feld des Software Engineering, das in den nächsten Jahren noch einen großen Aufschwung erleben wird. Die Verwendung von solchen Mustern ist ein weiterer Schritt zur Standardisierung von Software Engineering und somit zur Erhöhung der Qualität der davon betroffenen Produkte und Prozesse.

Zusammenfassung

■ Im Arbeitsschritt Anforderungen werden die Anforderungen des Kunden bzw. der zukünftigen Benutzer des Systems ermittelt und dokumentiert.

■ Das zukünftige System wird von außen beschrieben, ohne auf interne technische Details Rücksicht zu nehmen.

■ Neben der eigentlichen Beschreibung der Anforderungen müssen im Zuge der Interviews mit den zukünftigen Benutzern vor allem auch grundlegende Begriffe aus der Anwenderdomäne ausreichend geklärt werden, um alle Anforderungen unmissverständlich dokumentieren zu können.

■ Ein Domänenmodell soll helfen, die statische Struktur der Anwendungsdomäne und deren Eckdaten zu verstehen.

■ Anforderungen werden in Form von Anwendungsfällen dokumentiert.

■ Jeder Anwendungsfall stellt einen genau festgelegten Ablauf dar, bei dem der Benutzer gezielt Systemfunktionen zur Erreichung eines bestimmten Ziels ausführt.

■ Eine strukturierte Übersicht aller Anforderungen wird in einem Anwendungsfalldiagramm dargestellt.

■ Das Anforderungsmodell, oft auch nur die Anwendungsfälle allein, bildet meist die Grundlage für Verträge mit Kunden. Basierend auf den in diesem Modell festgehaltenen Anforderungen lassen sich genaue Abnahmerichtlinien formulieren, die nach der Realisierung und Inbetriebnahme des Systems überprüft werden können.

■ Analysemuster bieten erprobte Lösungen zur Darstellungen von bekannten Modellierungsproblemen der Anwendungsdomäne an.

Übungen und Fragen

1. Worin besteht der wesentliche Interessensunterschied zwischen Kunden und Anwender?

2. Erstellen Sie die Systembeschreibung eines beliebigen existierenden Systems, das Sie regelmäßig benutzen. Gehen Sie vor allem auf die Geschäftsziele detailliert ein.

3. Erstellen Sie für ein beliebiges Beispiel aus Anhang C eine Liste offener Fragen.

4. Erstellen Sie für das Beispiel Flughafen-Kontroll-System aus Anhang C ein Begriffsverzeichnis.

5. Erstellen Sie für das Beispiel Flughafen-Kontroll-System aus Anhang C eine Aktorenliste.

6. Erstellen Sie ein Anwendungsfalldiagramm für das Beispiel Versandhaus aus Anhang C. Finden Sie dazu alle Aktoren, welche das System benutzen, und alle Anwendungsfälle. Zeichnen Sie alle geforderten Kommunikationsbeziehungen zwischen den Aktoren und den Anwendungsfällen ein. Finden Sie alle geforderten Include- und Extend-Beziehungen zwischen den Anwendungsfällen.

7. Erstellen Sie ein Domänenmodell für das Beispiel Restaurant aus Anhang C. Identifizieren Sie geeignete Klassen mit ihren hier notwendigen Attributen. Geben Sie eine geeignete Vererbungshierarchie an. Insbesondere sollen Redundanzen der Attribute möglichst vermieden werden. Unterscheiden Sie gegebenenfalls abstrakte und konkrete Klassen. Zeichnen Sie die Assoziationen und Aggregationen zwischen den betreffenden Klassen in Ihrem Diagramm ein.

8. Versuchen Sie, ein Analysemuster aus Ihrem Erfahrungsbereich zu beschreiben.

9. Welchen Nutzen haben Analysemuster für die Durchführung einer Analyse?

Weiterführende Literatur

[Jaco99] Jacobson, Ivar; Booch, Grady; Rumbaugh, James: *The Unified Software Development Process*; Reading, Mass. [u.a.]: Addison-Wesley, 1999.

[Cock01] Cockburn, Alistair: *Writing Effective Use Cases*; Reading, Mass. [u.a.]: Addison-Wesley, 2001.

[Schn98] Schneider, Geri; Winters, Jason P.: *Applying Use Cases: A Practical Guide*; Reading, Mass. [u.a.]: Addison-Wesley, 1998.

[Fowl97] Fowler, Martin: *Analysis Patterns: Reusable Object Models*; Reading, Mass. [u.a.]: Addison-Wesley, 1997.

Kapitel

9   Analyse

Wer A sagt, muss nicht B sagen. Er kann auch erkennen, dass A falsch war.

Verfasser unbekannt

Begriffe in diesem Kapitel

Analyse: In diesem Arbeitsschritt werden die bekannten Anforderungen in Hinblick auf ihre Umsetzung in einem Softwaresystem eingehend betrachtet. Ziel der Analyse ist ein Modell, welches eine brauchbare Grundstruktur für einen technischen Entwurf liefert, die alle Anforderungen berücksichtigt und technisch umsetzbar ist.

Analysemodell: Alle Artefakte, welche im Arbeitsschritt Analyse erstellt werden.

Schnittstelle (UML-Definition, engl. *interface*): Jene Methoden einer Klasse, einer Komponente, eines Subsystems usw., welche anderen Systeme zur Verfügung gestellt werden.

Schnittstelle (Unified Process, engl. *boundary class*): Jene Methoden einer Klasse, einer Komponente, eines Subsystems usw., welche andere Systeme zur Verfügung gestellt werden. Aber auch jene Klassen, welche Schnittstellen von anderen Systemen konsumieren.

Entität: Klassen, welche langlebige Daten, die meistens auch persistent sind (d.h. in einem Datenhaltungssystem abgelegt werden), modellieren und dem restlichen System zur Verfügung stellen.

Kontroller: Klassen, welche Geschäftslogik (d.h. einen oder mehrere Anwendungs-fälle) implementieren, zwischen anderen Klassen koordinierend wirken oder Algorithmen implementieren. Letztlich alle Klassen, die keine Schnittstellen oder Entitäten sind.

Paket: Eine Sammlung von Modellelementen, die entweder aufgrund ihres Stereotyps (z.B. alle Kontroller) oder aufgrund inhaltlicher Zusammengehörigkeiten (z.B. alle Klassen zur Analyse eines Anwendungsfalls) zusammengefasst werden.

Die Analyse eines Softwaresystems beschäftigt sich mit der Erstellung eines Modells, welches die Abbildung der Anforderungen (fachlicher und technischer Natur) an das System in ein technisches Produkt einleiten soll. Der Arbeitsschritt Analyse stammt ursprünglich von einem Konzept Jacobsons, der so genannten *„Robustness Analysis"* in [Jaco96]. Die Analyse soll dementsprechend gleichzeitig die prinzipielle Machbarkeit des Systems zeigen und einen wichtigen Zwischenschritt in Richtung Entwurf bewerkstelligen.

In der Analyse wird eine grundlegende Struktur des Systems in Form von Subsystemen und die Architektur des Systems erstellt. Es werden die Belange des Systems in verschiedene Klassentypen (Schnittstellen, Kontroller und Entitäten) aufgeteilt.

Die wesentlichen Unterschiede zwischen dem Arbeitsschritt Anforderungen und der Analyse sind in *Tabelle 9.1* dargestellt.

Anwendungsfall	Analysemodell
Modell verwendet Sprache des Kunden.	Modell verwendet Sprache der Programmierer.
Externe Sicht auf das System.	Interne Darstellung des Systems.
Wird durch Anwendungsfälle strukturiert; strukturiert die externe Sicht.	Wird durch stereotype Klassen und Module strukturiert; gliedert die interne Sicht.
Wird hauptsächlich als Vertrag zwischen Kunden und Programmierer verwendet, um festzulegen, was das System tun soll und was nicht.	Wird hauptsächlich von den Entwicklern verwendet, um darzustellen, wie das System aufgebaut sein soll (entworfen und implementiert).
Kann Redundanzen und Inkonsistenzen zwischen den Anforderungen enthalten.	Sollte keine Redundanzen und Inkonsistenzen zwischen den Anforderungen enthalten.
Stellt die Funktionalität des Systems dar (inklusive Architektur).	Stellt die Umsetzung der Funktionalität dar (inklusive Architektur); ist ein erster Schritt Richtung Entwurf.
Definiert Anwendungsfälle, welche im Analysemodell weiter analysiert werden.	Definiert Realisierungen von Anwendungsfällen, jede davon die Analyse eines Anwendungsfalls des Anwendungsfallmodells repräsentierend.

Tabelle 9.1: Vergleich von Anforderungsanalyse und Analysemodell aus [Jaco99] S. 175

9.1 Grundlagen der Analyse von Softwaresystemen

9.1.1 Strukturierungsmöglichkeiten

Im Arbeitsschritt Analyse wird der Analytiker erstmals mit der Aufgabe der Strukturierung beschäftigt. Während bei Anwendungsfällen und sonstigen Anforderungen größtenteils auf Struktur (Hierarchien und Abhängigkeiten) verzichtet wird, die Anwendungsfälle also untereinander vollkommen gleichberechtigt sind, wird diese in der Analyse erstmals berücksichtigt.

Bei einer Strukturierung kann man prinzipiell zwischen einer vertikalen und horizontalen Strukturierung unterscheiden.

Bei einer vertikalen Strukturierung werden alle Elemente zusammengefasst, die vollständig zu der Lösung einer Aufgabe oder Erbringung einer Leistung notwendig sind. Im Kontext der Analyse von Software würde das bedeuten, dass alle Klassen zusammengefasst werden, die zur Realisierung eines oder mehrerer Anwendungsfalles notwendig sind. Das Problem bei dieser Form der Strukturierung ist die Grenzziehung. Da viele Klassen für mehrere Anwendungsfälle Leistungen erbringen, wird die Zuordnung von Anwendungsfällen zu einem Paket oder einem anderen oft schwierig, da es unumgänglich wird, dass zumindest einige wenige Klassen, die zu einem Anwendungsfall gehören, in einem anderen Paket sind, als der Anwendungsfall selbst.

Bei einer horizontalen Strukturierung werden alle Elemente zusammengefasst, die einem bestimmten Typ entsprechen, also eine ähnliche Art von Leistung erbringen. Im Kontext der Softwareentwicklung bedeutet das wiederum, dass z.B. alle Entitäten in einem Paket zusammengefasst werden. Hierbei ist das größte Problem, dass ein inhaltlicher Überblick verloren geht (z.B. welche Klassen zur Realisierung eines Anwendungsfalles beitragen).

Es ist häufig auch eine Kombination der beiden Ansätze vorzufinden. d.h. es werden zwar horizontale Einheiten gebildet, innerhalb einer horizontalen Schicht aber wiederum auch Elemente gebildet, die einer vertikalen Strukturierung entsprechen. In der Software-Analyse würden also alle Entitäten zusammengefasst, aber innerhalb der Entitäten wieder Pakete gebildet, die verschiedenen Anwendungsfällen entsprechen. Führt man diese Paketstruktur auch für Kontroller und Schnittstellen ein, kann man sowohl die Klassen der jeweiligen Anwendungsfälle rasch finden, als auch die Klassentypen leicht unterscheiden.

Egal welcher der beiden Ansätze schließlich gewählt wird, gibt es meistens auch Struktureinheiten, die bestimmte Querschnittsfunktionen anbieten, d.h. für alle anderen Struktureinheiten gemeinsam notwendige Aufgaben erfüllen. In der Softwareentwicklung wären solche Querschnittsfunktionen z.B. die Datenbankanbindung (aber nicht Datenmodellierung), Algorithmen, die mehrfach im System genutzt werden, oder ein Parser für strukturierte Dateien, welche für Konfigurationsparameter benutzt werden.

9.1.2 Datenmodellierungszyklus

Die Daten, welche als Grundlage für die Analyse der Entitäten verwendet werden, können in der Analyse aus dem Domänenmodell abgeleitet werden. Die Modellierung der Daten im Analysemodell wird wiederum in den weiteren Arbeitsschritten verwendet, ausgeweitet und in anderen Modellen weiterentwickelt. Eine solche durchgehende Weiterentwicklung und Spezialisierung von Modellen ist eine der wesentlichen positiven Eigenschaften des Unified Process in Verbindung mit UML. *Abbildung 9.1* zeigt den Zusammenhang zwischen den einzelnen Modellen nochmals im Überblick. In dieser Darstellung wurden der Übersicht wegen die Abhängigkeiten weggelassen, da praktisch zwischen allen Modellelementen Abhängigkeiten bestehen.

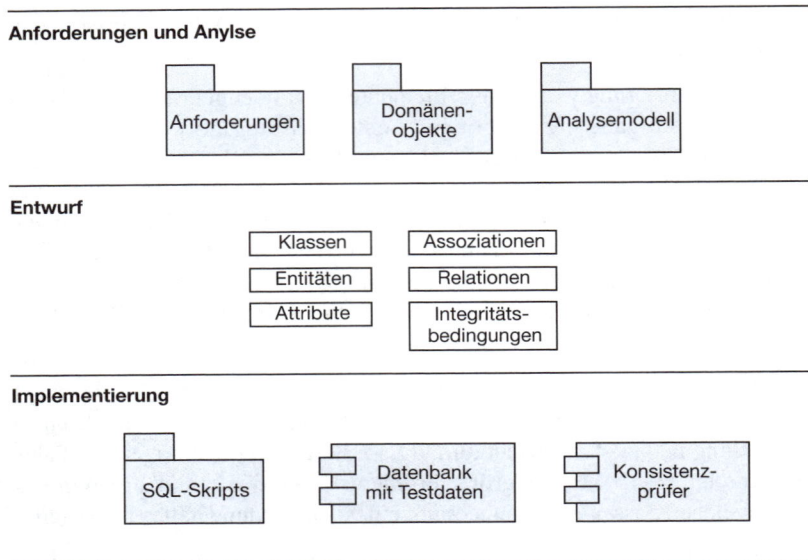

Abbildung 9.1: Datenmodellierung während der Softwareentwicklung

9.2   Produkte

Nachdem im Arbeitsschritt Anforderungen die Wünsche und Bedürfnisse des Kunden ausreichend ermittelt worden sind, wird die informelle Darstellung der Anforderungen im Analysemodell erstmals in eine formalere Form transformiert.

Ergebnis des Analysemodells sind das Analysemodelldiagramm und die Beschreibung aller Elemente (Schnittstellen, Kontroller und Entitäten).

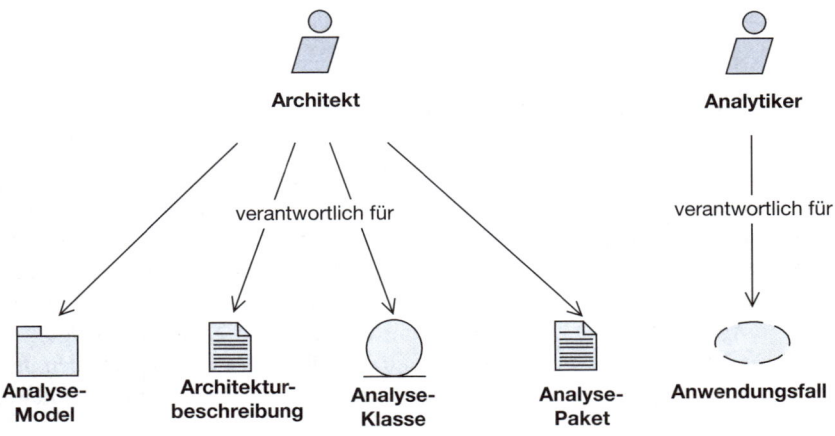

Abbildung 9.2: Produkte im Arbeitsschritt Analyse

9.2.1 Analyse-Paket

Analyse-Pakete dienen zur Strukturierung der Klassen (Schnittstellen, Kontroller und Entitäten), welche im Arbeitsschritt Analyse gefunden werden. In einem Analyse-Paket werden Klassen und Anwendungsfall-Realisierungen gesammelt, welche starke inhaltliche Gemeinsamkeiten aufweisen.

Um eine Übersicht über die Klassen eines Analyse-Pakets zu gewinnen, können die Klassen eines Analyse-Pakets mit einem UML-Klassendiagramm dargestellt werden. Für die Darstellung der Klassen werden in einer Erweiterung von UML drei Stereotypen definiert. *Tabelle 9.2* enthält eine Beschreibung dieser Stereotypen.

UML-Notation (Stereotyp)	Beschreibung
	Schnittstelle. Modelliert die Interaktion zwischen dem System und einem Aktor. Der Austausch von Daten und Informationen zwischen dem System und den Benutzern oder anderen Systemen ist ausschließlich über solche Schnittstellen-Klassen möglich. Schnittstellen-Klassen werden für Anwenderschnittstellen, Input über Systemschnittstellen (z. B. serielle Schnittstelle) oder Programmierschnittstellen zu anderen Systemen (z.B. OLE) verwendet.
	Kontroller. Diese Klassen enthalten die gesamte dynamische Logik des Systems. Sie realisieren die gesamte notwendige Funktionalität, um die Anwendungsfälle umzusetzen.
	Entität. Diese Klassen speichern alle (persistenten) Daten, mit welchen das System arbeiten muss. Diese Klassen enthalten auch jegliches Verhalten, welches die in dieser Klasse verwalteten Daten direkt betrifft.

Tabelle 9.2: Stereotpyen in einem Analysemodelldiagramm

Ein Analyse-Paket dient somit für eine Übersicht über das System. Eine detaillierte Beschreibung aller Elemente (Klassen und Anwendungsfall-Realisierungen) wird gesondert erstellt. Der Aufbau dieser Beschreibungen ist in den folgenden Abschnitten dargestellt.

Das Beispiel in *Abbildung 9.3* zeigt die Klassen eines Anaylse-Pakets, das aufgrund einer vertikalen Strukturierung gebildet wurde (d.h. alle Klassen mehrerer Anwendungsfälle enthält). Es hat fünf Schnittstellen (*Liftknöpfe, Knöpfe im Stockwerk, Überwachungsmonitor, Gegensprechanlage* und *Sensoren*), die für Eingaben in das und Ausgaben durch das System vorgesehen sind. Die Kontroller *Liftsteuerung* und *Überwachung* realisieren die notwendige Logik, die zur Steuerung eines Lifts notwendig ist. Die Entitäten *Liftinformation* und *Stockwerk* speichern alle Daten, die über den Lift persistent gehalten werden müssen.

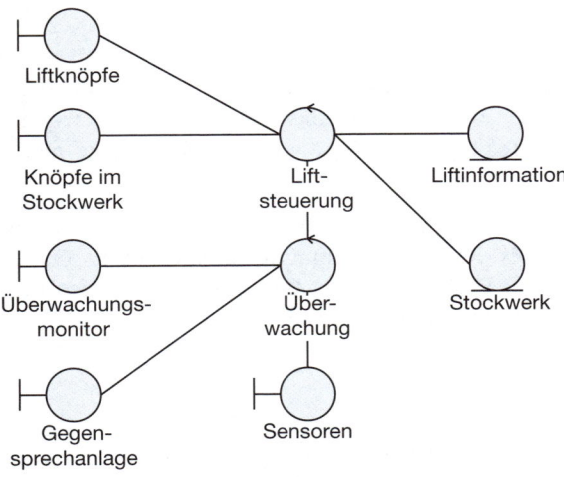

9.2.2   Analyse-Klasse

Bei den Analyse-Klassen existieren drei vordefinierte Stereotypen: Schnittstellen, Kontroller und Entitäten. Bei Schnittstellen wird zwischen technischen System-Schnittstellen und Anwender-Schnittstellen unterschieden, da diese vor allem in deren Beschreibung unterschiedlich Eigenheiten aufweisen.

Systemschnittstelle

Als Systemschnittstellen werden nur jene Schnittstellen bezeichnet, welche den Zugriff auf andere technische Systeme ermöglichen. Dies können andere Subsysteme desselben Systems oder externe Systeme sein. Das System benötigt einerseits von anderen Systemen Funktionen, welche in der Beschreibung aufgeführt werden. Andererseits kann das System auch Funktionen für andere Systeme anbieten. Letztere Systemschnittstelle trägt immer als Titel den Namen des Systems selbst.

Die Beschreibung einer Systemschnittstelle enthält folgende Punkte:

1. *Titel:* Entspricht der Bezeichnung des Fremdsystems im Analysemodelldiagramm.

2. *Kurzbeschreibung:* Gibt die wesentliche Verantwortung und Aufgabe der Systemschnittstelle wieder und gewährt einen grundlegenden Einblick in die Funktionalität.

3. *Liste der Methoden:* Diese Liste enthält pro Eintrag den Methodennamen mit den Parametern und den Rückgabewerten, allen möglichen Fehlern, welche in dieser Methode ausgelöst werden können, und eine Beschreibung des Verhaltens der Methode. Bei der Angabe der Parameter und Rückgabewerte ist zu beachten, dass in der Analyse keine Angabe eines Datentyps erforderlich ist, sondern der Name den Inhalt des Parameters bzw. Rückgabewerts gut ausgedrückt.

4. *Liste der möglichen Fehler:* Diese Liste enthält alle Fehler, die von einer verwendeten Methode des beschriebenen Fremdsystems erzeugt werden können.

Das Beispiel in *Abbildung 9.4* zeigt eine mögliche Systemschnittstelle zu einem Mail-Server. *Abbildung 9.5* stellt die Systemschnittstelle dar, welche das System Ticket-Line für andere Systeme anbietet.

Titel: E-Mail-Server

Kurzbeschreibung: Über die Systemschnittstelle E-Mail soll eine regelmäßige Benachrichtigung über neu erschienene Filme an alle eingetragenen Ticket-Card-Besitzer versendet werden. Dazu werden zuerst alle E-Mails versandt, um anschließend die vom Mail-Server zurückgewiesenen E-Mails abzurufen. Diese Empfängeradressen werden von einem Kontroller als veraltet markiert.

Liste der Methoden:

- *E_Mail_senden (Empfänger, Subject, Text)*: Das System schickt dem Mail-Server eine E-Mail. Ist der Server nicht aktiv, wird der Fehler „Server nicht aktiv" ausgelöst.

- *Hole_E_Mails (): Liste aller E-Mails*: Das System ruft alle eingegangenen E-Mails ab. Ist der Server nicht aktiv, wird der Fehler „Server nicht aktiv" ausgelöst.

Liste der möglichen Fehler:

- „Server nicht aktiv": Der Mail-Server kann nicht erreicht werden.

Abbildung 9.4: Systemschnittstelle Mail-Server

Titel: Ticket-Line

Kurzbeschreibung: Über die Systemschnittstelle Ticket-Line können andere Systeme eine Liste aller in diesem System gespeicherten Veranstaltungen anfordern.

Liste der Methoden:

- *Hole_Veranstaltungen (): Liste der Veranstaltungen*. Das System gibt dem Aufrufer die Liste aller gespeicherten Veranstaltungen zurück.

Liste der möglichen Fehler:

Keine.

Abbildung 9.5: Systemschnittstelle Ticket-Line

Anwenderschnittstelle

Anwenderschnittstellen sind alle Schnittstellen zu den Benutzern des Systems. Diese werden durch Skizzen der grafischen Anwenderschnittstelle sowie eine kurze Beschreibung der möglichen Abläufe in der Schnittstelle und ausgehend von dieser Schnittstelle erklärt. Die Anwenderschnittstellen des Analysemodells sollten mit den Anwenderschnittstellen des Analyseprototypen der Anforderungsanalyse übereinstimmen. Dementsprechend können natürlich auch Bildschirmausdrucke dieser Anwenderschnittstellen anstelle der Skizzen verwendet werden.

Bei der Beschreibung der Anwenderschnittstellen wird die Bedeutung von allen dargestellten Elementen genau dokumentiert. So werden zumindest alle Aktionen, die ausgehend von der Anwenderschnittstelle durchgeführt werden können (z.B. Suchen, Löschen, Speichern, anderer Anwendungsfall usw.), aufgelistet und die Inhalte von Feldern und Listen genau festgelegt (z.B. werden in einer Liste die Vor- und Nachnamen sowie die Sozialversicherungsnummer der Person dargestellt).

Abbildung 9.6 enthält die Beschreibungen der Anwenderschnittstelle aus dem Projekt Ticket-Line, welche eine Auswahl der zehn beliebtesten Veranstaltungen zeigt.

Anwenderschnittstelle

Name: Top 10

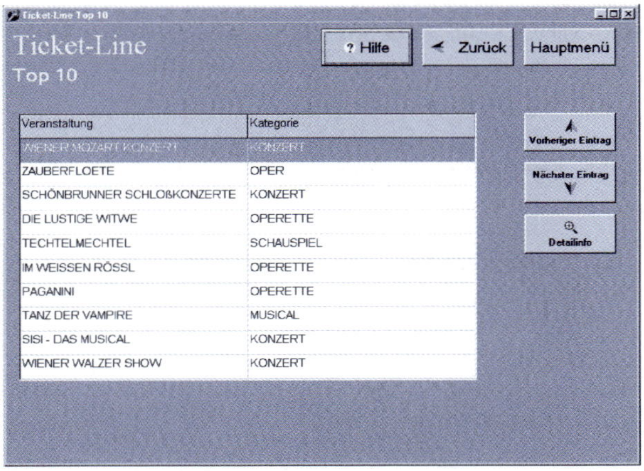

Beschreibung: Die Anwenderschnittstelle Top 10 zeigt die zehn meist besuchten Veranstaltungen an. Bei Erzeugung der Anwenderschnittstelle ist der erste Eintrag ausgewählt. Mit Hilfe der Knöpfe „Vorheriger Eintrag" und „Nächster Eintrag" lässt sich jeweils der vorhergehende oder der nächste Eintrag in der Liste auswählen. Bei Betätigung des Knopfs „Detailinfo" wird die Anwenderschnittstelle „Details" des aktuell ausgewählten Eintrags angezeigt. Bei Verlassen der Anwenderschnittstelle oder Drücken des Knopfs „Hauptmenü" wird das Hauptmenü von „Ticket-Line" angezeigt.

Abbildung 9.6: Anwenderschnittstelle „Top 10"

Kontroller

Die Kontroller-Klassen setzen die funktionalen Anforderungen um, welche in den Anwendungsfällen beschrieben wurden. Grundsätzlich gilt die Regel, dass für jeden Anwendungsfall ein eigener Kontroller vorgesehen ist. Natürlich lässt sich bei sehr einfachen Systemen die Funktionalität von mehreren Anwendungsfällen in einem Kontroller zusammenfassen. Es ist aber auch möglich, dass die Funktionalität eines Anwendungsfalls von mehreren Kontrollern übernommen wird.

Die Beschreibung eines Kontrollers muss folgende Elemente enthalten:

1. *Titel:* Dieser entspricht der Bezeichnung des Kontrollers im Analysemodelldiagramm.

2. *Kurzbeschreibung:* Diese gibt die wesentliche Verantwortung und Aufgabe des Kontrollers wieder und gewährt einen grundlegenden Einblick in dessen Funktionalität.

3. *Beziehungen zu Kontroller:* Eine Liste aller Kontroller, mit welchen dieser Kontroller zusammenarbeitet, und der Zweck der Zusammenarbeit.

4. *Beziehungen zu Entitäten:* Eine Liste aller Entitäten, welche dieser Kontroller benutzt, die verwendeten Daten und der Verwendungszweck. Im Feld der benutzten Daten sind folgende Einträge erlaubt: „Objekt" (ausschließlich Attribute des Objekts selbst), „Beziehung" + Name der Klasse, mit welcher die Beziehung besteht (es werden Daten eines assoziierten Objekts benötigt) oder „Auswertung" + Kurzbezeichnung der Auswertung (es wird eine Auswertung der Daten des Objekts und/oder assoziierter Objekte benötigt).

5. *Liste der Methoden:* Diese Liste enthält pro Eintrag den Methodennamen mit den Parametern und Rückgabewerten, alle möglichen Fehler, welche in dieser Methode ausgelöst werden können, und eine Beschreibung des Verhaltens der Methode. Bei der Angabe der Parameter und Rückgabewerte ist zu beachten, dass in der Analyse keine Angabe eines Datentyps erforderlich ist, sondern vor allem der Inhalt des Parameters bzw. Rückgabewerts durch den Namen gut ausgedrückt wird.

6. *Liste der möglichen Fehler:* Diese Liste zeigt alle möglichen Fehler jener Anwendungsfälle, welche in diesem Kontroller realisiert werden.

7. *Objektmodell:* Der Ausschnitt des Analysemodelldiagramms, welcher alle Beziehungen des Kontrollers zeigt.

8. *Anmerkungen:* Zusätzliche Informationen, welche zum besseren Verständnis des Kontrollers beitragen können.

Abbildung 9.7 zeigt den Kontroller „Überwachung" des Analysemodelldiagramms in *Abbildung 9.3.*

Kontroller

Titel: Überwachung

Kurzbeschreibung: Der Kontroller überprüft die aktuelle Position der Lifte und steuert die Gegensprechanlage bei Bedarf. Im Falle eines Alarms oder eines anderen Systemfehlers wird die Liftsteuerung veranlasst, entsprechende Maßnahmen zu ergreifen.

Beziehungen zu Kontrollern: Die aktuellen Daten des Lifts werden vom Kontroller „Liftsteuerung" bezogen.

Beziehungen zu Entitäten: keine

Liste der Methoden:

- holeAktuelleLiftDaten():Liftdaten; – diese Methode erhält vom Kontroller „Liftsteuerung" die Position und die Betriebsart (fährt, steht, außer Betrieb) aller vorhandenen Lifte. Können keine Liftdaten geholt werden, wird die Liftsteuerung als ausgefallen betrachtet und auf dem Alarmmonitor erscheint ein Alarm.

- löseAlarmAus(); – in dieser Methode werden die Daten von den Liftsensoren überprüft und im Falle eines Defekts wird die Liftsteuerung angewiesen, den betroffenen Lift sofort zu stoppen. Weiters wird auf dem Überwachungsmonitor der Alarm angezeigt. Sind keine Sensordaten verfügbar, wird ebenfalls Alarm ausgelöst.

- aktiviereSprechanlage(); – auf dem Alarmmonitor oder im Lift wird durch einen Pfeifton auf die Gegensprechanlage aufmerksam gemacht.

Liste der möglichen Fehler:

keine Liftdaten verfügbar, keine Sensordaten verfügbar

Objektmodell:

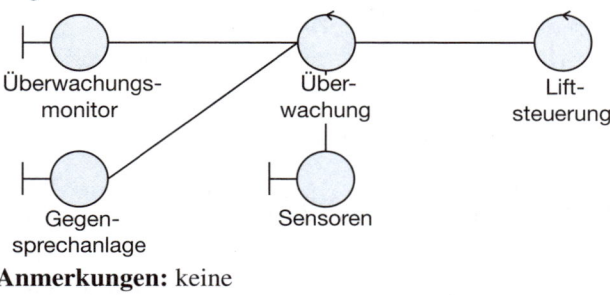

Anmerkungen: keine

Abbildung 9.7: Kontroller-Beschreibung Überwachung

Entität

Die Entitäten verwalten und modellieren alle für das System notwendigen Daten. Die Entitäten realisieren nur die Verwaltung der Daten mittels geeigneter Datenstrukturen, die Speicherung von persistenten Daten auf Datenträgern bzw. in Datenbanken und die Aufbereitung von Daten für die weitere Verarbeitung (z.B. Selektierung von Daten mittels Suchen). Diese Klassen enthalten aber keinerlei Funktionalität, die einer Umsetzung der Anwendungsfälle gleichkommt (logische Abläufe, Verknüpfung von Daten usw.).

Wie schon bei den Schnittstellen- und Kontroller-Klassen müssen auch die Entitäten im Analysemodell genau beschrieben werden. Diese Beschreibung enthält Folgendes:

1. *Titel:* Dieser entspricht der Bezeichnung der Entität im Analysemodelldiagramm.

2. *Attribute:* Für jedes Attribut ist ein eindeutiger Name, dessen Typ und der gültige Wertebereich innerhalb dieses Typs anzugeben. Anschließend wird kurz beschrieben, welche Daten in diesem Attribut gespeichert werden. In der Analyse werden von einer bestimmten Programmiersprache unabhängige Datentypen verwendet, beispielsweise: einfache Typen (Byte, Bool, Integer, Long, Single, Double, Date, String (x), Memo) und komplexe Typen (Array [x..y], List of (z), Variant).

3. *Methoden:* Für jede Klassen- und Instanzmethode sind ein Name und eine kurze Beschreibung anzuführen. Weiters müssen alle möglichen Fehler, welche in dieser Methode auftreten können, angeführt werden.

4. *Mögliche Fehler:* Eine Liste aller möglichen Fehler, welche in Methoden dieser Klasse ausgelöst werden können. Der Name gibt die Art des Fehlers wieder.

5. *Beziehungen:* Jede Beziehung zu einer anderen Entität ist genau zu beschreiben. Im Feld Kardinalität ist deren Grundtyp anzugeben (1-1, 1-n oder m-n).

6. *Generalisierung/Spezialisierung:* Die Namen aller Ober- bzw. Unterklassen sind aufzuführen.

7. *Bestand:* Die zu erwartende Anzahl an Instanzen im System ist mittels Anfangsbestand, dem Wachstum/Jahr und einem Endbestand in Zehnerpotenzen (z.B. 10^3) anzugeben. Weiters ist die Frequenz des Zugriffs auf die Entität anhand der Kategorien „sehr oft", „oft", „selten", „sehr selten"" anzugeben.

Abbildung 9.8 zeigt die Entität „Liftinformation" des Analysemodelldiagramms in *Abbildung 9.3*.

Titel: Liftinformation

Attribute:

■ Liftnummer: Byte; eindeutige Nummer des Lifts

■ Stockwerke: Integer; Anzahl der Stockwerke, die der Lift anfahren kann

■ Gesperrt: Boolean; gibt an, ob der Lift einsatzbereit ist

Klassenmethoden: holeAlleLiftDaten():Liftdaten; – gibt als Ergebnis eine Liste der Liftdaten aller verfügbaren Lifte zurück. Ist kein Lift verfügbar, wird der Fehler „Keine Lifte verfügbar" ausgelöst.

Instanzmethoden: sperreLift(Liftnummer); – ein Lift wird außer Betrieb gesetzt.

Mögliche Fehler: Keine Lifte verfügbar

Beziehungen: Keine

Generalisierung/Spezialisierung: Keine

Bestand: 10/0/10/oft

Abbildung 9.8:   Entität Liftinformation

9.2.3   Anwendungsfall-Realisierung

Eine Anwendungsfall-Realisierung zeigt eine Kollaboration (d.h. statischer und dynamischer Zusammenhang zwischen Klassen bzw. Objekten), welche zur Realisierung eines konkreten Anwendungsfalls führt. Die detaillierte Darstellung solcher Anwendungsfall-Realisierung ist zweifelsohne nicht für jeden trivialen Anwendungsfall notwendig, für die zentralen Anwendungsfälle aber sicherlich auch in Hinblick auf die zu findende Architektur und Paketstruktur sehr hilfreich.

Statische Struktur

Zur Darstellung der statischen Struktur der Klassen, welche Teil der Kollaboration sind, ist ein Objektmodell, wie schon bei der Darstellung von Kontroller-Klassen gezeigt, gut geeignet.

Dynamische Aspekte

Die Beschreibung eines Systems kommt selten mit der Beschreibung der statischen Struktur und der Aufteilung der Methoden auf Klassen aus. In vielen Fällen müssen dynamische Modelle erzeugt werden, um die Arbeitsweise des Systems verstehen zu können.

Zur Darstellung dynamischer Abläufe und Abhängigkeiten im Analysemodell können UML Kollaborationsdiagramme, Sequenzdiagramme oder Zustandsdiagramme verwendet werden.

9.2.4 Architekturmodell – Analysesicht

Das Architekturmodell im Arbeitsschritt Analyse baut vorrangig auf folgenden Elementen auf:

- den gefundenen Analyse-Paketen, weil diese eine grobe Struktur des Systems vorgeben (sofern sie vertikal strukturiert wurden),

- den wesentlichen Analyse-Klassen. Entitäten, welche entscheidende Domänedaten modellieren (und damit Domänenwissen repräsentieren), Kontroller, welche die wichtigste Anwendungsfalllogik abbilden, Systemschnittstellen, die komplizierte Kommunikationserfordernisse zu anderen Systemen zeigen, und schließlich Anwenderschnittstellen, die zentral für die Zufriedenheit der Anwender sind.

- Anwendungsfall-Realisierungen, die für das System besonders wichtig sind. Diese sind meist dadurch zu erkennen, dass sie viele Analyse-Klassen benötigen, die womöglich sogar in unterschiedlichen Analyse-Paketen aufgeteilt sind.

9.3 Vorgehen

Die treibenden Kräfte in der Analyse sind die Anwendungsfälle einerseits und die Architektur andererseits. Die Anwendungsfälle, so untechnisch und unstrukturiert sie nun einmal sind, müssen mit der Technik in Zusammenhang gebracht werden. Eine (technisch orientierte) Struktur muss gefunden werden, damit die Anwendungsfälle auch tatsächlich realisiert werden können. Als Grundlage für die Realisierung muss auch eine geeignete Architektur gefunden werden, die neben den Anwendungsfällen auch alle sonstigen Anforderungen (technische Anforderungen, Qualitätsanforderungen) ausreichend berücksichtigt.

Abbildung 9.9 zeigt die Aktivitäten im Arbeitsschritt Analyse, die ausschließlich durch den Analytiker und den Architekten durchgeführt werden.

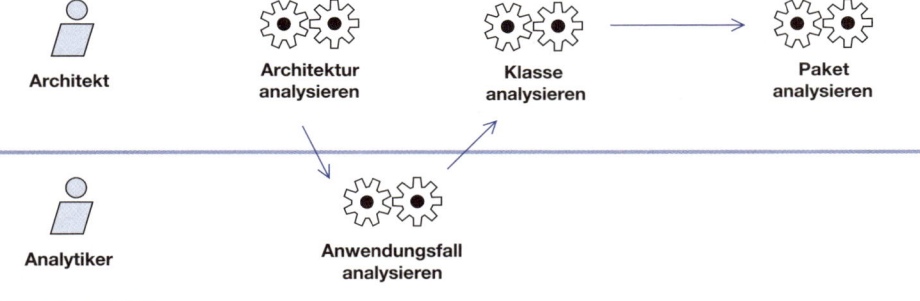

Abbildung 9.9: Aktivitäten im Arbeitsschritt Analyse

9.3.1   Architektur analysieren

Ohne eine geeignete *Architektur* kann ein Projekt rasch zu einem Problem werden, weil die Implementierung an sich schon nicht funktioniert (Anforderungen können einfach nicht erfüllt werden) oder spätestens die fertige Implementierung den Anforderungen – vor allem technische Anforderungen und Qualitätsanforderungen – nicht gerecht wird. Eine gute Architektur ist sozusagen schon der halbe Erfolg.

Im Arbeitsschritt Analyse wird im Rahmen der Betrachtung der Architektur zuerst versucht, *Analyse-Pakete* zu finden. Die weiteren Schritte bei der Analyse der Architektur sind:

1. Gemeinsamkeiten (vor allem in Form von gemeinsam genutzten Klassen) zwischen den Analysepaketen finden. Bei Klassen, die mehreren Paketen zugeordnet werden könnten, kann es sinnvoll sein, diese Klassen in eigene Pakete auszugliedern, die dann von den ursprünglichen Paketen genutzt werden.

2. Querschnittsfunktionen und -pakete finden. Bestimmte Aufgaben im System werden von zahlreichen Klassen benötigt (z. B. eine Suchfunktion) und werden daher zentral in einem Paket gesammelt. Andere Pakete nutzen diese zentral umgesetzten Funktionen.

3. Abhängigkeiten zwischen Pakten finden. Sofern es möglich ist, werden diese Abhängigkeiten auf ein Minimum reduziert. Um dies zu erreichen, kann eine Restrukturierung nötig sein.

4. Weitere Anforderungen finden. Weitere Anforderungen wie technischen Anforderungen und Qualitätsanforderungen wurden bereits im Arbeitsschritt Anforderungen dokumentiert, sofern diese den Anwendern bewusst und bekannt waren. Im Zuge der Analyse erscheinen noch zusätzliche dieser Anforderungen, die für die Architektur und die Anwendungsfall-Realisierung bedeutend sind. Alle diese Anforderungen sind für den Entwurf und die Implementierung äußerst wichtig und werden daher genau untersucht und festgehalten.

9.3.2   Einen Anwendungsfall analysieren

Bei der Analyse eines Anwendungsfalls werden jene Klassen gesucht, die zur Realisierung notwendig sind. Für gewöhnlich sind an einer *Anwendungsfall-Realisierung* sowohl *Schnittstellen*, *Kontroller* und *Entitäten* beteiligt. In Ausnahmefällen sind nur *Kontroller* und *Entitäten* oder aber *Schnittstellen* und *Entitäten* beteiligt.

Bei der Analyse eines Anwendungsfalls werden zuerst jene *Analyse-Klassen* identifiziert, welche schon aufgrund anderer Anwendungsfälle definiert wurden und für die Realisierung des nun vorliegenden Anwendungsfalles ebenfalls einen Beitrag leisten können. Falls die Klassen nur Teile der Leistung erbringen können, kann es notwendig sein, die Klassen entsprechend den neuen Anforderungen zu adaptieren.

Nachdem alle notwendigen Aufgaben von Klassen übernommen worden sind, wird die Kollaboration zwischen den Klassen statisch und dynamisch dargestellt. Dazu wird eine *Anwendungsfall-Realisierung* erstellt.

Zusätzlich zu den bestehenden Klassen werden neue *Analyse-Klassen* definiert, welche noch zusätzlich notwendig erscheinen. Allen Klassen werden bestimmte Aufgaben zugewiesen, die insgesamt zur Realisierung des Anwendungsfalls dienen.

Nach einer größeren Anzahl von Anwendungsfällen wird es notwendig, die bisher definierten Klassen zu überarbeiten und zu strukturieren. Da der bisherige Fokus meist sehr auf einzelne Anwendungsfälle konzentriert war, kann es zu Schwächen in der Gesamtstruktur und Aufgabenverteilung zwischen den Klassen kommen. Entsprechende Überarbeitungen der Aufgabenverteilung zwischen den Klassen sind in regelmäßigen Abständen sinnvoll. Um die Klassen sinnvoll zu strukturieren, werden *Analyse-Pakete* eingeführt und darin inhaltlich gut zusammenpassende Klassen zusammengeführt.

9.3.3   Eine Klasse analysieren

Bei der Analyse der *Klassen* werden die genauen Aufgaben jeder einzelnen Klasse aller drei Stereotypen festgelegt. Dazu kommen die Attribute der Klassen (vor allem bei den Entitäten) und die Beziehungen (Vererbung, Aggregation, Assoziation) der Klassen zu anderen Klassen. Auch auf Ebene der Klassen werden nochmals die weiteren Anforderungen (technische Anforderungen und Qualitätsanforderungen) analysiert und für jede Klasse jene Anforderungen vermerkt, die bei deren Entwurf und Implementierung eine Rolle spielen werden.

Bei der Erstellung des *Analysemodells* können die Entitäten des Analysemodells von den Klassen des Domänenmodells in einem ersten Schritt abgeleitet werden. Selbstverständlich kann es vorkommen, dass nicht alle Klassen des Domänenmodells auch im Analysemodell wiederzufinden sind, aber auch, dass im Analysemodell zusätzliche Entitäten erscheinen (vor allem, indem Domänenklassen auf mehrere Klassen aufgeteilt oder indem mehrere Domänenklassen zusammengefasst werden).

Eine bewährte Methode zur Analyse der Aufgabenaufteilung zwischen den vorhandenen Klassen sind CRC-Karten, welche in *Abschnitt 9.4.1* näher vorgestellt werden.

9.3.4   Ein Paket analysieren

Die Anwendungsfälle, die einem *Analyse-Paket* zugeordnet werden, können nach verschiedenen Kriterien ausgewählt werden:

- Alle Anwendungsfälle eines oder mehrerer Geschäftsfälle (je nach Umfang und Komplexität der Geschäftsfälle) kommen in ein Paket.
- Alle Anwendungsfälle eines oder mehrerer Aktoren (je nach Anzahl an Anwendungsfällen pro Aktor) kommen in ein Paket.

- Alle Anwendungsfälle, die durch Vererbung oder include/extend-Beziehungen miteinander verbunden sind, kommen in ein Paket.

Ziel der Analyse der Analyse-Pakete sind Pakete, die möglichst unabhängig von anderen Paketen sind und einen bestimmten, genau definierten Zweck erfüllen.

9.4 Methoden

9.4.1 CRC-Karten

Mit Hilfe von CRC-Karten (*classes, responsibilities and collaboration*), die auch in Extreme Programming benutzt werden, dienen zur Identifizierung von Klassen und Objekten, deren Aufgabenaufteilung und deren Abhängigkeiten untereinander. Sie eignen sich daher sehr gut für die Analyse der Objekte im Arbeitsschritt Analyse.

CRC-Karten unterstützen Analytiker, Programmierer und auch Anwender, sofern sie im Arbeitsschritt Analyse noch eingebunden sind, im Kommunikationsprozess. Die Verteilung der Aufgaben unter den Objekten kann in Reviews anhand der Karten ausführlich diskutiert werden. CRC-Karten sind bewusst einfach gehalten und damit für alle beteiligten Rollen gleichermaßen leicht verständlich.

Abbildung 9.10 zeigt eine leere CRC-Karte. Am Kartenkopf werden der Objektname, seine Ober- und Unterklasse sowie die Reifestufe der Karte angegeben. Reifestufen können z.B. „Begonnen", „Entwurf" und „Final" oder jede beliebige Abstufung sein und sollen dem Leser der Karte verlässlich darüber Auskunft geben, ob die Karte bereits für eine weitere Verwendung geeignet ist.

Darunter werden links die Aufgaben der Klasse oder des Objekts aufgelistet und rechts jene Klassen genannt, die zur Erfüllung einer bestimmten Aufgabe benötigt werden. Natürlich kann im Falle, dass die Aufgabe von der Klasse alleine erledigt wird, die rechte Spalte bei bestimmten Aufgaben auch frei bleiben (z.B. bei einer Entität das Lesen und Schreiben von Attributen von oder in die Datenbank).

Objektname (Reifestufe) Oberklasse: Unterklasse:	
Aufgabe1	Partnerklasse
Aufgabe2	Partnerklasse

Abbildung 9.10:   Eine leere CRC-Karte

Abbildung 9.11 zeigt eine CRC-Karte für die Klasse Liftsteuerung. Die Klasse hat keine Ober- oder Unterklassen und die Karte ist noch in einem sehr frühen Reifestadium. Die

Klasse hat zwei Aufgaben zu erfüllen und kooperiert dabei jeweils mit anderen Klassen (wie bei einem Kontroller nicht anders zu erwarten).

Liftsteuerung (begonnen) Oberklasse: - Unterklasse: -	
Aufträge annehmen	Liftknöpfe, Knöpfe im Stockwerk
Kenne alle Lifte	Liftinformation

Abbildung 9.11: Ein erster Entwurf einer CR- Karte für den Kontroller Lift

Zusammenfassung

- Das Analysemodell soll die Anforderungsanalyse auf Vollständigkeit, Konsistenz und Machbarkeit überprüfen.
- Das System wird nach objektorientierten Gesichtspunkten von innen beschrieben.
- Das System wird in die Klassentypen Schnittstelle, Kontroller und Entitäten unterteilt. Durch die Zusammenarbeit dieser Klassen sollen alle Systemfunktionen für die Benutzer verfügbar gemacht werden.
- Das Analysemodell entspricht einer Aufteilung des Systems nach dem MVC-Paradigma.
- Dynamische Diagramme dienen zur Darstellung von komplexen Abläufen in oder zwischen einzelnen Anforderungen oder innerhalb des Analysemodells.
- Dynamische Diagramme werden nur für besondere Fälle eingesetzt, in denen das Verständnis der dynamischen Funktionsweise des Systems nicht trivial erkennbar ist.
- Die Analyse stellt die Vorbereitung für den Entwurf dar. Während im Entwurf die technische Umsetzung des Systems geplant wird und daher alle technischen Faktoren wie Zielumgebung oder Systemarchitektur eine große Rolle spielen, werden diese in der Analyse außer Acht gelassen.

Übungen und Fragen

1. Stellen Sie die Produkte der Anforderungsanalyse und des Analysemodells gegenüber und beschreiben Sie den Informationsfluss zwischen den Produkten der Anforderungsanalyse und des Analysemodells.

2. Vergleichen Sie die Merkmale der Anforderungsanalyse und des Analysemodells und beschreiben Sie die Auswirkungen der Merkmale auf Form und Inhalt der einzelnen Produkte von Anforderungsanalyse und Analysemodell.

3. Beschreiben Sie die Gemeinsamkeiten und Unterschiede zwischen einem Domänenmodell und dem Analysemodelldiagramm.

4. Erstellen Sie für das Beispiel Versandhaus aus Anhang C ein Analysemodelldiagramm.

5. Identifizieren Sie jene Abläufe aus den Beispielen in Anhang C, für welche Ihres Erachtens die Erstellung von dynamischen Diagrammen zum besseren Verständnis des Ablaufs sinnvoll erscheint.

6. Beschreiben Sie eine Anwenderschnittstelle aus dem Analysemodelldiagramm aus Aufgabe 9 der Übungen aus Kapitel 8.

7. Beschreiben Sie die Systemschnittstelle für die Anmeldung von Flugzeugen durch eine Luftraumüberwachung aus dem Beispiel Flughafen-Kontroll-System aus Anhang C.

8. Beschreiben Sie die Systemschnittstelle für die Übermittlung der Standortdaten aus dem Beispiel Flughafen-Kontroll-System aus Anhang C.

9. Beschreiben Sie einen Kontroller aus dem Analysemodelldiagramm aus Aufgabe 9 der Übungen aus Kapitel 8.

10. Beschreiben Sie eine Entität aus dem Analysemodelldiagramm aus Aufgabe 9 der Übungen aus Kapitel 8.

Weiterführende Literatur

[Arlo01] Arlow, Jim; Neustadt, Illa: *UML and the Unified Process*; Reading, Mass. [u.a.]: Addison-Wesley, 2001.

[Bell97] Bellin, David; Suchman Simone, Susan: *The CRC Card Book*; Reading, Mass. [u.a.]: Addison-Weseley, 1997.

[Fowl97] Fowler, Martin: *Analysis Patterns: Reusable Object Models*; Reading, Mass. [u.a.]: Addison-Wesley, 1997.

[Fowl98] Fowler, Martin; Kendall, Scott: *UML Distilled. Applying the Standard Object Modeling Language*; Reading, Mass. [u.a.]: Addison-Wesley Longman, 1998.

[Jaco99] Jacobson, Ivar; Booch, Grady; Rumbaugh, James: *The Unified Software Development Process*; Reading, Mass. [u.a.]: Addison-Wesley, 1999.

[Rumb99] Rumbaugh, James; Jacobson, Ivar; Booch, Grady: *The Unified Modeling Language Reference Manual*; Reading, Mass. [u.a.]: Addison-Wesley, 1999.

[Schn98] Schneider, Geri; Winters, Jason P.: *Applying Use Cases: A Practical Guide*; Reading, Mass. [u.a.]: Addison-Wesley, 1998.

Kapitel

10   Arbeitsschritt Entwurf

Improvisation ist, wenn niemand die Vorbereitungen bemerkt.

Verfasser unbekannt

Begriffe in diesem Kapitel

Entwurf: Darstellung der Umsetzungslösung von gegebenen Anforderungen.

Entwurfsmodell: Alle Produkte, welche zur Darstellung des Entwurfs erstellt werden.

Architektur: Der statische Aufbau des Systems aufgrund seiner Komponenten und deren Interaktion untereinander.

Klasse: Die kleinste Einheit, welche bei der Implementierung eines objektorientierten Systems betrachtet wird. Eine Klasse stellt eine genau definierte Funktionalität zur Verfügung, welche die Attribute der Klasse manipuliert oder für verschiedene Zwecke aufbereitet. Attribute und Funktionalität bilden eine inhaltliche Einheit.

Modul: Die kleinste Einheit, welche bei der Implementierung eines *nicht* objektorientierten Systems betrachtet wird. Die in einem Modul enthaltenen Daten und Funktionen stehen nicht notwendigerweise in einem inhaltlichen Zusammenhang (d. h. ein Modul kann Daten bzw. Datenstrukturen verwalten und zur Verfügung stellen, die in keiner Verbindung mit den Funktionen des Moduls stehen, und umgekehrt).

Kopplung: Grad der Abhängigkeit zwischen den einzelnen Klassen. Man unterscheidet Interaktionskopplung, welche das Maß der Kopplung aufgrund von Nachrichten zwischen Objekten angibt, und Vererbungskopplung, welche das Maß der Abhängigkeit zwischen erbender und vererbender Klasse beschreibt. Beim Entwurf eines Systems ist eine geringe Kopplung anzustreben. Eine geringere Kopplung der eingesetzten Klassen erhöht die Wartbarkeit eines Systems.

> **Kohäsion:** Grad der Abhängigkeit innerhalb einer Klasse. Es gibt Service-, Klassen-
> und Generalisierungs/Spezialisierungs-Kohäsion: Methoden sollten nicht zu wenig,
> aber auch nicht zu viel Funktionalität implementieren, Klassen sollten keine unge-
> nutzten Attribute und Methoden besitzen und die Vererbungshierarchie sollte bezüg-
> lich abnehmender oder zunehmender Abstraktion konsistent sein. Weiters sollte man
> auf die Abhängigkeit von Klassen innerhalb eines Moduls achten. Beim Entwurf
> eines Systems ist eine hohe Kohäsion anzustreben. Eine hohe Kohäsion begünstigt
> einerseits geringere Kopplung und erhöht andererseits die Verständlichkeit der einge-
> setzten Module und des Gesamtsystems.

Einleitung

Während in der Analyse die Anforderungen an das System und der Aufbau des Systems
in einer abstrakten und technologieunabhängigen Form dargestellt werden, berücksichtigt
der Entwurf auch alle Voraussetzungen, die sich durch den Einsatz einer konkreten Technologie ergeben. Im Entwurf werden alle jene Teilaspekte des Systems definiert, die für
eine unmissverständliche Implementierung notwendig sind.

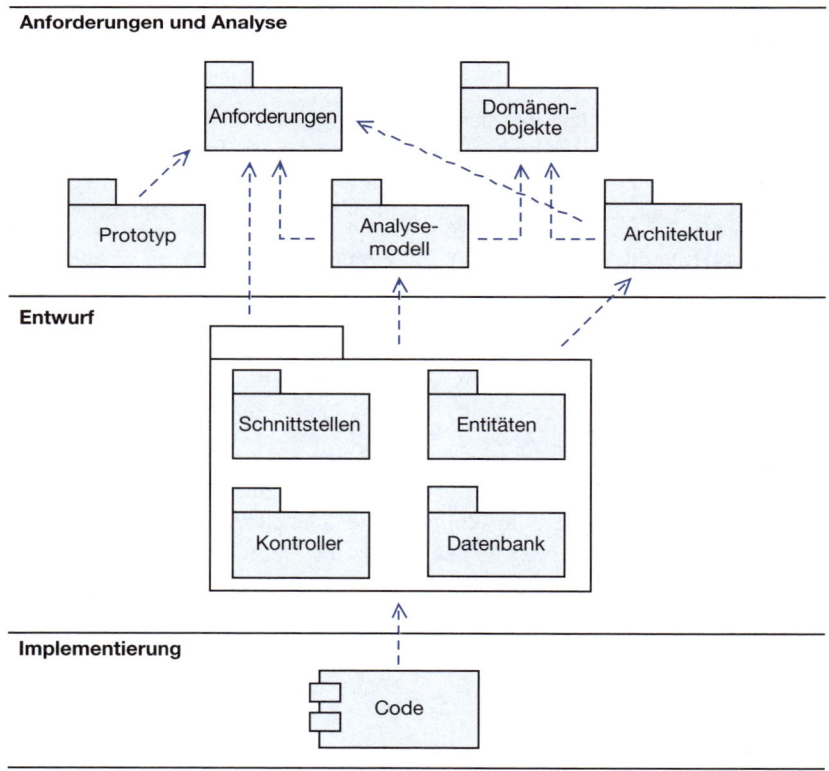

Abbildung 10.1:   Grundlagen und Produkte des Entwurfs

In *Abbildung 10.1* werden alle Produkte gezeigt, welche als Grundlage für den Entwurf dienen, und alle jene Produkte, die als Ergebnis des Entwurfs die Basis für die Implementierung bilden. Vor allem das Analysemodell und die Architektur bilden die wesentliche Grundlage für die Produkte im Entwurf. Im Analysemodell wurde sehr oberflächlich eine Vorstrukturierung vorgenommen, die im Entwurf vorerst übernommen, aber weiter verfeinert wird. Die Architektur bestimmt vor allem wesentlich die Kommunikation zwischen den Klassen und Komponenten und hat damit große Auswirkungen auf die Schnittstellen. Auch die Anforderungen haben noch direkten Einfluss, da sie die Klammer für die vielen Details bilden, um das System als Ganzes nicht aus den Augen zu verlieren.

10.1 Grundlagen

Bevor mit dem Entwurf einer Software begonnen werden kann, ist es notwendig, neben der Architektur auch noch andere grundlegende Entwurfsentscheidungen zu fällen, die den gesamten weiteren Entwurf beeinflussen werden. Eine Auswahl relevanter Themen, die dabei betrachtet werden müssen, ist im folgenden Abschnitt zu finden.

10.1.1 Anforderungen an den Entwurf

Da der Entwurf die primäre Arbeitsanleitung für die Implementierung darstellt, sollte nicht an Dokumentation gespart werden. Jede (Detail-)Information, welche im Entwurf enthalten ist, erspart eine Entscheidung während der Implementierung. Unklarheiten im Team lassen sich so ausräumen, bevor jeder aufgrund von mangelnden Informationen in eine andere Richtung zu arbeiten beginnt.

Die Diskussion über Sinn oder Unsinn eines Entwurfs bzw. darüber, wie umfangreich ein Entwurf zu sein hat, gibt es vermutlich, seitdem es Methoden für das Software Engineering gibt. Nicht zuletzt durch eXtreme Programming, welches einen Entwurf als eigenständigen Arbeitsschritt negiert, hat diese Diskussion wieder neuen Zündstoff erhalten.

Wichtig erscheint hier vor allem eine Faustregel: Es geht nicht um Sinn oder Unsinn, sondern ausschließlich darum, ob der Entwurf einen konkreten Nutzen für das Projektteam bringt oder nicht. Manche Teams erachten einen Entwurf als unnötigen Aufwand und sind damit durchaus erfolgreich. Vielen Teams würden die Vorgaben eines Entwurfs in ihrem täglichen Chaos durchaus weiterhelfen.

Die Entscheidung, ob ein Entwurf gemacht werden muss und wie viele Details darin sinnvoll sind, ist vor allem auch vom Erfahrungsschatz der einzelnen Programmierer und der Qualität des Teams (gemessen vor allem an der Kommunikationsfähigkeit) als Ganzes abhängig. Je mehr Erfahrung in einem Team vorhanden ist, desto weniger Vorgaben sind für gewöhnlich notwendig.

Während des Entwurfs bedarf es wesentlicher Überlegungen in Bezug auf folgende Punkte:

- **Sicherheit:** Welche Maßnahmen werden gegen Beeinträchtigungen über die Anwenderschnittstelle (z.B. Benutzerauthentifizierung) oder die Systemschnittstelle (z.B. Protokolle) getroffen?

- **Zuverlässigkeit** gegen Ausfall. Sind redundante Komponenten notwendig?

- **Datenverlust:** Gibt es Sicherheitskopien? Werden Daten repliziert?

- **Leistung:** Wie können hohe Transaktionsraten sichergestellt werden? Wie werden Antwortzeiten garantiert?

10.1.2   Entwurfsprinzipien

Things should be made as simple as possible, but not any simpler.

Albert Einstein

Dieser Abschnitt beschäftigen sich kurz mit zwei wesentlichen Qualitätsaspekten von objektorientierten Systemen, dem Maß der Kopplung und Kohäsion und der Kontrolle im System.

Kopplung und Kohäsion

Beim Entwurf der Klassen ist zu beachten, für welche für das System entscheidende Grundfunktionalität die jeweilige Klasse verantwortlich ist, d.h. auf welche konkrete Leistung sich andere Klassen verlassen können[1]. Eine Klasse sollte keinesfalls zu viel Funktionalität verwirklichen, da sie sonst zu komplex und somit fehleranfällig wird. Auch für eine geplante Wiederverwendung sind kleine, aber leistungsfähige Klassen von Vorteil. Bei der Aufteilung des Systems in Module und in weiterer Folge in Klassen sind vor allem zwei Grundsätze zu beachten: Die Module sollten eine geringe Kopplung untereinander und eine hohe Kohäsion innerhalb des Moduls aufweisen.

Kopplung ist ein Maß für die Abhängigkeit zwischen gleichwertigen Elementen (zwischen je zwei Modulen oder je zwei Klassen). Diese Abhängigkeit entsteht durch Nutzung der Funktionalität des jeweiligen anderen Elements. Wird Funktionalität nicht richtig zusammengefasst (z.B. Aufteilung eines Suchalgorithmus auf mehrere Klassen), so erhöht sich die Kopplung.

Kohäsion ist ein Maß für den inneren Zusammenhalt eines Elements. Wird durch ein Element zu viel Funktionalität verwirklicht und ist das Element somit zu generell, nimmt die Kohäsion ab, da nicht unbedingt ein Zusammenhang zwischen der Umsetzung einer Funktion und der Umsetzung einer anderen Funktion bestehen muss. Zeichen für eine

---

[1]   Eine Beschreibung der Anwendung dieses Konzepts (*Design by Contract*) findet sich in [Meye92].

niedrige Kohäsion sind ungenutzte Attribute und Methoden (die z.B. nur für den „Fall der Fälle" vorgesehen wurden).

Werden diese Prinzipien nicht befolgt, ergeben sich Schwierigkeiten bei der Wartung des Systems, da aufgrund zahlreicher Abhängigkeiten Komponenten nur schwer ausgetauscht werden können, bzw. auf viele Sonderfälle Rücksicht genommen werden muss. Die Verständlichkeit des Systems nimmt mit hoher Kopplung stark ab, was den Aufwand der Wartung generell erhöht (vor allem, wenn man davon ausgeht, dass die Wartung nicht durch die Entwickler des Systems erfolgt). Außerdem kann es aufgrund von zu zahlreichen Nachrichten im System auch zu Leistungseinbußen kommen.

Gut zu erkennen sind Kopplung und Kohäsion anhand von Sequenz- und Kollaborationsdiagrammen. Als Faustregel kann gelten: Je unübersichtlicher diese Diagramme werden, desto höher ist die Kopplung und desto niedriger ist die Kohäsion. Auch die Anzahl an beteiligten Objekten bildet ein gutes Maß.

Kontrolle im System

Eine weitere wichtige Entscheidung betrifft die Aufteilung der Kontrolle im System. Nach [Jaco96] (siehe auch [Rowl98]) kann man bei der Verteilung der Kontrolle zwischen den Konzepten „Stair" und „Fork" unterscheiden. Der erste Ansatz teilt die Kontrolle (und die damit verbundene Verantwortung) unter den beteiligten Objekten auf, d.h. die Umsetzung eines Anwendungsfalls in Funktionen wird schrittweise aufgeteilt. Beim zweiten Ansatz koordiniert ein einzelnes Objekt die Umsetzung eines Anwendungsfalls. Beide Konzepte sind in *Abbildung 10.2* anhand eines Sequenzdiagramms illustriert.

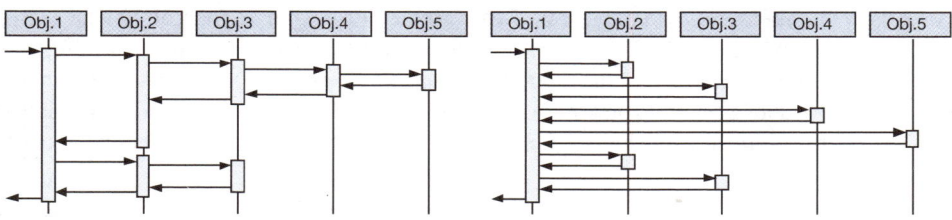

Abbildung 10.2: „Stair" und „Fork"

Der erste Ansatz erhöht die Möglichkeit der Wiederverwendung von umfangreicher Funktionalität (da jeder Schritt viel Funktionalität kapselt). Auch die Wahrscheinlichkeit von Vererbung dieser Funktionalität ist hoch. In Hinblick auf die Wiederverwendung von reinen Datenobjekten (welche keine Geschäftslogik implementieren) besitzt der „Fork"-Ansatz Vorteile, da diese ohne jegliche interne Konsistenzprüfung (die Konsistenzbedingungen wechseln von System zu System) leichter wiederzuverwenden sind. Betrachtet man den Aspekt der Wartbarkeit, ist ebenfalls der zweite Ansatz von Vorteil, da die Änderungen an einer zentralen Stelle durchgeführt werden können.

10.1.3 Architekturen

In [Shaw96] S. 1 wird Software-Architektur definiert:

> *[...] Software-Architektur enthält die Beschreibung von Elementen, aus denen Systeme gebaut werden, Interaktionen zwischen diesen Elementen, Muster, die deren Zusammensetzung steuern, und Einschränkungen in Bezug auf diese Muster. [...] Ein bestimmtes System wird durch die Sammlung von Komponenten und Interaktionen zwischen diesen Komponenten beschrieben.*

Aufgrund der wachsenden Größe und der immer schneller steigenden Komplexität von Softwaresystemen gibt es im Rahmen des Entwurfs immer mehr Möglichkeiten der strukturellen Gestaltung des Systems. Ohne eingehende Überlegungen über den Aufbau von Software, die Aufteilung in Komponenten und das Zusammenspiel dieser Komponenten, sind die Planung und Realisierung vieler Softwaresysteme unmöglich. Eine unzureichende Software-Architektur kann zu Verzögerungen, anwachsende Kosten in der Implementierung, Qualitätsminderung oder zu einem Abbruch des Projekts wegen Undurchführbarkeit führen.

Dieser Abschnitt beschäftigt sich im ersten Teil mit den Inhalten von Software-Architektur (was ist Software-Architektur?) und zeigt einige Möglichkeiten (welche Architekturen gibt es?) auf. Der zweite Teil betrachtet einen zentralen Punkt in der Software-Architektur, die Aufteilung des Systems in Teile.

Abbildung 10.3 zeigt weit verbreitete Architekturen. Diese sind nach wesentlichen technischen Grundmerkmalen kategorisiert, die auch zum Teil die historische Entwicklung von Systemarchitekturen widerspiegeln. Bei normalen Projekten können oft solche Standardarchitekturen verwendet werden Bei großen Projekten ist meist eine geringfügige Anpassung notwendig, die auf eine oder zwei spezielle (Leistungs-)Anforderungen abgestimmt ist. Bei sehr großen Projekten werden meist völlig neue Varianten von Architekturen entworfen, um die speziellen (Leistungs-)Anforderungen des Projekts erfüllen zu können.

Dataflow systems
    Batch sequential
    Pipes and filters
Call-and-return systems
    Main program and subroutine
    OO systems
    Hierarchical layers
Independent components
    Communication processes
    Event systems

Virtual machines
    Interpreters
    Rule-based systems
Data-centered systems (repositories)
    Databases
    Hypertext systems
    Blackboards

Abbildung 10.3:   Gängige Architekturen aus [Shaw96] S. 20.

Abbildung 10.4 zeigt die schematische Darstellung von möglichen Architekturen für ausgewählte Systemarten. Wesentlich bei dieser Darstellung ist die Unterscheidung zwischen der inneren Architektur des Systems, die sich meist in der Verteilung der Funktionen auf

Module widerspiegelt, und der äußeren Architektur, die sich in der Aufteilung der Module auf die beteiligten Hardware-Ressourcen und den Schnittstellen zur Hardware zeigt.

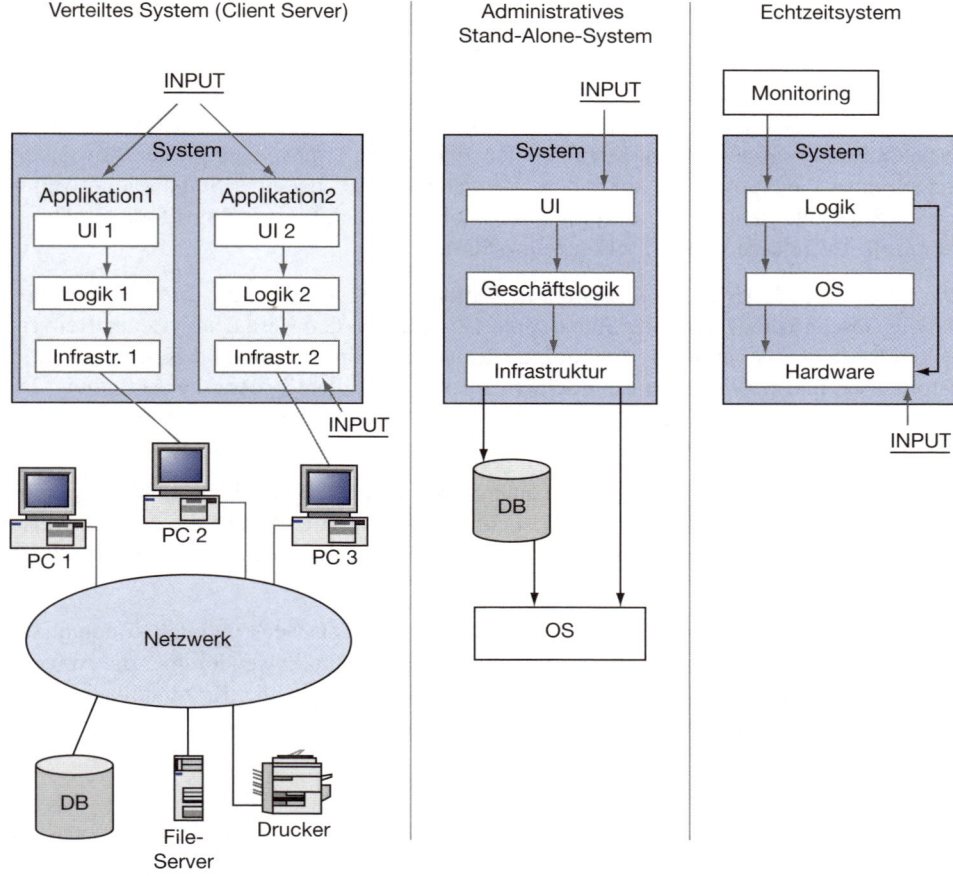

Abbildung 10.4: Systemarchitekturen

Merkmale einer Architektur

Bevor die Architektur eines Systems beschrieben werden kann, muss genau definiert sein, was zum System gehört und was außerhalb des Systems liegt. Während bei dem Echtzeitsystem in *Abbildung 10.4* die Hardware Teil des Systems ist, setzt das administrative Stand-Alone-System nur über das Betriebssystem auf der Hardware auf.

Je nach Architektur müssen verschiedene Schnittstellen für den möglichen Input (Daten und Steuerinformation) berücksichtigt werden: Während bei einer Stand-Alone-Applikation Input ausschließlich über die Anwenderschnittstelle (wobei zur Anwenderschnittstelle auch Peripheriegeräte gezählt werden) zu erwarten ist, kann bei einem verteilten System Input über die Anwenderschnittstellen einer jeden Teilapplikation erfolgen. Zusätzlich kann über das Netzwerk von anderen Teilapplikationen ein Input erfolgen. Ein Echtzeitsystem erhält den Input (hauptsächlich Daten) meist ausschließlich über die Hardware. Bis auf bestimmte Parameter ist die gesamte Steuerlogik fest implementiert.

Ein weiteres Unterscheidungsmerkmal ist die zugrunde liegende Systemarchitektur. Diese ist nicht Teil der Software-Architektur, kann sie aber entscheidend beeinflussen. Zum Beispiel kann der Zugang zu Ressourcen (beispielsweise Drucker oder Dateisystem) über das Betriebssystem (Stand-Alone) oder ein Netzwerk erfolgen. (Dieses ist zwar meist in Betriebssystemfunktionen abgebildet und dadurch transparent für den Anwender, jedoch muss die Applikation auf andere Mechanismen[2] als bei einer Stand-Alone-Applikation Rücksicht nehmen.) Die Applikation kann aber auch für den Zugriff auf die Hardware selbst verantwortlich sein (Echtzeitsystem).

Der entscheidende Unterschied besteht im Aufbau der Applikationen. Zum Beispiel bildet die Geschäftslogik bei einer Stand-Alone-Applikation den Kern des Systems. Bei verteilten Systemen ist sie im System aufgeteilt, was Synchronisation und Kommunikation erforderlich macht. Weiters muss in einem solchen verteilten System die Aufteilung der Geschäftslogik auf verfügbare Ressourcen (Prozessoren) genau festgelegt werden. Bei einem Echtzeitsystem ist die Geschäftslogik meist eine zu vernachlässigende Größe.

Je nach Architektur kann ein System in mehrere zusammenarbeitende Schichten, Komponenten oder Systemteile aufgeteilt sein. Nicht nur die Aufteilung, auch die Art und Weise der Zusammenarbeit zwischen den Teilen muss in der Systemarchitektur berücksichtigt werden.

Nicht zu vergessen ist die Bestimmung der Kommunikationswege und der Kommunikationsart. Dies betrifft einerseits die Kommunikation mit dem Anwender über die Anwenderschnittstelle (z.B. über (Fehler-)Meldungen), andererseits die Kommunikation der Systemteile untereinander (Medium bzw. Mechanismus, Protokoll).

Verteilte Systeme vs. Stand-Alone-System

Unter einem Stand-Alone-System verstehen wir in diesem Zusammenhang ein System, welches auf einem einzelnen Rechner ausgeführt wird, ohne über ein eventuell vorhandenes Netzwerk mit anderen Systemteilen zu kommunizieren.

Bei einer Client/Server-, Master/Slave- oder einer Peer-to-Peer-Architektur spricht man von verteilten Systemen.

Ein Client/Server-System besteht aus über ein Netzwerk zusammenarbeitenden Applikationen, welche entweder einen Client oder einen Server implementieren. Server laufen auf leistungsfähigen Maschinen, welche oft die Datenbank oder das Dateisystem verwalten oder an die Peripherie wie z.B. einen Drucker angeschlossen sind. Clients laufen auf

---

[2] Die Applikation muss z.B. auf blockierte oder ausgefallene Ressourcen angemessen reagieren bzw. Ersatzressourcen anfordern. In einem Netzwerk werden die einzelne Teile des Systems nicht notwendigerweise auf denselben Plattformen ausgeführt, was aufgrund unterschiedlicher Betriebssysteme auch zu einer unterschiedlichen Zusammenarbeit mit diesen führen kann.

leistungsschwächeren Maschinen (z.B. PCs) und nutzen die Dienste der Server, um die gewünschten Leistungen für den Benutzer erbringen zu können.

Ein Peer-to-Peer-System besteht aus Applikationen, welche alle ähnliche Fähigkeiten und Verantwortungen besitzen. Im Gegensatz zu einem Client/Server-System gibt es keine Unterscheidung zwischen Dienstanbieter und Dienstnutzer, sondern jede Applikation bietet Dienste an und verwendet ihrerseits Dienste anderer Applikationen. Eine solche Lösung ist im Allgemeinen billiger, hat jedoch im Vergleich zu einem Client/Server-System Leistungsnachteile.

Ein Master/Slave-System besteht aus einer Applikation, dem Master, welche die Kontrolle über alle anderen Applikationen, die Slaves, ausübt. Ein Slave besitzt das Recht, Anforderungen (z.B. Zuteilung einer Ressource) an den Master zu schicken. Über die Zuweisung entscheidet aber einzig und allein der Master. Einerseits ist in einer solchen Lösung aufgrund mangelnder Zuteilung die Gefahr des „Verhungerns" eines Slaves gegeben (ein Slave, der ein Dokument drucken möchte, bekommt z.B. den Drucker nicht zugeteilt und ist daher blockiert), andererseits kann die Verwaltung von (sehr) knappen Ressourcen durch den zentralen Master gut koordiniert werden. (Bei einer Client/Server-Lösung kann bei knappen Ressourcen der Server aufgrund zu vieler Anforderungen seitens der Clients überlastet werden.)

Zwei-Schichten-Architektur (2-Tier)

Das System wird in zwei Teile aufgespalten. Der erste Teil umfasst die gemeinsam benutzte Datenbank, der zweite Teil enthält verschiedene Applikationen, welche auf diese Datenbank zugreifen. Die Datenbank am Server (der Begriff Datenbank umfasst jede mögliche Speicherart von Daten, z.B. auch Dateien) enthält alle für die Domäne wichtigen Daten. Die Applikationen auf den Clients sind auf die speziellen Erfordernisse ihres Einsatzorts ausgerichtet.

Ein wesentlicher Vorteil dieser Architektur ist die Möglichkeit der zentralen Verwaltung und Wartung der Daten. Die Applikationen, welche auf diese Daten zugreifen, brauchen hingegen sehr wenig zentrale Kontrolle.

Da viele Applikationen direkt auf die Datenbank zugreifen, kann deren Struktur nur schwer geändert werden. Die Bewahrung der Datenkonsistenz liegt hauptsächlich in den Händen der Programmierer der Applikation. Gängige Datenbanken können überdies eine Domäne nur schwer wirklichkeitsgetreu repräsentieren. Strukturierte Dateien und hierarchische Datenbanken haben sehr eingeschränkte Möglichkeiten in Bezug auf verwendbare Datenstrukturen. Relationale Datenbanken weisen oftmals Leistungsschwierigkeiten bei aufwändigen Joins[3] auf. Objektorientierte Datenbanken sind noch immer nicht technisch ausgereift und leiden überdies unter Akzeptanzproblemen.

---

[3] Joins sind dynamische Zusammenfassungen mehrerer untereinander referenzierter Tabellen, d.h., alle Referenzen werden durch die tatsächlichen Daten temporär ersetzt, um Abfragen über mehrere Tabellen zu ermöglichen. Diese technische Einschränkung führt in der Praxis auch oft zur statischen Zusammenfassung von Tabellen auf Kosten der Einhaltung der dritten Normalform. Dies führt jedoch zu möglichen Inkonsistenzen der Datenbank.

Applikationen　　　　　　　　Datenbank

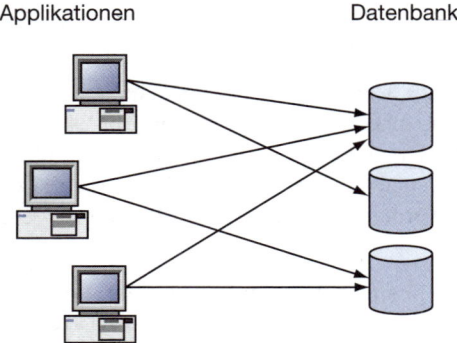

Abbildung 10.5:　Zwei-Schichten-Architektur (aus [Fowl97] S. 241.)

Drei-Schichten-Architektur (3-Tier)

Der bessere Ansatz der 3-Tier-Architektur stammt bereits aus den 70erjahren. Diese sieht eine Aufteilung des Systems in drei Teile vor: eine äußere Darstellung (entspricht den Applikationen der 2-Tier-Architektur), eine konzeptuelle Darstellung und eine interne Darstellung (entspricht der Datenbank der 2-Tier-Architektur).

Die konzeptuelle Darstellung ermöglicht eine wirklichkeitsgetreue Abbildung der Domäne. Somit werden die oben aufgeführten Grenzen der Möglichkeiten von Datenbanken aufgehoben. Applikationen können folglich mit der Semantik der Domäne beschrieben werden, was eine effektivere Problemlösung zur Folge hat.

Die Implementierung der Domain-Tier kann auf den Clients oder auf eigens dafür vorgesehenen Servern erfolgen. Die erste Lösung hat den Nachteil, dass der Client neben den Applikationen zusätzlich Arbeit zu erledigen hat. Weiters müssen Änderungen an der Domain-Tier auf jedem Client durchgeführt werden, während diese bei einer Server-Lösung zentral vorgenommen werden.

Applikationen　　　　　　　　Domäne　　　　　　　　Datenbank

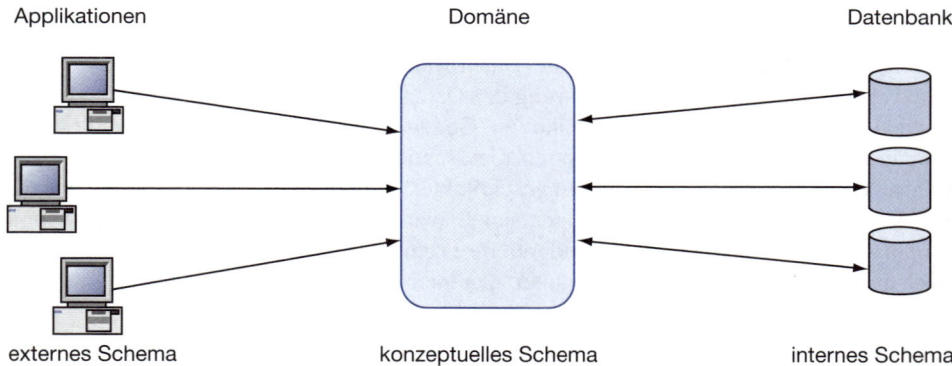

externes Schema　　　　konzeptuelles Schema　　　　internes Schema

Abbildung 10.6:　Drei-Schichten-Architektur (aus [Fowl97] S. 242)

Abbildung 10.7 zeigt die Architektur des Projekts Ticket-Line. Hierbei handelt es sich um eine verteilte Anwendung, bestehend aus den Applikationen Kiosk, Kassa und Administration, welche über ein Netzwerk untereinander und mit der zentralen Datenbank zusammenarbeiten. Das gesamte System ist in drei Schichten aufgeteilt: in die Applikationsschicht, den Systembereich und den DB-Bereich. Die Applikationen ihrerseits sind wiederum in drei Schichten untergliedert, welche der Aufgliederung des Analysemodells in Schnittstellen (Benutzerschnittstelle und Systembereich), Geschäftslogik (Anwendungsbereich) und Datenbasis (DB-Bereich) entsprechen.

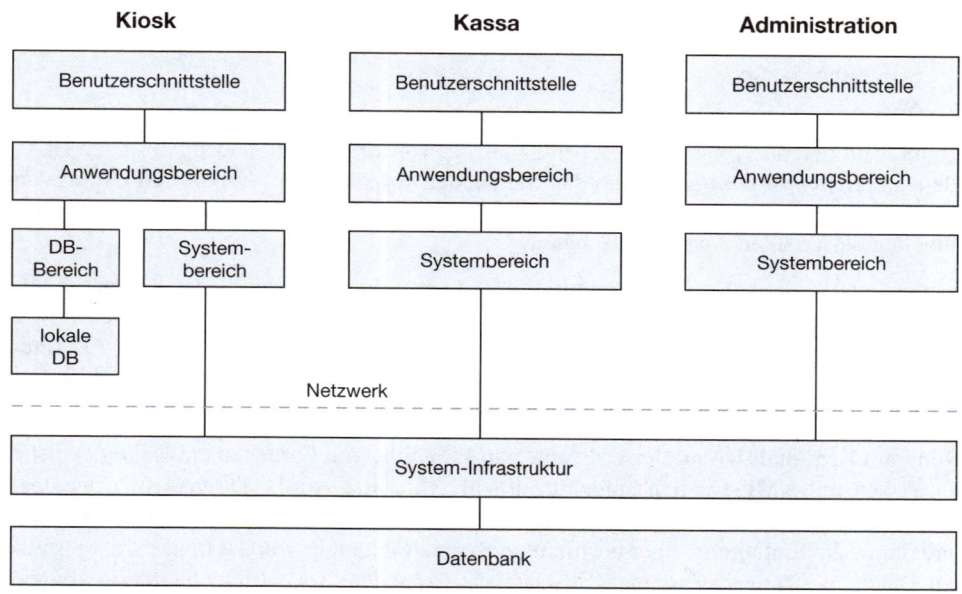

Abbildung 10.7: Architektur des Projekts Ticket-Line

10.1.4 Datenhaltung

In diesem Abschnitt folgt ein kurzer Abschnitt über Möglichkeiten der Speicherung von Daten, welche in Projekten eingesetzt werden können.

Strukturierte Dateien

Eine strukturierte Datei kann Daten im ASCII-Format aufnehmen. Die einzelnen Daten werden durch „White spaces" (Leerzeichen, Tabulator oder Zeilenvorschub) oder Markern (wie z.B. in XML) getrennt.

Eine Möglichkeit, die Semantik einer reinen Textdatei zu definieren, ist die Definition der Bedeutung einer bestimmten Folge von Daten mit Hilfe von Grammatiken. Ein Beispiel für die Definition einer Datei mit mathematischen Ausdrücken zeigt die folgende Auflistung. Text, Zahl, Datum und Dateiende sind in dieser Grammatik Terminalsymbole, d.h., diese können nicht weiter aufgelöst werden. Ein Beistrich steht für die Aneinander-reihung der Symbole, ein "|" bedeutet „oder".

Datei =	Dateikopf, Dateirumpf
Dateikopf =	Autorenname, Erstellungsdatum, Zweck
Dateirumpf =	Dateirumpf, Ausdruck | Dateirumpf, Befehl | Dateirumpf, Dateiende | Ausdruck | Befehl
Ausdruck =	Ausdruck + Zahl | Ausdruck - Zahl | Ausdruck * Zahl | Zahl
Befehl =	Text
Autorenname =	Text
Erstellungsdatum =	Datum
Zweck =	Text

Einen weiteren, nach wie vor stark benutzten Typ von strukturierten Dateien stellen CSV-Dateien (*comma saperated values*) dar. Sie werden vor allem zum Import und Export von Daten in Tabellenform (aus einer Tabellenkalkulation, einer Datenbank oder anderer auf Tabellen basierenden Applikation) benutzt.

In den letzten Jahren haben strukturierte Dateien vor allem durch das Format XML (*eXtensible Markup Language*) einen starken Aufschwung erhalten. Wesentlicher Vorteil von XML gegenüber anderen – vor allem binären und damit meist proprietären – Forma-ten ist erstens dessen Erweiterbarkeit für alle möglichen Arten von Daten (mit Hilfe frei definierbarer Marker) und die Unabhängigkeit der Daten von deren Darstellung.

Rund um XML hat sich mittlerweile eine ganze Familie von Formaten entwickelt, welche die Arbeit mit XML-Dateien unterstützen soll. Mit Hilfe von DTD-Dateien (*Document Type Definition*) bzw. *Schemas* kann das Format von XML-Dateien vordefiniert werden und damit die Einhaltung einer bestimmten Syntax (abhängig von der konkret dargestell-ten Daten) erzwungen werden. XSL-Dateien (*Extensible Stylesheet Language*) können zur Definition der Darstellung von XML-Daten verwendet werden. Schließlich können noch XSLT-Dateien (*XSL Transformations*) zur Umwandlung von XML-Daten in andere Formate herangezogen werden.

Strukturierte Dateien werden vor allem für Initialisierungsdaten, Konfigurationsdaten und dem Applikations-unabhängigem Austausch von Daten noch immer bzw., durch XML, wieder häufiger verwendet.

Relationale Datenbanken

In einer relationalen Datenbank werden Daten in Tabellen gespeichert, wobei in Spalten die verschiedenen Attribute eines Datensatzes abgelegt werden. Jeder Datensatz wird durch einen eindeutigen Schlüssel identifiziert. Dieser Schlüssel kann in einem Attribut in einer anderen Tabelle referenziert werden. Zur Abfrage einer relationalen Datenbank wird heutzutage üblicherweise SQL (*Structured Query Language*) verwendet. SQL ist als Industriestandard anerkannt und daher weit verbreitet.

Zur Darstellung des Aufbaus einer relationalen Datenbank wird üblicherweise ein ER-Modell (*Entity-Relationship-Modell*) bzw. ein EER-Modell (Extended-Entity-Relationship-Modell) verwendet. Das EER ([Teor86]) wurde gegenüber dem ER ([Chen76]) um die Konzepte der Generalisierung und der Untermengenhierarchie erweitert.

Objektorientierte Datenbanken

Objektorientierte Datenbanken unterstützen objektorientierte Konzepte wie Kapselung, Vererbung oder Polymorphismus. Die Objekte werden auch in der Datenbank über Zeiger referenziert. Dies ermöglicht einen beschleunigten Zugriff auf assoziierte Objekte. Da eine objektorientierte Datenbank mit der Entwicklungsumgebung bzw. Programmiersprache immer eine Einheit bildet, ist keine spezielle Schicht für den Datenbankzugriff notwendig. Alle Methoden für Datenbankoperationen sind standardmäßig definiert. Der Datenbankzugriff erfolgt somit völlig transparent.

Für die Modellierung der Datenstruktur von objektorientierten Datenbanken kann ein herkömmliches Klassendiagramm verwendet werden. Da in objektorientierten Datenbanksystemen ganze Objekte abgelegt werden, muss bei dieser Lösung das objektorientierte Paradigma an keiner Stelle durchbrochen werden.

Zum Abschluss zeigt *Tabelle 10.1* die drei Arten der Speicherung der Datenbasis im Vergleich.

Datenhaltungssystem	Vorteile	Nachteile
Strukturierte Dateien (Whitespace-getrennt)	Einfach	Wenige Möglichkeiten der Modellierung; Datenredundanzen, Dateninkonsistenzen; veraltete, aber erprobte Technik
Strukturierte Dateien (XML)	Einfach, Semantische Modellierung möglich, Syntaxüberprüfung möglich	Datenredundanzen, Dateninkonsistenzen; manuelle Implementierung des Parsers z. T. kompliziert und fehleranfällig
RDBMS	Keine Redundanzen, keine Inkonsistenzen, Relationen; höherer Marktanteil, größere Verbreitung, ausgereifte Technik	Leistungseinbrüche bei aufwändigen Abfragen; z. T. aufwändige Abbildung des relationalen Konzepts auf objektorientiertes Paradigma
OODBMS	Umfangreiche Möglichkeiten der Modellierung, durchgängiges OO-Konzept	Technologie noch nicht ausgereift

Tabelle 10.1: Datenhaltungskonzepte im Vergleich

10.1.5   Entwicklungsumgebungen

Bei der Auswahl einer Entwicklungsumgebung kann man unter zwei Möglichkeiten wählen: Man entscheidet sich aus bestimmten Gründen unabhängig vom konkreten Projekt für eine Entwicklungsumgebung und entwirft das System nach deren Möglichkeiten, oder man überlegt vor dem Entwurf aufgrund weniger, entscheidender Projektmerkmale, welche Entwicklungsumgebung für die Implementierung am besten geeignet ist.

Beide Ansätze haben Vor- und Nachteile. Der erste Ansatz wird meist gewählt, wenn eine bestehende, im Unternehmen gut eingeführte Entwicklungsumgebung existiert und auch gute Programmierer dafür zur Verfügung stehen. Somit werden Kosten für Schulungen gespart und Risiken in Bezug auf die Technik minimiert. Die Entwicklung ist aber damit auf eine bestimmte Anzahl an Technologien begrenzt, was zu Einschränkungen bei der Implementierung von Projekten führt (manche Anwendungen können nicht realisiert werden bzw. die Realisierung ist nicht optimal). Innovation ist komplett ausgeschlossen.

Der zweite Ansatz ist der flexiblere und innovativere, da für ein bestimmtes Projekt die passende Technologie gesucht und verwendet wird. Somit sollten technisch betrachtet immer optimale Lösungen entstehen. Diese Vorgangsweise birgt ein hohes Risiko, da es oft schwierig ist, gute Programmierer für eine ganz bestimmte Technologie zu finden, bzw. der Schulungsaufwand sehr hoch sein kann. Die Wahl der passenden Technologie ist überdies eine sehr weit reichende und somit schwierige Entscheidung.

Merkmale von Entwicklungsumgebungen, welche den Entwurf beeinflussen:

- Unterstützung von Architekturkonzepten: Von vielen Entwicklungsumgebungen gibt es unterschiedlich spezialisierte Veröffentlichungen für diverse Architekturen (z.B. Anbindung von Datenbanken, Client/Server).

- Leistungsmerkmale von verfügbaren Komponenten: Entwicklungsumgebungen werden heutzutage mit einer Vielzahl von Komponenten ausgeliefert (Datenstrukturen, Algorithmen, Anwenderschnittstellen usw.), welche die Erstellung von Software beschleunigen sollen. Bei ihrer Verwendung sollten aber deren Leistungsgrenzen berücksichtigt werden (z.B. wie viele Elemente kann eine Liste fassen bzw. eine Listbox darstellen?).

- Verfügbarkeit von Komponenten für die Gestaltung von Anwenderschnittstellen: Die Möglichkeiten der Gestaltung einer Anwenderschnittstelle, welche vor allem die Akzeptanz seitens der Benutzer stark beeinflusst, hängen vor allem von der Entwicklungsumgebung ab. Mit großem Aufwand können natürlich auch eigene Komponenten für die Anwenderschnittstelle implementiert werden, jedoch weisen solche Lösungen meist ein schlechtes Kosten-Nutzen-Verhältnis auf. Der Entwurf der Anwenderschnittstelle sollte daher auf die verfügbaren (grafischen) Elemente Rücksicht nehmen.

- Unterstützte Sprachkonzepte der zugrunde liegenden Programmiersprache: Vor allem beim Entwurf von Klassendiagrammen wird darauf geachtet, ob Konzepte wie Generizität oder Mehrfachvererbung unterstützt werden. Darüber hinaus fließen die möglichen Sichtbarkeiten von Attributen und Methoden (*public*, *private*, *protected* usw.) in den Entwurf mit ein. Die verfügbaren Fehlerbehandlungsmechanismen (z.B. Exceptions) werden ebenfalls untersucht.

- Portierbarkeit der ausführbaren Applikation: Wird die Applikation auf mehreren Platt-formen eingesetzt, ist zu beachten, dass geeignete Compiler (möglichst in der Entwick-lungsumgebung integriert) zur Verfügung stehen und Einschränkungen zur Erreichung der Portierbarkeit berücksichtigt werden. Da Entwicklungsumgebung, Compiler und Sprachkonzept oft eine abgeschlossene Einheit bilden, sind auch Abweichungen des Compilers und des Sprachkonzepts von gängigen Standards zu beachten. Um eine Por-tierung mit geringem Aufwand zu ermöglichen, kann die Architektur für diesen Zweck angepasst werden (z.B. durch Einfügen einer speziellen Schicht, welche den Zugriff auf die Plattform für den Systemkern transparent erscheinen lässt).

- Unterstützung von Versionsmanagement: Die Verwaltung von Versionen ist ein kom-plizierter Vorgang in der (iterativen) Softwareentwicklung. Ist diese Funktion in der Entwicklungsumgebung integriert, kann diese Fehlerquelle (aufgrund von falsch integ-rierten Versionen) eingegrenzt oder sogar eliminiert werden.

Eine Reihe von Merkmalen von Entwicklungsumgebungen beeinflussen den Entwurf an sich nicht, spielen aber bei der Auswahl der Entwicklungsumgebung vor allem in Hin-blick auf die Produktivität der Programmierer eine gewichtige Rolle:

- Verfügbarkeit und Qualität von Werkzeugen wie Debugger, Repositories (Datenban-ken, in denen oft genutzte Daten wie Code, zugehörige Dokumente usw. archiviert und referenziert werden können) usw.: Die effektive und möglichst fehlerfreie Imple-mentierung von objektorientierten Systemen ist nur mit guten Werkzeugen möglich. Die Beurteilung der Werkzeuge basiert oft auf dem Geschmack und der Erfahrung des einzelnen Entwicklers.

- Integration der Entwicklungsumgebung in Systemumgebung und Zusammenarbeit mit anderen Werkzeugen.

- Erweiterbarkeit und Anpassbarkeit für individuelle Bedürfnisse.

- Hersteller und Preis: Viele Unternehmen besitzen Verträge mit internationalen Kon-zernen, welche ihnen zahlreiche Support-Möglichkeiten eröffnen, sie aber auch auf eine bestimmte Produktpalette einschränken. Vor allem kleinere Unternehmen können aufgrund des hohen finanziellen Einsatzes (Kauf und Schulung) nur eine sehr be-grenzte Anzahl von Technologien anbieten.

Vergleichsbeispiel

Bei den hier dargestellten typischen Projekten ist in den meisten Fällen die Anbindung einer Datenbank notwendig. Abgesehen von der Wahl eines Datenbanktyps (relationale Datenbank, strukturierte Dateien oder eine Tabellenkalkulationsapplikation usw.) muss auch eine Entscheidung gefällt werden, ob die Datenbank selbst programmiert wird (falls diese Möglichkeit existiert) und Möglichkeiten zur Implementierung von neuer Funktio-nalität genutzt werden. Alternativ erfolgt der Zugriff auf die Datenbankfunktionen über eine Schnittstelle aus der Entwicklungsumgebung, d.h., die Datenbank wird nur als Spei-chermedium genutzt. *Tabelle 10.2* enthält eine Gegenüberstellung dieser beiden Möglich-keiten.

... Entwicklungsumgebung	... Datenbank
Entwicklung von Grund auf	Es kann auf bestehende Applikationen aufgebaut werden.
Neue Gestaltung der Anwenderschnittstelle	Die Anwenderschnittstelle entspricht im Aussehen der Datenbank.
Keine applikationsspezifischen Komponenten	Applikationsspezifische Komponenten verfügbar
(Fast) uneingeschränkte Lösungsmöglichkeiten	Durch Datenbank eingeschränkte Lösungs-möglichkeiten
Produkt umfasst genau den geforderten Leistungsumfang	Produkt umfasst mindestens Datenbank plus Zusatzfunktionalität.
Programmiersprache und Entwicklungsumgebung wählbar	Programmiersprache und Entwicklungsumgebung durch Datenbank

Tabelle 10.2:   Entwicklung einer Datenbanklösung mit einer...

10.2   Produkte

Die Produkte im Arbeitschritt Entwurf dienen zur Planung der Realisierung der Anforderungen, wie sie in den Anwendungsfällen festgehalten wurden. *Tabelle 10.3* zeigt die wesentlichen Unterschiede zwischen dem Analysemodell und dem Entwurfsmodell. Das Entwurfsmodell ist sehr konkret in Hinblick auf die kommende Implementierung und lässt in Bezug auf die Implementierung keinen Freiraum zur Interpretation.

Analysemodell	Entwurfsmodell
Konzeptionelles Modell, ist eine Abstraktion des Systems und vermeidet Implementierungsdetails	Physisches Modell, ist eine Blaupause der Implementierung
Entwurfsneutral (kann für mehrere Entwürfe verwendet werden)	Spezifisch für eine Implementierung
Drei-Klassen-Stereotypen: Schnittstelle, Kontroller und Entität	Beliebige Anzahl physischer Stereotypen, abhängig von Implementierungssprache
Kaum formal	Sehr formal
Einfach und schnell zu erstellen	Aufwändig zu erstellen.
Wenige Schichten.	Viele Schichten
Dynamisch (wenig Augenmerk auf dynamische Abläufe)	Dynamisch (starkes Augenmerk auf dynamische Abläufe)

Tabelle 10.3:   Vergleich von Analysemodell und Entwurfsmodell (aus [Jaco99] S. 219)

Analysemodell	Entwurfsmodell
Skizziert den Entwurf des System	Konkreter Entwurf des Systems
Viel Handarbeit, wird z. T. in Workshops und ähnlichem erarbeitet	Wird durch Tools des Round-Trip-Engineering stark unterstützt
Muss nicht zwingend während der gesamten Lebensdauer der Software aktuell gehalten werden	Wird während der gesamten Lebensdauer der Software aktuell gehalten
Definiert eine grundlegende Struktur ohne Vorgaben	Definiert eine exakte Struktur, und hält sich dabei weitest gehend an das Analysemodell

Tabelle 10.3: Vergleich von Analysemodell und Entwurfsmodell (aus [Jaco99] S. 219) *(Forts.)*

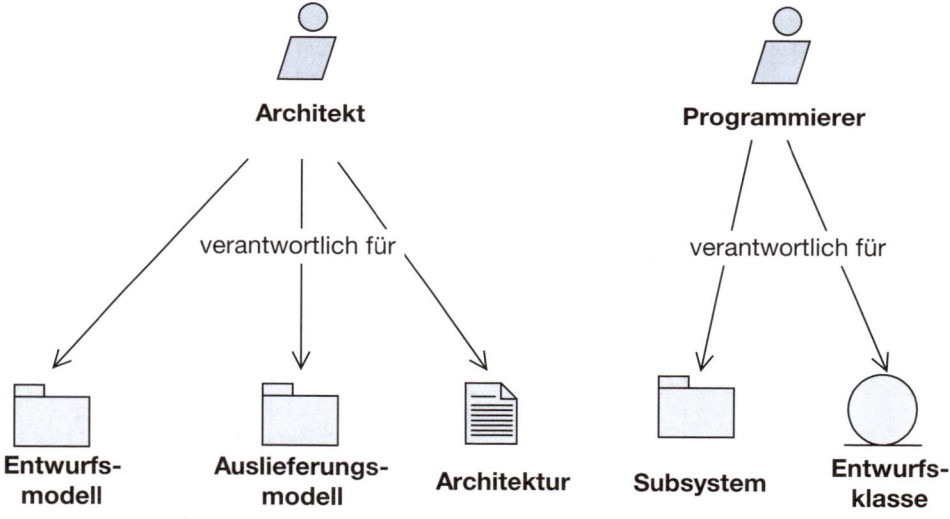

Abbildung 10.8: Produkte im Arbeitsschritt Entwurf

10.2.1 Auslieferungsmodell

Ein Auslieferungsmodell zeigt die *Maschinen* der Zielumgebung (PCs, Hosts usw.), auf denen die Komponenten zur Laufzeit ausgeführt werden. Das Auslieferungsmodell wird anhand eines UML-Auslieferungsdiagrammes dargestellt.

Die relevanten Maschinen werden als dreidimensionale Rechtecke dargestellt. Innerhalb dieser Maschinen werden in diesem Diagramm die *Komponenten des Systems* (wie im Komponentendiagramm) verwendet. Hinzu kommen zusätzliche Komponenten der Zielumgebung, mit welcher diese zusammenarbeiten (z.B. andere Software-Pakete, Datenbanken usw.).

Hierbei ist zu beachten, dass es sich um Instanzen der Komponenten des Implementierungsdiagramms handelt (da sie ja ausgeführt werden). Ähnlich wie Objekte in dynamischen Diagrammen erhält jede Komponente als Bezeichnung einen Namen gefolgt von einem Doppelpunkt und dem Typ der Komponente, welche dem Implementierungsdiagramm entnommen werden kann. Die gesamte Bezeichnung wird unterstrichen.

Wie bereits im Implementierungsdiagramm werden auch die Schnittstellen der Komponenten und deren Benutzung in das Diagramm mit aufgenommen.

Abbildung 10.9 zeigt ein Beispiel für ein Auslieferungsdiagramm. Es gibt in diesem Beispiel zwei Maschinentypen (*Server und InfoTerminal*). Auf dem Server läuft eine Komponente vom Typ Administration, welche auf eine Datenbank zugreift. Die Komponenten vom Typ Kiosk der Standorte vom Typ InfoTerminal greifen auf die Server-Schnittstelle zu.

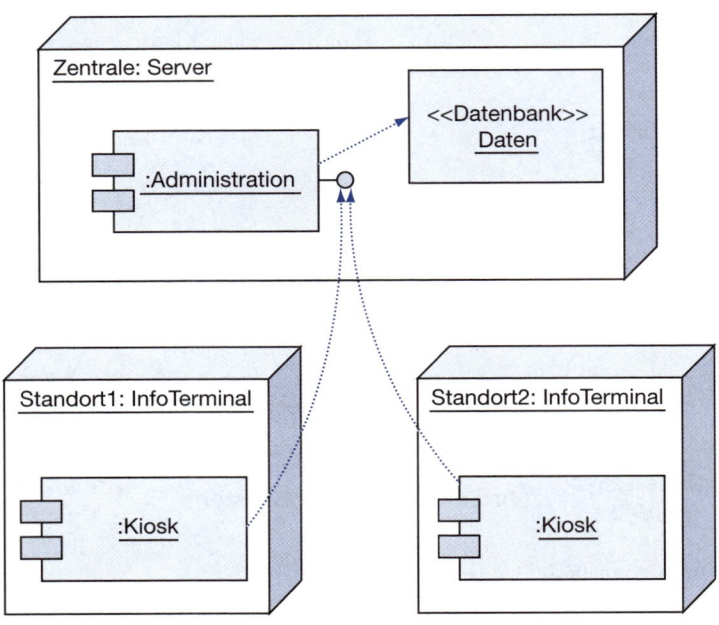

Abbildung 10.9: Auslieferungsdiagramm

10.2.2 Architekturmodell – Entwurfssicht

Ziel der Systemarchitektur im Entwurf ist es, eine Modularisierung des Systems zu finden, welche den Anforderungen einerseits und dem zu erwartenden Lebenszyklus der Software andererseits am ehesten gerecht wird. Durch eine gute Modularisierung werden für das System folgende Eigenschaften erzielt:

- *Aufgabenteilung*[4]*:* Jedes Modul hat genau festgelegte Verantwortungen, die es zu erfüllen hat. Bei auftretenden Fehlern kann aufgrund dieser bekannten Verantwortungen die Quelle eines Fehlers eng eingegrenzt werden. Auch Änderungen lassen sich dadurch gezielt an der richtigen Stelle durchführen.

- *Skalierbarkeit:* Durch die Aufteilung in Module und die genau definierte Zusammenarbeit können einem System Module hinzugefügt werden, welche die Funktionalität erweitern. Module können ebenso entfernt werden, ohne die Funktionalität von anderen Modulen zu beeinflussen.

- *Wartbarkeit:* Einzelne Module können gegen neuere Versionen ausgetauscht werden, ohne das Verhalten von anderen Modulen zu beeinflussen.

Neben der textlichen Erfassung aller Entscheidungen bezüglich der Systemarchitektur kann ein UML-Subsystemdiagramm zur Darstellung des modularen Aufbaus der Architektur verwendet werden.

Diese Diagramme zeigen die Aufteilung des Systems in Subsysteme. Ein *Subsystem* wird dabei durch ein Paket dargestellt, in dem eine Gabel eingezeichnet ist.

Weiters werden in Subsystemdiagrammen die Schnittstellen zwischen den Subsystemen hervorgehoben. Ein Subsystem kann keine Schnittstelle (d.h. es benutzt ausschließlich andere Subsysteme, wird selbst aber nicht benutzt), eine Schnittstelle oder auch mehrere Schnittstellen besitzen, die verschiedene Services anbieten.

Eine *Schnittstelle* kann in Form eines Kreises, welcher durch eine Linie mit dem Subsystem verbunden ist, dargestellt werden oder durch eine eigene Schnittstellenklasse, die durch den Bezeichner <<interface>> gekennzeichnet wird. Die *Abhängigkeit* zwischen einem Subsystem und einer Schnittstellenklasse (d.h. das Subsystem implementiert diese Schnittstelle) wird durch einen gestrichelten Pfeil mit geschlossener hohler Spitze symbolisiert.

Greift ein Subsystem auf eine Schnittstelle zu (egal, ob durch Kreis oder Klasse dargestellt), wird dies durch einen gestrichelten Pfeil mit offener Spitze symbolisiert, wobei die Pfeilspitze auf die Schnittstelle zeigt.

Abbildung 10.10 zeigt drei *Subsysteme Administration, Kassa und Kiosk*, wobei das *Subsystem Kiosk* auf das *Subsystem Administration* über die *Schnittstelle Daten* zugreift, und das *Subsystem Administration* eine Schnittstelle der *Kassa* verwendet. Die Bezeichnung <<stub>> im Subsystem Kassa deutet an, dass es sich bei diesem Subsystem um keine vollständige Implementierung handelt, sondern nur um einen Stellvertreter (der z.B. die Aufrufe weiterleitet oder nur Standardantworten schickt).

---

[4] Diese Aufgabenteilung kann bis auf Klassenebene weitergeführt werden.

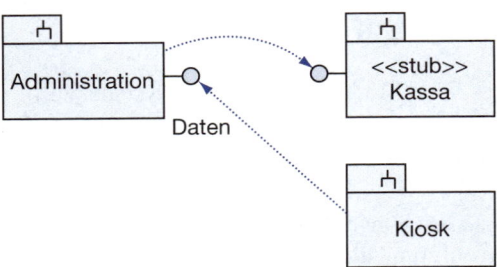

Abbildung 10.10:   Subsystemdiagramm mit drei Subsystemen

Abbildung 10.11 zeigt die Schnittstelle Daten aus *Abbildung 10.10* mit allen Details der Schnittstelle (also den Methodenschnittstellen).

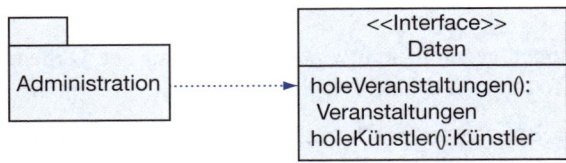

Abbildung 10.11:   Subsystem mit Schnittstelle

10.2.3   Schnittstellen

Ein wesentlicher Punkt bei der Modularisierung eines Systems ist die genaue Festlegung der Kommunikation zwischen Teilen anhand von Modulschnittstellen und die Einhaltung dieser Schnittstellen bei der Implementierung. Zu diesem Zweck werden zu allen Methoden, welche über Schnittstellen angeboten werden, Beschreibungen mit folgendem Inhalt erstellt:

1. *Name* der Methode: Sollte sich an die Namenskonventionen der verwendeten Programmiersprache halten.

2. Beschreibung des *Methodenverhaltens*: Vor allem bei der Implementierung eines Algorithmus wird dessen genaue Funktionsweise erläutert, um das Verhalten der Methode selbst und auch Nebeneffekte verstehen zu können.

3. Auflistung und Beschreibung der *Parameter*: Neben Namen und Typ des Parameters wird vor allem der gültige Wertebereich und bei Boolean bzw. bitweise zu interpretierenden Statusvariablen die genaue Bedeutung einer jeden Belegung des Parameters beschrieben.

4. Beschreibung des *Rückgabewerts*: Der Typ und die möglichen Werte des Rückgabewerts werden festgehalten.

5. Mögliche *Fehler*: Eine genaue Liste aller möglichen Fehler einschließlich deren exakter Bedeutung wird aufgestellt.

Architektur und Komponenten

Architektur

- Ermöglicht die Architektur die Realisierung aller (vor allem auch nichtfunktionaler) Anforderungen?

- Unterstützt die Architektur die Aufteilung des Systems in fachlich und technisch sinnvolle Teile?

- Wurden bei der Architektur anerkannte und erprobte Konzepte (z.B. Architekturmuster) in Betracht gezogen?

- Bleibt die Architektur auch bei abzusehenden Änderungen und Erweiterungen stabil genug?

- Sind in der Architektur geforderte Aspekte der Systemsicherheit (Datenschutz, Datensicherheit) ausreichend berücksichtigt?

Entwurf von Komponenten

- Wird jede Anforderung in einer oder mehreren Komponenten realisiert?

- Wurden die Aufgaben unter den Komponenten nach den Gesichtspunkten Einfachheit, Wartbarkeit und Erweiterbarkeit verteilt?

- Wurden die Konzepte der Kopplung und Kohäsion beim Entwurf der Komponenten ausreichend bedacht?

- Wurden beim Entwurf der Komponenten bekannte und erprobte Konzepte (z.B. Entwurfsmuster berücksichtigt?

- Handhaben alle Komponenten die Fehlerbehandlung nach einem einheitlichen System?

- Wurden die Schnittstellen zwischen den Komponenten ausreichend beschrieben?

- Ist die Darstellung der Logik und der Repräsentation der Daten klar getrennt?

- Sind die Komponenten sinnvoll integrierbar, sodass Tests des Systems frühzeitig ermöglicht werden?

10.2.4 Subsystem

Subsysteme dienen zur Strukturierung der Entwurfselemente wie z.B. Entwurfsklassen. Ein Subsystem fasst dabei Elemente zusammen, welche inhaltliche Gemeinsamkeiten aufweisen (z.B. Entwurf eines bestimmten Anwendungsfalles oder einer Infrastrukturkomponente). Subsysteme weisen eine hohe Kohäsion und eine geringe Kopplung zu anderen Subsystem auf.

Die Komponenten der Subsysteme und auch Abhängigkeiten zwischen Elementen der Analyse und der Realisierung können mit Hilfe von UML gezeigt werden. Zu diesem Zweck wird ein Subsystem in zwei Teile unterteilt und jeweils eine Hälfte mit „Specifica-

tion Elements" und „Realization Elements" beschriftet. In den Teil mit dem Titel „Specification Elements" können Modellelemente der Analyse (z.B. Anwendungsfälle) eingezeichnet werden. In der anderen Hälfte können Modellelemente des Entwurfs abgebildet
werden. Der Zusammenhang zwischen zusammengehörigen Elementen (d.h. wenn ein
Element des Entwurfs ein Element der Analyse realisiert) wird anhand eines Pfeils mit
hohler Spitze dargestellt. Dadurch lässt sich das wichtige Prinzip der Verfolgbarkeit mit
diesem Diagramm gut unterstützen. *Abbildung 10.12* zeigt ein Subsystem mit zwei Anwendungsfällen und deren Realisierung.

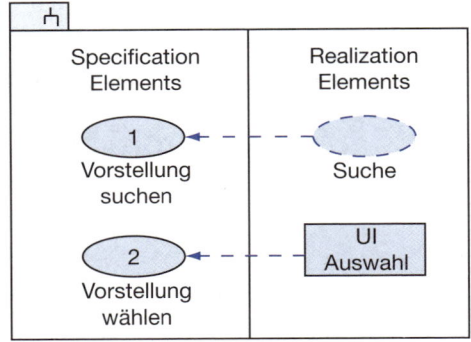

Abbildung 10.12:   Details eines Subsystems

10.2.5   Entwurfsklasse

Anwenderschnittstelle

Über die Anwenderschnittstelle müssen die Benutzer mit dem System zusammenarbeiten. Bei der Gestaltung der Anwenderschnittstelle wird nicht nur auf eine effektive Dateneingabe und schnelle Steuerung der Applikation geachtet, sondern es werden darüber
hinaus wichtige Punkte der Mensch-Maschine-Interaktion berücksichtigt.

Die Anwenderschnittstelle ist jener Teil eines Systems, welchen die Benutzer tatsächlich
zu Gesicht bekommen. Die Beurteilung eines Systems seitens der (technisch nicht interessierten) Benutzer richtet sich somit auch nach der guten Gestaltung dieser Schnittstelle.
Dies darf aber nicht dazu führen, die Anwenderschnittstelle grafisch zu überladen und mit
allen möglichen Tricks zu einem visuellen Erlebnis zu machen, während der Rest des
Systems (also vor allem die Funktionalität) vernachlässigt wird. Letztlich steht in der Ge-
samtbeurteilung immer die Funktionalität des Systems im Vordergrund.

Geschäftslogik

Der Entwurf der Geschäftslogik beschäftigt sich mit der Umsetzung der funktionalen
Anforderungen des Systems. Das Analysemodell bietet als Grundlage eine mögliche Aufteilung der Geschäftslogik in Klassen und eine abstrakte Auflistung von benötigten Funktionen und Schnittstellen zu anderen Systemen.

Im Entwurf ist die Geschäftslogik entsprechend den Möglichkeiten der Entwicklungsumgebung und den bereits getroffenen Entscheidungen bezüglich der Architektur zu entwickeln. Zur Darstellung der Klassen der Geschäftslogik wird ein Klassendiagramm verwendet, das jedoch um wichtige Details und Konzepte im Vergleich zum Klassendiagramm der Analyse erweitert wird.

Erweiterung im Klassendiagramm

Für den statischen Entwurf von Anwenderschnittstelle, Geschäftslogik und Datenbasis werden Klassendiagramme verwendet, die jedoch im Gegensatz zur Analyse um einige Details ergänzt werden.

Attribute können unterschiedliche Sichtbarkeit haben, die im Zuge des Entwurfs festgelegt wird (nicht eigens gekennzeichnete Attribute werden als public-Attribute betrachtet):

- *Public visibility* (wird durch ein ‚+' vor dem Attributnamen gekennzeichnet): Auf solche Attribute kann systemweit zugegriffen werden.
- *Protected visibility* (wird durch ein ‚#' vor dem Attributnamen angezeigt): Auf dieses Attribut kann nur von einer Instanz der Klasse selbst und von Instanzen ihrer Unterklassen zugegriffen werden.
- *Private visibility* (wird durch ein ‚-' vor dem Attributnamen angezeigt): Auf derartige Attribute kann nur eine Instanz der Klasse zugreifen.
- *Class-scope-attribute* (wird durch einen unterstrichenen Attributnamen dargestellt): Auf solche Attribute kann ohne das Vorhandensein einer Instanz zugegriffen werden. Solche Attribute haben systemweit einen eindeutigen Wert, da sie Eigenschaften von Klassen und nicht von Objekten repräsentieren.
- Darüber hinaus lassen sich für jedes Attribut ein Typ und ein Initialisierungswert angeben.

Abbildung 10.13 zeigt ein Beispiel für eine Klassen mit Attributen:

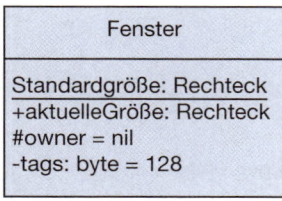

Abbildung 10.13: Beispiel für eine Klasse mit Attributen und Details

Auch bei Methoden kann deren Sichtbarkeit angegeben werden (die Bedeutung der Sichtbarkeitsräume entspricht den Sichtbarkeitsräumen der Attribute):

- *Public visibility* (wird durch ein ‚+' vor dem Methodennamen angezeigt).
- *Protected visibility* (wird durch ein ‚#' vor dem Methodennamen dargestellt).
- *Private visibility* (wird durch ein ‚-' vor dem Methodennamen angezeigt).

Um das Diagramm nicht unnötig groß werden zu lassen, müssen bestimmte Kategorien von Methoden nicht angeführt werden, die aber für eine korrekte Implementierung unumgänglich sind. Diese sind in *Tabelle 10.4* dargestellt.

Bezeichnung	Beschreibung
Konstruktoren	Methoden, die bei der Erzeugung eines Objekts dessen Startzustand initialisieren
Destruktoren	Methoden, die kurz vor der Vernichtung eines Objekts noch notwendige Tätigkeiten durchführen
Set	Methoden zum Setzen von Attributwerten
Get	Methoden zum Lesen von Attributwerten
Connect	Methoden, die Referenzen auf Objekte retournieren, mit welchen ein Objekt in Verbindung steht (z.B. Assoziation)

Tabelle 10.4:   Methoden, die im Normalfall nicht im Rahmen der Methodenschicht aufgeführt werden

Für jede Methode können auch ihre Parameter und der Typ des Rückgabewerts eingetragen werden. *Abbildung 10.14* zeigt ein Beispiel für Klassen mit Attributen, Methoden und allen möglichen Details:

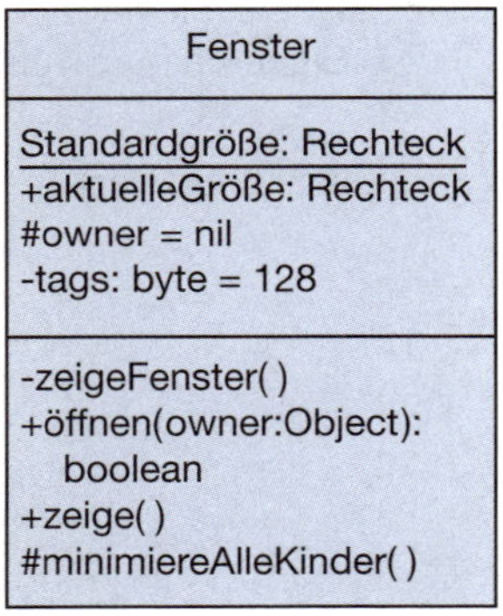

```
┌──────────────────────────────┐
│           Fenster            │
├──────────────────────────────┤
│ Standardgröße: Rechteck      │
│ +aktuelleGröße: Rechteck     │
│ #owner = nil                 │
│ -tags: byte = 128            │
├──────────────────────────────┤
│ -zeigeFenster( )             │
│ +öffnen(owner:Object):       │
│    boolean                   │
│ +zeige( )                    │
│ #minimiereAlleKinder( )      │
└──────────────────────────────┘
```

Abbildung 10.14:   Klasse mit Attributen und Methoden und zugehörigen Details

Fehlerbehandlung

Zusammen mit der Festlegung des statischen Aufbaus der Klassen und der Aufteilung in Methoden muss auch die Fehlerbehandlung bestimmt werden. Jede Software muss auf mögliche auftretende Fehler ordnungsgemäß reagieren. Es gibt typische Fehlerursachen, die zu berücksichtigen sind: Falscheingaben des Benutzers, Abbruch eines Algorithmus aufgrund bekannter Bedingungen, Abbruch eines Vorgangs seitens des Benutzers, Inkonsistenzen von Eingaben bzw. untereinander abhängigen Daten im Speicher oder in der Datenbank, Abbruch eines Vorgangs aufgrund ungültiger bzw. unvollständiger Daten.

Und es existieren mindestens ebenso viele Möglichkeiten, auf derartige Fehlerquellen innerhalb des Codes zu reagieren:

- Fehler ignorieren, was zu unbestimmbarem und oft untragbarem Verhalten führt.
- Abbruch der Applikation (nur selten zumutbar).
- Einen Wert zur Verfügung zu stellen, der die Ungültigkeit eines Ergebnisses verlässlich anzeigt (z. B. negativer Feldindex). Diese Werte müssen gut dokumentiert sein.
- Belegung von Statusvariablen, die sowohl dem Aufrufer als auch der ausgeführten Methode zur Verfügung stehen. Diese Statusvariablen müssen gut dokumentiert sein.
- Eigene Nachrichten zum Testen von Werten (z. B. in Smalltalk Object>>#isNil).
- Bei mehreren Rückgabewerten einen Wert als Fehlerwert, der verschiedene Zustände anzeigt (z. B. in Turbo Pascal bei der String-Prozedur val).
- Mittels einer Nachricht einen Fehler anzeigen und diesen durch einen speziell dafür bereitgestellten Programmteil behandeln lassen (in allen modernen Programmiersprachen mit Exceptions).

Die Art der Fehlerbehandlung muss genau spezifiziert werden, um eine einheitliche Gestaltung innerhalb des gesamten Systems zu erzielen. Es ist auch wichtig, dass die Ausgaben an die Benutzer, die zur Anzeige eines Fehlers dienen sollen, systemweit konsistent sind, um Verwirrung zu vermeiden und angemessenes Reagieren zu ermöglichen. Zu diesem Zweck wird ein Dokument verfasst, welches folgende Informationen enthält:

- Definition aller verwendeten Fehlerbehandlungsmechanismen (z. B. Exceptions, globale Variable),
- Definition von Konstanten für die verwendeten Fehlerbehandlungsmechanismen (z. B. verwendete Exceptions),
- Definition von standardisierten Fehlermeldungen an den Benutzer (z. B. im Falle eines Typumwandlungsfehlers von einem String in einen numerischen Wert „Keine gültige Zahl").

Nach dem statischen Entwurf des Systems wird es bei komplexen Abläufen notwendig, dynamische Modelle der Teile zu erstellen, um die genaue Zusammenarbeit zwischen ihnen festzulegen.

Dynamische Diagramme

Das dynamische Verhalten von komplexen Klassen und Objekten lässt sich mit Zustandsdiagrammen darstellen. Das dynamische Verhalten *zwischen* Klassen und Objekten kann mit Hilfe von Sequenz- oder Kollaborationsdiagrammen dargestellt werden.

Entität

Beim Entwurf der Entitäten müssen neben der Beschreibung der Klassen mit Hilfe von Klassendiagrammen Modelle gefunden werden, welche dem tatsächlich verwendeten Datenhaltungssystem entsprechen (Grammatiken, EER (*Extended Entity Relationship*) usw.). Darüber hinaus müssen alle Mechanismen (z. B. SQL-Skripts, Datenbanktreiber) beschrieben und bereitgestellt werden, die für den Zugriff der Entitäten auf das Datenhaltungssystem (man spricht auch von der Datenanbindung) und zur Erstellung des Datenhaltungssystems selbst notwendig sind.

10.3   Vorgehen

Ausgehend vom vollendeten Architekturentwurf können die weiteren Teile des Systems (Klassen und Subsysteme) genau entworfen werden. Klassen und Subsysteme werden vor allem auch nach den Vorgaben der Anwendungsfälle gestaltet. Demnach ist es wichtig, für jeden Anwendungsfall zu entscheiden, welche Klassen und Subsysteme für diesen von Relevanz sind.

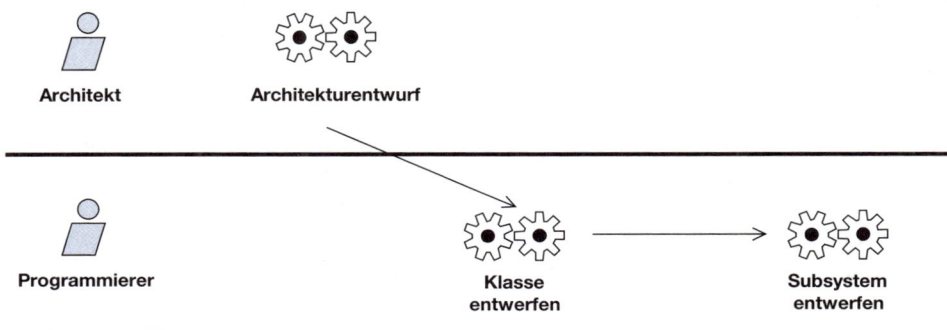

Abbildung 10.15:   Aktivitäten im Arbeitsschritt Entwurf

10.3.1   Architekturentwurf

Die *Architektur* des Systems gibt viele Vorgaben für den *Entwurf der Klassen* und der *Subsysteme*. Im Speziellen legt die Architektur alle Entscheidungen in Bezug auf Verteilung des Systems, Persistenz und Leistungseckdaten fest, an die sich alle Klassen zu halten haben.

Dementsprechend kann der Architekturentwurf in mehrere Teilschritte aufgegliedert werden:

1. Identifizierung aller Maschinen und der Netzwerkkonfiguration: Entscheidend für grundlegenden Leistungsdaten, von denen die Programmierer ausgehen können, ist die Kenntnis der Maschinen (und deren Leistungsdaten) sowie der dazwischen liegenden Netzwerkverbindungen. Im Zusammenhang mit den Maschinen, welche als dezidierte Server (Datenbanken, Applikationsserver usw.) verwendet werden, ist es auch wichtig, welche Serversoftware darauf verwendet wird.

2. Auswahl von Middleware und der Systemsoftware: Falls der Einsatz einer Middleware (Transaktionsmanagement, Messaging-Systeme usw.) notwendig ist, wird die Einbindung dieser im Rahmen der Architektur festgelegt. Auch die Auswahl der Systemsoftware (Betriebssystem, Hardware-Treiber usw.) hat Auswirkungen auf das ge-

samte System (vor allem den I/O Bereich, aber auch Threading usw.) und muss daher im Rahmen der Architektur geregelt werden.

3. Festlegung der Subsysteme und der Schnittstellen zwischen den Subsystemen: Wesentlicher Teil der Architektur ist die Modularisierung der Applikation selbst. Eine gelungen Modularisierung trägt wesentlich zu den Qualitätsmerkmalen einer Applikation bei (siehe auch *Abschnitt 10.2.2*).

4. Identifizierung von entwurfsentscheidenden Klassen: Einige wenige Klassen sind bedeutend genug, dass sie Auswirkungen auf den Entwurf von vielen anderen Klassen im Entwurf haben können. Vor allem abstrakte Klassen an zentraler Stelle in der Vererbungshierarchie oder Klassen, die – meist nach dem Singleton-Pattern implementiert – Querschnittsfunktionen zentral wahrnehmen, zählen zu Klassen, die schon im Rahmen der Architektur ausreichend entworfen werden.

5. Festlegung allgemeiner Entwurfsgrundlagen: Dazu zählen vor allem Festlegungen im Bereich Transaktionsmanagement, Security und Fehlerbehandlung im System.

10.3.2 Klasse entwerfen

Beim *Entwurf einer Klasse* werden folgende Aspekte festgelegt: die Schnittstelle der Klasse (sprich public-Methoden), die Methoden, die Attribute, alle Beziehungen zu anderen Klassen, die möglichen Zustände, die Beziehungen zu in der Architektur entworfenen Klassen.

Beim Entwurf der Klassen wird zwischen *Schnittstellenklassen* (Systemschnittstellen oder Anwenderschnittstellen), *Kontrollern* und *Entitäten* unterschieden. Je nach Typ liegt der Schwerpunkt des Entwurfs auf unterschiedlichen Aspekten:

- grafische Gestaltung und Usability bei Anwenderschnittstellen,
- genaue Funktionalität, Parameter, Rückgabewerte sowie Fehlerbehandlung bei Systemschnittstellen,
- Realisierung von Teilen eines Anwendungsfalles, Parameter, Rückgabewerte sowie Fehlerbehandlung bei Kontroller,
- Modellierung von Daten, Beziehungen zu anderen Daten, Abbildung der Daten in ein Datenhaltungssystem in Entitäten.

10.3.3 Subsystem entwerfen

Beim Entwurf der *Subsysteme* wird vor allem auf die Kohäsion innerhalb des Subsystems und auf eine zielführende Definition der *Schnittstellen* geachtet. Zielführend heißt in diesem Kontext vor allem auch, die Schnittstellen so gering als möglich zu halten, um vor allem wiederum dem Prinzip der hohen Kohäsion und der geringen Kopplung gerecht werden zu können. Um dieses Ziel zu erreichen, kann es durchaus sinnvoll sein, mehrere Varianten der Strukturierung der Klassen in Subsysteme und der damit verbunden

Schnittstellendefinition per se zu probieren (und eventuell im Rahmen eines technischen Reviews im Expertenkreis zu diskutieren). Eine andere mögliche Herangehensweise ist, mit einem Entwurf zu beginnen und diesen Entwurf iterativ so lange zu verändern, bis eine möglichst optimale Aufteilung in Subsysteme gefunden wird.

10.4   Methoden

Als erste Methode für den Entwurf wird hier das Konzept des *„Design by Contract"* vorgestellt, welches als Entwurfsprinzip zu einer hohen Qualität des Entwurfs und der Implementierung durch eine Erhöhung der Verlässlichkeit des Systems führen soll.

Als zweite Methode werden ein paar grundsätzliche Richtlinien für den Entwurf von Anwenderschnittstellen angesprochen, was aber die einschlägige Literatur nicht ersetzen kann.

10.4.1   Design by Contract

Um die Verlässlichkeit (als Summe von Robustheit, d.h. der Fähigkeit auf abnormale Situationen gut reagieren zu können, und Korrektheit, d.h. der Übereinstimmung der Funktionen des Systems mit den geforderten Funktionen) von objektorientierten Systemen und damit die Qualität eines solchen Systems an sich zu erhöhen, schlägt Bertrand Meyer das Konzept „Design by Contract" als Entwurfs- und Implementierungsmethode vor.

Bertrand Meyer ist seit 2001 Professor für Software Engineering an der ETH Zürich und wird neben seinen zahlreichen sonstigen wertvollen Beiträgen auf dem Gebiet des Software Engineerings vor allem als Miterfinder der Programmiersprache Eiffel in die Annalen der Informatik eingehen.

Als Voraussetzung für gute Software wird verlangt, dass jeder Teil der Software genau das tut, wofür er vorgesehen ist. Dazu muss die Aufgabe eines jeden Teils grundsätzlich genau festgelegt werden, damit überhaupt jemand auch diese Aufgabe exakt implementieren kann.

Nach der genauen Spezifikation der Aufgaben von Teilen können zwischen Teilen (einem Kunden und einem Anbieter) Verträge geschlossen werden. Jeder Vertrag besteht aus bestimmten Versprechungen seitens des Anbieters (z.B. Leistungen, die erbracht werden) und bestimmten Voraussetzungen dafür, die vom Kunden erbracht werden müssen.

Ein solcher Vertrag hat einen Vorteil sowohl für den Kunden als auch für den Anbieter. Der Kunde kann sich sicher sein, welche Leistung wie erbracht werden wird. Der Anbieter kann sich auf die Voraussetzungen verlassen und damit kann seine Leistung durch Fehlleistungen des Kunden nicht beeinträchtigt werden. In einem Streitfall ist die Ursachenfindung auch entsprechend einfach und klar.

Das Prinzip auf konkreten Code angewandt (sei es Pseudocode im Entwurf oder konkreter Code in der Implementierung) hat die Definition einer Eingangsbedingung für den Aufruf einer Funktion (analog zu den erbringenden Voraussetzungen des Kunden) und die Definition von Ausgangsbedingungen für den Rückgabewert zur Folge (Leistungen des Anbieters). *Abbildung 10.16* zeigt ein Codebeispiel für eine Methode zum Einfügen eines Elements in eine Liste, wo derartige Bedingungen festgelegt sind.

```
put (x: ELEMENT; key: STRING) is
    require
        count <=capacity
        not key.empty
    do
        … ein Algorithmus zum Einfügen …
    ensure
        has (x)
        item (key) = x
        count = old count +1
    end
```

Abbildung 10.16: Beispiel für Code gemäß Design by Contract

Zusätzlich zu diesen Bedingungen, welche nur für einzelne Methoden gültig sind, können auch Invarianten für eine Klasse definiert werden, welche für alle Zustände der Klasse gültig sein müssen und damit für alle Methoden gleichzeitig Eingangs- und Ausgangsbedingung.

```
invariant
    0 <= count
    count <= capacity
```

Abbildung 10.17: Beispiel für Invariante

Die konkrete Anwendung dieses Konzepts in diversen Programmiersprachen ist vom jeweiligen Sprachumfang abhängig. In der von Betrand Meyer mit entworfenen Sprache Eiffel wird das Konzept verständlicher Weise unterstützt, in anderen Sprachen kann das Konzept leicht durch Überprüfungen am Methodenbeginn oder -ende nachempfunden werden.

10.4.2 Object Constraint Language – Design by Contract in UML

Wie sich zeigt, ist es ein wesentliches Qualitätsmerkmal eines Software-Produkts, korrekt, d.h. entsprechend seiner Spezifikation, zu funktionieren. Diese wesentliche Voraussetzung beschränkt sich aber nicht nur auf die Implementierung, sondern hat auch bereits in der Analyse und im Entwurf starken Einfluss.

Zu diesem Zweck wird seit UML 1.4 das Konzept von Design by Contract in UML mittels einer eigenen Sprache realisiert – OCL, die *Object Constraint Language*.

Um Bedingungen, die während des Programmflusses erfüllt sein müssen, und deren Einhaltung für die Korrektheit von Programmen entscheidend ist, bereits in der Modellierung des Systems festhalten zu können, sind die Mittel der grafischen Notation, welche UML zur Verfügung stellt, meist ungeeignet, da sie mitunter erhebliche Komplexität aufweisen, bzw. überhaupt nicht adäquat realisiert werden können. Andererseits sind mathematische Vorgehen, die auf dem Hoare-Kalkül basieren, für viele Stakeholder (vor allem für den Kunden) nicht zumutbar, bzw. nutzlos, da der Umgang mit diesen Darstellungsformen ein hohes Maß an Einarbeitung bzw. an mathematischem Know-how erfordert.

Um die Kluft zwischen einer formalen Sprache und den einfachen Mitteln einer textuellen Beschreibung, die oft Mehrdeutigkeiten aufweist, zu überwinden, wurde die OCL in die Spezifikationen der UML integriert.

OCL ist eine Abfragesprache ohne Seiteneffekte, d.h. die Aspekte, die mittels OCL überprüft werden, verändern ihre Werte durch die Abfrage nicht, sondern behalten ihren ursprünglichen Zustand bei. Ganz im Sinne von Design by Contract können in OCL *Vorbedingungen* (Bedingungen, für deren Einhaltung meist der Client verantwortlich ist), *Nachbedingungen* (Bedingungen, deren Sicherstellung in den Aufgabenbereich des Servers fällt) sowie *Invarianten* (Bedingungen die immer gelten müssen, unabhängig davon, welche Operationen gerade durchgeführt wurden) definiert werden, um Objektzustände sicherzustellen.

OCL kommt in den folgenden Bereichen zum Einsatz bei der Modellierung mit UML:

- Spezifikation von *Invarianten* von Klassen und Typen des Klassen-Diagramms,
- Beschreibung von *Vor- und Nachbedingungen* von Operationen und Methoden,
- Definition von *Guards*: Guards sind aktive Vorbedingungen, die einer Aufzählung von Bedingungen gleichen, unter welchen nichtfunktionale und nichtlokale Operationen durchgeführt werden können.

OCL ist keine Programmiersprache, es kann daher kein spezieller Ablauf, in welchem die Bedingungen überprüft werden, angegeben werden, sondern die Sicherstellung korrekter Werte muss sich dem generellen Programmfluss beugen. Eine weitere Eigenschaft, die bei der Verwendung von OCL zu beachten ist, ist ihre Typgebundenheit. In der Praxis bedeutet dies, dass beispielsweise ein String nicht mit einem Integer verglichen werden kann, ohne die Integrität von OCL zu verletzen.

OCL ist stark beeinflusst durch die Abfragesprache Syntropy, eine objektorientierte Analyse- und Design-Methode der zweiten Generation, die in den frühen Neunzigerjahren in Großbritannien entwickelt wurde. Obwohl die Weiterentwicklung von Syntropy vor einigen Jahren eingestellt wurde, lebt der Grundgedanke in Entwicklungen wie OCL oder Catalysis weiter.

Auch an OCL ist die Überarbeitung von UML hin zur Version 2.0 nicht spurlos vorübergegangen. Konkret hat sich OCL von einer reinen Abfragesprache hin zu einer Sprache, die weitaus mehr auf die speziellen Aspekte der Modellierung von Objekten eingeht, entwickelt. Das Metamodell von UML wird angepasst, um eine formale Definition der Syntax und Semantik, die UML-konform ist, spezifizieren zu können. Bedingungen sind nun nicht mehr nur textueller Natur, sondern können auch in alternativen, grafischen Darstellungen verarbeitet werden.

10.4.3   Gestaltung der Anwenderschnittstelle

In [Maci92] sind einige wichtige Punkte für die Gestaltung von Anwenderschnittstellen aufgeführt:

1. *Know Your Audience:* Bei der Gestaltung der Anwenderschnittstelle werden die zukünftigen Benutzer und deren Vorstellungen bzw. Wünsche berücksichtigt. Es wird der Arbeitsalltag der Benutzer untersucht, um die Bedürfnisse der Anwender kennen zu lernen. Folgende Fragen werden dabei beantwortet: Wer macht etwas? Was wird gemacht? Wann wird etwas gemacht? Wie wird etwas gemacht? Wo wird etwas gemacht? Wie oft wird etwas gemacht? Wieso wird etwas gemacht?

2. *Konsistente Gestaltung:* Die Verwendung von Standardelementen erleichtert einerseits dem Programmierer die Gestaltung der Anwenderschnittstelle, andererseits weiß der Benutzer mit einer begrenzten Anzahl von solchen Elementen umzugehen. Eine Applikation sollte in sich selbst, mit früheren Versionen der Applikation, mit den User-Interface-Standards des Betriebssystems, in Bezug auf die verwendeten Metaphern und auch mit den Erwartungen der Benutzer konsistent sein. Der Punkt der User-Interface-Standards von Betriebssystemen widerspricht oft dem Wunsch nach Portabilität eines Systems bzw. verursacht einen entsprechenden Mehraufwand. Hierbei wird ein geeigneter Kompromiss zwischen den Standardelementen der gewünschten Betriebssysteme angestrebt.

3. *Verwendung von Metaphern:* Unter einer Metapher versteht man eine Beschreibung, welche Konzepte (z.B. Wörter oder Bilder) verwendet, deren Bedeutung ursprünglich in einem anderen Zusammenhang definiert ist. Somit kann Wissen aus einem Kontext in einen anderen Kontext transferiert werden, um es dort zu nutzen. Eine bekannte Metapher ist der Papierkorb, welcher in verschiedensten Systemen als Ablage für gelöschte Dateien verwendet wird. Es sollte darauf geachtet werden, dass bei der Verwendung von Metaphern die aus dem ursprünglichen Zusammenhang mittransferierten Erwartungen erfüllt werden. Zum Beispiel kann man wie bei einem realen

Papierkorb in den Papierkörben von Softwaresystemen darin abgelegte Dinge wieder zurückholen oder durch eine Entleerung endgültig vernichten.

4. *Direkte Interaktion:* Möglichst alle Aktionen und deren Alternativen werden visuell präsentiert. Der Benutzer kann so nicht nur Aktionen setzen, sondern auch Objekte direkt kontrollieren (z.B. mittels Drag&Drop Dateien verschieben). Wichtig sind auch Rückmeldungen an den Benutzer, die über den Erfolg bzw. das Misslingen der gesetzten Aktion Auskunft geben.

5. *Benutzerführung vs. geführter Benutzer:* Prinzipiell sollte nur der Benutzer Aktionen starten und diese kontrollieren. Sind die Möglichkeiten für den Benutzer zu sehr eingeschränkt, kann er nicht mehr frei entscheiden, sondern nur mehr auf die Software reagieren. Der Benutzer sollte nur an Aktionen gehindert werden bzw. diese vom System genau begleitet werden, wenn die Folge von Aktionen vom Benutzer nicht abschätzbar ist (z.B. endgültiges Löschen von Daten).

6. *Feedback:* Der Benutzer wird immer über den aktuellen Zustand des Systems in Kenntnis gesetzt. Basierend auf dieser Information kann der Benutzer weitere Aktionen setzen. Feedback ist vor allem auch dann wichtig, wenn das System längere Zeit beschäftigt ist, ohne dem Benutzer ein Ergebnis zu liefern (z.B. aufwändige Suche mit Suchergebnis am Ende der Suche). Hierbei erfolgt eine Anzeige des Fortschritts oder der verbleibenden Dauer. Die Aktionen können auch in kürzere Zwischenschritte mit Meldungen an den Benutzer aufgeteilt werden (z.B. schrittweiser Aufbau des Suchergebnisses). Länger andauernde Vorgänge sollten immer unterbrochen werden können.

7. *Fehlertoleranz:* Der Benutzer sollte in der Lage sein, von ihm gemachte Fehler wieder ausbessern zu können (z.B. durch eine „Rückgängig"-Funktion). Damit wird dem Benutzer ein Gefühl der Sicherheit vermittelt und die Erkundung von Funktionen der Applikation unterstützt, mit welchen der Benutzer (noch) nicht vertraut genug ist.

Abgesehen von der Funktion der Anwenderschnittstelle ist bereits deren ansprechende Gestaltung ein wichtiger Schritt für eine hohe Akzeptanz seitens der Benutzer. Wie in vielen anderen Bereichen auch kann mangelnder Inhalt (also Funktionalität) durch eine gute Verpackung (die Anwenderschnittstelle) in gewissem Maße ausgeglichen werden. Selbst die beste Funktionalität wird nicht genutzt, wenn sie nicht entsprechend dargeboten wird.

Beispiel für die Gestaltung von Anwenderschnittstellen

Abbildung 10.18 und *Abbildung 10.19* zeigen Beispiele für schlecht gestaltete Anwenderschnittstellen, die aus einer ersten Version des Entwurfs für das Projekt Ticket-Line stammen. Die Anwenderschnittstelle „Eingabemaske" enthält zu viele Informationen für eine einzelne Anwenderschnittstelle. So werden Kundendaten mit Berechtigungen, Passwort und Pincode-Eingabe vermischt. Die am unteren Ende verwendete Listbox kann nur einen Eintrag anzeigen, was dem Sinn einer Listbox vollkommen widerspricht. Die

Anwenderschnittstelle „Verkauf/Reservierung" zeigt eine schlechte Anordnung der Elemente. Weiters fehlen die üblichen Elemente zur Fenstersteuerung in der rechten oberen Ecke. Die Wahl der Schriftgrößen scheint zufällig zu sein.

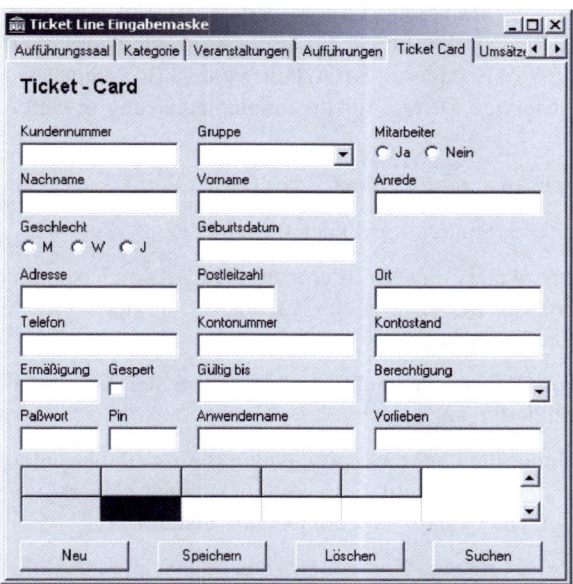

Abbildung 10.18: Anwenderschnittstelle *„Eingabemaske"*

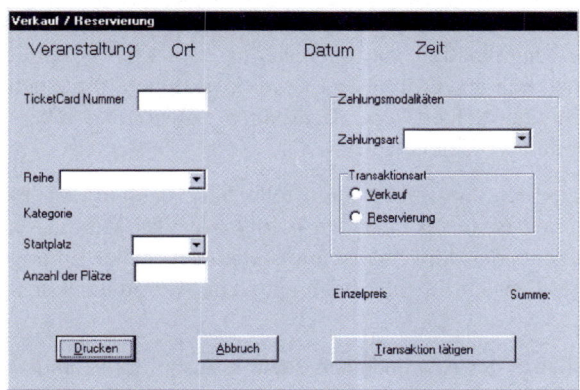

Abbildung 10.19: *„Verkauf/Reservierung"*

Entwurf der Anwenderschnittstelle

Der grafische Entwurf der Anwenderschnittstelle erfolgt bereits mit der tatsächlich verwendeten Entwicklungsumgebung. Im Unterschied zum Analyseprototypen kann die so entstehende Anwenderschnittstelle für die Implementierung weiter verwendet werden. Jedoch wird die Anwenderschnittstelle vor der Implementierung gesondert archiviert werden, um eine Wiederverwendung zu erleichtern. Zusätzlich werden Bildschirmausdrucke angefertigt werden, die um wichtige Details für die Implementierung erweitert werden. Diese sind:

1. der *Name der Klasse*, welche diese Anwenderschnittstelle implementiert,

2. eine exakte Definition der *Initialisierung* aller verwendeten Elemente,

3. eine exakte *Definition der Objekte*, welche mit den Elementen der Anwenderschnittstelle dargestellt werden (in einer Liste werden z.B. der Nachname und der Vorname aller Objekte der Klasse „Person" dargestellt),

4. die Festlegung aller Parameter bezüglich des *dynamischen Verhaltens* der Anwenderschnittstelle wie z.B. bei Größenänderungen,

5. eine genaue *Definition der Aktionen*, die über diese Anwenderschnittstelle ausgelöst werden können, und die Reaktion des Systems auf diese Aktionen. Unter einer Aktion wird das Senden einer Nachricht an eine Klasse oder ein Objekt verstanden.

   Bei der Auflistung der Aktionen sind folgende Kategorien zu berücksichtigen: Aktionen bei Betätigung von Schaltflächen; Aktionen, welche über Menüs gestartet werden können; Aktionen, die bei der Aktivierung oder dem Verlassen von Dialogelementen erfolgen (z.B. Initialisierung des Eingabefelds und anschließende Überprüfung des eingetragenen Werts auf Gültigkeit); Aktionen, die über Kontextmenüs gestartet werden; Aktionen, die über direkte Manipulation von dargestellten Objekten gestartet werden (z.B. Drag&Drop, Doppelklick auf Eintrag in Listbox); Aktionen, die einen Fehler verursachen (z.B. Drücken einer Schaltfläche „Bearbeiten", obwohl noch kein zu bearbeitendes Element ausgewählt worden ist).

   Folgende Reaktionen sind seitens der Anwenderschnittstelle auf Handlungen des Benutzers möglich: Meldung an den Benutzer über den Erfolg oder das Misslingen der Aktion, Änderung eines Elements der Anwenderschnittstelle (z.B. neuer Eintrag in einer Liste oder Schließen eines Fensters), Fehlermeldung, wenn Aktion nicht ausgeführt werden kann.

6. Alle Aktionen, welche beim Schließen der Anwenderschnittstelle auszuführen sind.

Abbildung 10.20 zeigt den Entwurf einer Anwenderschnittstelle des Projekts Ticket-Line. In dieser Anwenderschnittstelle sollen Aufführungen nach deren Zuordnung zu einem Aufführungsort oder einer Veranstaltung gesucht werden können.

Anwenderschnittstelle – Entwurf

Klassenname: UISuchen

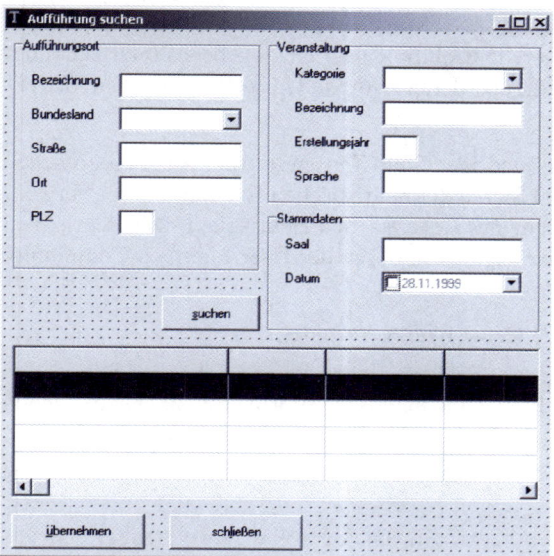

Initialisierung: Alle Eingabefelder sind leer. cbxKategorie wird mit allen vorhandenen Objekten der Klasse „Kategorie" gefüllt.

Verwendete Objekte: In lbSuchergebnis werden ausschließlich Objekte der Klasse „Veranstaltung" angezeigt.

Dynamisches Verhalten: Die Größe des Fensters kann nicht verändert werden. Minimieren ist möglich.

Aktionen:

- Suchen: Die Werte aus den Feldern der Gruppen Aufführungsort, Veranstaltung und Stammdaten werden als Suchkriterien verwendet. Das Suchergebnis wird in der Listbox lbSuchergebnis dargestellt.

- Übernehmen: Der gewählte Eintrag in lbSuchergebnis wird an das aufrufende Fenster zurückgegeben.

- Schließen: Das Fenster wird geschlossen.

- Doppelklick auf Eintrag in lbSuchergebnis: Der ausgewählte Datensatz wird in der Detailansicht „UIVeranstaltung" angezeigt.

Systemmeldungen:

Kein Suchergebnis: Wird aufgrund der Benutzereingaben kein Objekt gefunden, wird die Meldung „Keine Veranstaltung gefunden" ausgegeben.

Abbildung 10.20: Entwurf einer Anwenderschnittstelle

Heuristische Evaluierung

Um den Entwurf der Anwenderschnittstelle auf deren Benutzbarkeit überprüfen zu können, muss auch hierfür ein methodisches Vorgehen gewählt werden. In einer heuristischen Auswertung werden generelle Richtlinien auf ein gegebenes Interface (oder einen Interface-Entwurf) angewandt, und deren korrekte Umsetzung in einer Anwenderschnittstelle überprüft.

Während bei Usability-Richtlinien niedriger Stufe Tausende von höchst spezifischen Regeln verwendet werden, liegt die Stärke der heuristischen Evaluierung im Verwenden einer geringen Zahl sehr allgemeiner Regeln – den Heuristiken. Die Heuristiken werden von allgemeinen Prinzipien abgeleitet, die in der User-Interface-Community akzeptiert sind.

In [Niel90] S. 249 werden folgende Heuristiken verwendet:

1. *Einfache und natürliche Dialoge:* Dialoge sollten keine irrelevante oder selten gebrauchte Information enthalten. Jede unnötige Information in einem Dialog konkurriert mit relevanter Information und verringert daher deren Sichtbarkeit. Alle Informationen sollten in einer natürlichen und logischen Abfolge angeordnet sein.

2. *Verwende die Sprache des Benutzers:* Ein Dialog sollte sich vorzugsweise aus Begriffen, Sätzen und Konzepten, die dem Benutzer geläufig sind, zusammensetzen. Systemspezifische Fachbegriffe wirken eher abschreckend.

3. *Minimiere die Gedächtnisbelastung:* Das Kurzzeitgedächtnis des Benutzers ist begrenzt. Der Benutzer sollte nicht gezwungen sein, sich Informationen von einem Dialog zum nächsten zu merken. Anwendungsinstruktionen sollten leicht ersichtlich oder auffindbar sein, wann immer sie benötigt werden. Komplexe Instruktionen sollten vereinfacht werden.

4. *Sei konsistent:* Der Benutzer sollte sich nicht fragen müssen, ob verschiedene Begriffe, Situationen oder Aktionen dasselbe bedeuten. Eine gegebene Systemaktion sollte immer über eine Benutzeraktion erreicht werden. Konsistenz bedeutet auch Koordination zwischen Subsystemen und zwischen größeren unabhängigen Systemen, die große Benutzerakzeptanz gefunden haben.

5. *Sorge für Feedback:* Ein System sollte den Benutzer immer darüber informieren, was gerade passiert, es gibt passendes Feedback innerhalb angemessener Zeit.

6. *Sorge für klar markierte Ausstiegspunkte:* Ein System sollte den Benutzer nie in Situationen halten, in denen er keinen sichtbaren Ausgang findet. Benutzer wählen oft unbeabsichtigt nicht gewünschte Systemfunktionen. In solchen Fällen brauchen sie klar markierte „Notausgänge", um den ungewollten Zustand zu verlassen, ohne sich durch einen ausführlichen Dialog bewegen zu müssen.

7. *Stelle Shortcuts zur Verfügung:* Features, die das System einfach erlernen lassen, wie wortreiche Dialoge und wenige Eingabefelder auf jedem Display, sind für den erfahrenen Benutzer oft mühsam. Intelligente Shortcuts – vom Anfänger meist ungesehen – können eingebunden werden, sodass das System erfahrenen, aber auch unerfahrenen Benutzern entgegenkommt.

8. *Gute Fehlermeldungen:* Gute Fehlermeldungen sind defensiv, präzise und konstruktiv. Defensive Fehlermeldungen legen das Problem auf Systemseite dar und kritisieren niemals den Benutzer. Präzise Fehlermeldungen liefern dem Benutzer die exakte Information über die Ursachen eines Problems. Konstruktive Fehlermeldungen schlagen dem Benutzer Lösungen vor, wie er am besten weiter vorgeht.

9. *Verhindere Fehler:* Besser als gute Fehlermeldungen ist ein sorgfältiges Design, das das Auftreten von Problemen überhaupt verhindert.

Der Hauptvorteil beim Verwenden von einigen wenigen Heuristiken liegt darin, dass sie auch Nicht-User-Interface-Experten leicht vermittelt werden können. Das macht die Anwendung einfach und erhöht auch die Wahrscheinlichkeit der Benutzung.

Neben den Heuristiken von Nielsen und Molich gibt es noch weitere ähnliche. Die „Acht goldenen Regeln", die Shneiderman zum User-Interface-Design entwickelt hat (vgl. [Shne98]), sind ein Beispiel für eine alternative Menge von Design-Heuristiken.

Während der Auswertung bewegt sich der Evaluator durch das Interface und vergleicht die Ausführung mit den Heuristiken. Ist das Interface noch nicht implementiert, wird der Interface-Entwurf herangezogen. Im Entwurfszyklus ermöglicht dies ein frühes Feedback an die Entwickler, sodass die Fehlerkorrektur im Vergleich zu später relativ kostengünstig ausfällt.

Die Technik gibt keine bestimmte Reihenfolge vor, in der die einzelnen Elemente eines Interface überprüft werden sollen. Während dies bei der Analyse von kleineren Benutzerschnittstellen mehr Flexibilität bringt, kann es Probleme bei der Auswertung von größeren Interfacesystemen geben.

Ein weiteres Problem dieser Technik ist, dass allein die Werkzeugkomponenten auf Verwendbarkeit geprüft werden, während die anderen Komponenten (Benutzer, ihre Aufgaben und ihre Umgebung) außer Acht gelassen werden. Abhilfe lässt sich hier zumindest teilweise schaffen, indem man die gefundenen Usability-Probleme nach ihrer Schwere oder Auswirkung klassifiziert. Sobald der Evaluator einen Defekt findet, der den Benutzer sehr im Vollenden seiner Aufgabe in einer bestimmten Umgebung behindert, können die drei fehlenden Komponenten in der Evaluierung des Systems mit einbezogen werden.

Auch wenn durch heuristische Auswertung mehr Probleme in der Anwendung mit geringerem Aufwand gefunden werden, besteht die Tendenz, eher jene Probleme zu finden, die geringere Auswirkungen auf die Gesamtanwendbarkeit des Systems haben.

> Mehrere Effizienztests von heuristischen Auswertungen zeigten, dass die Technik am effektivsten ist, wenn sie von mehreren Evaluatoren unabhängig voneinander durchgeführt wird.
>
> Bei derartigen Gruppenevaluierungen ist es besser, die Evaluatoren eine erste Auswertung allein durchführen zu lassen und die Ergebnisse in der Gruppe zu vergleichen. Dies reduziert unerwünschte Tendenzen aufgrund von Gruppendynamiken.

10.5   Weiterführende Themen im Entwurf

10.5.1   Entwurf in XP

Simpel und einfach

Der Entwurf soll soweit als nur möglich einfach gehalten werden. Einfachere Entwürfe werden von den Programmierern, die sie umsetzen sollen, auch leichter verstanden und sind damit nicht so fehleranfällig wie komplexe Entwürfe.

Die Systemmetapher

Mit Hilfe der Systemmetapher, welche auch schon im Zusammenhang mit den Anforderungen vorgestellt wurde, soll eine einheitliche Benennung der Objekte und Klassen erreicht werden. Die Namen sollen sprechend und selbsterklärend sein, um eine spätere Wartung und Wiederverwendung zu erleichtern.

CRC-Karten

CRC-Karten unterstützen die Auflösung prozeduraler Denkweisen und den Entwurf des Systems im objektorientierten Sinn. Jede Karte repräsentiert ein Objekt – wie auch schon im Analysemodell –, und im Laufe der Erstellung der CRC-Karten simulieren die Teammitglieder das Verhalten des Systems und achten dabei vor allem auf den Austausch von Nachrichten zwischen den Objekten. Obwohl auf den CRC-Karten keine richtigen Designelemente niedergeschrieben werden, sollte gerade die Anordnung der Karten das Design offensichtlich machen und sollten Probleme im Systemprozess leichter zu identifizieren sein.

Funktionalität nicht zu früh hinzufügen

Einer der Kernpunkte des Extreme Programming-Konzepts: auch wenn eine Funktionalität gerade einfach zu entwerfen wäre, soll sie nur hinzugefügt werden, sofern es momentan im Iterationsplan auch vorgesehen ist. Zusatzfunktionalitäten und Extras werden so lange vermieden wie möglich. Da meist ohnehin nur ein geringer Anteil an Funktionen im System tatsächlich genutzt wird, wird die Konzentration auf jene Funktionen gelenkt, die tatsächlich regelmäßig benutzt werden und daher kritisch für die Akzeptanz des Systems sind.

Experimentelle Lösungen

Mit Hilfe von kleinen Prototypen sollen mehrere Lösungen zu einem technischen Problem, das sich hinter einer User Story verbirgt, aufgezeigt werden. Die meisten dieser Prototypen können nicht weiter verwendet werden, aber sie helfen wesentlich mit, über das Problem, dessen Risiken und mögliche Lösungen möglichst viel Wissen zu sammeln und schließlich eine optimale Lösung zu finden.

Wiederverwendung

Im heutigen Software Engineering wird der Wiederverwendung von bereits existierenden Codeteilen und Modulen ein hoher Stellenwert beigemessen. Auch in XP wird dieses Konzept aufgegriffen. Mit Hilfe eines ständigen Überarbeitens (Refactoring) von vorhandenem Code soll die Wiederverwendbarkeit, aber auch grundsätzliche Wartbarkeit, laufend verbessert werden. Im Zuge der Überarbeitungen soll der Entwurf auch wieder vereinfacht werden, um der ersten der genannten Praktiken zu folgen.

10.5.2 Entwurfsmuster

Der gezielte Einsatz von Entwurfsmustern bei Problemlösungen während des Entwurfs kann von unschätzbarem Wert sein. Warum sich den Kopf zerbrechen, wenn es schon andere getan haben? Ein Entwurfsmuster setzt sich nach [Gamm94] aus vier Bestandteilen zusammen:

1. *Ein Name:* Dieser soll in ein oder zwei Worten das Problem, dessen Lösungen und deren Konsequenzen beschreiben. Ein aussagekräftiger Name ist zwar schwer zu finden, jedoch wird das durch Vorteile wie eine gute Kommunikationsbasis oder Hinweise auf den Pattern selbst aufgewogen.

2. *Das Problem:* Eine Beschreibung soll darlegen, in welchen Fällen ein Pattern anwendbar ist. Neben dem Problem selbst muss auch der Kontext, in dem dieses eingebettet ist, dargelegt werden.

3. *Die Lösung:* Es werden alle Elemente des Entwurfs, deren Beziehungen untereinander und die Verantwortung jedes Elements beschrieben. Diese Darstellung hat immer einen abstrakten Charakter und skizziert keine spezifische Lösung.

4. *Die Konsequenzen:* Alle möglichen Effekte wie Kosten oder Einschränkungen in Bezug auf Ausführungszeit oder Speicherplatz werden dargelegt, um von Beginn an die Anwendbarkeit des Pattern einschätzen zu können.

Warum Entwurfsmuster?

Auf die Frage, warum es sich lohnt, Entwurfsmuster zu erstellen bzw. warum man ein Entwurfsmuster anwenden sollte, existieren mehrere Antworten:

- Gute Entwurfsmuster entstammen der Praxis, was die Nachvollziehbarkeit des vorhandenen Wissens wesentlich erleichtert (im Gegensatz zu abstrakten Theorien, die erst in mühevoller Arbeit für die Praxis adaptiert und implementiert werden müssen).

- Jeder wendet im Laufe seiner Arbeitstätigkeiten bewusst oder unbewusst ähnliche oder gleiche Schemata (in vielen verschiedenen Bereichen) immer wieder an. Außerdem hängt der Entwurf guter Software maßgeblich von der jahrelangen Erfahrung des Entwicklers ab. Aus diesem Grund scheint es eine gute Idee zu sein, diese Erfahrungen für die Allgemeinheit zugänglich zu machen.

- Anhaltender Erfolg ist verlässlicher als technische Neuerungen.

- Erprobte Techniken können risikoloser eingesetzt werden als eine absolut neue technische Errungenschaft, welche noch nicht genügend getestet worden ist.

- Muster bilden eine gut dokumentierte Kommunikationsbasis.

- Mit Hilfe von Pattern können sich Software-Entwickler über Erfahrungen im Design von Software mitteilen. Gerade in Bezug auf technische Details ist eine allseits verständliche Kommunikation oft schwer zu realisieren. Pattern können hier Abhilfe schaffen.

In objektorientierten Systemen besteht die größte Schwierigkeit darin, die richtigen Strukturen zur Lösung einer Aufgabe zu finden. Eine Vielzahl von Mustern beschreibt Grundgerüste bzw. Teile solcher Strukturen, die auf diesem Wissen basierend schließlich erstellt werden können. Eine häufige Entscheidung betrifft die Größe von Objekten. Sollen diese nur wenige Daten verwalten und wenige Fähigkeiten besitzen oder viele Fähigkeiten oder gar ein ganzes Subsystem? Auf solche und ähnliche Fragen findet man mit Hilfe von Mustern oft ohne viel Aufwand eine akzeptable Lösung. Viele Entwurfsmuster beschäftigen sich weiters mit der Verteilung von Verantwortung bzw. der Zusammenarbeit von Objekten in einem System. Schließlich können Entwurfsmuster Ideen für die Struktur eines ganzen (Teil-)Systems geben. Diese sind im Gegensatz zu Frameworks (System bzw. Teile, welche als Grundlage zur Entwicklung darauf aufbauender Systeme verwendet werden können, und die dafür bestimmte Funktionen zur Verfügung stellen) wesentlich allgemeiner, abstrakter und beschreiben kleinere Einheiten, was zu einer höheren Flexibilität führt.

Entwurfsmuster im MVC-Modell

Ein konkretes Beispiel soll an dieser Stelle eine Vorstellung von Design Pattern vermitteln. In Smalltalk-80 wurde erstmals das MVC-Modell (*Model-View-Controller*) für den Entwurf einer Anwenderschnittstelle eingeführt. Dieses enthält mehrere Entwurfsmuster, die hier kurz aufgeführt und beschrieben werden sollen.

Das MVC-Modell besteht aus drei Elementen bzw. in einer konkreten Implementierung aus Objekten aus drei verschiedenen Klassen:

- *Model:* Dieses Objekt enthält alle relevanten Daten und Methoden, mit denen sich View- und Controller-Objekte an- und abmelden können, und mit denen das Objekt selbst andere Objekte über Datenänderungen in Kenntnis setzen kann.

- *View:* Das View-Objekt stellt die Daten dar. Dieses Objekt gestaltet die Anwenderschnittstelle.

- *Controller:* Der Controller reagiert auf Aktionen des Benutzers, indem er alle Nachrichten vom User Interface interpretiert und entsprechende Methoden des Modells aufruft.

Dieses Modell sieht somit eine strikte Trennung zwischen den Daten an sich, der Darstellung der Daten und der dazwischen liegenden Logik vor.

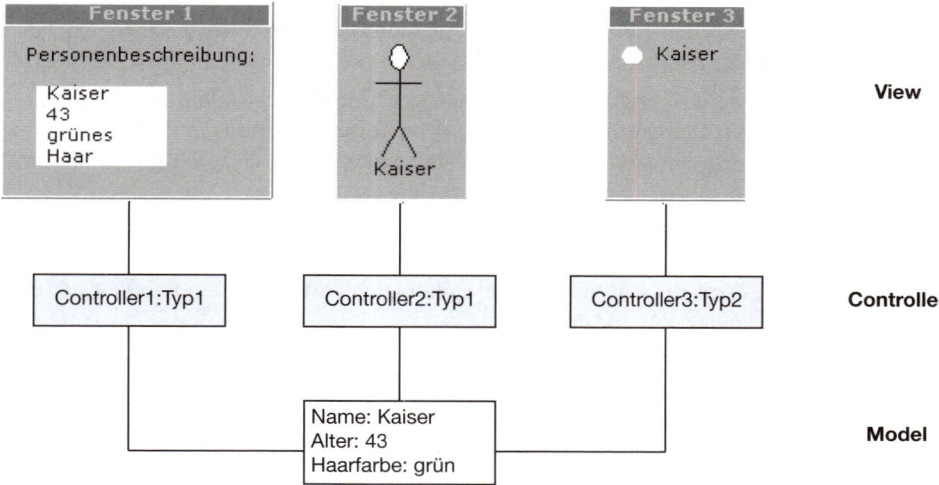

Abbildung 10.21: Beispiel für MVC

In welchen Mechanismen stecken bei diesem Modell nun Entwurfsmuster?

- Die Objekte sind voneinander losgelöst. Dies bewirkt, dass Änderungen eines Objekts zwar viele andere Objekte beeinflussen können, diese aber voneinander keine Details wissen müssen: *Observer Design Pattern*.

- Das View-Objekt kann andere View-Objekte als Bestandteile enthalten. So kann z.B. ein Fenster mehrere Panels enthalten, wobei es sich bei beiden um View-Objekte handeln kann. Allgemeiner gesprochen besitzt das Objekt, welches „das Ganze" repräsentiert (z.B. ein Fenster), dieselbe Semantik wie deren Teile (z.B. die Panels), d.h. beide besitzen dieselben Methoden oder zumindest alle jene Methoden, welche ein View-Objekt unbedingt haben muss. Der Kern dieser Darstellung besagt, dass man ein Design von einer spezifischen Komponente auf eine allgemeinere übertragen kann: *Composite Design Pattern*.

- Das Controller-Objekt bestimmt das Verhalten des gesamten Modells. Wird nun das einem View zugeteilte Controller-Objekt ausgetauscht (dies ist nur aufgrund der strikten Trennung der Aufgaben möglich), ändert sich auch das Verhalten. Geschieht dieser Vorgang zur Laufzeit, kann man dynamisch das Verhalten eines Systems modifizieren bzw. neuen Gegebenheiten anpassen: **Strategy Design Pattern** (wobei Strategy mit Algorithmus gleichzusetzen ist).

Wie man sehen kann, setzt sich ein simples Modell wie MVC bereits aus mehreren Entwurfsmustern zusammen, die jedes für sich betrachtet dennoch auch einen entscheidenden Beitrag leisten und unabhängig voneinander angewandt werden können. Eine große Anzahl von Entwurfsmustern und allgemeine Grundlagen werden in [Gamm94] beschrieben.

Zusammenfassung

- Im Entwurf wird das System auf einer technischen Ebene beschrieben, die als Grundlage für die Implementierung ausreichen muss.

- Nachdem die technischen Voraussetzungen wie Entwicklungsplattform, Zielplattform und Entwicklungswerkzeuge (welche auch die Programmiersprache enthalten) bestimmt worden sind, können in Abhängigkeit von dieser Entscheidung die technischen Einzelheiten des Systems festgelegt werden.

- Als Erstes muss die Systemarchitektur präzisiert werden. Diese umfasst die Aufteilung des Systems in Module und die Aufteilung der Module auf einen oder mehrere Rechner. Weiters wird anhand der Systemarchitektur die Kommunikation der Module untereinander bestimmt.

- Es existieren zahlreiche in der Praxis erprobte Architekturen, die für normale bis große Projekte mit geringen Anpassungen eingesetzt werden können. Für sehr große Projekte muss oft eine vollkommen neuartige Architektur entwickelt werden, um die speziellen Anforderungen des Systems realisieren zu können.

- Bei der Anwenderschnittstelle ist die Gestaltung der Oberfläche für die Akzeptanz seitens der Benutzer sehr wichtig. Damit Anwenderschnittstellen bei der Implementierung korrekt verwirklicht werden können, sollte deren dynamisches Verhalten präzise beschrieben werden.

- Für die Geschäftslogik müssen die Klassen anhand ihrer Attribute und Methoden genau definiert werden. Vor allem die Schnittstellen zwischen den Klassen und Modulen bedürfen einer exakten Definition, um bei der Implementierung der Klassen durch mehrere Personen keine Probleme aufgrund falscher Schnittstellenbeschreibungen zu verursachen.

- Entitäten bilden die Daten ab, welche im System benötigt werden. In den Entitäten wird auch die Abbildung des objektorientierten Datenmodells in ein möglicherweise nicht objektorientiertes Datenmodell des Datenhaltungssystems entworfen.

- Entwurfsmuster können für die Lösung von oft wiederkehrenden Problemstellungen verwendet werden. Entwurfsmuster sind häufig eingesetzte und dadurch bewährte Lösungsansätze, welche die Qualität der vorliegenden Lösung bei einer korrekten Anwendung des Musters positiv beeinflussen.

Übungen und Fragen

1. Wenn Sie ein einfaches Programm „schreiben“: Bei welchen Entscheidungen „entwerfen“ Sie? Was unterscheidet „Entwurf“ von „programmieren“?

2. Beschreiben Sie anhand eines Beispiels die wesentlichen Aktivitäten und Ergebnisse des Entwurfsprozesses.

3. Beschreiben Sie für unterschiedliche Softwaresystemtypen (z.B. kommerzielles System, Echtzeitsystem) die wesentlichen Qualitäten, die Ergebnisse des Entwurfs erfüllen müssen. Argumentieren Sie, inwieweit unterschiedliche Qualitätsprioritäten für die Ergebnisse des Entwurfs unterschiedliche Entwurfsaktivitäten bedingen.

4. Modul/Objektgröße: Überlegen Sie anhand eines praktischen Beispiels, wie viele Objekte Sie verwenden würden und wie groß diese sein sollten? Welche Vorteile haben wenige und große Objekte? Welche Vorteile hat ein Entwurf, der viele kleine Objekte verwendet? Welche zusätzlichen Kosten entstehen dadurch?

5. Erklären Sie anhand eines praktischen Beispiels, wie unterschiedliche Entwurfsansätze für ein System dessen Leistung bezüglich Einsatz und Wartbarkeit beeinflussen können.

6. Generell ist die ‚Undo‘-Funktion, also die Möglichkeit, Anwenderaktionen in einem Systemkontext ungeschehen zu machen, eine wesentliche Eigenschaft eines gut verwendbaren Softwaresystems. Versuchen Sie, in einem typischen System Abläufe zu finden, die nichtreversibel sein dürfen. Finden Sie weitere Abläufe, die reversibel sein sollten, es in Ihrem Beispiel aber nicht sind. Untersuchen Sie den Entwurf auf mögliche Gründe, die Ursache für diese Schwachstelle sein könnten.

7. Im Projektverlauf verstehen die Entwickler immer besser, worum es beim konkreten Auftrag geht. Erstellen Sie eine Liste mit wesentlichen Risiken und Unsicherheiten, die zu Beginn eines (bestimmten) Projekts bestehen. Stellen Sie fest, für welche dieser Risiken und Unsicherheiten am Ende des Entwurfs mehr Informationen existieren, d.h. die Unsicherheiten wurden verringert und die Risiken besser einschätzbar.

8. Beschreiben Sie Risiken bzw. Unsicherheiten, die durch Entscheidungen entstehen, die beim Entwurf getroffen werden.

9. Wie unterscheidet sich die Version des Projektplans vor Projektbeginn von der Version des entsprechenden Plans vor und nach dem Entwurf?

10. Wesentliche Handlungsoptionen im Entwurf sind neben der Neuerstellung von Systemteilen deren Zukauf bzw. Wiederverwendung aus bereits zur Verfügung stehenden Komponenten. Beschreiben Sie wesentliche Überlegungen, die einerseits die Aufteilung des Systems in Teile betreffen, die dann erstellt/gekauft/wiederverwendet werden können, und andererseits die Entscheidung für die einzelnen Teile.

11. Ist Entwurf, der auch Optionen der Wiederverwendung bzw. des Zukaufs von Komponenten berücksichtigt, eher *bottom-up*, da ja Teile gewählt werden müssen, die bereits konzeptuell vorhanden sind (etwa in Komponentenbibliotheken), oder *top-down*, da ja von den Gesamtzielen des zu erstellenden Systems auszugehen ist?

12. Welche konkreten Probleme können bei der Abwägung Top-down- gegen Bottom-up-Vorgehen im Entwurf entstehen? Wie können diese frühzeitig erkannt bzw. entschärft werden?

13. Objektorientierte Entwicklungsansätze wurden entwickelt, um wesentliche Nachteile strukturierter Ansätze zu überwinden. Listen Sie solche Nachteile strukturierter Ansätze auf, die für objektorientierte Ansätze weniger oder gar nicht bestehen. Listen Sie Probleme des Entwurfs auf, die sowohl für objektorientierte als auch für strukturierte Methoden bestehen.

14. Falls Sie sich sowohl mit objektorientierten als auch mit strukturierten Ansätzen ausreichend gut auskennen, listen Sie Probleme auf, die erst mit Verwendung objektorientierter Ansätze breiter diskutiert wurden (z.B. Verlust von Kontextinformation durch Vererbungsstrukturen). Sind diese Probleme tatsächlich auf die objektorientierten Konzepte zurückzuführen oder haben die objektorientierten Ansätze erst die Entwicklung von komplexen Systemen ermöglicht, die entsprechend neue Probleme aufwarfen?

15. Jedes Softwaresystem ist aufgrund seiner Aufgabenstellung, seiner Umsetzung und seiner Einsatzumgebung mit einer gewissen Komplexität behaftet. Diskutieren Sie die folgende Aussage anhand von drei konkreten Systemen mit unterschiedlichen Systemtypen: *Komplexität verschwindet nicht, kann aber auf unterschiedlichen Arten bewältigt werden.* In diesem Sinn ist Entwurf eine Aktivität, um die Komplexität der Aufgabenstellung vernünftig aufzuteilen (auf technische Systeme, organisatorische Systeme, einzelne Anwender) und damit zu bewältigen. Dabei ist es besonders wichtig, keine unnötige zusätzliche Komplexität zu erzeugen und das Gesamtsystem so zu gestalten, dass es die vorhersehbaren Anforderungen robust verarbeiten kann.

16. Untersuchen Sie einige Programme: Wird *Information Hiding* verwendet? Wie sieht die Struktur des Programms aus: Welche Teile sind besonders stark voneinander abhängig? Könnte die Programmstruktur verbessert werden?

17. Beim Entwurf von Systemen realistischer Größe ergeben sich besondere Herausforderungen aufgrund fehlenden Wissens und kognitiver Beschränkungen. Nehmen Sie ein nicht-triviales softwareunterstütztes System aus Ihrem täglichen Umfeld und versuchen Sie, Ansätze zur Lösung mit Hilfe von Ihnen bekannten Softwareentwicklungswerkzeugen zu beschreiben. Welche Probleme bekommen Sie bei bestimmten Aktivitäten des Entwurfs, da Ihnen notwendiges Wissen fehlt? Wo könnte ein Programmierer den Überblick verlieren, da zu viele Teile (oder Zustände, Beschränkungen, Sonderfälle) zu verstehen sind bzw. die Interaktion zwischen einigen Teilen schwer überschaubar wird? Welche Folgeprobleme mit der Qualität der entstehenden Software können entstehen, falls einem Programmierer bzw. einer Gruppe von Programmierern der Überblick verloren geht?

18. Sie sollen für ein System Anwendergruppen identifizieren, da Sie für bestimmte Entwurfsaktivitäten Feedback von diesen Anwendergruppen brauchen werden. Geben Sie Kriterien und Entscheidungsabläufe an, mit denen Sie einerseits eine vernünftige Anzahl von Anwendergruppen beschreiben und andererseits ausreichend viele Repräsentanten für jede Gruppe finden, um Ihre Entwurfsaktivitäten (z.B. Entwurf der Anwenderschnittstelle) mit ausreichender Qualität und den zur Verfügung stehenden Ressourcen durchführen zu können.

19. Überlegen Sie anhand eines konkreten Projekts, welchen Zusatzaufwand eine zusätzliche Anwendergruppe für Ihr System bedeuten würde.

20. Änderungen der Anforderungen auch während der Entwicklung stellen eine der großen Herausforderungen an den Entwickler/Entwerfer dar. Erstellen Sie anhand eines konkreten Systems eine Liste von möglichen Änderungswünschen und Problemen, die daraus im aktuellen Entwurfsansatz entstehen können.

21. Erstellen Sie eine kommentierte Liste von Konzepten bzw. Ansätzen, die es Ihnen erlauben, Änderungswünsche zu berücksichtigen, ohne das gesamte System neu zu erstellen bzw. ohne die Qualität des Systems massiv zu beeinträchtigen.

22. Sammeln Sie von einem System in der Praxis mit vertretbarem Aufwand möglichst viele Fehlermeldungen. Beurteilen Sie diese einzelnen Fehlermeldungen dann nach folgenden Kriterien: präzise Aussage, konstruktive Hilfe, anwenderorientiert. Beurteilen Sie weiter, wie weit die Fehlermeldungen insgesamt konsistent sind in Ausdruck (Begriffe, Abkürzungen, Grammatik) und visuelle Darstellung. Finden Sie drei besonders gute und drei besonders schlechte Beispiele und kommentieren Sie diese im Detail.

23. Überlegen Sie, wie Sie selbst in einer Gruppe von Entwicklern dafür sorgen würden, dass mit vertretbarem (geringem) Aufwand von Anfang an konsistente Fehlermeldungen entstehen, insbesondere auch in der Systemwartung, wenn später hinzukommende Entwickler „nur rasch" noch eine oder zwei Fehlermeldungen hinzufügen oder ändern müssen.

24. Angenommen, Sie arbeiten in einer Abteilung, die einige Entwurfsmethoden verwendet (etwa eine Untermenge der Methoden in diesem Buch). Überlegen Sie, unter welchen Umständen Sie erwägen würden, eine neue Entwurfsmethode zu erlernen bzw. in der Abteilung einzuführen. Welche Argumente würden Sie dazu bewegen, sich die neue Methode näher anzusehen? Welcher Aufwand kommt auf Sie bzw. Ihre Gruppe bei der Einführung zu? Wie können Sie – zumindest im Nachhinein – beurteilen, ob die Einführung der neuen Methode tatsächlich von Vorteil war?

Weiterführende Literatur

[Bush96] Bushmann, Frank u.a.: *Pattern-Oriented Software Architecture: A System of Patterns*; Chichester [u.a.]: Wiley, 1996.

[Fowl98] Fowler, Martin; Kendall, Scott: *UML Distilled. Applying the Standard Object Modeling Language*; Reading, Mass. [u.a.]: Addison-Wesley Longman, 1998.

[Gamm94] Gamma, Erich; Helm, Richard; Johnson, Ralph; Vlissides John: *Design Patterns: Elements of Reusable Object-Oriented Software*; Reading, Mass. [u.a.]: Addison-Wesley, 1994.

[Rumb99] Rumbaugh, James; Jacobson, Ivar; Booch, Grady: *The Unified Modeling Language Reference Manual*; Reading, Mass. [u.a.]: Addison-Wesley, 1999.

[Schm00] Schmidt, Douglas *et al.*: *Pattern-Oriented Software Architecture: Patterns for Concurrent and Networked Objects*; Chichester [u.a.]: Wiley, 2000.

[Shaw96] Shaw, Mary; Garlan, David: *Software Architecture: Perspectives on an Emerging Discipline*; Upper Saddle River, NJ: Prentice-Hall, 1996.

11 Arbeitsschritt Implementierung

Damit das Mögliche entsteht, muss immer wieder das Unmögliche versucht werden.

Hermann Hesse

Begriffe in diesem Kapitel

Implementierungsmodell: Das Implementierungsmodell umfasst alle Artefakte, welche zur Implementierung des Systems erstellt werden. Dazu zählen neben dem Quellcode vor allem Subsysteme und fertige Komponenten.

Auslieferungsmodell: Das Modell der Komponente und der Maschinen, auf denen diese Komponenten schließlich installiert und ausgeführt werden.

Komponente: Ein Systemteil, der seinerseits wieder aus Komponenten oder aus Klassen bestehen kann und die Umsetzung von genau festgelegten Anforderungen unterstützt oder gänzlich erfüllt. Eine Komponente besitzt eine genau definierte Schnittstelle nach außen und kapselt alle internen technischen Details. Eine Komponente ist durch eine sehr hohe Kohäsion und eine sehr geringe Kopplung gekennzeichnet. Im Gegensatz zu einer Komponente besitzt ein Subsystem keine einheitliche Schnittstelle und kann eine wesentlich niedrigere Kohäsion als eine Komponente aufweisen.

Schnittstelle (Implementierungssicht): Die technische Realisierung eines Kommunikationspunkts zwischen zwei Komponenten oder Subsystemen zum Zwecke des Datenaustauschs und der Anforderung einer bestimmten Leistung. Eine Schnittstelle gehorcht einem bestimmten Protokoll, welches entweder durch die verwendete Technologie bestimmt ist oder frei definiert werden kann/muss.

Subsystem: Die Implementierung eines Pakets und der darin enthaltenen Elemente wie Anwendungsfälle. Ein Subsystem besteht aus mehreren Komponenten.

Integration: Die technische Zusammenführung von mehreren Komponenten oder Subsystemen zu einem gesamten System. Bei der Integration wird die korrekte Funktionsweise der Schnittstellen zwischen den Komponenten und Subsystemen erstmals geprüft.

Da nach dem Studium der vorangegangenen Kapitel über Analyse und Entwurf die Motivation zum Einsatz objektorientierter Methoden bereits vorhanden sein sollte, bleibt noch die Frage nach dem Nutzen des objektorientierten Programmierens (OOP) zu beantworten.

Die Vorteile des OOP für die Implementierung stehen in starker Wechselwirkung mit den Vorteilen, die sich für den gesamten Softwareentwicklungsprozess aus dem objektorientierten Paradigma ergeben. Die Ziele des OOP sind daher weniger technischer als vielmehr gesamtheitlicher Natur:

- *Gleichförmigkeit:* Durch die Anwendung der OOP wird ein Softwareprojekt von der Analyse über das Design bis hin zum Programmcode im Rahmen *eines* zugrunde liegenden Konzepts entwickelt.

- *Verständlichkeit:* Der Programmcode eines Projekts kann in Klassen organisiert werden, die dem ***Problembereich*** entsprechen.

- *Flexibilität:* Als Teil eines Konzepts, das dem gesamten Softwareentwicklungsprozess zugrunde liegt, muss ein Projekt nicht mehr starr in seriell abzuarbeitende Phasen unterteilt werden. Vielmehr ist es möglich, *parallel* zu analysieren, zu entwerfen und zu implementieren.

- *Stabilität:* Der Problembereich eines Projekts ist der Teil, der sich im Laufe der Zeit am wenigsten verändert. OOP ermöglicht es durch eine entsprechende Organisation des Codes, diese Stabilität zu nutzen.

- *Wiederverwendung:* Wiederverwendung von bereits bewährten Projektteilen (dies schließt in weiterer Folge auch entsprechende Dokumente der Analyse- und Entwurfsphase ein) gewinnt immer mehr an Bedeutung. OOP stellt eine geeignete Technologie zur Verwirklichung der Wiederverwendung auf Seiten der Implementierung dar.

Ein aus der geforderten Gleichförmigkeit resultierender Vorteil der OOP ist die Einbeziehung jedes Projektmitglieds in allen Entwicklungsphasen. Dadurch vermindert sich die Wahrscheinlichkeit, dass bei der Implementierung Fehler auftreten, die ausschließlich auf Missverständnissen zwischen z.B. Analytiker und Programmierer beruhen. Derartige Fehler entstehen meist durch die Verwendung vollkommen unterschiedlicher Modelle mit verschiedenen Sichtweisen des Problembereichs. Durch die parallele Entwicklung wird das Verständnis für die Anforderungen von allen an der Entwicklung Beteiligten gefördert.

11.1   Grundlagen

Bevor mit der Implementierung begonnen werden kann, müssen wichtige Punkte bereits festgelegt sein, um einen problemlosen Ablauf der Implementierung zu ermöglichen. So sollten bereits Namenskonventionen für die Bezeichnung von Variablen, Methoden und Klassen bestehen und dokumentiert sein, um eine einheitliche Namensgebung zu gewährleisten und die Wartbarkeit des Codes zu erhöhen. Eine vorgegebene Verzeichnisstruktur dient zur unmissverständlichen Speicherung aller zu erstellenden Dateien und deren Wiederfindung zu einem späteren Zeitpunkt. Ein Versionsmanagement sorgt für die Bereitstellung der richtigen Version eines Produkts für nachfolgende Arbeitsschritte. Weiters verfolgt es die Versionen der zu einem Zeitpunkt in Arbeit befindlichen Produkte. Die Integrationsplanung legt die Reihenfolge der Implementierung und die Zusammenführung der Klassen bzw. Module fest.

11.1.1 Schnittstellen zur Entwicklungsumgebung

Bei der Verwendung einer Entwicklungsumgebung spielen für die Implementierung mehrere Faktoren eine entscheidende Rolle:

Die verwendete *Programmiersprache*. Da jede Sprache spezifische Sprach- und Leistungsmerkmale besitzt, kann sich der Einsatz einer Sprache für bestimmte Projekte besser oder schlechter eignen. Zum Beispiel wird man für eine Echtzeitanwendung eine übersetzte Sprache wählen, da das zeitliche Verhalten vor dem Einsatz des Systems garantiert werden muss. Für eine verteilte Anwendung wird man eine interpretierte Sprache bevorzugen, um Plattformunabhängigkeit sicherzustellen.

Die zur Verfügung gestellte *Klassen- bzw. Komponentenbibliothek*. Für viele Sprachen gibt es verschiedene Klassen- und Komponentenbibliotheken, welche unterschiedliche Schwerpunkte setzen und den Programmierer bei bestimmten Aufgaben unterstützen sollen, so z.B. für Java: AWT (Anwenderschnittstelle), Swing (Anwenderschnittstelle), San Francisco Framework (e-Commerce).

Die angebotenen Werkzeuge. Die Verfügbarkeit und Auswahl von Werkzeugen zur Implementierung können Dauer und Qualität der Implementierung wesentlich beeinflussen.

Die erfolgreiche Implementierung eines Systems ist im Allgemeinen nicht ausschließlich von der Wahl der Programmiersprache, der Klassenbibliothek und der Werkzeuge abhängig. Die Implementierung wird auch stark beeinflusst von:

- der Qualität des zugrunde liegenden Entwurfs (dieser hat zumindest[1] großen Einfluss auf zuverlässige Schnittstellen und auf den Aufwand für die Integration),

- der zugrunde liegenden Infrastruktur,

- der konsequenten Einhaltung allgemeiner Prinzipien (z.B. objektorientierte Prinzipien wie Information Hiding, Vererbung, Polymorphismus usw.) und

- dem generellen Arbeitsumfeld und der individuellen Arbeitsweise der Programmierer (z.B. Code-Gestaltung, Kommentierung des Codes, systematisches inkrementelles Vorgehen). Schlechte Programmierer können auch mit einer noch so modernen Programmiersprache bzw. einer hoch automatisierten Entwicklungsumgebung kein qualitativ gutes Programm erzeugen.

---

[1] Der Sinn des Entwurfs als von der Implementierung losgelöster Arbeitsschritt wird in der Praxis und auch in manchen Publikationen zumindest für normale Projekte angezweifelt. Als Gegenansatz wird die Durchführung des Entwurfs gleichzeitig mit der Implementierung vorgeschlagen. Sind jedoch bei der Implementierung eines Systems durch mehrere Personen nicht zumindest die Schnittstellen vor der Implementierung definiert, ist es unmöglich, diese während der Implementierung zu benutzen oder eigene Schnittstellen für andere anzubieten. Der zusätzliche Aufwand für die nachträgliche Vereinheitlichung der Schnittstellen während der Integration ist bei einem solchen Vorgehen sehr hoch.

11.1.2   Programmiersprachen

Bei Programmiersprachen lassen sich mehrere Kategorien unterscheiden:

- *Nicht objektorientierte Programmiersprachen:* In dieser Kategorie werden alle Programmiersprachen zusammengefasst, die das objektorientierte Paradigma in keiner Form unterstützen (z.B. Basic, Prolog, Fortran, Cobol, LISP, C).

- *Objektbasierte Programmiersprachen:* Objekte werden unterstützt (z.B. Ada, Visual Basic ab Version 4.0).

- *Klassenbasierte Programmiersprachen:* Klassen zur formalen Beschreibung von Objekten werden unterstützt (z.B. CLU).

- *Objektorientierte Programmiersprachen:* Klassen und Vererbung werden unterstützt (z.B. Object Pascal, Java, Objective C).

- *Hybrid-Sprachen:* Programmiersprachen, deren objektorientierte Mechanismen im Laufe ihrer Weiterentwicklung hinzugefügt wurden (z.B. C++, CLOS, Ada95, Visual Basic 7.0).

- *Voll-OO Sprachen:* Sprachen, welche entsprechend dem objektorientierten Paradigma neu entwickelt wurden (z.B. Smalltalk, Eiffel).

Tabelle 11.1 zeigt noch einmal die speziellen Anwendungsgebiete einer Auswahl von verbreiteten Programmiersprachen. Anhand dieser Tabelle sollte klar ersichtlich sein, dass es keine Universalsprache gibt, die zur optimalen Lösung aller denkbaren Problemstellungen verwendet werden kann. Jede Programmiersprache ist aufgrund ihrer Sprachkonzepte und ihrer Verbreitung und der damit verfügbaren Werkzeuge und Klassenbibliotheken für manche Anwendungsgebiete besser geeignet als andere.

Programmiersprache	Spezielle Anwendungsgebiete
Java, .NET	Verteile Anwendungen, Web-basierte Anwendungen
Delphi	Business-(Datenbank-)Applikationen
Objective C, C++, Smalltalk, Eiffel	Keine spezielle Spezialisierung, Allrounder
Ada	Echtzeitanwendungen
(Visual) Basic	Kleinere technische Probleme, Makroprogrammierung
Fortran	Mathematische, technische Probleme
Cobol	Kaufmännische Probleme

Tabelle 11.1:   Programmiersprachen und deren Anwendungsgebiete

Abbildung 11.1 zeigt die historische Entwicklung der Programmiersprachen bis hin zu den aktuell weit verbreiteten Sprachen. Objektorientierte Sprachen sind in Rechtecken dargestellt, andere Sprachen in Ellipsen. Um die Unterschiede zwischen gebräuchlichen objektorientierten Programmiersprachen zu zeigen, werden in den folgenden Abschnitten weit verbreitete objektorientierte Sprachen kurz beschrieben.

C++

C++ ist eine Erweiterung der Sprache C, welche von Bjarne Stroustrup entwickelt und seit 1989 zur Verfügung gestellt wurde. Bei der Weiterentwicklung von C++ wurde auf eine Abwärtsportabilität mit seinem Vorgänger C geachtet, um die Portabilität von Programmen zu gewährleisten. Ähnlich wie in Turbo Pascal stellen hier die Klassen eine Erweiterung des STRUCT-Typs dar, wobei durch die Klassifizierung von Methoden und Attributen eine ausreichende Kapselung von Daten und Implementierungen gegeben ist.

Mit der Version C++ 2.0 ist eine Mehrfachvererbung möglich, die selektiv oder gesteuert sein kann. Daneben sind verschiedene Arten von Polymorphismus, wie die Überladung von Funktionen und Opteratoren sowie das Verfeinern von Funktionen, realisiert worden, und es folgte eine weitere Ergänzung um das Konzept der virtuellen Methoden, wie es in Turbo Pascal der Fall war, wobei hier die virtuellen Methoden in abgeleiteten Klassen nicht mehr als virtuell deklariert werden müssen. Letztendlich werden noch generische Klassen angeboten, die eine Form des, hier noch nicht explizit erwähnten parametrischen Polymorphismus, darstellen und Ausnahmebehandlung (*exception handling*) zur Verfügung gestellt. Auf diese beiden letztgenannten Fähigkeiten soll hier nicht weiter eingegangen werden.

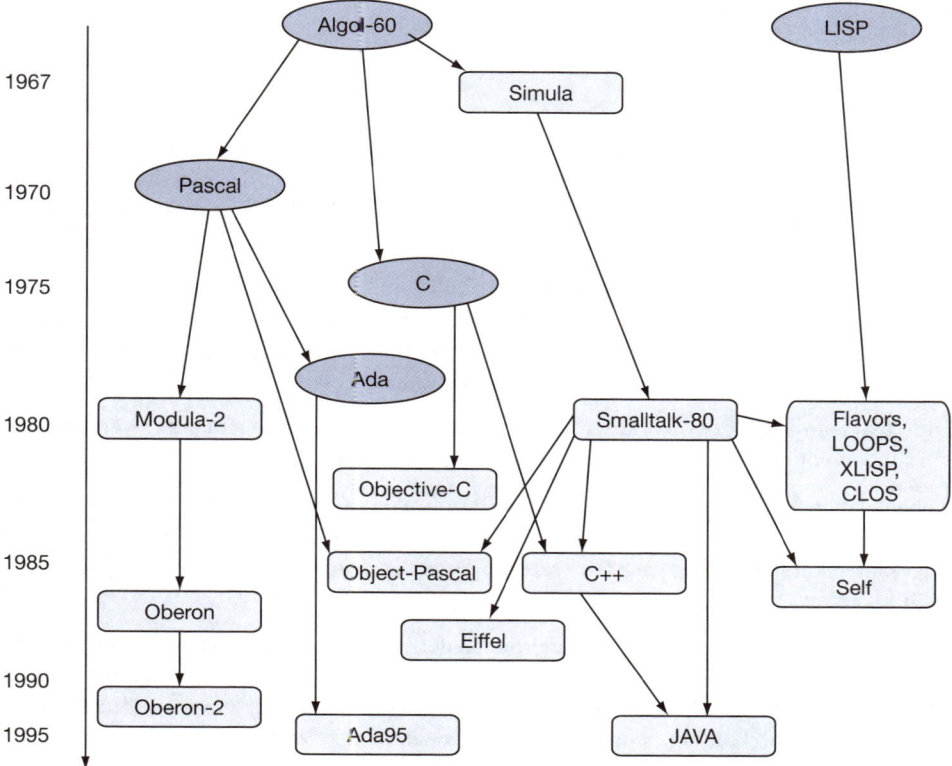

Abbildung 11.1: Entwicklung vor Programmiersprachen

Objective-C

Objective-C ähnelt C++ . Hierbei handelt es sich um eine auf C basierende objektorientierte Sprache, die dem Typsystem von Smalltalk ähnlich ist, wenngleich Objective-C eine dynamischere Ausprägung zur Verfügung stellt.

Die baumstrukturierte Objekthierarchie stellt an die Spitze eine Root-Klasse (Object bzw. NSObject), durch welche Methoden wie zum Beispiel Allokation und Deallokation von Objekten zur Verfügung gestellt werden. Alle Methoden hier sind *virtuell* oder *public*. Wie in C++ können hier zur Transparenz und Kontrolle abgeleiteter Klassen, Instanzvariablen als *public*, *private* oder *protected* deklariert werden. Hingegen wird Mehrfachvererbung nicht unterstützt. Lediglich so genannte *Protocolls*, die ähnlich wie Java Interfaces funktionieren, werden ersatzweise angeboten. Weiters wurden mit Objective-C einige andere Features umgesetzt, die in C++ aufgrund des statischen Typsystems nicht möglich sind. Als Beispiel seien das dynamische Nachladen von Klassen zur Laufzeit (kann in C++ auf Umwegen erfolgen) sowie das Weiterleiten von unbekannten Messages an ein Objekt angeführt.

Durch diese Erweiterungen und die dynamische Grundstruktur von Objective-C wird zwar einerseits die Modellierung von Problemdomänen einfacher, auf der anderen Seite müssen, im Gegensatz zu C++, starke Einbußen bei der Laufzeit hingenommen werden (insbesondere des *Message Dispatching*).

Eiffel

Betrand Meyer entwickelte in der zweiten Hälfte der 80erjahre die Programmiersprache Eiffel völlig neu.Bei Eiffel handelt es sich um eine streng typisierte Sprache, wobei sehr großer Wert auf Typkorrektheit gelegt wird. Dies wird durch den Einsatz von *Invarianten* erreicht. Eine Invariante ist eine Bedingung, die der Zustand eines Objekts erfüllen muss.

In Eiffel haben Objekte einen Zustand (Attribute) und Routinen (Methoden), wobei der Zustand sowohl Werte als auch Referenzen auf andere Objekte enthalten kann. Die Attribute und Methoden werden als *Features* bezeichnet, wodurch Objekte in Klassen mit gemeinsamen *Features* zusammengefasst werden können.

Die Zuweisung erfolgt von objektwertigen Variablen der Referenzsemantik, während Zuweisungen von Werten weiterhin mittels der Wertsemantik durchgeführt werden.

Neben den Invarianten gibt es noch die Option Vor- und Nachbedingungen einzelner Methoden zu definieren. Wenn es zu einer Überschreibung einer Methode in einer Nachfolgeklasse kommt, müssen zur Laufzeit auch von der neuen Methode diese Bedingungen erfüllt werden.

Als weitere Besonderheit erlaubt Eiffel die Redefinierung von Attributen in einer Nachfolgerklasse. Hier ist allerdings darauf zu achten, dass der neue Typ eines redefinierten Attributs zumindest ein Nachfolger des Attributtyps im Vorgänger sein muss. Ein derartig strenges Konzept benötigt einen Ausnahmebehandlungsmechanismus, der von Eiffel ebenfalls zur Verfügung gestellt wird. Eine detaillierte Beschreibung des Sprachumfangs finden Sie in dem Buch [Meye93].

Alle öffentlichen Routinen dürfen nur einen Zustand erzeugen, der allen Invarianten des Objekts entspricht, und die einer Vorgängerklasse vererbt, bestenfalls noch verschärft werden können. Dadurch wird der Vererbungshierarchie die Semantik einer Typhierarchie aufgeprägt, wodurch es beim Überschreiben von Methoden in Eiffel ebenfalls zu einem sehr strenge Regelwerk kommt.

Smalltalk

Smalltalk gilt als Norm objektorientierter Programmiersprachen. Mit dieser Sprache wurde ein konsequenter objektorientierter Ansatz, weg vom imperativen Ansatz eingeführt.

Alle Elemente der Sprache, auch Zahlen und Zeichen selbst sowie Betriebssystem, Programme und Objektklassen sind als Objekte dargestellt. Im Gegensatz zu anderen Programmiersprachen besteht Smalltalk nicht aus einer Anweisungsabfolge, die sequenziell abgearbeitet wird, sondern aus einer Menge von Objekten, die untereinander kommunizieren. Hier wird jedem Objekt eindeutig eine Klasse zugeordnet. In diesem Konstrukt wird jede Klasse ein Objekt und damit zur Instanz einer *Metaklasse*.

Verzweigungen oder Schleifen gibt es nicht. Sie werden aber durch entsprechende Methoden ersetzt. Es handelt sich um eine interpretierte Programmiersprache, was Plattformunabhängigkeit garantiert. Einfache Vererbung wird ebenfalls unterstützt.

Das Prinzip der Datenkapselung wurde durchbrochen, weil keine privaten Methoden oder Variablen in Smalltalk existieren, die durch ein Schlüsselwort vor unerlaubten Zugriffen schützen.

Die ausgezeichnete Qualität Smalltalks begründet sich in den leicht zu bedienenden Entwicklungsumgebungen sowie in seiner sehr umfangreichen Klassenbibliothek (z. B. den umfangreichen Collections). Doch aufgrund eines fehlenden Standards und Marketingfehlers ist der kommerzielle Erfolg Smalltalks weit unter seinem Wert geblieben.

Java

Der Vorgänger Javas, Oak, wurde 1991 von Bill Joy, James Gosling und Mike Sheridan im Green-Projekt entwickelt. Die Firma Sun stellte 1995 die Weiterentwicklung einer objektorientierten und plattformunabhängigen Programmiersprache namens Java vor, mit dem Ziel, neben der Plattformunabhängigkeit auch Mikrocomputer, wie sie in Haushaltsgeräten zu finden sind (Waschmaschinen, Videorekorder und dergleichen), zu programmieren.

Erst ein Jahr später, 1996, schaffte Java den Durchbruch. Gründe dafür waren zum einen die Entdeckung der Einsatzmöglichkeiten in Internetanwendungen sowie die Vielfältigkeit von Java-Applets bei NC (Network Computers). Der Fortschritt bestand darin, dass man bei NCs keine installierten maschinenspezifischen Programme benötigte, sondern Java-Applets von einem zentralen Server geladen werden konnten.

Die Syntax von Java ähnelt der von C und C++. Bei Java-Programmen wird zwischen zwei grundsätzlichen Arten unterschieden, auf deren Eigenschaften in den folgenden Abschnitten konkreter eingegangen wird:

Applets: Java-Applets können grundsätzlich nicht auf Systemkomponenten oder Programme eines Clients zugreifen und diese verändern. Sie werden unter Kontrolle des Webbrowsers innerhalb einer Webpage dargestellt, wo spezielle Sicherungen („Sandkasten", sandbox), unerwünschte Auswirkungen auf den Client-Rechner präventiv verhindern. Technisch gesehen bezeichnet man sie als Java-Applets, da sie Unterklassen der Klasse Applet sind.

Applikationen: Als Java-Applikationen werden Programme bezeichnet, die vollen Funktionsumfang haben, wie es im Rahmen von Programmiersprachen der Fall ist. Diese können sowohl lokal laufen als auch über das Internet oder als Server-Programme (Servlets, CGI-Programme) in Client-Server-Systeme geladen werden. Hier erfolgt die technische Unterscheidung dadurch, dass sie eine statische Methode *main* enthalten.

.NET

Die .NET-Technologie ist Microsofts aktueller und viel versprechender Weg, verschiedene Technologien und Endgeräte zu verbinden. Die .NET-Plattform ist nicht auf eine bestimmte Programmiersprache festgelegt, vielmehr existiert eine Vielzahl an verschiedenen Sprachen. Die wohl am häufigsten verwendete Sprache ist C#. C# als Neuentwicklung von Microsoft vereint die Vorteile mehrer Programmiersprachen – die am deutlichsten erkennbaren sind Java und Delphi.

Eine weitere Besonderheit ist, dass in .NET programmierte Programme nicht in nativen Code kompiliert, sondern in die so genannte *Intermediate Language* (IL) übersetzt werden.

Aus der IL wird zur Laufzeit nativer Code erzeugt. Dieser Vorgang ermöglicht unter anderem prozessorspezifische Optimierungen. Ein Nachteil dieser Methode ist, dass auf jedem Zielrechner die .NET-Runtime (ähnlich der Java Virtual Machine) vorhanden sein muss.

Die drei Hauptanwendungsgebiete der .NET-Technologie sind:

- Windowsapplikationen: Windowsapplikationen sind Standard Windowsanwendungen, die auf jedem Windowsrechner zu finden sind. Visual Studio.NET – die am häufigsten verwendete Entwicklungs-IDE (weitere sind z.B. Borland Delphi 8 und das Open Source Tool SharpDevelop) – bietet einen grafischen Designer. Somit ist ein Rapid Application Development (RAD) und schnelles Prototyping sehr gut umsetzbar.

- ASP.NET-Webanwendungen: ASP.NET ist die Weiterentwicklung von ASP. Es dient zur Erstellung von dynamischen Webseiten. Die Besonderheit an ASP.NET ist, dass man sich kaum um HTML-spezifischen Code kümmern muss. Die Webapplikationen werden stattdessen in der gewohnten .NET-Sprache programmiert. Dadurch ist es möglich, Codeteile, die schon in einer Windowsapplikation verwendet wurden, in einer Webapplikation weiter zu verwenden.

- SmartDevice Applikationen: Mit SmartDevice-Geräten sind vor allem die Handhelds mit Microsoft PocketPC 2002 oder höhere Versionen gemeint. Da auch für diese Geräte eine etwas abgespeckte .NET-Runtime existiert, ist es für Softwareentwickler wesentlich leichter, neue Applikationen zu programmieren oder bereits vorhandene zu portieren.

- Webservices: Webservices sind Programme, die auf einem Webserver ausgeführt werden. Im Gegensatz zu Webanwendungen stellen sie aber kein Benutzerinterface zur Verfügung. Der Softwaredeveloper kann aus einer beliebigen Anwendung heraus per SOAP Call auf die/das Webservices zugreifen (das wohl bekannteste Webservice ist das Amazon.COM Webservice).

11.1.3   Klassen- und Komponentenbibliothek

Die Klassenbibliothek einer Entwicklungsumgebung umfasst meist häufig benötigte Klassen für die Gestaltung der Anwenderschnittstelle (z.B. Standarddialoge), den Datenbankzugriff (z.B. via SQL oder ODBC) und Kommunikation mit anderen Systemen (z. B. für TCP/IP). Die Verwendung solcher Klassen hat den großen Vorteil des geringeren Aufwands im Vergleich zu einer Neuentwicklung. Weiters wird ein bestimmtes Maß an Fehlerlosigkeit garantiert. Darüber hinaus wird durch die konsequente Nutzung einer Klassenbibliothek ein Standard in der Anwendungsentwicklung gesetzt, welcher dem Programmierer Sicherheit in der Implementierung und dem Anwender Vertrautheit in der Benutzung der Applikation geben kann.

Andererseits bindet die Verwendung einer Klassenbibliothek meist an eine bestimmte Plattform, da viele Klassen herstellerspezifisch sind und in anderen Entwicklungsumgebungen nicht verwendet werden können. Bei interpretierten Sprachen kann die Verwendung von herstellerspezifischen Klassen die Ausführung auf einen bestimmten Interpreter beschränken bzw. die Mitlieferung zahlreicher Klassen zur Bewahrung der Kompatibilität notwendig machen. So kann zum Beispiel in Java „reines Java" implementiert werden, indem nur Klassen des „Java Development Kit" verwendet werden, oder diese Implementierung erfolgt in Abhängigkeit von der verwendeten Entwicklungsumgebung. Im letzteren Fall wird die Portabilität (ein Kernpunkt Javas) meist eingebüßt.

11.1.4   Werkzeuge

Der geschickte Einsatz von Werkzeugen kann zur Beschleunigung der Implementierung führen und zur erfolgreichen Fehlersuche und -analyse beitragen. Eine Auswahl solcher Werkzeuge wird im Folgenden beschrieben:

Debugger sind ein zentraler Bestandteil der Entwicklungsumgebung. Sie kommen bei der Untersuchung von Fehlerursachen zum Einsatz. Mit der Hilfe eines Debuggers lässt sich ein Programm schrittweise durchlaufen und der Zustand des Systems zu jedem Zeitpunkt der Ausführung überprüfen. Debugger können zum Betrachten von Variablenwerten und Funktionsergebnissen eingesetzt werden, und ersetzen so unter Umständen komplizierte Testtreiber.

Build/Make erlauben eine vereinfachte Bedienung des Compilers. Sie lösen eine erneute Übersetzung von geänderten Modulen aus und bieten eine Auswahl an verschiedenen Optionen.

Testdatengeneratoren werden, wie der Name schon sagt, eingesetzt, um große Mengen an Testdaten zu generieren, wie sie z.B. für Belastungstests benötigt werden. Je nach Ausführung des Tools werden komplett sinnlose Zeichenfolgen oder realistische Eingabewerte erzeugt, die aber in jedem Fall einer vorgegebenen Syntax entsprechen müssen.

Source Code-Management (Versionsmanagement, Konfigurations-Management) gewinnt mit zunehmender Anzahl von Modulen, respektive Quelldateien, immer mehr an Bedeutung. Vor allem wenn unterschiedliche Versionen der Programmteile existieren, kann man leicht den Überblick verlieren. Außerdem muss es möglich sein, frühere Versionen des Programms zu rekonstruieren, um Benutzeranfragen nachvollziehen zu können.

Klassenbrowser: Dieser zeigt eine Übersicht über alle in einem Projekt verfügbaren Klassen und deren Attribute und Methoden an. Eine weitere Verwendungsmöglichkeit eines Klassenbrowsers ist die Übersicht über alle zur Verfügung gestellten Klassen der Entwicklungsumgebung.

11.1.5   Namenskonventionen und Codegestaltung

Da während der Implementierung Personen wechseln bzw. verschiedene Personen an denselben Codeteilen arbeiten können, ist es unbedingt notwendig, bestimmte Namenskonventionen einzuhalten, um die Lesbarkeit des Codes zu erhöhen. Namenskonventionen sollten sich nicht nur auf Variablen oder Parameter der Methoden, sondern auf jeden wählbaren Namen während der Implementierung beziehen. Dies umfasst Variablen, Parameter, Methodenbezeichner, Klassenbezeichner, Objektbezeichner (z.B. bei Verwendung von Klassen für die Gestaltung der Anwenderschnittstelle) und auch Modulnamen.

Die Codegestaltung beschreibt, wie der Text des Codes angeordnet werden soll, um die Lesbarkeit zu erhöhen. Dies beinhaltet hauptsächlich Einrückungen für die Hervorhebung von Strukturelementen (z.B. Schleifen), Trennungsregeln für Zeilen, welche länger als 80 Zeichen sind, und Regeln für das Einfügen von Leerzeilen und Kommentaren im Code selbst.

Für viele Programmiersprachen existieren solche Regeln, welche bei Einhaltung nicht nur zu einer einheitlichen Gestaltung innerhalb eines Unternehmens, sondern unter allen Anwendern dieser Sprache führt. Für Java sind solche Konventionen unter [JavaCode] erhältlich.

Tabelle 11.2 zeigt zum Beispiel eine Auflistung von Präfixen für bestimmte Typen von Variablen[2]. Dies ermöglicht das Erkennen eines Typs einer Variablen, ohne über deren Deklaration zu verfügen.

---

[2]   Eine derartige Konvention ist natürlich nur für typisierte Sprachen sinnvoll.

Präfix	Typ	Präfix	Typ
Int	Integer	str	String
Dbl	Double	bl	Boolean
Sl	Single	bt	Byte
Ch	Char	dc	Decimal

Tabelle 11.2: Präfixe für Variablen

11.1.6 Versionsmanagement

Die Aufgabe des Versionsmanagements ist die Verfolgung des aktuellen Stands der Versionen aller Produkte eines Projekts. Darüber hinaus müssen für nachfolgende Arbeitsschritte die aktuellen Versionen eines Dokuments oder der Produkte zur Verfügung gestellt werden. Nur allzu oft kommt es in größeren Projekten mit vielen beteiligten Personen vor, dass ein Entwurf auf einer veralteten Spezifikation oder eine Implementierung auf einem nicht mehr aktuellen Entwurf durchgeführt wird. Die dadurch notwendigen Änderungen bzw. die möglicherweise erforderliche Neuerstellung des Produkts kann zu erheblichen Verzögerungen in einem Projekt führen.

Für ein gezieltes Versionsmanagement muss zuerst eine genaue Richtlinie zur Vergabe von Versionsnummern erstellt werden, an die alle Projektmitarbeiter gebunden sind. Das folgende Beispiel zeigt eine solche Richtlinie.

Versionsbezeichnung

- Die Version vor dem ersten Review eines Dokuments oder Programms erhält die Bezeichnung „Entwurf".

- Jede im Rahmen eines Reviews mit dem Kunden vorgelegte Version erhält eine neue Hauptziffer (1.0, 2.0 usw.).

- Versionen, welche zwischen Reviews an den Kunden ausgehändigt werden, erhalten eine neue, erste Nebenziffer (1.1, 1.2 usw.).

- Versionen zwischen zwei dem Kunden ausgehändigten Versionen erhalten eine neue, zweite Nebenziffer (1.1.1, 1.1.2 usw.). In der dem Kunden ausgehändigten Version wird nur die Hauptziffer und die erste Nebenziffer angegeben.

Abbildung 11.2: Beispiel einer Richtlinie für Versionsbezeichnungen

Während des Projekts ist ein stets aktueller Überblick über die zu einem bestimmten Zeitpunkt gültigen Versionen eines Dokuments von besonderer Bedeutung. Zusätzlich muss erkennbar sein, ob eine Version zu einer Weiterverwendung geeignet ist oder nicht. Dazu eignet sich zumindest im kleinen Rahmen ein Projekttagebuch, welches alle Produkte und deren gültige Versionen auflistet. Ein Beispiel für ein solches Projekttagebuch ist in *Tabelle 11.3* dargestellt.

Erstellungs-datum	Dokument	Version	Autor	Kommentar	Freigabe
3.3.00	Problemanalyse	0.1	KH	Struktur festgelegt	
8.3.00	Problemanalyse	0.2	KH	Kundenstruktur beschrieben	
12.3.00	Problemanalyse	0.3	KH	IST-Betriebsabläufe beschrieben	
25.3.00	System-spezifikation	0.1	CJ	Struktur festgelegt	
31.3.00	Problemanalyse	1.0	KH	Endfassung für Kunden	Ja
1.4.00	System-spezifikation	0.2	CJ	SOLL-Betriebsabläufe beschrieben	
3.4.00	Entwurf des User Interface	0.1	GH	Menüstruktur entworfen	
10.4.00	Problemanalyse	1.1	KH	Änderungswünsche des Kunden berücksichtigt	Ja
12.4.00	System-spezifikation	0.5	CJ	Änderungen an der Problemanalyse umgesetzt	Ja

Tabelle 11.3: Ausschnitt aus einem Projekttagebuch

Die Verfolgung ist während der Analyse und des Entwurfs aufgrund der geringen Anzahl der Produkte noch einfach durchzuführen. Während der Implementierung lässt sich dies aber aufgrund der doch beträchtlichen Anzahl an Dateien und der zahlreichen Änderungen in jeder Datei im Normalfall nicht manuell bewerkstelligen. Zur Verwaltung von Versionen sollte daher ein entsprechendes Werkzeug verwendet werden. Ein bekanntes derartiges Werkzeug ist ein System namens „CVS", welches als Freeware und auch als kommerzielle Implementierung erhältlich ist.

11.1.7   Integrationsstrategien

Je nach Art und Umfang des Systems kann man bei der Integration von Software aus mehreren Strategien auswählen. Die einzelnen Ansätze haben dabei alle Vor- und Nach-teile, ein Universalrezept gibt es also nicht.

Big-Bang-Integration: Zu einem bestimmten Zeitpunkt werden die einzelnen Teile von den verschiedenen Entwicklern zusammengesetzt. Big-Bang-Integration ist grundsätzlich nur denkbar, falls es ganz eindeutig definierte Schnittstellen gibt, die auch tatsächlich in der Implementierung vollkommen plangetreu umgesetzt wurden. Damit ist aber eine Big-Bang-Integration in der Praxis für gewöhnlich nicht zielführend und führt zu großem

Aufwand, die auftretenden Fehler in der Integration zu finden und auszubessern (vor allem unter Berücksichtigung von Folgefehlern).

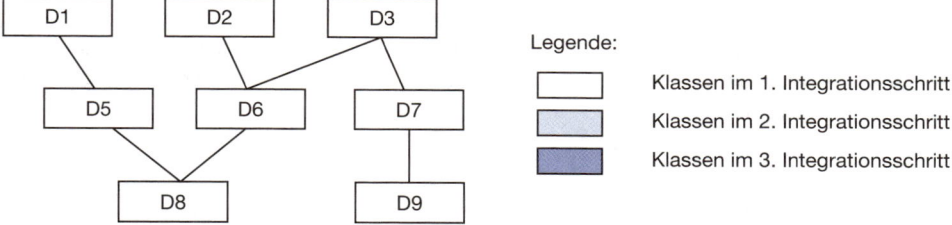

Abbildung 11.3: Big-Bang-Integration

Top-down-Integration: Bei diesem Ansatz wird, beginnend von der Anwenderebene (Anwenderschnittstellen), nach und nach bis hin zum Betriebssystem integriert. Der wesentliche Vorteil ist hierbei, dass dem Kunden sehr rasch die gesamte Anwenderschnittstelle vorgeführt werden kann. Wesentlicher Nachteil ist die späte Integration der meist eher komplexen Anbindung von systemnahen Teilen. Weiters ist es notwendig, für die bereits integrierten Teile Stubs zu schreiben, damit diese eine minimale Funktion ausführen können und so z.B. Test durchgeführt werden können. Die Top-down-Integration wird in *Abbildung 11.4* der nun folgenden Bottom-up-Integration grafisch gegenübergestellt. Bei der Top-down-Integration werden die Komponenten in der Reihenfolge D1, D2, D3, D5, D6, D7, D8 integriert. Typische Anwendungsbereiche dieser Strategie sind: späte Verfügbarkeit bzw. Wahl von Hardware und systemnahen Komponenten oder die gesamte Komplexität des Systems findet sich ausschließlich in den Anwenderschnittstellen.

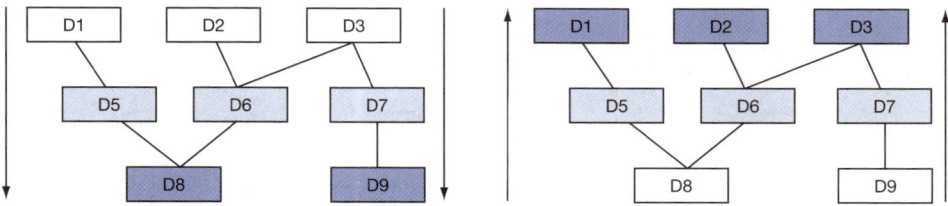

Abbildung 11.4: Top-down- (links) und Bottom-up-Integration (rechts)

Bottom-up-Integration: Genau umgekehrt im Vergleich zur Top-down-Integration wird hier vom systemnahen Umfeld bis hin zu den Anwenderschnittstellen integriert. Vor- und Nachteile verhalten sich demnach ebenfalls genau umgekehrt. Die Bottom-up-Integration integriert die Komponenten in folgender Reihenfolge: D8, D9, D5, D6, D7, D1, D2, D3. Typische Anwendungsbeispiele: die gesamte Systemkomplexität ist in den systemnahen Bereichen zu finden, Anwenderschnittstelle nur nebensächlich.

Build-Integration: Bei dieser Art der Integration wird versucht, das System möglichst bald vertikal zu integrieren und einige wenige Anforderung voll funktionsfähig umzusetzen. *Abbildung 11.5* zeigt diesen Ansatz. Ein Integrationsschritt deckt die Komponenten D1, D5 und D8 ab, die übrigen Komponenten werden durch weitere Integrationsschritte

abgedeckt. Die drei integrierten Komponenten decken dabei für eine konkrete Anforderung Anwenderschnittstelle, Kontroller und Entitäten sowie alle notwendigen Schnittstellen zur Systemumgebung vollkommen ab. Größter Vorteil dieser Strategie ist, dass mögliche technische Risiken auf allen Ebenen bereits sehr früh erkannt werden können. Größter
Nachteil des Ansatzes ist, dass bereits sehr früh auf allen Ebenen viele Grundlagen implementiert werden müssen, die möglicherweise in einem iterativen Ansatz noch nicht vollständig definiert sind.

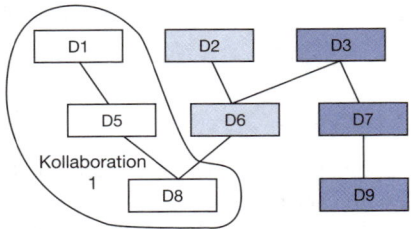

Abbildung 11.5:   Build-Integration

Schichten-Integration: Bei dieser Art der Integration (als Spezialfall der Top-Down- und
Bottom-Up-Integration) wird das System Schicht für Schicht entweder von außen nach
innen oder umgekehrt integriert. Voraussetzung dafür ist das Vorhandensein solcher
Schichten. *Abbildung 11.6* zeigt ein derartiges Vorgehen. Das System ist in Schnittstellen-
klassen (ST1 und UI1-UI3), Klassen der Geschäftslogik (GL1-GL3) und der Datenbasis
(D1-D5) eingeteilt. Bei der Integration des Systems kann entweder mit den Klassen der
Schnittstellen oder der Datenbasis begonnen werden, um über die Geschäftslogik zu den
verbleibenden Klassen vorzudringen.

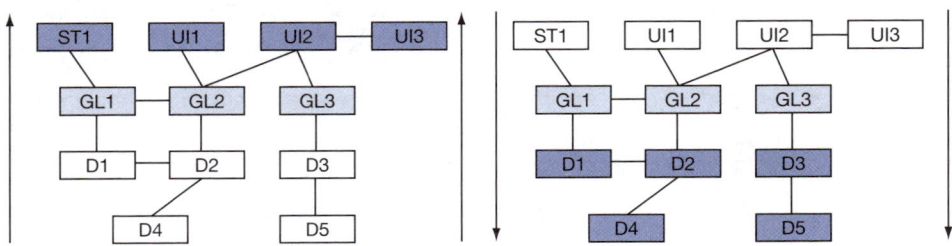

Abbildung 11.6:   Schichten-Integration

Daily Build: Alle Integrationsstrategien sind durch den gravierenden Nachteil gekenn-
zeichnet, dass Integration überhaupt notwendig ist. Integration setzt ja voraus, dass zuvor
Teile unabhängig voneinander entwickelt wurden und nicht vollständig klar ist, ob die
Schnittstellen miteinander funktionieren (ansonsten wäre so etwas wie eine dezidierte
Integration ja widersinnig). Dieses Vorgehen impliziert natürlich auch alle Probleme, die
im Zuge von Integrationsprozessen auftreten (vor allem aufgrund nicht eingehaltener
Schnittstellen). Die Forderung des Daily Builds ist daher, dass täglich eine lauffähige
Version des gesamten Systems hergestellt werden muss, um Schnittstellenprobleme so-

fort aufzudecken und das Problem zu lösen. Ein Daily Build setzt vor allem voraus, dass es von Anfang an entsprechende Referenz- bzw. Testumgebungen gibt, auf denen dieser Build durchgeführt und das lauffähige System ausgeführt werden kann.

11.2 Produkte

Abbildung 11.7 zeigt die wesentlichen Produkte des Arbeitsschritts Implementierung. Zu Beginn muss ein Integrationsplan erstellt werden, der die Reihenfolge der Implementierung der einzelnen Komponenten und deren Zusammenbau zum eigentlichen System festlegt. Entsprechend dem Integrationsplan sind auch geeignete Tests für jeden Integrationsschritt vorzusehen, um die Korrektheit des Systems zum jeweiligen Zeitpunkt zu überprüfen und Fehler bereits bei einem geringen Systemumfang (d.h. es wurden erst wenige Teile integriert) entdecken und ausbessern zu können. Parallel dazu kann die Architektur implementiert werden. Ohne funktionierende Architektur ist eine sinnvolle Programmierung der Komponenten nicht möglich. Aufgrund zu vieler fehlender Funktionen, die von der Architektur nicht zur Verfügung gestellt werden, kann die Funktion der Klassen nicht überprüft werden. Anschließend werden die Klassen der Reihe nach implementiert und in mehreren Integrationsschritten zu Subsystemen und schließlich dem gesamten System zusammengefügt.

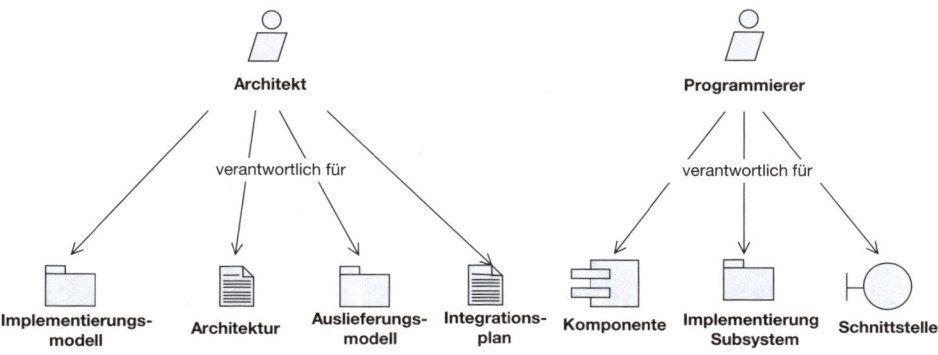

Abbildung 11.7: Produkte im Arbeitsschritt Implementierung

11.2.1 Architektur (Implementierungssicht)

Ein UML-Komponentendiagramm zeigt die Aufgliederung des Quellcodes des Systems während der Implementierung und die gegenseitige Abhängigkeit der Teile. Es kann sich dabei vom Subsystemdiagramm wesentlich unterscheiden, da die Aufteilung des Quellcodes oft von der logischen Aufteilung des Systems abweichen kann (d.h. ein Subsystem kann einerseits aus mehreren Komponenten der Implementierung bestehen, und andererseits kann eine Komponente der Implementierung für mehrere Subsysteme verfügbar sein).

Wesentliches Element von Implementierungsdiagrammen sind Komponenten. Eine Komponente besteht in der Regel aus mehreren Klassen, die zusammen eine bestimmte Aufgabe erfüllen. Komponenten sind im Besonderen durch eine hohe Kohäsion und eine niedrige Kopplung gekennzeichnet.

Ein Beispiel ist in *Abbildung 11.8* angeführt. Die Komponente *Kiosk* greift dabei über die Komponente *Kiosk Kommunikation* auf die Schnittstelle der Komponente *Admin Kommunikation* zu. Die Komponente *Admin* greift sowohl auf die Komponente *Admin Kommunikation* als auch auf *Admin* DB über deren Schnittstellen zu.

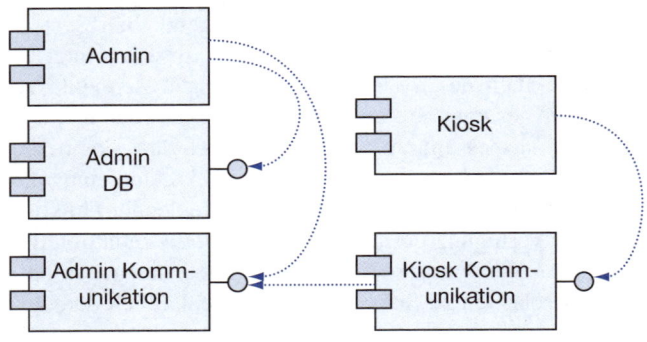

Abbildung 11.8:   Komponentendiagramm

11.2.2   Integrationsplan

Der Integrationsplan gibt an, in welcher Reihenfolge die Klassen und schließlich Komponenten des Systems implementiert und zusammengefügt werden. Je nach gewählter Integrationsstrategie wird die Reihenfolge bestimmt. Zur Darstellung eines Integrationsplans eignen sich mehrere Varianten.

Eine tabellarische Auflistung der zu integrierenden Elemente ähnlich einer *Work Breakdown Structure* stellt eine kompakte Form der Darstellung dar, der leicht auch weitere Informationen in Form von zusätzlichen Spalten der Tabelle beigefügt werden können.

Als weitere Form ist eine grafische Darstellung ähnlich wie in *Abbildung 11.3* bis *Abbildung 11.6* denkbar. Diese Variante ist zwar sehr übersichtlich, ist aber im Fall von größeren Systemen eher unhandlich. Auch weiterführende Informationen zu den Elementen können nur schwer bzw. der Übersicht nicht einträglich hinzugefügt werden.

Ein Integrationsplan enthält neben der logischen Abfolge der Integration der Klassen und Komponenten aber auch exakte zeitliche Informationen, die an den Projektplan angelehnt sind. Der Integrationsplan stellt somit auch eine verbindliche zeitliche Planung für die Entwickler dar, deren Einhaltung in Reviews auch entsprechend überprüft wird.

Er stellt weiters auch für den Kunden eine wesentliche Informationsquelle dar, da aus ihm der Fertigstellungsgrad des Systems zu bestimmten Zeitpunkten abzulesen ist, und damit bestimmt werden kann, wann der Kunde welche Teile des System erstmals begutachten kann.

11.2.3 Komponenten

Die zentrale Aktivität der Implementierung besteht in der Umsetzung der Anforderungen in konkretem, ausführbarem Code aufgrund der Vorgaben im Entwurf. Für diese Aktivität können nur schwer Vorgaben oder Richtlinien vorgesehen werden, da die Implementierung stark von der verwendeten Technologie und den persönlichen Gewohnheiten und Erfahrungen der Programmierer abhängig ist.

Implementierung der Anwenderschnittstelle

Im Entwurf werden das Aussehen und die vorgesehene Funktionalität der Anwenderschnittstelle beschrieben oder in Form eines Prototyps dargestellt und verfeinert. Die Hauptaufgabe der Implementierung besteht in der Realisierung der Interaktion zwischen Anwender und System. Dabei kann die Verwendung von Frameworks eine sehr hilfreiche Unterstützung darstellen, da gerade im Bereich der Anwenderschnittstellen sehr viele Aufgaben immer wiederkehren (z.B. Plausibilitätsprüfungen bei Eingabefeldern).

Implementierung der Kontroller

Die Geschäftslogik bildet den Kern des Systems. In den Klassen der Geschäftslogik werden die funktionalen Anforderungen umgesetzt und die Funktionalität, welche auf die Daten der Datenbasis zugreift, den Schnittstellen des Systems zur Verfügung gestellt. Im Speziellen in den Klassen der Geschäftslogik ist eine exakte Definition der Schnittstellen notwendig. Wird zu viel Funktionalität öffentlich zugänglich gemacht, sind nicht vorgesehene Funktionsaufrufe und damit eventuell verbundene Änderungen des Systemzustands nicht zu vermeiden. Ist zu wenig Funktionalität über Schnittstellen verfügbar, können andere Klasen ihre Aufgaben möglicherweise nicht einwandfrei erfüllen, was zu redundantem Code führen kann, da die Logik an anderen Stellen nachgebildet werden muss.

Implementierung der Entitäten

Diese Klassen realisieren den Zugriff des objektorientierten Systems auf die zugrunde liegende (möglicherweise nicht objektorientierte) Datenbasis. Bei der Weitergabe von Daten kann es oft zu nicht übereinstimmenden Typen kommen. Die Beseitigung dieser Inkompatibilität darf keinen Einfluss auf die restlichen Klassen des Systems haben. Nur die Klassen der Datenbasis besitzen Kenntnis über das zugrunde liegende Datenbanksystem und alle notwendigen Schritte zur fehlerfreien Anbindung. Die Klassen der Geschäftslogik und der Anwenderschnittstelle verwenden nur Typen der objektorientierten Entwicklungsumgebung. Bei der Verwaltung von Daten kommt es zu zahlreichen Fehlern aufgrund von Inkonsistenzen zwischen den bestehenden Daten und neu hinzukommenden Änderungen oder Löschvorgängen. Diese Fehler sind in geeigneter Form zu behandeln und an die Klassen der Geschäftslogik weiterzuleiten.

Testklasse

Eine Testklasse, welche zu jeder Klasse geschrieben wird, enthält Funktionen für folgende Aufgaben:

- Test der Schnittstellen der zu testenden Klasse,
- Test der internen Abläufe der Klasse (White-Box-Ansatz) aufgrund der Testfälle für die Klasse, welche vom dynamischen Modell der Klasse abgeleitet werden,
- Auswertung der durchgeführten Tests. Gefundene Fehler und eine Überblicksstatistik zur Beurteilung der aktuellen Qualität der Klasse werden geeignet zur Verfügung gestellt.

Der zweite Punkt wird, wenn möglich, durch ein geeignetes Werkzeug (z.B. JUnit) oder aber durch eigene Frameworkklassen automatisiert.

Dokumentation

Zu jeder Klasse gehört auch die entsprechende Dokumentation. Dokumentation ist kein optionales Add-on, sondern ist integraler Bestandteil jeder Klasse. Die Dokumentation sollte auf Klassen-, Methoden- und Anweisungsebene erfolgen. Zu den Anweisungen werden vor allem bei nicht trivialen Teilen entsprechende Erklärungen festgehalten.

Die Kommentierung einer Klasse enthält im Idealfall folgende Angaben: Autor(en) der Klasse, Änderunghistorie, Aufgaben der Klasse, Schnittstellen, Superklasse, bekannte Subklassen, bekannte assoziierte Klassen. Im Falle der Anwendung von *Design by Contract* werden zusätzlich die Invarianten der Klasse aufgelistet.

Die Kommentierung einer Methode enthält folgende Angaben: Autor(en) der Methode, Änderungshistorie, Aufgabe der Methode, Erklärung der Eingangsparameter, Erklärung des Rückgabewertes, Erklärung aller möglicherweise auftretenden Fehler in der Methode und deren Behandlung (z.B. Auflistung aller potenziell auftretenden Exceptions in der Methode). Im Falle der Anwendung von Design by Contract werden zusätzlich Vorbedingungen und Ausgangsbedingungen aufgelistet.

11.2.4   Implementierungssubsystem

Ein Implementierungssubsystem sammelt Klassen, um einen besseren Überblick zu erhalten. Die konkrete physische Gestaltung eines Subsystems unterscheidet sich je nach Entwicklungsumgebung (Pakete in Java, ein Verzeichnis in C++, ein Projekt in .NET).

Ein Implementierungssubsystem kann wie eine Komponente Schnittstellen besitzen, über welche bestimme Services des Subsystem zur Verfügung gestellt werden.

11.2.5   Schnittstelle

Die Implementierung der im Entwurf vorgesehenen Schnittstellen stellt einen wesentlichen Schritt zur erfolgreichen Integration des Systems dar. Schnittstellen werden in Form von Klassen implementiert, welche entweder ausschließlich Schnittstellenfunktionen anbieten und alle weiteren Aufgaben von anderen Klassen erledigen lassen, oder aber Schnittstellen zu den ohnehin in der Klasse definierten Aufgaben anbieten.

Die Implementierung einer Schnittstelle verlangt auch eine ausführliche Dokumentation, damit andere Entwickler die Schnittstelle auch ordnungsgemäß verwenden. Diese Dokumentation enthält jedenfalls eine ausführliche Beschreibung der Signatur (Name der Schnittstelle, Parameter, Rückgabewert) und aller potenziell auftretenden Fehler. Darüber hinaus wird auch die genaue Semantik der Schnittstelle gemäß tatsächlich erfolgter Implementierung nochmals genau beschrieben.

11.3   Vorgehen

Die Aktivitäten in der Implementierung beschränken sich auf drei Dinge: Implementierung (von Architektur, Subsystemen und Klassen), Testen von Klassen und Integration.

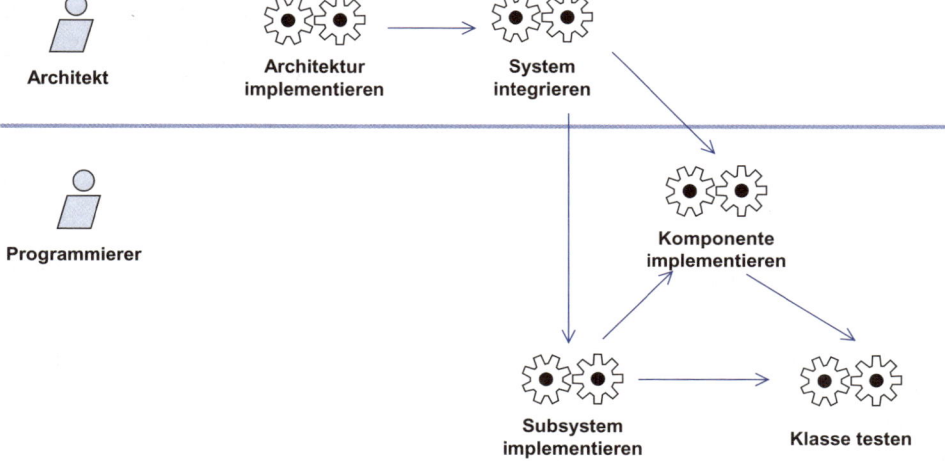

Abbildung 11.9: Aktivitäten im Arbeitsschritt Implementierung

11.3.1 Architektur implementieren

Die Implementierung der *Architektur* startet bereits frühzeitig, damit alle anderen Komponenten auf dieser aufsetzen und so bald als möglich getestet werden können.

Die Implementierung der Architektur schließt oft die Implementierung folgender Teile mit ein:

- Schnittstellen zu Hardware, Netzwerk und Systemsoftware,
- abstrakte und generische Klassen, welche entscheidende Funktionen für das weitere System implementieren oder Struktur (vor allem in Hinsicht auf die Anwendung von Polymorphismus) vorgeben,
- komplexe Algorithmen, die im System mehrfach verwendet werden.

11.3.2 Subsystem implementieren

Bei der Implementierung der *Subsysteme* und der in den Subsystemen zusammengefassten *Komponenten* ist vor allem darauf zu achten, ob die Aufgaben, die im Entwurf für das Subsystem festgelegt wurden, in der Implementierung auch eingehalten werden.

Bei der Implementierung der Subsysteme kann von innen nach außen (d.h. zuerst werden die Komponenten implementiert) oder von außen nach innen vorgegangen werden (d.h. zuerst werden die Schnittstellen implementiert). Der Vorteil des zweiten Vorgehens ist, dass die Schnittstellen dadurch bereits feststehen und eine willkürliche Abänderung so unwahrscheinlich wird.

11.3.3 Komponenten implementieren

Als ersten Schritt bei der Implementierung der *Komponenten* werden *Source-Code-Skelette* aus den Entwurfsklassen generiert, sofern dies aufgrund der verwendeten Werkzeuge möglich ist. Anschließend werden nach kleineren Korrekturen an den Attributen der Klasse, welche nicht einwandfrei erzeugt wurde (z.B. wegen sich unterscheidender Datentypen), die Methoden der Klasse implementiert. Zuerst werden die privaten Methoden umgesetzt, anschließend die Schnittstellen der Klasse, die sich der privaten Methoden bedienen.

Nach Fertigstellung des Source-Codes werden die Komponenten in *ausführbaren Code* übersetzt.

Zusätzlich zum Code wird in den Klassen eine *Dokumentation* mitgeführt, die spätere Änderungen (vor allem im Zuge der Wartung) möglich machen bzw. erleichtern sollen.

Anwenderschnittstellen

Folgende Tätigkeiten sind während der Implementierung der *Anwenderschnittstellen* auszuführen:

- Anbindung der Klassen der Geschäftslogik für den Zugriff auf die Systemfunktionalität und

- Gestaltung der Benutzerinteraktion anhand von Meldungen, Fehlermeldungen und anderen Elementen, die das dynamische Verhalten des Systems widerspiegeln.

Die Implementierung der Anwenderschnittstelle verwendet im Normalfall keine Teile des Prototyps, um Fehler, Inkonsistenzen oder andere Mängel im Prototypen nicht in die Implementierung zu übernehmen. Aufgrund der Unvollständigkeit des Prototyps ist dieser meist vollkommen unkommentiert. Es werden keinerlei Namensrichtlinien eingehalten und auch die Modularisierung muss nicht mit jener der Implementierung übereinstimmen. Für die Erstellung des Prototyps sind diese Beschränkungen meist auch nicht notwendig und würden nur unnötigen Aufwand bedeuten. Verwendet man Teile des Prototyps in der Implementierung, verursacht die Beseitigung dieser Mängel erheblichen Aufwand, der den für eine Neuerstellung im Normalfall übersteigt.

Schnittstellen

Schnittstellen sorgen oft für die Kommunikation mit anderen Systemen. Dies erfordert meist die Interaktion mit einer anderen Technologie als jener, in der das vorliegende System entwickelt wird. Es ist daher ratsam, mit der Implementierung oder besser mit einer Überprüfung der Machbarkeit der Implementierung bereits sehr frühzeitig zu beginnen. Auftretende Probleme können so frühzeitig erkannt und gelöst werden.

Kontroller

Die *Kontroller* als Herzstück des Systems leben vor allem von der in ihnen implementierten (Geschäfts-)Logik. Gerade Kontroller werden daher in enger Verbindung mit *Testklassen* implementiert, die immer wieder die korrekte Funktion der bisher implementierten Teile überprüfen sollen. Die Mitführung einer aktuellen *Dokumentation* ist vor allem in den Kontrollern von wichtiger Bedeutung, da vor allem in diesen komplexer Code anzutreffen sein wird.

Entitäten

In den *Entitäten* liegt die Konzentration auf der Implementierung der Attribute und der entsprechenden Zugriffsmethoden zum Lesen und Schreiben von Werten durch die Kontroller und zum Lesen und Schreiben der Attribut-Werte in ein Datenhaltungssystem. In den Entitäten werden oft auch Integritätsbedingungen zwischen Attributen innerhalb der Entität aber auch zwischen Entitäten als Ganzes implementiert.

Mit Hilfe von *Testklassen* werden neben dem Test der klassischen CRUD-Funktionalität (*create*, *read*, *update*, *delete*) vor allem die korrekte Implementierung der Datentypen, der Wertebereiche und der Integritätsbedingungen überprüft.

11.3.4   Klasse testen

Zu jeder Klasse wird auch eine *Testklasse* geschrieben, welche die Schnittstellen der Klasse, aber auch interne Funktionen nach einem White-Box-Verfahren testen soll. Um alle Abläufe in der Klasse zu überblicken, können Sequenz- oder Zustandsdiagramme für besonders komplexe Klassen als Grundlage für die Testfallformulierung erstellt werden.

Klassen für Klassentests werden entweder direkt in der Entwicklungsumgebung des Projekts implementiert oder mit davor geeigneten Werkzeugen erstellt und ausgeführt (z. B. JUnit).

Tests mit Hilfe von Testklassen können regelmäßig, müssen aber vor jedem Integrationsschritt durchgeführt werden.

11.3.5   System integrieren

Die häufigsten Probleme bei der Integration ergeben sich aus falsch angewendeten Schnittstellen bzw. Schnittstellen, welche nicht wie im Entwurf versprochen funktionieren. Um die Fehler bis zu jener fehlerhaften Schnittstelle zurückverfolgen zu können, muss das System gemäß dem *Integrationsplan* Teil für Teil zusammengefügt und nach jedem Integrationsschritt Tests unterzogen werden. So kann man die korrekte Funktion der bisher beteiligten Schnittstellen überprüfen bzw. vorhandene Fehler sofort korrigieren.

Vor jedem Integrationsschritt wird mit Hilfe der *Testklassen* ein Klassentest der in der Klasse enthaltenen Funktionen durchgeführt. Nachdem die einzelnen Klassen, aus denen das System besteht, dem Klassentest unterzogen wurden, kann nun mit der Integration begonnen werden. Zunächst werden Klassen, die gemeinsam größere Funktionen erfüllen, zu Subsystemen zusammengeführt.

Diese Subsysteme werden in so genannten Integrationstests auf ihre Funktion als Ganzes getestet. Dazu wird der gesamte Eingabebereich des Subsystems mit den korrespondierenden Ausgabe- bzw. Rückgabewerten verglichen, und so die korrekte Funktion der im Subsystem enthaltenen Klassen garantiert. Auf dieses Verhalten an den *Schnittstellen* zwischen Subsystemen wird bei der Integration besonderes Augenmerk gelegt. *Abbildung 11.10* stellt diesen Gedanken grafisch dar. Ein Subsystem besteht aus vielen Klassen (bzw. aus Modulen in nicht objektorientierten Systemen). Beim Integrationstest werden die interne Struktur und die Interaktion der Klassen eines Subsystems ignoriert und nur der Eingabe- und Ausgabebereich des Subsystems als Ganzes betrachtet.

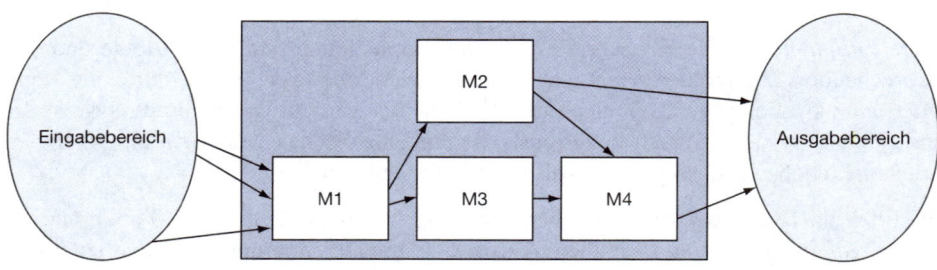

Abbildung 11.10:   Modulintegration (nach [Roye93])

Den letzten Schritt auf dem Weg zum Gesamtsystem stellt die Integration der Subsysteme dar. Dabei werden die einzelnen Funktionen zu einem oder mehreren ausführbaren Programmen zusammengeführt. Hierbei werden die Funktionen des Systems vor allem nach Kriterien untersucht, die bisher nur untergeordnete Bedeutung hatten oder nicht aussagekräftig überprüft werden konnten:

Geschwindigkeit und Antwortzeit: Bei interaktiver Software gilt als Faustregel, dass der Benutzer innerhalb einer Sekunde (irgend)eine Reaktion der Software auf seine Eingaben sehen muss. Die geforderte Geschwindigkeit von verwendeten Algorithmen und Funktionen kann der Spezifikation entnommen werden. Falls dort keine Grenzwerte genannt werden, muss man jetzt akzeptable Limits festlegen.

Datenmengen und Datenraten: Wenn das Programm Daten bearbeiten soll, muss sichergestellt sein, dass es die auftretenden Daten sowohl hinsichtlich ihres Umfangs als auch hinsichtlich der Rate, mit der sie dem Programm zugeführt werden, bewältigen kann, d.h. nichts wird „verloren".

Laufzeitbedingungen: Verwenden mehrere Programme gemeinsame Ressourcen im System, muss der Zugriff auf diese Ressourcen geregelt werden. Wird dieser Punkt nicht beachtet, kann es zu indeterministisch auftretenden Fehlern und Laufzeitverzögerungen kommen, wenn mehrere Programme gleichzeitig eine Ressource verwenden wollen.

11.4 Methoden

11.4.1 Tipps zur Implementierung von Anwenderschnittstellen

Folgende Regeln sollten bei der Implementierung der Anwenderschnittstelle beachtet werden:

1. Die wichtigste Regel bei der Implementierung einer Anwenderschnittstelle ist die Konsistenz. Kann durch zweimalige Betätigung einer Maustaste in einer Liste von Datenobjekten deren Detailansicht geöffnet werden, so sollte dies auch in allen anderen Darstellungen von Datenobjekten der Fall sein. Nichts verwirrt den Benutzer mehr, als unterschiedliche Reaktionen des Systems auf dieselbe vom Benutzer ausgehende Aktion.

2. Aufgrund der hohen Anzahl von Elementen in einer Anwenderschnittstelle sind die konsequente Einhaltung von Namensrichtlinien und die sinnvolle Benennung der Elemente von besonderer Bedeutung. Das nachfolgende Beispiel zeigt eine Anwenderschnittstelle mit einer großen Anzahl von Schaltflächen und zwei möglichen Deklarationen dieser Felder. Es sollte nur unschwer zu erkennen sein, dass die Variante in *Listing 6.2* aufgrund der Benennung der Felder wesentlich leichter zu implementieren und zu warten ist als die Variante in *Listing 6.1*.

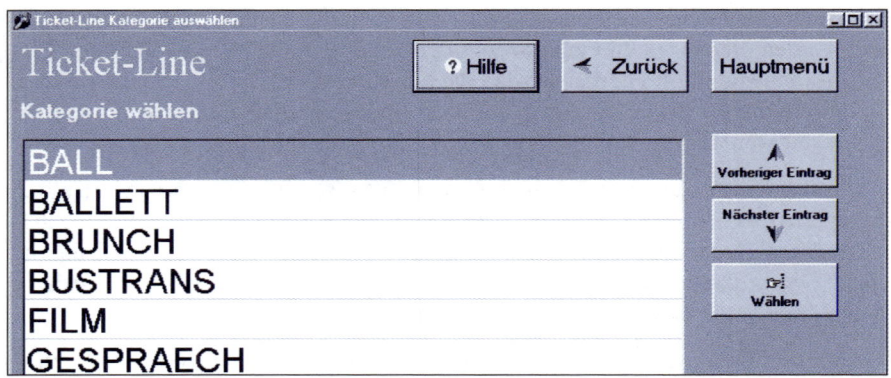

Abbildung 11.11: Anwenderschnittstelle „Kategorie auswählen"

```
Type
  TSelectCategory = class(TForm)
    Label1: TLabel;
    BitBtn7: TBitBtn;
    BitBtn1: TBitBtn;
    BitBtn2: TBitBtn;
    Label3: TLabel;
    BitBtn3: TBitBtn;
    BitBtn4: TBitBtn;
    BitBtn5: TBitBtn;
    KatGrid: TStringGrid;
    procedure BitBtn3Click(Sender: TObject);
    procedure BitBtn1Click(Sender: TObject);
    procedure FormActivate(Sender: TObject);
    procedure BitBtn7Click(Sender: TObject);
    procedure BitBtn2Click(Sender: TObject);
    procedure BitBtn4Click(Sender: TObject);
    procedure BitBtn5Click(Sender: TObject);
  private
    { Private-Deklarationen}
  public
    { Public-Deklarationen}
  end;
```

Listing 11.1: Schwer verständliche Namensgebung für die Anwenderschnittstelle
             „Kategorie auswählen"

```
Type
  TSelectCategory = class(TForm)
    lbTitel: TLabel;
    lbUntertitel: Tlabel;
    btnHilfe: TBitBtn;
    btnMenue: TBitBtn;
```

```
  btnZurueck: TBitBtn;
  btnVoriger: TBitBtn;
  btnNaechster: TBitBtn;
  btnWaehlen: TBitBtn;
  gridKategorie: TStringGrid;
  procedure FormActivate(Sender: TObject);
  procedure btnHilfeClick(Sender: TObject);
  procedure btnMenueClick(Sender: TObject);
  procedure btnZurueckClick(Sender: TObject);
  procedure btnVorigerClick(Sender: TObject);
  procedure btnNaechsterClick(Sender: TObject);
  procedure btnWaehlenClick(Sender: TObject);
private
  { Private-Deklarationen}
public
  { Public-Deklarationen}
end;
```

Listing 11.2: Leicht verständliche Namensgebung für die Anwenderschnittstelle „Kategorie auswählen"

3. Meldungen an den Benutzer sollten klar und unmissverständlich sein. Eine Meldung mit dem Text „Sie haben das Datenblatt unvollständig ausgefüllt" hilft dem Benutzer nur sehr wenig, wenn das Datenblatt 20 Datenfelder aufweist. In diesem Fall ist zum Beispiel die Meldung „Die Adresse muss angegeben werden" wesentlich verständlicher und eindeutiger. Meldungen dieser Art können größtenteils vermieden werden, indem bei Eingabefenstern obligatorische und optionale Eingaben geeignet gekennzeichnet werden.

4. Die Gestaltung einer Anwenderschnittstelle mit Hilfe von Farben und verschiedenen Schriftarten sollte mit Vorsicht erfolgen. Wiederum sollte die Gestaltung konsistent gehalten werden, d.h. dieselbe Farbe oder dieselbe Schriftart sollte stets dasselbe bedeuten (z.B. ein roter kursiver Text zeigt den Schlüssel eines Datensatzes). Die Verwendung von vielen unterschiedlichen Farben und Schriften führt zu einer „Überladung" der Anwenderschnittstelle und sie verliert an Übersichtlichkeit.

5. Die Elemente der Anwenderschnittstelle sollten sinnvoll gruppiert werden. Weiters sollten die verschiedenen Elemente bzw. Gruppen von Elementen nach einem einheitlichen Raster ausgerichtet werden. Die Gruppierung und die einheitliche Ausrichtung tragen wesentlich zur Orientierung auf einer Anwenderschnittstelle bei. *Abbildung 11.12* zeigt Beispiele von Fenstern ohne Gruppierungen und Ausrichtung nach einem Raster und unter Einhaltung dieser Regeln.

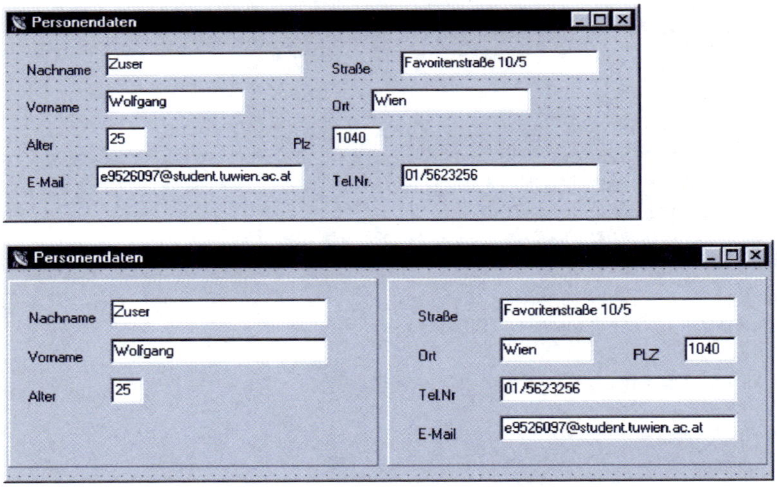

Abbildung 11.12:   Schlechte und gute Gestaltung einer Anwenderschnittstelle

6. Die Standardaktion einer Anwenderschnittstelle, welche über die Betätigung der ⏎-Taste ausgeführt wird, sollte keinesfalls eine destruktive Aktion wie das Löschen von Daten auslösen. Die Standardaktion sollte stets mit einer konstruktiven Aktion wie dem Speichern von Daten oder im Zweifelsfall dem Abbruch der Aktion belegt sein.

Alle Fehler, die aufgrund von Bedienungsfehlern des Benutzers entstehen, sollten in der Implementierung der Anwenderschnittstelle abgefangen bzw. verhindert werden. Zu diesem Zweck können Schaltflächen deaktiviert werden, oder es sind entsprechende Überprüfungen durchzuführen. Dem Benutzer sollte es zum Beispiel nicht möglich sein, mittels Drag&Drop ein Element in eine Liste von Datenobjekten einzufügen, welches nicht dem Typ der Datenobjekte in dieser Liste entspricht. Um Inkonsistenzen zu vermeiden, sollte es zum Beispiel auch nicht möglich sein, mehrere Detailansichten desselben Datenobjekts zu öffnen.

11.4.2   Implementierung der Kontroller

Für die Implementierung der Klassen gibt es eine Reihe wertvoller Tipps welche in der Checkliste für guten OO-Code festgehalten sind.

Guter OO-Code

Syntax und Struktur

- Strukturieren Sie Code so, dass er immer leicht lesbar bleibt.
- Verwenden Sie Einrückungen (Tabulatoren und Leerzeichen).
- Beschränken Sie die maximale Zeilenlänge auf 80 Zeichen.
- Geben Sie nur eine Anweisung pro Zeile.
- Vermeiden Sie unverständliche Abkürzungen.
- Legen Sie sich ein konsistentes Benennungssystem zurecht und halten Sie es ein.

Kommentare

- Sparen Sie nicht mit Kommentaren, insbesondere bei nicht offensichtlichen Annahmen.
- Beschreiben Sie vor jeder Methode ihre Funktionsweise.
- Sparen Sie nicht an begleitender Dokumentation (z.B. kann eine Readme-Datei mit einer ausführlichen technischen Beschreibung sehr hilfreich sein).

System

- Vermeiden Sie den Gebrauch globaler Variablen. Eine Methode verwendet als Daten im Normalfall nur Parameter und lokale, initialisierte Variablen.
- Implementieren Sie eine effektive Fehlerbehandlung (Exceptions sind in objektorientierten Sprachen ein hervorragendes Instrument für diesen Zweck).

Klassenebene

- Verwenden Sie Vererbung nur, wenn Klassen in inhaltlichem Zusammenhang stehen (setzen Sie keinesfalls Vererbung ein, um sich das Tippen einiger Variablen zu sparen).
- Fassen Sie in Subsystemen nur zusammen, was auch zusammengehört.
- Vermeiden Sie zu allgemeine Klassen. Jede Klasse soll eine genau spezifizierte Funktionalität besitzen, für die sie Spezialist ist.

Methodenebene

- Benutzen Sie aussagekräftige Variablen- und Methodenbezeichner. Verwenden Sie zur besseren Lesbarkeit Groß- und Kleinschreibung.
- Halten Sie private und öffentliche Methoden strikt auseinander.
- Jede Methode muss testbar sein, d.h. es soll zu entscheiden sein, ob sie korrekt implementiert wurde.

- Jede Methode muss leicht verständlich sein. Halten Sie dazu Methoden so kurz wie möglich. Teilen Sie Funktionalität – wenn nötig – auf mehrere Methoden auf.
- Informieren Sie sich in einschlägigen Büchern über geeignete Standardalgorithmen.

Implementieren Sie Design by Contract

- Initialisieren Sie alle Variablen. Alle Annahmen über den Zustand von Variablen sollten durch Abfragen im Code überprüft werden.
- Jede Methode überprüft Eingabeparameter auf Gültigkeit und Sonderfälle. Die Methode reagiert klar und sinnvoll auf Sonderfälle.
- Überprüfen Sie immer die Rückgabewerte von Funktionen auf mögliche Fehler (z. B. kein Rückgabewert, Rückgabewert liegt außerhalb des Wertebereichs usw.).

11.4.3   Implementierung der Entitäten

Für den Zugriff auf Daten gibt es in vielen modernen Entwicklungsumgebungen vorgefertigte Komponenten. Man unterscheidet Komponenten für den Zugriff auf die Datenbank über eine dafür vorgesehene Schnittstelle (z.B. SQL) und für einen direkten Zugriff auf das Datenbanksystem, der für den Programmierer transparent erscheint. In letzterem Fall muss sich der Programmierer um keine Details mehr kümmern, sondern er wendet die Steuerelemente für den Datenbankzugriff nur mehr an.

Die Entscheidung über den gewählten Zugriff hängt von Leistungskriterien und Entwurfsentscheidungen ab und sollte bereits vor der Implementierung bestimmt werden. Werden Komponenten für den direkten Zugriff verwendet, wird ein vorhandenes Schichtenmodell meist durchbrochen, da diese Komponenten ohne die Verwendung einer implementierten Datenbasis auf die Datenbank zugreifen. Die Möglichkeiten dieser Komponenten sind daher auch eingeschränkt. Vor allem die Weiterverwendung der Daten in Objekten ist mit diesem Ansatz schwierig.

Der Zugriff über die Datenbankschnittstelle ermöglicht dem Programmierer weit mehr Möglichkeiten in der Manipulation und Verwaltung der Daten. Mit dieser Variante ist aber auch ein größerer Aufwand verbunden.

Abbildung 11.13 und *Abbildung 11.14* zeigen Komponenten einer modernen Entwicklungsumgebung[3] für den Datenbankzugriff.

Abbildung 11.13:   Dialogkomponenten für direkten Datenbankzugriff

---

[3]   Diese Beispiele stammen aus der Umgebung Delphi von Inprise. Solche oder ähnliche Komponenten sind jedoch in allen zurzeit erhältlichen Entwicklungsumgebungen verfügbar.

Abbildung 11.14: Komponenten für den Datenbankzugriff via SQL

Will man auf ein Datenbanksystem gezielt zugreifen, um zum Beispiel eine Datenbank zu erzeugen, benötigt man in beiden Fällen der Komponenten die Zugriffssprache SQL. Während beim direkten Zugriff das Skript als Attribut einer Komponente eingegeben wird, muss beim programmierten Zugriff das Skript in einer Methode dynamisch übergeben oder statisch programmiert werden. Beim direkten Zugriff wird das Ergebnis einer Abfrage durch die Komponente verwaltet und ggf. dargestellt, beim programmierten Zugriff muss der Programmierer selbst die Daten aufbereiten und in geeigneten Komponenten (z.B. einer Listbox) darstellen. *Listing 6.3* zeigt ein solches Skript, welches eine Datenbank erzeugt und den Inhalt einer Tabelle abfragt.

```
/* Skript 1: */
CREATE DATABASE "C:\TL\ticketline.gdb" PAGE_SIZE 1024;

/* Table: AUFFUEHRUNG, Owner: SYSDBA */
CREATE TABLE AUFFUEHRUNG (BEZEICHNUNG VARCHAR(30) NOT NULL,
        VERANSTKAT VARCHAR(30) NOT NULL,
        SAALBEZ VARCHAR(30) NOT NULL,
        ORTBEZ VARCHAR(30) NOT NULL,
        DATUMUHRZEIT DATE NOT NULL,
        HINWEISS VARCHAR(200),
CONSTRAINT AUFFUEHRUNG_PK PRIMARY KEY (SAALBEZ, ORTBEZ, DATUMUHRZEIT,
                            BEZEICHNUNG, VERANSTKAT));

/* Skript 2: */
SELECT * FROM AUFFUEHRUNG;
```

Listing 11.3: SQL-Skript zur Erzeugung der Datenbank „Ticketline" und der Tabelle „Aufführung" sowie einer Abfrage

11.5 Weiterführendes

11.5.1 eXtreme Programming

Neun Regeln sind für die Implementierung im Konzept von XP vorgesehen.

Der Kunde ist immer verfügbar

Im Extreme Programming ist es eine wichtige Voraussetzung, dass der Kunde immer verfügbar ist und als ein Teil des Entwicklungsteams angesehen wird. In allen vorhergehenden Phasen wurde der Kunde bereits mit den User Stories und deren Einbindung in die Iterationen als ein Bestandteil des Teams angesehen. Diese Sichtweise setzt sich auch in der Implementierung fort. Natürlich kann der Kunde nicht selbst implementieren, doch soll er in die laufende Entwicklung immer einbezogen werden. Ein Grund dafür ist darin zu suchen, dass die User Stories einen niedrigen Detailgrad für die tatsächliche Implementierung aufweisen, und die Entwickler daher gezwungenermaßen mit dem Kunden immer wieder Rücksprache halten müssen, ob ihre Implementierung den Vorstellungen des Kunden entspricht. Funktionale Tests kleinerer Module sind dabei ein wichtiger Bestandteil, da sie vom Kunden selbst durchgeführt werden können.

Codierungsstandards

Eine Forderung bzw. Regelung die eigentlich in jedem Projekt eine Selbstverständlichkeit sein sollte. Einheitliche und akzeptierte Standards für die Gestaltung und Strukturierung der Codeteile sollen verwendet werden, um die Lesbarkeit für das komplette Team zu erleichtern.

Zuerst der Test, dann das Modul

Den zugehörigen Test vor dem eigentlichen Modul zu implementieren, ist eine Forderung, die im Extreme Programming einen hohen Stellenwert besitzt. Unter der Annahme, dass das Codieren des Klassentests bereits Unklarheiten in der Spezifikation beseitigt und die Anforderungen für das Modul festlegt, wird im Extreme Programming-Konzept diese Regel als ein hoher Mehrwert für den Kunden angesehen. Durch das Entwickeln des Tests vor der eigentlichen Implementierung kann besser darauf geachtet werden, das Modul dem Test entsprechend zu schreiben, und damit die Anforderungen des Kunden exakter zu treffen. Im Extreme Programming wird vorgeschlagen, nicht den kompletten Test und dann das entsprechende Modul zu erstellen, sondern zuerst einen kleinen Test zu schreiben und darauf folgend ein Stück Code des Moduls, das diesen Test passieren würde. Danach wird das Modul im selben Rhythmus Stück für Stück zusammengesetzt.

Programmierung in Paaren

Im Konzept des Extreme Programming wird ausschließlich in Paaren programmiert, unter der Annahme, dass einer der beiden Programmierer tippt und sich über die Implementierung der momentanen Methode Gedanken macht, während sein Partner überlegt, wie die Methode nun in die momentane Klasse integriert werden kann. Damit es nicht zu Wissensinseln kommt, also zwei „gute" Entwickler und zwei „schlechte" Entwickler immer ein Paar bilden, ist ein regelmäßiger Partnertausch ebenfalls eine Forderung des Extreme Programming.

Sequenzielle Integration

Wenn unterschiedliche Entwickler an unterschiedlichen Modulen parallel arbeiten, kommt es vor allem bei der Zusammensetzung der einzelnen Module zu einem Ganzen zu erheblichen Schwierigkeiten. Abstimmungsprobleme, langwierige Tests und oftmals auch eine neue Codierung sind erforderlich. Auch im Extreme Programming wird parallel an unterschiedlichen Modulen gearbeitet. Um jedoch die angesprochenen Probleme bei der Zusammenführung zu vermeiden, darf jeweils nur ein Team zu einem gesetzten Zeitpunkt seine neueste Version in das Gesamtsystem einbinden. Das bedeutet nicht, dass nur zu einer bestimmten Zeit ein bestimmtes Team codieren darf, sondern dass die Veröffentlichung der Ergebnisse für jedes Team zu vorgegebenen Zeitpunkten erlaubt ist. Es werden unterschiedliche Mechanismen vorgeschlagen, diese „Veröffentlichungssequenz" zu steuern. Der einfachste ist einfach ein „Token", der von Team zu Team weitergegeben wird. Das jeweilige Team im Besitz des Tokens kann seine neueste Codeversion veröffentlichen und in das Gesamtsystem integrieren. Obwohl dies auf den ersten Blick nach einem strikten und arbeitsblockierenden System aussieht, ergibt es bei näherer Betrachtung in Zusammenhang mit anderen Regelungen des Extreme Programming Sinn. Wie bereits erläutert sollte der Entwurf so einfach und klein wie möglich gehalten werden. Daher ergeben sich in der sequenziellen Integration auch kürzere Integrationszeiten, die weder das System in großen Schüben ändern, noch das System für einen langen Zeitraum sperren.

Oftmalige Integration

Strikt nach den Regeln des Extreme Programming sollte jedes Entwicklerteam alle paar Stunden Code in das System integrieren, und Module und Codeänderungen sollte nie länger als einen Tag im „nicht-integrierten" Zustand außerhalb des Systems verweilen. Dadurch soll erreicht werden, dass jedes Team immer mit der aktuellsten Version des Systems arbeiten kann, und dass vor allem der Problembereich bei auftretenden Fehlern stark abgegrenzt werden kann. Sobald ein Klassen-Test 100 % fehlerfrei läuft, oder ein Programmiererteam eine Pause nimmt, sollte der bereits vorhandene Code zuvor integriert werden. Kompatibilitätsprobleme sollen dadurch bereits frühzeitig erkannt und ausgebessert werden.

Kollektiver Codebesitz

Abbildung 11.15 erläutert die Zusammenhänge der bisher vorgestellten Regelungen in Hinblick auf Codierung und auch den Entwurf. Durch den kollektiven Codebesitz sollen alle Entwicklungsteams ermutigt werden, neue Ideen und Vorschläge einzubringen, auch in Module, an deren Entstehung sie bisher nicht beteiligt waren. Jeder ist dazu berechtigt, Fehler zu beseitigen, neue Funktionalitäten hinzuzufügen oder „Refactoring" durchzuführen. Hier unterscheidet sich Extreme Programming erneut von anderen Softwareentwicklungsprozessen, wo nicht das komplette Team für die Systemarchitektur, sondern meist ein technischer Architekt und seine Assistenten dafür verantwortlich sind. Das Konzept des Extreme Programming versucht hier der personellen Fluktuation (was tun, wenn der technische Architekt das Projekt verlässt) ebenso entgegenzusteuern wie personellen Engpässen, da die Verantwortung für das Funktionieren des Systems auf das komplette Team aufgeteilt wird. Durch Anwendung von sequenzieller Integration und oftmalige Integration wird erreicht, dass die Änderungen in ihrem Ausmaß nicht unüberschaubar werden.

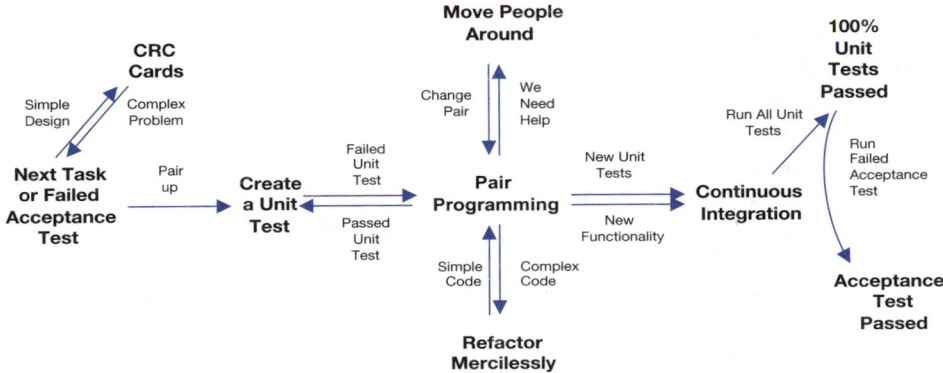

Abbildung 11.15:   Gemeinsame Verantwortlichkeit für den Code

Optimierung erst am Schluss

Eine einfache und zu gleich simple Regelung: Das System wird erst am Ende optimiert, es macht keinen Sinn zu versuchen, die „Flaschenhälse" eines Systems im Voraus zu suchen. Das Prinzip des Extreme Programming legt die Priorität zunächst auf das Funktionieren des Systems, dann auf das richtige Funktionieren des Systems und erst zuletzt auf die Geschwindigkeit des Systems.

Keine Überstunden

Projekte, die Überstunden benötigen, um rechtzeitig im Zeitplan beendet zu werden, sind im Konzept des Extreme Programmings nicht mehr in den ursprünglichen Zeitplan zu bringen. Daher sollen keine Überstunden angesetzt werden, sondern mit Hilfe eines neuen Release-Planning-Meetings, der Zeitplan überarbeitet werden. Auch die Erhöhung der Ressourcen wird im Extreme Programming abgelehnt. Wenn ein Zeitplan nicht einzuhalten ist, muss mittels des Release-Plannings ein neuer Zeitplan erstellt werden.

11.5.2   Komponentenbasierte Entwicklung

Softwareentwicklung ist heute mehr als die Neuprogrammierung von Applikationen und deren Wartung bis zu ihrem Lebensende. Wiederverwendung und Entwicklung von Komponenten spielen für die Produktivitätssteigerung und Qualitätsmehrung in der Software-Industrie eine immer wesentlichere Rolle. Während Wiederverwendung stets auf bereits bestehenden Systemen basiert, ist die Entwicklung von Komponenten meist als jeweils eigenes Projekt konzipiert. Aufgrund der allgemeinen Anwendbarkeit von Komponenten ist der Entwicklungsaufwand keinesfalls geringer als der einer herkömmlichen Applikation.

Komponenten sind wesentlich mehr als Klassen einer Klassenbibliothek. Unter einer Komponente versteht man einen Systemteil, der seinerseits wieder aus Komponenten oder aus Klassen bestehen kann, und der die Umsetzung von genau festgelegten Anforderungen unterstützt oder gänzlich erfüllt. Eine Komponente besitzt eine genau definierte Schnittstelle nach außen und kapselt alle internen technischen Details.

Die Implementierung eines Systems besteht nun nicht mehr aus Schreiben und Testen des Codes, sondern zu großen Teilen aus der Auswahl, der Konfiguration und der Einbindung von Komponenten und wiederverwendbaren Teilen.

Als Beispiele für die Verbreitung der komponentenbasierten Softwareentwicklung sind zu nennen (vgl. [Müll99]):

- Namhafte Software-Hersteller entwickeln Komponentenmodelle, die mittlerweile eine weite Verbreitung aufweisen können: Microsofts Component Object Model (COM) mit den „ActiveXControls" oder die aus der Java-Technologie entsprungenen Java Beans. Der Komponentenmarkt wuchs von 1996 bis 2001 ca. um den Faktor 15.

- In einigen Organisationen gibt es bereits wirtschaftlich einsetzbare Komponenten wie z. B. das San Francisco Project von IBM.

- Für die Erstellung von Komponenten sind inzwischen eigene Werkzeuge erhältlich.

Trotz der klar erkennbaren Vorteile hat dieser Bereich noch mit vielen Problemen zu kämpfen:

- Ein fehlender einheitlicher Standard (momentan gibt es COM, CORBA, Java Beans usw.).

- Eine fehlende Architektur zur Verwaltung von Komponenten und fehlende Mechanismen zum Vertrieb von Komponenten am freien Markt.

- Geeignete Änderungen der Prozessmodelle zur Einbindung der Entwicklung mit Komponenten (davon sind vor allem die Arbeitsschritte Entwurf, Implementierung und Test sowie der Bereich Qualitätsmanagement betroffen).

- Der Entwurf von Komponenten mit der richtigen Granularität. Zu kleine Komponenten münden in einer herkömmlichen Klassenbibliothek, zu große Komponenten können nicht sinnvoll wiederverwendet werden. *Abbildung 11.16* zeigt verschiedene Granularitäten von Komponenten.

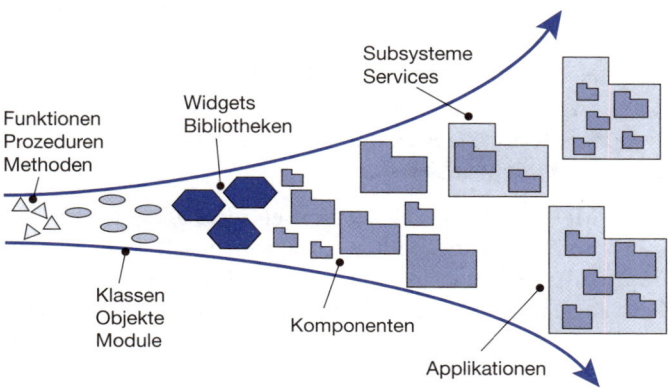

Abbildung 11.16: Granularität von Software-Komponenten (aus [Alle98])

11.5.3   Model Driven Architecture (MDA)

Seit der Entstehung der UML wird auch der Ansatz verfolgt, Software mit den Mitteln einer grafischen Notation zu beschreiben und den benötigten Code für die Applikation automatisch von Werkzeugen generieren zu lassen. Solche Entwicklungen basieren auf der gemeinsam mit UML definierten *Model Driven Architecture* (MDA).

Bereits in den Siebzigerjahren wurde der Ansatz von der Industrie verfolgt, die Entwicklung von Software-Produkten weitestgehend auf Computer gestützte Prozesse zu lenken. Produkte wie *Information Engineering Facility* unterstützten schon früh dieses Konzept, und erlaubten eine durchgängige Analyse und ein durchgängiges Design sowie eine beinahe 100%-ige Codegenerierung.

Neuere Entwicklungen auf diesem Gebiet greifen bereits stark auf die Konzepte, welche durch die MDA verfügbar sind, zurück und erlauben die Herstellung von Stand-Alone-Applikationen bis hin zu verteilten Systemen, ohne dass Entwickler Code schreiben müssten. Vorteil dieser Vorgehens liegen vor allem im Bereich der Implementierung, da Entwickler nicht mehr für die Erstellung von Source-Code und dessen Überprüfung verantwortlich sind, sondern ihre Aufgaben sich weitestgehend auf einem höheren Abstraktionsniveau bewegen.

Die nachfolgenden Eigenschaften haben wesentlichen Einfluss auf die Qualität von objektorientierten Softwareprojekten, da sie auf entscheidende Kriterien verstärkt Rücksicht nehmen.

- *Innovation (Erweiterbarkeit):* Bereits erstellte Modelle können technischen Neuerungen leicht angepasst werden, sofern die Tools, welche die MDA Konzepte umsetzen, diese neuen Technologien unterstützen.

- *Integration:* Modelle können ohne großen Aufwand auf die unterschiedlichsten Systeme portiert werden.

- *Wartung:* Die Verfügbarkeit von Modellen, die in einer Form vorhanden sind, die sowohl von Menschen als auch Maschinen gleichermaßen verstanden werden kann, erleichtert den Wartungsaufwand erheblich.

- *Test und Simulation des Systemverhaltens:* Da bereits der Source-Code des zu implementierenden Systems weitestgehend automatisch erzeugt werden kann, sind auch andere Aspekte der Entwicklung, wie das Testen und die Simulation des Systemverhaltens auf der Endplattform, stark automatisierbar.

Entwicklungen basierend auf der MDA zeichnen sich dadurch aus, dass der Fokus auf die Funktionalität und das Verhalten von Applikationen bzw. Systemen gelegt wird, und die Entwicklungsplattform sowie spezifische Details in den Hintergrund gestellt werden. Das Trennen der Analyse von Geschäftsanforderungen und Implementierungsdetails ermöglicht die Erstellung von Produkten, die ohne großen Aufwand auf die verschiedensten Systeme portiert werden können.

Möglich wird dies durch die Einführung der MDA (*Model Driven Architecture*), einer Architektur, die auf der Erstellung von PIM´s (*Platform Independent Model*) basiert, welche vollkommen unabhängig von einer programmierspezifischen Syntax ist. Eine vollständige Architektur besteht aber nicht nur aus einem PIM, sondern auch aus einem oder mehreren PSM (*Platform Specific Model*) und Interface-Definitionen, die beschreiben, wie das Basismodell auf verschiedenen Middleware-Plattformen implementiert wird.

Zusammenfassung

- Zu Beginn des Arbeitsschritts Implementierung muss in einem Integrationsplan die Reihenfolge der Implementierung der Klassen sowie der Integration zu Subsystemen und dem fertigen System festgelegt werden.

- Basierend auf den gegenseitigen Abhängigkeiten zwischen Klassen lassen sich verschiedene Strategien zur Integration anwenden, die das System unter verschiedenen Aspekten wachsen lassen.

- Eine erfolgreiche Implementierung eines Softwaresystems hängt von zahlreichen Faktoren ab. Einen sehr wichtigen Einfluss hat die Qualität der dokumentierten Anforderungen, der zuvor durchgeführten Analyse und des Entwurfs.

- Einen hohen Einfluss auf die Implementierung hat auch die richtige Wahl der Entwicklungsumgebung. Die Entwicklungsumgebung bestimmt die verwendete Programmiersprache und die für die Programmierer verfügbaren Werkzeuge. Weiters hat sie maßgeblichen Einfluss auf die technologischen Möglichkeiten bei der Realisierung eines Systems.

- Bei der Implementierung der Architektur und aller Klassen des Entwurfs basiert die Qualität größtenteils auf der Erfahrung der Programmierer.

- Gewisse Richtlinien wie Namenskonventionen und Vorgaben zur Gestaltung und Kommentierung können die Quelldateien von verschiedenen Programmierern eines Projekts vereinheitlichen. Dies erhöht zumindest die Wartbarkeit des Codes beträchtlich.

- Die Qualität des Programms selbst kann durch Werkzeuge und wiederverwendbare Komponenten zwar erhöht werden, ist letztendlich aber ausschließlich vom Wissen und der Disziplin der Programmierer abhängig.

- Durch geeignete Methoden des Projekt- und Qualitätsmanagements können Fehlentwicklungen während der Implementierung rechtzeitig erkannt und passende Maßnahmen dafür beschlossen und ausgeführt werden.

Übungen und Fragen

1. Nennen Sie Vor- und Nachteile von übersetzten bzw. interpretierten Programmiersprachen.

2. Listen Sie für die Ihnen bekannten Programmiersprachen der Anwendungsgebiete Vor- und Nachteile auf.

3. Listen Sie für die von Ihnen am häufigsten genutzte Programmiersprache alle Ihnen bekannten Sprachmerkmale auf, besonders jene, die sich von anderen Programmiersprachen wesentlich unterscheiden. Welche Auswirkungen haben diese Sprachmerkmale auf die Programmierung?

4. Erklären Sie das Konzept des „Design by Contract".

5. Was sind Vor- und Nachteile von Klassenbibliotheken?

6. Vergleichen Sie Ihnen bekannte Klassenbibliotheken und erstellen Sie eine Liste mit der zur Verfügung gestellten Funktionalität jeder Klassenbibliothek bzw. jener Funktionalität, die wünschenswert wäre, aber nicht unterstützt wird.

7. Erstellen Sie für die von Ihnen am häufigsten genutzte Programmiersprache Namensrichtlinien.

8. Erstellen Sie für die von Ihnen am häufigsten genutzte Programmiersprache Richtlinien zur Codegestaltung und Kommentierung von Code.

9. Wozu dient Versionsmanagement?

10. Was legt der Integrationsplan fest?

11. Beschreiben Sie den Aufbau eines Dokumententagebuchs und dessen wesentlichen Zweck.

12. Welche Probleme können bei der Integration von Programmteilen auftreten?

13. Warum müssen Klassen vor ihrer Integration getestet werden?

14. Welche zusätzlichen Kriterien werden bei der Integration zu einem Gesamtsystem getestet?

15. Welche Integrationsstrategien kennen Sie? Listen Sie Vor- und Nachteile jeder Strategie auf.

16. Erstellen Sie für das Projekt Ticket-Line einen Integrationsplan gemäß einer Build-Integration.

17. Welche Voraussetzungen hat eine Schichten-Integration?

18. Was unterscheidet Klassen von Komponenten?

19. Beschreiben Sie die wichtigsten Regeln bei der Erstellung einer Anwenderschnittstelle.

20. Erweitern Sie die Regeln zur Erstellung einer Anwenderschnittstelle um Regeln aus Ihren persönlichen Erfahrungen.

21. Überprüfen Sie die Systemmeldungen einer beliebigen Applikation Ihrer Wahl auf deren Benutzerfreundlichkeit. Bewerten Sie den Wert der Systemmeldung nach dem Maß der tatsächlich erbrachten Hilfestellung für den Benutzer.

Weiterführende Literatur

[Hunt03] Hunt, Andrew; Thomas, David: *Der pragmatische Programmierer*; München: Hanser, 2003.

[Magu93] Maguire, Steve: *Writing Solid Code*; Redmond: Microsoft Press, 1993.

[McCo93] McConnell, Steve: *Code Complete*; Redmond: Microsoft Press, 1993.

[Meye93] Meyer, Bertrand: *Object-Oriented Software Construction*; New York [u. a.]: Prentice Hall, 17. Aufl., 1993.

Kapitel

12 Arbeitsschritt Test

*Man stolpert selten über seine Fehler, aber oft darüber,
was andere daraus machen.*

Verfasser unbekannt

Begriffe in diesem Kapitel

Die hier angeführten Definitionen sind z. T. [Roye93] entnommen.

Error: Errors sind *(Gedanken-)Fehler* eines Menschen. Ein Designer kann beispielsweise Anforderungen der Benutzer bzw. Kunden missverstehen. Oft sind unpräzise
formulierte Anforderungen und fehlende Vertrautheit des Entwicklers mit der Anfor-
derungsdomäne die Ursache für solche Fehler. *Beispiel:* Ein Fehler entsteht etwa,
wenn ein Datum durch den Benutzer eingegeben werden soll. Der kleine Unterschied
zwischen dem amerikanischen (mm/dd/yy) und dem europäischen (dd/mm/yy)
Datumsformat kann die Ursache für Probleme sein.

Fault: Ein Fault ist ein *aufgetretener Fehler* in einem System. Man spricht von einem
Fault, wenn ein bisher nicht entdeckter Error dazu führt, dass sich das System inkor-
rekt oder zumindest unerwartet verhält. Bei oben genanntem Beispiel der unterschiedlichen Datumsformate wäre das erst dann der Fall, wenn ein Benutzer wirklich
ein falsches Datum eingibt.

Failure: Failures sind *permanente Systemfehler*. Man spricht von einem Failure,
wenn ein oder mehrere Faults dazu führen, dass das System seine Aufgabe nicht vollständig und korrekt durchführen kann. Nicht jeder Fault muss in der Praxis sofort zu
einem Failure führen. Eine unkorrekte Darstellung des Datums, wie sie oben beschrieben wurde, wird zwar störend auf den Benutzer wirken, ist aber kein Failure,
wenn die zugrunde liegenden Daten korrekt sind.

Verifikation: Verifikation ist die Sicherstellung, dass die Ergebnisse einer Phase des Projekts mit der vorangegangenen Phase konsistent sind („Wurde das System richtig entwickelt?"). Für die Verifikation eines Produkts sind lediglich Informationen aus den vorangegangenen Projektphasen nötig. Der Endbenutzer/Kunde wird nicht in die Verifikation einbezogen. Grundlage für eine sinnvolle Verifikation ist die Verfolgbarkeit der funktionalen und nichtfunktionalen Anforderungen von der Spezifikation über den Entwurf bis zum implementierten System, sodass nachvollziehbar ist, welche Systemteile für das Abdecken welcher Anforderungen zuständig sind.

Validierung: Validierung ist die Überprüfung, ob das Endergebnis des Projekts wirklich den Bedürfnissen des Kunden entspricht („Wurde das richtige System entwickelt?"). In die Validierung eines Produkts muss der Endbenutzer bzw. Kunde unbedingt eingebunden werden. Eine weitere Grundlage bilden die Systemanalyse und -spezifikation. Zwischenprodukte des Entwicklungsprozesses werden dabei nicht berücksichtigt. Typische Produkte, die einer Validierung unterzogen werden, sind Systemanalyse, -spezifikation und das Endprodukt (die fertige Software).

Keine Software ist fehlerfrei. Hierzu zwei Beispiele:

Während des Flugs einer Venussonde im Jahre 1979 führte der Steuercomputer folgendes Statement aus: DO 3 I = 1.3. *Hierbei handelte es sich um eine gültige Anweisung, die erfolgreich kompiliert und getestet wurde. Der Programmierer hatte aber die Absicht, eine Schleife zu programmieren und nicht eine Zuweisung wie hier. Der Unterschied ist ein Komma statt eines Punkts. Der Flugkörper verfehlte dadurch sein Ziel.*

1984 löste der Computer eines Staudamms im französischen Tarntal eine Überschwemmung aus. Er erkannte eine angebliche Überlaufgefahr nicht als Falschmeldung und öffnete zwei Schleusentore.

Wie man an diesen Beispielen sieht, kann fehlerhafte Software immense Kosten verursachen und sogar Menschenleben kosten. Je später im Laufe der Softwareentwicklung ein Fehler entdeckt und ausgebessert wird, desto höher sind die dafür anfallenden Kosten. *Abbildung 12.1* zeigt eine Darstellung der Relation der Kosten pro Fehler in Abhängigkeit vom Zeitpunkt seiner Entdeckung und jener Phase, der dieser Fehler entstammt.

Das Testen von Software ist daher einer der wichtigsten Teile des Softwareentwicklungsprozesses. Nur durch das Testen werden Abweichungen des lauffähigen Produkts von der Spezifikation systematisch aufgedeckt und Fehler in der Implementierung, aber auch in anderen Dokumenten lokalisiert. Deshalb ist die Existenz einer gut durchdachten Testphase für den Erfolg eines Projekts entscheidend.

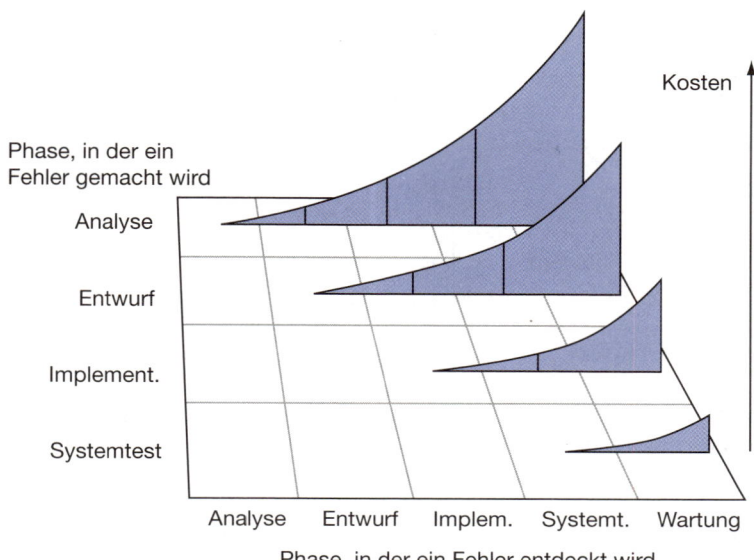

Abbildung 12.1: Kosten von Fehlern in verschiedenen Phasen der Softwareentwicklung (aus [McCo98] S. 29)

Leider wird gerade beim Testen oft „gespart". Die relativ hohen Kosten und die destruktive Grundaufgabe verleiten fast alle Projektleiter dazu, hier den Rotstift anzusetzen, um einen zu optimistischen Zeitplan doch noch einhalten zu können. Das hat in der Praxis oft fatale Folgen: Fehler in der Spezifikation oder im Entwurf verschlingen, wenn sie erst durch den Kunden entdeckt werden, ein Vielfaches dessen, was ihre Aufdeckung und Beseitigung durch ein gutes Testvorgehen gekostet hätte. Das Vertrauen des Kunden in das Produkt und seine Programmierer wird nicht gerade gestärkt, wenn im Betrieb laufend neue Unzulänglichkeiten des Systems entdeckt werden.

Testen alleine ist keine Garantie für einen erfolgreichen Projektverlauf. Oft offenbaren sich gerade bei der Testplanung Mängel in den Anforderungen oder gar das Fehlen wichtiger Dokumente, wodurch eine sinnvolle Durchführung von Tests erschwert wird. In *Tabelle 12.1* sind mögliche Fehlerquellen und die Phasen ihrer Entstehung aufgeführt.

Fehlerquelle	Entstehungsphase
Fehlende Kommunikation	Laufende Teamkoordination
Sich ändernde Anforderungen	Arbeitsschritt Anforderungen
Zeitdruck	Projektplanung
Teammitglieder	Teambildung, Training

Tabelle 12.1: Fehlerursachen und deren Ursprung

Fehlerquelle	Entstehungsphase
Schlecht dokumentierter Code	Implementierung
Ungenügende Implementierungsunterlagen	Analyse, Entwurf
Entwicklungswerkzeuge	Entwurf (Auswahl), Implementierung (Anwendung)
Falsch umgesetzte Spezifikation/Entwurf	Implementierung
Programmierfehler	Implementierung

Tabelle 12.1: Fehlerursachen und deren Ursprung *(Forts.)*

Die Behebung dieser Mängel kann nicht Aufgabe ausschließlich des Testers sein und ist mitunter auch gar nicht mehr möglich. Ebenfalls von essenzieller Bedeutung für eine erfolgreiche Durchführung der Testphase ist eine funktionierende Kommunikationskultur im Projektteam. Ist diese nicht vorhanden, wird das Verbreiten wichtiger Informationen erschwert bzw. überhaupt verhindert. Um oben genannte Fehlerquellen von Beginn an zu vermeiden, bedarf es eines gezielten Qualitätsmanagements. Trotz aller qualitätssichernden Maßnahmen treten im Zuge der Implementierungsphase Fehler auf, die durch gezielte Tests aufgedeckt und behoben werden müssen.

12.1   Grundlagen

12.1.1   Qualitätsfaktoren und Testziele

Die *Teststrategie* zur Erreichung eines bestimmten *Zwecks* des Tests kann einerseits von durch den Kunden vorgegebenen Qualitätsprioritäten der Software, andererseits aber auch von einem durch die Tester festzulegenden Testziel bei fehlenden Qualitätsfaktoren bestimmt werden.

1. *Qualitätsprioritäten.* Mögliche Schwerpunkte beim Testen von Software zur Gewährleistung von Qualitätsmerkmalen: Korrektheit, Sicherheit, Performance, schnelle Entwicklung (baldige Verfügbarkeit), geringer Aufwand (geringe Kosten), Wartbarkeit, hoher Deckungsgrad der Anforderungen, Flexibilität, Stabilität.

2. *Testziele.* Mögliche Schwerpunkte beim Testen von Software zur Sicherstellung bestmöglicher Tests: hoher Deckungsgrad der Codezeilen, hoher Deckungsgrad der Funktionen, hohe Fehlerfindungsrate, schneller Test, geringer Aufwand (geringe Kosten für die Durchführung der Tests), Beweis der Korrektheit, Wiederholbarkeit, geringe Anforderungen an Tester.

12.1.2 Testen als projektbegleitende Tätigkeit

Traditionell kommt die Phase des Testens immer nach den Phasen Analyse, Design und Implementierung. Die in der Literatur häufig genannte „Horrorzahl" von bis zu 50 % Anteil der Testphase am Gesamtentwicklungsaufwand (schon 30 % erscheint dem Hausverstand sehr hoch) ergibt sich letztlich aus eigentlichen Konstruktionsfehlern, die erst beim Zusammenbauen der Teilkomponenten bemerkt und evident werden. Rekonstruktion in späten Projektphasen ist eben aufwändig und 50 % Aufwand in der Phase des Testens steht i. A. für 5% reiner Testarbeit und 45 % Rekonstruktion. Prinzipiell lässt sich dieses Problem bei der Softwareentwicklung wohl nicht völlig vermeiden. Es kann aber deutlich verbessert werden, indem

- Testen von Beginn an als eine projektpermanente Aktivität angesehen wird,
- Testfälle so früh wie möglich hergestellt und angewendet werden. Testpläne entstehen schon in den entsprechender Entwicklungsphasen. (siehe Abb.12.1),
- Komponententests, Teilintegrationstest und Tests in Risikobereichen früh durchgeführt werden,
- Fragen der Validierung gezielt zu geeigneten Zeitpunkten auch während der Entwicklung geprüft werden.

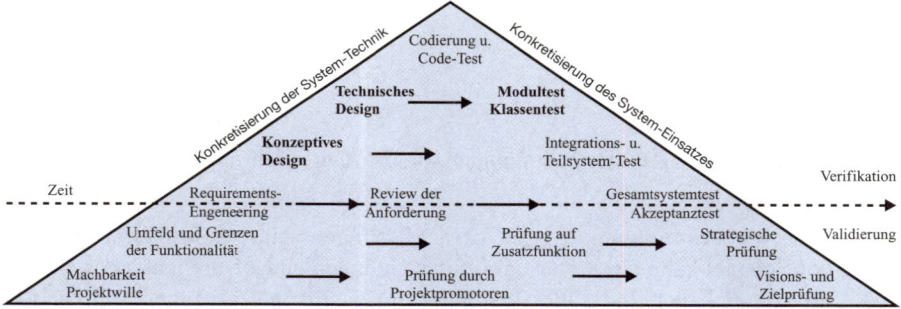

Abbildung 12.2: „A-Symmetrie"-Modell des Software-Testens: Phasen und zugehörige End-Prüfungen liegen auf einer Ebene. Testpläne werden je nach Bedarf für Zwischenprüfungen verwendet.

12.2 Produkte

Die Produkte im Arbeitsschritt Test dienen der Vorbereitung, Durchführung und Auswertung von Tests.

12.2.1 Testplan

Aufgrund der zahlreichen und konsistenten Produkte des Unified Process, die vor allem auch die Verfolgbarkeit von den Anforderungen bis zu deren Implementierung in einer

Klasse sicherstellen sollen, können alle Teile basierend auf den Vorgaben der zuvor durchgeführten Arbeitsschritte auf deren Korrektheit und Konsistenz getestet werden. Angesichts der großen Anzahl von Produkten, auf denen basierend Testfälle erstellt werden können, und welche selbst Gegenstand von Tests sein können, ist ein genauer Testplan notwendig, welcher das exakte Vorgehen festlegt. Ein Testplan soll für jeden vorgesehenen Test (z.B. Klassentest, Subsystemtest, Systemtest, Leistungstest usw.) die folgenden Elemente enthalten.

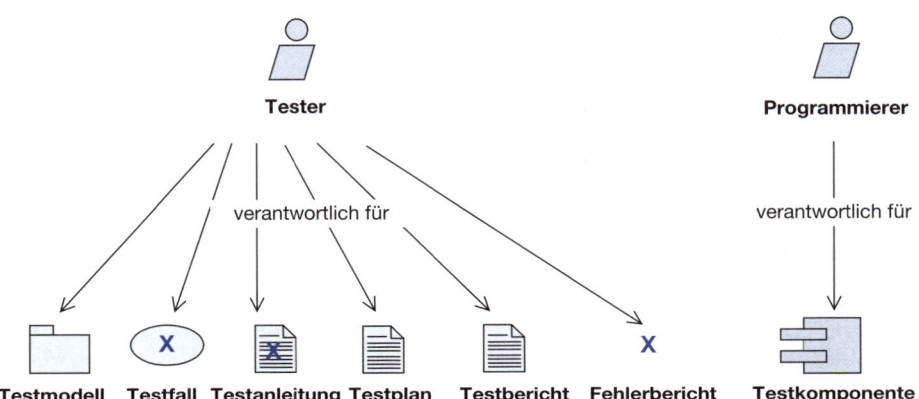

Abbildung 12.3:   Produkte im Arbeitsschritt Test

Testrahmen

Dieser Teil beschreibt alle Rahmenbedingungen, die zur Durchführung von Tests notwendig sind:

1. Kriterien für die Bestimmung des Ge- bzw. Misslingens eines gesamten Testdurchlaufs. Zum Beispiel kann ein Kriterium für das Gelingen eines Durchlaufs das Eintreten des erwarteten Ergebnisses aller Testfälle sein. Zu einem sehr frühen Zeitpunkt in einem Projekt kann dieses Kriterium aber auch sein, dass sich das Programm nur starten lässt, und zumindest 10 % der Testfälle ein korrektes Resultat liefern.

2. Kriterien für den Start der Durchführung und die Beendigung eines Testdurchlaufs. Zum Beispiel kann das Kriterium für den Start einer Durchführung das Vorhandensein der korrekten Version einer Implementierung sein, welche getestet werden soll. Kriterium für die Beendigung kann die erfolgte Durchführung aller Testfälle sein.

3. Kriterien für die Unterbrechung von Tests bzw. deren Wiederaufnahme: Treten bei einem Testdurchlauf maßgebliche Mängel auf (z.B. das Login in das zu testende System ist nicht möglich), muss der Testdurchlauf unterbrochen und zu einem späteren Zeitpunkt wiederholt werden. Da die Zeitspanne bis zur nächsten Version des zu testenden Elements meist zu lang ist, muss ein Mechanismus für die rasche Beseitigung solcher Mängel geschaffen und beschrieben werden.

4. Testendprodukte/Kommunikationswege: Nach Abschluss eines Testdurchlaufs müssen alle betroffenen Rollen (z.B. Programmierer) vom Testergebnis informiert werden, um Fehler korrigieren zu können und über den Projektstatus informiert zu sein. Für diese Aktivität sind die dafür verwendeten Dokumente bzw. Kommunikationswege festzulegen.

5. Art der Tests: Die Methoden, mit welchen die Tests durchgeführt werden, werden aufgelistet und, wenn notwendig, näher beschrieben (z.B. Systemtest und Use-Case-Test).

6. Konfiguration der Testplattform: Eine genaue Beschreibung der Anforderungen an die Hardware- und Software-Konfiguration der Testplattform ist zu erstellen. Als Teil der Testplattform ist vor allem auch die korrekte Befüllung der Testdatenbank mit Testdaten zu beachten.

7. Probleme bei der Testdurchführung und Verantwortlichkeiten zu deren Beseitigung: Mögliche Probleme bei der Testdurchführung (z.B. mangelnde Hardware-Ressourcen) werden identifiziert und die verantwortlichen Personen zu deren Beseitigung festgelegt (z.B. Projektleiter).

Teststrategie

Der *Zweck* eines bestimmten Tests wird zu Anfang erläutert (z.B. korrekte Funktion der Datenbasis). Dafür sollte eine passende *Teststrategie* gewählt werden (d.h. welche Prioritäten werden innerhalb aller für den Testzweck vorgesehenen Testfälle vergeben und welche Qualitäten des Systems zuerst und welche später getestet). Gibt es keine geeignete Teststrategie, die eine Reihung der gewünschten Testfälle enthält, besteht das Risiko, dass bei zeit- oder budgetbedingten Kürzungen der Testphase wichtige Testfälle ausgelassen werden. Anstelle von Testfällen, die wichtige Systemfunktionen überprüfen würden und dem System noch ein hohes Maß an Qualität hinzufügen könnten, werden in einer solchen Situation möglicherweise unwichtige Testfälle durchgeführt, die nur Kleinigkeiten überprüfen und damit auf die Qualität des Systems nur einen geringen Einfluss haben.

Testgegenstand und Testfälle

Es werden die Produkte aufgeführt, die getestet werden sollen. Pro Produkt sind folgende Fakten anzugeben:

- *Zu testende Einheiten:* jene Systeme, Subsysteme oder Klassen, welche im jeweiligen Durchlauf getestet werden.

- *Zu testende Eigenschaften:* jene Eigenschaften der zu testenden Einheit, welche konkret getestet werden (z.B. die Realisierung eines Anwendungsfalls, eine Methode, ein Algorithmus usw.).

- *Eigenschaften*, welche nicht getestet werden: bestimmte Eigenschaften, die explizit nicht getestet werden (z.B. eine bestimmte Variation eines Anwendungsfalls, die persistente Speicherung der zu testenden Klasse usw.)

Dazu werden die dazugehörigen Testfälle aufgelistet. Anleitungen zur Erstellung von Testfällen finden sich im folgenden *Abschnitt 7.2 Testmethoden*.

Testzeitplan

Dieser Plan legt die Termine für die Durchführung der Tests und die Einteilung aller weiteren notwendigen Tätigkeiten fest. Der Testzeitplan enthält die genaue zeitliche Planung für die Durchführung aller Tests eines Projekts. Er ist als eigenständiges Dokument abseits des Projektplans zu erstellen, da er für die Projektplanung unnötige, für die Testplanung jedoch notwendige Details enthält. Eine Auflistung und zeitliche Bestimmung aller notwendigen Aktivitäten zur Durchführung von Tests ist ebenfalls enthalten: Testvorbereitung, Testdurchführung, Testdokumentation, begleitende Reviews.

Alle diese Punkte sind pro vorgesehenem Test zu planen. Jeder Test sollte mit einer eindeutigen Kennzeichnung versehen werden, die auch im Dokument „Testgegenstand" bei den jeweiligen Testelementen angeführt sein sollte.

12.2.2   Testfall und Testanleitung

Ein Testfall beschreibt eine Eingabe-Ausgabe/Aktion-Reaktion-Beziehung in Bezug auf eine Anforderung an das System. Zusätzlich zu der Beschreibung der Beziehung werden auch alle notwendigen Rahmenbedingungen festgehalten, unter welchen die Beziehung gültig ist. Zusätzlich werden am Ende noch Hinweise zur technischen Ausführung des Testfalles vermerkt, z.B. Beschreibung der für den Testfall notwendigen Testdaten, Beschreibung der Eingabe und/oder Ausgabe in Spezialfällen (z.B. über Dateien) usw.

Ein Testfall in seiner vollständigen Darstellung kann in einem ähnlichen Format wie ein Anwendungsfall dargestellt werden. Ein Beispiel für die vollständige Darstellung eines Testfalls wird in *Abbildung 12.4* gezeigt.

Testfall 1

Anwendungsfall: Aufführung suchen

Primärer Aktor: Kunde.

Gültigkeitsbereich: Ticket-Line-Applikation (Kiosk, Kassa, Client, Webshop) – allgemeine Auskunftstätigkeit.

Vorbedingungen: Keine.

Testszenario:

1. Der Benutzer wählt eine Aufführungskategorie und spezifiziert Datum und Uhrzeit. Das System stellt sicher, dass angegebene Werte nicht in der Vergangenheit liegen, und setzt eventuell die Eingabe auf aktuelle Daten zurück.

2. Das System zeigt das Ergebnis der Anfrage an.

3. Der Benutzer fordert eine Detailansicht einer gewählten Aufführung.

4. Das System zeigt die Details des Eintrags an.

Erweiterungen:

2a) Es wurden keine den Kriterien entsprechenden Einträge gefunden. Zurück zu 1 oder Abbruch.

Auswirkungen: Keine.

Anleitung:

Anfrage wird gestellt:

- ■ Über Web-Portal des Systems (primärer Aktor)
- ■ Über Kiosk Interface (primärer Aktor)
- ■ Über Kassa-Client (unterstützender (sekundärer) Aktor)

Abbildung 12.4: Testfall 1 für den Anwendungsfall „Aufführung suchen"

Diese Form ist sehr aufwändig und eignet sich daher nur für die Darstellung von Testfällen auf einer sehr allgemeinen Ebene. Vor allem für die Beschreibung von viel spezifischeren Testfällen zum Testen von Datenbereichen ist eine wesentlich kompaktere tabellarische Form effizienter.

Eine ausführliche Darstellung von möglichen Methoden zur Erzeugung einer möglichst vollständigen Sammlung von Testfällen für einzelne Anforderungen oder ganze Systeme findet sich in *Abschnitt 12.4*.

12.2.3 Testkomponente

So weit als möglich werden Tests vor allem aus Gründen der einfachen Wiederholbarkeit automatisiert durchgeführt. Jener Code, der für die Implementierung der Tests geschrieben wird (sei es als Skript in einem Testwerkzeug oder als ausführbare Klasse), wird in Testkomponenten zusammengefasst. Die Testkomponente bedient sich oft auch einer Datenbank, aus der Testdaten gelesen oder in die Testergebnisse geschrieben werden.

Die Testkomponente bietet neben der Ausführung von Testfällen auch Auswertungsmechanismen an (Ausgabe über Erfolg oder Misserfolg von Testfällen, statistische Werte über den gesamten Testvorgang).

12.2.4 Testbericht

Der Testbericht ist ein Protokoll über einen durchgeführten Testvorgang. Er enthält protokollarische Angaben wie Zeit, Ort und Name des Testers, eine Beschreibung des gesamten Testkontextes (Version des Systems, welche getestet wurde, Version der Testkomponenten bzw. Testfälle, mit denen getestet wurde) und vor allem statistische Werte, welche Auskunft über die Qualität des getesteten Systems geben sollen.

Diese Werte können sein: Anzahl der Fehler pro Klasse, Anzahl der Fehler pro Programmierer, Änderung der Fehleranzahl in Vergleich zu bereits erfolgten Tests, Anzahl der Fehler nach Fehlerschwere (z.B. schwer, mittel, leicht), Anzahl der Fehler nach Ort des Auftretens (GUI, DB usw.), Anzahl der Fehler nach Fehlertypen (GUI-Fehler, Fehler in der Logik, Fehler in der DB (Daten werden nicht oder fehlerhaft gelesen oder geschrieben, systemweite Fehler wie z.B. nicht verfügbare DB).

12.2.5   Fehlerbericht

Neben dem Testbericht, der einen Überblick über den gesamten Testvorgang bietet und statistische Werte für das Projektmanagement darstellt, ist für die Programmierer vor allem eine Liste aller aufgetretenen Fehler von Relevanz. Der Fehlerbericht enthält eine detaillierte Beschreibung aller Abweichungen vom in den Testfällen spezifizierten geplanten Verhalten des Systems. Je detailreicher die Beschreibung, desto leichter fällt es einem Programmierer, den Fehler nachzustellen, die Fehlerursache einzugrenzen und den Code zu verbessern.

12.3   Vorgehen

Der Arbeitsschritt Test kann als Projekt im Projekt betrachtet werden. Tests werden geplant, entworfen, implementiert und ausgeführt.

Abbildung 12.5 zeigt die wesentlichen Aktivitäten im Arbeitsschritt Test. Im Zuge der Testplanung werden ein Zeitplan und das methodische Testvorgehen bestimmt. Anhand der Testfälle werden alle Tests genau beschrieben. Anschließend erfolgt die Durchführung des Tests gemäß dem Testplan und der vorgegebenen Testfälle. Alle gefundenen Fehler werden zusammengefasst und den Programmierern mitgeteilt, damit diese Fehler ausgebessert werden.

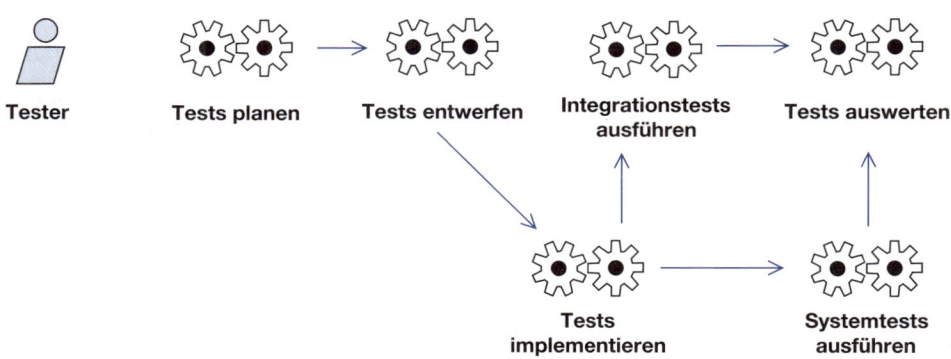

Abbildung 12.5: Aktivitäten im Arbeitsschritt Test

12.3.1 Tests planen

Die sorgfältige Planung von Tests ist ebenso wichtig wie die Planung aller restlichen Arbeitsschritte. Im *Testplan* werden daher nicht nur die prinzipielle Strategie, sondern vor allem auch ein verbindlicher Zeitplan festgehalten. Dieser Zeitplan wird in enger Abstimmung mit dem Projektplan erstellt. Ein wesentlicher Vorteil eines Testzeitplans ist die Entstehung von Meilensteinen, zu denen die Programmierer fertige Teile abliefern müssen. Dadurch wird auch die Fortschrittskontrolle im Projekt wesentlich unterstützt.

12.3.2 Tests entwerfen

Der Entwurf von Tests setzt vor allem die Kenntnis des genauen Testzieles voraus. Je nachdem, wie detailliert, für welche Zielgruppe und für welchen Zweck getestet wird, müssen Tests unterschiedlich gestaltet werden. Vor allem auf die Auswahl der Testmethoden haben diese Parameter wesentlichen Einfluss.

Im Zuge des Entwurfs der Tests werden für die vorgesehenen Integrationsschritte *Testfälle* und *Testanleitungen* verfasst. Sind zahlreiche Integrationsschritte vorgesehen (bis hin zur täglichen Integration), müssen sinnvolle Einheiten von Integrationsschritten gebildet werden, für die eine Sammlung von Testfällen anwendbar ist.

Je nach Integrationsschritt kann die Auswahl der Testmethoden variieren. Werden z.B. zu Beginn systemwichtige Querschnittsfunktionen im Rahmen der Architektur implementiert, so ist es möglicherweise sinnvoll, diese mit White-Box-Tests zu testen. Später, sobald es auch Anwenderschnittstellen gibt, werden Black-Box-Tests den Anfang bilden und später um White-Box-Tests für systemkritische Anforderungen ergänzt werden.

12.3.3 Tests implementieren

Die Implementierung von Tests sollte, wo immer nur möglich, mit dafür geeigneten Werkzeugen erfolgen. Diese Werkzeuge helfen dem Tester nicht nur bei der Durchführung der Tests, sondern vor allem auch bei deren Auswertung und der weiteren Behandlung von gefundenen Fehlern.

12.3.4 Integrationstests ausführen

Nachdem alle Tests während der Schritte Analyse, Entwurf und Implementierung geplant und alle notwendigen Testfälle erstellt worden sind, können basierend auf den bisher integrierten Implementierungsteilen die Tests durchgeführt werden. Die Durchführung der Tests kann nach folgendem Schema ablaufen:

1. Der Tester vereinbart gemäß dem *Testplan* einen Testtermin mit dem Programmierer. Diese Vereinbarung enthält die Angabe des genauen Gegenstands des Tests (z. B. Implementierung eines Anwendungsfalls oder eines Subsystems).

2. Der Programmierer bereitet die *Testplattform* vor, welche nach Möglichkeit der Zielplattform entsprechen sollte.

3. Der Tester führt eine Testsuite an dem vereinbarten Testgegenstand durch und verfasst einen *Testbericht*. Der Testbericht enthält den Namen des Testers, Ort, Datum und Uhrzeit des Tests sowie ein Protokoll der Testdurchführung (Anzahl und Identifizierung der durchgeführten Testfälle, Beschreibung des Gesamteindrucks bzw. systemweiter Mängel).

4. Der Tester verfasst einen *Fehlerbericht*. Hier wird jedem Fehler schon eine eindeutige Identifizierung zugewiesen. Das Erfassen erfolgt üblicherweise über ein Fehlerverfolgungstool wie z.B. Lotus Notes, Rational Clearquest oder eine selbst erstellte und angepasste Datenbank. Der Tester weist eine Kategorie zu (leichter/schwerer Fehler, produktionsverhindernder Fehler, testverhindernder Fehler etc.). Der Fehler muss so genau wie möglich beschrieben werden (Voraussetzungen, Aktionen, Beschreibung des Fehlerbilds, am besten Screenshot).

Für alle gefundenen Fehler im Fehlerbericht kann folgender Prozess zur Anwendung kommen (siehe Abbildung 12.6):

1. *Fehler melden:* Der Fehlerbericht wird dem Test- oder Projektleiter übergeben. Fehler können auch von Benutzern gemeldet werden, sofern das System bereits in Betrieb genommen wurde.

2. *Fehler bewerten:* Der Testleiter bzw. Projektleiter versucht, Fehler zu klassifizieren (Fehler, Änderung, Duplikat, ...). Duplikate werden gleich geschlossen, Änderungen müssen gesondert behandelt werden (entweder gleich wie Fehler schließen, Änderungen sammeln und erst bei Klärung der Finanzierung in das Programm einbauen). Die Bewertung erfolgt gegebenenfalls unter Zuhilfenahme von Spezialisten. Außerdem teilt der Testleiter eine Priorität für die Behebung zu.

3. *Fehler zuteilen:* Zu korrigierende Fehler werden einem Programmierer zugeteilt.

4. *Fehler beheben:* Der verantwortliche Programmierer behebt den Fehler und klassifiziert ihn nach seiner Ursache (Software, Hardware, Integration etc.).

5. *Korrektur ausliefern:* Die Korrektur des Fehlers wird durch den für das Änderungsmanagement Verantwortlichen ausgeliefert (entweder an den Kunden oder in eine interne Testumgebung). Meist werden hier aus Kostengründen mehrere Korrekturen gesammelt und dann erst ausgeliefert.

6. *Fehler nachtesten:* Der Tester versucht, den Fehler anhand der Fehlerbeschreibung nachzuvollziehen. Das Ergebnis des Nachtests wird an den Testleiter gemeldet.

7. *Fehler abschließen:* Der Test-/Projektleiter schließt den Fehler ab und führt eventuelle Tätigkeiten für spätere Auswertungen durch.

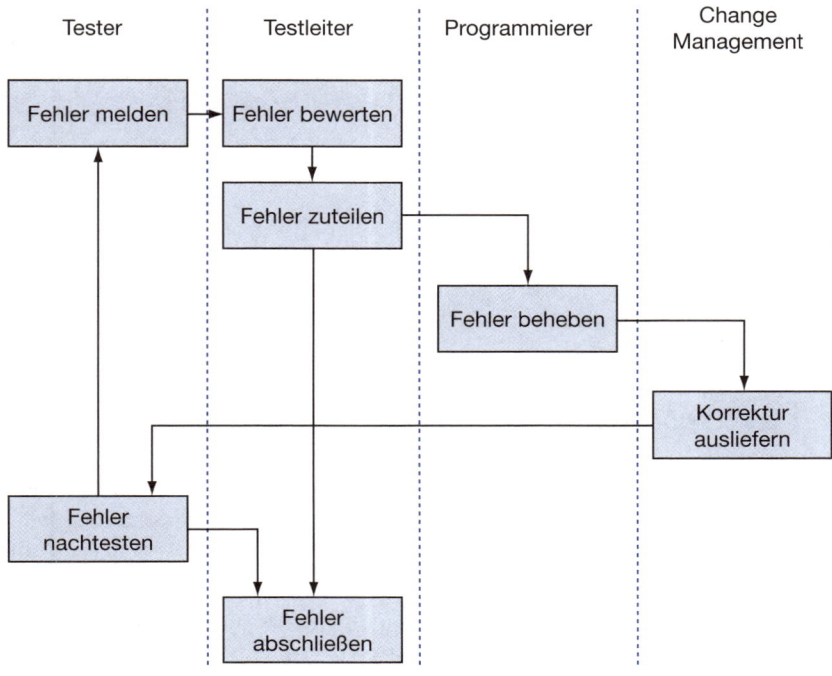

Abbildung 12.6: Testdurchführung

12.3.5 Systemtests ausführen

Sobald die Integration weit genug fortgeschritten ist (d.h. z.B. jeder Anwendungsfall zumindest gestartet werden kann), werden systemweite Tests durchgeführt. Wesentliches Augenmerk liegt nun nicht mehr auf einzelnen Anwendungsfällen oder Anforderungen, sondern auf dem System als Einheit. Im Rahmen der Systemtests werden daher vor allem lange Sequenzen von Testfällen durchgeführt, um die Stabilität des Systems über längere Zeit zu testen. Darüber hinaus wird ein spezielles Augenmerk auf die Schnittstellen im Verhältnis zu anderen (bestehenden) Systemen und zur Systemsoftware oder Hardware direkt gelenkt. Die Systemtests werden durch einen *Testbericht* und einen *Fehlerbericht* protokolliert.

12.3.6 Tests auswerten

Die Auswertung der Tests verfolgt zwei Ziele: nämlich dem Projektmanagement Feedback über die aktuelle Qualität der Software zu geben und es damit in der Projektverfolgung zu unterstützen, und den Programmierern Feedback über die Qualität ihrer Arbeit zu geben.

Langfristig sollte die Tendenz von der Fehlerfindung zur Fehlervermeidung führen. Um aus eigenen Fehlern lernen zu können, ist es natürlich notwendig, den Programmierern ausreichende Information über ihre eigenen Fehler zur Verfügung zu stellen. Ein solches Feedback kann aufgrund der Daten der Tests folgende Fragen beantworten:

- Wie sieht die Kurve der Fehlerrate im Lauf der verschiedenen Integrationsschritte aus?
- Wo gibt es Fehlerhäufungspunkte?
- Welche Fehler treten immer wieder auf?
- Welche Arten von Fehler treten häufig auf (Logik, fehlende oder falsche Fehlerbehandlung, fehlende Überprüfungen usw.)?

12.4   Testmethoden

Die Testmethoden dienen als Grundlage für die Erstellung von Testfällen. Anhand unterschiedlicher Sichten des Systems ist eine Überprüfung verschiedener Aspekte möglich. Um alle Fehlerquellen überprüfen und ausschließen zu können, muss das System stets mit mehreren Methoden getestet werden.

Black-Box-Tests betrachten das zu testende Element (Klasse, Subsystem bzw. ganzes System) von außen und ignorieren innere technische Details vollkommen. Treten im Zuge von Black-Box-Tests Fehler auf, so kann anhand des Testfalls nur bestimmt werden, wo der Fehler ungefähr aufgetreten sein könnte.

Für White-Box-Tests muss die logische Struktur des zu testenden Elements bekannt sein (meist eine Methode). Bei White-Box-Tests wird versucht, aufgrund der Struktur alle möglichen Ausführungspfade zu überprüfen und mögliches Fehlverhalten bei einem der Pfade zu entdecken. Hier kann der Ort des Fehlers wesentlich enger eingegrenzt werden als bei Black-Box-Tests. White-Box-Tests erfordern aber mehr Aufwand für die Erstellung der Testfälle und die Durchführung der Tests.

Für datenorientierte Tests werden die Struktur des Datenzugriffs und die Abhängigkeiten der Daten untereinander betrachtet. Mit Hilfe dieser Tests können vor allem Fehler aufgrund einer falschen Verwendung von Variablen und anderen Datenstrukturen entdeckt werden.

Klassentests entsprechen White-Box-Tests auf Klassenebene. Da die genaue Überprüfung aller Pfade innerhalb aller Methoden einer Klasse (aufgrund der hohen Zahl der Methoden und der zahlreichen gegenseitigen Aufrufe) zu aufwändig wird, werden Pfade auf Methodenebene (d.h., Methoden bilden die Knoten eines Ausführungsgraphen) analysiert und überprüft. Zusätzlich werden diese Tests in unterschiedlichem Kontext ausgeführt, da eine Klasse bzw. deren Objekte niemals in einem System unabhängig von anderen Klassen und Objekten arbeitet.

Ist ein System an eine Datenbank angebunden, so muss auch der korrekte Transfer der Daten von und zur Datenbank überprüft werden. Bei einem Test der Datenbasis wird das Datenhaltungssystem selbst und auch der Zugriff seitens der Anwendung getestet.

Sind alle Klassen ausreichend getestet worden, werden im Zuge der Integration auch größere Einheiten wie Subsysteme oder das ganze System ausführlichen Tests unterzogen. Bei der Integration entstehen in jedem Schritt neue Abhängigkeiten zwischen den Systemteilen, die das System als Ganzes und auch einzelne Teile wesentlich beeinflussen. Neben den Tests der Funktionalität mit Verfahren, wie sie auch für Klassen oder einzelne Methoden beschrieben wurden, müssen zusätzlich Leistungstests durchgeführt werden.

Exploratives Testen stellt einen völlig anderen Zugang für die Überprüfung der Systemfunktionalität dar. Hier werden basierend auf der Erfahrung des Testers und den Anforderungen typische Szenarien am System ausgeführt und dadurch die Korrektheit überprüft. Können alle Szenarien erfolgreich ausgeführt werden, wird das System als korrekt betrachtet.

12.4.1   Test der Systemfunktionalität

Tabelle 12.2 enthält einen Überblick über verschiedene Testmethoden, deren Voraussetzungen – vor allem benötigte Informationen – und die Produkte, die mit diesen getestet werden können.

Testmethode	Voraussetzung	Testobjekt
Äquivalenzklassen (Black-Box)	Anwendungsfälle, Domänenmodell, Typinformation der Variablen	Subsysteme
Grenzwertanalyse (Black-Box)	Typinformation der Variablen, Bereichsgrenzen laut Analysemodell bzw. Entwurf der Datenbank	Subsysteme
Überdeckungsgrade (White-Box)	Codestruktur	Methoden
Exploratives Testen	Domänenwissen, Analyse, Entwurf, Erfahrung	Applikation, Subsysteme
Klassenorientiertes Testen	Analysemodell	Klassen
Datenorientiertes Testen	Datenstrukturen, Bereichsinformation	Methoden
Inspektion	Quellcode, Dokumente	Quellcode, Dokumente
Erraten von Fehlern	Erfahrung, Glück (!)	Applikation, Subsysteme

Tabelle 12.2:   Testmethoden und deren Kontext

Wie anhand dieser Darstellung erkennbar ist, kann keineswegs jeder Aspekt des Systems mit jeder beliebigen Testmethode getestet werden, sondern es bedarf gezielter Überlegungen, was womit getestet werden soll, um zu einem erfolgreichen Test zu gelangen.

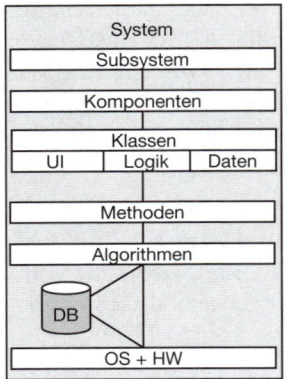

Um die Anwendungsgebiete jeder Testmethode zu zeigen, wird zu Beginn eines jeden der folgenden Abschnitte eine kleinere Grafik, ähnlich wie diese Abbildung, dargestellt. Darin sind die mit der jeweils vorgestellten Methode zu testenden Bereiche grau hervorgehoben. Ein System wird in seine Subsysteme und Komponenten sowie die zugrunde liegenden Klassen aufgeteilt. Klassen können Anwenderschnittstellen (UI), Controller (Logik) oder Entitäten (Daten) implementieren. Klassen bestehen wiederum aus den darin enthaltenen Methoden und den darin verwirklichten Algorithmen. Einem System liegen meist eine Datenbank (DB) und das Betriebssystem mit der Hardware (OS+HW) zugrunde.

Black-Box-Test

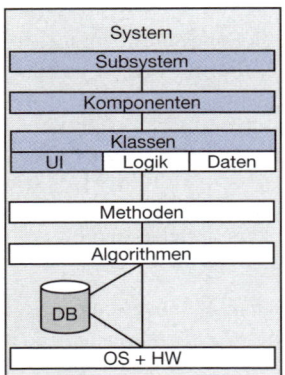

Black-Box-Tests ignorieren die interne Struktur des zu testenden Elements vollkommen. Die Tests werden basierend auf den in den Anwendungsfällen beschriebenen Anforderungen durchgeführt. Zusätzliche Informationen über die Eingabedaten können aus dem Domänenmodell abgelesen werden. Da diese Produkte bereits im Arbeitsschritt Analyse in der Phase Ausarbeitung fertig gestellt werden, können Black-Box-Testfälle bereits sehr früh erstellt werden. Black-Box-Tests dienen nicht zur exakten Lokalisierung des falsch funktionierenden Codes, sondern zur grundsätzlichen Überprüfung der korrekten Funktionsweise eines Systemteils. Werden Fehler gefunden, muss die Quelle des Fehlers mit anderen Mitteln (z.B. White-Box-Tests oder Debug-Tools) gesucht werden.

Abbildung 12.7 zeigt die idealisierte Darstellung des Konzepts. Für den Betrachter (z.B. für den Tester) spielt es keine Rolle, was sich hinter der Black-Box (z.B. ein PC, ein Mensch oder eine andere technische Anlage) verbirgt. Die Kenntnis der Schnittstelle, der möglichen Eingaben und der daraus resultierenden Ausgaben bilden ausreichende Information, um Black-Box-Tests durchführen zu können.

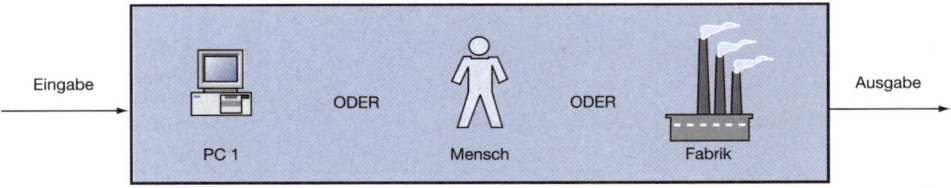

Abbildung 12.7: Das Black-Box-Konzept

Zum besseren Verständnis der vorgestellten Testtechniken werden die vorgestellten Methoden an zwei kleinen praktischen Beispielen demonstriert:

1. Ein Anwendungsfall des Projekts Ticket-Line soll dem Benutzer die Suche nach Informations- und Verkaufsstellen eines Kinobetriebs ermöglichen. Die (verkürzte) Beschreibung des Anwendungsfalls kann folgendermaßen aussehen:

Anwendungsfall „Verkaufsstelle suchen"

Vorbedingungen:	Keine
Ablauf:	A1) Der Benutzer gibt eine Bezeichnung, ein Bundesland, einen Ort oder eine Adresse ein.
	A2) Der Benutzer startet die Suche.
Ergebnis:	Das Ergebnis der Suche wird gegliedert nach Informations- und Verkaufsstellen dargestellt.
Anmerkungen:	Das Ergebnis muss stets innerhalb von fünf Sekunden verfügbar sein.

Abbildung 12.8:   Anwendungsfall „Verkaufsstelle suchen"

2. Eine Schnittstelle eines Back-End-Servers übernimmt Zahlungsaufträge von diversen Front-Ends oder Middleware-Software. Die Beschreibung der Schnittstelle, die z.B. Teil der Anforderungen sein kann, ist in *Abbildung 12.9* dargestellt.

Schnittstelle Zahlungsverkehr Sparkonto

Die Schnittstelle übernimmt Zahlungsaufträge von diversen Clients (Client für Bankangestellte, e-Banking, Zahlungsverkehr zwischen Bankinstituten). Folgende Regeln werden von der Schnittstelle beachtet: Auf einem Sparkonto können Beträge>0 einzahlt und abgehoben werden. Solange kein Überziehungsrahmen eingetragen wurde, kann der Kontostand 0 nicht unterschreiten. Im Falle eines Überziehungsrahmens kann der Kontostand diesen Überziehungsrahmen nicht unterschreiten.

Abbildung 12.9:   Beschreibung der Schnittstelle Zahlungsverkehr Sparkonto

Unterteilung in Äquivalenzklassen

Bei Erstellung von Testfällen ist es unmöglich, alle denkbaren Eingaben in das System zu überprüfen. Zum Beispiel würde der Test eines Eingabefeldes, welches eine vierstellige Zahl erwartet, bei einem vollständigen Test 10.000 Testfälle benötigen. Bei einer Eingabe von Text wird diese Zahl der Testfälle bei wenigen Zeichen noch wesentlich größer. Bei zwei Zeichen gibt es bereits $26^2 = 676$ Möglichkeiten. Die Kombination der Eingaben verschiedener Felder würde die Zahl der notwendigen Testfälle in nicht zu bewältigende

Höhen anwachsen lassen (so ergibt die Kombination der oben angeführten Felder bereits 676.000 Testfälle). Um eine derartig hohe Anzahl von Testfällen zu vermeiden und dennoch einen vollständigen Test des Eingabebereichs durchführen zu können, werden die Eingabedaten in Äquivalenzklassen aufgeteilt und basierend auf diesen Klassen Testfälle erstellt.

Bei der Unterteilung in Äquivalenzklassen wird der gesamte Eingabebereich (alle Eingaben eines Anwendungsfalls) nach Unterbereichen untersucht, die das gleiche Systemverhalten hervorrufen können. Diese Unterbereiche werden Äquivalenzklassen genannt. Der Eingabebereich enthält dabei alle möglichen Kombinationen von Eingabedaten und Steuerinformationen, mit denen das System im realen Betrieb konfrontiert werden könnte – auch ungültige. Da der genaue Eingabebereich der Daten in der Anwendungsfall beschreibung kaum angeführt ist, können diese Daten dem Domänenmodell entnommen werden. Für jede Äquivalenzklasse wird ein Testfall formuliert, der die korrekte Funktion des Systems bei der Eingabe von Daten dieser Klasse exemplarisch überprüfen soll. Für jeden Testfall werden die Klasse des Testfalls (Normalfall, Fehlerfall oder Sonderfall), eine Beschreibung des Testfalls, dessen erwartetes Ergebnis und beispielhafte Eingabedaten angegeben.

Für die oben beschriebenen Beispiele des Anwendungsfalls *Verkaufsstelle Suchen* und der Schnittstelle *Zahlungsverkehr Sparkonto* ergeben sich durch die Unterteilung in Äquivalenzklassen die in *Tabelle 12.3* und *Tabelle 12.4* dargestellten Testfälle.

Nr.	Klasse	Beschreibung des Testfalls	Erwartetes Ergebnis	Beispielhafte Eingabedaten
1	NF	Eingabe von gültiger Bezeichnung	Suchergebnis	Bezeichnung= 'Kinowelt'
2	NF	Eingabe von gültigem Bundesland	Suchergebnis	Bundesland='NÖ'
3	FF	Bundesland leer	Fehlermeldung	Bundesland=''
4	NF	Bundesland ungültig	Leeres Suchergebnis	Bundesland= 'Bayern'
5	NF	Eingabe von gültigem Ort	Suchergebnis	Ort='Hürm'
6	FF	In DB nicht vorhandener Ortsbezeichner	Leeres Suchergebnis	Ort='4444'
7	NF	Eingabe von Adresse	Suchergebnis	Adresse='Hürm 67'
8	NF	Unvollständige Adresse	Suchergebnis	Adresse='Hürm'
9	FF	Ungültiges Adressformat	Fehlermeldung	Adresse='Hürm ##'

Tabelle 12.3: Testfälle bei Unterteilung in Äquivalenzklassen am Beispiel „*Verkaufsstelle Suchen*"

Nr.	Klasse	Beschreibung des Testfalls	Erwartetes Ergebnis	Beispielhafte Eingabedaten
10	NF	Kombination gültiger Werte	Suchergebnis	Bezeichnung= 'Kinowelt' Bundesland='NÖ'
11	FF	Kombination mit teilweise ungültigen Werten	Hinweis auf ungültige Werte	Bundesland='Wien' Adresse='####'

Tabelle 12.3: Testfälle bei Unterteilung in Äquivalenzklassen am Beispiel *„Verkaufsstelle Suchen"* (Forts.)

Nr.	Beschreibung des Testfalls	Erwartetes Ergebnis
1	Einzahlung>0	Einzahlung wird verbucht. Kontostand neu=Kontostand alt+Einzahlungsbetrag
2	Abhebung>0, kein Überziehungsrahmen, Betrag Abhebung<=Kontostand	Abhebung wird verbucht, Kontostand neu=Kontostand alt-Abhebungsbetrag
3	Abhebung>0, kein Überziehungsrahmen, Betrag Abhebung>Kontostand	Fehlermeldung
4	Abhebung>0, Überziehungsrahmen, Betrag Abhebung<=Kontostand+Überziehungsrahmen	Abhebung wird verbucht, Kontostand neu=Kontostand alt-Abhebungsbetrag
5	Abhebung>0, Überziehungsrahmen, Betrag Abhebung<=Kontostand+Überziehungsrahmen	Fehlermeldung
6	Einzahlungsbetrag<0	Fehlermeldung
7	Abhebungsbetrag<0	Fehlermeldung
8	Überziehungsrahmen wird neu gesetzt, Überziehungsrahmen>0	Überziehungsrahmen wird gesetzt
9	Überziehungsrahmen wird neu gesetzt, Überziehungsrahmen<0	Fehlermeldung

Tabelle 12.4: Testfälle bei Unterteilung in Äquivalenzklassen am Beispiel „Zahlungsverkehrschnittstelle"

Grenzwertanalyse

Da Grenzwerte (von Daten) eine besonders häufige Fehlerquelle in einem System darstellen, soll hier dieses Thema genauer erörtert werden.

Unter Grenzwerten verstehen wir jene Werte, die entweder gerade noch innerhalb des Wertebereichs liegen. Folgendes Beispiel – die Eingabe eines Geldbetrages in einem Bankomaten – wird die Hintergründe dazu genauer veranschulichen:

In unserem Beispiel sollen die eingegebenen Werte im Wertebereich von 100 bis 5.000 liegen. Jetzt gibt es drei Eingabemöglichkeiten. In einem Fall ist der eingegebene Betrag geringer als 100, eine weitere Möglichkeit ist der „gültige" Eingabebereich also größer als 100 und kleiner als 5.000, oder schließlich liegt die eingegebene Zahl über der Grenze von 5.000. Dadurch erhalten wir drei Äquivalenzklassen und somit zumindest drei Testfälle.

Die folgenden Testfälle Betrag = 20, 3.627, 5.517 erfüllen diese Bedingungen. Um nun die eigentliche Grenzwertanalyse durchzuführen beschäftigen wir uns konkreter mit den Grenzwerten der angegebenen Wertebereiche. Also werden die Werte 99, 101, 4.999 und 5.001 ebenfalls als Testfälle aufgenommen, da diese oft mit einer überdurchschnittlichen Wahrscheinlichkeit Fehler produzieren.

Das Entstehen solcher Grenzwertfehler geschieht häufig durch verwechselte Vergleichsoperatoren (z.B. "<" statt "<="), Rundungsfehler, Konvertierungsfehler (z.B. Konvertierung einer dreistelligen Zahl in einen String mit zwei Zeichen) oder auch durch falsch abgebrochene Schleifen (z.B. Abbruch bei vorletztem Durchlauf, letztes Element wird nicht mehr behandelt).

Ebenso treten bei Zeichenketten Grenzwerte auf in Formen von z.B. leeren Strings, längeren Strings als vorgesehen, Strings mit Maximallänge, zu konvertierende Strings mit ungültigem Inhalt (z.B. bei einer Konvertierung in ein Integer mit dem Inhalt „0,89d") und nicht terminierte Strings (häufige Fehlerquelle in C).

Bei Objekten ist es ratsam, auf folgende Grenzwerte zu achten. Dazu zählen neu erzeugte Objekte (korrekte Initialisierung prüfen), Objekte vor der Zerstörung (prüfen, ob alle persistenten Daten korrekt gesichert wurden) und Objekte vor und nach einem Zustandswechsel, der das Verhalten des Objekts beeinflusst.

Durch Anwendung der Grenzwertanalyse auf den Anwendungsfall *Verkaufsstelle Suchen* und der Schnittstelle *Zahlungsverkehr Sparkonto* werden die Listen der bereits ermittelten Testfälle um die Einträge in *Tabelle 12.5* und *Tabelle 12.6* erweitert.

Nr.	Klasse	Beschreibung des Testfalls	Erwartetes Ergebnis	Beispielhafte Eingabedaten
12	SF	Keine Eingaben	Suchergebnis (Liste aller Verkaufsstellen)	
13	SF	Kombination aller Felder	Suchergebnis	Bezeichnung='Kinowelt' Bundesland='NÖ' Ort='Hürm' Adresse='Gablenzgasse 89'
14	FF	Eingabe eines zu langen Ortes	Fehlermeldung	Ort='Buxdehudener Neubauteil'

Tabelle 12.5: Testfälle der Grenzwertanalyse des Beispiels „Verkaufsstelle Suchen"

Im zweiten Beispiel für die Zahlungsverkehrschnittstelle ergeben sich bei der Grenzwertanalyse folgende zusätzliche Testfälle.

Nr.	Beschreibung des Testfalls	Erwartetes Ergebnis
10	Einzahlungsbetrag<=0	Fehlermeldung
11	Abhebungsbetrag<=0	Fehlermeldung
12	Überziehungsrahmen wird neu gesetzt, Überziehungsrahmen=0	Überziehungsrahmen wird auf 0 gesetzt (d.h. gelöscht), Hinweis

Tabelle 12.6: Testfälle der Grenzwertanalyse des Beispiels „Zahlungsverkehrschnittstelle"

Das Auffinden von Fehlern kann durch Anwendung von Äquivalenzklassen und Grenzwertanalysen sowie Black-Box-Tests erheblich beschleunigt werden.

Eine sehr große Anzahl von Fehlern ist auf verschiedene Ursachen zurückzuführen, von denen die wichtigsten hier angeführt sind: Falsche oder fehlende Eingaben sind eine ebenso häufige Fehlerquelle wie falsche Auswahl eines falschen Objekts, fehlende Aktion an der Systemschnittstelle, fehlende Funktion eines beteiligten Objekts sowie richtige Nachricht an falsches Objekt (und umgekehrt). Und ergänzend seien noch folgende Punkte erwähnt: Nachricht an zerstörtes Objekt, richtige Ausnahmebehandlung vom falschen Objekt abgefangen, falsche Ausnahmebehandlung ausgelöst, falsche Benutzung von Funktionen der Zielumgebung, Speicherprobleme, ungenügende Leistung, Probleme bei Serverauslastung und schließlich Deadlocks.

White-Box-Test

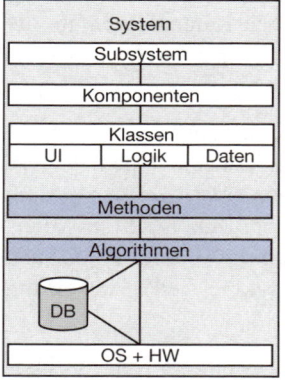

White-Box-Testing benötigt vorab Zugang zum Programmcode der zu testenden Klasse. Da diese Art von Tests das Hauptaugenmerk auf die Struktur der Klassen legen – deswegen ist auch die Bezeichnung „Strukturtest" geläufig – werden die Testfälle anhand der Programmstruktur der Klasse entworfen.

Ein praktischer Ansatz für eine solche Testumsetzung, um die Qualität eines Codeelements festzustellen, ist die Rückschließung aus den verwendeten Konstruktionsmethoden auf die Qualität des Gesamtprodukts. Dabei ist aber nicht gewährleistet, dass gute Konstruktionstechniken ein Programm wirklich korrekt laufen lassen. Sie können lediglich die Wahrscheinlichkeit dafür erhöhen.

Stattdessen muss das Funktionieren der Schleifen, Verzweigungen usw. durch gezielte Tests sichergestellt werden. Anhand dieser Konstruktionselemente, die während der Programmausführung durchlaufen werden, ist eine Feststellung aller möglichen Ausführungspfade innerhalb des Elements durch ein Kontrollflussdiagramm möglich. In Abhängigkeit von bestimmten Überdeckungsgraden werden anschließend die Testfälle erstellt, wobei der Begriff Überdeckungsgrade in den folgenden Abschnitten konkreter behandelt wird.

Überdeckungsgrade

Wie bereits angedeutet handelt es sich bei dem Prinzip der Überdeckungsgrade um eine Testtechnik, welche durch zu Hilfename des Kontrollflussdiagramm den zu testenden Programmcode untersucht. Die Art der Überdeckung beschreibt also, welche Ausführungspfade des Codes durch die Testfälle überprüft werden können, woraus sich in weiterer Folge die Anzahl der Testfälle ermitteln lässt. *Abbildung 12.10* veranschaulicht das grundlegende Prinzip von Kontrollflussdiagrammen. Die abgerundeten Rechtecke veranschaulichen eine Anweisung (Zuweisung, Methodenaufruf[1] oder Bedingung). Die Darstellung der Folgeanweisungen (z.B. durch wahre oder falsche Bedingung) erfolgt durch einen Pfeil in Richtung der Folgeanweisung. Ausgehend von diesem Diagramm kann bestimmt werden, welche Ausführungspfade des Codes durch die Testfälle überprüft werden sollen.

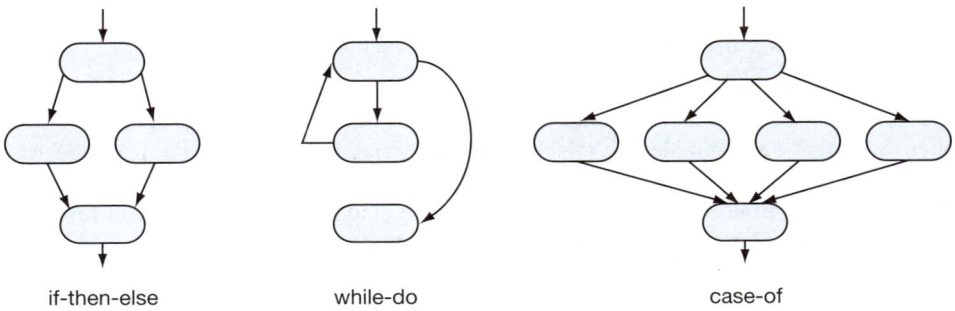

| if-then-else | while-do | case-of |

Abbildung 12.10:   Elemente eines Kontrollflussdiagramms (aus [Somm92] S. 434)

Es gibt unterschiedliche Überdeckungsgrade, wobei man darauf achtet, diese nach einem einheitlichen System zu bezeichnen: Allgemein formuliert sprechen wir von einer C_x-Überdeckung. X gibt hierbei die geforderte Länge der möglichen Kantenfolgen an, die durch Testfälle abzudecken sind. An dieser Stelle beschränken wir uns auf die Beschreibung der C_0, C_1 und schließlich der $C_{unendlich}$-Überdeckung

Die schwächste Überdeckung fordert eine Überdeckung aller Kantenfolgen der Länge 0, was bedeutet, dass jede Anweisung aus diesem Codeelement mindestens in einem Testfall einmal durchlaufen werden muss. In diesem Fall ist die Rede von einer C_0-Überdeckung *(Knotenüberdeckung oder Anweisungsüberdeckung)*. Diese Überdeckungsart ist allerdings kein Garant für die Korrektheit von Anweisungssequenzen (in weiterer Folge auch Schleifen oder Verzweigungen). Lediglich die syntaktische Korrektheit jeder Anweisung für sich kann damit sichergestellt werden.

Die C_1-*Überdeckung oder Kantenüberdeckung* besagt, dass jede Kante im Kontrollflussdiagramm mindestens in einem Testfall einmal durchlaufen werden muss, um auch die zahlreichen Pfade abzudecken, die durch Verzweigungen entstehen.

---

[1]   Da eine Methode selbst auf korrekte Funktionalität getestet wird, behandelt man einen Methodenaufruf wie eine einzelne Anweisung. In diesen Fällen eignet sich für die Testvorgehensweise bei den Überdeckungsgraden ein Bottom-up-Ansatz.

Die letzte hier vorgestellte Art, die $C_{unendlich}$-*Überdeckung (Pfadüberdeckung)*, ist im Allgemeinen eher von theoretischem Interesse, da sie besagt, dass eine Abdeckung aller möglichen praktischen Anweisungsfolgen durch Testfälle vorzunehmen sei. In einem nicht trivialem Programm stößt man dabei an die Grenzen der Leistungsfähigkeit. Solche Pfadüberprüfung können, sofern sie überhaupt im Bereich des Möglichen liegen, nur unter Zuhilfenahme von Testwerkzeugen vorgenommen werden.

Eine so genannte *Bedingungsüberdeckung* wird neben diesen Art von Überdeckungsgraden ebenfalls gefordert. Hier wird in Testfällen für eine Bedingung eine Überprüfung aller möglichen Kombinationen des logischen Ausdrucks angestellt. Der Unterschied wird in *Abbildung 12.11* sichtbar, wo für eine Kantenüberdeckung nur zwei Testfälle (für den Bedingungswert „Falsch" und „Wahr") notwendig sind. Hingegen werden für eine Bedingungsüberdeckung vier Testfälle (die Kombination zweier möglicher Werte jeder Variablen in der Bedingung) benötigt.

```
IF (A=true)and(B=false) THEN ...
```

Bei Kantenüberdeckung wären zwei Testfälle notwendig:

- `(A=true)and(B=false) = TRUE`
- `(A=true)and(B=false) = FALSE`

Bei Bedingungsüberdeckung sind vier Testfälle notwendig:

- `A true, B true`
- `A true, B false`
- `A false, B true`
- `A false, B false`

Abbildung 12.11: Kantenüberdeckung im Vergleich zu einer Bedingungsüberdeckung

Obwohl in der Praxis weitestgehend eine Kantenüberdeckung gefordert ist, wird bei größeren Projekten oft nicht einmal eine Anweisungsüberdeckung erreicht. Der Grund für diese wenig wertvollen Testfälle und die daraus resultierende mangelnde Qualität ist das geringe Zeitpensum, ein zu kleines Testteam für die Erstellung und nicht zuletzt die unsystematische Vorgehensweise.

Bei objektorientierten Systemen empfiehlt sich die Verwendung von dynamischen Diagrammen, wie z.B. Sequenzdiagrammen, in welchen Testfälle basierend auf Überdeckungsgraden der Nachrichtenaufrufe erstellt werden. Dynamische Schwierigkeiten lassen sich auf diesem Wege in Systemen besser erkennen und korrigieren (siehe dazu auch den *Abschnitt Klassentests*).

Beispiel für einen White-Box-Test

In *Listing 12.1* soll in der Prozedur Sitzplan der aktuelle Sitzplan eines Kinosaals ausgegeben werden, in welchem die Sitze in einer linearen Liste (zur Veranschaulichung) gespeichert werden. Es gibt drei Stadien, die jeder Sitz einnehmen kann: CFrei, CBelegt oder CReserviert. Bei einem leeren Sitzplan geschieht nichts und bei einem Sitzplan, der seit der letzten Ausgabe nicht mehr verändert wurde, wird dieser Status in einer Fehlervariablen angegeben und auch hier keine Ausgabe gemacht. Ein für diese Prozedur erstelltes Kontrollflussdiagramm befindet sich auf der rechten Seite. Dieses enthält die Elemente aus *Abbildung 12.10*.

Wenn Kantendeckung gefordert ist, erhalten wir im Beispiel *Sitzplan* sieben Testfälle aus dem Kontrollflussdiagramm. Diese sind in *Tabelle 12.7* angeführt.

Nr.	Klasse	Beschreibung des Testfalls	Erwartetes Ergebnis	Beispielhafte Eingabedaten
1	NF	Sitzplan ist neu.	Ausgabe des Sitzplans	Neuer Sitzplan muss als Parameter übergeben werden.
Überprüfte Kanten: nicht genau spezifiziert				
2	FF	Sitzplan ist alt.	Setzen der Fehlervariablen	Sitzplan wurde seit der letzten Verwendung nicht verändert.
Überprüfte Kanten: 2, 3				
3	NF	Sitzplatz ist frei.	Ausgabe des entsprechenden Symbols	Sitzplanliste.sitz. status=Cfrei
Überprüfte Kanten: 1, 4, 6, 7, 10, 13				
4	NF	Sitzplatz ist belegt.	Ausgabe des entsprechenden Symbols	Sitzplanliste.sitz. status=Cbelegt
Überprüfte Kanten: 1, 4, 6, 8, 11, 13				
5	NF	Sitzplatz ist reserviert	Ausgabe des entsprechenden Symbols	Sitzplanliste.sitz. status=Creserviert
Überprüfte Kanten: 1, 4, 6, 9, 12, 13				
6	NF	Mehrere Sitzplätze im Sitzplan vorhanden.	Ausgabe mehrerer Symbole	Die Liste Sitzplan muss mehr als ein Element haben.
Überprüfte Knoten: 1, 4, 5, 6, 7, 10, 13				
7	SF	Sitzplan ist leer.	Keine Ausgabe	Sitzplanliste=nil
Überprüfte Kanten: 1, 4				

Tabelle 12.7: Testfälle bei White-Box-Tests anhand des Beispiels „Sitzplan"

Folgende Punkte sind bei *Tabelle 12.7* zu beachten:

- Testfall 1 ist sehr ungenau spezifiziert, da keine Angabe über den genauen Inhalt der Sitzplanliste getroffen wird. Die durchlaufenen Kanten können daher nicht genau angegeben werden (sicher sind nur die Kanten 1, 6 und 13).

- Ist lediglich eine Anweisungsüberdeckung gefordert, können die Testfälle 1, 6, 7 und wahlweise 2, 3 oder 4 zusammengefasst werden, da bereits alle Knoten zumindest einmal durchlaufen werden. Damit reduziert sich die Anzahl der Testfälle auf vier.

- Die Testfälle 2, 3, 4 und 6 können sowohl bei Kantenüberdeckung als auch bei Anweisungsüberdeckung durch die geeignete Wahl des Parameters *sitzplanliste* (1 freier Sitzplatz, 1 belegter Sitzplatz und 1 reservierter Sitzplatz) zusammengefasst werden.

- Testfall 7 führt zwangsweise zu einem Fehler, da bereits die erste Bedingung if sitz-planliste.aktualisiert=neu zu einem Fehler führt (Zugriff auf leere Referenz). Dieser Testfall zeigt damit ein Beispiel, wie bereits durch die Spezifikation der Testfälle Fehler gefunden werden können. In diesem Fall muss entweder der Testfall angepasst (leeres Objekt als Parameter) oder der Code entsprechend korrigiert werden (Überprüfung auf nil vor der Bedingung).

- Testfall 7 ist in den Testfällen 3, 4, 5 und 6 enthalten.

In *Tabelle 12.8* wurden diese Überlegungen eingearbeitet. Es ergeben sich zwei Testfälle bei Anweisungsüberdeckung und auch bei Kantenüberdeckung.

Nr.	Klasse	Beschreibung des Testfalls	Erwartetes Ergebnis	Beispielhafte Eingabedaten
1	NF	Sitzplan ist neu.	Ausgabe des Sitzplans	Neuer Sitzplan mit einem freien, einem belegten und einem reservierten Sitz muss als Parameter übergeben werden.

Überprüfte Kanten: 1, 4, 5, 6, 7, 8, 9, 10, 11, 12, 13

Nr.	Klasse	Beschreibung des Testfalls	Erwartetes Ergebnis	Beispielhafte Eingabedaten
2	FF	Sitzplan ist alt.	Setzen der Fehlervariablen	Sitzplan wurde seit der letzten Verwendung nicht verändert.

Überprüfte Kanten: 2, 3

Tabelle 12.8: Überarbeitete Testfälle bei White-Box-Tests anhand des Beispiels „Sitzplan"

Überdeckungskriterien sind nicht ausschließlich auf Methodenebene anzuwenden, sondern können in OO-Systemen durchaus auch auf höheren Ebenen vorgefunden werden (vgl. [Früh91]):

- *Programmeinheiten-Überdeckung:* Jede Klasse wird einmal durchlaufen.

- *Aufrufüberdeckung:* Jede Methode wird einmal aufgerufen.

- *Programmpfad-Überdeckung:* Alle möglichen Folgen von Methodenaufrufen werden einmal durchlaufen.

```
PROCEDURE Sitzplan;
BEGIN
    If sitzplanliste.aktualisiert=neu then
    BEGIN
        While (sitzplanliste<>nil) do
        BEGIN
            Case sitzplanliste.sitz.status of
                CFrei: platz_ausgeben(frei);
                CBelegt: platz_ausgeben(belegt);
                CReserviert:
                        platz_ausgeben(reserviert);
            END;
            sitzplanliste:=sitzplanliste.next;
        END;
        sitzplanliste.aktualisiert:=CAktualisiert;
    END
    Else
        fehlervar:=nicht_neu;
END;
```

Listing 12.1:   Prozedur Sitzplan

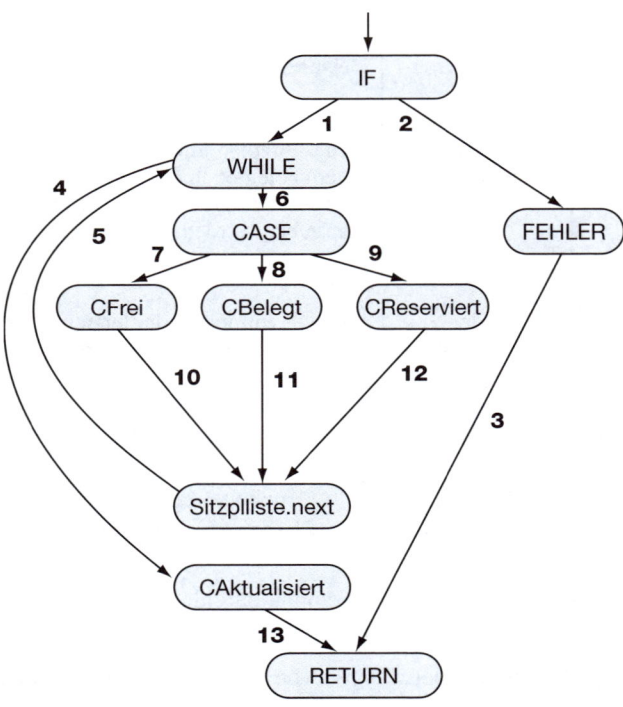

Abbildung 12.12:   Kontrollflussdiagramm für einen White-Box-Test

Klassentests

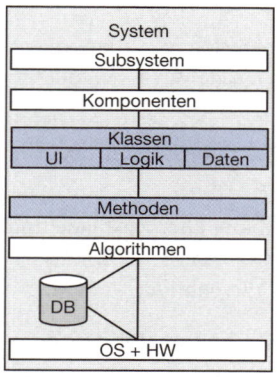

In OO-Systemen sind Klassen die kleinsten zu prüfenden Einheiten. Während in älteren (nicht objektorientierten) Systemen noch der Modultest im Vordergrund stand, ist in OO-Systemen das Kernstück von Tests die Klasse. Module verlieren insofern an Bedeutung, da die in ihnen enthaltenen Klassen nicht notwendigerweise funktionalen Zusammenhang besitzen müssen. Operationen einer Klasse sind über die gemeinsamen Attribute miteinander verbunden. Durch verschiedene Anwendungen verschiedener Operationen(folgen) kann es zu wesentlich mehr Zuständen kommen, als durch unabhängige Tests der einzelnen Operationen überprüft werden könnte. Tests von abgeschlossenen, funktionellen Einheiten müssen somit auf der Klassenebene ansetzen. Die folgende Darstellung ist an [Balz98] angelehnt.

Man unterscheidet folgende Klassentypen: konkrete Klassen, abstrakte Klassen und parametrisierte (=generische) Klassen. In Abhängigkeit des konkret vorliegenden Klassentyps müssen die Testvorgänge unterschiedlich angelegt werden, da der mögliche Umfang des Tests eventuell eingeschränkt ist, dafür aber andere Aspekte beachtet werden müssen. Bei abstrakten und generischen Klassen muss auf die Einfachheit und Allgemeinheit der Tests geachtet werden.

Für normale Klassen wird folgender Testablauf vorgeschlagen:

- Eine Instanz einer Klasse wird erzeugt und alle Attribute werden mit sinnvollen Werten belegt.

- Zu Beginn werden alle Operationen getestet, welche den Zustand des Objekts nicht verändern. Diese können mit anderen Methoden (z.B. White-Box) auf ihr korrektes Funktionieren leicht überprüft werden.

- Anschließend werden alle Operationen überprüft, welche den Zustand des Objekts verändern. Dazu wird zuerst das Objekt in einen für den Testfall zulässigen Ausgangszustand versetzt. Dann werden die Operationen angewendet und der resultierende Zustand wird auf seine Korrektheit überprüft. Die möglichen Zustände einer Klasse können in Äquivalenzklassen eingeteilt werden. Für jede Äquivalenzklasse gibt es nur eine eingeschränkte Menge an zulässigen Operationen, die durchgeführt werden können.

- Folgen von Operationen unter obigen Bedingungen werden getestet. Dabei ist zu beachten, dass alle Folgen (z.B. nach C_0- oder C_1-Überdeckung) berücksichtigt werden. Es muss vor allem auch auf die Tatsache geachtet werden, dass ein Objekt in unterschiedlichen (äußeren) Kontexten verwendet werden kann. Auch die möglichen unterschiedlichen interne Zustände sind zu berücksichtigen.

[Fire94] erläutert vier Teststufen:

Exemplartest: Für das Systemverhalten repräsentative Objekte werden ausgewählt.

Kontexttest: Alle Objekte in allen möglichen Kontexten werden getestet. Vor allem dynamische Bindungen, (statische) Aufrufe aus verschiedenen Objekten heraus usw. müssen beachtet werden.

Vollständigkeitstest: Die Überdeckung aller Operationen und Operationsfolgen und alle möglichen Veränderungen aller Objekte und Attribute werden überprüft.

Zustandsmodelltest: Ausgehend von einer vollständigen Beschreibung aller Zustände und Zustandsübergänge werden eben diese getestet. Wenn möglich, können Zustandsklassen und Klassen von Zustandsübergängen zur Verringerung der Testfälle gebildet werden.

 Beim Testen von konkreten, objektorientierten Programmen mit den angeführten Testmethoden sind erfahrungsgemäß folgende einfache Tipps zu beachten:

- **Fremde Klassenbibliotheken:** White-Box-Testen erfordert den Zugang zum Source-Code. Zugekaufte Komponenten können daher manchmal nicht mit dieser Methode getestet werden. Beim Import fremder Bibliotheken sollte man daher die Auswirkungen solcher Entscheidungen auf spätere Entwicklungsphasen eingehend diskutieren.

- **Testreihenfolge:** White-Box-Tests können üblicherweise erst nach Fertigstellung der Implementierung definiert werden, da erst zu diesem Zeitpunkt die Code-Struktur endgültig ist. Jede Änderung im Code erfordert eine Änderung der Testfälle. Die Definition und Durchführung von White-Box-Tests ist in der Regel aufwändig und erfolgt daher – sofern diese überhaupt notwendig sind – erst nach Black-Box- und Zustands-Tests.

- **Außen hui, innen ...:** Black-Box-Testen kann blenden. Die Definition der Testfälle kann bereits während der Analyse (System-Black-Box) bzw. dem Design (Klassen-Black-Box) begonnen werden, da die Schnittstellen zu den Benutzern bzw. zwischen den Klassen zu diesen Zeitpunkten größtenteils schon fixiert werden. Sowohl Definition als auch Ausführung sind im Vergleich zu White-Box-Tests unaufwändiger. Ein erfolgreicher Black-Box-Test sagt aber möglicherweise wenig über die innere Stabilität und Komplexität einer Klasse aus. Die White-Box-Qualität einer Klasse bestimmt aber wiederum ihren wirklichen langfristigen (Projekt-)Wert.

- **Ablaufkomplexität zwischen den Klassen:** Sowohl bei White-Box- als auch Black-Box-Verfahren auf Klassenebene werden klassenübergreifenden Zusammenhängen kaum erfasst. Die Durchführung von Tests zur Überprüfung dieser klassenübergreifenden Abläufe kann manchmal aufwändig werden, darf aber keinesfalls im Vertrauen auf die korrekte Funktion der Einzelklassen vernachlässigt werden. Sollte vorhandene Komplexität hier nicht schon im Entwurf durch eigene Ablauf-Objekte modelliert worden sein, dann ist eine zusätzliche Ebene des Testens zwischen Klassen- und Integrationstests anzuraten.

- **Gesamtsystemzustände:** Ein globaler Systemzustand in traditionellen prozeduralen Systemen wird in der OOSE durch eine Vielzahl von lokalen Objektzuständen substituiert. Die Analyse des Systems zu bestimmten Zeitpunkten (z.B. nach Auftreten eines Fehlers) kann dadurch aufwändiger und die Fehlereingrenzung schwieriger werden, wenn z.B. bei einem Fehler mehrere Objekte falsche Zustände aufweisen.

12.4.2   Test der Datenbasis

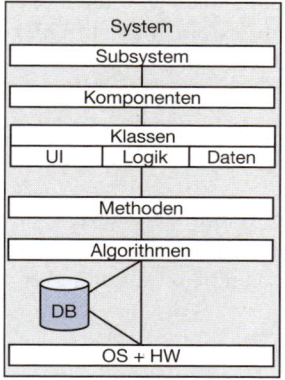

In der Praxis lassen sich oft große Probleme beobachten, die auf fehlerhafte Daten in der Datenbank zurückzuführen sind, mit denen das zugehörige Programm nicht robust umgeht. Neben unsinnigen Ausgaben wird in der Folge der Inhalt der Datenbank weiter zerstört. Ein derartiger negativer Kreislauf kann durch eine regelmäßige Prüfung der Konsistenz der Datenbank erkannt und entschärft werden.

Daher ist einer der wichtigsten Schritte im Verlauf des Entwurfs die saubere Definition der Datenbank, inklusive einer Beschreibung der Bedingungen für die Konsistenz der Tabellen in Bezug auf EER (statisch) und Betriebsabläufe (dynamisch). Auf Basis dieser Integritätsbedingungen ist die Implementierung eines automatischen Konsistenzprüfers möglich und wünschenswert.

Die Anwenderschnittstelle des Konsistenzprüfers soll die Eingabe der zu testenden Bereiche bzw. die Intensität der Teststufen über die Kommandozeile oder eine einfache Anwenderschnittstelle erlauben. Die Ausgabe der Ergebnisse kann auf die Standardausgabe oder in eine Datei erfolgen.

Folgende Teststufen bauen aufeinander auf:

1. *Tabellen vorhanden:* Die Datenbank ist installiert, die Tabellen existieren. Im Erfolgsfall sind die Datensätze pro Tabelle zu zählen. Im Anschluss erfolgt die Ausgabe der Ergebnisse bzw. eine Diagnosemeldung.

2. *Felder der Tabellen:* Für jedes Feld sind die Syntax (Zahlen, Status) und die Semantik (Wertebereiche) zu überprüfen. Die Anzahl erfolgreich geprüfter Datensätze bzw. allfällige Fehler sind auszugeben.

3. *Lokale Zusammenhänge:* Zusammenhänge zwischen den Feldern eines einzelnen Datensatzes sind zu überprüfen (z.B. bei einer Rechnung die Relation von Netto- und Bruttobetrag sowie Umsatzsteuer).

4. *Abhängigkeiten zwischen Tabellen:* Verweise auf Schlüssel in anderen Tabellen existieren und sind sinnvoll. Die Eindeutigkeit von Feldinhalten in Datenbanken wird durch Sortieren überprüft.

5. *Komplexe Zusammenhänge:* Formeln und Integritätsbedingungen aus dem Datenbankmodell überprüfen (z.B. entspricht die Summe aller Einlagerungen und Auslagerungen eines Artikels in einer Filiale während eines bestimmten Zeitraums der Differenz zwischen dem Anfangs- und Endbestand dieses Artikels zu Beginn und Ende des Zeitraums?).

Die Punkte 2, 3 und 4 können durch Datenbanksysteme selbst durchgeführt werden, um damit Inkonsistenzen überhaupt zu vermeiden. Die Implementierung dieser Überprüfungen erfolgt deswegen meist auch im Datenbanksystem selbst.

Das Protokoll des Konsistenzprüfers listet pro Tabelle die Anzahl der Datensätze (DS) insgesamt sowie die Anzahl der DS auf, die in Ordnung bzw. nicht in Ordnung sind. Die Fehlerzahl insgesamt kann in Fehlertypen aufgegliedert werden, um einen Überblick über die Art der aktuellen Probleme zu geben. Zu Problemfällen gibt es einen Detailfehlerbericht, der die Wiederherstellung einer konsistenten Datenbank erleichtert bzw. die Abschätzung zukünftiger Probleme bei weiterer Verwendung der Datenbank ermöglicht.

Der Konsistenzprüfer selbst ist mit fehlerhaften Datenbanken auf Funktionsfähigkeit zu prüfen.

Fehlfunktionen eines Programmsystems haben oft ihren Ursprung in inkonsistenten Datenbeständen. Wenn zu wenig Wert auf die Einhaltung der Integritätsbedingungen gelegt wurde, ist es meist nur sehr schwer möglich, diese Fehler zu lokalisieren und auszumerzen.

12.4.3   Systemweite Tests

Kombinierter Funktions- und Strukturtest

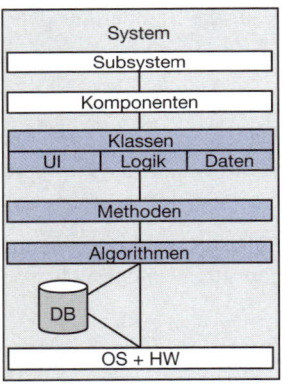

Zur neuerlichen Hervorhebung führen wir hier noch einmal die wesentlichen Nachteile der genannten Testverfahren auf:

- Es ist nicht möglich, mit einem Strukturtest (WB) fehlende oder falsch arbeitende Funktionalität festzustellen.

- Andererseits können Funktionstests (BB) keine falsch arbeitenden Implementierungen identifizieren.

Die logische Schlussfolgerung für ein erfolgreiches Testvorgehen ist daher, WB- und BB-Verfahren zu kombinieren. Angelehnt an [Balz98] sollte folgende Vorgehensweise umgesetzt werden:

Funktionstest: Basierend auf Äquivalenzklassen und einer Grenzwertanalyse werden Testfälle erstellt, um die fertige Applikation zu testen. Anschließend sollte analysiert werden, welche Teile bzw. Zweige des Codes durch diesen Test vernachlässigt werden. Darunter fallen z.B. seltene oder optionale Verzweigungen, spezielle Bedingungen bei Algorithmen oder Zweige, die aufgrund von Implementierungsfehlern nie ausgeführt werden.

Strukturtest: Für alle oben identifizierten vernachlässigten Teile werden White-Box-Tests entworfen und eingesetzt, um insgesamt eine höchstmögliche Überdeckung zu erreichen.

Regressionstest: Nachdem Fehler gefunden und ausgebessert worden sind, ist es notwendig, das gesamte System oder zumindest alle jene Teile, die von den geänderten Teilen auch nur entfernt betroffen sein könnten, erneut zu testen.

Abbildung 12.13 soll diesen Ablauf visualisieren.

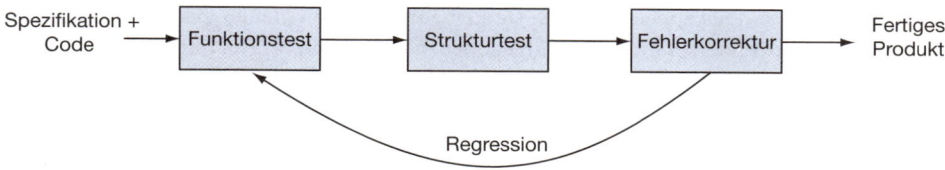

Abbildung 12.13: Ablauf eines kombinierten Funktions- und Strukturtests

Systemtest

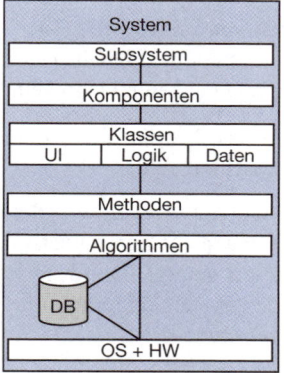

Nach der erfolgten Integration der zu implementierenden Teile und nach bereits durchgeführten Testdurchgängen mit diesen, ist es notwendig, das System als Ganzes einem abschließenden Test zu unterwerfen, da von den Qualitäten der Einzelkomponenten niemals auf die Qualität des Gesamtsystems geschlossen werden kann. Hinzu kommt die Tatsache, dass durch neu entstandene Abhängigkeiten und Wechselwirkungen neue Fehler entstehen oder bereits vorhandene Fehler erst deutlich werden. Ein Systemtest gliedert sich in folgende Abschnitte:

Konfiguration: Dieser Test kann nur auf der Zielplattform durchgeführt werden und soll sicherstellen, dass das System auf dieser auch tatsächlich ordnungsgemäß funktioniert. Als Testsuite werden alle Subsystemtests oder der Systemtest, falls ein solcher existiert, verwendet.

Installationstest: Lässt sich das System fehlerfrei und problemlos installieren, und werden alle Zusatzprodukte (z.B. Online-Hilfe) ebenfalls korrekt eingerichtet?

Funktionstest: Hierbei soll überprüft werden, ob das Produkt die in den Anforderungen geforderten Funktionen enthält und ordnungsgemäß erfüllt. Ein solcher Funktionstest wird durch die nochmalige Ausführung aller Black-Box-Testfälle erreicht, welche für einzelne Klassen bzw. Subsysteme erstellt worden sind.

Leistungstest: Darunter fallen Überprüfungen, die das System unter Realbedingungen testen sollen. Dazu ist das System mit einer real großen Menge an Daten zu testen (welche während der Erstellung oft nicht zur Verfügung stehen). Auch möglicherweise spezifizierte Zeitgrenzen sind zu messen. Bei diesen Tests ist darauf zu achten, dass die Hard- und Software-Konfiguration der Testplattform der Zielplattform so nahe wie möglich kommt, vor allem aber sollten die Größe des Speichers und die CPU-Geschwindigkeit identisch sein. Vollkommen korrekt sind diese Tests nur dann, wenn sie überhaupt auf der Zielplattform durchgeführt werden. Folgende Varianten von Leistungstests sollten berücksichtigt werden:

- **Ressourcen:** Da vor allem die Speicherbelegung erst bei Einsatz des gesamten Systems dem realen Betrieb entspricht und die Systemauslastung von dieser stark abhängt, kann auch die Leistung (vor allem von komplizierten Algorithmen) erst in diesem Kontext sinnvoll gemessen werden. Die Messung der Leistung eines Systems ist von dessen primärer Datenübernahme abhängig.

- *Antwortzeiten:* Diese werden bei Systemen gemessen, bei denen Daten hauptsächlich über die Anwenderschnittstelle eingegeben werden. Unter Antwortzeit ist hier die verstrichene Zeit zwischen dem Start einer Aktion (z.B. durch Drücken eines Buttons) bis zu einer Rückmeldung zu verstehen. Die Testfälle enthalten auch eine textliche Beschreibung der geforderten Antwortzeiten.

- *Last:* Diese wird bei Systemen gemessen, welche hauptsächlich Transaktionen durchführen (z.B. ein Client/Server-System). Die Testfälle bestehen aus Angaben bezüglich der Anzahl und der Gestalt der Transaktionen, welche in einer bestimmten Zeit durch das System bewältigt werden müssen. Die Tests können nur mit Hilfe eines Last-Simulators durchgeführt werden.

- *Durchsatz:* Dieser wird bei Systemen gemessen, welche Daten von Files lesen (Batch-Verarbeitung). Die Testfälle enthalten eine Beschreibung der Files und ihres Inhalts (z.B. Anzahl der Datensätze) und Anforderungen bezüglich der Verarbeitungsgeschwindigkeit.

Alle diese Tests müssen auch Testfälle berücksichtigen, welche das System überlasten. Das Verhalten des Systems muss auch unter diesen Umständen absehbar sein.

Benutzbarkeitstest: Bei diesem ist die Einbindung der zukünftigen Benutzer notwendig. Anhand konkreter Anwendungsfälle, die der Benutzer mit dem neuen System umsetzen soll, kann überprüft werden, ob dieses den geforderten Qualitäten genügt. Diese Tests werden bereits sehr früh während des Entwurfs mit Benutzern des Systems durchgeführt (siehe in *Abschnitt 5.4.1 Benutzbarkeitstest: Heuristische Evaluierung*).

Sicherheitstest: Sollten Sicherheitsbedingungen existieren, müssen diese sorgfältig überprüft werden. Achten Sie dabei vor allem darauf, dass sicherheitskritische Fälle immer unvorhersehbar und gleichzeitig auftreten.

Interoperabilitätstest: Sollte es Schnittstellen zu anderen Systemen geben (z.B. zu einer Textverarbeitung), so sind diese ebenfalls auf ihre korrekte Funktionsweise zu testen.

Neustart: Das Verhalten des Systems nach einem Absturz und die korrekte Wiederherstellung von Daten werden in jedem Fall überprüft.

Bei auftretenden Problemen oder Fehlern und deren Behebung werden, wie bei allen anderen Testvorgängen, Regressionstests durchgeführt.

12.5   Weiterführende Themen

12.5.1   Extreme Programming

Modultests

Die Modultests gehören zu den absoluten Prioritäten im Extreme Programming. Für die Tests der einzelnen Module ist eine spezielle Vorgehensweise vorgegeben bzw. empfohlen, die bereits in einigen vorangehenden Kapitel kurz erwähnt worden ist. Modultests werden immer zusammen mit ihren Modulen veröffentlicht und immer vor dem eigentlichen Modul geschrieben. Dazu wird ein eigenes Framework erstellt, das es erlaubt, automatische Tests zu generieren. Dieses Framework soll aber mehr sein als eine Zusammenstellung von Tools zum Testen; es soll auch zum Editieren und Compilieren verwendet werden. Für die meisten Programmiersprachen existieren bereits solche Unit-Tests-Frameworks, doch sollen diese nur als Anhaltspunkt verwendet werden, und jedes Projektteam sollte sein eigenes Unit-Test-Framework entwickeln.

Ein wichtiger Punkt der Regel ist wie bereits zuvor erwähnt, dass die Tests immer vor der eigentlichen Implementierung des Moduls geschrieben werden sollen, selbst wenn es für manche Module schwer erscheint, einen dazugehörigen Test im Voraus zu entwickeln. Das Konzept des XP geht davon aus, dass, je schwieriger es ist, den Test vor dem Modul zu entwickeln, desto höher auch sein Nutzen sein wird, da er Probleme bereits frühzeitig aufzeigt und so die Implementierung des Moduls bereits gezielt auf die erkannten Probleme hingeführt werden kann.

Validierung und oftmalige Veröffentlichung

Durch das bereits in *Kapitel 5.2.4.* erwähnte Vorgehen des Entwickeln eines Unit-Test-Frameworks, ist es möglich, die Forderung der oftmaligen Veröffentlichung des Codes zu erfüllen, da die Tests schnell generiert und durchgeführt werden können, um den Code zu validieren und ihn dem Rest des Teams zur Verfügung zu stellen. Durch dieses Framework ist es auch möglich, die Forderung des „Refactorings" einzuhalten, da mit dem Framework überprüft werden kann, ob kleinere Änderungen in der Struktur des Systems auch die Funktionalität verändert haben. Gerade unter diesem Gesichtspunkt sollte allerdings nicht vergessen werden, dass eine Änderung der Funktionalität auch eine Änderung der Modultests nach sich ziehen kann. Die Modultests bilden im Sinne des XP ein Sicherungsnetzwerk von Validations- und Regressionstests, um die Effizienz des „Recfactorings" und der Integration der einzelnen Module zu erleichtern.

Akzeptanztests

Wenn ein Fehler aufgefunden wird, soll ein so genannter Akzeptanztest auf Basis der zugehörigen User Story entwickelt werden, der dann vom Kunden durchgeführt wird. Schlägt ein Akzeptanztest fehl, müssen die zugehörigen Modultests so lange durchgeführt werden, bis das Modul sie zu 100 % besteht. Danach wird dem Kunden das Modul zum Akzeptanztest übergeben. Diese Akzeptanztests werden zu einem großen Teil bereits während des Iterations-Planungsmeetings festgelegt, da der Kunde hier Szenarien spezifizieren kann, unter denen das System funktionieren muss. Akzeptanztests sind daher Black-Box-Tests und repräsentieren ein gewünschtes Output des Systems. Daher kann es für jede User Story natürlich auch mehrere Akzeptanztests geben. Der Kernpunkt dieser Regel ist, dass der Kunde und nicht die Entwickler für die Verifikation des Testergebnisses verantwortlich ist. Das Testergebnis wird den Entwicklern natürlich mitgeteilt, jedoch entscheidet der Kunde, ob das Modul den Test bestanden hat oder nicht. Erst wenn jedes Modul seine Akzeptanztests bestanden hat, ist es komplett und abgeschlossen. Akzeptanztests werden auch dazu verwendet, vor der endgültigen Produktveröffentlichung einen letzten Testdurchlauf durchzuführen.

12.5.2   Automatisierung von Tests

Die Automatisierung von Tests wurde in den letzten zehn Jahren ausgiebig erforscht, da die meisten Testmethoden aufgrund ihrer Komplexität und ihres enormen Aufwands ohne maschinelle Hilfe nicht angewendet werden können. Vor allem die Erforschung der vorgestellten Testmethoden, die bereits erwähnten White-Box-Verfahren, dienten dem Ziel, die Qualität von komplexen Systemen zu verbessern. In den folgenden Abschnitten erläutern wir drei Möglichkeiten, mit denen Tests teilweise oder sogar vollständig automatisiert werden können.

Code-Instrumentierung

Die vermutlich am häufigsten angewendete Methode zur Testautomatisierung ist die Instrumentierung von Code. Diese Testart überwacht interne Variablen und Bedingungen um sicherzugehen, dass sie der Softwarespezifikation entsprechen. Allgemein lässt sich behaupten, dass sich jeder Code als Instrumentierungscode einsetzen lässt, der zur Demonstration der Lösung dient (nicht der Problemlösung selbst)

Eine Einsatzmöglichkeit hierbei ist das Einfügen von PRINT- oder WRITE-Anweisungen oder von so genannten Breakpoints. Bei diesen handelt es sich um spezielle Variablen, die Zwischenergebnisse von Berechnungen enthalten.

Durch das nachträgliche Entfernen der Instrumentierung kann sich das Laufzeitverhalten des Systems entscheidend ändern. Deshalb ist es ratsam, nach der Entfernung noch zusätzliche Leistungstests durchzuführen.

Testwerkzeuge

Die monotone und enorm zeitaufwändige Tätigkeit des Testens kann mittels Zuhilfenahme von Testwerkzeugen die Durchführung von Tests erleichtern und damit eine Menge Arbeit abnehmen. *Abbildung 12.14* zeigt, wie ein solches Werkzeug funktionieren kann.

Die im Testplan enthaltenen Testfälle dienen hier als Grundlage. Anhand dieser Testfälle werden Eingabedateien, manuell oder automatisiert, generiert. Mittels eines Testreibers werden die Eingabedatei und mit ihr die Daten aller Funktionsketten der zu testenden Klasse aufgerufen. Schließlich werden nach Ablauf die Ergebnisse in einer Ergebnisdatei gespeichert und mit den erwarteten Ergebnissen, die ebenfalls aus den Testfällen gewonnen wurden, verglichen. Die Ergebnisse werden abschließend in einem Testprotokoll festgehalten.

Bei ganzen Systemen oder Subsystemen geht man dazu über, die Tests vorwiegend über die Anwenderschnittstelle zu automatisieren. Diese automatisierte Dateneingabe und Ergebniswertabfrage zählen zu den aufwändigen Verfahren, wobei wir diese *Simulatoren* im nächsten Abschnitt genauer vorstellen.

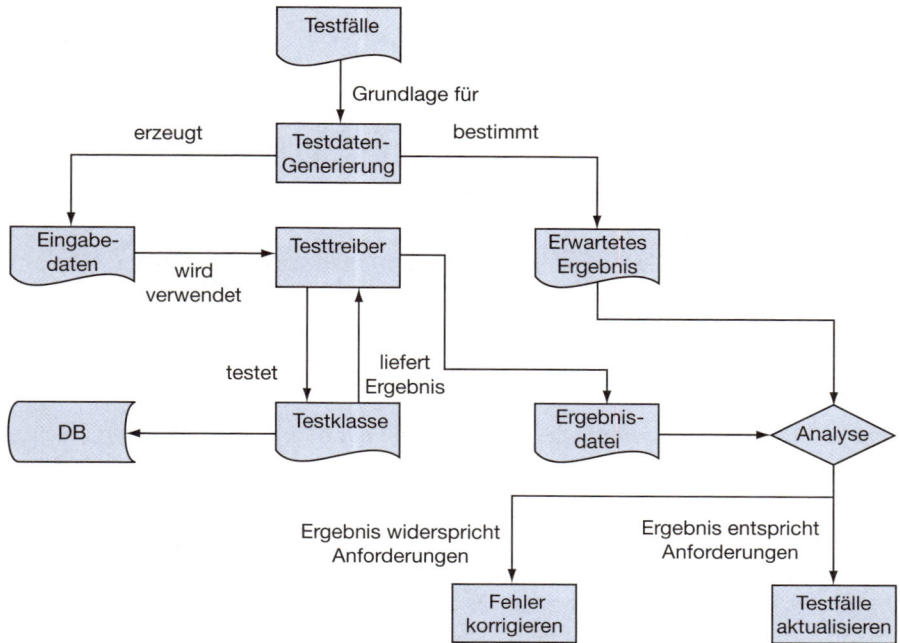

Abbildung 12.14: Testautomatisierung

Simulatoren

Testwerkzeuge namens Simulatoren arbeiten mit dem ganzen Software-Produkt und simulieren, wie der Name bereits sagt, die gesamte Umgebung, in der die Software arbeiten soll. Allgemein versorgt der Simulator die Software mit Eingaben (über eine oder mehrere Schnittstellen) und simulierten Schnittstellen. *Abbildung 12.15* dient zur Veranschaulichung. Durch die erhaltenen Ausgaben kann das Verhalten des Systems schließlich analysiert werden.

Bis zu welchem Grad die Granularität der Simulation schließlich betrieben, wird kann sehr unterschiedlich sein.

Bei Simulation von Echtzeitsystemen muss besonders auf die schnelle Verfügbarkeit der benötigten Daten – seitens der Plattform – geachtet werden. Neben der Bereitstellung der Daten für die zu testenden Software werden gleichzeitig die Ergebnisse aufgenommen und verarbeitet. Dass in solchen Fällen der Entwicklungsaufwand für den Simulator den des Endprodukts erreicht oder sogar übersteigt, ist nicht ungewöhnlich.

Abbildung 12.15: Grundlagen der Simulation

Zusammenfassung

- Nur mittels gezielter Tests können möglichst viele Fehler einer Software gefunden und korrigiert werden.

- Um alle möglichen Fehlerquellen systematisch zu überprüfen, bedarf es einer gezielten Testplanung.

- Der Testplan enthält neben einem Zeitplan und organisatorischen Rahmenbedingungen vor allem die Testfälle, die als Grundlage für die Durchführung der Tests verwendet werden.

- Verschiedene Methoden zur Erstellung von Testfällen überprüfen unterschiedliche Aspekte des Systems.

- Eine vollständige Überprüfung des Systems kann nur durch die Kombination mehrerer Testmethoden sichergestellt werden.

- Bei der Durchführung von Tests ist die genaue Dokumentation aller Fehler von besonderer Bedeutung. Die Liste aller Fehler muss schließlich an die verantwortlichen Programmierer verteilt werden, damit das System korrigiert werden kann.

- Nach jeder Korrektur oder Änderung des Systems müssen neuerliche Tests sicherstellen, dass alle Fehler korrekt ausgebessert wurden und keine neuen entstanden sind.

Aufgrund des hohen Aufwands für Tests arbeiten viele Unternehmen an einer entsprechenden Automatisierung. Die Erstellung von Werkzeugen für die Automatisierung erfordert aber ebenfalls einen hohen Aufwand, weshalb ein Kompromiss zwischen Nutzen und Aufwand gefunden werden muss.

Typische Fehler und falsche Annahmen beim Testen

Allgemeine Annahmen

- Nur die Tests und die Tester sind für die gewünschte Qualität verantwortlich.
- Die einzige Aufgabe von Tests ist es, Programmierfehler zu finden.
- Programmierer können ihren eigenen Code testen.

Testplanung

- Die Blickrichtung wird auf falsche Qualitäten gelenkt.
- Die Tests berücksichtigen falsche Risiken der Applikation.
- Nicht getestete Testverfahren.
- Der Test und nicht der Testplan und das Testdesign stehen im Vordergrund.
- Undiversifiziertes Testen (Schwerpunkte werden auf einige wenige Aspekte konzentriert).
- Fehlende Regressionstests oder Testen nur bei auftretenden Fehlern, aber nicht bei neuer Integration oder Änderung des Systems.
- Zu genaue Testdaten (d.h. es werden Fälle ausgeklammert).
- Zu ungenaue Testdaten (dies führt zu einer zu geringen Überdeckung).

Testdurchführung

- Zu spätes Testen.
- Tests ausschließlich über die Anwenderschnittstellen (keine Strukturtests).
- Es wird nur nach unwichtigen Fehlern gesucht, somit werden auch nur solche gefunden.
- Vernachlässigung von „Kleinigkeiten" (z.B. die Überprüfung, ob eine Zahl positiv oder ein String nicht leer ist).
- Keine Meldung von Anwendungsproblemen.
- Keine Tests von Installationsroutinen.

Testdokumentation

- Keine die Tests begleitende Dokumentation.
- Aufzeichnung von Fehlern ohne Dokumentation des Zustandekommens.
- Mangelhafte Testberichte.
- Mangelnde Auswertung von Daten bereits stattgefundener Tests zur Verbesserung des Testprozesses.

- Mit der Erstellung von Testfällen sollt man so früh wie möglich beginnen. Die Erstellung von funktionalen Testfällen während der Spezifikation ermöglicht bereits einen Konsistenztest und erleichtert somit die Fehlerfindung in frühen Phasen.

- Kein Testfall ist zu trivial, um nicht getestet zu werden. Gerade Selbstverständlichkeiten werden gerne vergessen oder zu wenig beachtet. Solche Fehler hinterlassen beim Kunden aber einen bleibenden schlechten Eindruck.

- Tests sollen ordentlich dokumentiert werden. Fehler und das Erkennen der Ursachen bedeutet oft, dass bei kommenden Projekten diese vermieden oder zumindest leichter aufgespürt werden können.

- Tests sollen während des gesamten Integrationsvorgangs und nicht erst beim „fertigen" Produkt durchgeführt werden. Frühe Fehlererkennung hilft, diese auszubessern, und erleichtert die weitere Integration. Sie verhindert, dass Fehler mit steigender Komplexität des Systems nicht mehr aufgespürt werden können.

- Werden während der Tests gewisse Muster bei auftretenden Fehlern erkannt, ist es sehr wahrscheinlich, dass sich diese durch alle Teile desselben Entwicklers ziehen. Diese verdienen spezielle Beachtung.

- Man kann niemals genug testen. Je kürzer die Tests sind, desto mehr Fehler hat das System. Man muss ein vernünftiges Mittelmaß zwischen dem Aufwand bei den Tests und den möglicherweise verbleibenden Fehlern im System finden.

- Die Fehlerfindungsrate ist zu Beginn von Tests am höchsten und sinkt kontinuierlich. Je mehr Fehler von Beginn an gefunden werden, desto mehr Fehler enthält die gesamte Applikation. Eine hohe Fehlerfindungsrate zu Beginn der Tests bedeutet keinesfalls, dass bereits alle Fehler gefunden wurden.

Übungen und Fragen

1. Vergleichen Sie die beschriebenen Testmethoden. Geben Sie für jede Testmethode deren Anwendungsgebiet, notwendige Informationen zur Erstellung der Testfälle und den ungefähren Testablauf an.

2. Gruppieren Sie die beschriebenen Testmethoden nach Black-Box- und White-Box-Verfahren. Worin bestehen die wesentlichen Unterschiede zwischen Black-Box- und White-Box-Verfahren?

3. Finden Sie Black-Box-Testfälle für alle im Beispiel Flughafen-Kontrollsystem in Anhang C enthaltenen Systemfunktionen. Führen Sie zu jedem Testfall die Beschreibung der Eingabe, das erwartete Ergebnis und eine beispielhafte Eingabe an.

4. Nennen Sie für das Beispiel Bibliotheksverwaltung in Anhang C geeignete Äquivalenzklassen von Testfällen für die Berechnung des Rabatts von Kunden und die Berechnung des Jahresbeitrags für Mitglieder. Geben Sie zu jeder Äquivalenzklasse eine (eventuell auch umgangssprachliche) Beschreibung der Klasse sowie geeignete Testdaten einschließlich der erwarteten Ergebnisse an.

5. Nennen Sie geeignete *Äquivalenzklassen* von Testfällen für die Eingabe einer Real-zahl. Geben Sie zu jeder Äquivalenzklasse eine (eventuell auch umgangssprachli-che) Beschreibung der Klasse sowie geeignete Testdaten (Folgen von Tastendru-cken) einschließlich des erwarteten Ergebnisses an.

6. Beschreiben Sie Anwendungsgebiete und Vor- und Nachteile der einzelnen Mög-lichkeiten zur Automatisierung von Tests.

7. Erstellen Sie einen Testplan für das Beispiel Flughafen-Kontrollsystem in Anhang C.

8. Vergleichen Sie die notwendigen bzw. vernachlässigbaren Systemtests für die Bei-spiele in Anhang C.

9. Versuchen Sie eine mögliche Kategorisierung von notwendigen bzw. vernachläs-sigbaren Systemtests für verschiedene Systemarten.

Weiterführende Literatur

[Bind00] Binder, Robert V.: *Testing Object-Oriented Systems: Models, Patterns, and Tools*; Reading, Mass. [u.a.]: Addison-Wesley Longman, 2000.

[Futs89] Futschek, Gerald: *Programmentwicklung und Verifikation*; Wien: Springer-Verlag, 1989.

[Roye93] Royer, T.: *Software Testing Management*; Englewood Cliffs, NJ: Prentice-Hall, 1993.

Kapitel

13 Arbeitsschritt Inbetriebnahme, Wartung und Evolution

Der Kunde ist nicht die Unterbrechung der Tätigkeit eines Verkäufers, sondern ihr Sinn.

Verfasser unbekannt

Begriffe in diesem Kapitel

Inbetriebnahme: Nach erfolgreicher Fertigstellung der Entwicklungsarbeit wird die Software am Zielsystem installiert und zum Laufen gebracht. Bei der Inbetriebnahme werden Systeme installiert und konfiguriert, Schnittstellen eingebunden und Daten übernommen.

Softwarewartung: Alle Maßnahmen, die zur Aufrechterhaltung des Betriebes eines Softwareproduktes dienen. In der Softwarewartung werden geplante, laufende Arbeiten durchgeführt, die zur Stabilität des Systems beitragen, und auftretende Fehler ausgebessert.

Softwareevolution: Die Weiterentwicklung eines bestehenden und in Betrieb befindlichen Softwareprodukts. In der Softwareevolution werden neue Anforderungen realisiert. Auch eine technologische Weiterentwicklung findet während der Evolution statt, ohne zwingend die Funktion des Systems zu verändern. Evolution wird im Rahmen von neuen Projekten durchgeführt.

Fehler: Ein Fehlverhalten (Abweichung von den vorgesehenen Anforderungen oder fehlerhafte Umsetzung der definierten Anforderungen) des Systems bei laufendem Betrieb. Ein Fehler muss im Rahmen der Wartung der Software so schnell als möglich korrigiert werden.

Änderungswunsch: Eine neue Anforderung an das System, welche in den ursprünglichen Anforderungen während der Entwicklung des Systems nicht enthalten war. Eine derartige neue Anforderung wird Rahmen eines Wartungsvertrags zu definierten Zeitpunkten im Rahmen des Releasezyklus realisiert, sofern dies vereinbart ist.

Am Ende eines Projekts stehen die Inbetriebnahme des erstellten Systems und die Abnahme seitens des Kunden. Die Inbetriebnahme ist ein wesentlich komplexerer Vorgang als das Kopieren von zwei oder drei Dateien auf eine Festplatte. Um ein System überhaupt installieren zu können, müssen sowohl Hardware als auch Software auf der Ziel-plattform richtig konfiguriert werden. Weiters müssen oft bestehende Datenbestände in das neue System übernommen werden. Wurden alle Vorbereitungen getroffen, kann das System schließlich installiert und in bestehende Systeme integriert werden. Nach der er-folgreichen Abnahme und Schulungen der Anwender kann die Software ihren Betrieb aufnehmen.

Auch während des laufenden Betriebs fallen immer wieder notwendige Tätigkeiten an, welche zur Aufrechterhaltung des Betriebs durchgeführt werden müssen. Im Speziellen müssen bei Auftreten von Fehlern oder Problemen geeignete Maßnahmen ergriffen wer-den, um Schaden zu vermeiden (z.B. durch Datenverlust) und den Betrieb bestmöglich aufrechtzuerhalten.

Jedes Softwareprodukt lebt von seiner Weiterentwicklung, ohne die es früher oder später aufgrund immer größer werdenden Unzulänglichkeiten in Bezug auf die Funktionalität oder Technologie abgelöst werden würde. Die eigentliche Evolution erfolgt in einem neu gestarteten Projekt. Dennoch müssen auch in der Wartungsphase Vorsehungen getroffen werden, um Fehler, sich ändernde Anforderungen oder auch neue Anforderungen entge-gennehmen und darauf angemessen reagieren zu können.

13.1 Grundlagen

Software-Wartung ist nicht mehr Teil der Softwareentwicklung im eigentlichen Sinne, sondern wird als davon unabhängiger Teile des Lebenszyklus einer Software betrachtet. Der Unified Process, im ganzen Titel *Unified Development Process*, widmet sich daher beispielsweise diesem Thema überhaupt nicht. Dennoch gehört die Software-Wartung und -Evolution zum Feld Software Engineering (so z.B. auch in der IEEE-Definition von Software Engineering festgehalten). Der Bedeutung der Wartung im Lebenszyklus einer Software wird hier einführend ein Abschnitt gewidmet. Weiters wird die Eignung von Software für die Wartung betrachtet, da sich bei nicht oder wenig geeigneter Software die Wartung als sehr aufwändig erweisen kann.

13.1.1 Bedeutung der Wartung im Software-Life-Cycle

Die Wartung und Weiterentwicklung eines Softwareprodukts verschlingt 2/3 der gesam-ten auftretenden Kosten einer Software von deren Erzeugung bis zu ihrer Außerbetrieb-nahme. Eine entsprechend große Bedeutung kommt der Planung und effektiven Durch-führung von Wartungsarbeitung zu.

In der Wartung kann zwischen vier Kategorien unterschieden werden:

- Präventive Wartung: Jene Maßnahmen, die ergriffen werden, um Fehler und damit weiteren Wartungsaufwand zu vermeiden, bevor sie auftreten.
- Korrektive Wartung: Alle jene Änderungstätigkeiten, die aufgrund eines Fehlers im Systems unmittelbar notwendig sind.

- Adaptive Wartung: Jene Anpassungen, welche sich aufgrund der sich ändernden Systemlandschaft rund um das Softwareprodukt ergeben.

- Perfektionierende Wartung: Jegliche Veränderung am Softwareprodukt, welche die Qualität des Produkts erhöhen soll. Dies kann durch eine Erweiterung der Funktionalität, Verbesserung der Benutzbarkeit usw. geschehen.

13.1.2 Eignung der Software für die Wartung und Evolution

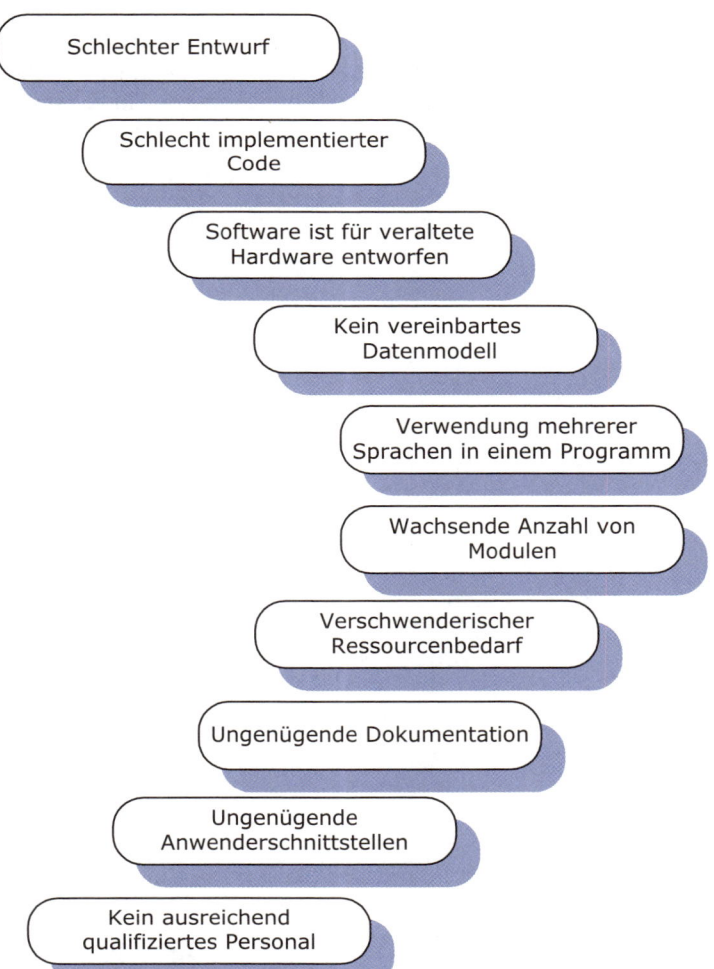

Abbildung 13.1: Wesentliche Gründe für nicht wartbare Software (aus [Pigo97] S. 283)

Die wesentlichste aller Voraussetzungen für eine gelungene Wartung ist eine Software, die für Wartung grundsätzlich geeignet ist. Um dies zu erreichen, ist vor allem während der Entwicklung der Software bereits Augenmerk darauf zu legen, entsprechende Vorkehrungen hinsichtlich der Wartungsphase zu treffen. *Abbildung 13.1* zeigt wesentliche Gründe, welche diesem Ziel entgegenwirken. Die konsequente Vermeidung dieser Punkte garantiert ein Mindestmaß ein Wartbarkeit.

Im Falle von Software, die für die Wartung kaum oder gar nicht geeignet erscheint, sollte gründlich überlegt werden, ob sich die Wartung schon rein aus ökonomischen Gründen lohnt. Sollte dies nicht der Fall sein, sollte einen Neuentwicklung des vorliegenden Systems in Betracht gezogen werden, da auf mittelfristige Sicht damit Kosten gespart werden können. Andere Gründe als die rein ökonomische Sichtweise können dennoch auch für die Wartung eines Systems sprechen, welches dazu nicht geeignet ist (z.B. mangelnde Ressourcen auf kurzfristige Sicht, technologische Erwägungen usw.). In einem solchen Fall sollte während der Wartung darauf geachtet werden, ob nicht durch einige wenige Veränderungen die Wartbarkeit wesentlich erhöht werden kann.

13.2   Produkte

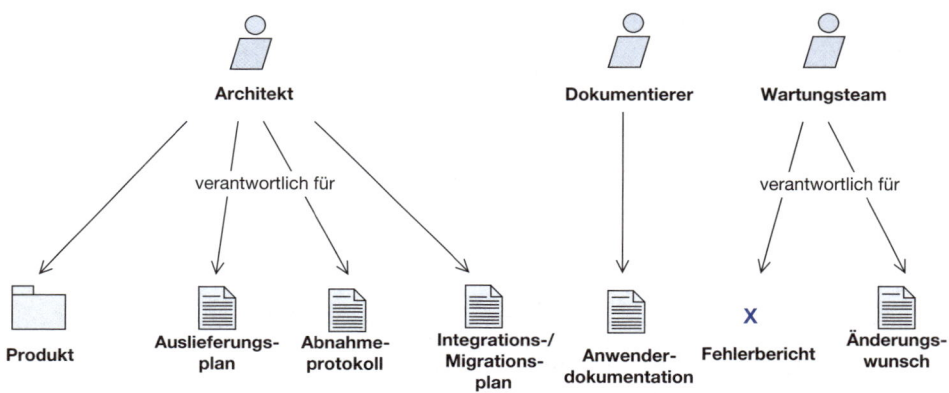

Abbildung 13.2: Produkte im Arbeitsschritt Inbetriebnahme, Wartung und Evolution

13.2.1   Softwareprodukt

Das alles Entscheidende in diesem Arbeitsschritt ist das fertige System – hier als Produkt bezeichnet –, welches nach ausreichenden Tests ausgeliefert werden kann. Während des Betriebs soll das Produkt die Anforderungen der Anwender und die Geschäftsziele des Kunden wie gefordert unterstützen.

Das Produkt besteht aus den neu auszuliefernden, ausführbaren Softwareteilen und, sofern mit dem Kunden vereinbart, dem zugehörigen Source-Code, der notwendigen Systemsoftware und Middleware, dem Installationswerkzeug und der Anwenderdokumentation.

13.2.2 Auslieferungsplan

Der Auslieferungsplan enthält die geplanten Termine der ersten und folgenden Auslieferungen (Updates, Patches, neue Releases). Dazu sind im Auslieferungsplan alle Voraussetzungen des Kunden aufgeführt, die erbracht werden müssen, damit das Produkt in der jeweiligen Version ausgeliefert und in Betrieb genommen werden kann. Für jede Auslieferung wird seitens des Auftragnehmers der genaue Produktumfang festgelegt (Versionsnummern der einzelnen Teile, Funktionsumfang der Software).

Der Zeitpunkt der Auslieferung von Patches kann auch von der Anzahl und Schwere der Fehler abhängig sein. Bei einem totalen Systemabsturz müssen natürlich sobald wie möglich Maßnahmen ergriffen werden, um diesen Schaden zu beheben. Änderungen an der Datenbank (z.B. Überprüfung der Struktur, Komprimierung usw.) können dagegen auf regelmäßige Intervalle reduziert werden, da diese Arbeiten die Benutzung des Systems höchstens in einer unangenehmen Weise beeinflussen, aber im Normalfall nicht unmöglich machen.

13.2.3 Integrations-/ Migrationsplan

Im einfachsten Fall ist keinerlei Migration notwendig, weil das Softwaresystem keinerlei Schnittstellen zu bestehenden Systemen besitzt und auf keinen bestehenden Daten aufbaut. In diesem Fall ist ein Migrationsplan nicht erforderlich, und die Inbetriebnahme wird durch das Installationstool genügend abgedeckt. In allen anderen Fällen sind die Integration in das bestehende System und die Datenmigration genau zu planen.

Systemintegration

Die Neuinbetriebnahme eines Systems erfordert in vielen Fällen auch eine Änderung von Schnittstellen in bereits existierenden Systemen. Diese Schnittstellen werden während der Entwicklung des neuen Systems vorbereitet, können im laufenden System aber erst zum konkreten Auslieferungszeitpunkt umgestellt werden.

Der Integrationsplan zur Systemmigration umfasst jedenfalls folgende Punkte:

1. Eine Beschreibung der Schnittstellen von bestehenden Systemen, welche auf das neue System zugreifen, oder auf welche zugegriffen wird.

2. Ein Reihung der Schnittstellen für die Abfolge der Umstellung auf das neue System. Da es zu Abhängigkeiten zwischen Schnittstellen kommen kann (z.B. auf bestimmte

Daten nicht direkt, sondern über das neue System zugegriffen wird), ist die Reihenfolge der Schnittstellenumstellung essenziell.

3. Eine genaue Beschreibung des Ablaufs zur Umstellung jeder Schnittstelle. Die Änderung von Schnittstellen erfordert möglicherweise manuelle Zwischenschritte, deren genau Abfolge und Einhaltung Daten- oder Kontrollverlust vermeiden kann.

Datenmigration

Die Datenübernahme bei der Installation eines Systems erfordert besondere Beachtung, da ein Datenverlust aufgrund der Übernahme vermieden werden muss. Im Rahmen einer erfolgreichen Planung der Datenübernahme sind folgende Punkte zu beachteten:

1. *Beschreibung des in Zukunft verwendeten Datenhaltungssystems:* Diese Beschreibung enthält die Hardware-Konfiguration, alle Software-Elemente, welche zur Datenhaltung verwendet werden (z. B. Datenbanken, Treiber usw.) sowie deren Konfiguration.

2. *Beschreibung des Vorgehens zur Behandlung kritischer Punkte:*
   – Nicht übereinstimmende Datentypen: Die Datentypen des alten Datenhaltungssystems stimmen möglicherweise mit Datentypen des neuen Datenhaltungssystems nicht überein. (So kann in einem System die Speicherung von Objekttypen oder binären Feldern möglich sein, in einem anderen nicht. Die Formatierung und Speicherung von Datumswerten variiert von System zu System.) Die Behandlung dieser Inkonsistenzen wird nach einer eingehenden Analyse genau beschrieben, um Problemen bei der tatsächlichen Übernahme vorzubeugen.
   – Konfiguration von Sprachunterstützung: Bei der Verwendung von unterschiedlichen Datenhaltungssystemen sind die Einstellungen der Sprachunterstützung besonders zu beachten. Diese betreffen Folgendes: verwendete Codepages für Text, Format von Datum und Uhrzeit, Format von numerischen Werten (Kommazeichen, Trennzeichen für Tausendergruppen) und Währungseinstellungen.
   – Die Konfiguration des alten und des neuen Systems wird beschrieben und die notwendigen Maßnahmen zur geeigneten Überführung der Daten dargelegt.
   – Leistungskennzahlen: Von einem Wechsel des Datenhaltungssystems sind auch die Leistungskennzahlen wie Antwortzeit und Durchsatz betroffen. Sind diese Werte für das System von entscheidender Bedeutung, so sind geeignete Tests durchzuführen, um die benötigten Werte zu überprüfen.
   – Die Beschreibung der Tests und die Ergebnisse der Durchführung sind in dieser Dokumentation ebenfalls anzuführen.

3. *Beschreibung der aktuell verwendeten Datenstruktur:* Je nach Datenformat sind unterschiedliche Notationen zur Beschreibung der aktuellen Datenstruktur zu verwenden:
   – Strukturierte Dateien: Diese Daten werden mit Hilfe von Grammatiken beschrieben.
   – Tabellen: Die Struktur einer Tabelle (d.h. die Namen der Spalten) wird mit der Darstellung einer Entität eines EER umgesetzt.
   – Relationale Datenbank: Dieses Datenformat wird anhand eines EER dargestellt.
   – Objektorientierte Datenbank: Die Struktur von Daten einer OO-Datenbank wird anhand eines Klassendiagramms nach UML beschrieben.

4. *Beschreibung der Abbildung von aktuellem Datenformat zu neuem Datenformat:*
   - Datenformat bleibt bestehen: Alte und neue Datenstruktur werden in derselben Notation gegenübergestellt und die Zusammenhänge werden mittels grafischer (z. B. Darstellung der Abhängigkeiten mit Hilfe von Pfeilen) oder textlicher Mittel beschrieben.
   - Datenformat wechselt: Alte und neue Datenstruktur werden in der jeweilig passenden Notation dargestellt. Zusätzlich wird ein Diagramm erstellt, welches alle Elemente der beiden Strukturen als Klassen und die Abhängigkeiten in UML darstellt. Die Klassennamen stimmen mit den Namen der von ihnen repräsentierten Elemente überein, um die Verfolgbarkeit zwischen den verschiedenen Darstellungen zu ermöglichen.

5. *Beschreibung des Übernahmeverfahrens:* Eine Datenübernahme kann einmalig bei der Installation oder regelmäßig während des laufenden Betriebs durchgeführt werden. Der Zeitpunkt der Übernahme bzw. die Intervalle sind genau zu dokumentieren. Weiters gibt es unterschiedliche Komponenten und Mechanismen, um Daten zu übernehmen (eigens dafür erstellte Applikationen, Datenbanktreiber, ODBC, CORBA, RPC usw.). Diese Mechanismen und alle dafür notwendigen technischen Informationen sind anzuführen bzw. auf geeignete Quellen zum Erhalt dieser Informationen ist zu verweisen (Online-Information, Handbücher usw.). Weiters ist die notwendige Konfiguration der verwendeten Komponenten genau zu definieren.

Darüber hinaus werden die Daten bei einer Übernahme verschiedenen Verfahren wie Sortierung oder Selektion unterzogen, um nur eine Teilmenge oder eine unterschiedliche Gruppierung der Daten zu erreichen. Diese Verfahren und deren genaue Parameter sind ebenfalls festzuhalten.

13.2.4 Abnahmeprotokoll

Im Abnahmeprotokoll bestätigt der Kunde, dass das System entsprechend der im Vertrag vereinbarten Anforderungen geliefert wurde. Im Falle von noch offenen Mängeln werden diese festgehalten und anhand von Zusatzprotokollen später als behoben vermerkt.

13.2.5 Anwenderdokumentation

Eine vollständige Anwenderdokumentation ist stets Teil des ausgelieferten Systems. Mit der Anwenderdokumentation wird der Lernprozess für die Anwender ermöglicht bzw. erleichtert. Gibt es keine brauchbare Anwenderdokumentation, kann dies zu ernsthaften Akzeptanzproblemen für das neue System führen.

Eine Anwenderdokumentation besteht üblicherweise aus folgenden Teilen:

- *Installationsanweisungen:* Diese kurze Anleitung soll die problemlose Installation des Systems ermöglichen, sofern diese nicht durch den Software-Hersteller selbst durchgeführt wird.

- *Anwenderhandbuch:* Dieses dient als ausführliches Lehr- und Referenzbuch für die Anwender. Das Anwenderhandbuch stellt oft die einzige Informationsquelle dar, die neben der Online-Hilfe zur Verfügung gestellt wird, und wird daher besonders sorgfältig gestaltet. Besonders für Anwender mit eher geringem EDV-Vorwissen stellen die Handbücher die primäre Informationsquelle dar, wenn es darum geht, ein Produkt kennen zu lernen.

- *Online-Hilfe:* Die Online-Hilfe kann entweder als reines elektronisches Nachschlagewerk für rasche Hilfe bei der Benutzung des Systems dienen oder auch mehr oder weniger ausführliche Lehrteile enthalten.

Der Aufbau und Inhalt von Anwenderhandbuch und Online-Hilfe wird in den *Abschnitten 13.4.1* und *13.4.2* eingehend erläutert.

13.2.6   Fehlerbericht

Um Fehler korrigieren zu können, ist es notwendig, die Fehler so genau wie möglich zu beschreiben. *Abbildung 13.3* zeigt eine mögliche Fehlerbeschreibung.

Fehlerprotokoll

Anwendername: Franz Huber

Datum: 16.6.2000

Subsystem: Administration

Anwendungsfall/Funktion: Neue Person anlegen

Beschreibung des Fehlers:

Nach der Eingabe von Personendaten können diese nicht gespeichert werden, sofern für die Person keine vollständige Adresse (z.B. aufgrund mangelnder Daten) eingegeben wurde.

Anmerkungen:

Versucht man, die Person ein zweites Mal zu speichern, wird ein leerer Eintrag angelegt.

Abbildung 13.3:   Fehlerprotokoll

13.2.7   Änderungswunsch

Jedes System ist Änderungen unterworfen. Davon nicht ausgenommen sind Softwaresysteme. Aufgrund von Änderungen im Umfeld der Anwender oder der Organisation der Anwender erwachsen für Softwaresysteme neue Anforderungen. Neue Anforderungen können aber auch daraus erwachsen, dass das bestehende System die bereits berücksichtigten Geschäftsziele nur teilweise oder ungenügend unterstützt.

Änderungswünsche können in jeder beliebigen Form dokumentiert werden, da sie für zukünftige Projekte nur als Ausgangsinformationsmaterial verwendet werden. Wichtig ist, dass solche Änderungswünsche überhaupt festgehalten werden und einem bestimmten Softwaresystem eindeutig zuordenbar sind.

13.3   Vorgehen

Nach einer erfolgreichen Planung der Integration des Systems und der Auslieferung kann damit begonnen werden, die Anwender auch vorbereitend zu schulen. Sobald das finale Produkt tatsächlich ausgeliefert wurde, wird das Gesamtsystem ausreichend getestet und das System bei Fehlerfreiheit schließlich für den Produktionsbetrieb gestartet. Nach einer formalen Abnahme kann das System benutzt werden. Alle weiteren Aktivitäten konzentrieren sich auf die Wartung und Verbesserung des Systems.

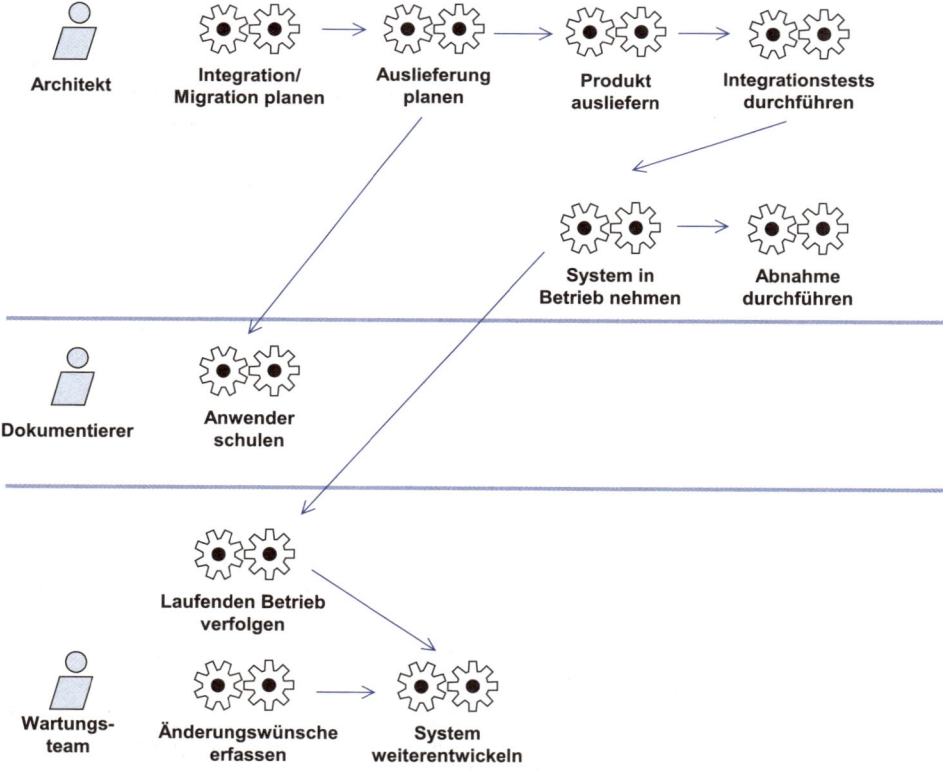

Abbildung 13.4: Aktivitäten im Arbeitsschritt Inbetriebnahme, Wartung und Evolution

13.3.1   Integration/Migration planen

Die Planung der Integration/Migration beginnt bereits sehr früh parallel zum Arbeitsschritt Anforderungen. Zu diesem Zeitpunkt werden bestehende Systeme und Daten bereits analysiert und sind im Projekt bekannt.

Die Planung der Integration/Migration, welche im *Integrations-/Migrationsplan* festgehalten wird, erfolgt in enger Abstimmung mit dem Techniker auf Kundenseite. Teilweise ist es erforderlich, dass auf der Zielplattform Vorarbeiten erbracht werden, die von Entwicklern auf Kundenseite durchgeführt werden. Damit diese termingereicht fertig werden (unter Berücksichtigung der Termine im *Auslieferungsplan*) können, müssen diese Arbeiten auch bereits sehr früh im Projekt erkannt und genau geplant werden.

13.3.2   Auslieferung planen

Die Planung der Auslieferung(en) erfolgt in Abstimmung mit dem Kunden und ist für gewöhnlich Teil des Vertrags. Je nach Kundenwunsch, Typ und Umfang des Systems werden Auslieferungen häufiger oder seltener durchgeführt.

Im *Auslieferungsplan* werden die vereinbarten Auslieferungstermine bzw. -zyklen sowie alle für die Auslieferung relevanten Voraussetzungen (z.B. das Vorhandensein einer bestimmten Hardware oder Fertigstellung eines anderen Projekts) und Rahmenbedingungen (z.B. das Inkrafttreten eines Gesetzes, das Änderungen erfordert) nochmals festgehalten.

13.3.3   Produkt ausliefern

Die Inbetriebnahme des fertigen Systems bedarf einer sorgfältigen Vorbereitung, damit sie problemlos durchgeführt werden kann. Im Rahmen der Inbetriebnahme müssen auch bestehende Systeme mit dem neuen System integriert werden.

Vorbereitungen

1. *Vorbereitung des Installationspakets:* Bei der Erstellung des Installationspakets ist auf dessen Vollständigkeit (Systemdateien, Hilfedateien, Treiber, Werkzeuge für die Integration von Fremdsystemen) und eine möglichst leichte und nachvollziehbare Handhabung zu achten (z.B. Automatisierung durch ein vorgefertigtes Installationswerkzeug). Die Handhabung des Installationspakets ist deswegen von einer nicht zu unterschätzenden Bedeutung, da die bei der Installation anwesenden Kundenvertreter dadurch Kompetenz vermittelt bekommen, der Integrator bei umfangreichen Systemen keine Einzelheiten vergessen darf, um das System arbeitsfähig zu machen, und bei einem (vor allem längerfristigen) Ausfall des vorgesehenen Integrators auch eine Ersatzperson die Integration durchführen können muss.

Um die korrekte Abfolge und die Vollständigkeit des Installationsvorgangs zu gewährleisten, eignet sich die Erstellung einer Checkliste, die bei der Durchführung auch benutzt wird.

2. ***Vorbereitung der Zielplattform:*** Die Zielumgebung muss für die Installation des fertigen Systems richtig konfiguriert werden. Die Konfiguration kann von einer einfachen Standardinstallation eines bestimmten Betriebssystems bis hin zur komplizierten Konfiguration und Integration eines heterogenen Netzwerks reichen. Diese Konfiguration wird in einem Dokument beschrieben, damit sie zu einem späteren Zeitpunkt überprüfbar und nachvollziehbar ist (in heute gängigen Betriebssystemen ist es unmöglich, alle Konfigurationsparameter zu speichern und wiederherzustellen).

Die Beschreibung der Konfiguration umfasst folgende Punkte:
– Beschreibung der Anforderungen an die zugrunde liegende Hardware (z.B. Vorhandensein einer Soundkarte, bestimmter Prozessorentyp). Das folgende Diagramm zeigt z.B. die Infrastruktur eines Verkaufsbüros, welches mit dem System Ticket-Line ausgestattet werden soll.

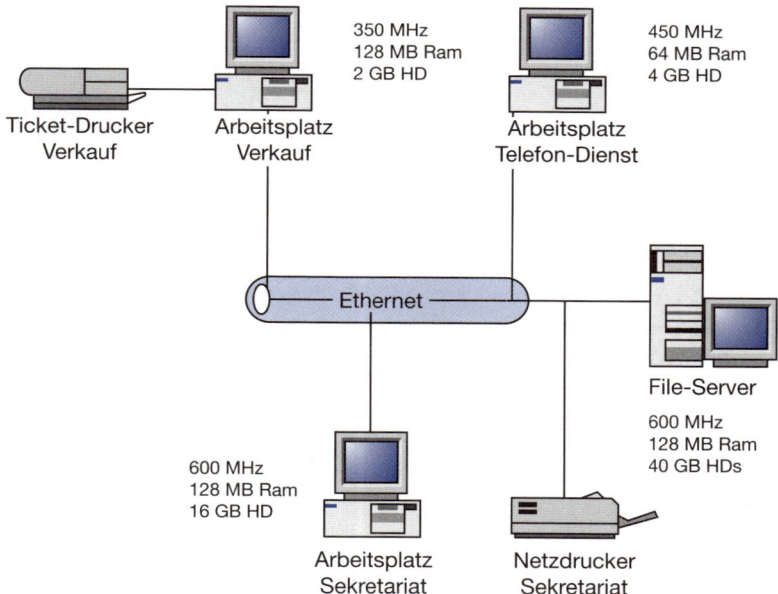

Abbildung 13.5: Infrastruktur der Zielumgebung

– Beschreibung der Anforderungen an das Betriebssystem (z.B. Netzwerkkonfiguration mit DHCP-Server).
– Beschreibung der Anforderungen an die für das System benötigte Software und dessen Konfiguration (z.B. Vorhandensein eines Mail-Clients).
– Beschreibung aller weiteren Anforderungen an die Konfiguration der Zielplattform.

Sofern es möglich ist, kann die Zielplattform bereits vor der eigentlichen Installation vorbereitet werden. Steht die Zielplattform zu einem früheren Zeitpunkt nicht zur Verfügung, so muss diese Tätigkeit als erster Schritt bei der Installation selbst durchgeführt werden. Bei der Vorbereitung der Zielplattform sind folgende Punkte zu beachteten, wenn diese für den betreffenden Integrationsvorgang von Bedeutung sind:

–   Installation der Hardware,
–   Konfiguration der Hardware: Partitionierung der Festplatten, Konfiguration von Schnittstellenkarten und den damit verbundenen Geräten (Grafik, Netzwerk, externe Geräte),
–   Installation von Betriebssystemen,
–   Konfiguration des Betriebssystems: Abstimmung auf Hardware (Installierung und Konfiguration von Treiber), Anlegen von Verzeichnissen, Setzen von Benutzerrechten, länderspezifische Einstellungen,
–   Installation von notwendiger Software,
–   Konfiguration von notwendiger Software: Setzen von Benutzerrechten, Abstimmung auf Betriebssystem und andere Systeme.

13.3.4   Integrationstests durchführen

Basierend auf dem dynamischen Modell des Gesamtsystems (d.h. des zu integrierenden Systems mit allen Schnittstellen zu Fremdsystemen) sollen alle möglichen Ausführungspfade durch das System getestet werden. Als Grundlage für die Erstellung der *Testfälle* muss ein vollständiges Sequenz- oder Kollaborationsdiagramm des Gesamtsystems angefertigt werden. Für die Integration ist die Black-Box-Variante der Darstellung ausreichend.

Die Abläufe werden in für den Anwender erkennbaren Einheiten dargestellt. Das heißt, es werden keine Objektmethoden, sondern nur für den Benutzer erkennbare und nachvollziehbare Funktionseinheiten (welche tatsächlich aus einer Folge von Methoden bestehen können) in das Diagramm eingetragen.

Besonders sollte auf die genaue Angabe der Bedingungen bei Verzweigungen geachtet werden. Anschließend identifiziert man alle Pfade und formuliert einen Testfall pro Pfad. Zu Beginn wird der längste bzw. komplexeste Pfad genommen. Als Nächstes werden für alle Variationen ohne Schleifen Testfälle erzeugt. Zuletzt sollten alle Pfade mit Schleifen zweimal aufgenommen werden, einmal mit der minimalen Schleifenwiederholung und einmal mit der maximalen Schleifenwiederholung. Um alle Pfade zu finden, kann eine (unterschiedliche) farbliche Markierung aller bereits berücksichtigten Pfade im zugrunde liegenden Diagramm hilfreich sein.

Die Beschreibung eines Testfalls enthält anfangs eine kurze Darstellung und die Bedingungen der Verzweigungen, die zu diesem bestimmten Pfad führen. Sind alle Testfälle aufgeführt, werden jedem Testfall geeignete Eingabewerte hinzugefügt, welche zu dem beschriebenen Pfad führen, und das erwartete Ergebnis, um den Testfall verifizieren zu können.

13.3.5 System in Betrieb nehmen

Bei der Inbetriebnahme wird das *fertige System* auf der *Zielplattform* installiert und für den Betrieb übergeben. Zur Durchführung der Installation können eventuell zuvor erstellte Checklisten verwendet werden, um den fehlerfreien Ablauf zu gewährleisten. Auf der vorbereiteten Zielplattform müssen alle Systemteile und zusätzlich notwendige Komponenten installiert und korrekt konfiguriert werden. Weiters ist die eventuell notwendige erstmalige Datenübernahme durchzuführen. Anschließend müssen durch den Integrator Integrationstests durchgeführt werden. Treten bei der Integration Abweichungen von den für die Integration vorbereiteten Dokumenten auf, sind diese in einem Integrationsbericht ausführlich zu beschreiben, um diese Fakten für die folgende Wartung zugänglich zu machen.

13.3.6 Abnahme durchführen

Die Grundlage für die endgültige Abnahme des Systems können die *Anwendungsfallbeschreibungen* der Analyse bilden. Die darin beschriebenen funktionalen und nicht funktionalen Anforderungen bilden meist auch die Grundlage für den *Vertrag* bei der Auftragserteilung für die Realisierung eines Systems. So stellt die Erfüllung dieser Anforderungen nach der Inbetriebnahme auch das Maß für die erfolgreiche Durchführung des Projekts dar.

Die Abnahme eines Systems kann nur auf der Zielplattform und nach Beendigung aller Schritte zur Inbetriebnahme des Systems durchgeführt werden.

An der Abnahme sind üblicherweise Vertreter des Software-Herstellers und mehrere Vertreter des Kunden beteiligt. Ein Kundenvertreter repräsentiert das Management, welches alle finanziellen Entscheidungen trifft, und ist für die letzte Unterschrift als Bestätigung der korrekten Übernahme des Systems zuständig. Ein Vertreter der zukünftigen Anwender überprüft die Einhaltung der Anforderungen. Idealerweise war diese Person auch bei der ursprünglichen Erstellung der Anforderungen beteiligt, um mögliche Missverständnisse bei der Interpretation der Anforderungen[1] auszuschließen bzw. zumindest zu minimieren. Weiters ist auch ein technischer Berater beteiligt, der die technisch korrekte Ausführung des Systems und die funktionierende Integration mit den bestehenden Systemen bestätigt.

Während der Durchführung der Abnahme wird ein *Abnahmeprotokoll* verfasst, in welchem für alle Anforderungen, die nach der Meinung des Kunden genügend erfüllt sind, eine Unterschrift geleistet wird, und alle noch auftretenden Mängel angeführt werden.

---

[1] Im Idealfall sind die Anforderungen unmissverständlich. Die Praxis zeigt jedoch, dass solche idealen Anforderungen nicht existieren und stets noch Raum für Interpretation bleibt. Um Streitigkeiten aufgrund von unterschiedlichen Interpretationen nicht über Hand nehmen zu lassen, sollte auch stets auf ein gutes soziales Verhältnis zwischen Kundenvertreter und dem Integrator bzw. Analytiker geachtet werden, was die Kompromissbereitschaft stets fördert.

13.3.7   Anwender schulen

Der Umfang der Anwenderschulung ist abhängig vom konkreten Vertrag und kann je nach Format stark variieren. Da Schulungen ein sehr komplexes Thema sind, werden diese oft an spezialisierte Schulungsunternehmen vergeben.

Die minimalste Form der Anwenderschulung besteht in einer wirklich brauchbaren Aufbereitung der *Anwenderdokumentation*. Auch hierfür werden aufgrund der Komplexität der Materie oft Spezialisten (z.B. Publizisten, Germanisten) herangezogen.

13.3.8   Laufenden Betrieb verfolgen

Im Zuge des laufenden Betriebs können folgende Ereignisse eintreten, welche angemessen behandelt werden müssen.

Ereignisse, die im Rahmen der Wartung am laufenden System behandelt werden können

- **Inkonsistenz der Datenbank:** Für die Behebung von Inkonsistenzen kann während der Entwicklung des Systems bereits ein Werkzeug erstellt werden, welches die häufigsten Inkonsistenzen findet und behebt. Gibt es kein solches Werkzeug bzw. sind die Inkonsistenzen mit diesem Werkzeug nicht behebbar, müssen sie von Hand entfernt oder ausgebessert werden. Bei häufigerem Auftreten von bestimmten Inkonsistenzen sollte man auch die nachträgliche Erstellung eines Werkzeugs oder eine Erweiterung eines bestehenden Werkzeugs erwägen.

- **Permanentes Fehlverhalten** aufgrund falscher Anwendung. Dieses Fehlverhalten kann auf falsche oder inkonsistente Daten zurückgeführt werden oder auf eine falsche Konfiguration des Systems, welche vom Benutzer verursacht wurde. Dieses Fehlverhalten wird durch einen Entwickler vor Ort beseitigt.

- Notwendige Neuinstallation aufgrund von *allgemeiner Systemwartung* (z.B. Neupartitionierung von Festplatten) oder nach der Zerstörung von Systemteilen (z.B. Löschen von Dateien, Virus): Nach der Zerstörung von Systemteilen ist die Ursache unbedingt zu ermitteln, um diese nach Möglichkeit für die Zukunft zu beseitigen. Bei einer Systemwartung muss darauf geachtet werden, dass die Systemdaten auf einen externen Speicher gesichert werden.

- **Auftreten von Fehlern:** Diese Fehler sind in einem Fehlerprotokoll zu vermerken und an den für das System verantwortlichen Gruppenleiter weiterzugeben, welcher die Behebung des Fehlers veranlasst.

Ereignisse, auf welche durch den Software-Hersteller reagiert werden muss

- **Technologieänderungen** (z.B. neue Version von DB, neues schnelleres Netzwerk, neuere Versionen von Fremdsystemen) oder Änderungen der Zielplattform: Manche

Änderungen haben auf ein bestehendes System nur kleine bzw. durch den Integrator vor Ort zu behebende Auswirkungen. Ändern sich aber benutzte Schnittstellen oder wird die Leistung des Systems stark beeinflusst, müssen die dafür notwendigen Änderungen in einem Wartungsprojekt durchgeführt werden.

- *Anforderungsänderungen:* Im Falle von Anforderungsänderungen ist ein neues Projekt notwendig, welches alle Schritte und Phasen des Unified Process durchführt. Dieses Projekt verwendet alle bestehenden Produkte und passt sie entsprechend an. Das Ergebnis dieses Projekts ist eine neue Version aller Produkte, welche für dieses System erstellt worden sind, unabhängig davon, ob ein Produkt tatsächlich von den Änderungen betroffen ist oder nicht. Aufgrund des hohen Aufwands im Falle einer Anforderungsänderung sollten mehrere Anforderungsänderungen zusammengefasst oder bestimmte Zeiträume festgelegt werden, nach welchen alle bis dahin aufgetretenen Änderungen berücksichtigt sind.

Anwender betreuen

Mit der laufenden Betreuung der Anwender bei Fragen, Entgegennahme von Fehlern oder Änderungswünschen werden je nach Projekt- und Unternehmensgröße sowohl vom Auftragnehmer als auch vom Kunden einzelne Personen (z.B. ein Programmierer oder der Projektleiter) oder ganze Teams betraut. Auch hierfür gibt es zahlreiche spezialisierte Unternehmen.

Im Zuge der Anwenderbetreuung werden *Fehlerberichte* und *Änderungswünsche* entgegengenommen.

Fehler erfassen

Die in einem laufenden Softwaresystem auftretenden Fehler werden von den Anwendern über eine genau definierte Kommunikationsschnittstelle (in kleineren Betrieben an den zuständigen Projektleiter, in größeren Unternehmen an eine Hotline) gemeldet. Ein *Fehlerbericht* wird verfasst und an den Projektleiter weitergeleitet, der den Fehler nach seiner Schwere klassifiziert. Abhängig von den im *Auslieferungsplan* vorgesehenen Auflieferungsterminen von Patches oder Updates werden diese Fehlerberichte sofort oder gesammelt zu einem definierten Zeitpunkt an den zuständigen Programmierer weitergeleitet. Jedem Anwender, der einen Fehler meldet, wird über den vermutlichen Zeitpunkt der Behebung des Fehlers Auskunft gegeben.

Fehler beheben

Die auftretenden Fehler in den *Fehlerberichten* können in katastrophale Fehler und kleinere Fehler unterteilt werden. Bei einem Auftreten von katastrophalen Fehlern, welche möglicherweise die Datensicherheit oder andere Systeme gefährden, müssen sofortige Gegenmaßnahmen eingeleitet werden (im Allgemeinen einstweilige Abschaltung des Systems und sofortige Fehlerkorrektur). Bei kleineren Fehlern, wie der fehlenden Überprüfung von Eingabewerten, können diese über einen größeren Zeitraum gesammelt und in einem Zug verbessert werden. Ein solches Vorgehen ist im Vergleich zu einer sofortigen Verbesserung natürlich wesentlich billiger und effizienter.

13.3.9   Änderungswünsche erfassen

Nach längerem Einsatz einer Software werden im Normalfall Änderungen notwendig, ohne die das System den Anforderungen der Zeit nicht mehr genügt. Diese Anforderungsänderungen können aus mehreren Gründen entstehen:

- *Weiterentwicklung der Technologie:* Der Stand der Technik entwickelt sich gerade im Bereich der Informatik rasant weiter. Damit verbunden sind immer mehr Möglichkeiten zur Lösung von Problemen. Dies bedeutet erstens, dass in einem System Anforderungen verwirklicht werden können, die vor wenigen Jahren noch undenkbar gewesen wären. Zweitens ändert sich mit der Technik auch die Umgebung (Hardware und Software), in der ein System läuft. Veraltete Technik zusammen mit moderner einzusetzen, ist oft mit Schwierigkeiten verbunden bzw. gar unmöglich. Drittens besitzt neue Technologie meist ein höheres Leistungsvermögen. Sie kann nur dann vollkommen ausgeschöpft werden, wenn sie von dafür optimierten Anwendungen genutzt wird. Auch in diesen Fällen werden oft alte Systeme durch neue ersetzt.

- *Änderung von Geschäftsprozessen:* Die Anforderungen für ein System sind stets eng mit den zugrunde liegenden Geschäftsprozessen, d.h. jenen Prozessen, die durch das System unterstützt oder ganz ersetzt werden sollen, verbunden. Diese Prozesse können sich in einem Unternehmen aufgrund von Expansionen, Rationalisierungen, Automatisierungen oder Umstrukturierungen im Laufe der Jahre grundlegend ändern. Dementsprechend müssen auch alle Softwaresysteme den neuen Prozessen angepasst oder komplett neu erstellt werden, um sinnvoll eingesetzt werden zu können.

13.3.10 Das System weiterentwickeln

Alle Änderungen werden grundsätzlich in einem neuen Projekt durchgeführt. Für diese Projekte wird ein neuer Zeit- und Kostenplan erstellt und die Anforderungen werden neu untersucht. Es können im Idealfall alle erstellten Produkte des bestehenden Systems wiederverwendet werden, sofern diese archiviert wurden und der neuen Arbeitsgruppe zugänglich sind. Auch wenn es sich nur um geringfügige Änderungen handelt, sollte stets darauf geachtet werden, dass alle Arbeitsschritte ordnungsgemäß durchgeführt und alle bestehenden Dokumente auf den aktuellen Stand gebracht werden. Da Änderungen eines Systems stets dessen Komplexität erhöhen, mindert eine mangelnde Dokumentation der Änderungen die Wartbarkeit des Systems mit der Zeit beträchtlich.

Wesentlich problematischer als Änderungen aufgrund von zeitlich normalen Veränderungen sind jedoch Änderungen, die aufgrund der mangelhaften Ausführung eines Projekts bereits kurz nach seinem Abschluss notwendig werden. Da das Budget für die Realisierung eines Systems für die gegebenen Anforderungen im besten Fall aufgebraucht ist, und im Normalfall bereits überschritten wurde, sind die zusätzlichen Kosten für nachträgliche Änderungen noch schwerer tragbar.

Um solche Probleme zu vermeiden, ist es wichtig, der Analyse und Dokumentation der Anforderung genug Zeit und Liebe zum Detail zu schenken. Weiters werden so viele Produkte wie möglich zur Klärung von offenen Fragen und Details erstellt. Eine durchdachte Implementierung und ausführliche Tests tragen einen wesentlichen Teil zur Qualität des Endprodukts bei.

13.4 Methoden

13.4.1 Anwenderhandbuch

Um zu vermeiden, dass diese Visitenkarte einen bleibenden schlechten Eindruck hinterlässt, sollen im Folgenden einige besonders wichtige Aspekte, die bei der Gestaltung von Anwenderhandbüchern von zentraler Bedeutung sind, kurz dargestellt werden.

Adressaten eines Anwenderhandbuchs

Ähnlich wie bereits beim User-Interface-Design dargestellt ist es auch bei der Erstellung eines Anwenderhandbuchs wichtig, für welches Publikum es produziert wird.

Im Rahmen entsprechender Überlegungen sollte versucht werden, die Benutzer des Handbuchs anhand bestimmter Kriterien in Gruppen einzuteilen (z.B. Anfänger, Fortgeschrittener, Experte oder aber auch gelegentlicher Nutzer, ständiger Nutzer, Administrator). Als Gliederungskriterium bietet sich zum Beispiel EDV-Wissen und Domänenwissen (Wissen über das Fachgebiet) an.

Jede dieser Gruppen stellt andere Anforderungen an das Anwenderhandbuch, die sich zum Teil sogar widersprechen. Da ein Experte bereits über viel Erfahrung im Umgang mit diversen EDV-Systemen verfügt und deshalb die meisten dabei vorkommenden Grundkonzepte bereits kennt, benötigt er keine allgemeinen Handlungsanleitungen, sondern lediglich sehr spezifische Informationen zu bestimmten Teilbereichen. Ein Anfänger hingegen benötigt sehr detaillierte Handlungsanleitungen, in denen auch sehr allgemeine Problemstellungen ausführlich erklärt werden (z.B.: Wie funktioniert bzw. was ist Drag&Drop?)

Die Einteilung der Benutzer kann dazu verwendet werden, die einzelnen Teile des Handbuchs zu gewichten. Dies bietet sich vor allem dann an, wenn einzelne Gruppen übermäßig stark in der Nutzerpopulation eines Produkts vertreten sind.

Inhalt des Anwenderhandbuchs

Der Inhalt eines Anwenderhandbuchs wird einerseits bestimmt durch den darin beschriebenen Gegenstand (das Software-Produkt), andererseits orientiert er sich aber auch an den zuvor festgestellten Charakteristika der Benutzer des Handbuchs (und der Software).

Balzert nennt folgende wesentliche Inhaltskomplexe, auf die jeweils kurz eingegangen wird ([Balz96], S. 593f.):

Produktbestandteile: Die Beschreibung der Produktbestandteile umfasst eine Auflistung und eine kurze Beschreibung der einzelnen Module eines Software-Pakets.

Arbeitsobjekte: Die für die Erledigung der Aufgaben relevanten Objekte werden hier beschrieben. Diese Objekte erhält man meistens durch Analyse der Benutzeraktivitäten (Task-Analysis).

Produktfunktionen: Dies ist meist der ausführlichste Teil eines Handbuchs. Hier werden all jene Funktionen des Produkts beschrieben, die für die Arbeit der Nutzer oder die Administration des Systems (z.B. Installation, Wartung, usw.) benötigt werden.

Produktstruktur: Dieser Teil beschreibt die logische Struktur der Software. Die Beschreibung sollte insbesondere auf die Zusammenhänge zwischen den Funktionen, den darin verwendeten Objekten und den Modulen, in denen diese Funktionen implementiert worden sind, eingehen. Dieser Überblick ist erforderlich, um ein strukturelles Verständnis des Produkts zu ermöglichen. Dieser strukturelle Überblick bestimmt entscheidend über die Qualität, mit der der Einsatz der Software geplant werden kann.

Arbeitsabläufe: Dieser Teil enthält eine Beschreibung der zentralen Arbeitsabläufe, in denen die Software eingesetzt wird bzw. die von der Software modelliert werden.

Didaktische Richtlinien

Die Art und Weise, in der das Handbuch aufgebaut wird, sollte sich primär an dem zuvor bestimmten Nutzerprofil orientieren.

Grundsätzlich können bei der Gestaltung des Handbuchs und seiner Teile zwei unterschiedliche Gliederungsprinzipien angewendet werden. Jede der beiden Gliederungsformen hat individuelle Vor- und Nachteile. Welche der beiden in bestimmten Fällen anzuwenden ist, und wie die beiden Formen zueinander gewichtet werden sollen, lässt sich nicht allgemein vorgeben. Grundsätzlich gilt aber, dass sich gute Handbücher immer durch eine Mischung aus beiden Vorgehensweisen auszeichnen.

Bei der *produktorientierten Struktur* wird das Handbuch an der Struktur der Software ausgerichtet (z.B. an den einzelnen Funktionen). Ziel ist es, alle Funktionen der Software aufzulisten und einzeln zu beschreiben.

Hier geht es nicht darum, Konzepte oder globale Vorgehensweisen zu vermitteln, sondern darum, die Funktion der spezifischen Programmteile möglichst genau zu beschreiben. Diese Struktur entspricht also jener eines Referenzteils.

Der Hauptvorteil dieser Gliederungsstruktur ist die Tatsache, dass die Vollständigkeit der Beschreibung relativ einfach gewährleistet werden kann, da die Funktionen der Software von vornherein bekannt sind.

Der Nachteil besteht hauptsächlich darin, dass diese Art der Beschreibung nicht als Arbeitsanleitung verwendet werden kann. Das bedeutet, dass der Benutzer bereits ein recht genaues Wissen bezüglich der Arbeitsweise des Programms besitzen muss, um das

Handbuch verwenden zu können. Damit wird jedoch gerade jene Gruppe von der Benutzung des Handbuchs ausgeschlossen, die besonders häufig darauf zurückgreift, nämlich jene Benutzer, die wenig bis gar keine Erfahrung im Umgang mit Computern besitzen.

Dieser Nachteil kann durch die Verwendung einer *aufgabenorientierten Struktur* ausgeglichen werden. Als strukturierendes Merkmal werden nicht die Funktionen der Software, sondern die Aufgaben, die die Benutzer mit Hilfe der Software erledigen können, herangezogen.

Dies ermöglicht es, den Text als Arbeitsanweisung zu konzipieren. Dadurch erhalten auch jene Benutzer, die noch kein Wissen darüber haben, wie gewisse Aufgabenstellungen mit der Software gelöst werden können, eine Möglichkeit, das Handbuch sinnvoll zu verwenden.

In *Tabelle 13.1* sind die Eigenschaften der beiden Gliederungsprinzipien noch einmal kurz zusammengefasst.

	Produktorientiert	**Aufgabenorientiert**
Gliederung	Orientierung an Produktstruktur	Gliederung nach mit dem Produkt zu erledigenden Aufgaben
Vorteile	Vollständigkeit	Liefert Arbeitsanleitung
	Geeignet für spezielle Problemstellungen von Experten	Kann von Anfängern verwendet werden
	Redundanz nicht erforderlich	Bietet den Benutzern die Möglichkeit, sich schneller in das Produkt einzuarbeiten
Nachteile	Erfordert relatives hohes Vorwissen im Umgang mit dem Produkt	Meist ist Redundanz in der Beschreibung erforderlich
	Kann nur als Nachschlagewerk verwendet werden	Nicht alle Arbeitsaufgaben sind von vornherein bekannt
Art der Fragestellung	Wie funktioniert der Menüpunkt „Auftragserfassung"?	„Wie kann man mit der Software Aufträge erfassen?"
Verwendung	Referenzhandbücher	Trainingshandbücher

Tabelle 13.1: Charakteristika produkt- und aufgabenorientierter Gliederung

Wie bereits oben erläutert stellen gute Handbücher meist eine Mischung aus beiden Prinzipien dar.

Meist wird die produktorientierte Gliederung im *Referenzteil* des Handbuchs verwendet. Der Referenzteil richtet sich primär an den Experten. Er sollte so aufbereitet sein, dass auch spezifische Informationen schnell auffindbar sind. Alle Systemfunktionen werden umfassend beschrieben.

Die aufgabenorientierte Gliederung eignet sich vor allem für den *Trainings- oder Tutorialteil* des Handbuchs. Es sollte den Benutzern die Möglichkeit gegeben werden, mit dem Durcharbeiten aller gestellten Arbeitsaufgaben die wesentlichen Systemfunktionen kennen zu lernen. Meistens führt das Handbuch durch gewisse Teile der Anwendung, in denen der Benutzer bestimmte Aufgaben erledigen muss. Wichtig ist hierbei, darauf zu achten, dass sich die Aufgaben von sehr allgemeinen hin zu eher spezielleren Arbeitsaufgaben weiterentwickeln und nicht umgekehrt.

Die Gestaltung der einzelnen Trainingseinheiten sollte vor allem den Bedürfnissen unerfahrener Anwender angepasst werden. Es ist besonders wichtig, dass sich die Art und Komplexität der Aufgaben langsam mit dem Lernerfolg des Benutzers entwickeln. Die Einheiten am Anfang sollten also dazu dienen, allgemeine Fähigkeiten zu vermitteln, welche vom Benutzer in den späteren Trainingseinheiten angewendet werden können. Des Weiteren sollten die Voraussetzungen und Rahmenbedingungen, die für die erfolgreiche Absolvierung einer Trainingseinheit erforderlich sind, angeführt werden (z. B. Zeitbedarf, Vorwissen, aber auch technische Rahmenbedingungen etc.). Am Ende jeder Einheit sollten die wesentlichen Elemente noch einmal zusammengefasst werden.

Referenzteil	Trainingsteil
Dient zum Nachschlagen von spezifischen Informationen.	Die Trainingseinheiten sind aufbauend und können vom Leser durchgearbeitet werden.
Enthält spezifische Informationen.	Gibt globale Lösungsvorschläge für bestimmte Aufgaben.
Gleichbleibende Komplexität.	Anspruch steigt von Aufgabe zu Aufgabe.
Benutzer sucht gezielt nach Information.	Benutzer benötigt Wissen über Vorgehensweisen.

Tabelle 13.2: Vergleich von Referenz- und Trainingsteil

Sprache

Bei der Erstellung eines Anwenderhandbuchs sollte man darauf achten, dass sich die gewählte Sprache an den Nutzern des Handbuchs orientiert. So sollten zum Beispiel in der Regel in Trainingshandbüchern keine englischen Fachtermini verwendet werden, da diese vor allem unerfahrene Benutzer leicht verwirren. Diese Verwirrung schlägt häufig in Unmut oder Unverständnis um, was dazu führt, dass das Handbuch nicht mehr verwendet wird.

Außerdem sollte darauf geachtet werden, Begriffe im gesamten Handbuch (und auch in der Online-Hilfe!) konsistent zu verwenden (z. B. nicht ständig File, Datei, Dokument etc. vermischen). Während Experten diese Begriffe beinahe spielend verwenden (und verwechseln!) können, werden viele Laien durch diese spezielle Art von „Fachterminologie" vor nicht unerhebliche Probleme gestellt.

Auch die Strukturierung der Kapitel ist von entscheidender Bedeutung. Die zentralen Informationen in einem Kapitel sollten möglichst am Anfang stehen. Danach können in absteigender Reihenfolge die weniger wichtigen Aspekte behandelt werden.

Bilder, Tabellen und Diagramme lassen sich zur Auflockerung längerer Textpassagen verwenden. Entsprechende Illustrationen können auch wesentlich dazu beitragen, die sprachlichen Konstrukte zu vereinfachen, indem auf die entsprechende Abbildung (z.B. Screenshot) verwiesen wird.

13.4.2 Online-Hilfe

Neben dem Anwenderhandbuch stellt die Online-Hilfe der Software die zweite wesentliche Informationsquelle für den Benutzer dar. Deshalb sind die meisten Kriterien, die über die Qualität eines Anwenderhandbuchs entscheiden, auch hier von zentraler Bedeutung.

Unterschiede zwischen Anwenderhandbuch und Online-Hilfe

Obwohl sich Anwenderhandbuch und Online-Hilfe in vielen Aspekten ähnlich sind (siehe oben), haben beide spezifische Vor-, aber auch Nachteile:

	Anwenderhandbuch	**Online-Hilfe**
Vorteile	Benötigt keine zusätzlichen technischen Hilfemittel.	Ist schneller verfügbar.
	Das Lesen fällt auf Papier meist leichter.	Benötigt keinen Ablageplatz am Schreibtisch.
	Für ungeübte Benutzer intuitiver.	Leichtere Aktualisierung.
	Papier ist wesentlich flexibler als derzeit verfügbare Online-Hilfen (man kann Notizen hinzufügen, man kann einzelne Teile mitnehmen).	Umfangreiche Suchmöglichkeiten.
		Informationen können besser an die Benutzer angepasst werden.
		Online-Hilfe kann interaktiv auf den Zustand der Anwendung reagieren (Kontext-sensitiv).
Nachteile	Handbücher sind oft unhandlich.	Lesen am Bildschirm ist langsamer und anstrengender.
	Sie können nicht an individuelle Anforderungen angepasst werden.	Die Bedienung der Online-Hilfe an sich muss zuerst erlernt werden.
	Die Aktualisierung ist aufwändig.	Ungewohnte Darstellungsform für Personen, die nicht daran gewöhnt sind, Hypertexte zu verwenden.
	Keine Möglichkeit, den aktuellen Kontext in die Hilfestellung einzubinden.	Die Implementierung interaktiver Systeme ist meist sehr aufwändig.
	Handbücher sind oft ungeeignet, um auftretende Fragen schnell zu beantworten.	
	Kaum Suchmöglichkeiten.	
	Herstellung ist aufwändiger.	

Tabelle 13.3: Vor- und Nachteile von Anwenderhandbuch und Online-Hilfe

Konsequenzen für die Gestaltung einer Online-Hilfe

Das Wissen um diese Vor- und Nachteile kann bei der Gestaltung der Online-Hilfe einge-setzt werden. Da zum Beispiel bekannt ist, dass die meisten Menschen am Bildschirm nur ungern länger lesen, sollten in einer Online-Hilfe nur kurze Textstücke zum Einsatz kom-men. Diese Fragmentierung des Hilfetexts entspricht auch eher der Hypertext-Struktur der meisten derzeit verwendeten Standardhilfssysteme (z.B. Windows mit WinHelp oder HTML-Help).

Daraus ergibt sich auch das Problem, dass die Texte, die im Anwenderhandbuch enthalten sind, nicht in unveränderter Form in die Online-Hilfe übernommen werden dürfen. Die Texte sollten zumindest dahingehend überarbeitet werden, dass sie den divergierenden Lesegewohnheiten am Bildschirm besser entsprechen. Dies umfasst vor allem eine Kür-zung und Aufteilung der Texte auf mehrere miteinander verknüpfte Einzeltexte. Bei die-ser Überarbeitung sollte aber auch die interaktive Struktur der Online-Hilfe in Betracht gezogen werden. Da die Online-Hilfe im Gegensatz zum Anwenderhandbuch hauptsäch-lich in Dialogform verwendet wird, ist es zum Beispiel erforderlich, gewisse Frage-Ant-wort-Strukturen einzubauen.

Wird zum Beispiel Information zu einem bestimmten Thema abgerufen (z.B. die Funk-tion „Veranstaltung Suchen"), so soll das Hilfesystem zuerst einen allgemeinen Überblick bieten. Am Ende dieses Texts kann der Benutzer dann mittels Fragen zu eventuell vor-handener spezifischer Information geführt werden (z.B. „Möchten Sie Informationen über das Suchen nach Veranstaltungsnamen?").

Eine weitere Anforderung, welche sich direkt aus der hypertextuellen Struktur ergibt, ist jene nach leichter Navigation. Eine gute Online-Hilfe zeichnet sich dadurch aus, dass der Benutzer die darin enthaltenen Informationen auf verschiedensten Wegen abfragen kann. Dies umfasst meist eine Indizierung häufig gesuchter Begriffe und Volltextsuche über alle Hilfetexte. Zusätzlich sollte die Online-Hilfe auch eine thematische Unterteilung in ein-zelne Kapitel anbieten, um dem Benutzer auch unspezifisches Suchen zu ermöglichen (z. B. Blättern durch die einzelnen Hilfetexte eines Themenbereichs).

Einteilung von Hilfesystemen

Die folgenden Ausführungen beschränken sich auf die zwei gebräuchlichsten Klassen von Online-Hilfesystemen: aktive bzw. passive Systeme.

Der Unterschied zwischen den beiden Klassen liegt darin, von wem die Initiative zum An-bieten von Hilfe ausgeht. Beim passiven Hilfesystem muss der Benutzer selbst die Hilfe-leistung explizit anfordern (z.B. F1-Taste, Help-Button etc.). Daraufhin kann der Benutzer seine Anfrage an das System stellen. Die Möglichkeiten, diese Anfrage zu formulieren, reichen vom Durchblättern der Hilfethemen über Volltextsuche bis hin zu natürlichsprach-lichen Anfragen an das System. Das Problem der passiven Hilfesysteme ergibt sich daraus, dass der Benutzer Hilfeleistung nur dann anfordert, wenn er ein Problem erkennt. Beson-ders bei großer Standardsoftware kommt zusätzlich noch die Tatsache hinzu, dass die meisten Nutzer empirischen Untersuchungen zufolge (siehe dazu [Balz96], S. 615f) ledig-lich einen geringen Anteil der vorhandenen Funktionen kennen beziehungsweise nutzen.

Mit einem passiven Hilfesystem ist es jedoch nur sehr schwer möglich, dem Benutzer diese zusätzlichen Möglichkeiten des Systems zu vermitteln.

Um diese Schwachstelle passiver Systeme zu beseitigen, wurden sie mit aktiven Systemen kombiniert. Ein aktives System wartet nicht darauf, dass der Benutzer glaubt, vor einem Problem zu stehen. Ziel des aktiven Systems ist es, den Benutzer durch ständige Beobachtung möglichst früh auf vielleicht auftretende Probleme hinzuweisen. Zusätzlich versucht das aktive Hilfesystem, dem Benutzer alternative Lösungsmöglichkeiten vorzuschlagen. Ein Beispiel für ein solches aktives System stellen die Hilfeassistenten von MS-Office dar.

	Passives Hilfesystem	**Aktives Hilfesystem**
Vorteile	Benutzer erhält Hilfestellung nur, wenn er es explizit wünscht. Hilfestellung ist meist genauer möglich. Implementierungsaufwand ist wesentlich geringer.	Benutzer kann auf ihm unbekannte Konzepte hingewiesen werden. Potenzielle Probleme können frühzeitig erkannt werden. Kann auch von Benutzern, die keine Erfahrung im Umgang mit passiven Hilfesystemen haben, verwendet werden.
Nachteile	Kann nur verwendet werden, wenn Wissen über die Funktion vorhanden ist. Geringere Interaktivität.	Benutzer erhält oft Hilfestellung, die er gar nicht benötigt. Gefahr, die Benutzer durch ständige Einführung neuer Konzepte zu überlasten. Meist hoher Implementierungsaufwand.

Tabelle 13.4: Vergleich passiver und aktiver Hilfesysteme

Zusammenfassung

■ Die Auslieferung und Inbetriebnahme des fertigen Softwaresystems erfordert eine ebenso präzise Planung wie auch alle vorangegangenen Arbeitsschritte.

■ Für Softwaresysteme, die in andere Systeme integriert werden und möglicherweise bestehende Datenbestände übernehmen müssen, ist der Aufwand für die Inbetriebnahme ein nicht zu unterschätzender Kostenfaktor.

■ Vor der Inbetriebnahme wird die Datenübernahme, falls eine solche notwendig ist, genau geplant und notwendige Werkzeuge dafür erstellt. Weiters wird die Zielplattform für die Installation vorbereitet.

■ Die Aktivitäten des Arbeitsschritts Inbetriebnahme und Wartung werden parallel zu allen anderen Arbeitsschritten durchgeführt, um kostbare Zeit zu sparen.

- Nachdem das System installiert wurde und alle Fremdsysteme integriert wurden, wird es in Betrieb genommen.

- Letzte Tests zeigen, ob das System auch im Echtbetrieb gemäß den Anforderungen funktioniert.

- Nach dem erfolgreichen Abschluss all dieser Tätigkeiten werden in einem formalen Abnahmeprozess die Erfüllung aller Anforderungen bestätigt, und damit das Projekt abgeschlossen.

- Die Wartung von Software verursacht die höchsten Kosten während der gesamten Lebensdauer eines Systems.

- Neben den laufenden Arbeiten zur Aufrechterhaltung des Betriebs verursachen vor allem baldige Anforderungsänderungen bzw. die Korrektur von fehlerhaften Umsetzungen der beschriebenen Anforderungen für ein System hohe Kosten.

- Änderungen eines Systems, die aufgrund technologischer Entwicklungen oder Änderungen der Anforderungen nach mehreren Einsatzjahren notwendig werden, werden in neuen Projekten durchgeführt.

Übungen und Fragen

1. Überlegen Sie, welche Daten bei der Übernahme kritisch sein könnten.

2. Was ist bei einer Datenübernahme vorzubereiten? Was ist dabei zu beachten?

3. Bei dem Projekt Ticket-Line sollen die Veranstaltungen wöchentlich aus einer Fremddatenbank übernommen werden. Beschreiben Sie das dazu notwendige Übernahmeverfahren.

4. Für das Projekt Ticket-Line wird eine englische, eine chinesische und eine arabische Version erstellt. Die Testdaten werden aus der deutschen Version übernommen. Erstellen Sie geeignete Übernahmeverfahren. Überlegen Sie, worauf Sie bei der Übernahme der Daten in das jeweilige System achten müssen.

5. Finden Sie ein Software-Produkt Ihrer Wahl, für welches kein Installationspaket existiert, und erstellen Sie dafür Installationsanweisungen.

6. Welche Angaben sind für die Zielplattform eines Installationspakets notwendig, um diese eindeutig zu identifizieren?

7. Welche Tests sind im Zuge der Integration notwendig? Wie werden diese spezifiziert und ausgeführt? Welche Dokumente werden dabei erstellt?

8. Auf Grundlage welcher Produkte kann die Abnahme mit dem Kunden durchgeführt werden? Beschreiben Sie den Ablauf der Abnahme. Welche Dokumente werden bei der Abnahme erstellt?

9. Welche Rollen sind bei der Abnahme eines Produkts beteiligt? Beschreiben Sie die Aufgaben jeder Rolle.

10. Beschreiben Sie die verschiedenen Typen von Anwenderdokumentationen. Stellen Sie die Vor- und Nachteile jedes Typs gegenüber.

11. Aus welchen Teilen besteht ein Anwenderhandbuch? Welchen Zweck erfüllt jeder dieser Teile?

12. Erstellen Sie ein Anwenderhandbuch für den Kassa-Teil des Projekts Ticket-Line.

13. Erstellen Sie eine Online-Hilfe für den Kiosk-Teil des Projekts Ticket-Line.

14. Welche Ereignisse können während des laufenden Betriebs eintreten, auf die im Zuge der Wartung reagiert werden muss?

15. Geben Sie für die verschiedenen anfallenden Tätigkeiten während der Wartung den Wartungszyklus (bei Bedarf, täglich, wöchentlich usw.) an.

16. Beschreiben Sie die wiederkehrenden Wartungsarbeiten, welche Sie für Ihr Betriebssystem durchführen.

17. Erstellen Sie einen Wartungsplan für das Projekt Ticket-Line.

18. Beobachten Sie ein Software-Produkt Ihrer Wahl über einen längeren Zeitraum und erstellen Sie ein Fehlerprotokoll.

Weiterführende Literatur

[Pigo97] Pigoski Thomas M.: *Practical Software Maintenance*; Chichester: Wiley, 1997.

Teil 3
Anhänge

Kapitelübersicht

Anhang

A UML-Referenz

Im Anhang sind zahlreiche zusätzliche Informationen und Beispiele aufgelistet, die zum besseren Verständnis der in diesem Buch vorgestellten Methoden dienen sollen.

A.1 Deutsche UML-Begriffe

Eine aktuelle Version ist unter http://www.system-bauhaus.de/uml zu finden.

Englisch	Deutsch	Englisch	Deutsch
action	Aktion	component	Komponente
activity	Aktivität	component diagram	Komponenten-diagramm
activity diagram	Aktivitätsdiagramm	composition	Komposition
actor	Akteur, Aktor	constraint	Einschränkung
aggregation	Aggregation, Teile/ Ganzes-Beziehung	CRC-Card	CRC-Karte, Klassenkarte
association	Assoziation (ungerichtet)	decision	Entscheidung
association class	Assoziationsklasse	dependency	Abhängigkeit
association role	Assoziationsrolle	deployment diagram	Verteilungsdiagramm
attribute	Attribut		
behavior diagram	Verhaltensdiagramm	discriminator	Diskriminator, Unter-scheidungsmerkmal
bidirectional association	bidirektionale Assoziation	event	Ereignis
bound element	Gebundenes Element	focus of control	Steuerungsfokus
cardinality	Kardinalität	generalization	Generalisierung
class	Klasse	instance	Exemplar
class diagram	Klassendiagramm	interaction diagram	Interaktionsdiagramm
collaboration diagram	Kollaborations-diagramm	interface	Schnittstelle

Englisch	Deutsch	Englisch	Deutsch
lifeline	Lebenslinie	scenario	Szenario
link	Objektbeziehung	sequence diagram	Sequenzdiagramm
message	Nachricht		
method	Methode	state	Zustand
multiplicity	Multiplizität	statechart diagram	Zustandsdiagramm
navigability	Navigierbarkeit		
node	Knoten	stereotype	(der) Stereotyp
note	Notiz, Anmerkung	subclass	Unterklasse
object	Objekt	superclass	Oberklasse
object diagram	Objektdiagramm	swimlane	Verantwortlichkeits-bereich, Schwimm-bahn
operation	Operation		
package	Paket	transition	Transition, Übergang
parameterized class	parametrisierte Klasse	template class	parametrisierbare Klasse
pattern	Muster	type	Typ
problem domain	Problembereich	UML	(die) UML
property	Eigenschaft	unidirectional association	gerichtete Assoziation
property string	Eigenschaftswert	use case	Anwendungsfall
refinement	Verfeinerung	use case diagram	Anwendungsfall-diagramm
relationship	Beziehung		

A.2 UML-Übersicht

Die in der Folge gezeigten Diagramme sollen eine Übersicht über die in UML verwendete Notation geben. Deshalb wird auf eine eingehende Erklärung der verwendeten Symbole verzichtet (*Kapitel 4*). Für genauere und aktuelle Information siehe http://www.omg.org/uml.

A.2.1 Anwendungsfalldiagramme

Ein Anwendungsfalldiagramm zeigt die Benutzer eines Systems und die Anforderungen an ein System im Überblick.

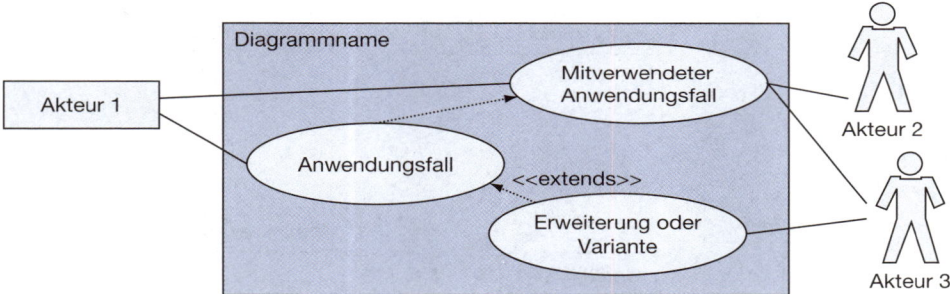

Abbildung A.1: Anwendungsfalldiagramm

A.2.2 Klassendiagramme

In Klassendiagrammen werden die Attribute und Methoden von Klassen gezeigt sowie die Beziehungen der Klassen untereinander dargestellt. Bei der Darstellung von Klassen können unterschiedliche Detailgrade gewählt werden.

Klassen

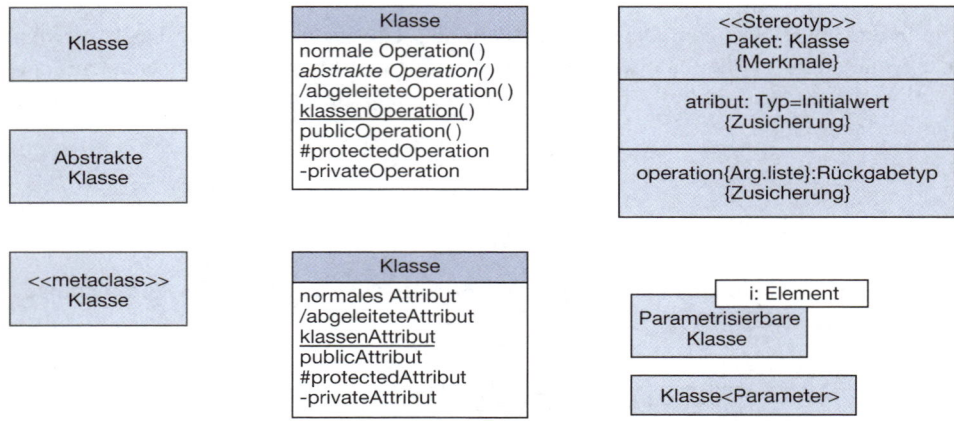

Abbildung A.2:   Klassen

Vererbung

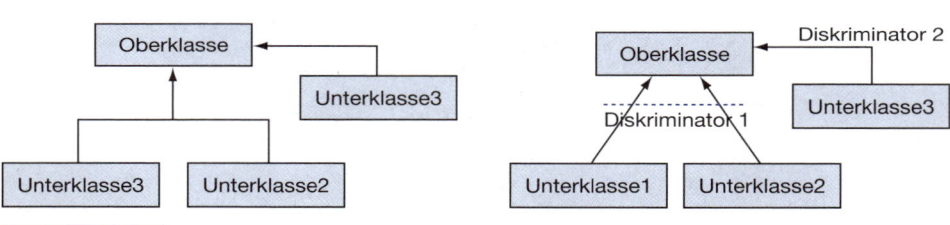

Abbildung A.3:   Vererbung

Assoziationen und Pakete

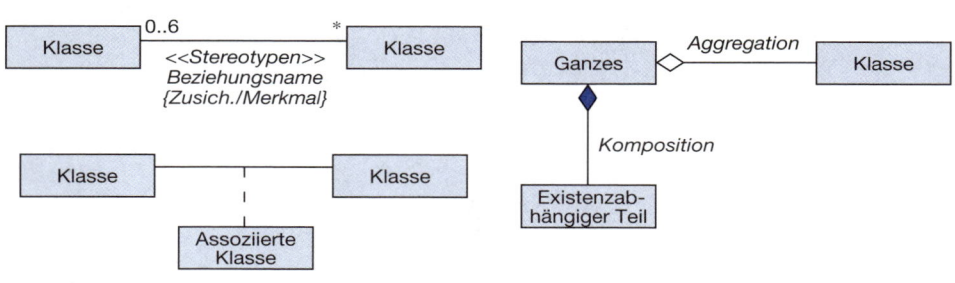

Abbildung A.4:   Assoziationen

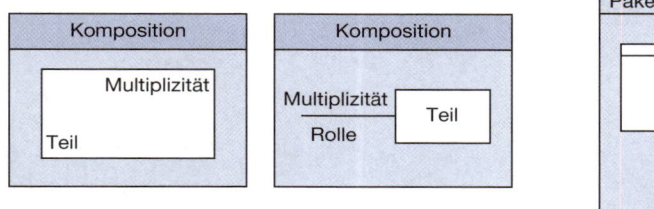 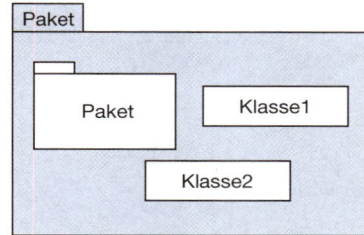

Abbildung A.5: Pakete

A.2.3 Kollaborationsdiagramm

In einem Kollaborationsdiagramm werden der dynamische Ablauf und dessen logische Abfolge im Rahmen einer Kollaboration von Objekten (Zusammenarbeit zur Realisierung eines Anwendungsfalls) gezeigt.

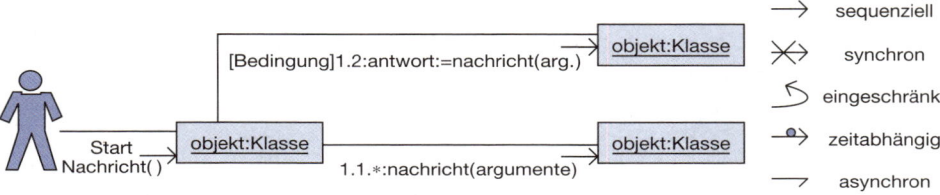

Abbildung A.6: Kollaborationsdiagramm

A.2.4 Sequenzdiagramm

In Sequenzdiagrammen wird der dynamische Ablauf zwischen Objekten unter Berücksichtigung der zeitlichen Abfolge dargestellt.

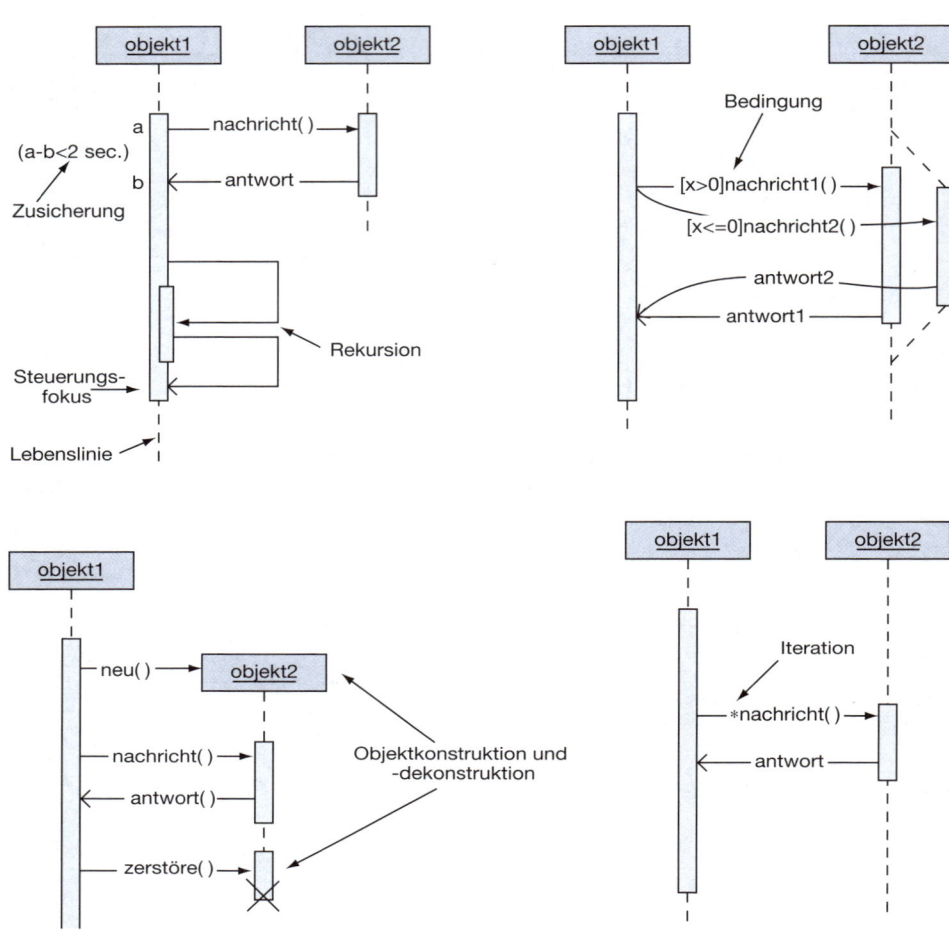

Abbildung A.7:   Sequenzdiagramm

B Übungsangaben

Die folgenden Angaben werden in den Übungsaufgaben der Kapitel 2 bis 13 referenziert. Zur weiteren Vertiefung werden im ersten Abschnitt noch Standard-Übungsaufgaben definiert, welche für alle Angaben anwendbar sind.

B.1 Übungsaufgaben für alle Angaben

B.1.1 Offene Fragen

Erstellen Sie eine Liste von offenen Fragen bezüglich des beschriebenen Systems. Geben Sie bei jeder offenen Frage die Priorität der Frage (sehr wichtig, wichtig, Info) und jenes Produkt bzw. jene Produkte an, für deren Erstellung die Klärung der Frage von Bedeutung ist (z.B. bei einem nicht näher spezifizierten Aktor die Aktorenliste und das Anwendungsfalldiagramm).

B.1.2 Anwendungsfälle

Erstellen Sie ein Anwendungsfalldiagramm für das beschriebene System. Finden Sie dazu alle Aktoren, welche das System benutzen, und alle Anwendungsfälle, die das Systemverhalten darstellen. Zeichnen Sie alle geforderten Kommunikationsbeziehungen zwischen den Aktoren und den Anwendungsfällen ein. Finden Sie alle gegebenen Generalisierungsbeziehungen zwischen den Aktoren und alle geforderten Include- und Extend-Beziehungen zwischen den Anwendungsfällen.

B.1.3 Domänenmodell

Identifizieren Sie geeignete Klassen mit ihren hier notwendigen Attributen. Geben Sie eine geeignete Vererbungshierarchie an. Insbesondere sollen Redundanzen der Attribute möglichst vermieden werden. Unterscheiden Sie gegebenenfalls abstrakte und konkrete Klassen. Zeichnen Sie die Assoziationen und Aggregationen zwischen den betreffenden Klassen in Ihrem Diagramm ein.

B.1.4   Black-Box-Tests

Finden Sie Black-Box-Testfälle für alle in der Angabe enthaltenen Systemfunktionen. Führen Sie zu jedem Testfall die Beschreibung der Eingabe, das erwartete Ergebnis und eine beispielhafte Eingabe an.

B.1.5   White-Box-Tests

Wählen Sie eine beschriebene Systemfunktion und kodieren Sie diese in Pseudocode. Erstellen Sie für diesen Pseudocode White-Box-Testfälle, um a) eine C_0-Überdeckung und b) eine C_1-Überdeckung zu gewährleisten.

B.1.6   Aufwandsschätzung

Versuchen Sie, für das beschriebene System den Realisierungsaufwand in Personenmonaten zu schätzen. Rechtfertigen Sie Ihre Aufwandsschätzung mit konkreten Erfahrungswerten (z.B. ähnlich durchgeführte Projekte) oder einer formalen Methode, die Sie in der Praxis selbst verwenden.

B.1.7   Projektplan

Erstellen Sie a) einen Abhängigkeitsgraphen, b) eine Work-Breakdown-Structure sowie c) ein Balkendiagramm für das beschriebene System. Legen Sie dem Projektplan Ihre eigene Aufwandsschätzung zugrunde. Erstellen Sie das Balkendiagramm für eine Arbeitsgruppe von vier Personen.

B.2   Flughafen-Kontroll-System

Auf einem regionalen Flughafen soll ein System installiert werden, das alle Bewegungen von Flugzeugen und Fahrzeugen auf den Rollwegen und sonstigen Fahrwegen überwacht. Für mögliche Unfälle auf den Rollwegen oder Fahrwegen sollen Alarmpläne vorgesehen werden, die mit Hilfe des Systems erstellt werden können.

Ein Administrator beschreibt zu Beginn im System das gesamte Wegenetz des Flughafens, damit alle Bewegungen von Flugzeugen und Fahrzeugen auf diesem Wegenetz verfolgt werden können. Das Wegenetz besteht aus den Teilen Weg, Kreuzung und Parkposition. Für einen Weg werden Nummer, Bezeichnung und Länge gespeichert. Für eine Parkposition werden deren Nummer und Art (Einstiegsrampe, Busstation) im System festgehalten. Eine Kreuzung erhält eine eindeutige Nummer. Jedem Teil wird zur Laufzeit dynamisch ein Status (frei oder belegt) zugewiesen. Ein Weg führt entweder zu zwei Kreuzungen (am Beginn und Ende des Wegs) oder zu einer Kreuzung und einer Parkposition, aber nicht zu zwei Parkpositionen. In eine Kreuzung können beliebig viele Wege einmünden. Jede Start- und Landebahn enthält mindestens eine Kreuzung.

Vor einer Landung meldet sich jedes Flugzeug beim System an. Nach erfolgter Landung fährt es zu einer ihm zugewiesenen Parkposition. Bei einem Start fährt jedes Flugzeug von seiner Parkposition über das Wegenetz bis zur Startbahn. Nach einem erfolgreichen Start meldet sich das Flugzeug vom System ab. Die An- und Abmeldung des Flugzeugs am System kann auch von der Luftraumüberwachung durchgeführt werden (Redundanz erhöht die Sicherheit).

Weiters werden vom Administrator auch die Flugpläne, das sind die Beschreibungen der geplanten Flüge, und die vorgesehenen Bewegungen der Flüge am Flughäfen definiert. Ein Flugplan besitzt eine Bezeichnung, ein Erstellungsdatum und die Häufigkeit der Wiederkehr des Flugs (Charterflug, täglich, wöchentlich oder monatlich). Jedem Flugplan wird genau ein Flugzeugtyp (Gewicht, Reichweite, Fassungsvermögen) zugewiesen. Ist ein gewünschter Flugzeugtyp im System noch nicht definiert, so muss dieser vor einer Zuweisung neu angelegt werden. Bei der Erstellung eines Flugplans kann der Administrator auch alle diesem Flugplan zugeordneten Bewegungen definieren.

Das System verwaltet auch alle Fahrzeuge, die sich auf dem Flughafengelände bewegen. Für jedes Fahrzeug wird dessen Kennzeichen, die Geschwindigkeit und der Fahrzeugtyp gespeichert (z.B. Bus, Tankwagen usw.). Die Bewegungen der Fahrzeuge lassen sich nicht vorhersagen und werden daher nicht statisch vordefiniert.

Jede Bewegung eines Flugzeugs oder Fahrzeugs, welche im Vorhinein statisch oder während des Betriebs laufend erfasst wird, setzt sich aus Teilbewegungen zusammen. Jede Teilbewegung hat einen Vorgänger und einen Nachfolger – außer die jeweils erste und letzte Teilbewegung (z.B. Landung bzw. Start, An- oder Abfahrt von einer Parkposition). Jede Teilbewegung führt von einem Teil des Flughafens zum nächsten anschließenden Teil (z.B. von einer Parkposition auf einen Weg, von einem Weg zu einer Kreuzung). Durch die Aneinanderreihung solcher Teilbewegungen kann die Fahrt eines Fahrzeugs von einem Punkt zu einem anderen bzw. der Start- (Fahrt von der Parkposition bis Verlassen des Flughafens) oder Landevorgang (Landung und Fahrt zur Parkposition) eines Flugzeugs genau beschrieben werden.

Jede Bewegung eines Flugzeugs oder Fahrzeugs muss vom Operator genehmigt werden. Für Flugzeuge sind die Bewegungen im System schon vorgegeben (siehe oben), sie werden vom Operator einem Flug nur mitgeteilt. Fahrzeuge melden die gewünschte Bewegung beim Operator an. Der Operator kann diese Bewegung genehmigen oder verweigern, falls die Bewegung gegenwärtig aufgrund einer möglichen Kollision nicht möglich ist. Im Falle einer Verweigerung kann der Operator die gewünschte Bewegung abändern (nur Abfahrtsort und Zielort müssen beibehalten werden) oder die Bewegung bis zu einem unkritischen Zeitpunkt verzögern.

Während des Betriebs werden die Daten jedes aktuellen Flugs, der einen vordefinierten Flugplan ausführt, verwaltet (Flugnummer, Startzeit, geschätzte Ankunft, Anzahl der Passagiere, Gewicht). Auf dem Flughafen werden sowohl für Flüge als auch für Fahrzeuge der momentan aktuelle Standort und der Bewegungsstatus (startend, landend, stehend oder fahrend) jedes Flugzeugs und Fahrzeugs laufend im System aktualisiert.

Die Daten über den aktuellen Standort aller Flugzeuge und Fahrzeuge werden von Sensoren laufend an das System über eine einheitliche Schnittstelle geliefert. Die Flugzeuge und Fahrzeuge selbst geben in regelmäßigen Intervallen über Funk ihren Standort bekannt. Auf einem Teil des Wegenetzes darf sich aus Sicherheitsgründen immer nur genau ein Flugzeug oder Fahrzeug befinden. Das System überprüft laufend alle eingehenden Standortmeldungen und löst bei einer drohenden Kollision Alarm aus. Ein Alarm kann auch von Flugzeugen und Fahrzeugen ausgelöst werden, falls entweder Sensoren, ein Pilot, ein Lenker oder der Operator eine Gefahrensituation erkennen. Im Alarmfall muss der Operator auch gemäß dem Alarmplan die korrekten Maßnahmen veranlassen.

Für die Alarmpläne werden deren Bezeichnung und eine kurze Beschreibung gespeichert. Jeder Alarmplan besteht aus einer Vielzahl von Einzelmaßnahmen, die ebenfalls im System beschrieben werden. Jeder dieser Maßnahmen sind eine oder mehrere Einsatzeinheiten zugewiesen. Weiters gibt es für jeden Alarmplan einen Verantwortlichen. Jeder Verantwortliche hat mehrere untergeordnete Verantwortliche, die wiederum einer Einsatzeinheit vorstehen. Einer Einsatzeinheit können auch deren Fahrzeuge zugeordnet werden, damit im Einsatzfall der aktuelle Standort jedes Fahrzeugs und der Einheit schnell festgestellt werden kann. Alle Daten der Alarmpläne und die damit verbundenen Daten (außer den Fahrzeugen) können vom Administrator von einem externen System in dieses System übernommen werden.

B.3   Online-Plattform

Eine neue Web-Plattform soll den Österreichern den derzeit boomenden Klettersport näher bringen und relevante Informationen und Ergebnisse aus dem nationalen und internationalen Wettkampfsport aufbereiten. Gleichzeitig soll aktiven Kletterern ein Informationssystem über Klettergebiete, Kletterhallen und die entsprechenden Routen sowie ein Diskussionsforum geboten werden.

Klettergebiete befinden sich im Freien oder in einer Halle und bestehen jeweils aus Sektoren, in denen schließlich die einzelnen Kletterrouten zu finden sind. Zu jedem Klettergebiet wird der eindeutige Name, die Art des Felsens bzw. der Wand (Granit, Kalk oder Kunstwand) und eine Anfahrtsbeschreibung gespeichert. Handelt es sich bei dem Klettergebiet um eine Kletterhalle, werden zusätzlich der Eintrittspreis, die Öffnungszeiten, Adresse, Ort und Telefonnummer sowie eine Kontakt-E-Mail Adresse und Homepage (falls vorhanden) gespeichert. Jedes Klettergebiet ist in einen oder mehrere Sektoren unterteilt. Solche Sektoren besitzen eine eindeutige Bezeichnung, einen optionalen Zeitraum, in dem aus Naturschutzgründen nicht geklettert werden darf, die Himmelsrichtung der Wandlage und eine kurze Beschreibung des Zustiegs. Weiters wird die Art der zu erwartenden Kletterei als Menge verschiedener Eigenschaften (überhängend, Plattenkletterei, Leisten, Fingerlöcher, Quergänge, Alpin) und die Art der Absicherung (Klebehaken, Bohrhaken, keine Absicherung) sowie das Datum der letzten Sanierung (sofern bekannt) abgespeichert. Jedem Sektor ist zumindest eine Route zugeordnet.

Zu jeder Kletterroute wird der Name, der Schwierigkeitsgrad (bestehend aus einer Zahl >= 1 optional gefolgt von einem + oder –), die Länge der Route, die Anzahl der Sicherungspunkte und eine Bewertung (auf einer Skala von 1 bis 5), wie empfehlenswert diese Route ist, gespeichert.

Die Pflege (Anlegen, Ändern, Löschen) dieser Stammdaten im System werden von Administratoren vorgenommen. Anonyme Besucher der Homepage können nach Klettergebieten und Sektoren, Routen, Wettkämpfen oder Kletterern suchen (um sie aufzulisten und Detailinformationen abzurufen) und zusätzlich spezielle Auswertungen über Klettergebiete oder Kletterer, sowie die wichtigsten Neuigkeiten aus dem Klettersport abrufen.

Neuigkeiten aus der Kletterszene, wie sie im News-Bereich der Internet-Plattform angezeigt werden, sind mit einem Datum, Text und Hyperlink abgespeichert. Sollten die News in Zusammenhang mit einem im System erfassten Klettergebiet, Wettkampf oder Kletterer stehen, können per Mausklick in einem separaten Fenster Detailinformationen zu den entsprechenden Datensätzen abgerufen werden. Die Neuigkeiten werden von eigens dafür angestellten Redakteuren gewartet.

Besucher der Plattform im Internet können sich im System auch registrieren lassen, indem sie ihren vollen Namen, Geburtsdatum, ein Passwort und ihre E-Mail-Adresse bekannt geben. Nach der Registrierung wird ein Account automatisch angelegt und per E-Mail eine Bestätigung an den neuen Benutzer gesendet (mit generiertem BenutzerID).

Nach einem erfolgreichen Login von Benutzern können sie zusätzlich als aktive Kletterer die Begehung einer gespeicherten Route eingeben (mit dem Datum der Begehung und optional der Anzahl der für die erfolgreiche Durchsteigung der Route benötigten Versuche sowie einen persönlichen Kommentar zur Route selbst). Um die Suche nach einer Kletterroute für Begehungen im System zu vereinfachen, muss zuerst das Klettergebiet und anschließend der Sektor, in der diese Route liegt, gesucht werden. Daten von Begehungen sowie alle anderen Daten der Kletterer können natürlich auch von ihnen später wieder geändert und gelöscht werden. Zu den erweiterten Daten eines Kletterers gehören weiters ein oder mehrere Lieblingsklettergebiete und/oder Lieblingsrouten mit jeweils einer kurzen Begründung.

Registrierte Benutzer können außerdem an Online-Diskussionen teilnehmen. Sie wählen dazu eine (von den Administratoren vorgegebene) Rubrik (eindeutiger Name, Datum der Erstellung) aus und können so ihren neuen Beitrag abgeben oder auch auf einen bereits vorhandenen Beitrag eine Antwort schreiben.

Vereinsfunktionäre, die nach mündlicher Anfrage einen speziellen Account erhalten, können Informationen zu Wettkämpfen (Titel, das Beginn- und Enddatum der Veranstaltung, Kontaktdaten sowie einen Link zur Homepage des Wettkampfes) ablegen. Mehrere Wettkämpfe können außerdem zu einem Cup (eindeutiger Name, Jahr, Beschreibung) zusammengefasst werden.

Vereinsfunktionäre können auch Ergebnislisten eines Wettkampfes im System erfassen. Ergebnislisten enthalten den Rang aller teilgenommenen Kletterer nach dem Ende der Qualifikation sowie den Rang nach dem Finale (=endgültige Platzierung). Sollte das Ergebnis zu einem Kletterer eingegeben werden, die noch nicht im System existiert, so wird diese automatisch angelegt. Sollte später ein Benutzeraccount mit diesem Namen angemeldet werden, werden automatisch bestehende Daten zugeordnet. Bei Zuordnungskonflikten (mehrere identische Namen) werden diese nach einer automatischen Systemmeldung von einem Administrator nach Rückfrage manuell aufgelöst.

B.4   Bibliotheksverwaltung

Eine Bibliothek möchte für die Verwaltung ihres Bücherbestands, das Entlehnsystem vor Ort (keine Fernleihe) sowie die Beschaffung von neuen Büchern eine Komplettlösung erstellen lassen.

Die Bibliothek ist physisch auf mehrere Standorte verteilt. Jeder Standort kann mehrere Räume aufweisen, die in mehreren Stockwerken liegen können. Jeder Raum verfügt über eindeutig identifizierbare Regale. Im Laufe der Zeit werden neue Standorte, Räume und Regale hinzukommen und auch jetzt bestehende Standorte, Räume und Regale geschlossen bzw. entfernt werden. Diese Daten werden zentral von Systemadministratoren verwaltet. Für alle Mitarbeiter der Bibliothek werden Namen, Adresse, E-Mail und deren Funktion (Facheditor, Entlehndienst, Bücherdienst) gespeichert. Mitarbeiter des Bücherdienstes werden für Vertretungen auch im Entlehndienst eingesetzt und sollen im System auch alle Aktionen des Bücherdienstes durchführen können.

Alle Benutzer der Bibliothek, welche Bücher entlehnen dürfen, müssen dem System bekannt sein. Folgende Daten werden von Mitarbeitern des Entlehndienstes von neuen Benutzern gespeichert: Name, Benutzerstatus, Adresse, E-Mail und Tel.Nr. Allen Benutzern wird ein Status zugewiesen, welcher die Entlehnrechte (Lesesaal, kurzfristige Entlehnung, lange Entlehnung) bestimmt. Nach einer erfolgreichen Anmeldung wird ein Barcode generiert und gespeichert und ein Etikett ausgedruckt. Benutzer, welche das Entlehnrecht verlieren, werden aus dem System wieder gelöscht.

Für die Benutzer soll das System eine Suchschnittstelle zur Verfügung stellen, welche die Suche nach allen Werken der Bibliothek (Bücher, Zeitschriften, Diplomarbeiten, Dissertationen) ermöglicht. Weiters soll es möglich sein, Sucherergebnisse in verschiedenen Formaten auszudrucken.

Für eine Entlehnung geben die Benutzer einen Bestellschein bei einem Schalter des Bestelldienstes ab. Die Entlehnbestellung wird in das System eingegeben. Falls ein gewünschtes Werk bereits entlehnt ist, kann für den Benutzer eine Vormerkung durch den Entlehndienst durchgeführt werden.

Nach jeder vollen Stunde erhält der Bücherdienst einen Ausdruck aller getätigten Entlehnbestellungen. Werke am selben Standort, an dem die Entlehnbestellung abgegeben wurde, werden danach bereitgestellt. Entlehnbestellungen von Werken an anderen Standorten werden über das System an diese weitergeleitet und am nächsten Werktag bereitgestellt. Die Benutzer erhalten zu festgelegten Tageszeiten alle bereitgestellten Werke und einen Ausdruck der erfolgten Entlehnbestellungen an anderen Standorten. Bei Aushändigung von Werken an Benutzer wird jedes Werk mit Hilfe des Barcodes erfasst und der Entlehnliste des Benutzers hinzugefügt.

Bei Rückgabe des Werks wird dieses wieder von der Entlehnliste entfernt. Wird das Werk bis zur Entlehnfrist nicht zurückgegeben, so werden Mahnungen per E-Mail verschickt. Dazu wird einmal pro Nacht ein automatischer Prozess gestartet, der die überfälligen Bücher sucht, die entsprechenden Mahnungen versendet und die erfolgte Mahnung in der Datenbank speichert, damit bei der Rückgabe des Buchs Mahngebühren verrechnet werden können.

Bei der Neuaufstellung eines Buchs werden von Mitarbeitern des Bücherdienstes dessen wichtigste Daten und der Aufstellungsort im System abgespeichert. Jedes Buch wird einem Fachgebiet zugewiesen. Für jedes Buch wird ein Barcode generiert und gespeichert. Anschließend wird ein Barcode-Etikett gedruckt und in das Buch geklebt.

Für jedes Fachgebiet gibt es einen zuständigen Facheditor, der für Fragen und Bestellungswünsche als Ansprechperson dient. Die Fachgebiete werden von Systemadministratoren zentral verwaltet. Bücher, die entweder verloren gehen oder aus anderen Gründen ausgeschieden werden, sollen auch wieder gelöscht werden können.

Vor allem für Diplomarbeiten und Dissertationen, welche in der Bibliothek aufgestellt werden, soll die Möglichkeit bestehen, diese in elektronischer Form im System ablegen zu können.

Facheditor können neue Bücher für die Bibliothek bestellen. Dazu müssen sie die Bücherdaten im System erfassen und die Bestellung abschicken. Die Bestellungen werden zentral gesammelt.

Mitarbeiter des Bücherdienstes bekommen die Bestellungen der Facheditoren in einer Liste angezeigt und können unterschiedliche Selektionskriterien angeben (offen Bestellungen, abgeschickte Bestellungen, alle Bestellungen des laufenden Budgetjahres, Bestellungen nach Facheditor usw.).

Einzelne Bestellungen oder Listen von Bestellungen (welche aus der Liste aller Bestellungen frei selektierbar sind) können ausgedruckt werden, um diese an Buchhandlungen weitergeben zu können.

Der Status einer Bestellung (bestellt, abgeschickt, erhalten, erledigt) wird entsprechend laufend geändert. Weiters soll es möglich sein, Bestellungen von der Bestellliste zu streichen (falls es die Bücher bereits gibt oder diese bereits bestellt wurden).

B.5   E-Store

Ein Großhändler möchte zur Vereinfachung der Geschäftsabläufe einen Online-Shop für seine Produkte einrichten. Dieser Online-Shop soll den Kunden Informationen über Produkte und Angebote liefern und eine neue Form der Warenbestellung bieten. Eine Warenbestellung ist eine Auflistung von Angeboten und Produkten. Angebote sind Produktzusammenstellungen für einen gewissen Zeitraum und haben einen eigens festgelegten Preis. Für eine Bestellung selektiert der Kunde auf den Produkt- und Angebotsinformationsseiten die gewünschten Waren. Anschließend füllt er die Informationen zu seiner

Person, zur Zahlungsform und zu den Lieferungswünschen im Bestellformular aus. Für die Lieferung der Waren müssen Name und Adresse angegeben werden. Zur Bezahlung der Ware kann aus zwei Varianten ausgewählt werden:

Zahlung der Ware per Kreditkarte – hierfür muss der Kunde seine Kreditkartennummer und das Gültigkeitsdatum der Kreditkarte bekannt geben. Das System bietet dem Kunden eine Auswahl an Abbuchungsterminen (z.B. bei Versand der Ware, Versand + 14 Tage, 21 Tage nach Versand der Ware). Abhängig vom Abbuchungstermin und von der Bestellung sowie den Vermerken in der Kundendatenbank werden dem Kunden Skonto und Rabatte gewährt. Die Kreditkartennummer wird vor Abschluss der Bestellung auf ihre Existenz geprüft.

Die zweite Variante wird als „Lieferung per Nachnahme" bezeichnet. Der Kunde begleicht die Rechnung sofort bei Erhalt der Ware. Um sicherzustellen, dass der Kunde existiert, muss bei „Lieferung per Nachnahme" eine Telefonnummer angegeben werden, die vor Bearbeitung der Bestellung zwecks Kontrolle angerufen wird. Hat der Kunde besondere Wünsche bezüglich der Lieferbedingungen, so muss er auch diese im Bestellformular bekannt geben.

Hat nun der Kunde seine Bestellung ausgefüllt und „abgeschickt", so wird diese vom System einigen Überprüfungen unterzogen. Diese Überprüfungen beziehen sich auf die Lieferbedingungen, den Kunden und die Bezahlungsform. Bei der Überprüfung der Lieferbedingung wird festgestellt, ob die Lieferung der Ware bis zum gewünschten Termin möglich ist. Ist dies nicht der Fall, wird dem Kunden ein möglicher Liefertermin angezeigt. Soll die Lieferung per Nachnahme erfolgen, so wird aufgrund des Risikos, dass die Ware retourniert wird und sich somit die Lagerkosten erhöhen, eine zusätzliche Überprüfung vom System durchgeführt. Für diese Überprüfung zieht man den Betrag der offenen Rechnungen, den Betrag der aktuellen Bestellung sowie die eingestufte Kreditwürdigkeit und den Kreditrahmen heran. Ergibt die Überprüfung, dass eine „Lieferung per Nachnahme" zu kostenintensiv ist, so wird dem Kunden die Kreditkartenvariante bzw. die Verringerung der Bestellmenge offeriert.

Kunden, die immer zuverlässig und pünktlich ihre Rechnungen beglichen haben, genießen die höchste Kreditwürdigkeit und abhängig von ihrem durchschnittlichen Bestellumfang wird die Höhe des Kreditrahmens errechnet. Für neue Kunden werden festgesetzte Erfahrungswerte bezüglich Kreditrahmen und Kreditwürdigkeit herangezogen.

Wurde die Bestellung seitens des Systems akzeptiert, wird der Kunde um nochmalige Bestätigung gebeten. Erfolgt diese nicht innerhalb einer gewissen Zeit (z.B. zehn Minuten), so wird die Bestellung verworfen. Hat er diese erteilt, so wird, falls die E-Mail-Adresse des Kunden bekannt ist, die Bestätigung der Bestellung an diese Adresse verschickt. Ist dies nicht der Fall, so wird eine Bestätigung der Bestellung für den Postweg erstellt. Solange der Kunde die Bestellung nach der Akzeptanzprüfung nicht wieder bestätigt hat, kann er die Bestellung verwerfen.

Um die Bestellung nach erfolgter Bestätigung noch verändern zu können, bekommt der Kunde ein Passwort. Mittels Passwort und der Bestellnummer kann er jene Posten der Bestellung verändern, die noch nicht ausgeliefert wurden. Nach jeder Veränderung werden die Daten nach dem oben beschriebenen Vorgehen überprüft.

In der Datenbank werden Informationen über Kunden, Produkte und Angebote, Bestellungen usw. festgehalten. Bei den Kunden wird prinzipiell zwischen Endverbrauchern und Einzelhändlern unterschieden, da für Einzelhändler ein anderer Verkaufspreis gilt als für Endverbraucher. Handelt es sich um ein Unternehmen, so muss der Kunde beim Ausfüllen der Bestellung die Branche bekannt geben. Ebenfalls sind Informationen, die für die Akzeptanz einer Bestellung wesentlich sind, wie Kreditwürdigkeit und der Kreditrahmen des Kunden, in der Datenbank verzeichnet. Außerdem wird beim Kunden der Prozentsatz für Skonto und Rabatte, die diesem prinzipiell gewährt werden, festgehalten. Die Eindeutigkeit einer Rechnung ist durch die Rechnungsnummer und das Datum der Rechnungserstellung gegeben. Bei der Abrechnung werden neben dem Betrag auch der tatsächlich gewährte Rabatt bzw. Skonto sowie der Tag der Zahlungsfälligkeit und der tatsächlichen Rechnungsbegleichung festgehalten. Hinzu kommt die Zahlungsform, mit der die Abrechnung vorgenommen wurde. Eine Abrechnung bezieht sich immer auf eine Bestellung.

Bei Angeboten können aber gewisse Konditionen auftreten (z.B. Lieferdauer mindestens 15 Tage). Von den Produkten müssen in der Datenbank drei Preise festgehalten werden: der Einkaufspreis für den Großhändler, der Verkaufspreis, welcher für die Verrechnung mit den Endverbrauchern verwendet wird, und der Großhandelspreis für die Verrechnung mit den Einzelhändlern. Die Produkte können anhand des Produktcodes und des Produktnamens unterschieden werden. Jeder Verkauf und Einkauf von Produkten verändert die Lagerverwaltung, deren Aktualisierung von einem Verantwortlichen durchgeführt wird. Der Online-Shop soll von mehreren Verantwortlichen – abhängig von deren Aufgabenbereich (z.B. Angebotserstellung) – in aktuellem Zustand gehalten werden. Daher sind auch die Daten der Verantwortlichen von Interesse, die neben den persönlichen Daten (Sozialversicherungsnummer, Vor- und Familienname, Adresse etc.) auch Aufgabenbereich, Passwort und Autorität umfassen. Sämtliche Einträge, sei es nun seitens der Kunden oder der Verantwortlichen, werden in einem Logbuch mit Zugriffsidentifizierung (Session), Datum und Uhrzeit festgehalten. Änderungen von persönlichen Daten von Verantwortlichen und Kunden sowie nachträgliche Änderungen bei Produktpreisen, Bestellungen oder Abrechnungen werden ebenfalls mit Datum und Verweis, wer diese Änderung durchgeführt hat, vermerkt.

Anhang

C Literatur

Die folgenden Seiten listen eine Zusammenfassung der zitierten und empfohlenen Literatur auf.

C.1 Bücher

[Alex77] Alexander, Christopher et al.: *A Pattern Language*; New York: Oxford University Press, 1977.

[Alle98] Allen, Paul; Frost, Stuart: *Component-Based Development for Enterprise Systems*; Cambridge: Cambridge University Press, 1998.

[Beck00] Beck, Kent: *Extreme Programming*. München: Addison-Wesley, 2000 (dt. Ausgabe).

[Benn95] Bennatan, E. M.: *Software Project Management: A Practitioner's Approach*; London [u.a.]: McGraw-Hill, 2. Aufl., 1995.

[Bind00] Binder, Robert V.: *Testing Object-Oriented Systems: Models, Patterns, and Tools*; Reading, Mass. [u.a.]: Addison-Wesley Longman, 2000.

[Birr88] Birrell N.D.; Ould, M.A.: *A Practical Handbook for Software Development*; Cambridge: Cambridge University Press, 1988.

[Booc95] Booch, Grady: *Objektorientierte Analyse und Design mit praktischen Anwendungsbeispielen*; Bonn [u.a.]: Addison-Wesley, 1. korr. Nachdr., 1995.

[Booc96] Booch, Grady: Object Solutions: *Managing the Object-Oriented Project*; Menlo Park, Calif.: Addison-Wesley, 1996.

[Booc99] Booch, Grady; Rumbaugh, James; Jacobson, Ivar: *The Unified Modeling Language User Guide: UML*; Reading, Mass. [u.a.]: Addison-Wesley, 1999.

[Bröh93] Bröhl, A.-P.; Dröschel, W.: Das V-Modell: *Der Standard für die Softwareentwicklung mit Praxisleitfaden*; München, Wien: Oldenbourg, 1993.

[Broo82] Brooks, Frederick P.: *The Mythical Man-Month: Essays on Software Engineering*; Reading, Mass. [u.a.]: Addison-Wesley, 1982.

[Bush96] Bushmann, Frank *et al.*: *Pattern-Oriented Software Architecture: A System of Patterns*; Chichester [u.a.]: Wiley, 1996.

[Cian01] Cianfrani, Charles A.; Tsiakals, Joseph J., West John E.: *ISO 9001:2000 Explained; Amer Society for Quality*, 2. Aufl., 2001.

[Clas98] Class, Robert L.: *Software Runaways: Lessons Learned from Massive Software Project Failures*; Upper Saddle River, NJ: Prentice Hall, 1988.

[Coad90] Coad, Peter; Yourdon, Edward: *Object-Oriented Analysis*; Englewood Cliffs, NJ: Yourdon Press, 1990.

[Coad91] Coad, Peter; Yourdon, Edward: *Object-Oriented Design*: [OOD]; Englewood Cliffs, NJ: Yourdon Press, 1991.

[Coad93] Coad, Peter; Nicola, Jill: *Object-Oriented Programming*; Englewood Cliffs, NJ: Yourdon Press, 1993.

[Cock98] Cockburn, Alistair: *Surviving Object-Oriented Projects: A Managers Guide*; Reading, Mass. [u.a.]: Addison-Wesley Longman, 1998.

[Cole94] Coleman, Derek: *Object-Oriented Development: The Fusion Method*; Englewood Cliffs, NJ: Prentice Hall, 1994.

[Const01] Constantine, Larry L.: *The Peopleware Papers*; Upper Saddle River, NJ: Prentice Hall, 2001.

[Cott95] Cotterell, Mile; Hughes, Bob: *Software Project Management*; London [u.a.]: Internat. Thomson Computer Press, 1995.

[Cros75] Crosby, Philip B.: *Quality is Free*; McGraw-Hill, Inc., 1975.

[DeMa82] DeMarco, Tom: *Controlling Software Projects: Management, Measurement & Estimation*; Englewood Cliffs, NJ: Prentice Hall, 1982.

[DeMa87] DeMarco, Tom; Lister, Timothy: Peopleware: Productive Proejcts and Teams; Dorset House, 1987 (deutsche Ausgabe: DeMarco, Tom; Lister, Timothy: *Wien wartet auf Dich! Der Faktor Mensch im DV-Management*; München, Wien: Hanser, 1991).

[Derr95] Derr, Kurt W.: *Applying OMT: A Practical Step-by-step Guide to Using the Object Modeling Technique*; New York, NY: SIGS Books, 1995.

[Drös98] Dröschel, Wolfgang: *Inkrementelle und objektorientierte Vorgehensweisen mit dem V-Modell 97*; München, Wien: Oldenbourg, 1998.

[Embl92] Embley, David W.; Kurtz, Barry D.; Woodfield, Scott N.: *Object-Oriented Systems Analysis: A Model-Driven Approach*; Englewood Cliffs, NJ: Yourdon Press, 1992.

[Fowl98] Fowler, Martin; Kendall, Scott: *UML Distilled. Applying the Standard Object Modeling Language*; Reading, Mass. [u.a.]: Addison-Wesley Longman, 1998.

[Fowl97] Fowler, Martin: Analysis Patterns: *Reusable Object Models*; Reading, Mass. [u. a.]: Addison-Wesley, 1997.

[Früh91] Frühauf, K.; Ludewig, J.; Sandmayr, H.: *Software-Prüfung: eine Fibel*; Zürich: Verlag der Fachvereine, 1991.

[Futs89] Futschek, Gerald: *Programmentwicklung und Verifikation*; Wien: Springer-Verlag, 1989.

[Gali04] Galin, Daniel: *Software Quality Assurance: From Theory to Implementation*; Reading, Mass. [u.a.]: Addison-Wesley, 2004.

[Gamm94] Gamma, Erich; Helm, Richard; Johnson, Ralph; Vlissides, John: *Design Patterns: Elements of Reusable Object-Oriented Software*; Reading, Mass. [u.a.]: Addison-Wesley, 1994.

[Geip03] Geipel, P.: *Der IT – Projektmanager*; München: Addison-Wesley, 2003.

[Ghez91] Ghezzi, Carlo; Jazayeri, Mehdi; Mandrioli, Dino: *Fundamentals of Software Engineering*; Upper Saddle River, New Jersey: Prentice Hall, 1991.

[Gilb96] Gilb, Tom; Graham, Dorothy: *Software Inspection*; Harlow [u.a.]: Addison-Wesley, 1996.

[Gold95] Goldberg, Adele; Rubin, Kenneth S.: *Succeeding with Objects: Decision Frameworks for Project Management*; Addison-Wesley, 1995.

[Hamm93] Hammer, M.; Champy, J.: *Reengineering the Corporation*: *A Manifest for Business Revolution*; New York: Harper Business, 1993.

[Hans00] Hansel, J.; Lomnitz, G.: *Projektleiter-Praxis*; Berlin, Heidelberg: Springer-Verlag, 3. Auflage, 2000.

[Haug03] Haug, Christoph; Haug, Cornelia: *Erfolgreich im Team*; München: DTV-Beck, 2003.

[Hend97] Henderson-Sellers, Brian: *A Book of Object-Oriented Knowledge: An Introduction to Object-Oriented Software Engineering*; Upper Saddle River, NJ: Prentice Hall, 2. Aufl., 1997.

[Henr03] Henry, Joel: *Software Project Management*. Reading, Mass. [u.a.] Addison-Wesley, 2003.

[Holl90] Hollocker, Charles P.: *Software Reviews and Audit Handbook*; Chisester: Wiley, 1990.

[Hump90] Humphrey, Watts S.: *Managing the Software Process*; Reading, Mass. [u.a.]: Addison-Wesley, 1990.

[Hunt03] Hunt, Andrew; Thomas, David: *Der pragmatische Programmierer*; München: Hanser Fachbuch, 2003.

[Ince94] Ince, Darrel: *ISO 9001 and Software Quality Assurance*; London [u.a.]: McGraw-Hill, 1994.

[Jaco95] Jacobson, Ivar; Ericsson, Maria; Jacobson, Agenta: *The Object Advantage: Business Process Reengineering with Object Technology*; New York, NY: ACM Press, Reprint., 1995.

[Jaco96] Jacobson, Ivar: *Object-Oriented Software Engineering: A Use Case Driven Approach*; Harlow: Addison-Wesley, reprint., 1996.

[Jaco99] Jacobson, Ivar; Booch, Grady; Rumbaugh, James: *The Unified Software Development Process*; Reading, Mass. [u.a.]: Addison-Wesley, 1999.

[Kone95] Konecny, E., Leitner M.: *Psychologie*; Wien: Braumüller, 1995.

[Kope76] Kopetz, Hermann: *Software-Zuverlässigkeit*; München, Wien: Hanser, 1976.

[Kope97] Kopetz, Hermann: *Real-Time Systems*; Norwell, MA: Kluwer Academic Publishers, 1997.

[Kruc98] Kruchten, Philippe: *The Rational Unified Process: An Introduction*; Reading, Mass. [u.a.]: Addison-Wesley, 1998.

[Kruc00] Kruchten, Philippe: *The Rational Unified Process: An Introduction*; Reading, Mass. [u.a.]: Addison-Wesley, 2. Aufl., 2000.

[Ligg95] Liggesmeyer, P.: *Skriptum zur Vorlesung Software-Qualitätssicherung*; Universität Bochum, 1995.

[Magu93] Maguire, Steve: *Writing Solid Code*; Redmond, WA.: Microsoft Press, 1993.

[Magu98] Maguire, Steve: *Debugging the Development Process*; Redmond, WA.: Microsoft Press, 1998.

[McCo93] McConnell, Steve: *Code Complete*; Redmond, WA.: Microsoft Press, 1993.

[McCo97] McConnell, Steve: *Rapid Development: Taming Wild Software Schedules*; Redmond, WA.: Microsoft Press, 3. Aufl., 1997.

[McCo98] McConnell, Steve: *Software Project: Survival Guide*; Redmond, Wash.: Microsoft Press, 1998.

[Maci92] *Macintosh User Interface Guidelines*; Apple, 1992.

[Marc88] Marca, D.A.: SADT: *Structured Analysis and Design Technique*; New York: McGraw-Hill, 1988.

[Marg92] Margerison, C. : *Management Development fördern und entwickeln*; Frankfurt: Campus, 1992.

[Mart92] Martin, James; Odell, James J.: *Object-Oriented Analysis and Design*; Englewood Cliffs, NJ: Prentice Hall, 1992.

[Meye93] Meyer, Bertrand: *Object-Oriented Software Construction*; New York [u.a.]: Prentice Hall, 17. Aufl., 1993.

[Meye96] Meyer, Bertrand: *Erfolgsschlüssel Objekttechnologie*; München, Wien: Hanser, [dt. Ausgabe], 1996.

[Müll99] Müller-Ettrich, Gunter: *Objektorientierte Prozeßmodelle: UML einsehen mit OOTC, V-Modell, Objectory*; Bonn [u.a.]: Addison-Wesley, 1998.

[Odel98] Odell, James J.: *Advanced Object-Oriented Analysis and Design Using UML*; Cambridge: Cambridge University Press, 1998.

[Oska97] Oskarsson, Östen; Glass, Robert: *ISO 9000 und Softwarequalität*; München [u.a.]: Prentice Hall, 1997.

[Paul95] Paulk, Mark C.; Weber, Charles V.; Curtis, Bill (Contributor): *The Capability Maturity Model: Guidelines for Improving the Software Process*; Reading, MA [u.a.]: Addison-Wesley, 1995.

[Pigo97] Pigoski Thomas M.: *Practical Software Maintenance*; Chichester [u.a.]: Wiley, 1997.

[Pomb93] Pomberger, G.; Blaschek, G.: *Software Engineering*; München, Wien: Hanser, 1993.

[Pres91] Pressman, Roger: *Software Engineering*; 3. Aufl., Boston: McGraw-Hill, 1991.

[Rich99] Richter, Charles: *Designing Flexible Object-Oriented Systems with UML*; Indianapolis, IN: Macmillan Technical Publishing, 1999.

[Royc98] Royce, Walker: *Software Project Management: A Unified Framework*; Reading, Mass. [u.a.]: Addison-Wesley, 1998.

[Roye93] Royer, T.: *Software Testing Management*; Englewood Cliffs, NJ: Prentice Hall, 1993.

[Rumb91] Rumbaugh, James et al.: *Object-Oriented Modeling and Design*; Englewood Cliffs, NJ: Prentice Hall Internat., 1991.

[Rumb97] Rumbaugh, James; Booch, Gary; Jacobson, Ivar: *Unified Modeling Language, Notation Guide, Version 1.0*; Santa Clara: Rational Software Corporation, 1997.

[Rumb99] Rumbaugh, James; Jacobson, Ivar; Booch, Grady: *The Unified Modeling Language Reference Manual*; Reading, Mass. [u.a.]: Addison-Wesley, 1999.

[Scha99] Schach, Stephen R.: *Classical and Object-Oriented Software Engineering*; Boston: McGraw-Hill, 4. Aufl., 1999.

[Schä95] Schäfer, Steffen: *Objektorientierte Entwurfsmethoden: Verfahren zum objektorientierten Softwareentwurf im Überblick*; Bonn [u.a.]: Addison-Wesley, 1995.

[Shla98] Shlaer, Sally; Mellor, Stephen J.: *Object-Oriented Systems Analysis: Modeling the World in Data*; Englewood Cliffs, NJ [u.a.], Yourdon Pr., 7. print., 1988.

[Schm00] Schmidt, Douglas et al.: *Pattern-Oriented Software Architecture: Patterns for Concurrent and Networked Objects*; Chichester [u.a.]: Wiley, 2000

[Schm00b] Schmidt, Michael E. C.: *Implementing the IEEE Software Engineering Standards*; Sams Publishing, 2000.

[Schn98] Schneider, Geri; Winters, Jason P.: *Applying Use Cases: A Practical Guide*; Reading, Mass. [u.a.]: Addison-Wesley, 1998.

[Shaw96] Shaw, Mary; Garlan, David: *Software Architecture: Perspectives on an Emerging Discipline*; Upper Saddle River, NJ: Prentice Hall, 1996.

[Shne98] Shneiderman, B.: *Designing the User Interface: Strategies for Effective Human Computer Interaction*; Reading, Mass. [u.a.]: Addison-Wesley, 3. Aufl., 1998

[Skub95] Skublics, S.; Klimas, E.; Thomas, D.: *Smalltalk with Style*; Englewood Cliffs, NJ: Prentice Hall, 1995.

[Somm92] Sommerville, Ian: *Software Engineering*; Reading, Mass. [u.a.]: Addison-Wesley, 4. Aufl., 1992.

[Somm01] Sommerville, Ian: *Software Engineering*; Reading, Mass. [u.a.]: Addison-Wesley, 6. Aufl., 2001. (deutsche Ausgabe: Sommerville, Ian: *Software Engineering*; 6. Aufl.; München: Pearson Studium, 2001).

[Stev01] Stevens, Perdita; Pooley, Rob; *UML. Software Engineering mit Objekten und Komponenten*; München: Pearson Studium, 2001.

[Vers00] Versteegen, Gerhard: *Projektmanagement mit dem Rational Unified Process*; Springer, 2000.

[Vlie00] Van Vliet, Hans: *Software Engineering: Principles and Practice*; Chichester: Wiley & Sons, 2. Aufl., 2000.

[Wald95] Waldén, Kim; Nerson, Jean-Marc: *Seamless Object-Oriented Software Architecture: Analysis and Design of Reliable Systems*; New York, NY [u.a.]: Prentice Hall, 1995.

[Wall90] Wallmüller, E.: *Software-Qualitätssicherung in der Praxis*; München: Hanser, 1990.

[Wein71] Weinberg, G.M.: *The Psychology of Computer Programming*; New York: Van Nostrand Reinhold, 1971.

[Wein97] Weinberg, Gerald: *Quality Software Management: Systems Thinking*; New York, NY: Dorset House, 1997.

[Wieg01] Wiegers, Karl E.: *Peer Reviews in Software: A Practical Guide*; Boston, MA: Addison-Wesley, 2001.

[Wirf90] Wirfs-Brock, Rebecca; Wilkerson, Brian; Wiener, Lauren: *Designing Object-Oriented Software*; Englewood Cliffs, NJ: Prentice Hall, 1990.

[Wyso95] Wysocki, Robert K.; Beck, Robert; Crane, David B.: *Effective Project Management: How to Plan, Manage and Deliver Projects On Time and Within Budget*; New York, NY [u.a.]: Wiley, 1995.

[Your79] Yourdon, Edward; Constantine, Larry L.: *Structured Design*; Englewood Cliffs, NJ: Prentice Hall, 1979.

[Your97] Yourdon, Edward: Death March: *Managing "Mission Impossible" Projects*; Upper Saddle River, NJ: Prentice Hall, 1997.

C.2   Lehrbücher

[Balz98] Balzert, Helmut: *Lehrbuch der Software-Technik*; Heidelberg, Berlin: Spektrum Akademischer Verlag, 1998.

[Balz99a] Balzert, Heide: *Lehrbuch der Objektmodellierung*; Heidelberg, Berlin: Spektrum Akademischer Verlag, 1999.

[Balz99b] Balzert, Helmut: *Lehrbuch Grundlagen der Informatik*; Heidelberg, Berlin: Spektrum Akademischer Verlag, 1999.

C.3   Wissenschaftliche Arbeiten

[Bake72] Baker, F.T.: Chief Programmer Team Management of Production Programming; *IBM Systems Journal*, vol. 1, no. 11, 1972, S. 56-73.

[Boeh79] Boehm, B.W.: Guidelines for verifying and validating software requirements and design specifications; *EURO IFIP 79*, North Holland 1979, pp 711-719.

[Boeh88] Boehm, Barry W.: A spiral model of software development and enhancement; *IEEE Computer*, vol. 21, no. 5, Mai 1988, S. 61-72.

[Boeh96] Boehm, Barry W.: Anchoring the Software Process; *IEEE Software*, July 1996, S. 73-82.

[Broo87] Brooks, Fred P.: No Silver Bullet: Essence and Accidents of Software Engineering; *IEEE Computer*, vol. 20, April 1987, S. 10-20.

[Chen76] Chen, P.: The Entity Relationship Model – Toward a Unified View of Data; *TODS*, vol. 1, S. 9-36, März 1976.

[Cock97] Cockburn, Alistair: Goals and Use Cases; *The Journal of Object Oriented Programming*, vol. 10, no. 5, 1997.

[Harw96] Harwood, R.J.: Use Case formats: Requirements, Analysis and Design; *The Journal of Object Oriented Programming*, vol. 9, no. 8, 1996.

[Hend95] Henderson-Sellers, Brian: Who needs an object-oriented method anyway?; *The Journal of Object Oriented Programming*, vol. 8, no. 6, 1995.

[Hump95] Humphrey, Watt S.: Why should you use a personal software process; *Software Engineering Notes*, vol. 20, no. 3, 1995.

[Jaco95a] Jacobson, Ivar; Christerson, Magnus: A growing consensus on use cases; *The Journal of Object Oriented Programming*, vol. 8, no. 1, 1995.

[Jaco95b] Jacobson, Ivar et al.: Formalizing use case modeling; *The Journal of Object Oriented Programming*, vol. 8, no. 3, 1995.

[Jaco95c] Jacobson, Ivar: A confused world of OOA and OOD; *The Journal of Object Oriented Programming*, vol. 8, no. 5, 1995.

[Jaco87] Jacobson, Ivar: Object Oriented Development in an Industrial Environment; *Sigplan Notices*, vol. 22, no. 12, 1987.

[Jaco93] Jacobson, Ivar: Time for a cease-fire in the methods war; *The Journal of Object Oriented Programming*, vol. 6, no. 4, Editorial, 1993.

[Kitch89] Kitchenham, B.: *Software Quality Assurance*; Microprocessors and Microcomputers; vol. 13, no. 6, 1989.

[Lee96] Lee Byung S.: OODB Design with EER; *The Journal of Object Oriented Programming*, vol. 9, no. 1, 1996.

[Matt98] Mattingly, LeRoy, Rao Harsha: Writting effective Use Cases and introducing Collaboration Cases; *The Journal of Object Oriented Programming*, vol. 11, no. 6, 1998.

[Meye92] Meyer, Bertrand: Applying Design by Contract; *IEEE Computer*, vol. 25, no. 10, 1992.

[Niel90] Nielsen, J.; Molich, R.: Heuristic Evaluation of User Interfaces; *Proceedings of the CHI´90*, 1990.

[Open93] Open Letter to the Industry: Premature methods standardization considered harmful; *The Journal of Object Oriented Programming*, vol. 6, no. 4, 1993.

[Rowl98] Rowlett, Tom: Building an Object Process Around Use Cases; *The Journal of Object Oriented Programming*, vol. 11, no. 1, 1998.

[Royc70] Royce, Winston: Managing the Development in Large Software Systems; *Proceedings of IEEE WESCOM*, 1970.

[Rumb94] Rumbaugh, James: Getting Started: Using Use Cases to capture requirements; *The Journal of Object Oriented Programming*, vol. 7, no. 5, 1994.

[Rumb95a] Rumbaugh, James: What is a method?; *The Journal of Object Oriented Programming*, vol. 8, no. 6, 1995.

[Rumb95b] Rumbaugh, James: To form a more perfect union: unifying the OMT and Booch methods; *The Journal of Object Oriented Programming*, vol. 8, no. 8, 1995.

[Teor86] Teorey, T. J.; Yan, D.; Fry, J. P.: A Logical Design Methodology for Relational Databases Using the Extended Entity-Relationship Model; *ACM Computing Surveys*, vol. 18, no. 2, 1986, S. 197-222.

[Tuck65] Tuckman, B.W.: Developmental sequence in small groups. *Psychological Bulletin*, 63, 1965, S. 384-399.

[Wege90] Wegner, Peter: Concepts and Paradigms of Object-Oriented Programming; *OOPS Messenger*, vol. 1, no. 1, 1990, S. 7-87.

C.4   Standards

[ACM99] Software Engineering Code of Ethics and Professional Practice, ACM/IEEE-CS Joint Task Force on Software Engineering Ethics and Professional Practices, 1999 (http://www.acm.org/serving/se/code.htm).

[ACM03] Computing Curriculum – Software Engineering, ACM/IEEE-CS Joint Task Force on Computing Curricula, Draft 1, 2003 (http://sites.computer.org/ccse/).

[IEEE90] IEEE Std. 610.12-1990, IEEE Standard Glossary of Software Engineering Terminology, IEEE, 1990.

[SWEB03] Software Engineering Body of Knowledge, Trial Version 1.0, 2003 (http://www.swebok.org/).

C.5   Web-Ressourcen

[C++] C++ Implementierungsrichtlinien: http://www.cs.umd.edu/users/cml/cstyle/

[Cetus] Cetus-Links: http://www.cetus-links.org/oo_ooa_ood_methods.html

[IFPUG] International Function Point User Group: http://www.ifpug.org

[Java] Java Implementierungsrichtlinien: http://java.sun.com/docs/codeconv/index.html

[Jeckle] Deutsche Seite mit UML-Links: http://www.jeckle.de/unified.htm

[OMG] Object Managment Group: http://www.omg.org/uml

[Open] Open: http://www.open.org.au/

[Rational] Rational: http://www.rational.com/uml

[SWT] Homepage der Arbeitsgruppe RISE: http://www.swt.tuwien.ac.at

[Tipps] OO-Tipps: http://ootips.org

Sachregister

... aktuelles Fachwissen rund
um die Uhr – zum Probelesen,
Downloaden oder auch auf Papier.

www.InformIT.de

InformIT.de, Partner von **Pearson Studium**, ist unsere Antwort auf alle Fragen
der IT-Branche.

In Zusammenarbeit mit den Top-Autoren von Pearson Studium, absoluten
Spezialisten ihres Fachgebiets, bieten wir Ihnen ständig hochinteressante,
brandaktuelle Informationen und kompetente Lösungen zu nahezu allen
IT-Themen.

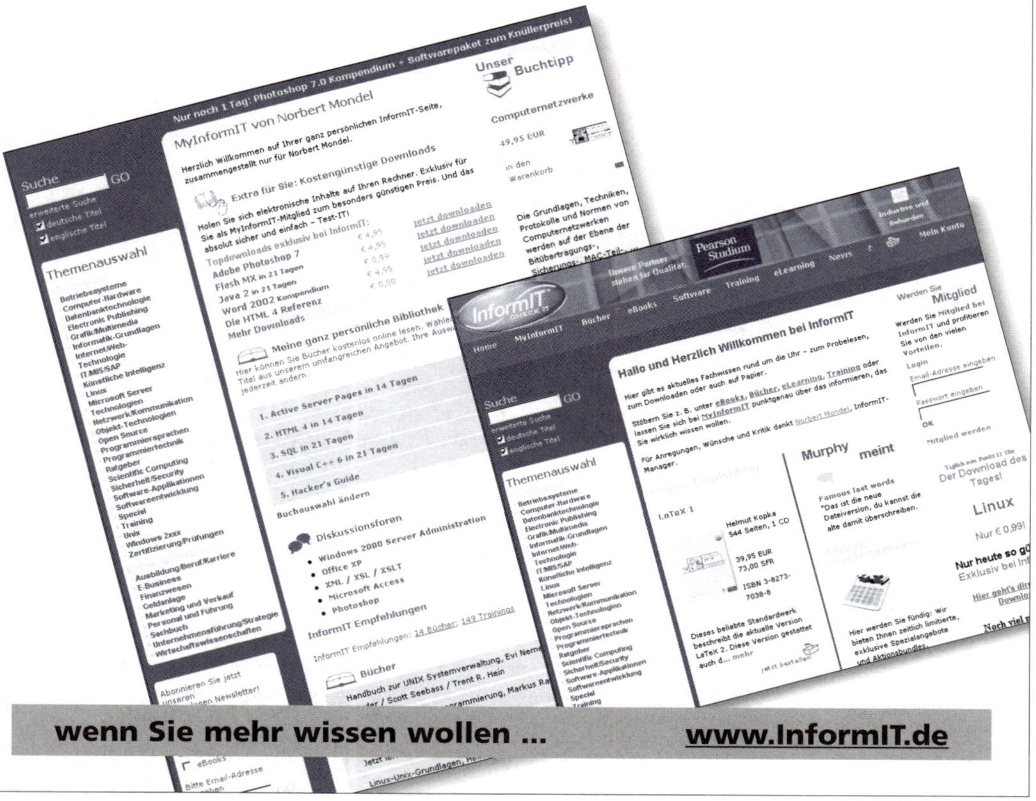

wenn Sie mehr wissen wollen ...   **www.InformIT.de**

Objektorientierte Softwaretechnik mit UML, Entwurfsmustern und Java

2. Auflage

Bernd Brügge, Allen H. Dutoit

Zum Buch:

Brügge und Dutoit beschreiben die Grundlagen, Methoden und aktuellen Werkzeuge der Softwaretechnik. Dabei stellen sie schrittweise und durch Fallbeispiele leicht nachvollziehbar den aktuellen Stand der objektorientierten SWT von der Erhebung der Anforderungen bis zum Testen dar. Sie behandeln außerdem die wichtigsten Elemente und Aspekte von UML und Java, sowie weiterführende Themen wie Rationale Management und den Lebenszyklus von Software. Zahlreiche Übungsaufgaben am Kapitelende ermöglichen eine direkte Überprüfung des Lernerfolgs.

Aus dem Inhalt:

- Einführung in die Softwaretechnik
- Modellieren mit UML
- Projektorganisation und Kommunikation
- Erhebung von Anforderungen
- Analyse
- Systementwurf
- Objektentwurf
- Abbildung von Modellen in Code
- Rationale Management
- Management der Software Konfiguration
- Projektmanagement

Über die Autoren:

Bernd Brügge leitet den Lehrstuhl für Angewandte Softwaretechnik der *TU München*. Nach rund 20-jähriger Lehrtätigkeit an der Carnegie Mellon University in Pittsburgh ist er außerdem dort weiterhin als außerordentlicher Professor tätig.
Allen Dutoit ist wissenschaftlicher Assistent am Lehrstuhl für Angewandte Softwaretechnik der TU München.

ISBN: 3-8273-7082-5
€ 49,95 [D], sFr 77,50
ca. 600 Seiten

i softwaretechnik

Pearson-Studium-Produkte erhalten Sie im Buchhandel und Fachhandel
Pearson Education Deutschland GmbH • Martin-Kollar-Str. 10 – 12 • D-81829 München
Tel. (089) 46 00 3 - 222 • Fax (089) 46 00 3 - 100 • www.pearson-studium.de

Objektorientierte Programmierung mit Java

Eine praxisnahe Einführung mit BlueJ

David J. Barnes, Michael Kölling

Zum Buch:

Das vorliegende Buch wurde von einem der Entwickler von BlueJ mitverfasst und integriert BlueJ vollständig in OOP. Der ausgezeichnete didaktische Aufbau des Buches garantiert schnellen Lernerfolg, indem z.B. anspruchsvolle Themen nach ihrer Einführung immer wieder aufgegriffen und weiter vertieft werden. Der Leser soll von Anfang an, Objekte aller Klassen gestalten und dann mit ihren Methoden interagieren. Die jeweiligen Lernziele werden nicht nur theoretisch erklärt, sondern anhand von insgesamt 22 Projekten praxisnah veranschaulicht. Den Lehrenden wird mit diesem Buch endlich ein Hilfsmittel zur Hand gegeben, das ihnen schnellen Lehrerfolg bei der traditionellerweise schwierigen Vermittlung der Konzepte von Objekten und Klassen ermöglicht.

Aus dem Inhalt:

– Objekte und Klassen
– Klassendefinitionen verstehen
– Objektinteraktion, Objekte gruppieren,
– Vererbung
– Abstraktionstechniken

– Fehlerbehandlung
– Entwurf von Applikationen
– Fallstudie
– Anhänge

Über die Autoren:

David J. Barnes unterrichtet Informatik an der *University of Kent* in Canterbury und ist Experte für objektorientierte Programmierung. *Michael Kölling* ist einer der Entwickler von BlueJ. Er lehrt an der *University of Southern Denmark* in Odense.

ISBN: 3-8273-7073-6
€ 34,95 [D], sFr 54,50
ca.430 Seiten

i | programmierung

Pearson-Studium-Produkte erhalten Sie im Buchhandel und Fachhandel
Pearson Education Deutschland GmbH • Martin-Kollar-Str. 10–12 • D-81829 München
Tel. (089) 46 00 3 - 222 • Fax (089) 46 00 3 - 100 • www.pearson-studium.de

Diskrete Mathematik für Informatiker

Rod Haggarty

Zum Buch:

Haggarty gibt in seinem Buch eine übersichtliche und prägnante Einführung in die grundlegenden mathematischen Theorien, die Informatikstudenten im Bereich der diskreten Mathematik benötigen. Sein Ziel ist es, den Leser mit den Kenntnissen und Fähigkeiten auszustatten, die für die Anwendungen der Informatik wie etwa der Entwurf eines Computers nötig sind. Die ausgewählten Themen werden in einer logischen Reihenfolge aufeinander aufbauend vorgestellt und durch viele Beispielsaufgaben mit meist ausführlichen Lösungen erläutert. In den Kapitelzusammenfassungen werden noch einmal die wichtigsten Begriffe und Konzepte des Kapitels zum raschen Nachschlagen und gezielten Lernen aufgelistet. Fallstudien zu jedem Kapitel fördern in hohem Maße die Motivation des Lesers.

Aus dem Inhalt:

- Logik und Beweis
- Mengenlehre
- Relationen
- Funktionen
- Kombinatorik
- Graphen
- Gerichtete Graphen
- Boolesche Algebra

Über den Autor:

Rod Haggarty ist Professor am *Department of Computing and Mathematical Sciences* der *Oxford Brookes University.*

ISBN: 3-8273-7095-7
€ 29,95 [D], sFr 47,50
ca. 300 Seiten
ET: April 2004

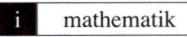

Pearson-Studium-Produkte erhalten Sie im Buchhandel und Fachhandel
Pearson Education Deutschland GmbH • Martin-Kollar-Str. 10–12 • D-81829 München
Tel. (089) 46 00 3 - 222 • Fax (089) 46 00 3 - 100 • www.pearson-studium.de

Betriebssysteme
Prinzipien und Umsetzung.
4., überarbeitete Auflage
William Stallings

Zum Buch:

William Stallings ist neben Andrew Tanenbaum einer der bekanntesten und erfolgreichsten Lehrbuchautoren. Die Stärke seines Buches liegt in der sauberen, sachlichen und detaillierten Darstellung der komplizierten Sachverhalte in einem Betriebssystem. Es gelingt ihm, diese trotz einer Fülle von Informationen klar und systematisch zu gliedern, sie prägnant darzustellen und Zusammenhänge sichtbar zu machen. Der übersichtliche Aufbau und die Fragen zur Lernkontrolle an jedem Kapitelende erleichtern das gezielte Nacharbeiten z.B. von Vorlesungsinhalten. Die Anhänge zu ausgewählten Themen ergänzen die Vermittlung der Grundbegriffe und Basiskonzepte.

Aus dem Inhalt:

Teil 1: Basiswissen
Teil 2: Prozesse
Teil 3: Speicher
Teil 4: Scheduling
Teil 5: Eingabe/Ausgabe/ Dateien

Teil 6: Verteilte Systeme
Teil 7: Sicherheit
Anhänge: TCP/IP, Objektorientiertes
Design, Programmierungs- und -
Betriebssystemprojekte, OSP, BACI

Über den Autor:

William Stallings ist Autor von 17 Büchern zu Themen aus den Bereichen Datenkommunikation, Betriebssysteme und Sicherheit. Er arbeitet als Berater für Regierungseinrichtungen und Computer- und Softwarehersteller.

ISBN: 3-8273-7030-2
€ 49,95 [D], sFr 77,50
894 Seiten

Pearson-Studium-Produkte erhalten Sie im Buchhandel und Fachhandel
Pearson Education Deutschland GmbH • Martin-Kollar-Str. 10 – 12 • D-81829 München
Tel. (089) 46 00 3 - 222 • Fax (089) 46 00 3 - 100 • www.pearson-studium.de